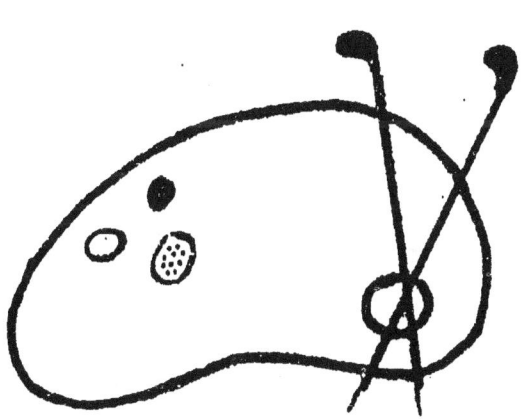

Couvertures supérieure et inférieure
en couleur

CHEFS-D'ŒUVRE DES LITTÉRATURES ANCIENNES

# ŒUVRES COMPLÈTES
# DE SÉNÈQUE
## LE PHILOSOPHE

**TRADUCTION NOUVELLE**
AVEC UNE NOTICE SUR LA VIE ET LES ÉCRITS DE L'AUTEUR
ET DES NOTES

PAR J. BAILLARD
de l'Académie de Stanislas

TOME SECOND

PARIS
LIBRAIRIE HACHETTE ET Cⁱᵉ
79, BOULEVARD SAINT-GERMAIN, 79

2 vol. 7 fr.

Librairie HACHETTE et Cⁱᵉ, 79, Boulevard Saint-Germain, PARIS

# BIBLIOTHÈQUE VARIÉE, FORMAT IN-16

## A 3 FR. 50 LE VOLUME

### PHILOSOPHIE ET MORALE

BARCKHAUSEN (H.) : *Montesquieu, ses idées et ses œuvres d'après les papiers de la Brède*............ 1 vol.
BERSOT : *Un moraliste* (Études et pensées)............ 1 vol.
BINET (Alf.) : *Psychologie des grands calculateurs et joueurs d'échecs*............ 1 vol.
BOUILLIER, de l'Institut : *Nouvelles études familières de psychologie et de morale*...... 1 vol.
*Questions de morale pratique*. 1 vol.
BUISSON (F.) : *La foi laïque*. 1 vol.
CARO (E.) de l'Académie française : *L'Idée de Dieu et ses nouveaux critiques*............ 1 vol.
Ouvrage couronné par l'Académie française.
*Le Matérialisme et la science*. 1 vol.
Ouvrage couronné par l'Académie française.
*Philosophie et philosophes*... 1 vol.
FOUILLÉE (Alf.), membre de l'Institut : *L'Idée moderne du droit*............ 1 vol.
*La philosophie de Platon*... 4 vol.
 I. *Théorie des idées et de l'amour*.
 II. *Esthétique, morale et religion platonicienne*.
 III. *Histoire du platonisme et de ses rapports avec le christianisme*.
 IV. *Essais de philosophie platonicienne*.
FRANCK (Ad.), de l'Institut : *Essais de critique philosophique*. 1 vol.
*Nouveaux essais de critique philosophique*............ 1 vol.
GARNIER (Ad.) : *Traité des facultés de l'âme*............ 3 vol.
Ouvrage couronné par l'Académie française.
GAULTIER (P.) : *La pensée contemporaine*............ 1 vol.
GRÉARD (H.), de l'Académie française : *De la Morale de Plutarque*............ 1 vol.
Ouvrage couronné par l'Académie française.
JOLY (H.), de l'Institut : *Psychologie des grands hommes*..... 1 vol.
*Psychologie comparée : l'homme et l'animal*............ 1 vol.
Ouvrage couronné par l'Académie des sciences morales et politiques.
*Problèmes de Science criminelle*............ 1 vol.

JOLY (H.) (Suite) : *Le Socialisme chrétien*............ 1 vol.
JOUFFROY (Th.) : *Cours de droit naturel*............ 2 vol.
*Mélanges philosophiques*.. 1 vol.
LATREILLE (C.) : *Francisque Bouillier, le dernier des Cartésiens*............ 1 vol.
LE BERQUIER : *Pensées des autres*. 2 vol.
MARTHA (C.), de l'Institut : *Les moralistes sous l'empire romain*............ 1 vol.
Ouvrage couronné par l'Académie française.
*Le poème de Lucrèce*........ 1 vol.
Ouvrage couronné par l'Académie française.
*Études morales sur l'antiquité*. 1 vol.
PRÉVOST-PARADOL : *Études sur les moralistes français*. 1 vol.
RICARDOU (A.) : *La critique littéraire* (étude philosophique).
Ouvrage couronné par l'Académie française.
SÉNÈQUE LE PHILOSOPHE : (*Œuvres complètes*, traduites par M. J. Baillard............ 2 vol.
SIMON (J.), de l'Académie française : *Le devoir*........ 1 vol.
Ouvrage couronné par l'Académie française.
SPENCER (H.) : *Faits et commentaires*, trad. A. Dietrich. 1 vol.
TAINE (H.) : *Les philosophes classiques du XIXᵉ siècle en France*............ 1 vol.
*De l'intelligence*............ 2 vol.
THAMIN (R.) : *Un problème moral dans l'antiquité; étude de casuistique stoïcienne*............ 1 vol.
Ouvrage couronné par l'Académie des sciences morales et politiques.
TOULOUSE (Dʳ) : *Comment former un esprit*............ 1 vol.
*Comment se conduire dans la vie*............ 1 vol.
WADDINGTON (Ch.), de l'Institut : *La philosophie ancienne et la critique historique*............ 1 vol.
WAGNER (Ch.) : *Pour les Petits et les Grands : simples causeries sur la vie et la manière de s'en servir*. 1 vol.
Ouvrage couronné par l'Institut.
— *A travers les choses et les hommes*............ 1 vol.
— *Par le Sourire*............ 1 vol.

ŒUVRES COMPLÈTES

# DE SÉNÈQUE

LE PHILOSOPHE

II

COULOMMIERS
Imprimerie Paul BRODARD.

# ŒUVRES COMPLÈTES
# DE SÉNÈQUE
## LE PHILOSOPHE

TRADUCTION NOUVELLE
AVEC UNE NOTICE SUR LA VIE ET LES ÉCRITS DE L'AUTEUR
ET DES NOTES

PAR J. BAILLARD
de l'Académie de Stanislas

TOME SECOND

PARIS
LIBRAIRIE HACHETTE ET C<sup>ie</sup>
79, BOULEVARD SAINT-GERMAIN, 79

1914

# LETTRES DE SÉNÈQUE
## A LUCILIUS.

## LETTRE I.

### Sur l'emploi du temps.

Suis ton plan, cher Lucilius; reprends possession de toi même : le temps qui jusqu'ici t'était ravi, ou dérobé, ou que tu laissais perdre, recueille et ménage-le. Persuade-toi que la chose a lieu comme je te l'écris : il est des heures qu'on nous enlève par force, d'autres par surprise, d'autres coulent de nos mains [1]. Or la plus honteuse perte est celle qui vient de négligence ; et, si tu y prends garde, la plus grande part de la vie se passe à mal faire, une grande à ne rien faire, le tout à faire autre chose que ce qu'on devrait. Montre-moi un homme qui mette au temps le moindre prix, qui sache ce que vaut un jour, qui comprenne que chaque jour il meurt en détail ! Car c'est notre erreur de ne voir la mort que devant nous : en grande partie déjà on l'a laissée derrière ; tout l'espace franchi est à elle [2].

Persiste donc, ami, à faire ce que tu me mandes: sois complétement maître de toutes tes heures. Tu dépendras moins de demain, si tu t'assures bien d'aujourd'hui. Tandis qu'on l'ajourne, la vie passe. Cher Lucilius, tout le reste est d'emprunt, le temps seul est notre bien. C'est la seule chose, fugitive et glissante, dont la nature nous livre la propriété ; et nous en dépossède qui veut. Mais telle est la folie humaine: le don le plus mince et le plus futile, dont la perte au moins se répare, on veut bien se croire obligé pour l'avoir obtenu; et nul ne se juge redevable du temps qu'on lui donne, de ce seul trésor que la meilleure volonté ne peut rendre.

Tu demanderas peut-être comment je fais, moi qui t'adresse ces beaux préceptes. Je l'avouerai franchement : je fais comme un homme de grand luxe, mais qui a de l'ordre ; je tiens note de ma dépense. Je ne puis me flatter de ne rien perdre ; mais ce que je perds, et le pourquoi et le comment, je puis le dire, je puis rendre compte de ma gêne. Puis il m'arrive comme à la plupart des gens ruinés sans que ce soit leur faute : chacun les excuse, personne ne les aide. Mais quoi ! je n'estime point pauvre l'homme qui, si peu qu'il lui demeure, est content. Pourtant j'aime mieux te voir veiller sur ton bien, et le moment est bon pour commencer. Comme l'ont en effet jugé nos pères : ménager le fond du vase, c'est s'y prendre tard. Car la partie qui reste la dernière est non-seulement la moindre, mais la pire (a).

# LETTRE II.

### Des voyages et de la lecture.

Ce que tu m'écris et ce que j'apprends me fait bien espérer de toi. Tu ne cours pas çà et là, et ne te jettes pas dans l'agitation des déplacements. Cette mobilité est d'un esprit malade. Le premier signe, selon moi, d'une âme bien réglée, est de se fixer, de séjourner avec soi. Or prends-y garde (b) : la lecture d'une foule d'auteurs et d'ouvrages de tout genre pourrait tenir du caprice et de l'inconstance. Fais un choix d'écrivains pour t'y arrêter et te nourrir de leur génie, si tu veux y puiser des souvenirs qui te soient fidèles. C'est n'être nulle part que d'être partout. Ceux dont la vie se passe à voyager finissent par avoir des milliers d'hôtes et pas un ami *. Même chose arrive nécessairement à qui néglige de lier commerce avec un auteur favori pour jeter en courant un coup d'œil rapide sur tous à la fois. La nourriture ne profite pas, ne s'assimile pas au corps, si elle est rejetée aussitôt que prise. Rien n'entrave une guérison

(a) Voy. Lettre CVIII.
(b) Voy. Lettre LXXXI.

comme de changer sans cesse de remèdes; on n'arrive point à cicatriser une plaie où les appareils ne sont qu'essayés. on ne fortifie pas un arbuste par de fréquentes transplantations. Il n'est chose si utile qui puisse l'être en passant. La multitude des livres dissipe l'esprit. Ainsi, ne pouvant lire tous ceux que tu aurais, c'est assez d'avoir ceux que tu peux lire. « Mais j'aime à feuilleter tantôt l'un, tantôt l'autre. » C'est le fait d'un estomac affadi, de ne goûter qu'un peu de tout : ces aliments divers et qui se combattent l'encrassent; ils ne nourrissent point. Lis donc habituellement les livres les plus estimés; et si parfois tu en prends d'autres, comme distraction, par fantaisie, reviens vite aux premiers. Fais chaque jour provision de quelque arme contre la pauvreté, contre la mort, contre tous les autres fléaux; et de plusieurs pages parcourues, choisis une pensée pour la bien digérer ce jour-là. C'est aussi ce que je fais : dans la foule des choses que j'ai lues, je m'empare d'un trait unique. Voici mon butin d'aujourd'hui, c'est chez Épicure que je l'ai trouvé; car j'ai coutume aussi de mettre le pied dans le camp ennemi, non comme transfuge, mais comme éclaireur : « La belle chose, s'écrie-t-il, que le contentement dans la pauvreté ! » Mais il n'y a plus pauvreté, s'il y a contentement[4]. Ce n'est point d'avoir peu, c'est de désirer plus, qu'on est pauvre[5]. Qu'importe combien cet homme a dans ses coffres, combien dans ses greniers, ce qu'il engraisse de troupeaux, ce qu'il touche d'intérêts, s'il dévore en espoir le bien d'autrui, s'il suppute non ce qu'il a acquis, mais ce qu'il voudrait acquérir! « Quelle est la mesure de la richesse? » diras-tu. D'abord le nécessaire, ensuite ce dont on se contente.

# LETTRE III.

### Du choix des amis.

Tu as chargé de lettres pour moi, à ce que tu m'écris, un de tes amis. Puis tu me préviens de ne pas lui communiquer tout ce qui te touche, attendu que toi-même n'es point dans l'habitude de le faire. Ainsi, dans la même lettre, tu le reconnais pour ami et tu le désavoues. Ainsi ce mot, par où tu débutes, était une formule banale : tu disais mon ami, comme on dit *l'honorable homme* de tout candidat possible, comme le passant, dont le nom ne nous revient pas, est salué par nous du titre de *maître*. Pour cela passe. Mais si tu tiens pour ami l'homme en qui tu n'as pas autant de foi qu'en toi-même, ton erreur est grave et tu connais peu le grand caractère de la véritable amitié. Délibère sur tout avec l'homme de ton choix, mais sur lui-même au moment de choisir. Ami, sois confiant; avant d'être ami, sois juge. Or ils prennent au rebours et intervertissent leurs devoirs ceux qui, contrairement aux préceptes de Théophraste, n'examinent qu'après s'être attachés et se détachent après l'examen. Réfléchis longtemps sur l'adoption d'un ami; une fois décidé, ouvre toute ton âme pour le recevoir [6]; parle aussi hardiment devant lui qu'à toi-même. Vis en sorte que tu n'aies rien à t'avouer qui ne puisse l'être même à ton ennemi; mais comme il survient de ces choses que l'usage est de tenir cachées, avec ton ami du moins que tous tes soucis, toutes tes pensées soient en commun. Le juger discret sera l'obliger à l'être. Certaines gens ont enseigné à les tromper en craignant qu'on ne les trompât, et donné par leurs soupçons le droit de les trahir [7]. Eh! pourquoi donc des réticences devant un ami? Pourquoi près de lui ne me croirai-je pas seul [8]?

Ce qui ne doit se confier qu'à l'amitié, certains hommes le content à tout venant; toute oreille leur est bonne pour y décharger le secret qui les brûle; d'autres en revanche redouteraient pour confidents jusqu'à ceux qu'ils chérissent le plus, et, s'il se pouvait, ne se fieraient pas à eux-mêmes : ils refoulent au plus profond de leur âme leurs moindres secrets. Fuyons ces deux excès; car c'en est un de se livrer à tous, comme de ne se livrer à personne : seulement le premier me paraît plus honorable, le second plus sûr.

De même il faut blâmer tout ensemble et une mobilité toujours inquiète et une continuelle inaction. L'amour du tracas n'est point de l'activité, c'est une fièvre, un vagabondage d'esprit; comme le repos n'est point cet état qui juge tout mouvement un supplice : il y a là énervement et marasme. Voici là-dessus ce que j'ai lu dans Pomponius, je le livre à tes réflexions : « Il y a des gens qui se sont tellement réfugiés dans les ténèbres que tout leur paraît trouble au grand jour. » Il faut entremêler les deux choses : l'homme oisif doit aussi agir et l'homme agissant se reposer. Consulte la nature, elle te dira qu'elle a créé le jour et la nuit.

## LETTRE IV.

#### Sur la crainte de la mort.

Persévère dans ta voie, et hâte-toi de toutes tes forces pour jouir plus longtemps de l'heureuse réforme d'une âme rendue à la paix. C'est jouir déjà sans doute que de travailler à cette réforme et à cette paix; mais bien autre est la volupté qu'on éprouve à contempler son âme pure de toute tache et resplendissante. Il te souvient, n'est-ce pas, quelle joie tu ressentis lorsqu'ayant quitté la prétexte tu pris la toge virile et fus mené en pompe au forum : attends-toi à mieux pour le jour où, dépouillant toute marque de l'enfance morale, tu seras inscrit par la philosophie au rang des hommes [9]. Nous ne sommes plus jeunes, mais, chose plus triste, nos âmes le sont toujours; et, ce qui est pire, sous l'air imposant du vieil âge nous gardons les défauts de la jeunesse et non de la jeunesse seulement, mais de l'enfance même : la première s'effraye de peu, la seconde de ce qui n'est pas; nous, de l'un et de l'autre. Fais seulement un pas, et tu reconnaîtras qu'il est des choses d'autant moins à craindre qu'elles effrayent davantage. Il n'est jamais grand le mal qui termine tous les autres. La mort vient à toi? Il faudrait la craindre, si elle pouvait séjourner en toi; nécessairement ou elle n'arrive point, ou c'est un éclair qui passe. « Il est difficile, dis-tu, d'amener notre âme au mépris de la vie. » Eh! vois quels frivoles motifs inspirent quelquefois ce mépris! Un amant court se pendre à la porte de sa maîtresse; un serviteur se précipite d'un toit pour ne plus ouïr les reproches emportés d'un maître; un esclave fugitif, de peur d'être ramené, se plonge un glaive dans le sein. Douteras-tu que le vrai courage ne fasse ce que fait l'excès de la peur? Nul ne saurait vivre en sécurité, s'il songe trop à vivre longtemps, s'il compte parmi les grandes félicités de voir une nombreuse série de consuls. Que tes méditations journalières tendent à quitter sans regret cette vie que tant d'hommes embrassent et saisissent, comme le malheureux qu'entraîne un torrent s'accroche aux ronces et aux pointes des rochers. La plupart flottent misérablement entre les terreurs de la mort et les tourments de l'existence ; ils ne veulent plus vivre et ne savent point mourir [10]. Veux-tu que la vie te soit douce ? Ne sois plus inquiet de la voir finir. La possession ne plaît qu'autant qu'on s'est préparé d'avance à la perte. Or quelle perte plus facile à souffrir que celle qui ne se regrette point [11] ? Exhorte donc, endurcis ton âme contre tous les accidents, possibles même chez les maîtres du monde. L'arrêt de mort de Pompée fut porté par un roi pupille et par un eunuque ; celui de Crassus par l'insolente cruauté d'un Parthe. Caligula commande, et Lépidus présente la tête au glaive du tribun Dexter ; lui-même tendra la sienne à Chéréas. Jamais la Fortune n'élève un homme tellement haut qu'elle ne le menace d'autant de maux qu'elle l'a mis à portée d'en faire. Défie-toi du calme présent : un instant bouleverse la mer : le même jour, là même où ils se jouaient, les vaisseaux s'engloutissent. Songe qu'un brigand, qu'un ennemi te peut mettre l'épée sur la gorge, qu'à défaut des puissants de la terre, le dernier esclave a sur toi droit de vie et de mort. En effet, qui méprise sa vie est maître de la tienne [12]. Parcours la liste de ceux qui périrent par embûches domestiques, par force ouverte ou trahison, tu verras que la colère des esclaves n'a pas fait moins de victimes que celle des rois. Que t'importe, ô homme ! le plus ou le moins de puissance de celui que tu crains, quand, le mal que tu crains, tout autre le peut faire ? « Mais, si le hasard te jette aux mains de tes ennemis, le vainqueur te fera conduire.... » Eh ! certes, où tu vas. Pourquoi t'abuser toi-même et reconnaître seulement ici la fatalité que tu subis depuis longtemps ? Entends-moi bien : du jour où tu es né, c'est à la mort que tu marches. Voilà quelle sorte de pensées il faut rouler dans son esprit, si l'on veut attendre en paix cette heure dernière dont la frayeur trouble toutes les autres.

Mais pour terminer ma lettre, écoute la maxime qui m'a plu aujourd'hui (encore une fleur dérobée aux jardins d'autrui) : « C'est une grande fortune que la pauvreté réglée sur la loi de la nature. » Or cette loi, sais-tu à quoi elle borne nos besoins ? à ne point pâtir de la faim, de la soif, du froid. Pour chasser la faim et la soif, il n'est pas nécessaire d'assiéger un seuil orgueilleux, ni d'endurer un écrasant dédain, ou une politesse insultante, il n'est pas nécessaire de s'aventurer sur les mers ni de suivre les camps. Aisément on se procure ce que la nature réclame : la chose est à notre portée ; c'est pour le superflu que l'on sue, c'est le superflu qui nous use sous la toge, qui nous condamne à vieillir sous la tente, qui nous envoie échouer aux côtes étrangères. Et l'on a sous la main ce qui suffit! Qui s'accommode de sa pauvreté est riche.

## LETTRE V

De la philosophie d'ostentation et de la vraie philosophie.
La crainte et l'espérance.

Opiniâtrément livré à l'étude et laissant tout le reste, tu ne travailles qu'à te rendre chaque jour meilleur; je t'en approuve et je m'en réjouis. Je ne t'exhorte pas à persévérer, je fais plus, je t'en prie. Mais écoute un avis : n'imite point ces hommes moins curieux de faire des progrès que du bruit; que rien dans ton extérieur ou ton genre de vie n'appelle sur toi les yeux. Étaler une mise repoussante, une chevelure en désordre, une barbe négligée, déclarer la guerre à l'argenterie, établir son lit sur la dure, courir enfin après un nom par les voies les moins naturelles, fuis tout cela. Ce titre de philosophe, si modestement qu'on le porte, est bien assez impopulaire; que sera-ce si nos habitudes nous retranchent tout d'abord du reste des hommes? Je veux au dedans dissemblance complète : au dehors soyons comme tout le monde [13]. Point de toge brillante, ni sordide non plus. Sans posséder d'argenterie où l'or massif serpente en ciselure, ne croyons pas que ce soit preuve de frugalité que de n'avoir ni or ni argent chez soi. Ayons des façons d'être meilleures que celles de la foule, mais non pas tout autres; sinon, nous allons faire fuir et nous aliéner ceux que nous prétendons réformer [14]. Nous serons cause en outre que nos partisans ne voudront nous imiter en rien, de peur d'avoir à nous imiter en tout. La philosophie a pour principe et pour drapeau le sens commun, l'amour de nos semblables; nous démentirons cette devise si nous faisons divorce avec les humains. Prenons garde, en cherchant l'admiration, de tomber dans le ridicule et l'odieux. N'est-il pas vrai que notre but est de vivre selon la nature? Or il est contre la nature de s'imposer des tortures physiques, d'avoir horreur de la plus simple toilette, d'affectionner la malpropreté et des mets, non-seulement grossiers, mais qui répugnent au goût et à la vue. De même que rechercher les délicatesses de la table s'appelle sensualité, fuir des jouissances tout ordinaires et peu coûteuses est de la folie. La philosophie veut qu'on soit tempérant, non bourreau de soi-même; et la tempérance n'exclut pas un certain apprêt. Voici où j'aime que l'on s'arrête : je voudrais un milieu entre la vertu parfaite et les mœurs du siècle, et que chacun, tout en nous voyant plus haut que soi, se reconnût en nous. « Qu'est-ce à dire? Ferons-nous donc comme tous les autres? Point de différence de nous au vulgaire? » Il y en aura certes une grande; et qui nous examinera de près la sentira bien. Si l'on entre chez nous, que l'admiration soit plutôt pour le maître que pour les meubles. Il y a de la grandeur à se servir d'argile comme on se servirait d'argenterie; il n'y en a pas moins à se servir d'argenterie comme si c'était de l'argile. C'est faiblesse d'âme de ne pouvoir supporter les richesses.

Mais pour te faire participer encore à la petite aubaine de ce jour, j'ai lu chez Hecaton, l'un des nôtres, que la mort des désirs profite aussi comme remède de la peur. « Tu cesseras de craindre, dit-il, si tu as cessé d'espérer [15]. » Tu demandes comment deux choses si opposées peuvent aller ensemble? Eh bien, oui, cher Lucilius, en apparence divisées, elles sont étroitement unies. Tout comme la même chaîne attache le soldat à son prisonnier, ainsi ces affections si dissemblables marchent de compagnie : après l'espérance la crainte. Je ne m'étonne pas qu'il en aille ainsi : toutes deux sont filles de l'incertitude, toutes deux en attente, en souci de ce qui adviendra. Mais ce qui surtout les fait naître, c'est qu'on ne s'arrange pas du présent, c'est qu'on lance bien au loin ses pensées dans l'avenir. Ainsi la prévoyance, l'un de nos plus grands biens sur cette terre, s'est tournée en mal. L'animal voit le danger et le fuit; le danger s'éloigne, sa sécurité renaît : nous, l'avenir nous torture en même temps que le passé. Que de choses salutaires à l'homme sont pour l'homme des poisons! Sa mémoire lui ramène les angoisses de la peur, sa prévoyance les anticipe. Nul n'a assez des misères du présent [16].

# LETTRE VI.

### De la véritable amitié.

Je sens, Lucilius, non-seulement que je m'amende, mais que je me transforme. Je n'ose garantir ni espérer que je n'ai plus rien à changer en moi. Qui suis-je pour qu'il n'y reste plus nombre de penchants à contenir, à affaiblir, à fortifier? c'est même une preuve de son heureuse métamorphose que notre âme découvre en soi des défauts qu'elle ne se savait point encore. Il est des malades que l'on félicite de bien connaître leur mal. Que je voudrais faire passer en toi le changement subit que j'éprouve! Alors je commencerais à prendre une confiance plus ferme en notre amitié, cette amitié vraie, que ni espoir, ni crainte, ni vue d'intérêt privé ne peuvent rompre, cette amitié qui ne meurt qu'avec l'homme et pour laquelle l'homme sait mourir. Je te citerais bien des gens chez qui les amis n'ont point manqué, mais bien l'amitié. Pareille chose ne peut arriver aux âmes qu'associe la passion de l'honnête et qu'un même vouloir entraîne. Comment n'en serait-il pas ainsi? Elles savent qu'entre elles tout est commun, les malheurs plus que tout le reste. Tu ne peux mesurer en idée ce que chaque jour m'apporte de progrès visibles pour moi.

Tu vas me dire de t'envoyer aussi cette recette dont l'épreuve m'a été si efficace. Oui vraiment, j'aspire à verser mon trésor tout entier dans ton âme; et si je me réjouis d'apprendre, c'est pour enseigner; et nulle découverte ne me charmerait, quelque précieuse et salutaire qu'elle fût, si je la devais garder pour moi seul. Que la sagesse me soit donnée à condition de la renfermer en moi et de ne pas révéler ses oracles, je la refuserais. Toute jouissance qui n'est point partagée perd sa douceur[17]. Je t'enverrai donc les livres mêmes; et pour que tu n'aies pas trop de peine à y chercher çà et là ce qui doit te servir, j'y ferai des remarques qui te mèneront incontinent aux endroits que j'approuve et que j'admire. Mais nous parler de vive voix et vivre ensemble te profitera plus qu'un discours écrit. Viens voir par toi-même, il le faut, d'abord parce qu'on en croit bien plus ses yeux que ses oreilles ; ensuite la voie du précepte est longue, celle de l'exemple courte et efficace. Cléanthe n'eût pas si bien reproduit Zénon, s'il n'eût fait que l'entendre. Il fut le témoin de sa vie, il en pénétra les secrets détails, il observa si sa morale servait de règle à sa conduite. Platon (a), Aristote et tous ces chefs futurs de sectes opposées recueillirent plus de fruit des mœurs de Socrate que de ses discours. Métrodore, Hermachus et Polyænos sortirent grands hommes moins de l'école d'Épicure que de son intimité. Mais si je te presse de venir, ce n'est pas pour tes progrès seuls, c'est aussi pour les miens : le profit sera grand et réciproque entre nous.

En attendant, comme je te dois mon petit tribut quotidien, voici ce qui m'a aujourd'hui charmé dans Hécaton : « Tu demandes quels progrès j'ai faits ? Je commence à être l'ami de moi-même. » C'est un grand pas : Hécaton ne sera plus seul. Un tel homme, sois-en sûr, est l'ami de tous les hommes.

## LETTRE VII.

Fuir la foule. Cruauté des spectacles de gladiateurs.

Tu me demandes ce que tu dois principalement éviter ? —La foule. Tu ne peux encore t'y livrer impunément. Moi, pour mon compte, j'avouerai ma faiblesse. Jamais je ne rentre chez moi tel que j'en suis sorti. Toujours quelque trouble que j'avais assoupi en moi se réveille, quelque tentation chassée reparaît. Ce qu'éprouvent ces malades réduits par un long état de faiblesse à ne pouvoir sans accident quitter le logis, nous arrive à nous de qui l'âme est convalescente d'une longue maladie. Il n'est pas bon de se répandre dans une nombreuse société. Là tout nous prêche le vice, ou nous l'imprime, ou à notre insu nous entache. Et plus nos liaisons s'étendent, plus le danger se multiplie. Mais rien n'est funeste à la morale comme l'habitude des spectacles. C'est là que les vices nous surprennent plus aisé-

---

(a) Savoir : Platon par la vue, les autres par l'histoire des mœurs de Socrate. Ainsi tomberait l'anachronisme dont on accuse ici Sénèque, sur ce que Socrate était mort avant la naissance d'Aristote.

ment par l'attrait du plaisir (*a*). Que penses-tu que je veuille dire? que j'en sors plus attaché à l'argent, à l'ambition, à la mollesse, ajoute même plus cruel et plus inhumain pour avoir été au milieu des hommes. Le hasard vient de me conduire au spectacle de midi : je m'attendais à des jeux, à des facéties, à quelque délassement qui repose les yeux du sang humain. Loin de là : tous les combats précédents avaient été pure clémence. Cette fois, plus de badinage : c'est l'homicide dans sa crudité. Le corps n'a rien pour se couvrir; il est tout entier exposé aux coups, et pas un ne porte à faux. La foule préfère cela aux gladiateurs ordinaires et même extraordinaires. Et n'a-t-elle pas raison? ni casque ni bouclier qui repousse le fer. A quoi servent ces armures, cette escrime, toutes ces ruses? à marchander avec la mort. Le matin c'est aux lions et aux ours qu'on livre des hommes; à midi, c'est aux spectateurs. On met aux prises ceux qui ont tué avec d'autres qui les tueront, et tout vainqueur est réservé pour une nouvelle boucherie. L'issue de la lutte est la mort; le fer et le feu font la besogne. Cela, pour occuper les intermèdes. « Mais cet homme-ci a commis un vol! — Eh bien, il mérite le gibet. — C'est un assassin! — Tout assassin doit subir la peine du talion. Mais toi qu'as-tu fait, malheureux, qui te condamne à un tel spectacle? — Les fouets! le feu! la mort! s'écrie-t-on. En voilà un qui s'enferre trop mollement, qui tombe avec peu de fermeté, qui meurt de mauvaise grâce! » — Le fouet les renvoie aux blessures; et des deux côtés ces poitrines nues doivent d'elles-mêmes s'offrir aux coups. Le spectacle est-il suspendu? Par passe-temps qu'on égorge encore, pour ne pas être à ne rien faire [12].

Romains! ne sentez-vous donc pas que l'exemple du mal retombe sur ceux qui le donnent? Rendez grâce aux dieux immortels : ils vous laissent enseigner la cruauté à celui qui ne peut l'apprendre (*b*).

Il faut sauver de l'influence populaire un esprit trop tendre encore et peu ferme dans la bonne voie : aisément il passe du côté de la foule. Socrate, Caton, Lélius eussent pu voir leur vertu entraînée par le torrent de la corruption; et nous, encore en pleine lutte contre nos penchants déréglés, nous saurions soutenir le choc des vices qui viennent à nous en si grande compagnie! Un seul exemple de prodigalité ou de lésine fait

---

(*a*) Voir *Le repos du sage*, au début, et la note.
(*b*) Dernière et inutile flatterie à l'adresse de Néron.

beaucoup de mal ; un commensal aux goûts raffinés peu à peu nous efféminé et nous amollit ; le voisinage d'un riche irrite la cupidité ; la rouille de l'envie se communique par le contact au cœur le plus net et le plus franc ; que penses-tu qu'il arrive de tes mœurs en butte aux assauts de tout un peuple? Forcément tu seras son imitateur ou son ennemi. Double écueil qu'il faut éviter : ne point ressembler aux méchants parce qu'ils sont le grand nombre, ne point haïr le grand nombre parce qu'il diffère de nous. Recueille-toi en toi-même, autant que possible ; fréquente ceux qui te rendront meilleur, reçois ceux que tu peux rendre tels. Il y a ici réciprocité, et l'on n'enseigne pas qu'on ne s'instruise. Garde qu'une vaine gloriole de publicité n'entraîne ton talent à se produire devant un auditoire peu digne, pour y lire ou pour disserter, ce que je te laisserais faire si tu avais pour ce peuple-là quelque denrée de son goût. Mais aucun ne te comprendrait, hormis peut-être un ou deux par hasard ; encore faudrait-il les former toi-même, les élever à te comprendre. « Et pour qui donc ai-je tant appris? » — N'aie point peur que ta peine soit perdue : tu as appris pour toi.

Mais pour ne pas profiter seul de ce que j'ai appris aujourd'hui, je te ferai part de ce que j'ai trouvé : ce sont trois belles paroles à peu près sur ce même sujet ; l'une payera la dette de ce jour, tu prendras les deux autres comme avance. Démocrite a dit : « Un seul homme est pour moi le public, et le public un seul homme. » J'approuve encore, quel qu'en soit l'auteur, car on n'est pas d'accord sur ce point, la réponse d'un artiste auquel on demandait pourquoi il soignait tant des ouvrages que si peu d'hommes seraient appelés à connaître : « C'est assez de peu, assez d'un, assez de pas un. » Le troisième mot, non moins remarquable, est d'Épicure ; il écrivait à l'un de ses compagnons d'études : « Ceci n'est pas pour la multitude, mais pour toi, car nous sommes l'un pour l'autre un assez grand théâtre [19]. » Garde cela, Lucilius, au plus profond de ton âme, et tu dédaigneras ce chatouillement qu'excite la louange sortant de plusieurs bouches. La foule t'applaudit ! Eh ! qu'as-tu à te complaire si tu es de ces hommes que la foule comprend. C'est au dedans de toi que tes mérites doivent briller.

# LETTRE VIII.

**Travail du sage sur lui-même. Mépris des biens extérieurs.**

Quand je te presse de fuir le monde pour la retraite, et de te borner au témoignage de ta conscience, tu me dis : « Que deviennent vos grands préceptes qui veulent que la mort nous trouve en action? » Quoi! jusqu'ici te semblé-je inoccupé? Je ne me suis séquestré, je n'ai fermé ma porte que pour être utile à un plus grand nombre. Aucun de mes jours ne s'écoule à rien faire; mes études prennent une portion de mes nuits; je succombe au sommeil plutôt que je ne m'y livre, et quand mes paupières, lasses de veiller, s'affaissent, je les retiens encore au travail [20]. J'ai dit adieu tout à la fois aux hommes et aux affaires, à commencer par les miennes. C'est au profit de la postérité que je travaille ; c'est pour elle que je rédige quelques utiles leçons, quelques salutaires avertissements, comme autant de recettes précieuses que je confie au papier, pour en avoir éprouvé la vertu sur mes propres plaies : car, si la guérison n'a pas été complète, le mal a cessé de s'étendre. Le droit chemin, que j'ai connu tard et lorsque j'étais las d'errer, je l'indique aux autres; je leur crie : Évitez tout ce qui séduit le vulgaire, tout ce que le hasard dispense. Tenez tous ses dons pour suspects et tremblez d'y toucher. L'habitant des bois ou de l'onde se laisse prendre à l'appât qui l'allèche. Les présents de la fortune, comme vous les appelez, sont ses piéges. Qui veut vivre à l'abri de ses coups devra fuir au plus loin la glu perfide de ses faveurs. Car ici, trop malheureuses dupes, nous croyons prendre, et nous sommes pris. Cette course rapide vous mène aux abîmes; cette éminente position a pour terme la chute; et s'arrêter n'est plus possible, dès qu'une fois l'on cède au vertige de la prospérité. Ou jouis au moins de tes actes, ou jouis de toi-même (a). Ainsi la fortune ne culbute point l'homme; elle le courbe et le froisse seulement.

(a) *Aut saltem rectis aut semel fruere* : texte corrompu. D'autres lisent *ruere*. Je propose : *aut saltem actis aut temet fruere*.

Un plan de vie aussi profitable au physique qu'au moral et qu'il faut garder, c'est de n'avoir de complaisance pour le corps que ce qui suffit pour la santé. Il le faut durement traiter, de peur qu'il n'obéisse mal à l'esprit ; le manger doit seulement apaiser la faim, le boire éteindre la soif, le vêtement garantir du froid, le logement abriter contre l'inclémence des saisons. Qu'il soit construit de gazon ou de marbre étranger de nuances diverses, il n'importe : sachez tous qu'on est aussi bien à couvert sous le chaume que sous l'or. Méprisez toutes ces laborieuses superfluités qu'on appelle ornements et décorations : dites-vous bien que dans l'homme rien n'est admirable que l'âme, que pour une âme grande rien n'est grand.

Si je me parle ainsi à moi et à la postérité, ne te semblé-je pas plus utile que si j'allais au forum cautionner quelqu'un sur sa demande, apposer mon sceau sur des tablettes testamentaires, ou dans le sénat appuyer un candidat de la voix et du geste? Crois-moi : tels qui paraissent ne rien faire font plus que bien d'autres : ils sont ouvriers de la terre et du ciel tout ensemble.

Mais il faut finir et, selon mon engagement, payer pour cette lettre. Ce ne sera pas de mon cru : c'est encore Épicure que je feuillette et où j'ai lu aujourd'hui cette maxime : « Fais-toi l'esclave de la philosophie, pour jouir d'une vraie indépendance[21]. » Elle n'ajourne pas celui qui se soumet, qui se livre à elle. Il est tout d'abord affranchi ; car l'obéissance à la philosophie c'est la liberté. Peut-être veux-tu savoir pourquoi je cite tant d'heureux emprunts d'Épicure plutôt que des nôtres? Et pourquoi toi-même les attribuerais-tu à Épicure plutôt qu'au domaine public? Que de choses, chez les poëtes, que les philosophes ont dites ou devaient dire! Sans toucher aux tragiques ou aux drames romains, car ce dernier genre comporte aussi quelque gravité et tient le milieu entre le comique et le tragique, combien de vers et des plus éloquents dans les mimes où ils sont perdus! Combien de mots de Publius (a), dignes non de bateleurs déchaussés, mais de tragédiens en cothurne! Voici un de ses vers qui appartient à la philosophie et au point même touché tout à l'heure : il nie que les dons du hasard doivent être comptés comme à nous :

> C'est au sort qu'appartient ce qu'obtinrent tes vœux.

(a) Publius Syrus. Voy. *Consol. à Marcia*, ix et la note.

Tu l'as dit en un vers beaucoup meilleur et plus serré, je me le rappelle :

Ce qu'a fait le hasard pour toi, n'est pas à toi

Et ce trait, plus heureux encore, et que je ne puis omettre :

On peut ravir le bien que l'on a pu donner.

Je n'impute point ceci à ma décharge : je te paye sur ton bien.

# LETTRE IX.

### Pourquoi le sage se fait des amis.

Épicure a-t-il raison de blâmer, dans une de ses lettres, ceux qui disent que le sage se suffit à lui-même et partant n'a pas besoin d'amis? voilà ce que tu veux savoir. Épicure s'attaquait à Stilpon et à ceux qui voient le bien suprême dans une âme *qui ne souffre de rien*. L'ambiguïté est inévitable, si nous voulons rendre ἀπάθειαν par un seul mot précis et mettre *impatientiam* : car on pourra comprendre le contraire de ce que nous donnons à entendre. Nous voulons désigner l'homme qui repousse tout sentiment du mal, et on l'entendrait de celui pour qui tout mal est insupportable : vois donc s'il n'est pas mieux de dire *une âme invulnérable*, ou une âme *placée en dehors de toute souffrance*. Voici en quoi nous différons des Mégariques : notre sage est invincible à toutes les disgrâces, mais il n'y est pas insensible ; le leur ne les sent même pas. Le point commun entre eux et nous, c'est que le sage se suffit : toutefois il désire en outre les douceurs de l'amitié, du voisinage, du même toit, bien qu'il trouve en soi assez de ressources. Il se suffit si bien à lui-même, que souvent une partie de lui-même lui suffit, s'il perd une main par la maladie ou sous le fer de l'ennemi. Qu'un accident le prive d'un œil, il est satisfait de ce qui lui reste : mutilez, retranchez ses membres, il demeurera aussi serein que quand il les avait intacts. Les choses qui lui manquent, il ne les regrette pas ; mais il préfère n'en pas être privé. Si le sage se suffit, ce n'est pas qu'il ne veuille point d'ami ; c'est qu'il peut s'en passer ; et quand je dis qu'il le peut, j'entends qu'il en souffre patiemment la perte. Il ne sera jamais sans un ami ; il est maître de le remplacer sitôt qu'il le veut. Comme Phidias, s'il perd une statue, en aura bientôt fait une autre ; ainsi le sage, ce grand artiste en amitié, trouve à remplir la place vacante. Comment, dis-tu, peut-il faire si vite un ami ? Je te le dirai si tu veux bien que dès à présent je te paye ma dette, et que pour cette lettre nous soyons quittes. Hécaton a dit : « Voici une recette pour se faire aimer sans drogues, ni herbe, ni paroles magiques de sorcière. Aimez, on vous aimera [22]. » Ce qu'il y a de différence pour l'agriculteur entre moissonner et semer existe entre tel qui s'est fait un ami et tel qui s'en fait un. Le philosophe Attale disait souvent : « Il est plus doux de faire que d'avoir un ami, comme l'artiste jouit plus à peindre son tableau qu'à l'avoir peint. » Occupé qu'il est à son œuvre avec tant de sollicitude, que d'attraits pour lui dans cette occupation même ! L'enchantement n'est plus si vif quand, l'œuvre finie, sa main a quitté la toile ; alors il jouit du fruit de son art : il jouissait de l'art même lorsqu'il tenait le pinceau. Dans nos enfants l'adolescence porte plus de fruits ; mais leurs premiers ans charment davantage.

Revenons à notre propos. Le sage, bien qu'il se suffise, n'en désire pas moins un ami, ne fût-ce que pour exercer l'amitié, pour qu'une si belle vertu ne reste pas sans culture, et non, comme Épicure le dit dans sa lettre, pour avoir qui veille à son lit de douleur, qui le secoure dans les fers ou dans le besoin, mais un homme qui malade soit assisté par lui, et qui enveloppé d'ennemis soit sauvé par lui de leurs fers. Ne voir que soi, n'embrasser l'amitié que pour soi, méchant calcul : elle finira comme elle a commencé. On a voulu s'assurer d'un auxiliaire contre la captivité ; mais au premier bruit de chaînes plus d'ami. Ce sont amitiés du moment, comme dit le peuple. Choisi dans votre intérêt, je vous plais, tant que je vous sers. De là cette foule d'amis autour des fortunes florissantes ; abattues, quelle solitude [23] ! les amis fuient les lieux d'épreuve. De là tant de ces déloyaux exemples, de ces lâchetés qui vous abandonnent, de ces lâchetés qui vous trahissent. Il faut bien que le début et le dénoûment se répondent. Qui s'est fait ami par intérêt sera séduit par quelque avantage contraire à cette amitié, si, en elle, une autre chose qu'elle l'attirait. Pourquoi est-ce que je prends un ami ? afin d'avoir pour qui mourir, d'avoir qui suivre en exil, de qui sauver les jours, s'il le faut, aux dépens des miens. Cette autre union que tu me dépeins est un trafic, ce n'est pas l'amitié :

on profit l'appelle, il y va ; le gain à faire, voilà son but. Nul doute qu'il y ait quelque ressemblance entre cette vertu et l'affection des amants : l'amour peut se définir la folie de l'amitié. Eh bien ! éprouve-t-on jamais cette folie dans un but de lucre, par ambition, par vanité? C'est par son propre feu que l'amour, insoucieux de tout le reste, embrase les âmes pour la beauté physique, non sans espoir d'une mutuelle tendresse. Eh quoi ! un principe plus noble produirait-il une affection honteuse? « Il ne s'agit pas ici, dis-tu, de savoir si l'amitié est à rechercher pour elle-même ou dans quelque autre vue ; si c'est pour elle-même, celui-là peut s'approcher d'elle qui trouve son contentement en soi. » Et de quelle manière s'en approche-t-il? comme de la plus belle des vertus, sans que le lucre le séduise, ou que les vicissitudes de fortune l'épouvantent. On dégrade cette majestueuse amitié quand on ne veut d'elle que ses bonnes chances. Cette maxime : le sage se suffit, est mésinterprétée, cher Lucilius, par la plupart des hommes : ils repoussent de partout le sage et l'emprisonnent dans son unique individu. Or il faut bien pénétrer le sens et la portée de ce que cette maxime promet. Le sage se suffit quant au bonheur de la vie, mais non quant à la vie elle-même. Celle-ci a de nombreux besoins ; il ne faut pour le bonheur qu'un esprit sain, élevé et contempteur de la Fortune. Je veux te faire part encore d'une distinction de Chrysippe : « Le sage, dit-il, ne manque de rien, et pourtant beaucoup de choses lui sont nécessaires : rien au contraire n'est nécessaire à l'insensé, qui ne sait faire emploi de rien, et tout lui manque. » Le sage a besoin de mains, d'yeux, de mille choses d'un usage journalier et indispensable, mais rien ne lui fait faute ; autrement il serait esclave de la nécessité : or il n'y a pas de nécessité pour le sage. Voilà comment, bien qu'il se suffise, il faut au sage des amis. Il les souhaite les plus nombreux possible, mais ce n'est pas pour vivre heureusement : il sera heureux même sans amis. Le vrai bonheur ne cherche pas à l'extérieur ses éléments : c'est en nous que nous le cultivons ; c'est de lui-même qu'il sort tout entier. On tombe à la merci de la Fortune, dès qu'on cherche au dehors quelque part de soi. « Quelle sera cependant l'existence du sage sans amis, abandonné, plongé dans les cachots, ou laissé seul chez un peuple barbare, ou retenu sur les mers par une longue traversée, ou exposé sur une plage déserte? » Il sera comme Jupiter qui, dans la dissolution du monde où se confondent en un seul chaos les dieux et la nature un moment expirante, se recueille absorbé dans ses propres pensées. Ainsi fait en quelque façon le sage : il se replie en soi, il se tient compagnie. Tant qu'il lui est permis de régler son sort à sa guise, il se suffit, et néanmoins prend femme; il se suffit, et devient père, et il ne vivrait pas, s'il lui fallait vivre seul. Ce qui le porte à l'amitié, ce n'est nullement l'intérêt; c'est un entraînement de la nature, laquelle ainsi qu'à d'autres choses a attaché un charme à l'amitié. La solitude nous est aussi odieuse que la société de nos semblables nous est attrayante ; et comme la nature rapproche l'homme de l'homme, de même encore un instinct pressant l'invite à se chercher des amis. Mais tout attaché qu'il soit à ceux qu'il s'est faits, bien qu'il les mette sur la même ligne, souvent plus haut que lui, le sage n'en restreindra pas moins sa félicité dans son cœur et dira ce qu'a dit Stilpon qu'Épicure malmène dans une de ses lettres. Stilpon, à la prise de sa ville natale, avait perdu ses enfants, perdu sa femme, et de l'embrasement général il s'échappait seul et heureux pourtant, quand Démétrius, que nombre de villes détruites avaient fait surnommer Poliorcète, lui demanda s'il n'avait rien perdu? « Tous mes biens, répondit-il, sont avec moi. » Voilà l'homme fort, voilà le héros! Il a vaincu la victoire même de son ennemi: « Je n'ai rien perdu, » lui dit-il, et il le réduit à douter de sa conquête. « Tous mes biens sont avec moi, » justice, fermeté, prudence et ce principe même qui ne compte comme bien rien de ce que peuvent ravir les hommes (a). On admire certains animaux qui passent impunément au travers des feux; combien est plus admirable l'homme qui du milieu des glaives, des écroulements, des incendies, s'échappe sans blessure et sans perte! Tu vois qu'il en coûte moins de vaincre toute une nation qu'un seul homme. Ce mot de Stilpon est celui du stoïcien : lui aussi emporte ses richesses intactes à travers les villes embrasées ; car il se suffit à lui-même, il borne là sa félicité.

Ne crois pas qu'il n'y ait que nous qui ayons à la bouche de fières paroles; ce même censeur de Stilpon, Épicure a fait entendre un mot semblable que tu peux prendre comme cadeau, bien que ce jour-ci soit soldé. « Celui qui ne se trouve pas amplement riche, fût-il maître du monde, est toujours malheureux. » Ou, si la chose te semble mieux énoncée d'une autre manière, car il faut s'asservir moins aux paroles qu'au

---

(a) Voy. le même trait de Stilpon : *Constance du sage*, v et vi.

sens : « Celui-là est misérable qui ne se juge pas très-heureux, commandât-il à l'univers. » Vérité vulgaire, comme tu vas le voir, dictée qu'elle est par la nature; tu trouveras dans un poëte comique :

N'est pas heureux qui ne pense point l'être.

Qu'importe en effet quelle situation est la tienne, si elle te semble mauvaise? «Quoi! vas-tu m'objecter, ce riche engraissé d'infamie, qui a tant d'esclaves, mais bien plus de maîtres, pour être heureux n'a-t-il qu'à se proclamer tel? » Je réponds qu'il s'agit non de ses dires, mais de son sentiment, non de son sentiment d'un jour, mais de celui de tous les instants. N'ayons peur qu'un aussi rare trésor que le bonheur tombe aux mains d'un indigne. Hormis le sage, nul n'est content de ce qu'il est : toute déraison est travaillée du dégoût d'elle-même.

# LETTRE X.

### Utilité de la retraite. Vœux et prières des hommes.

Oui, je ne m'en dédis point : fuis les grandes compagnies, fuis les petites, fuis même celle d'un seul. Je ne sache personne avec qui je veuille te voir communiquer. Et vois quelle estime tu obtiens de moi : j'ose te confier à toi-même. Cratès (a), dit-on, le disciple de ce même Stilpon dont j'ai fait mention dans ma dernière lettre, voyant un jeune homme se promener à l'écart, lui demanda ce qu'il faisait là tout seul : « Je m'entretiens, répondit l'autre, avec moi-même. — Prends garde, je te prie, et fais grande attention, reprit Cratès, de ne pas t'entretenir avec un méchant. » On surveille d'ordinaire l'homme en proie au désespoir ou à la frayeur, pour qu'il n'abuse pas de sa solitude ; et quiconque n'a plus sa raison ne doit pas être livré à lui-même. Car alors s'agitent les mauvais desseins, alors on trame la perte d'autrui ou la sienne propre; alors les passions criminelles jettent leurs plans, et tout ce que par crainte ou par honte elle recélait en elle, l'âme le produit au dehors; l'au-

(a) Philosophe cynique, né à Thèbes, disciple de Stilpon et le premier maître de Zénon, vers l'an 326 av. J. C.

dace s'aiguise, l'incontinence s'enflamme, l'irascibilité s'exalte. En un mot, le seul avantage de la solitude qui est de n'avoir point de complice, de ne point craindre les révélateurs, l'insensé le perd : lui-même se trahit. Vois donc ce que j'espère de toi, ou plutôt ce que je m'en promets; car qui dit espérance parle d'un bien douteux : je n'imagine pas avec qui j'aimerais mieux te voir qu'avec toi. Je rappelle en mon souvenir de quel grand cœur ont jailli certains de tes mots, de quelle force ils étaient remplis. Je m'en félicitai tout d'abord et me dis : « Cela n'est point venu du bout des lèvres; il y a un fond sous ces paroles. Ce n'est point là une âme de la foule, elle aspire à la véritable vie. » Que tes discours, que ta conduite ne fassent qu'un : garde que rien ne te fasse déchoir. Pour tes vœux d'autrefois, tiens-en quitte la divinité; formes-en d'autres tout nouveaux : implore d'elle la sagesse, la santé de l'âme, et seulement ensuite celle du corps [24]. Ces souhaits-là, qui t'empêche de les renouveler souvent? Tu peux hardiment les faire : tu ne demanderas rien du bien d'autrui. — Mais, selon ma coutume, pour joindre à ma lettre quelque petit présent, voici une chose bien vraie que je trouve chez Athénodore (a) : « Tiens-toi pour affranchi de tout mauvais désir, quand tu en seras au point de ne demander rien au ciel que tu ne puisses lui demander à la face de tous. » Car aujourd'hui, ô comble du délire! les plus honteuses prières se murmurent tout bas dans les temples; si quelqu'un prête l'oreille, on se tait; et ce qu'on ne voudrait pas que l'homme sût, on le raconte aux immortels [25]. Veille à ce qu'on ne te rappelle point cette maxime préservatrice : vis avec les hommes comme si Dieu te voyait; parle à Dieu comme si les hommes t'entendaient.

---

# LETTRE XI.

### Ce que peut la sagesse contre les défauts naturels.
### Il faut se choisir des modèles.

J'ai conversé avec ton ami : il est de bon naturel. Toute l'élévation de son âme, l'étendue de son esprit et même de ses

(a) Sur Athenodore, voy. *Consol. à Marcia*, IV.

progrès se sont montrées dans cette première entrevue. Il nous a donné l'avant-goût de ce qu'il réalisera : car il parlait sans préparation, pris à l'improviste. A mesure qu'il se remettait, il avait peine à se défaire d'un modeste embarras, d'heureux augure chez un jeune homme, tant elle venait du fond de l'âme cette pudeur qui colorait ses traits. L'habitude lui en restera, autant que je puis conjecturer, fût-il même aguerri et débarrassé de tous ses défauts ; fût-il sage, elle le suivra. Car aucune sagesse ne saurait enlever dans l'homme physique ou moral des imperfections originelles : ce qui est implanté en nous, ce qui naît avec nous, se modifie par l'art, mais ne peut s'extirper. J'ai vu les plus hardis mortels ne pouvoir paraître en public sans être pris d'une sueur soudaine, comme ceux que la fatigue ou une extrême chaleur accable. J'en ai vu à qui les genoux tremblaient au moment de prendre la parole ; il en est alors dont les dents s'entre-choquent, la langue balbutie, les lèvres demeurent collées l'une à l'autre. C'est de quoi les leçons ni l'usage ne guérissent jamais ; la nature manifeste là son empire et avertit même les plus forts de leur faiblesse. Outre cela, je connais encore ces subites rougeurs dont se couvrent les visages même les plus graves. Plus apparentes chez ceux qui sont jeunes comme ayant le sang plus chaud et le front moins exercé, elles ne laissent pas de se produire chez les hommes les plus consommés et chez les vieillards. Certaines gens ne sont jamais plus à craindre que lorsqu'ils ont rougi, comme s'ils avaient jeté dehors toute vergogne. Sylla devenait bien plus violent quand le sang lui était monté au visage. Nulle physionomie n'a été plus ouverte aux impressions que celle de Pompée[26] : il ne parut jamais devant plusieurs personnes sans rougir, surtout devant des assemblées. Même chose arriva à Fabianus (a), introduit au sénat comme témoin, je me le rappelle ; et cette pudeur lui allait merveilleusement. C'était l'effet, non point d'un caractère timide, mais d'une situation nouvelle, dont l'inhabitude, sans déconcerter tout à fait, agit sur des natures faciles et physiquement prédisposées à s'émouvoir. Car si chez les unes le sang est plus calme ; vif et mobile chez d'autres, incontinent il se porte au visage. C'est, je le répète, ce que la sagesse n'empêchera jamais ; autrement elle tiendrait la nature même sous sa loi, si elle en rayait toute imperfection. Celles qu'on tient du hasard

---

(a) Sur Fabianus, voy. *Brièveté de la vie*, XIV ; *Consol. à Marcia*, XXII ; Sénéq., Rhét. *Controv.* II, *préface.*

de la naissance et du tempérament, lors même que l'âme a longtemps et péniblement lutté pour s'en affranchir, ne nous quittent plus. On ne les étouffe pas plus qu'on ne les fait naître. Les acteurs, qui sur la scène imitent les passions, qui expriment la crainte dans ses agitations les plus vives, et l'abattement dans tous ses symptômes, n'ont d'autre moyen pour simuler la honte que de baisser la tête, prendre un ton de voix humble, fixer sur la terre des yeux à demi fermés : il ne leur est pas donné de se faire rougir, phénomène qu'on n'empêche ni ne provoque. La sagesse ne promet ni ne fait rien pour le combattre ; il ne dépend que de lui-même : il paraît contre notre volonté, comme il disparaît sans elle.

Mais ma lettre réclame le trait qui doit la terminer. Reçois donc un utile et salutaire conseil que je veux que tu graves dans ton âme : « Il nous faut choisir un homme vertueux et l'avoir constamment devant nos yeux, afin de vivre comme en sa présence et d'agir en tout comme s'il nous voyait. » Voilà, cher Lucilius, un précepte d'Épicure ; c'est un surveillant, un gouverneur qu'il nous impose, et avec raison. Que de fautes évitées, si au moment de les commettre on avait un témoin ! Prenons pour guide de conscience un homme révéré par nous, dont l'autorité purifie nos pensées les plus secrètes. Heureux le personnage dont la présence, que dis-je ? dont le souvenir même rend meilleur ! heureux qui le vénère assez pour qu'à ce seul souvenir il rentre dans le calme et dans l'ordre ! Qui rend aux vertus cet hommage le méritera bientôt lui-même. Oui, fais choix de Caton ou, s'il te paraît trop rigide, adopte la morale plus tempérée de Lélius : détermine-toi pour l'homme qui t'a plu par sa vie, par ses discours, par son visage même où son âme se montre au dehors : propose-toi-le incessamment soit comme censeur, soit comme modèle. On a besoin, je le dis encore, d'un type auquel se conforment nos mœurs. A moins d'une règle, les penchants vicieux ne se redressent point.

# LETTRE XII.

Avantages de la vieillesse. — Sur la mort volontaire.

De quelque côté que je me tourne, tout ce que je vois me démontre que je suis vieux (a). J'étais allé à ma campagne, près de la ville, et je me plaignais des dépenses qu'entraînait le délabrement de ma maison. Le fermier me dit qu'il n'y avait point négligence de sa part, qu'il faisait tout ce qu'il devait, mais que le bâtiment était vieux. — Ce bâtiment s'est élevé sous ma main! que vais-je devenir, moi, si des murs de mon âge tombent déjà en poudre? J'étais piqué; je saisis le premier sujet d'exhaler ma mauvaise humeur : « On voit bien, dis-je, que ces platanes sont négligés; ils n'ont plus de feuilles; quelles branches noueuses, rabougries! quels troncs affreux et rongés de mousse! cela n'arriverait pas, si l'on prenait soin de les déchausser, de les arroser. » Lui de jurer par mon bon génie qu'il y fait tout ce qu'on y peut faire, qu'il n'omet aucun soin, mais qu'ils ont un peu d'âge. — Entre nous, c'est moi qui les avais plantés, qui avais vu leur premier feuillage. Me tournant vers l'entrée du logis : « Quel est, dis-je, ce vieux décrépit très-bien placé là au seuil de ma porte, car il s'apprête à le passer pour toujours? où as-tu fait cette trouvaille? le beau plaisir d'aller enlever les morts du voisinage! — Vous ne me reconnaissez pas? dit l'autre. Je suis Felicio, à qui vous apportiez des jouets. Je suis le fils de Philositus, votre fermier; j'étais votre petit favori. — Le bonhomme radote complétement. Ce poupon-là, mon petit favori! au fait, il pourra l'être : voilà que les dents lui tombent[27]. »

Je dois à ma campagne d'y avoir vu de tous côtés ma vieillesse m'apparaître[28]. Faisons-lui bon accueil et aimons-la : elle est pleine de douceurs pour qui sait en user. Les fruits ont plus de saveur quand ils se passent; l'enfance n'a tout son éclat qu'au moment où elle finit; pour les buveurs, la dernière rasade est

(a) Voy. Sénèque sur sa vieillesse. *Lettres* xv, xxvi, xlix.

la bonne, c'est le coup qui les noie, qui rend l'ivresse parfaite [29]. Ce qu'a de plus piquant toute volupté, elle le garde pour l'instant final. Le grand charme de la vie est à son déclin, je ne dis pas au bord de la tombe, bien que, même sur l'extrême limite, elle ait à mon gré ses plaisirs. Du moins a-t-elle pour jouissance l'avantage de n'en désirer aucune. Qu'il est doux d'avoir lassé les passions, de les avoir laissées en route! « Mais il est triste d'avoir la mort devant les yeux! » D'abord elle doit être autant devant les yeux du jeune homme que du vieillard : car elle ne nous appelle point par rang d'âge; puis on n'est jamais tellement vieux qu'on ne puisse espérer sans présomption encore un jour [30]. Or un jour, c'est un degré de la vie : l'ensemble d'un âge d'homme se compose de divisions, de petits cercles enveloppés par de plus grands. Il en est un qui les embrasse et les comprend tous [31] : celui qui va de la naissance à la mort. Tel cercle laisse en dehors les années de l'adolescence; tel autre enferme dans son tour l'enfance tout entière; vient ensuite l'année qui rassemble en elle tous les temps qui multipliés forment la vie. Une moindre circonférence borne le mois, une bien moindre encore le jour; mais le jour va, comme tout le reste, de son commencement à sa fin, de son aurore à son couchant. Aussi Héraclite, que l'obscurité de son style a fait surnommer le *Ténébreux*, dit que chaque jour ressemble à tous : ce qu'on a interprété diversement. Les uns entendent qu'il est pareil quant aux heures, et ils disent vrai; car si un jour est un espace de vingt-quatre heures, nécessairement tous les jours entre eux sont pareils, parce que la nuit gagne ce que le jour perd. D'autres appliquent cette ressemblance à l'ensemble de tous les jours, la plus longue durée n'offrant que ce qu'on trouve en une seule journée, lumière et ténèbres. Dans les révolutions alternatives du ciel ce double phénomène se répète, mais n'est jamais autre, qu'il s'abrége ou qu'il se prolonge. Disposons donc chacune de nos journées comme si elle fermait la marche, comme si elle achevait et complétait notre vie [32]. Pacuvius qui, par une sorte de prescription, fit de la Syrie son domaine [33], qui présidait lui-même aux libations et au banquet de ses funérailles, se faisait porter de la table au lit, aux applaudissements de ses amis de débauche, et l'on chantait en grec au son des instruments : *Il a vécu! il a vécu* (a)! Il s'enterrait, cet homme, tous les jours. Ce qu'il faisait par dé-

(a) Voy. *Brièveté de la vie*, xx, et la note.

pravation, faisons-le dans un bon esprit ; et, en nous livrant au sommeil, disons, satisfaits et joyeux :

J'ai vécu, jusqu'au bout j'ai fourni ma carrière (a).

Si Dieu nous accorde un lendemain, soyons heureux de le recevoir. On jouit pleinement et avec sécurité de soi-même, quand on attend le lendemain sans inquiétude. Qui dit le soir : « J'ai vécu, » peut dire le matin : « Je gagne une journée. »

Mais il est temps de clore ma lettre. « Quoi ! dis-tu, elle m'arrivera sans la moindre aubaine? » Ne crains rien : elle te portera quelque chose. Quelque chose, ai-je dit? beaucoup même. Car quoi de plus excellent que ce mot que je lui confie pour te le transmettre : « Il est dur de vivre sous le joug de la nécessité, mais il n'y a nulle nécessité d'y vivre? » et comment y en aurait-il? De toutes parts s'ouvrent à la liberté des voies nombreuses, courtes, faciles. Rendons grâce à Dieu : on ne peut retenir personne dans la vie : point de nécessités que l'homme ne puisse fouler aux pieds. « Il est d'Épicure, dis-tu, ce mot-là. Pourquoi donner ce qui n'est pas à toi? » Toute vérité est mon bien ; et je ne cesserai de t'envoyer de l'Épicure à foison, pour que les gens qui jurent d'après un maître et considèrent non ce qu'on a pu dire, mais qui l'a dit, sachent que les bonnes pensées appartiennent à tous.

# LETTRE XIII.

### Sur la force d'âme qui convient au sage. — Ne pas trop craindre l'avenir.

Ton courage est grand, je le sais. Avant même de t'être armé de ces préceptes qui nous sauvent, qui triomphent des plus rudes atteintes, tu étais, en face de la Fortune, assez sûr de toi, bien plus sûr encore quand tu en es venu aux mains avec elle et que tu as mesuré tes forces. Et qui peut jamais se fier fermement aux siennes, s'il n'a vu mille difficultés surgir

(a) *Énéid.*, IV, 654.

de toutes parts et quelquefois le serrer de près? Pour une âme énergique et qui ne pliera sous le bon plaisir de personne, voilà l'épreuve, la vraie pierre de touche. L'athlète ne saurait apporter au combat toute l'ardeur nécessaire, s'il n'a jamais reçu de contusions. Celui qui a vu couler son sang, dont les dents ont craqué sous le ceste, qui, renversé, a supporté le poids de l'adversaire étendu sur lui, que l'on a pu abattre sans abattre son courage, qui à chaque chute s'est relevé plus opiniâtre, celui-là descend plein d'espoir dans l'arène. Ainsi, pour suivre la similitude, souvent la Fortune t'a tenu sous elle et, loin de te rendre, dégagé d'un seul bond tu l'as attendue plus fièrement : la vertu croit et gagne aux coups qu'on porte. Toutefois, si bon te semble, accepte de moi de nouveaux moyens de résistance. Il y a, ô Lucilius, plus de choses qui font peur qu'il n'y en a qui font mal, et nos peines sont plus souvent d'opinion que de réalité. Je te parle ici le langage non des stoïciens, mais de l'autre école, moins hardie. Car nous disons, nous, que tout ce qui arrache à l'homme la plainte ou le cri des douleurs, tout cela est futile et à dédaigner. Oublions ces doctrines si hautes et néanmoins si vraies : ce que je te recommande, c'est de ne pas te faire malheureux avant le temps; car ces maux, dont l'imminence apparente te fait pâlir, peut-être ne seront jamais, à coup sûr ne sont point encore. Nos angoisses parfois vont plus loin, parfois viennent plus tôt qu'elles ne doivent; souvent elles naissent d'où elles ne devraient jamais naître. Elles sont ou excessives, ou chimériques, ou prématurées. Le premier de ces trois points étant controversé et le procès restant indécis, n'en parlons pas quant à présent. Ce que j'appellerais léger, tu le tiendrais pour insupportable; et je sais que des hommes rient sous les coups d'étrivières, que d'autres se lamentent pour un soufflet. Plus tard nous verrons si c'est d'elles-mêmes que ces choses tirent leur force ou de notre faiblesse. En attendant promets-moi, quand tu seras assiégé d'officieux qui te démontreront que tu es malheureux, de ne point juger sur leurs dires, mais sur ce que tu sentiras : consulte ta puissance de souffrir, appelles-en à toi-même qui te connais mieux que personne : « D'où me viennent ces condoléances? quelle peur agite ces gens? ils craignent jusqu'à la contagion de ma présence, comme si l'infortune se gagnait! Y a-t-il ici quelque mal réel; ou la chose ne serait-elle point plus décriée que funeste? » Adresse-toi cette question : « N'est-ce pas sans motif que je souffre, que je m'afflige; ne fais-je point un mal de ce qui ne l'est pas? » — « Mais comment voir si ce sont chimères ou réalités qui causent mes angoisses? » Voici à cet égard la règle. Ou le présent fait notre supplice, ou c'est l'avenir, ou c'est l'un et l'autre. Le présent est facile à apprécier. Ton corps est-il libre, est-il sain, aucune disgrâce n'affecte-t-elle ton âme, nous verrons comment tout ira demain, pour aujourd'hui rien n'est à faire. « Mais demain arrivera. » Examine d'abord si des signes certains présagent la venue du mal, car presque toujours de simples soupçons nous abattent, dupes que nous sommes de cette renommée qui souvent défait des armées entières, à plus forte raison des combattants isolés. Oui, cher Lucilius, on capitule trop vite devant l'opinion : on ne va point reconnaître l'épouvantail, on n'explore rien, on ne sait que trembler et tourner le dos comme les soldats que la poussière soulevée par des troupeaux en fuite a chassés de leur camp, ou qu'un faux bruit semé sans garant frappe d'un commun effroi. Je ne sais comment le chimérique alarme toujours davantage : c'est que le vrai a sa mesure, et que l'incertain avenir reste livré aux conjectures et aux hyperboles de la peur. Aussi n'est-il rien de si désastreux, de si irrémédiable que les terreurs paniques : les autres ôtent la réflexion, celles-ci, jusqu'à la pensée. Appliquons donc ici toutes les forces de notre attention. Il est vraisemblable que tel mal arrivera, mais est-ce là une certitude? Que de choses surviennent sans être attendues, que de choses attendues ne se produisent jamais! Dût-il même arriver, à quoi bon courir au-devant du chagrin? il se fera sentir assez tôt quand il sera venu : d'ici là promets-toi meilleure chance. Qu'y gagneras-tu? du temps. Mille incidents peuvent faire que le péril le plus prochain, le plus imminent, s'arrête ou se dissipe ou aille fondre sur une autre tête. Des incendies ont ouvert passage à la fuite; il est des hommes que la chute d'une maison a mollement déposés à terre; des têtes déjà courbées sous le glaive l'ont vu s'éloigner, et le condamné a survécu à son bourreau. La mauvaise fortune aussi a son inconstance. Elle peut venir comme ne venir pas : jusqu'ici elle n'est pas venue : vois le côté plus doux des choses. Quelquefois, sans qu'il apparaisse aucun signe qui annonce le moindre malheur, l'imagination se crée des fantômes; ou c'est une parole de signification douteuse qu'on interprète en mal, ou l'on s'exagère la portée d'une offense, songeant moins au degré d'irritation de son auteur qu'à tout ce que pourrait sa colère. Or la vie n'est plus d'aucun prix, nos misères n'ont plus de terme, si l'on craint tout ce qui en fait de maux est possible. Que ta prudence te vienne en aide, emploie ta force d'âme à repousser la peur du mal même le plus évident ; sinon, combats une faiblesse par une autre, balance la crainte par l'espoir. Si certains que soient les motifs qui effraient, il est plus certain encore que la chose redoutée peut s'évanouir, comme celle qu'on espère peut nous décevoir. Pèse donc ton espoir et ta crainte, et si l'équilibre en somme est incertain, penche en ta faveur et crois ce qui te flatte le plus. As-tu plus de probabilités pour craindre, n'en incline pas moins dans l'autre sens et coupe court à tes perplexités. Représente-toi souvent combien la majeure partie des hommes, alors qu'ils n'éprouvent aucun mal, qu'il n'est pas même sûr s'ils en éprouveront, s'agitent et courent par tous chemins. C'est que nul ne sait se résister, une fois l'impulsion donnée, et ne réduit ses craintes à leur vraie valeur. Nul ne dit : « Voilà une autorité vaine, vaine de tout point : cet homme est fourbe ou crédule. » On se laisse aller aux rapports ; où il y a doute, l'épouvante voit la certitude ; on ne garde aucune mesure, soudain le soupçon grandit en terreur.

J'ai honte de te tenir un pareil langage et de t'appliquer d'aussi faibles palliatifs. Qu'un autre dise : « Peut-être cela n'arrivera-t-il pas ! » Tu diras, toi : « Et quand cela arriverait ? Nous verrons qui sera le plus fort. Peut-être sera-ce un heureux malheur, une mort qui honorera ma vie. » La ciguë a fait la grandeur de Socrate : arrache à Caton le glaive qui le rendit à la liberté, tu lui ravis une grande part de sa gloire.

Mais c'est trop longtemps t'exhorter ; car toi, c'est d'un simple avis, non d'une exhortation que tu as besoin. Nous ne t'entraînons pas dans un sens qui répugne à ta nature : tu es né pour les choses dont nous parlons. Tu n'en dois que mieux développer et embellir ces heureux dons. Mais voici ma lettre finie : je n'ai plus qu'à lui imprimer son cachet, c'est-à-dire quelque belle sentence que je lui confierai pour toi. « L'une des misères de la déraison, c'est de toujours commencer à vivre. » Apprécie ce que ce mot signifie, ô Lucilius, le plus sage des hommes, et tu verras combien est choquante la légèreté de ceux qui donnent chaque jour une base nouvelle à leur vie, qui ébauchent encore, près d'en sortir, de nouveaux projets. Regarde autour de toi chacun d'eux : tu rencontreras des vieillards qui plus que jamais se préparent à l'intrigue, aux lointains voyages, aux trafics. Quoi de plus pitoyable qu'un vieillard qui débute dans la vie[24] ! Je ne joindrais pas à cette pensée le nom de son auteur, si elle n'était assez peu connue et en dehors des recueils ordinaires d'Épicure, dont je me suis permis d'applaudir et d'adopter les mots.

# LETTRE XIV.

### Jusqu'à quel point il faut soigner le corps.

Je l'avoue, la nature a voulu que notre corps nous fût cher ; je l'avoue encore, elle nous en a commis la tutelle ; je ne nie pas qu'on ne lui doive quelque indulgence : mais qu'il faille en être esclave, je le nie. On se prépare trop de tyrans dès qu'on s'en fait un de son corps, dès qu'on craint trop pour lui, dès qu'on rapporte tout à lui. Il faut se conduire dans la pensée que ce n'est pas pour le corps qu'on doit vivre, mais qu'on ne peut vivre sans le corps. Si nous lui sommes trop attachés, nous voilà agités de frayeurs, surchargés de soucis, en butte à mille déplaisirs. Le beau moral est bien peu de chose aux yeux de l'homme pour qui le physique est tout. Donnons au corps tous les soins qu'il exige, mais sachons, dès que l'ordonnera la raison, ou l'honneur, ou le devoir, le précipiter dans les flammes. Néanmoins, autant que possible, évitons tous genres de malaises, non pas seulement tous périls ; retirons-nous en lieu sûr, veillant sans cesse à écarter les choses que ce corps peut craindre. Elles sont, si je ne me trompe, de trois sortes. Il a peur de l'indigence, peur des maladies, peur des violences de plus puissant que lui. De tout cela rien ne nous frappe plus vivement que les menaces de la force, car c'est à grand bruit, c'est avec fracas qu'elles arrivent. Les maux naturels dont je viens de parler, l'indigence et les maladies, se glissent silencieusement : l'œil ni l'oreille n'en reçoivent nulle impression de terreur. L'autre fléau marche en grand appareil : le fer et les feux l'environnent et les chaînes et une meute de bêtes féroces qu'il lâche sur des hommes pour les éventrer. Figure-toi ici les cachots, et les croix, et les chevalets, et les crocs ; et l'homme assis sur un fer aigu qui le traverse et lui sort par la bouche ; et ces membres écartelés par des chars poussés en sens divers ; et cette tunique enduite et tissue de tout ce qui alimente la flamme (*a*); et tout ce qu'a pu en outre imaginer la barbarie. Non : il n'est pas étonnant que nos plus grandes craintes nous viennent d'un ennemi dont les supplices sont si variés et les apprêts si formidables. Comme le bourreau terrifie d'autant plus qu'il étale plus d'instruments de torture (car l'appareil triomphe de qui eût résisté aux douleurs); de même, parmi les choses qui subjuguent et domptent nos âmes, les plus puissantes sont celles qui ont de quoi parler aux yeux. Il y a des fléaux non moins graves, tels que la faim, la soif, les ulcères intérieurs (*b*), la fièvre qui brûle les entrailles; mais ceux-là sont cachés : ils n'ont rien à montrer qui menace, qui soit pittoresque : les autres sont comme ces grandes armées dont l'aspect et les préparatifs seuls ont déjà vaincu [35].

Veillons donc à n'offenser personne. C'est tantôt le peuple que nous devrons craindre; tantôt, si la forme du gouvernement veut que la majeure partie des affaires se traite au Sénat, ce seront les hommes influents ; ce sera parfois un seul personnage investi des pouvoirs du peuple et qui a pouvoir sur le peuple. Avoir tous ces hommes pour amis est une trop grande affaire ; c'est assez de ne pas les avoir pour ennemis [36]. Aussi le sage ne provoquera-t-il jamais le courroux des puissances ; il louvoiera, comme le navigateur devant l'orage [37]. Quand tu es allé en Sicile, tu as traversé le détroit. Ton téméraire pilote ne tint pas compte des menaces de l'Auster, de ce vent qui soulève les flots de ces parages et les roule en montagnes (*c*); au lieu de chercher la côte à sa gauche, il se jeta sur celle où le voisinage de Charybde met aux prises les deux mers. Un plus avisé demande à ceux qui connaissent les lieux quel est ce bouillonnement, ce que pronostiquent les nuages, et il dirige sa course loin de ces bords tristement célèbres par leurs gouffres tournoyants. Ainsi agit le sage : il évite un pouvoir qui peut nuire prenant garde avant tout de paraître l'éviter. Car c'est encore une condition de la sécurité que de ne pas trop faire voir qu'on la cherche : tu me fuis, donc tu me condamnes.

J'ai dit qu'il faut songer à se garantir du côté du vulgaire. D'abord n'ayons aucune de ses convoitises : les rixes s'élèvent entre concurrents. Ensuite ne possédons rien que la ruse ait grand profit à nous ravir ; que ta personne offre le moins possi-

---

(*a*) Souvenir du supplice des chrétiens sous Néron.
(*b*) *Præcordiorum suppurationes* alias *suspirationes*.
(*c*) *Vertices*, d'autres mss. *vortices*.

ble aux spoliateurs. Nul ne verse le sang pour le sang : ces monstres du moins sont bien rares; on tue par calcul plus souvent que par haine; le brigand laisse passer l'homme qui n'a rien sur lui; sur la route la plus infestée il y a paix pour le pauvre. Restent trois choses, qu'un ancien adage nous prescrit d'éviter : la haine, l'envie, le mépris. Comment y réussir? La sagesse seule nous le montrera. Il est difficile en effet de tenir un milieu : je risque de tomber dans le mépris par crainte de l'envie; et si je me fais scrupule d'écraser personne, on peut me croire fait pour être écrasé : beaucoup eurent sujet de trembler parce qu'ils pouvaient faire trembler les autres. A tout égard prenons nos sûretés : il n'en coûte pas moins d'être envié que méprisé.

Que la philosophie soit notre refuge. Son culte est comme un sacerdoce révéré des bons, révéré même de ceux qui ne sont méchants qu'à demi. L'éloquence du forum, tous ces prestiges de la parole qui remuent les masses ont leurs antagonistes; la philosophie, pacifique et toute à son œuvre, ne donne point prise aux dédains, car tous les arts et les hommes, même les plus pervers, s'inclinent devant elle. Non, jamais la dépravation, jamais la ligue ennemie des vertus ne prévaudront tellement que le titre de philosophe ne demeure vénérable et saint. Qu'au reste notre manière de philosopher soit paisible et modeste. « Mais, diras-tu, te semble-t-elle modeste la philosophie de M. Caton qui veut repousser la guerre civile avec une harangue, qui se jette au milieu des fureurs et des armes des deux plus puissants citoyens, et tandis que les uns combattent Pompée, les autres César, attaque tous les deux à la fois?» On peut mettre en doute si alors le sage devait prendre en main les affaires publiques. « Que prétends-tu, M. Caton? Il ne s'agit plus de la liberté : depuis longtemps c'en est fait d'elle. C'est à qui, de César ou de Pompée, appartiendra la république. Qu'as-tu à faire en cette triste lutte? Tu n'as point ici de rôle : on se bat pour le choix d'un maître. Que t'importe qui triomphera? Le moins méchant peut vaincre : mais le vainqueur sera forcément le plus coupable[38]. » Je ne prends ici Caton qu'au dénoûment; mais les années même qui précédèrent n'étaient pas faites pour souffrir un sage, dans ce pillage de la république. Caton fit-il autre chose que frapper l'air de clameurs et s'épuiser en vaines paroles, lorsque enlevé par tout un peuple, jeté de mains en mains et couvert de crachats, il fut arraché du forum, ou qu'il se vit du Sénat traîné en prison? Mais nous examinerons plus tard si le sage doit intervenir en pure perte : en attendant je te renvoie à ces stoïciens qui, exclus des affaires publiques, ont embrassé la retraite pour cultiver l'art de vivre et donner au genre humain le code de ses droits, sans choquer en rien les puissances. Le sage ne doit point heurter les usages reçus ni attirer sur lui par l'étrangeté de sa vie les regards de tous. « Le voilà donc à l'abri des écueils, s'il suit cette ligne de conduite? » Je ne puis te garantir cela, pas plus qu'à un homme tempérant la santé, bien que la santé soit le fruit de la tempérance. Des vaisseaux périssent dans le port ; mais que penses-tu qu'il arrive en pleine mer? Combien n'est-on pas plus près du danger quand on exécute et projette mille choses, si le repos même n'est pas une sauvegarde! L'innocent succombe quelquefois, qui le nie? mais le plus souvent c'est le coupable. L'honneur de l'art est sauf quand on reçoit le coup à travers la garde de son épée. En un mot, dans toute affaire c'est la prudence que le sage consulte, non le résultat. Les commencements dépendent de nous : l'événement est à la décision du sort, auquel je ne donne pas juridiction sur moi. « Mais les vexations qu'il apporte! mais les traverses! » Brigand qui tue n'est pas juge qui condamne (a).

Maintenant tu tends la main vers ta stipende journalière. Tu l'auras pleine d'or pur ; et puisque c'est d'or qu'il s'agit, voici le secret d'en user et d'en jouir avec plus de charme : « Celui-là jouit le plus des richesses, qui a le moins besoin d'elles. » — L'auteur? me diras-tu. — Vois combien j'ai l'âme bonne : je m'avise de louer ce qui n'est pas de nous. C'est d'Épicure, ou de Métrodore, ou de tel autre du même atelier. Et qu'importe qui l'a dit, s'il est dit pour tous? Qui a besoin des richesses craint de les perdre ; or une jouissance inquiète n'en est plus une : on veut ajouter à son bien, et en songeant à l'accroître on oublie d'en user. On reçoit des comptes, on fatigue le pavé du forum, on feuillette son livre d'échéances, de maître on se fait intendant.

(a) *Non dominatur latro, quum occidit :* texte Lemaire ; tous les mss : *Non damnatur latro....* Je lis : *Non damnat latro....*

# LETTRE XV.

#### Des exercices du corps. — De la modération dans les désirs.

C'était chez nos pères un usage, observé encore de mon temps, d'ajouter au début d'une lettre : *Si ta santé est bonne, je m'en réjouis; pour moi, je me porte bien*. A juste titre aussi nous disons, nous : *Si tu pratiques la bonne philosophie, je m'en réjouis*. C'est là en effet la vraie santé, sans laquelle notre âme est malade et le corps lui-même, si robuste qu'il soit, n'a que les forces d'un furieux ou d'un frénétique. Soigne donc par privilége la santé de l'âme : que celle du corps vienne en second lieu ; et cette dernière te coûtera peu, si tu ne veux que te bien porter. Car il est absurde, cher Lucilius, et on ne peut plus messéant à un homme lettré, de tant s'occuper à exercer ses muscles, à épaissir son encolure, à fortifier ses flancs. Quand ta corpulence aurait pris le plus heureux accroissement, et tes muscles les plus belles saillies, tu n'égaleras jamais en vigueur et en poids les taureaux de nos sacrifices. Songe aussi qu'une trop lourde masse de chair étouffe l'esprit et entrave son agilité. Cela étant, il faut, autant qu'on peut, restreindre la sphère du corps et faire à l'âme la place plus large. Que d'inconvénients résultent de tant de soins donnés au corps! D'abord des exercices dont le travail absorbe les esprits et rend l'homme incapable d'attention forte et d'études suivies ; ensuite une trop copieuse nourriture qui émousse la pensée. Puis des esclaves de la pire espèce que vous acceptez pour maîtres, des hommes qui partagent leur vie entre l'huile et le vin, dont la journée s'est passée à souhait, s'ils ont bien et dûment sué et, pour réparer le fluide perdu, multiplié ces rasades qui à jeun doivent pénétrer plus avant. Boire et suer, régime d'estomacs débilités.

Il est des exercices courts et faciles qui déroidissent le corps(a) sans trop distraire, et ménagent le temps, dont avant tout il faut tenir compte : la course, le balancement des mains chargées de quelque fardeau, le saut en hauteur ou bien en longueur, ou comme qui dirait la danse *des prêtres saliens*, ou plus trivialement

---

(a) *Corpus laxent :* alias *lassent*.

*le saut du foulon*. Choisis lequel tu voudras de ces moyens : l'usage te le rendra facile. Mais quoi que tu fasses, reviens vite du corps à l'âme; nuit et jour tu dois l'exercer, on l'entretient sans grande peine. Cet exercice, ni froid ni chaleur ne l'empêchent, ni même la vieillesse. Cultive ce fonds que le temps ne fait qu'améliorer. Non que je te prescrive d'être sans cesse courbé sur un livre ou sur des tablettes : il faut quelque relâche à l'âme, de manière toutefois à ne pas démonter ses ressorts, mais à les détendre. La litière aussi donne au corps un ébranlement qui ne trouble point la pensée : elle permet de lire, de dicter, de parler, d'écouter, tous avantages que nous laisse même la promenade à pied. Ne dédaigne pas non plus la lecture à haute voix ; mais point de ces efforts d'organe qui montent toute l'échelle des tons pour baisser brusquement. Veux-tu même apprendre l'art de déclamer en marchant ? Ouvre ta porte à ces gens auxquels la faim a fait inventer une science nouvelle : ils sauront régler ton allure, observeront le mouvement de tes lèvres et de tes mâchoires et pousseront la hardiesse aussi loin que ta patiente crédulité les laissera faire. Or voyons: faudra-t-il que tu débutes par crier et par développer toute la force de tes poumons? Il est si naturel de ne s'échauffer que graduellement, que même ceux qui plaident prennent d'abord le ton ordinaire avant de passer aux éclats de voix. Aucun ne s'écrie dès l'exorde. « A moi, concitoyens! » Ainsi, selon l'idée, l'impulsion du moment, soutiens le pour, le contre d'une controverse ou plus animée ou plus lente, prenant aussi conseil de tes poumons et de ta voix. Toujours mesurée, quand tu veux la recueillir et la rappeler, qu'elle descende et ne tombe pas; qu'elle garde le diapason de l'âme sa régulatrice et ne s'emporte pas à l'ignorante et rustique manie de vociférer. Ce n'est pas d'exercer la voix qu'il s'agit, mais de s'exercer par elle.

Grâce à moi te voilà hors d'un grave embarras : un petit cadeau, un présent d'ami va s'ajouter à ce service (*a*). Écoute cette sentence remarquable : « La vie de l'insensé n'est qu'ingratitude, qu'anxiété, qu'élancement vers l'avenir. » — « Qui a dit cela? » Le même que ci-devant. Or de quelle vie parle-t-il, selon toi; de quel insensé? de Baba? d'Ision (*b*)? Non ; il parle de nous, que d'aveugles désirs précipitent vers ce qui doit nous nuire, ou du moins ne nous rassasier jamais ; de nous qui, si nous

---

(*a*) *Unus gradus*, Lemaire. Un Mss. : *munus gratum*.
(*b*) On ne sait quels sont ces personnages ridicules.

pouvions l'être, serions satisfaits dès longtemps ; de nous qui ne songeons pas combien il est doux de ne rien demander, combien il est beau de dire : « J'ai assez, je n'attends rien de la Fortune. » Ressouviens-toi mainte fois, cher Lucilius, de tout ce que tu as conquis d'avantages ; et en voyant combien d'hommes te précèdent, songe combien viennent après toi. Si tu ne veux être ingrat envers les dieux et ta destinée, songe à tant de rivaux que tu as devancés. Qu'as-tu à envier aux autres ? Tu t'es dépassé toi-même. Fixe-toi une limite que tu ne puisses plus franchir, quand tu le voudrais : tu verras fuir quelque jour ces biens fallacieux, plus doux à espérer qu'à posséder. S'il y avait en eux de la substance, ils désaltéreraient quelquefois ; mais plus on y puise, plus la soif s'en irrite. Il change vite, l'appareil séduisant du banquet. Et ce que roule dans ses voiles l'incertain avenir, pourquoi obtiendrais-je du sort qu'il me le donne, plutôt que de moi, de ne pas le demander ? Et pourquoi le demanderais-je, oublieux de la fragilité humaine ? Pourquoi entasser de nouveaux sujets de labeurs ? Voici que ce jour est mon dernier jour ! Ne le fût-il pas, il est si proche du dernier !

# LETTRE XVI.

### Utilité de la philosophie. — La nature et l'opinion

Il est clair pour toi, Lucilius, je le sais, que nul ne peut mener une vie heureuse ou même supportable sans l'étude de la sagesse ; que la première est le fruit d'une sagesse parfaite, la seconde, d'une sagesse seulement ébauchée. Mais cette conviction veut être affermie et enracinée plus avant par une méditation de tous les jours. L'œuvre est plus difficile de rester fidèle à ses plans que de les former vertueux. Il faut persévérer, il faut qu'un travail assidu accroisse tes forces, jusqu'à faire passer dans tes habitudes le bien que rêve ta volonté. Tu n'as donc pas besoin avec moi de protestations si prodigues de mots ni si longues : je vois que tes progrès sont grands. Tes lettres, je sais ce qui les inspire : elles n'ont ni feinte, ni fausses couleurs. Je dirai toutefois ma pensée : j'ai bon espoir de toi, mais pas encore confiance entière. Je veux que tu fasses comme moi : ne compte pas trop vite et trop aisément sur toi-meme. secoue les divers replis de ton âme, scrute et observe. Avant toute chose vois si c'est spéculativement ou dans la vie pratique que tu as gagné. La philosophie n'est point un art d'éblouir le peuple, une science de parade : ce n'est pas dans les mots, c'est dans les choses qu'elle consiste. Elle n'est point faite pour servir de distraction et tuer le temps, pour ôter au désœuvrement ses dégoûts ; elle forme l'âme, elle la façonne, règle la vie, guide les actions, montre ce qu'il faut pratiquer ou fuir, siége au gouvernail et dirige à travers les écueils notre course agitée. Sans elle point de sécurité : combien d'incidents, à toute heure, exigent des conseils qu'on ne peut demander qu'à elle ! « Mais, dira-t-on, que me sert la philosophie, s'il existe une fatalité ? que sert-elle si un Dieu régit tout ? que sert-elle si le hasard commande ? Car changer l'immuable, je ne le puis, ni me prémunir contre l'incertain, qu'un Dieu ait devancé mon choix et décidé ce que je devrai faire, ou que la Fortune ne me laisse plus à choisir. » De ces opinions quelle que soit la vraie, qu'elles le soient même toutes, soyons philosophes : soit que les destins nous enchaînent à leur inexorable loi, soit qu'un Dieu, arbitre du monde, ait tout disposé à son gré, soit que les choses humaines flottent désordonnées sous l'impulsion du hasard, la philosophie sera notre égide. Elle déterminera en nous une obéissance volontaire à Dieu, une opiniâtre résistance à la Fortune ; elle t'enseignera à suivre l'un, à souffrir l'autre. Mais ce n'est pas le lieu d'entamer une discussion sur les droits qui nous restent sous l'empire d'une Providence ou d'une série de causes fatales qui lient et entraînent l'homme, ou quand le brusque et l'imprévu dominent seuls ; je reviens à mon but qui est de t'avertir, de t'exhorter à ne point laisser ton mâle courage déchoir et se refroidir. Soutiens-le et sache le régler, et fais ta manière d'être de ce qui n'est qu'un heureux élan (a).

Dès l'ouverture de cette lettre, si je te connais bien, tu l'auras parcourue de l'œil pour voir si elle apporte quelque petit cadeau. Cherche bien, tu le trouveras. N'en fais pas honneur à ma générosité : c'est encore du bien d'autrui que je suis libéral. Que dis-je ? du bien d'autrui ! Tout ce qui a été bien dit par quelque autre est à moi, par exemple ce mot d'Épicure[38] : « Si tu vis selon la nature, tu ne seras jamais pauvre ; si selon l'opinion, jamais riche. » La nature désire bien peu, l'opinion voudrait

(a) Voy. *De la clémence*, II, i, et la note.

l'infini. Qu'on rassemble sur toi tout ce que des milliers de riches ont pu posséder; que le sort, t'élevant au-dessus de la mesure des fortunes privées, te couvre de plafonds d'or, t'habille de pourpre, t'amène à ce point de raffinements et d'opulence que le sol disparaisse sous tes marbres, que tu puisses non-seulement posséder, mais fouler en marchant des trésors, ajoutes-y statues et peintures et tout ce que tous les arts ont élaboré pour le luxe, tant de richesses ne t'apprendront qu'à désirer plus encore. Les vœux de la nature ont leurs bornes, ceux que la trompeuse opinion fait naître n'ont pas où s'arrêter; car point de limites dans le faux. Qui suit la vraie route arrive à un but; qui la perd s'égare indéfiniment. Retire-toi donc de l'illusoire, et quand tu voudras savoir si ton désir est naturel ou suggéré par l'aveugle passion, vois s'il a quelque part son point d'arrêt. Quand, parvenu déjà loin, toujours il lui reste à pousser au delà, sache qu'il est hors de la nature.

## LETTRE XVII.

Tout quitter pour la philosophie. — Avantages de la pauvreté.

Loin de toi tout cet attirail, si tu es sage, que dis-je? si tu veux l'être et porte-toi vers la raison à grande vitesse et de toutes tes forces. Si quelque lien t'arrête, ou dénoue-le ou tranche-le. Qui te retient? Tes intérêts domestiques, dis-tu! Tu les veux régler de telle sorte que ton revenu te suffise sans travail, de peur que la pauvreté ne te pèse, ni toi à personne. — En disant cela, tu sembles ne pas connaître la force et la grandeur du bien où tu aspires : tu vois bien l'ensemble de la chose et à quel point la philosophie est utile; mais les détails, tu ne les saisis pas encore d'un coup d'œil assez net; tu ignores combien, en cette situation, elle offre de ressources et comment, pour parler avec Cicéron, dans les grandes crises elle nous prête assistance et intervient dans nos moindres embarras. Crois-moi, appelle-la dans tes conseils : elle te dissuadera de rester assis devant un comptoir : ce que tu cherches, n'est-ce pas, ce que tu veux gagner par tes retards, c'est de n'avoir point la pauvreté à craindre. Et s'il te faut la désirer! Pour combien d'hommes les richesses furent un obstacle à la philosophie ! La pauvreté va d'un pas libre, en toute sécurité. Quand le clairon sonne [40], elle sait qu'on n'en veut pas à elle ; quand retentit le cri d'alarme, elle cherche par où fuir, et non ce qu'elle emportera. A-t-elle à s'embarquer ? Elle n'excite pas grand bruit au port ; et pour le cortége d'un seul homme le rivage n'est pas en tumulte ; elle n'a point autour d'elle un peuple d'esclaves pour la nourriture desquels il faille souhaiter que les récoltes d'outre-mer donnent bien. Il est facile d'alimenter un petit nombre d'estomacs, bien réglés, et qui ne demandent rien qu'à être rassasiés. La faim est peu coûteuse, un palais blasé l'est beaucoup. Il suffit à la pauvreté que ses besoins pressants soient satisfaits.

Pourquoi donc la refuserais-tu, cette commensale dont le régime devient celui de tout riche de bon sens ? Qui veut cultiver librement son âme doit être pauvre ou vivre comme tel. Cette culture ne profite qu'au sectateur de la frugalité : or la frugalité, c'est une pauvreté volontaire. Défais-toi donc de ces vains prétextes : « Je n'ai pas encore ce qui me suffirait ; que j'arrive à telle somme, et je me donne tout à la philosophie. » Eh ! c'est cette philosophie qu'il faut avant tout acquérir ; tu l'ajournes, tu la remets en dernier, elle par qui tu dois commencer. « Je veux amasser de quoi vivre ! » Apprends donc aussi comment il faut amasser. Si quelque chose t'empêche de bien vivre, qui t'empêche de bien mourir ? Non : ni la pauvreté n'est faite pour nous enlever à la philosophie, ni l'indigence même. Ceux qui ont hâte d'arriver à elle devront endurer même la faim, qu'ont bien endurée des populations assiégées. Et quel autre prix voulaient-elles de leurs souffrances que de ne pas tomber à la merci du vainqueur ? Combien est plus grande une conquête qui promet la liberté perpétuelle et le bonheur de ne craindre ni homme ni Dieu ! Oui, fût-ce par les tortures de la faim, c'est là qu'il faut marcher. Des armées se sont résignées à manquer de tout, à vivre de racines sauvages ; des choses dont le seul nom répugne les ont soutenues dans leur dénûment. Tout cela, elles l'ont souffert pour des maîtres, chose plus étonnante, étrangers ; et l'on hésiterait devant une pauvreté qui affranchit l'âme de ses passions furieuses ? Ce n'est donc pas d'amasser qu'il s'agit d'abord ; on peut, même sans provisions de route, arriver à la philosophie. Je te comprends quand tu posséderas tout le reste, tu voudras bien avoir aussi la sagesse : ce sera comme le complément du matériel de ta vie, et pour ainsi dire un meuble de plus. Ah! plutôt, si peu que tu possèdes, fais-toi dès maintenant philosophe, car d'où sais-tu si tu n'as pas déjà trop? Si tu n'as rien, recherche la philosophie avant toute chose. « Mais je manquerai du nécessaire! » Je dis d'abord non : cela ne saurait être, tant la nature demande peu ; et le sage s'accom.. de a la nature. Que si les nécessités les plus extrêmes fondent sur lui, il est prêt : il s'élance hors de la vie et cesse d'être a charge à lui-même. N'a-t-il pour sustenter cette vie que d exiguës et étroites ressources, « Tant mieux, » se dira-t-il, et sans autre souci, sans se mettre en peine que du nécessaire, il payera sa dette à son estomac, couvrira ses épaules; et en voyant les tracas des riches, et tant de rivaux dans cette course aux richesses, tranquille et satisfait il ne fera qu'en rire, il leur criera : « Pourquoi remettre si tard à jouir de vous-mêmes? Attendrez-vous les fruits de vos capitaux, les gains de vos spéculations, le testament d'un riche vieillard, quand vous pouvez sur l'heure devenir riches? La sagesse tient lieu de biens à l'homme : car les lui rendre superflus, c'est les lui donner[41]. » Ceci s'adresse à d'autres qu'à toi, qui es voisin de l'opulence. Change le siècle, tu auras trop; et dans tout siècle le nécessaire est le même (a).

Je pourrais clore ici ma lettre, mais je t'ai gâté. Il n'est permis de saluer les rois parthes qu'avec un présent; toi, l'on ne peut te dire adieu sans payer. Qu'ai-je sur moi? Empruntons à Épicure : « Que d'hommes pour qui la richesse conquise n'a pas été la fin, mais le changement de leur misère! » Je n'en suis pas surpris : ce n'est point dans les choses qu'est le mal, c'est dans l'âme. Ce qui lui rendait la pauvreté si lourde fait que les richesses lui pèsent. Comme il est indifférent que l'homme qui souffre soit déposé sur un lit de bois ou sur un lit d'or : n'importe où tu l'as transféré, ses douleurs y passent avec lui; de même, place un esprit malade dans la richesse ou dans la pauvreté, partout son mal le suit.

(a) *Id est omni sæculo quod sat est* : texte Lemaire. Les Mss. sont altérés ici. Fickert en tirait : *idem autem est....* Je lis : *idem est.*

# LETTRE XVIII.

### Les Saturnales à Rome. — Frugalité du sage

Nous voici en décembre, où plus que jamais Rome sue à se divertir; le plaisir sans frein est de droit public ; tout retentit des vastes apprêts de la fête, comme si rien ne distinguait les Saturnales des jours de travail. La différence a si bien disparu que, ce me semble, on n'a pas eu tort de dire : « Autrefois décembre durait un mois, à présent c'est toute l'année. » Si je t'avais ici, je causerais volontiers avec toi sur ce qu'à ton sens on doit faire : faut-il ne rien changer à nos habitudes de chaque jour ou, pour ne pas paraître faire opposition à l'usage général, faut-il égayer un peu nos soupers, et dépouiller la toge? Car, ce qui n'avait lieu jadis qu'au temps de troubles et de calamité publique, maintenant pour le plaisir, pour des jours de fête, le costume romain est mis bas. Si je te connais bien, tu ferais le rôle d'arbitre et ne nous voudrais ni tout à fait pareils à cette foule en bonnet phrygien, ni de tous points dissemblables ; à moins peut-être qu'en ces jours plus que jamais il ne faille commander à son âme de s'abstenir seule du plaisir alors que tout un peuple s'y vautre. Elle obtient la plus sûre preuve de sa fermeté, lorsqu'elle ne se porte ni d'elle-même ni par entraînement vers les séductions attirantes de la volupté. S'il y a bien plus de force morale, au milieu d'un peuple ivre et vomissant, à garder sa faim et sa soif, il y a plus de mesure à ne se point isoler ni singulariser, sans toutefois se mêler à la foule, et à faire les mêmes choses, non de la même manière. On peut en effet célébrer un jour de fête sans orgie.

Au reste, je me plais tellement à éprouver la fermeté de ton âme que, comme de grands hommes l'ont prescrit, à mon tour je te prescrirai d'avoir de temps à autre certains jours où te bornant à la nourriture la plus modique et la plus commune, à un vêtement rude et grossier, tu puisses dire : « Voilà donc ce qui me faisait peur ! » Qu'au temps de la sécurité l'âme se prépare aux crises difficiles ; qu'elle s'aguerrisse contre les injures du sort au milieu même de ses faveurs [42]. En pleine paix, sans ennemis devant soi, le soldat prend sa course, fiche des palissades et se fatigue de travaux superflus pour suffire un jour aux nécessaires. Celui que tu ne veux pas voir trembler dans l'action, exerce-le avant l'action. Voilà comme ont fait les hommes qui, vivant en pauvres tous les mois de l'année, se réduisaient presque à la misère, pour ne plus craindre ce dont ils auraient fait souvent l'apprentissage. Ne crois pas qu'ici je te conseille ces repas à la Timon, ni ces *cabanes du pauvre* [43], ni aucune de ces fantaisies raffinées, dont la richesse amuse son ennui [44]. Je veux pour toi un vrai grabat, un sayon, un pain dur et grossier. Soutiens ce régime trois et quatre jours, quelquefois plus : n'en fais pas un jeu, mais une épreuve. Alors, crois-moi, Lucilius, tu tressailleras de joie quand pour deux as tu seras rassasié, tu verras que pour être tranquille sur l'avenir on n'a nul besoin de la Fortune ; car elle nous doit le nécessaire, même dans ses rigueurs. Ne te figure pas toutefois que tu auras fait merveille : tu auras fait ce que tant de milliers d'esclaves, tant de milliers de pauvres font. A quel titre donc te glorifier? C'est que tu l'auras fait sans contrainte, et qu'il te sera aussi facile de le souffrir toujours que de l'avoir essayé un moment. Exerçons-nous à cette escrime, et pour que le sort ne nous prenne pas au dépourvu, rendons-nous la pauvreté familière. Nous craindrons moins de perdre la richesse, si nous savons combien peu il est pénible d'être pauvre. Le grand maître en volupté, Épicure, avait ses jours marqués où il fraudait son appétit, afin de voir s'il lui manquerait quelque chose pour la parfaite plénitude de la jouissance, ou combien il lui manquerait, et si ce complément valait toute la peine qu'il aurait coûtée. C'est du moins ce qu'il dit dans les lettres qu'il écrivit, sous l'archonte Charinus, à Polyænos. Et il ajoute avec orgueil : « Moins d'un as suffit pour me nourrir ; Métrodore n'est pas aussi avancé : il lui faut l'as entier. » Crois-tu qu'un tel régime puisse rassasier? — On y trouve même une jouissance, et une jouissance non point légère, d'un moment, et qu'il faille toujours étayer, mais stable et assurée. Ce n'est pas en soi une douce chose que l'eau claire et la bouillie, ou un morceau de pain d'orge ; mais c'est un plaisir suprême d'en pouvoir retirer encore du plaisir et de s'être restreint à ce que ne saurait nous ravir le plus inique destin. On nourrit d'une main plus libérale le prisonnier ; ceux qu'on réserve pour la peine capitale sont traités avec moins d'épargne par l'homme qui les doit mettre à mort. Qu'elle est grande l'âme qui sait descendre spontanément au-dessous même de ce qu'auraient à craindre des condamnés au dernier supplice! Voilà désarmer d'avance la Fortune. Commence donc, cher Lucilius, à suivre la pratique de ces sages : prescris-toi certains jours pour quitter ton train ordinaire et t'accommoder de la plus mince façon de vivre; commence, fraternise avec la pauvreté,

> Ose mépriser l'or, ô mon hôte! et d'un dieu
> Fais-toi le digne émule.... *(a)*

Nul autre ne peut l'être que le contempteur de l'or. Je ne t'en interdis pas la possession, mais je veux t'amener à le posséder sans alarmes; et tu n'as, pour y parvenir, qu'un moyen : te convaincre que tu vivras heureux sans la richesse, et la voir toujours comme prête à t'échapper.

Mais il faut songer à plier ma lettre. « Auparavant, dis-tu, paye ta dette. » Je te renverrai à Épicure : c'est lui qui te soldera. « L'extrême colère engendre la folie. » Pour bien sentir cette grande vérité, il suffit d'avoir eu un esclave ou un ennemi [48]. C'est contre les hommes de tous rangs que cette fièvre s'allume : elle naît de l'amour, elle naît de la haine, au milieu des choses sérieuses comme parmi les jeux et les ris. Le point essentiel n'est pas la gravité de ses motifs, mais le caractère où elle entre. Ainsi peu importe qu'un feu soit plus ou moins actif: la matière où il tombe fait tout : il est des corps massifs que la plus vive flamme ne pénètre pas, comme il en est de tellement secs et combustibles qu'une étincelle même s'y nourrit jusqu'à former un incendie. Oui, cher Lucilius, l'extrême colère aboutit au délire; et il faut la fuir moins encore pour garder la mesure que pour sauver notre raison.

*(a) Énéide*, VIII, 364.

# LETTRE XIX.

Quitter les hauts emplois pour le repos

Je tressaille de joie chaque fois que je reçois de tes lettres : elles me remplissent d'un bon espoir ; ce ne sont plus des promesses, ce sont des garanties. Persévère, je t'en prie, je t'en conjure : car qu'ai-je de mieux à demander à un ami que de le prier pour lui-même? Dérobe-toi, s'il est possible, au tracas des affaires ; sinon, romps avec elles. Voilà bien assez de jours gaspillés : commençons, vieux que nous sommes, à plier bagage. Sera-ce faire ombrage à personne? Nous avons vécu dans la tourmente, allons mourir au port [1]. Non que je te conseille la retraite comme moyen de renommée : il n'y faut mettre ni gloire ni mystère. Jamais en effet je ne te réduirai, tout en condamnant la folie des hommes, à chercher un antre et l'oubli : tâche que ton renoncement n'ait pas trop d'éclat, mais se laisse voir. D'autres, dont le choix à cet égard est libre et encore à faire, verront s'il leur convient de passer leur vie dans l'obscurité. Pour toi cela n'est plus possible : te voilà produit au grand jour par la vigueur de ton génie, par tes écrits si pleins de goût, par de nobles et illustres amitiés. La célébrité s'est emparée de toi; fusses-tu plongé et comme perdu dans la retraite la plus reculée, tes premières traces te décèleraient encore. Tu ne peux plus jouir des ténèbres ; tu emporteras, n'importe où tu fuiras, presque tout l'éclat de ton passé. Tu peux prétendre au repos sans que personne t'en veuille, sans regrets ni remords de conscience. Que quitteras-tu dont l'abandon puisse être amer à ta pensée? Tes clients? Aucun ne te suit pour toi-même, tous pour quelque chose à tirer de toi. Tes amis? Jadis on recherchait l'amitié; maintenant on court à la proie. Des vieillards qui ne te verront plus changeront leurs testaments? Tes flatteurs iront saluer d'autres seuils? Un grand bien ne saurait coûter peu. Calcule à quoi tu veux renoncer : à toi-même, ou à une portion de ce qui est à toi? Que ne te fut-il donné de vieillir dans la sphère modeste où tu pris naissance; et pourquoi la Fortune t'a-t-elle porté si haut? Tu as perdu de vue l'existence salutaire à l'âme, emporté par tes rapides avantages, gouvernement de province, intendance et tout ce que promettent ces titres; de plus grandes charges encore t'invitent, et après celles-là, d'autres. Quel sera le terme? Qu'attends-tu pour t'arrêter? Ce moment n'arrivera jamais Il est, disons-nous, une série de causes dont la trame forme le destin; ainsi s'étend la chaîne des désirs : ils naissent de la fin l'un de l'autre ². Telle est la vie où tu es plongé, que jamais d'elle-même elle ne terminera tes misères et ta servitude. Dérobe au joug ta tête meurtrie; mieux vaudrait qu'elle fût tranchée une fois qu'incessamment courbée. Si tu reviens à la vie privée, tout y sera sur une moindre échelle, mais te satisfera pleinement, ce que ne font pas aujourd'hui les torrents de jouissances qui affluent chez toi de toutes parts. Préfères-tu donc, à une pauvreté qui rassasie, une abondance famélique? La prospérité est avide, et en butte à l'avidité d'autrui. Tant que rien ne t'aura suffi, toi-même tu ne suffiras point aux autres. « Comment sortir de cette position? » Comme tu pourras. Songe combien de hasards l'argent, combien de travaux les honneurs t'auront fait braver; ose enfin quelque chose pour le repos; sinon, condamné aux soucis des gouvernements de provinces, puis des magistratures urbaines, tu vieilliras dans le tracas, dans des tourmentes toujours nouvelles; il n'est reserve ni douceur de mœurs assez heureuses pour y échapper. Qu'importe en effet que tu veuilles le repos? Ta fortune ne le veut pas. Et si tu lui permets de grandir encore? A quelques progrès qu'elle s'élève, il y aura progrès dans ta crainte. Je veux ici te rapporter un mot de Mécène qui, dans les tortures de la grandeur, poussa ce cri de vérité : « Oui, leur hauteur même foudroie les sommets. » Tu demandes dans quel livre il a dit cela? Dans celui qui a pour titre *Prométhée*. Il a voulu dire: « Les hauteurs ont leurs sommets foudroyés. » Est-il pouvoir au monde au prix duquel tu voulusses afficher une telle ivresse de style? Mécène avait du génie; il eût enrichi d'un grand modèle l'éloquence romaine si sa haute fortune ne lui eût ôté sa force, disons le mot : sa virilité (a). Voilà ce qui t'attend, si tu ne te hâtes de plier la voile et, ce qu'il a voulu trop tard, de raser le rivage.

J'aurais pu, moyennant cette sentence de Mécène, balancer mes comptes avec toi; mais tu me chercheras chicane, si je te

---

(a) Voy. sur Mécène *la Providence*, IX; *Lettres* XCII et CXIV.

connais bien ; tu ne voudras ton remboursement qu'en pièces
de beau relief et de bon aloi. Selon l'usage, c'est sur Épicure
que je dois tirer : « Examine bien, dit-il, avec qui tu dois
manger et boire, avant de penser à ce que tu boiras et mangeras. Car manger la victime sans un ami, c'est vivre comme
les lions et les loups. » Un ami ! Tu ne l'obtiendras que dans
la retraite : ailleurs, tu auras des convives triés et classés par
le nomenclateur dans la foule qui vient te saluer. Il se mé-
prend fort celui qui cherche des amis dans son antichambre et
qui les éprouve à sa table. Il n'est pire malheur pour l'homme
obsédé d'occupations et de richesses que de croire à l'amitié de
gens qui n'ont point la sienne, ou à l'efficacité de ses bienfaits
pour se la concilier ; souvent plus on nous doit, plus on nous
hait. Une légère dette fait un débiteur, une lourde somme un
ennemi [2]. « Eh quoi ! les bienfaits n'engendrent pas l'amitié ! »
Si fait, quand on peut choisir à qui l'on donne, quand on les
place, qu'on ne les sème point au hasard. Ainsi, tandis que tu
travailles à t'appartenir complétement, mets toujours à profit
ce conseil des sages : attache plus d'importance au caractère
de l'obligé qu'à la nature de l'obligation.

---

# LETTRE XX

### Même sujet. — Inconstance des hommes.

Si ta santé est bonne, et si tu te crois digne de devenir
quelque jour ton maître, je m'en réjouis ; et ce sera ma gloire
si j'ai pu te sauver de ce gouffre où tu flottais sans espoir d'en
sortir. Mais je te prie d'une chose, cher Lucilius, et je t'y exhorte : ouvre à la philosophie les plus intimes parties de ton
âme et prends pour mesure de tes progrès non tes discours ni
tes écrits, mais l'affermissement de tes principes et la diminution
de tes désirs. Prouve tes paroles par tes actes. Bien différent
est le but de ces déclamateurs qui ne veulent que capter les
suffrages d'une coterie, de ces ergoteurs qui amusent les
oreilles de la jeunesse et des oisifs en voltigeant d'un sujet
à l'autre avec une égale volubilité. La philosophie enseigne
à faire non à parler : ce qu'elle exige, c'est que tous vivent

d'après sa loi ; que la vie ne démente point les discours et que la teinte de toutes nos actions soit une (*a*). Voilà le premier devoir de la sagesse et son plus sûr indice : la concordance du langage avec la conduite, et que l'homme soit partout égal et semblable à lui-même. Qui remplira cette tâche? Peu d'hommes, mais enfin quelques-uns. La chose est difficile, et je ne dis point que le sage ira toujours du même pas : mais il tiendra la même route. Prends donc bien garde si ton costume ne contraste point avec ta demeure ; si, libéral pour toi-même, tu n'es point avare pour les tiens ; si, frugal dans tes repas, tu ne bâtis point somptueusement. Une fois pour toutes, fais choix de la règle où l'ensemble de ta vie doit s'adapter. Tel se restreint dans son particulier qui s'étend et représente largement au dehors, vicieuse disparate, symptôme d'un esprit vacillant qui n'a point encore son assiette. Un autre motif que je vais donner d'une telle inconséquence et de cette bigarrure entre les actes et les volontés, c'est que nul ne se propose bien ce qu'il veut ; ou, s'il le fait, il n'y persiste point et passe outre ; puis changer ne suffit plus : il revient sur ses pas et retombe dans ce qu'il vient de fuir et de condamner.

Laissant donc de côté les anciennes définitions, et pour embrasser tout le système de la vie humaine, je puis me borner à dire : En quoi consiste la sagesse ? A toujours vouloir ou ne vouloir pas la même chose. Il n'est pas besoin d'ajouter la brève condition : pourvu que nos vouloirs soient justes ; car la même chose ne peut toujours plaire au même homme, si elle n'est juste. Or le vulgaire ne sait ce qu'il veut qu'au moment où il le veut : nul n'a une bonne fois décidé ce qu'il voudra ou ne voudra pas. Nos jugements, d'un jour à l'autre, varient et se contredisent : chacun presque traite la vie comme un jeu de hasard. Tiens donc ferme à ton œuvre ébauchée, et peut-être atteindras-tu à la perfection ou à ce degré que toi seul sentiras ne pas être la perfection. Tu t'inquiètes de ce que deviendra la foule de tes familiers! N'étant plus nourrie par toi, elle se nourrira elle-même ; et ce que tout seul tu ne démêlerais point, la pauvreté te l'apprendra. Elle retiendra près de toi les sûrs, les vrais amis, tandis que s'éloigneront tous ceux qui cherchaient en toi autre chose que toi. Et ne saurait-on aimer la

---

(*a*) Voy. *Lettres* x et cvm, et Cic. *Tusc.* II, IV. Je lis avec Fickert et un Mss.: *ut unus sit omnium actionum color*. Lemaire : *ut ipsa inter se vita ntius, sine actionum dissensione, coloris sit*.

pauvreté, même à ce seul titre qu'elle nous fait voir qui nous aime ? Oh ! quand viendra le jour où nul ne mentira plus pour te faire honneur ! Voici donc où doivent tendre tes réflexions, tes soins, tes souhaits, en quittant Dieu de tout le reste : vivre content de toi-même et des biens que tu puiseras en toi. Est-il un bonheur plus à ta portée ? Descends à l'humble rang d'où la chute n'est plus poss..le [1], et pour que tu le fasses de meilleur cœur, je rattacherai à mon texte le tribut de cette lettre que j'acquitte à l'instant. Dusses-tu m'en vouloir, c'est encore Épicure qui se charge de l'avancer pour moi : « Tes discours imposeront bien plus, crois-moi, prononcés de ton grabat et sous les haillons : ce ne seront pas des mots seulement, mais des exemples. » Moi du moins je suis bien autrement frappé de ce que dit notre Démétrius, quand je le vois nu et couché sur ce qui n'est pas même un chétif matelas : il n'est plus précepteur de la vérité, il en est le vivant témoin. « Quoi ! ne suffit-il donc pas, quand on a les richesses, de les mépriser ? » Pourquoi non ? Celui-là aussi a l'âme grande qui, les voyant affluer autour de lui, frappé d'une longue surprise, ne peut que rire de ce qu'elles lui soient venues et entend dire qu'elles lui appartiennent plutôt qu'il ne s'en aperçoit. Il est beau de n'être pas gâté par la compagnie des richesses ; il y a de la grandeur à rester pauvre au milieu d'elles, mais plus de sécurité à ne les avoir pas. » Je ne sais, diras-tu, comment ce riche supportera la pauvreté, s'il y tombe. » Ni moi, comment ce pauvre, cet émule d'Épicure, s'il vient à tomber dans la richesse, la méprisera. C'est donc chez tous les deux l'âme qu'il faut apprécier : il faut démêler si l'un se complaît dans la pauvreté, si l'autre ne se complaît pas dans sa richesse. Autrement, faible preuve d'une résolution franche qu'un grabat ou des haillons, s'il n'est pas évident que c'est par choix, non par nécessité, qu'on s'y est réduit. Au reste il est d'une âme généreuse, sans y courir comme à un état meilleur, de s'y préparer comme à une chose facile. Oui, facile, cher Lucilius, agréable même quand on l'aborde après longue et mûre réflexion. Car là se trouve un bien sans lequel rien ne nous agrée, la sécurité. C'est pourquoi j'estime nécessaire, comme je t'ai écrit que de grands hommes l'ont fait, de prendre par intervalles quelques jours où, par une pauvreté fictive, on s'exerce à la véritable, ce qu'il faut pratiquer d'autant plus que la mollesse a détrempé tous nos ressorts, et nous fait tout juger dur et difficile. Ah ! réveillons-nous de notre sommeil aiguillonnons notre âme et lui rappelons quel fonds modique la nature constitue a l'homme. Nul n'est riche en naissant : quiconque vient à la lumière est tenu de se contenter de lait et d'un lambeau de toile. Et après de tels commencements, des royaumes sont pour nous trop étroits !

## LETTRE XXI.

Vraie gloire du philosophe — Éloge d'Épicure.

Tu as fort à faire, penses-tu, contre les obstacles dont parle ta lettre? Ta plus grande affaire est avec toi-même, c'est toi qui te fais obstacle. Incertain de ce que tu veux, tu sais mieux approuver ce qui est honorable que le suivre : tu vois où réside la félicité, mais tu n'oses aller jusqu'à elle. Ce qui t'arrête, tu ne t'en rends pas bien compte ; je vais te le dire. Tu trouves grand le sacrifice que tu vas faire; et quand tu t'es donné pour but la sécurité à laquelle tu es près de passer, tu es retenu par tout cet éclat d'une vie qui va recevoir tes adieux, comme si de là tu devais tomber dans une obscure abjection. Erreur ! Lucilius : de ta vie à la vie du sage on ne peut que monter. Comme la lumière se distingue de ses reflets, car elle émane d'un foyer certain qui lui est propre, et ceux-ci ont un éclat d'emprunt : ainsi la vie dont je parle diffère de la tienne. Ce qui brille en la tienne, c'est du dehors qu'elle l'a reçu; la moindre interposition l'éclipse et l'obscurcit soudain : la vie du sage resplendit de ses seuls rayons. De tes études en sagesse viendra ton vrai lustre, ton anoblissement.

Rapportons ici un mot d'Épicure. Dans une lettre à Idoménée que des vaines pompes de sa charge il rappelait à la fidèle et solide gloire, il disait à ce ministre d'un pouvoir inflexible, à cet homme qui tenait les rênes d'un grand empire : « Si c'est la gloire qui te touche, tu seras plus connu par ma correspondance que par toutes ces grandeurs que tu courtises, et pour lesquelles tu es courtisé. » Et n'a-t-il pas dit vrai? Qui connaîtrait Idoménée, si Épicure n'avait buriné ce nom dans ses lettres? Tous ces grands, ces satrapes et le grand roi lui-même duquel Idoménée empruntait son relief, un profond oubli les a dévorés[3]. Les lettres de Cicéron ne permettent pas que le nom d'Atticus périsse : il ne servait de rien à Atticus d'avoir eu pour gendre Agrippa, pour mari de sa petite-fille Tibère, Drusus César pour arrière-petit-fils; au milieu de ces noms célèbres nul ne parlait de lui, si le grand orateur ne se l'était associé. L'océan des âges viendra s'amonceler sur nous; quelques génies élèveront leurs têtes, et avant de mourir un jour ou l'autre dans le même silence, lutteront contre l'oubli et sauront longtemps se défendre". Ce qu'Épicure a pu promettre à son ami, je te le promets à toi, Lucilius. J'aurai crédit chez la postérité : il m'est donné de faire durer les noms que j'emporte avec moi[7]. Notre Virgile a promis à deux jeunes hommes une mémoire impérissable et il tient parole :

> Couple heureux! si mes vers sont faits pour l'avenir,
> Jamais ne s'éteindra votre doux souvenir,
> Tant que le Capitole à sa roche immortelle
> Enchaînera le monde et la ville éternelle (a).

Tous les hommes que la Fortune a poussés sur la scène, tous ceux qui furent les dépositaires et les bras du pouvoir ont vu leur crédit prospère, leurs palais hantés de flatteurs tant qu'eux-mêmes sont restés debout; après eux leur mémoire s'est promptement éteinte. Mais le génie! sa gloire croît sans cesse; et en outre de nos hommages que lui-même recueille, tout ce qui se rattache à sa mémoire est bienvenu.

Il ne faut pas qu'Idoménée soit gratuitement arrivé sous ma plume; il payera le port de ma lettre. C'est à lui qu'Épicure adresse cette remarquable pensée, pour le dissuader d'enrichir Pythoclès par la voie ordinaire, toujours douteuse : « Si tu veux enrichir Pythoclès, n'ajoute point à son avoir, retranche à ses désirs. » Pensée trop claire pour qu'on l'interprète, trop bien rendue pour qu'on l'appuie de réflexions. Je ne te ferai qu'une observation : ne crois pas que ce mot soit dit seulement pour les richesses; à quoi qu'on l'applique, il aura la même force. Veux-tu rendre Pythoclès honorable, n'ajoute point à ses honneurs, retranche à ses désirs. Veux-tu que Pythoclès jouisse perpétuellement, n'ajoute pas à ses jouissances, retranche à ses désirs. Veux-tu que Pythoclès arrive à la vieillesse et à une vie pleine, n'ajoute point à ses années, retranche à ses désirs. Ne crois pas que ces maximes appartiennent en propre à Épicure : elles sont à tout le monde. Ce qui se fait souvent au sénat doit se

---

(a) Nisus et Euryale. *Énéide*, IX, 446

faire aussi, ce me semble, dans la philosophie. Quelqu'un ouvre-t-il un avis que je goûte en partie : « Divisez-le, lui dis-je, et je suis pour vous quant au point que j'approuve. » Si je cite volontiers toute noble parole d'Épicure, c'est surtout pour les gens qui se réfugient dans sa doctrine séduits par un coupable espoir, s'imaginant trouver là un voile à leurs vices (a) : je veux leur prouver que, n'importe le camp où ils passent, il leur faut vivre vertueusement. Lorsqu'ils approcheront de ces modestes jardins, de l'inscription qui les annonce : « Passant, tu feras bien de rester ici; ici le suprême bonheur est la volupté ! » il sera obligeant le gardien de cette demeure, hospitalier, affable : c'est avec de la bouillie qu'il te recevra; l'eau te sera largement versée, et il te demandera si tu te trouves bien traité. « Ces jardins, dira-t-il, n'excitent pas la faim, ils l'apaisent; ils n'allument pas une soif plus grande que les moyens de la satisfaire : ils l'éteignent par un calmant naturel et qui ne coûte rien. Voilà dans quelle volupté j'ai vieilli. » Je ne parle ici que de ces désirs qui n'admettent point de palliatif, auxquels il faut quelque concession pour qu'ils cessent. Pour ceux qui sortent de la règle, qu'on peut remettre à plus tard, ou corriger et étouffer, je ne dirai qu'un mot : cette volupté, bien que dans la nature, n'est point dans la nécessité; tu ne lui dois rien : si tu lui fais quelque sacrifice, il sera bénévole. L'estomac est sourd aux remontrances : il réclame, il exige son dû; ce n'est pas toutefois un intraitable créancier; pour peu de chose il nous tient quittes : qu'on lui donne seulement ce qu'on doit, non tout ce qu'on peut.

## LETTRE XXII.

**Manière de donner les conseils. — Quitter les affaires. — Peur de la mort.**

Tu sens déjà mieux le besoin de te dérober aux brillantes misères de ta charge; mais comment y parvenir? Tu le demandes : il est des avis qu'on ne donne que sur place. Un médecin ne saurait préciser par lettres l'heure du repas ou du bain; il

---

(a) Voy. *La Vie heureuse*, xii, xiiii, et Clc. *in Pisonem* xxviii.

faut qu'il tâte le pouls du malade. Un vieux proverbe dit : « Le gladiateur prend conseil sur l'arène. » Le visage de l'adversaire, un mouvement de main, la moindre inclinaison du corps avertissent sa vigilance. Sur les usages et les devoirs on peut d'une manière générale ou mander ou écrire : tels sont les conseils qu'on adresse aux absents et même à la postérité; mais l'à-propos, la façon d'agir ne se prescrivent jamais à distance : c'est en face des choses même qu'il faut délibérer. Il faut plus qu'être là, il faut être alerte pour ne pas manquer l'occasion fugitive? Sois-y donc des plus attentifs : paraît-elle, saisis-la; prends tout ton élan, applique toutes tes forces à te dépouiller de tes devoirs de convention. Et ici écoute bien le jugement que je porte, vois le dilemme : ou change de vie, ou renonce à vivre. Mais je pense aussi qu'il faut prendre la voie la plus douce, que, mal à propos engagé, tu dois dénouer plutôt que rompre, sauf toutefois, si dénouer est impossible, à rompre net. Y a-t-il homme si timide qui aime mieux rester toujours suspendu sur l'abîme que tomber une fois ⁸? En attendant, comme premier point, ne t'engage pas plus avant; borne-toi aux embarras où tu es descendu, dirai-je, comme tu aimes mieux le faire croire, où tu es tombé? Pourquoi tenterais-tu d'aller plus avant? Tu n'aurais plus d'excuse, et visiblement ta servitude serait volontaire. Rien de plus faux que ces phrases banales : « Je n'ai pu faire autrement; quand je n'aurais pas voulu, j'étais forcé. » Nul n'est forcé de suivre la Fortune à la course il est déjà beau, sinon de lui résister, du moins de faire halte, de ne point presser le mouvement qui nous emporte.

T'offenseras-tu si, non content de me présenter à ton conseil, j'y appelle des sages assurément plus éclairés que moi, auxquels je soumets tous mes sujets de délibération? Lis sur cette question une lettre d'Épicure à Idoménée qu'il prie « de fuir en toute hâte et de toutes ses forces, avant qu'une puissance majeure n'intervienne qui lui en ôte la faculté. » Au reste il ajoute : « Ne tente rien qu'à propos et en temps utile: mais cette heure longtemps épiée une fois venue, prends ton élan. » Il ne veut pas qu'on s'endorme quand on songe à fuir, et du pas le plus difficile il espère une sortie heureuse, à moins qu'on ne se presse avant le temps, ou qu'on ne se ralentisse au moment d'agir. Maintenant, je pense, tu veux l'avis des stoïciens. Nul n'est en droit de les taxer auprès de toi de témérité : leur prudence surpasse encore leur courage. Peut-être attends-tu qu'ils te disent : « Il est honteux de plier sous le faix ; une fois aux prises avec le devoir accepté par toi, ne cède pas. Ce n'est pas l'homme de cœur et d'action qui fuit la fatigue : loin de là, son courage croît par les difficultés. » Ainsi te diront-ils, si « un digne motif soutient ta persévérance, si tu n'as à faire ou à supporter rien dont rougisse l'honnête homme ; » car celui-ci ne s'userait point en d'ignobles et déshonorantes fonctions, et ne resterait point aux affaires pour les affaires mêmes⁹. Il ne fera même pas ce que tu penses qu'il ferait ; embarqué dans les grands emplois, il n'en souffrira pas perpétuellement les tourmentes. Voyant sur quels bas-fonds il roule sans avancer, tant d'incertitudes, tant d'écueils, il reculera, mais sans tourner le dos, il regagnera peu à peu le rivage. Or il est facile, cher Lucilius, d'échapper aux affaires quand on compte pour rien ce qu'elles rapportent. Car voilà ce qui nous arrête et nous retient : « Eh quoi! renoncer à de si belles chances! au moment de recueillir, m'éloigner! plus personne à mes côtés ! point de cortège à ma litière! mon antichambre déserte! » Oui, c'est de tout cela qu'on a peine à s'arracher : on aime les fruits de ses misères, en maudissant ces misères mêmes. On se plaint de l'ambition comme on ferait d'une maîtresse ; et, à scruter nos vrais sentiments, ce n'est point haine, c'est bouderie. Sonde bien ces gens qui déplorent ce qu'ils ont convoité et qui parlent de fuir ce dont ils ne peuvent se passer : tu les verras volontairement, obstinément rester dans ce qu'ils nomment leur gêne et leur supplice. Oui, Lucilius, l'homme se cramponne à la la servitude plus souvent qu'elle ne s'impose à lui ; mais si tu es résolu à déposer ta chaîne, et franchement ami de l'indépendance, si tu ne réclames de délai que pour t'épargner des regrets sans fin et rompre heureusement, toute la cohorte stoïcienne pourrait-elle ne pas t'applaudir? Tous les Zénons, tous les Chrysippes ne te donneront que des conseils modérés, honorables, dignes de toi (a). Mais si tes tergiversations tendent à bien t'assurer de tout ce que tu emporteras avec toi, et de combien d'argent comptant tu approvisionneras ton loisir, jamais tu ne trouveras à faire retraite. Nul nageur n'échappe avec ses bagages. Aborde au port d'une meilleure vie : les dieux te sont propices, mais non point comme à ceux auxquels, avec un visage riant et serein, ils accordent de magnifiques infortunes, faveurs cuisantes et douloureuses, que justifient seuls les vœux qui les ont arrachées ¹⁰.

(1) Deux mss. : *et tua*. Alias *et tuta*; Lemaire : *et vera*.

Déjà j'imprimais le sceau sur ma lettre ; il faut la rouvrir pour qu'elle n'arrive pas sans le petit présent d'usage et qu'elle porte avec elle quelque mémorable parole. En voici précisément une dont je ne puis dire si elle est plus vraie qu'éloquente ; de qui ? demandes-tu ; d'Épicure ; j'en suis encore à faire les honneurs du bien d'autrui : « Il n'est personne qui ne sorte de la vie tel que s'il venait d'y entrer. » Prends le premier passant, jeune, vieux, entre les deux âges, tu trouveras chez tous même frayeur de la mort, même ignorance de la vie. Ils n'ont rien mené à fin : ils ont tout reporté sur l'avenir. Rien ne me paraît plus piquant dans le mot d'Épicure que ce reproche d'enfance fait aux vieillards : « Nous ne sortons pas de la vie, dit-il, autres que nous n'y sommes entrés ; » et il est au dessous du vrai : nous en sortons pires. C'est notre faute, ce n'est point celle de la nature. Elle a droit de se plaindre et de nous dire : « Pourquoi murmurer? Je vous ai engendrés purs de passions, purs de craintes, de superstition, de perfidie, de tous les poisons de l'âme : tels vous êtes venus, partez de même. Il a cueilli les fruits de la sagesse, celui qui meurt comme je l'ai fait naître, sans rien appréhender. » Mais nous, tous nos sens frémissent quand la crise approche ; le cœur nous manque, nos traits pâlissent, d'inutiles pleurs tombent de nos yeux. O honte! les angoisses nous assiégent au seuil même de la sécurité. Et pourquoi ? C'est que vides de tous biens, le regret de la vie nous travaille encore ; c'est que la vie n'a laissé rien d'elle auprès de nous : elle a passé, elle s'est écoulée tout entière. Nul ne s'inquiète de bien vivre ; on cherche à vivre longtemps ; tandis que bien vivre est loisible à tous, et vivre longtemps à personne.

## LETTRE XXIII.

La philosophie, source des véritables jouissances.

Tu attends que je te mande à quel point l'hiver en a usé doucement avec nous, cet hiver court et tempéré ; si le printemps est avare de beaux jours ; si le froid ne dément pas la saison, et autres futiles propos de gens qui cherchent à parler. Eh bien non : j'entends que toi et moi nous profitions de ce que je vais t'écrire. Et que sera-ce, sinon des encouragements à la sagesse ? Mais la base de la sagesse, quelle est-elle ? De ne pas te réjouir de choses vaines. Voilà la base, qu'ai-je dit ? voilà le comble de la sagesse. Voilà où est monté l'homme qui sait où placer sa joie et ne remet point son bonheur à la discrétion d'autrui. Il est soucieux et incertain de lui-même si un espoir quelconque le pousse en avant, la chose fût-elle sous sa main, peu difficile à saisir, et n'eût-il jamais espéré en vain. Avant tout, ô Lucilius, apprends de quoi il faut te réjouir. Te figures-tu que je t'enlève bien des satisfactions, moi qui t'interdis les dons du hasard, moi qui crois devoir te défendre l'espérance, la plus aimable des enchanteresses ? Ah ! bien au contraire : je veux que jamais la joie ne t'abandonne. Je veux qu'elle naisse sous ton toit, c'est-à-dire en toi-même. Les vulgaires hilarités ne remplissent pas le cœur : elles ne dérident que le front, la surface [11] ; à moins que pour toi l'homme heureux ne soit l'homme qui rit. A l'âme seule appartient l'allégresse, l'assurance, le courage qui domine le sort. Crois-moi, c'est quelque chose de sérieux que la véritable joie [12]. Penses-tu qu'un seul de ces hommes à face épanouie et, comme disent nos efféminés, à l'œil riant, sache mépriser la mort, ouvrir sa porte à la pauvreté, tenir en bride ses goûts sensuels et s'aguerrir à la souffrance ? L'âme qui s'exerce à tout cela jouit d'un contentement profond, mais qui chatouille peu les sens. Voilà celui dont je veux te voir possesseur : il ne tarira plus, dès que tu en auras trouvé la source. Les mines les plus pauvres se trouvent à la surface du sol ; les plus riches cachent leurs filons à une grande profondeur, sauf à récompenser bien mieux ceux qui les fouillent assidûment. Ainsi ce qui charme la foule ne présente qu'une écorce et qu'un vernis de satisfaction, et toutes les joies de l'extérieur manquent de base ; mais la joie dont je parle, où je m'efforce de te conduire, est substantielle et garde intérieurement ses plus riches trésors. Prends, je t'en conjure, ô mon cher Lucilius, la seule voie qui te puisse mener au bonheur ; jette au loin, foule aux pieds toute pompe du dehors, tout ce que te promettent les hommes, aspire au vrai bien et sois heureux de ton propre fonds. Or ce fonds quel est-il ? Toi-même et la meilleure partie de toi. Quant à ce corps fragile, bien que rien ne puisse s'opérer sans lui, regarde-le comme nécessaire, mais n'en fais point grand cas. De lui ne viennent que plaisirs faux, passagers, suivis de repentirs et qui, si une grande modération ne les tempère, tournent à la douleur. Oui : le plaisir est sur une pente rapide, il glisse vers la souffrance s'il ne se tient sur la limite ; et s'y tenir est difficile à qui se croit dans le bon chemin. La soif du vrai bien, si vive qu'elle soit, est sans risque. Tu veux savoir en quoi il consiste, quels en sont les éléments? Les voici : une bonne conscience, d'honnêtes résolutions, des actions droites, le mépris des dons du hasard, la marche paisible et non interrompue d'une vie qui suit toujours la même ligne. Ces hommes qui s'élancent de projets en projets ou qui même, sans élan spontané, s'y laissent pousser comme par le hasard, comment auraient-ils un sort fixe et durable, eux, flottants et mobiles? Peu de gens, soit au dehors soit au dedans d'eux-mêmes, s'ordonnent selon les plans de la raison : la multitude, comme ces objets qui suivent le courant des fleuves, ne marche pas, mais est entraînée. Les uns sont retenus sur une onde paisible qui les berce mollement; d'autres cèdent à des flots plus rapides; ceux-ci s'en vont, d'un cours languissant, à la rive la plus proche où ils sont déposés ; d'impétueux courants rejettent ceux-là dans la haute mer. A nous donc à déterminer ce que nous voulons, et à savoir y persévérer.

C'est ici le lieu d'acquitter ma dette. Et je puis te renvoyer le mot de ton cher Épicure comme affranchissement de cette lettre : « Il est fâcheux d'en être toujours au début de sa vie. » ou, si ce tour est plus expressif : « C'est vivre mal que de toujours commencer à vivre. » Comment cela? dis-tu ; car le mot demande explication. — C'est qu'alors la vie est toujours inachevée; or qui peut se tenir prêt à mourir, s'il ne fait que la commencer? Il faut agir de telle sorte qu'on ait toujours assez vécu : et nul ne s'en flatte au moment où il ébauche son existence. Ne t'imagine point que peu d'hommes soient dans ce cas : c'est le sort de presque tous. Certains commencent à vivre au moment où il faut cesser. Cela t'étonne? Je vais t'étonner davantage : d'autres ont cessé de vivre avant d'avoir commencé.

## LETTRE XXIV.

Craintes de l'avenir et de la mort.—Suicides par dégoût de la vie.

Tu es inquiet, à ce que tu m'écris, sur l'issue d'un procès qu'un ennemi furieux te suscite, et tu comptes que je t'engagerai à mieux augurer de ta cause et à reposer ta pensée sur la chance qui te flatte le plus. Car est-il besoin d'aller au-devant de maux qui se feront sentir assez vite, d'anticiper sur leur venue et de perdre le présent par crainte de l'avenir? Il y a certainement folie, parce qu'on sera un jour malheureux, de l'être dès à présent [13]; mais je veux te mener à la sécurité par une autre voie. Veux-tu dépouiller toute sollicitude? quelque événement que tu appréhendes, tiens-le pour indubitable; petit ou grand, mesure-le par la réflexion et fais le tarif de tes craintes, tu verras certes que la cause est bien frivole ou bien passagère. Si pour t'enhardir il faut des exemples, ils ne seront pas longs à recueillir : chaque siècle a eu les siens. Sur quelque époque de l'histoire ou nationale ou étrangère que tu portes tes souvenirs, tu trouveras des caractères grands par l'étude, ou par l'élan de leur nature. Peut-il t'arriver, si l'on te condamne, une peine plus cruelle que d'être envoyé en exil, ou conduit à la prison? Peut-on craindre pis que le bûcher, qu'une mort violente? Représente-toi chacune de ces épreuves, puis évoque ceux qui les bravèrent : tu auras moins à chercher qu'à choisir. Rutilius reçut sa condamnation en homme qui n'y voyait de déplorable que l'injustice de l'acte. Métellus supporta l'exil avec fermeté, Rutilius avec une sorte de joie. L'un fit à la République la concession de son retour; l'autre refusa le sien à Sylla auquel alors on ne refusait rien. Socrate disserta dans sa prison; il pouvait fuir, on lui offrait de le sauver, il ne le voulut pas et resta, pour ôter aux hommes leurs deux grandes terreurs, qui sont la mort et la prison. Mucius plongea sa main dans les feux. Le supplice du feu est cruel, combien plus cruel pour qui se fait tout ensemble le bourreau et le patient! Voilà un homme étranger à la science, qui n'est armé d'aucun précepte contre la mort ou la souffrance et qui, fort de son seul courage de soldat, se punit lui-même d'avoir manqué son entreprise [14]. Il regarde sa main se fondre au brasier de Porsenna, et il tient ferme, et il ne retire ces os dépouillés et cette chair fluide que quand le réchaud lui est enlevé par l'ennemi. Il eût pu agir dans ce camp avec plus de bonheur, non avec plus d'héroïsme. Vois combien le courage est plus ardent à voler au-devant des épreuves que la barbarie à les lui imposer. Il fut plus aisé à Porsenna de pardonner à Mucius son projet homicide qu'à Mucius de se pardonner son insuccès.

« On est rebattu, vas-tu dire, dans toutes les écoles de ces histoires-là. Puis quand viendra l'article du mépris de la mort, tu nous raconteras Caton. » Et pourquoi ne raconterais-je pas la dernière veillée du grand homme lisant le livre de Platon, son épée sous son chevet, double ressource dont il s'était muni pour les cas extrêmes? l'une lui donnait la volonté, l'autre le moyen de mourir. Donc ayant mis aux affaires de la République tout l'ordre qu'on peut mettre à des débris et à des ruines, il crut ne devoir laisser à personne la faculté de tuer Caton ou l'honneur de le sauver, et, tirant cette épée qu'il avait jusqu'à ce jour conservée pure de sang humain, il s'écria : « Tu n'as rien gagné, ô Fortune, à traverser toutes mes entreprises ; jusqu'ici ce n'est pas pour mon indépendance, c'est pour celle de tous que j'ai combattu. Ce que j'ai voulu si opiniâtrément, ce n'était pas de me rendre libre, mais de vivre au milieu d'hommes libres : maintenant que le salut du monde est désespéré, Caton va assurer le sien. » Et il pesa de tout son corps sur la pointe meurtrière. La plaie bandée par les médecins, il a perdu de son sang et de ses forces, mais point de son courage; ce n'est plus à César seul, c'est à lui-même qu'il en veut; il plonge ses mains désarmées dans sa blessure, et son âme généreuse, impatiente de tout despotisme, il ne la fait pas sortir, il la jette dehors.

Je n'entasse point ici les exemples comme exercice d'imagination, mais pour t'aguerrir contre ce qui paraît le plus terrible à l'homme. Plus aisément réussirai-je, si je te montre que les gens de cœur ne sont pas les seuls qui subirent avec indifférence cette crise où s'exhale notre dernier souffle ; que des hommes d'ailleurs pusillanimes ont égalé en cela les plus intrépides. Témoin le beau-père de Pompée, Scipion, qui, rejeté sur l'Afrique par un vent contraire, et voyant son navire au pouvoir de l'ennemi, se perça de part en part avec son épée, et à cette demande : « Où est le général ? » répondit : « Le général est en lieu sûr. » Ce mot a fait de lui l'égal de ses pères, et n'a point permis que la gloire prédestinée aux Scipions en Afrique s'interrompît en sa personne. Il était beau de vaincre Carthage ; vaincre la mort fut sublime. Le général est en lieu sûr ! Un général, et le général de Caton, devait-il mourir autrement [15] ? Je ne te renvoie point aux récits de l'histoire et ne relèverai pas de siècle en siècle la liste si longue des contempteurs de la mort : jette les yeux sur notre époque même, accusée par nous de mollesse et de sensualité, tu verras des hommes de tout rang, de toute condition, de tout âge, qui ont coupé court au malheur par le suicide. Crois-moi, Lucilius, loin que le trépas soit à craindre, nous lui devons de ne plus craindre rien. Entends donc sans alarme les menaces de ton ennemi ; et quoique ta conscience te rassure, comme parfois, en dehors de la cause, bien des influences prévalent, tout en espérant pleine justice, prépare-toi à la plus criante iniquité. Mais avant tout souviens-toi d'ôter aux choses leur fracas, de voir ce que chacune est en soi : tu n'y trouveras d'effrayant que ta propre terreur. Ce que tu vois arriver aux petits enfants, nous l'éprouvons, grands enfants que nous sommes : ils ont peur des personnes qu'ils aiment, auxquelles ils sont faits, qui jouent avec eux, s'ils les voient masquées [16]. Ce n'est pas seulement aux hommes, c'est aux choses qu'il faut enlever tout masque et rendre leur vrai visage. Pourquoi ces glaives et ces feux dont tu me menaces et ton cortége de bourreaux frémissants ? Écarte cet attirail qui te cache et qui terrifie l'insensé. Tu n'es que la mort ; et hier mon esclave, ma servante te bravaient [17]. Quoi ! encore tes fouets, tes chevalets que tu m'étales en grand appareil, et tes instruments de torture adaptés chacun à chaque jointure de mes membres, et tes milliers d'autres machines pour déchirer l'homme en détail ! Laisse là ces épouvantails, fais taire ces gémissements, ces accents de douleur, l'horreur de ces cris qu'arrachent les supplices. Tout cela n'est que la douleur dont tel goutteux ne se met pas en peine, qu'un mauvais estomac endure au sein des orgies, que supporte une faible femme dans l'enfantement. Douleur légère si je la puis souffrir, qui passe vite si je ne le puis pas.

Médite ces vérités mille fois entendues, mille fois répétées par toi : mais les as-tu franchement entendues, franchement répétées ? que les effets le prouvent. Car le plus honteux reproche est celui qu'on nous fait d'avoir une philosophie de paroles, non d'actions. Eh quoi! sais-tu d'aujourd'hui seulement que la mort, que l'exil, que la douleur planent sur toi? C'est pour tout cela que tu es né. Pensons que tout ce qui peut arriver arrivera : ce que je te recommande là, je suis sûr que tu l'as fait. Je te recommanderai maintenant de ne point abîmer ton âme dans les soucis de ce procès; elle s'émousserait et aurait moins de vigueur au moment de se relever. Oublie ta cause pour celle où sont engagés tous les hommes, dis : « Je n'ai qu'un corps, mortel et fragile; les sévices ou la violence de plus puissant que moi ne sont pas les seules douleurs qui le menacent; ses plaisirs même se changent en tourments. Ses repas lui apportent l'indigestion; l'ivresse, des engourdissements, des tremblements de nerfs; l'incontinence lui contourne les pieds, les mains, toutes les articulations. Deviendrai-je pauvre? je serai du grand nombre. Exilé? je me croirai né où l'on m'enverra. On me garrottera? eh quoi! suis-je maintenant sans entraves? Ce corps est le bloc pesant où la nature m'a rivé. Je mourrai? je cesserai, veux-tu dire, d'être en butte à la maladie, en butte aux geôliers, en butte à la mort. »

Il serait trop fade de reprendre ici le refrain usé d'Épicure · « Que la crainte des enfers est chimérique, qu'il n'y a point d'Ixion tournant sur sa roue, point de Sisyphe poussant de ses épaules un roc jusqu'au haut d'une montagne, point d'entrailles qui puissent renaître et se voir rongées quotidiennement (*a*). » Nul n'est assez enfant pour craindre un Cerbère, un royaume des ombres, et ces âmes squelettes marchant tout d'une pièce avec leurs ossements décharnés. La mort anéantit ou affranchit l'homme. Affranchi, la meilleure partie de son être demeure : son fardeau lui est enlevé; anéanti, rien de lui ne reste : biens et maux, tout a disparu. Souffre qu'ici je rappelle un de tes vers, en t'invitant d'abord à reconnaître que tu l'as écrit pour toi-même aussi bien que pour les autres; car s'il est honteux de dire une chose et de penser le contraire, combien ne l'est-il pas plus d'écrire autrement qu'on ne pense? Je me souviens qu'un jour tu développais cette idée que l'homme ne tombe pas tout d'un coup dans la mort, qu'il s'y achemine pas à pas, que nous mourons chaque jour, car chaque jour nous dérobe une portion de vie [18], et alors même que nous croissons, la somme de nos années décroît. La première enfance nous a échappé, puis le second âge, puis l'adolescence; y compris hier, tout le temps

---

(*a*) Voy. *Consol. à Marcia*, xx, et *Lettres* I, IV, VIII, CXX.

écoulé n'est plus, et ce jour même que nous vivons nous le disputons pied à pied au néant. Comme ce n'est pas la dernière goutte d'eau qui vide la clepsydre, mais tout ce qui a fui précédemment, ainsi l'heure dernière, où nous cessons d'être, ne fait pas la mort à elle seule, mais seule elle la consomme. Alors nous arrivons au terme, mais dès longtemps nous y marchions. Ce qu'ayant esquissé, avec ta verve ordinaire et ces grands traits qui jamais toutefois ne pénètrent mieux que quand tu prêtes à la vérité ton langage, la mort c'est, disais-tu :

L'œuvre de tous nos jours, qu'un dernier jour achève.

Relis-toi plutôt que ma lettre, et il te sera démontré que cette crise redoutée par nous est notre dernière mort, mais n'est pas la seule.

Je vois où se portent tes yeux : tu cherches ce que j'ai enchâssé dans cette lettre, de quel homme j'y cite une parole généreuse, un utile précepte. La matière même que je viens de toucher me fournira mon envoi. Épicure ne gourmande pas moins ceux qui souhaitent de mourir que ceux qui en ont peur. « Il est ridicule, dit-il, de courir à la mort par dégoût de la vie, quand c'est notre manière de vivre qui nous fait courir à la mort. » Ailleurs encore : « Quoi de plus ridicule que d'invoquer la mort, quand tu as détruit le repos de ta vie par la crainte de mourir! » Et ceci, frappé au même coin : « Telle est l'imprévoyance des hommes ou plutôt leur démence, que l'effroi de la mort pousse certaines gens à se la donner[19]. » Quelle que soit celle de ces paroles que tu veuilles méditer, tu y puiseras force et courage pour subir la mort ou porter la vie. Car c'est double courage et double force qu'il nous faut pour ne pas trop aimer l'une, ni trop abhorrer l'autre. Lors même que la raison conseille d'en finir avec l'existence, ce n'est pas à la légère ni d'un mouvement brusque qu'il faut s'élancer. L'homme de cœur, le sage doit non pas s'enfuir de la vie, mais prendre congé. Et surtout gardons-nous d'une maladie qui s'est emparée de bien des gens, la passion du suicide. Car entre autres manies, cher Lucilius, il y a vers la mort volontaire une tendance irréfléchie de l'âme qui souvent saisit les caractères les plus généreux, les plus indomptables, comme aussi les plus lâches et les plus abattus : ceux-là parce qu'ils méprisent la vie, ceux-ci parce qu'elle les écrase. Il en est que gagne la satiété de faire et de voir les mêmes choses : vivre leur est non pas odieux, mais fastidieux ; on glisse sur cette pente, poussé par la philosophie elle-même, quand on se dit : « Quoi ! toujours les mêmes impressions ! toujours me réveiller, dormir, me rassasier, avoir faim, avoir froid, avoir chaud ; rien qui finisse jamais ! Tout cela fait cercle et s'enchaîne, se fuit et se succède. La nuit chasse le jour, et le jour la nuit ; l'été se perd dans l'automne, l'automne est pressé par l'hiver que le printemps vient désarmer : tout ne passe que pour revenir. Rien de nouveau à faire, rien de nouveau à voir. De cette routine aussi naît à la fin le dégoût. » Pour plusieurs, ce n'est pas que la vie leur semble amère c'est qu'ils ont trop de la vie [20].

# LETTRE XXV.

### Dangers de la solitude. — Se choisir un modèle de vie.

A l'égard de nos deux amis, deux routes diverses sont à prendre : il y a dans l'un de vicieux penchants à réformer, dans l'autre il les faut rompre. J'userai avec celui-ci d'une liberté entière : je ne l'aime pas, si je crains de le heurter. « Comment ! vas-tu dire ; tenir en tutelle un pupille de quarante ans, y songes-tu ? Considère son âge qui n'est plus souple ni maniable : le repétrir est impossible ; on ne façonne que ce qui est tendre. » J'ignore à quel point je réussirai, mais j'aime mieux manquer de succès que de confiance. Ne désespère pas de guérir le malade même qui l'est depuis le plus long temps, si tu tiens ferme contre tout écart de régime, si tu le forces, malgré mainte répugnance, à faire et à se laisser faire. Quant au premier des deux, il me laisse peu de motifs de confiance, sauf qu'il rougit encore de ses fautes. Il faut entretenir ce reste de pudeur : tant qu'elle survivra dans cette âme, il y aura lieu de bien augurer. Le second, plus endurci, veut plus de ménagement, je crois, de peur qu'il ne vienne à désespérer de lui-même ; et jamais instants ne furent plus propices que ces intervalles de raison où il a l'air d'un homme guéri. Ces intermittences en ont imposé à d'autres ; moi je n'en suis pas dupe : je m'attends au retour de la fièvre avec redoublements, car je sais qu'elle sommeille et qu'elle n'a pas fui. Je donnerai quelques jours à son traitement, j'essayerai si l'on peut ou non faire quelque chose.

Toi, continue à te montrer homme de décision et réduis tes bagages. De toutes ces choses qui forment notre avoir nulle n'est indispensable. Retournons aux lois de la nature : la vraie richesse est sous notre main. Ce qu'il faut à l'homme ne coûte rien ou presque rien. Du pain, de l'eau, voilà ce qu'exige la nature ; nul n'est pauvre pour ces deux choses, « et qui borne là ses désirs peut disputer de félicité avec Jupiter lui-même, » comme dit Épicure dont tu peux lire la recommandation ci-incluse : « Agis en tout comme si Épicure te regardait. » Il est utile sans doute de s'être imposé un surveillant, d'avoir un modèle à contempler, qui intervienne et se fasse sentir dans toutes tes pensées. Il est bien plus admirable encore de vivre comme en la présence continuelle et sous les yeux de quelque homme de bien ; mais, selon moi, c'est assez déjà d'agir en tout ce que l'on fait comme sous les yeux d'un témoin quelconque. La solitude encourage à tout ce qui est mal. Quand tu auras fait assez de progrès pour te pouvoir révérer toi-même, libre à toi de congédier ton directeur : jusque-là il te faut quelque autorité qui te maintienne [21]. Que ce soit ou Caton, ou Scipion, ou Lælius, ou tout autre dont la présence au milieu des gens les plus perdus de vices couperait court aux désordres ; mais travaille à former en toi l'homme en face duquel tu n'oserais mal faire. Quand tu en seras là, quand tu commenceras à être toi-même en quelque honneur auprès de toi, je t'accorderai peu à peu comme droit ce dont Épicure a fait un conseil : « Sois plus que jamais seul avec toi-même, quand tu seras forcé d'être avec la foule [22]. »

Il faut te faire autre que le grand nombre. Jusqu'à ce que tu puisses sans risque te recueillir ainsi, regarde tous ces hommes : pas un qui ne gagne plus à être avec autrui qu'avec soi. « Sois plus que jamais seul avec toi-même quand tu seras forcé d'être avec la foule ; » oui, si tu es homme de bien, si tu es calme, tempérant : sinon, cherche dans la foule un asile contre toi-même. Seul, tu es trop près d'un méchant (a).

(a) Voy. *Lettre* x.

# LETTRE XXVI.

### Éloge de la vieillesse.

Naguère je te disais que j'étais en présence de la vieillesse : j'ai déjà peur de l'avoir laissée derrière moi. Ce n'est déjà plus le nom qui convient à mon âge ou du moins à mon être physique ; car on appelle vieillesse l'époque de la lassitude, non celle où la force est brisée. Compte-moi parmi les décrépits, parmi ceux qui touchent à leur fin. Toutefois, entre nous, je me rends grâce ; au moral je ne sens point l'injure des ans, bien que mon corps la ressente ; je n'ai de vieilli que mes vices et leurs organes. Mon âme, dans toute sa force, et ravie de n'avoir plus grand démêlé avec le corps, a déposé une bonne partie de son fardeau : elle est allègre et me conteste ma vieillesse : c'est pour elle la fleur de l'âge. Croyons-la donc ; qu'elle jouisse de son beau moment.

Entrons dans l'examen de ce phénomène : distinguons, dans ce calme et cette retenue de mœurs, ce que je dois à la sagesse, ce que je dois à l'âge ; rendons-nous bien compte de ce que je ne puis plus comme de ce que je ne veux plus faire, et si je puis encore certaines choses que je ne veux pas. Car pour ce que je (a) ne puis plus, je m'applaudis de mon impuissance. Quel motif de plainte en effet, quel désagrément y a-t-il, si ce qui doit cesser est tombé de soi-même ? « Le pire désagrément, dis-tu, c'est de décroître, de dépérir et, à proprement parler, de se voir fondre. Au lieu d'un choc soudain qui nous terrasse, c'est l'âge qui nous mine ; et chaque jour nous vole quelque chose de nos forces. » Peut-on mieux sortir de la vie que quand la nature en dénoue la chaîne et nous laisse glisser vers le terme ? Non que ce soit un mal d'être enlevé d'une façon brusque et imprévue ; mais c'est une allure commode de se sentir doucement emmené.

Pour moi, comme si je touchais au moment de l'épreuve, et que le jour qui doit juger toutes mes années [25] fût déjà venu, je m'examine et dis à part moi : « Non, jusqu'ici tes actes ni tes

---

(a) Texte altéré. Je lis comme Ruhkopf : *possim-ne aliquid quod nolim. Nam si quid non possum....*

paroles n'ont rien prouvé. Légers et trompeurs garants de ta valeur morale, trop d'illusions les enveloppèrent : tes vrais progrès, la mort me les certifiera. » Je me dispose donc, sans le craindre, à ce jour où, dépouillant tout fard et tout subterfuge, je vais, juge de moi-même, savoir si mon courage est de paroles ou de sentiment; s'il n'y avait que feintes et mots de théâtre dans tous ces défis dont j'apostrophais la Fortune. Arrière l'opinion des hommes, toujours problématique et partagée en deux camps. Arrière ces études cultivées durant toute ta vie : la mort va prononcer sur toi. Il faut le dire : ni discussions philosophiques, ni entretiens littéraires, ni mots empruntés aux maximes des sages, ni langage érudit ne montrent la vraie force de l'âme : souvent les plus timides parlent avec le plus d'audace. On saura quels combats tu auras rendus, quand tu rendras (a) le dernier souffle. « J'accepte la condition et n'ai point peur de comparaître (b). » Voilà ce que je me dis; prends que je te l'ai dit à toi-même. Tu es plus jeune? Qu'importe? La mort ne compte pas les années. Ne sachant pas où elle t'attend, c'est partout que tu dois l'attendre.

Je voulais finir ma lettre, et ma main s'apprêtait à la fermer, mais il faut que le rite s'accomplisse jusqu'au bout et que ma missive ait de quoi faire sa route. Quand je ne te dirais pas d'où je tirerai mon emprunt, tu sais dans quel coffre je puise. Attends quelque peu, et je te payerai sur mes fonds ; d'ici là j'ai pour prêteur Épicure : « Cherche bien, dit-il, lequel est plus commode, que la mort vienne à nous, ou nous à elle. » Sa pensée est claire : il est beau de s'étudier à mourir. Tu jugeras superflu peut-être d'apprendre un secret qui ne sert qu'une fois ; c'est pour cela même qu'on doit l'approfondir : il faut apprendre constamment ce qu'on ne peut s'assurer de bien savoir. Étudie-toi à mourir ! c'est me dire : « Étudie-toi à être libre. » Qui sait mourir ne sait plus être esclave : il se place au-dessus ou du moins hors de tout pouvoir. Que lui font les prisons, les gardes, les barreaux? Il a toujours une porte libre. Une seule chaîne nous retient captifs, l'amour de la vie [24]. Il faut non pas le répudier, mais tellement le restreindre qu'au besoin rien ne nous arrête et ne nous empêche de faire résolûment et sur l'heure ce que tôt ou tard il faut faire.

(a) *Quid egeris apparebit quum animam ages.*
(b) Paroles admirables quand on songe à la mort de l'auteur.

## LETTRE XXVII.

Il n'est de bonheur que dans la vertu. — Ridicules de Sabinus.

Ces avis que je te donne, tu demandes si moi-même je me les suis donnés. Me suis-je corrigé, moi, pour avoir le droit et le loisir de réformer autrui? — Je n'ai pas la présomption, malade que je suis, d'aller me mêlant de la cure des autres; mais couché comme toi dans la salle de douleurs, je t'entretiens de nos infirmités communes et te communique mes recettes. Écoute-moi donc comme si je me parlais à moi-même : je t'initie aux secrets de mon âme et t'appelle en tiers à mon interrogatoire. « Fais le calcul de tes années, m'écrié-je, et rougis de vouloir encore ce que tu voulais enfant, de faire les mêmes projets. Ose enfin t'être utile avant de mourir; que tes vices meurent avant toi. Congédie ces plaisirs désordonnés que tu expieras chèrement : ils ne sont pas venus qu'ils nuisent déjà, ils sont partis qu'ils nuisent encore. Tout comme les angoisses du crime, ne l'eût-on pas pris sur le fait, ne passent point avec le crime même, ainsi aux plaisirs déshonnêtes survit encore le repentir. Ils ne sont point solides, point fidèles, et, lors même qu'ils ne nous nuisent pas, ils nous délaissent. Ah! plutôt cherche autour de toi quelque bien qui dure; et en est-il d'autre que celui que l'âme tire d'elle-même? La vertu seule donne une joie constante et libre de crainte : les obstacles qui lui surviennent sont des nuages qui glissent au-dessous d'elle et n'éclipsent jamais sa lumière. Quand te sera-t-il donné d'atteindre à cette félicité? Tu n'as point encore ralenti le pas, mais hâte-toi (a). Il te reste beaucoup à faire, et il te faut y consacrer tes veilles, tes travaux, et payer de ta personne, si tu veux réussir. Ce n'est pas chose qui se laisse faire par délégués. Ailleurs, en littérature, les substituts sont admis. Il y eut de nos jours un Calvisius Sabinus[28], un richard, qui avec la fortune d'un affranchi en avait le caractère. Je ne vis jamais homme d'une richesse plus impertinente. Sa mémoire était si mauvaise qu'il oubliait tantôt

(a) Les Mss. et Lemaire : *festinatur*. Je lis avec Ruhkopf : *festinctur*.

le nom d'Ulysse, tantôt celui d'Achille, tantôt celui de Priam, gens qu'il prétendait connaître comme l'enfant son pédagogue. Jamais vieux nomenclateur, forgeant les noms au lieu de les dire, ne qualifia tout de travers ses tribus de visiteurs, comme celui-ci les Troyens et les Grecs. Avec cela se donnant des airs d'érudit; et voici quel moyen expéditif il imagina. Il acheta à poids d'or des esclaves dont l'un savait par cœur Homère, l'autre Hésiode, neuf autres eurent les lyriques pour département. J'ai dit à poids d'or, et que cela ne te surprenne : ne les trouvant pas tout faits, il les avait commandés. Quand sa troupe fut toute recrutée, il se mit à harceler ses convives. Il la tenait postée à ses pieds pour qu'elle lui fournît de temps en temps des citations de vers, mais souvent il restait court au milieu d'un mot. Satellius Quadratus, l'un de ces rongeurs qui vivent de la sottise des riches, par conséquent leurs rieurs et, à ce double titre, aussi leurs railleurs, l'engageait à prendre des grammairiens pour lui ramasser les paroles. « Mais, dit Sabinus, « ceux-ci me coûtent déjà cent mille sesterces (a) pièce! — Vous « auriez eu à moins, reprit l'autre, autant d'étuis à manuscrits. » Néanmoins notre homme s'était mis en tête qu'il savait ce que savaient tous ses gens. Le même Satellius lui conseillait de s'exercer à la lutte, lui maladif, pâle, tout grêle : « Et le « moyen? objecta Sabinus; à peine ai-je le souffle. — Ne dites « point cela, je vous prie; voyez tous ces robustes valets : leur « vigueur n'est-elle pas à vous? »

Le bon sens ne se prête, ni ne s'achète; et, je pense, il serait à vendre qu'il n'aurait point d'acheteur. La folie en trouve tous les jours.

Reçois maintenant ce que je te dois, et je prends congé. « C'est une richesse que la pauvreté qui se règle sur la loi de la nature [26]. » Voilà ce que répète Épicure de mille et mille manières; mais on ne saurait assez redire ce qu'on ne peut assez retenir [27]. Aux uns il suffit d'indiquer les remèdes; à d'autres il faut les faire prendre de force

(a) 20 379 francs.

## LETTRE XXVIII.

### Inutilité des voyages pour guérir l'esprit.

Il n'est arrivé, penses-tu, qu'à toi seul, et tu t'en étonnes comme d'une chose étrange, qu'un voyage si long et des pays si variés n'aient pu dissiper la tristesse et l'abattement de ton esprit. C'est d'âme qu'il faut changer, non de climat[26]. Vainement tu as franchi la vaste mer; vainement, comme dit notre Virgile.

> Terre et cités ont fui loin de tes yeux (a),

tes vices te suivront, n'importe où tu aborderas. A un homme qui faisait la même plainte Socrate répondit : « Pourquoi t'étonner que tes courses lointaines ne te servent de rien? C'est toujours toi que tu promènes. Tu as en croupe l'ennemi qui t'a chassé. » Quel bien la nouveauté des sites peut-elle faire en soi, et le spectacle des villes ou des campagnes? Tu es ballotté, hélas! en pure perte. Tu veux savoir pourquoi rien ne te soulage dans ta triste fuite? Tu fuis avec toi. Dépose le fardeau de ton âme : jusque-là point de lieu qui te plaise. Ton état, songes-y est celui de la prêtresse que Virgile introduit déjà exaltée et sous l'aiguillon, et toute remplie d'un souffle étranger :

> La prêtresse s'agite et tente, mais en vain,
> De secouer le dieu qui fatigue son sein (b).

Tu cours çà et là pour rejeter le faix qui te pèse; et l'agitation même le rend plus insupportable. Ainsi sur un navire une charge immobile est moins lourde : celle qui roule par mouvements inégaux fait plus tôt chavirer le côté où elle porte. Tous tes efforts tournent contre toi, et chaque déplacement te nuit : tu secoues un malade (c). Mais, le mal extirpé, toute migration ne te sera plus qu'agréable. Qu'on t'exile alors aux extrémités de la terre; n'importe en quel coin de pays barbare on t'aura cantonné, tout séjour te sera hospitalier. Le point est de savoir quel tu arriveras, non sur quels bords : et c'est pour-

---

(a) *Énéide*, III, 74. — (b) *Énéide*, VI, 78. — (c) Voy. *Lettres* II et CIV.

quoi notre âme ne doit s'attacher exclusivement à aucun lieu. Il faut vivre dans cette conviction : « Je ne suis pas né pour un seul coin du globe ; ma patrie c'est le monde entier. » Cela nettement conçu, tu ne serais plus surpris de ne point trouver d'allégement dans la diversité des pays où te pousse incessamment l'ennui de ce que tu vis d'abord ; le premier endroit t'aurait su plaire, si tu voyais en tous une patrie. Mais tu ne voyages pas, tu te fais errant et passif, et d'un lieu tu passes à un autre quand l'objet tant cherché par toi, le bonheur, est placé partout. Y a-t-il quelque part si bruyant pêle-mêle qu'au forum ? Là encore on peut vivre en paix, si l'on est contraint d'y loger. Mais si le choix m'est laissé libre, je fuirai bien loin l'aspect même et le voisinage du forum. Comme en effet les lieux malsains attaquent le plus ferme tempérament ; ainsi pour l'âme bien constituée, mais qui n'a point encore atteint ou recouvré toute sa vigueur, il est des choses peu salubres (a). Je ne pense point comme ceux qui s'élancent au milieu de la tourmente et qui, épris d'une vie tumultueuse, luttent quotidiennement d'un si grand courage contre les affaires et leurs difficultés. Le sage supporte ces choses, il ne les cherche pas : il préfère la paix à la mêlée. On ne gagne guère à s'être affranchi de ses vices, s'il faut guerroyer avec ceux d'autrui. « Trente tyrans, dis-tu, tenaient Socrate bloqué de toute part, et ils n'ont pu briser son courage. » Qu'importe le nombre des maîtres ? Il n'y a qu'une servitude ; et qui la brave, quelle que soit la foule des tyrans, est libre.

Il est temps de finir ma lettre, mais pas avant le port payé. « Le commencement du salut, c'est la connaissance de sa faute. » Excellente parole d'Épicure, à mon sens. Car si j'ignore que je fais mal, je ne désire pas me corriger ; et il faut se prendre en faute avant de s'amender. Certaines gens font gloire de leurs vices. Crois-tu qu'on songe le moins du monde à se guérir, quand on érige ses infirmités en vertus ? Donc, autant que tu pourras, prends-toi sur le fait : informe contre toi-même ; remplis d'abord l'office d'accusateur, puis de juge, enfin d'intercesseur, et sois quelquefois sans pitié.

(a) Voy. *Lettre* li.

# LETTRE XXIX.

**Des avis indiscrets.**—Que le sage plaise à lui-même, non à la foule.

Tu me questionnes sur notre ami Marcellinus et tu veux savoir ce qu'il fait. Rarement il vient nous voir, et rien ne l'en empêche que la crainte d'entendre la vérité. De ce côté-là il est en sûreté : car la vérité ne doit se dire qu'à ceux qui veulent l'entendre. Aussi Diogène, et avec lui les autres cyniques qui usaient indistinctement de leur franc parler et faisaient des remontrances à tout venant, nous laissent en doute s'ils eurent raison d'agir ainsi. Que penser d'un homme qui réprimanderait un sourd, un muet de naissance ou par maladie ? « Pourquoi, dis-tu, être avare de paroles? Elles ne coûtent rien. Je ne puis savoir si je rends service à l'homme que j'avertis : mais je sais que je rendrai service à quelqu'un, si j'en avertis plusieurs. Semons à pleine main : il ne se peut faire qu'on ne réussisse quelquefois quand on multiplie les essais. » Voilà, Lucilius, ce qu'à mon sens une âme élevée ne doit pas faire : elle énerverait son crédit et n'aurait plus assez d'influence sur ceux qu'en se prodiguant moins elle pourrait corriger. Ce n'est pas de temps à autre qu'un archer doit frapper le but, mais de temps à autre il le peut manquer. Il n'y a point d'art quand c'est le hasard qui amène le succès. La sagesse est un art : elle doit tendre au certain, choisir les âmes capables de progrès, quitter celles dont elle désespère, mais ne les pas quitter trop vite, et lors même qu'elle perd l'espérance, tenter les suprêmes remèdes. Marcellinus, pour moi, n'est pas encore désespéré. On peut le sauver encore, à condition qu'on lui tende promptement la main. On risque, il est vrai, si on la lui tend, de se voir entraîné : car il y a dans cet homme une grande vigueur d'esprit, mais avec tendance vers le mal. Néanmoins je courrai ce risque : j'oserai lui dévoiler ses plaies. Il fera comme toujours, il s'armera de ces plaisanteries qui feraient rire l'affliction même ; il se moquera de lui d'abord, puis de nous : tout ce que j'ai à lui dire il le dira d'avance. Il fouillera dans nos écoles et objectera aux philosophes leurs salaires, leurs maîtresses, leur bonne chère, me montrera l'un en commerce adultère, l'autre à la taverne, un autre à la cour[29]. Il me montrera le jovial philosophe Ariston (a) dissertant en litière (car il s'était réservé ce moment pour produire sa doctrine), Ariston, sur la secte duquel on interrogeait Scaurus qui répondit : « A coup sûr il n'est pas péripatéticien (b). » Et Julius Græcinus, homme de mérite, sollicité de faire connaître son sentiment sur ce même philosophe : « Je ne sais qu'en dire, car j'ignore ce qu'il sait faire à pied ; » comme s'il s'agissait d'un gladiateur qui combat sur un char. Puis il me jettera à la tête ces charlatans qui, pour l'honneur de la philosophie, eussent mieux fait de la laisser là que d'en trafiquer. N'importe : je suis résolu à essuyer ses brocards. Qu'il me fasse rire : peut-être le ferai-je pleurer ; ou, s'il persévère dans son rire, je me réjouirai, autant qu'on peut le faire auprès d'un malade, qu'il ait gagné une folie gaie. Mais cette gaieté-là ne tient guère ; observe bien : tu verras les mêmes hommes passer à très-peu d'intervalle de leurs accès de rire à des accès de rage. Je me suis proposé d'entreprendre Marcellinus et de lui faire voir qu'il valait beaucoup mieux, quand bien des gens l'estimaient moins. Si je n'extirpe point ses vices, j'arrêterai leurs progrès ; ils ne cesseront pas, mais auront leurs intermittences ; peut-être même cesseront-ils, si ces intermittences passent en habitude. Ce résultat n'est pas à dédaigner, car aux affections graves d'heureux moments de relâche tiennent lieu de santé. Tandis que je me prépare à cette cure, toi qui as force et intelligence, qui sais d'où et jusqu'où tu es parvenu, qui par là pressens à quelle hauteur tu dois monter encore, achève de régler tes mœurs, de relever ton courage, tiens bon contre les terreurs de la vie et ne considère pas le nombre de ceux qui t'inspirent la crainte. Ne serait-ce pas folie, dis-moi, de craindre la foule en un lieu où l'on ne passe qu'un à la fois ? De même il n'y a point accès en toi pour plus d'un meurtrier, bien que plusieurs te menacent. Ainsi la nature l'a réglé : un seul homme pourra t'arracher la vie, tout comme un seul te l'a donnée.

Si tu avais quelque discrétion, tu me ferais remise de mon dernier tribut : moi du moins je ne lésinerai pas sur un reliquat d'intérêt, et ce que je te dois le voici : « Jamais je n'ai voulu

(a) Contemporain de Sénèque. Ne pas le confondre avec Ariston de Chio, disciple de Zénon.
(b) Ou *promeneur à pied*, surnom des disciples d'Aristote qui donnait ses leçons en se promenant

plaire au peuple; ce que je sais n'est pas de son goût; et ce qui serait de son goût, je ne le sais pas. » Qui a dit cela? demandes-tu; comme si tu ne connaissais plus qui je charge de payer pour moi! C'est Épicure. Mais tous te crieront la même chose dans toutes les écoles : péripatéticiens, académiciens, stoïciens, cyniques. Est-il un homme, si la vertu lui plaît, qui puisse plaire au peuple? C'est par de méchantes voies que s'obtient sa faveur : il faut se rendre semblable à lui : il ne t'approuve pas, s'il ne se reconnaît en toi. Or le plus important de beaucoup est le jugement de ta conscience, non l'opinion d'autrui. On ne se concilie que par de honteux moyens l'amour de ceux qui ont perdu toute honte. Mais quel bien devras-tu à cette philosophie tant vantée, si préférable à tous les arts et à toutes les choses de la vie? Tu lui devras d'aimer mieux plaire à toi-même qu'à la foule, de peser les suffrages, non de les compter, de vivre sans crainte devant les dieux comme devant les hommes, de vaincre tes maux ou d'y mettre fin. Oui, si j'entendais autour de toi les acclamations du vulgaire, si ton apparition provoquait les cris de joie, les battements de mains, l'accueil bruyant qu'on décerne à des pantomimes, si les enfants et les femmes chantaient tes louanges par la ville, pourrais-je n'avoir pas pitié de toi, quand je sais quelle voie mène à cette popularité[30]?

## LETTRE XXX.

### Attendre la mort de pied ferme, à l'exemple de Bassus.

Je viens de voir Bassus Aufidius[31], excellent homme, battu en brèche par le temps contre lequel il lutte avec vigueur; mais la charge devient trop forte pour qu'il se puisse relever; la vieillesse est venue l'assaillir tout entière et de tout son poids. Tu sais qu'il fut toujours d'une complexion débile et appauvrie : longtemps il l'a maintenue et, pour dire plus vrai, rajustée : elle vient de manquer tout à coup. Quand l'eau s'infiltre dans un navire par une ou deux voies, on y remédie; mais s'il s'entr'ouvre et cède en plusieurs endroits, si ses flancs éclatent de toutes parts, tout secours devient impossible : ainsi un corps vieillissant trouve des supports momentanés pour étayer sa décadence ; mais si le ruineux édifice se disjoint dans toute sa charpente ; si, quand on le soutient d'un côté, un autre se détache, il faut chercher par où faire retraite. Notre Bassus n'en garde pas moins tout l'enjouement de son esprit. C'est à la philosophie qu'il le doit : en présence de la mort il est gai : quel que soit son état physique, il est courageux et serein, et ne s'abandonne pas quand ses organes l'abandonnent. Un bon pilote tient encore la mer avec sa voile déchirée ; dégarni même de ses agrès, il radoube encore ces débris pour de nouvelles courses. Ainsi fait notre Bassus : il voit venir sa fin avec une sécurité d'esprit et de visage qui, s'il regardait de même celle d'autrui, passerait pour insensibilité. C'est une grande chose, Lucilius, et qui demande un long apprentissage, que de savoir, quand arrive l'heure inévitable, partir sans murmure. Aux autres causes de trépas se mêle encore de l'espérance. Une maladie cesse, un incendie se laisse éteindre ; un écroulement qui semblait devoir nous écraser, nous porte mollement jusqu'à terre ; le flot qui nous engloutissait nous rejette par cette même force d'absorption sains et saufs sur la rive ; le soldat a baissé son glaive devant la tête qu'il allait trancher ; mais plus d'espoir pour l'homme que la vieillesse traîne à la mort : auprès d'elle seule point d'intercession possible. C'est la plus douce mais aussi la plus longue façon de mourir. Bassus me semblait suivre ses propres obsèques et s'enterrer, et comme se survivre, et agir en sage qui se regrette sans faiblesse. Car la mort est son texte ordinaire ; et il met tous ses soins à nous persuader que s'il y a du dommage ou de la crainte à éprouver dans cette affaire, c'est la faute du mourant, non de la mort ; qu'il n'y a en elle rien de fâcheux, pas plus qu'après elle. Or on est aussi fou de craindre un dommage qui n'aura pas lieu qu'un coup qu'on ne sentira point. Peut-on croire qu'il nous arrivera de sentir ce par quoi nous ne sentons plus ? « Oui, dit-il, la mort est tellement exempte de tout mal, qu'elle l'est même de toute crainte de mal. »

Ces vérités, je le sais, se sont dites souvent, se rediront souvent encore ; mais elles ne m'ont jamais tant profité ni dans les livres, ni dans la bouche de gens qui blâmaient la crainte d'un mal dont ils se voyaient loin. Combien plus d'autorité prennent sur moi les discours d'un homme parlant de sa fin toute prochaine ! Et pour dire ce que je pense, je crois qu'on est plus ferme dans l'agonie qu'aux premières approches de la mort. Présente, elle donne aux âmes les moins exercées le courage de ne plus éviter l'inévitable. Ainsi le gladiateur qui dans toute la lutte fut le plus timide, tend la gorge à l'adversaire et y dirige le fer incertain. Mais l'idée d'un trépas voisin, infaillible surtout, exige un courage aussi soutenu qu'énergique; or il est rare et ne peut s'obtenir que du sage. Aussi avec quelle avidité je l'écoutais m'énoncer en quelque sorte son arrêt sur la mort et me révéler un mystère qu'il avait sondé de plus près! Il aurait sur toi, j'imagine, plus de créance et plus de poids, le récit d'un homme revenu à la vie pour t'affirmer sur son expérience que la mort n'est nullement un mal. Quant aux approches de cette mort et aux angoisses qu'elle apporte, qui peut mieux te les décrire que ceux qui furent avec elle en présence, qui la virent venir et lui ouvrirent leur porte? Tu peux mettre Bassus de ce nombre : il a voulu nous désabuser. Craindre le trépas, nous dit-il, est aussi absurde qu'il le serait de craindre la vieillesse. Tout comme la vieillesse succède à un âge plus jeune, ainsi la mort à la vieillesse. C'est n'avoir pas voulu vivre que de ne vouloir pas mourir. La vie, en effet, nous fut donnée sous la condition de la mort : elle nous y achemine. Craindre de mourir est donc une folie : car on doit attendre le certain, le douteux seul s'appréhende. La mort est une égale et invincible nécessité pour tous. Qui peut se plaindre d'une fatalité dont nul n'est exempt[32]? La base première de l'équité c'est l'égalité[33]. Mais il est superflu de justifier ici la nature qui n'a imposé à l'homme d'autre loi que la loi qu'elle subit elle-même. Tout ce qu'elle a formé elle le décompose, et le décompose pour former de nouveau. Mais l'homme assez heureux pour se voir doucement congédié par la vieillesse qui, au lieu de l'arracher tout d'un coup à la vie, l'en retire pas à pas, ne doit-il pas des actions de grâce à tous les dieux pour l'avoir conduit rassasié de jours jusques au repos si nécessaire à l'humanité, si agréable à la fatigue? Tu vois des gens souhaiter la mort avec plus d'ardeur que les autres ne demandent la vie. Je ne sais lesquels à mon sens nous encouragent le plus, de ceux qui sollicitent la mort ou de ceux qui l'attendent gaiement et en paix; chez les premiers, en effet, c'est parfois un transport furieux, un dépit soudain; chez les seconds c'est le calme d'une décision ferme. On peut courir à la mort dans un accès de fureur contre elle; mais nul ne l'accueille d'un front serein que celui qui, de longue main, s'y est disposé. Je l'avoue donc : j'ai multiplié mes visites chez cet homme qui m'est cher, et je l'ai fait pour plus d'un motif; je voulais savoir si chaque fois je le trouverais le même si avec ses forces physiques ne baisserait pas sa vigueur d'âme ; mais elle croissait visiblement, tout comme l'allégresse du coureur qui touche au septième stade et à la palme. Il disait, fidèle aux dogmes d'Épicure : « D'abord, j'ai l'espoir que le dernier soupir n'a rien de douloureux ; sinon, le mal est du moins un peu allégé par sa brièveté même : car point de longue douleur qui soit grande. Et puis je me représenterai, dans cette séparation même de l'âme et du corps, que si elle n'a pas lieu sans souffrance, après celle-là nulle autre douleur n'est possible. Ce dont je ne doute pas, au reste, c'est que l'âme du vieillard est sur le bord de ses lèvres, et qu'il ne lui faut pas grand effort pour s'arracher de sa prison. Le feu qui s'est pris à une matière solide ne peut être éteint que par l'eau et quelquefois par l'écroulement de ce qu'il dévore ; celui qui n'a plus d'aliments tombe de lui-même. »

C'est avec charme, Lucilius, que j'écoute ces paroles, non comme nouvelles, mais comme me mettant en présence de la crise réelle. — Quoi ! n'ai-je donc pas été témoin d'une foule de trépas volontaires ? — Oui, je l'ai été ; mais il a bien plus d'autorité sur moi l'homme qui se présente à la mort sans haine de la vie, l'homme qui l'accueille sans l'aller chercher. « Si nous la ressentons comme un tourment, disait-il, c'est notre faute : nous prenons l'alarme dès que nous la croyons proche de nous. Eh ! de qui n'est-elle pas proche ? Partout et toujours elle est là. Considérons donc, poursuivait-il, alors qu'une cause de mort quelconque semble venir à nous, combien d'autres sont plus voisines que nous ne craignons pas ! » Un homme était menacé de la mort par son ennemi : une indigestion la prévint. Si nous voulons démêler les motifs de nos frayeurs, nous les trouverons tout autres qu'ils ne semblent. Ce n'est pas la mort que l'on craint, c'est l'idée qu'on s'en fait ; car, par rapport à elle, nous sommes toujours à même distance. Oui, si elle est à craindre, elle l'est à chaque instant, car quel instant est privilégié contre elle ?

Mais je dois appréhender que de si longues lettres ne te semblent plus haïssables que la mort : c'est pourquoi je finis. Toi seulement, songe toujours à cette dernière heure pour ne la craindre jamais.

## LETTRE XXXI.

Dédaigner les vœux même de nos amis et l'opinion du vulgaire.

Je reconnais mon Lucilius : il commence à se montrer tel qu'il l'avait promis. Suis cet élan de l'âme vers tout ce qui fait sa richesse, en foulant aux pieds ce que le vulgaire appelle biens. Je ne te souhaite ni plus grand ni meilleur que tu n'aspirais à l'être. Tes plans furent jetés sur de larges assises ; remplis seulement la tâche que tu t'es faite, et mets en œuvre les matériaux que tu portes avec toi. En deux mots, tu feras sagement si tu te bouches les oreilles, non pas avec de la cire, c'est trop peu ; il faut quelque chose de plus ferme et de plus compacte que ce qu'Ulysse employa, dit-on, pour son équipage. Cette voix qu'il redoutait était séduisante, mais n'était pas celle de tout un peuple : la voix qu'il te faut redouter, ce n'est pas d'un seul écueil, c'est de tous les points du globe qu'elle t'assiége et retentit. Tu dois côtoyer plus d'une plage suspecte où la volupté tend ses piéges ; toute cité est à fuir : sois sourd pour ceux qui t'aiment le plus. Ils forment du meilleur cœur les plus funestes vœux ; et si tu veux être heureux, prie les dieux qu'ils ne t'envoient rien de ce qu'on te souhaite. Ce ne sont pas des biens que toutes ces choses dont on voudrait te voir comblé : il n'est qu'un bien qui donne et consolide la vie heureuse : être sûr de soi. Or celui-là ne peut nous échoir, si nous ne méprisons la fatigue et ne la mettons au rang de ce qui n'est ni bien, ni mal. Car il ne peut se faire qu'une chose soit tantôt mauvaise, tantôt bonne, tantôt légère et supportable, tantôt horrible à envisager. Ce n'est pas la fatigue qui est un bien ; où donc est le bien ? Dans le mépris de la fatigue. Aussi blâmerai-je toute activité sans but ; quant aux hommes qui se portent vers l'honnête, plus ils font effort, sans se laisser ni vaincre ni arrêter en leur chemin, plus je les admire et leur crie : « Redoublez de courage, faites provision de souffle et franchissez la montagne, s'il se peut, tout d'une haleine. La fatigue est l'aliment des fortes âmes. » Ne va donc pas, dans les vœux jadis formés par tes parents, choisir ce que tu voudras obtenir et souhaiter pour toi : et, après tout, un homme qui a traversé de si hauts postes doit rougir d'importuner encore les dieux. Qu'est-il besoin de vœux? Fais-toi heureux toi-même; et tu le seras, si tu reconnais pour vrais biens ceux qu'accompagne la vertu, et pour déshonnête tout ce à quoi la méchanceté s'allie. De même que sans un mélange de lumière il n'est rien de brillant, et rien de sombre s'il ne porte en soi ses ténèbres ou n'attire quelque obscurité: de même que sans l'auxiliaire du feu il n'est point de chaleur, et sans l'air point de froid; ainsi l'honnête ou le honteux naissent de l'alliance de la vertu ou de la méchanceté.

Qu'est-ce donc que le bien? La science. Qu'est-ce que le mal? L'ignorance. L'homme éclairé dans l'art de vivre sait rejeter ou choisir, selon le temps. Mais il ne craint point ce qu'il rejette, il n'admire point ce qu'il choisit, s'il a l'âme grande et invincible. Je ne veux pas que la tienne fléchisse et s'abatte. Ne pas refuser le travail est trop peu : implore-le. « Mais quel est le travail frivole et superflu? » Celui où t'appellent des motifs peu nobles. Il n'est pas mauvais par lui-même, pas plus que le travail consacré à de nobles choses, parce que c'est là proprement la patience de l'âme qui s'excite aux rudes et difficiles entreprises, qui se dit : « Pourquoi languir? Est-ce à un homme à craindre les sueurs? » Joins à l'amour du travail, pour que la vertu soit parfaite, une égalité de vie soutenue et conforme en tout à elle-même, accord impossible sans le bienfait de la science, sans la connaissance des choses divines et humaines. Voilà le souverain bien : sache le conquérir, et tu deviens le compagnon des dieux, non plus leur suppliant. « Comment, dis-tu, parvenir aussi haut? » Ce n'est ni par l'Apennin ou l'Olympe, ni par les déserts de Candavie; point de Syrtes, ni de Scylla, ni de Charybde à affronter, bien que tu aies traversé tout cela au prix d'une chétive mission. Elle est sûre, elle est pleine de charmes, la route pour laquelle t'a approvisionné la nature. Soutenu de ses dons, si tu n'y es pas infidèle, tu t'élèveras au niveau de Dieu. Or ce niveau, ce n'est pas l'argent qui t'y place : Dieu ne possède rien ; ce n'est pas la prétexte : Dieu est nu[34]; ce n'est ni la renommée, ni l'ostentation de tes mérites, ni ta gloire au loin répandue chez les peuples : nul ne connaît Dieu, beaucoup en pensent mal et impunément; ce n'est pas non plus cet essaim d'esclaves qui vont portant ta litière par la ville et dans tes voyages : ce Dieu, le plus grand et le plus puissant des êtres, porte lui-même l'univers. Ni la beauté ni la force ne sauraient faire ton bonheur : ni l'un ni l'autre ne résiste au temps. Il faut chercher ce qui ne se détériore pas de jour en jour, ce à quoi rien ne fait obstacle. Que sera-ce donc? L'âme, mais l'âme dans sa droiture, sa bonté, sa grandeur. Peux-tu voir en elle autre chose qu'un Dieu qui s'est fait l'hôte d'un corps mortel³⁵? Cette âme peut tomber dans un chevalier romain, comme dans un affranchi, comme dans un esclave. Qu'est-ce, en effet, qu'un chevalier, un affranchi, un esclave? Qualifications créées par l'orgueil ou l'usurpation. On peut s'élever vers le ciel du lieu le plus infime : eh bien,

Qu'un élan généreux
Te transforme à ton tour en digne fils des dieux (*a*).

Mais se transformer ce n'est point reluire d'or et d'argent : on ne peut avec cette matière reproduire la ressemblance divine³⁶ : songe qu'au temps où ils nous furent propices les dieux étaient d'argile (*b*).

---

## LETTRE XXXII.

#### Compléter sa vie avant de mourir.

Je m'informe de toi et je demande à tous ceux qui viennent de tes parages ce que tu fais, où et avec qui tu demeures. Tu ne saurais me payer de mots : je suis avec toi. C'est à toi de vivre comme si j'allais apprendre tous tes actes ou plutôt les voir. Veux-tu savoir, dans tout ce qu'on me dit de toi, ce qui me charme le plus? Que l'on ne m'en dit rien, que la plupart de ceux que j'interroge ignorent ce que tu fais. Voilà qui est salutaire, de ne pas vivre avec qui ne nous ressemble point et a des goûts différents des nôtres. Oui, j'ai la confiance qu'on ne pourra te faire dévier et que tu persisteras dans tes plans, en dépit des sollicitations qui t'assiégent en foule. Que te dirai-je? Je ne crains pas que l'on te change, mais qu'on embarrasse ta marche. C'est beaucoup nuire déjà que d'arrêter : cette vie est si courte! et notre inconstance l'abrége encore en nous la fai-

(*a*) *Énéid.*, VIII, 364.
(*b*) Voy. *Consol. à Helvia*, x, et la note.

sant recommencer sans cesse. Nous la morcelons en trop de parcelles, nous la déchiquetons. Hâte-toi donc, cher Lucilius, et songe combien tu redoublerais de vitesse, si tu avais l'ennemi à dos, si tu soupçonnais l'approche d'une cavalerie lancée sur les pas des fuyards. Tu en es là; on te serre de près; fuis plus vite et trompe l'ennemi. Ne t'arrête qu'en lieu sûr, et considère souvent que c'est une belle chose à l'homme de compléter sa vie avant de mourir, puis d'attendre en sécurité ce qui lui reste de jours à vivre, fort de sa propre force et en possession d'une existence heureuse qui ne gagne pas en bonheur à être plus longue. Oh! quand verras-tu l'heureux temps où tu sentiras que le temps ne t'importe plus, où tranquille et sans trouble, insoucieux du lendemain, tu auras à satiété joui de tout ton être! Veux-tu savoir ce qui rend les hommes avides de l'avenir? C'est que pas un ne s'est appartenu. Tes parents à coup sûr ont fait pour toi d'autres vœux que le mien; car au rebours de leurs souhaits, je veux te voir mépriser tout ce qu'ils voulaient accumuler sur toi. Leurs désirs dépouillaient quantité d'hommes pour t'enrichir : tout ce qu'ils transportaient à leur fils, c'est à d'autres qu'on l'aurait pris. Je te souhaite la disposition de toi-même, et que ton âme agitée de vagues fantaisies puisse enfin se rasseoir et se fixer, qu'elle sache se plaire, et qu'arrivée à l'intelligence des vrais biens, intelligence que suit aussitôt la possession, elle n'ait pas besoin d'un surcroît d'années. Il a enfin franchi les épreuves de la nécessité, il est émancipé, il est libre celui qui vit encore apr que sa vie est achevée.

## LETTRE XXXIII.

### Sur les sentences des philosophes. Penser à son tour par soi-même.

Tu désires que, pour appendice à mes lettres, je te donne comme précédemment un choix de sentences de nos grands maîtres. Ce n'est pas de bleuets qu'ils se sont occupés : tout le tissu de leur œuvre est d'une beauté mâle; c'est la preuve d'un génie inégal de ne briller que par saillies. On n'admire point un arbre isolé quand la forêt s'élève toute à la même hauteur [37]. Ces sortes de sentences abondent dans les poëtes, abondent dans les historiens. Je ne veux donc pas que tu en fasses honneur à Épicure : elles sont à tout le monde et notamment à notre école. Mais chez lui on les remarque mieux parce qu'elles y apparaissent à intervalles rares, qu'elles sont inattendues, et que de fermes paroles étonnent venant d'un homme qui fait profession de mollesse. Car c'est ainsi que presque tous le jugent ; pour moi Épicure est un homme de cœur, bien qu'il ait des manches à sa robe (*a*). Le courage et l'action, et le génie de la guerre peuvent se trouver chez les Perses comme chez les peuples à toge relevée. N'exige donc plus de ces traits détachés et pris çà et là : il y a chez nous continuité de ce qui fait exception chez les autres. Aussi n'avons-nous point d'étalage qui frappe les yeux ; nous n'abusons point l'acheteur pour ne lui offrir, une fois entré, rien de plus que la montre suspendue au dehors. Nous laissons chacun prendre à son choix ses échantillons. Quand nous voudrions, dans cette multitude de pensées heureuses, en trier quelques-unes, à qui les attribuerions-nous? A Zénon? à Cléanthe? à Chrysippe? à Panætius? à Posidonius? Nous ne sommes pas sujets d'un roi : chacun relève de soi seul. Chez nos rivaux, tout ce qu'a dit Hermachus, tout ce qu'a dit Métrodore s'impute au même maître. Tout ce qui fut traité par le moindre disciple sous la tente épicurienne l'a été par l'inspiration et sous les auspices du chef. Nous ne pouvons, je le répète, quand nous l'essayerions, extraire rien d'un si grand nombre de beautés toutes égales.

Pauvre est celui dont le troupeau se compte (*b*).

N'importe où tu jetterais les yeux, tu tomberais sur des traits dignes de remarque, s'ils ne se lisaient pêle-mêle avec d'autres semblables.

Ainsi ne compte plus pouvoir en l'effleurant goûter le génie des grands hommes : il faut le sonder dans toute sa profondeur, le manier tout entier. Ils font une œuvre de conscience : chaque fil tient sa place dans la contexture du dessin : ôtes-en un seul, toute l'ordonnance est détruite. Je ne te défends point d'analyser tel ou tel membre, mais que ce soit sur l'homme

---

(*a*) Chez les Romains, les femmes seules avaient les bras couverts. La toge des hommes leur laissait les bras nus.
(*b*) Ovid., *Métam.*, XIII, 824.

lui-même. Une belle femme n'est point celle dont on vante le bras ou la jambe, mais bien celle chez qui les perfections de l'ensemble absorbent l'admiration que mériteraient les détails. Si toutefois tu l'exiges, je ne serai pas chiche avec toi, je te servirai à pleine main. La matière est riche et s'offre à chaque pas : on n'a qu'à prendre, sans choisir. Là tout coule non pas goutte à goutte, mais à flots : tout est continu, tout se lie. Je ne doute pas qu'un tel recueil ne profite beaucoup aux âmes encore novices et aux auditeurs non initiés, vu qu'on retient plus aisément des préceptes concis et comme enfermés dans un vers. Si l'on fait apprendre même aux enfants des sentences et de ces apophthegmes que les grecs appellent χρίας, c'est que tout cela est à portée de leur naissante intelligence qui ne peut rien saisir au delà dont l'utilité soit certaine.

Il est peu digne d'un homme d'aller cueillant de menues fleurs, de s'appuyer d'un petit nombre d'adages rebattus, de se guinder sur des citations. Qu'il s'appuie sur lui-même, que ce soit lui qui parle, non ses souvenirs. Honte au vieillard et à l'homme arrivé en vue de la vieillesse qui n'a pour sagesse que de remémorer celle d'autrui. Zénon a dit ceci ; — Et toi? Cléanthe a dit cela ; — Et toi? Ne t'ébranleras-tu jamais squ'à la voix d'un autre? Chef à ton tour, dis-nous des choses qui se retiennent, tire de ton propre fonds. Oui, tous ces hommes, jamais autorités, toujours interprètes, tapis à l'ombre d'un grand nom [38], selon moi n'ont rien de généreux dans l'âme, n'osant jamais faire une fois ce qu'ils ont appris mille. Ils ont exercé sur l'œuvre d'autrui leur mémoire; mais autre chose est le souvenir, autre chose la science. Se souvenir, c'est garder le dépôt commis à la mémoire; savoir, au contraire, c'est l'avoir fait sien, ne pas être en face de son modèle un écho, ni tourner chaque fois les yeux vers le maître [39]. Tu me cites Zénon, puis Cléanthe. Eh! mets donc quelque différence entre toi et le livre. Quoi! toujours disciple! il est temps que tu fasses la leçon. Ai-je besoin qu'on me récite ce que je puis lire? — Mais la parole fait beaucoup. — Non pas certes quand je la prête aux phrases qui ne sont pas de moi et que je joue le rôle de greffier. Ajoute que ces hommes, toujours en tutelle, d'abord suivent les anciens dans une étude où pas un ne s'est risqué, qui ne s'écartât du devancier, étude où l'on cherche encore la vraie voie; or jamais on ne la trouvera si l'on se borne aux découvertes connues. Et d'ailleurs

qui se fait suivant ne découvre, ne cherche même plus rien.
« Pourquoi donc n'irais-je pas sur les traces de mes prédécesseurs? » Oui, prenons la route frayée; mais si j'en trouve une plus proche et plus unie, je me l'ouvrirai. Ceux qui avant nous ont remué le sol de la science ne sont pas nos maîtres, mais nos guides. Ouverte à tous, la vérité n'a point jusqu'ici d'occupant : elle garde pour nos neveux une grande part de son domaine (a).

## LETTRE XXXIV.

#### Encouragements à Lucilius.

Je grandis, je triomphe, et secouant les glaces de l'âge je me sens réchauffé chaque fois que ta conduite et tes lettres m'apprennent combien tu t'es dépassé toi-même, car dès longtemps tu as laissé la foule derrière toi. Si l'agriculteur est charmé quand ses arbres se couronnent de fruits; si le berger prend plaisir à voir multiplier son troupeau; s'il n'est personne qui n'envisage comme siens les progrès physiques de l'enfant qu'il a nourri, que penses-tu qu'éprouve l'homme qui a fait l'éducation d'une âme, qui l'a façonnée tendre encore et qui la voit tout d'un coup grande et forte? Eh bien! je te revendique, moi : tu es mon ouvrage. Aux dispositions que je t'ai reconnues, j'ai mis sur toi la main, t'encourageant, te pressant de l'aiguillon : et impatient de toute lenteur, je t'ai poussé sans relâche; je le fais encore aujourd'hui, mais déjà j'exhorte un homme en pleine course, qui me renvoie les mêmes exhortations. Tu me demandes ce que je veux de plus? Il y a beaucoup d'accompli. De même, en effet, qu'avoir commencé c'est avoir fait moitié de la tâche entière [10], comme on dit; en morale aussi pareille chose a lieu, et un grand point pour être bon est de vouloir le devenir. Et sais-tu qui j'appelle bon? Celui qui l'est d'une manière parfaite, absolue, celui que nulle violence, nulle nécessité ne rendrait méchant. Voilà l'homme que je prévois en toi, si tu persévères et redoubles d'efforts, si

---

(a) Voy. *Quest. natur.*, VII, *ch. dernier.*

tu parviens a ce que tes actions comme tes paroles s'accordent toutes et se répondent, frappées au même coin. Elle n'est pas dans la droite ligne l'âme dont les actes ne concordent pas.

---

## LETTRE XXXV.

### Il n'y a d'amitié qu'entre les gens de bien

Quand je t'invite si fortement à l'étude, c'est dans mon intérêt que je parle. Je veux posséder un ami, et ce bonheur me sera refusé, si tu ne poursuis l'œuvre commencée de ta culture morale : tu ne fais encore que m'aimer, tu n'es pas mon ami. « Quoi ! sont-ce là deux choses différentes ? » Oui, et même dissemblables. Qui est notre ami nous aime ; qui nous aime n'est pas toujours notre ami. Aussi l'amitié est toujours utile, et l'amour quelquefois peut nuire. Quand tu n'aurais pas d'autre but, étudie pour apprendre à aimer. Hâte-toi donc, puisque tes progrès sont pour moi ; qu'un autre n'en ait pas l'aubaine. Sans doute je la recueille déjà en rêvant que nous ne formerons qu'une âme, et que toute la vigueur que mon âge a perdue, le tien, qui pourtant n'est pas loin du mien, pourra me la rendre ; mais je veux une jouissance plus effective. La joie que procurent, quoique absents, ceux qu'on aime, est légère et passe vite. Leur aspect, leur présence, leur entretien offrent quelque chose de plus vif, de mieux senti, quand surtout l'ami qu'on veut voir, on le voit tel qu'on le veut. Apporte-moi donc ton plus riche présent, qui est toi-même ; et pour te décider plus vite, songe que tu es mortel, que je suis vieux. Sois pressé de te rendre à moi, mais à toi d'abord. Perfectionne-toi, surtout dans l'art de ne point changer. Quand tu voudras avoir la mesure de tes progrès, examine si tes désirs d'aujourd'hui sont ceux d'hier. Le changement de volonté dénote une âme flottante qu'on signale dans telle direction, puis dans telle autre, comme le vent l'y porte. Plus de courses vagues, quand l'âme est fixe et bien assise. Telle devient celle du sage accompli, et, dans certaine mesure, de l'homme en progrès, du demi-sage. Or en quoi diffère l'un de l'autre ? Celui-ci, bien qu'ébranlé, ne bouge pas : il chancelle sur place ; l'autre n'est pas même ébranlé.

# LETTRE XXXVI.

Avantages du repos. — Dédaigner les vœux du vulgaire. Mépriser la mort.

Exhorte ton ami à mépriser courageusement ceux qui lui reprochent d'avoir cherché l'ombre et la retraite, et déserté ses hautes fonctions, et, quand il pouvait s'élever encore, d'avoir préféré le repos à tout. Il a bien pourvu à ses intérêts ; il le leur prouvera tous les jours. Les personnages qu'on envie ne feront, comme toujours, que passer : on écrasera les uns, les autres tomberont. La prospérité ne comporte point le repos ; elle s'enfièvre elle-même, elle dérange le cerveau de plus d'une manière. Elle souffle à chacun sa folie, à l'un la passion du pouvoir, à l'autre celle du plaisir, gonfle ceux-là, amollit ceux-ci et leur ôte tout ressort. « Mais tel supporte bien la prospérité ! » Oui, comme on supporte le vin. N'en crois donc point les propos des hommes : celui-là n'est point heureux qu'assiége un monde de flatteurs ; on court à lui en foule comme à une source où l'on ne puise qu'en la troublant. On traite ton ami d'esprit futile et paresseux ! Tu le sais, certaines gens parlent au rebours de la vérité, et il faut prendre le contre-pied de ce qu'ils disent. Ils l'appelaient heureux : eh bien l'était-il ? Je ne m'inquiète même pas de ce que quelques-uns le trouvent d'humeur trop farouche et maussade. Ariston disait : « J'aime mieux un jeune homme trop sérieux que trop gai et aimable pour tout le monde. Un vin rude et âpre en sa nouveauté finit par se faire bon ; celui qui flatte dans la cuve même ne supporte point l'âge. » Laisse ton ami passer pour mélancolique et ennemi de son avancement ; cette mélancolie avec le temps doit tourner à bien. Qu'il persiste seulement à cultiver la vertu, à s'abreuver d'études libérales, de ces études dont il ne suffit pas de prendre une teinte, mais qui doivent pénétrer tout l'homme. La saison d'apprendre est venue. Qu'est-ce à dire ? En est-il une qui soit exempte de ce devoir ? Non certes : mais s'il est beau d'étudier à tout âge, il ne l'est pas d'en être toujours aux premières leçons. Quel objet de honte et de risée qu'un veillard encore à l'abécé de la vie [1]! Jeune, il faut acquérir, pour jouir quand on sera vieux.

Tu auras beaucoup fait pour toi-même, si tu rends ton ami le meilleur possible. Les plus belles grâces à faire comme à désirer, les grâces de premier choix, comme on dit, sont celles qu'il est aussi utile de donner que de recevoir. Enfin ton ami n'est plus libre ; il s'est obligé, et l'on doit moins rougir de manquer à un prêteur qu'à une promesse de vertu. Pour solder sa dette d'argent il faut au commerçant une traversée heureuse, à l'agriculteur la fécondité du sol qu'il cultive, la faveur du ciel : l'autre engagement s'acquitte par la seule volonté. La Fortune n'a pas droit sur les dispositions morales. Qu'il les règle donc de façon que son âme, dans un calme absolu, arrive à cet état parfait qui, n'importe ce qu'on nous enlève ou nous donne, ne s'en ressent pas et demeure toujours au même point, quoi que deviennent les événements. Qu'on lui prodigue de vulgaires biens, elle est supérieure à tout cela; que le sort lui dérobe tout ou partie de ces choses, elle n'en est pas amoindrie. Si le possesseur de cette âme était né chez les Parthes, dès le berceau il tendrait déjà l'arc; si dans la Germanie, sa main enfantine brandirait la framée. Contemporain de nos aïeux, il eût appris à dompter un cheval et à frapper de près l'ennemi. Voilà pour chacun ce que l'éducation nationale a d'influence et d'autorité.

Quel sera donc l'objet de son étude? Ce qui est de bon usage contre toute espèce d'armes et d'ennemis : le mépris de la mort. Que la mort ait en elle quelque chose de terrible, qui effarouche cet amour de soi que la nature a mis dans nos âmes, nul n'en doute; autrement il ne serait pas nécessaire de se préparer et de s'enhardir à une chose où un instinct volontaire nous porterait, comme est porté tout homme à sa propre conservation. Il ne faut pas de leçons pour se résoudre à coucher au besoin sur des roses ; il en faut pour s'endurcir aux tortures et n'y point subordonner sa foi; pour savoir, au besoin, debout, blessé quelquefois, veiller au bord des retranchements et ne pas même s'appuyer sur sa lance, car la sentinelle inclinée sur quelque support peut être surprise par des intervalles de sommeil. La mort n'apporte aucun malaise; pour sentir du malaise, il faudrait vivre encore. Que si la soif d'un long âge te possède si fort, songe que de tous ces êtres qui disparaissent pour rentrer au sein de la nature d'où ils sont sortis, d'où bientôt ils sortiront encore, nul ne s'anéantit. Tout cela change et ne meurt point. La mort même, que l'homme repousse avec épouvante, interromp. sans la briser son existence. Viendra le jour qui de nouveau nous rendra la lumière, que tant d'hommes refuseraient si ce jour ne leur ôtait aussi le souvenir. Mais plus tard j'expliquerai mieux (a) comment tout ce qui semble périr ne fait que se modifier. On doit partir de bonne grâce quand c'est pour revenir. Vois tourner sur lui-même le cercle de la création : tu reconnaîtras que rien en ce monde ne s'éteint, mais que tout descend et remonte alternativement. L'été s'enfuit, mais l'année suivante le ramène, l'hiver détrôné reparaît avec les mois où il préside; la nuit engloutit le soleil et sera tout à l'heure chassée par le jour. Ces étoiles qui achèvent leur cours retrouveront tout ce qu'elles laissent derrière elles; une partie du ciel se lève incessamment tandis que l'autre se précipite. Terminons enfin en ajoutant cette seule réflexion, que ni l'enfant, soit au berceau, soit même plus tard, ni l'homme privé d'intelligence ne craignent la mort; et qu'il serait bien honteux que la raison ne nous donnât point cette sécurité où l'imbécillité d'esprit sait nous conduire.

# LETTRE XXXVII.

##### Le serment de l'homme vertueux comparé à celui du gladiateur.

Le plus solennel engagement de bien faire, tu l'as pris : tu m'as promis un homme vertueux. Tu es enrôlé par serment. Il serait dérisoire de te dire que cette milice est douce et facile, je ne veux pas que tu prennes le change. Ta glorieuse obligation est la même quant à la formule que celle du vil gladiateur : souffrir le feu, les fers, le glaive homicide. Ceux qui louent leurs bras pour l'arène, qui mangent et boivent pour avoir plus de sang à donner, se lient de façon qu'on puisse même les contraindre à souffrir tout cela; toi, tu entends le souffrir volontairement et de grand cœur. Ils ont droit de rendre les armes, de tenter la pitié du peuple; toi, tu ne ren-

(a) *Lettre* LXXI, et liv. VIII *Des bienfaits*

dras point les tiennes et ne demanderas point la vie : tu dois mourir debout et invaincu. Que sert en effet de gagner quelques jours, quelques années ? Point de congé pour qui est entré dans la vie. « Comment donc, diras-tu, me dégager ? » Tu ne peux fuir les nécessités d'ici-bas; mais en triompher, tu le peux. Ouvre-toi un passage, pour te l'ouvrir tu auras la philosophie. Livre-toi à elle, si tu veux avoir la vie sauve, la sécurité, le bonheur, et, pour tout dire, le premier des biens, la liberté : tu n'arriveras là que par elle. La vie sans elle est ignoble, abjecte, sordide, servile, soumise à une foule de passions et de passions impitoyables. Ces insupportables tyrans qui l'oppriment parfois tour à tour, parfois tous ensemble, la sagesse t'en affranchit, car elle seule est la liberté. Une seule route y mène, et tout droit : point d'écarts à craindre; va d'un pas résolu. Veux-tu te soumettre toutes choses, soumets-toi à la raison. Que d'hommes tu gouverneras, si la raison te gouverne! Tu sauras d'elle ce que tu devras entreprendre et par quels moyens : tu ne tomberas pas tout neuf au milieu des difficultés. Me citera-t-on personne qui sache de quelle manière il a commencé à vouloir ce qu'il veut? Aucune réflexion ne l'y a conduit : c'est de prime saut qu'il s'y est jeté. Nous courons nous heurter contre la Fortune aussi souvent qu'elle contre nous. Il est honteux d'être emporté au lieu de se conduire, et tout à coup, au milieu du tourbillon, de se demander avec stupeur : « Comment suis-je venu ici ? »

## LETTRE XXXVIII.

### Les courts préceptes de la philosophie préférables aux longs discours.

Tu as raison de vouloir que notre commerce de lettres soit fréquent. Rien ne profite comme ces entretiens qui s'infiltrent dans l'âme goutte à goutte; dans les dissertations préparées et à grands développements qui ont la foule pour auditoire, il y a quelque chose de plus retentissant, mais de moins intime. La philosophie, c'est le bon conseil; et nul conseil ne se donne avec de grands éclats de voix. Quelquefois on peut employer ces sortes de harangues, passe-moi l'expression, quand l'homme qui hésite a besoin d'entraînement ; s'agit-il au contraire non de l'engager à s'instruire, mais de l'instruire en effet, il faut prendre, comme nous, un ton moins relevé. Tout pénètre et se grave ainsi plus facilement ; car l'essentiel ce n'est pas le nombre des paroles, c'est leur efficacité. Répandons-les comme une semence qui, bien que toute menue, en tombant sur un sol propice y développe ses vertus et du moindre germe parvient aux plus vastes accroissements. Ainsi fait la raison : ses principes, de mince portée au premier aspect, grandissent en agissant. Ce qu'elle dit se réduit à peu ; mais ce peu, reçu par une âme bien préparée, se fortifie et croît bien vite. Oui, il en est de ses préceptes comme de tout germe : ils fructifient merveilleusement, si petite place qu'ils tiennent ; il ne faut, ai-je dit, que d'heureuses dispositions pour les saisir et les absorber. L'âme, en retour, produira d'elle-même à souhait et rendra plus qu'elle n'aura reçu.

## LETTRE XXXIX.

#### Aimer mieux la médiocrité que l'excès.

Les résumés que tu désires, je les rédigerai certainement avec le plus de méthode et de concision possible ; mais vois s'il n'y aurait pas plus d'avantage dans la forme ordinaire que dans celle qu'on nomme aujourd'hui vulgairement *breviarium,* et qui jadis, quand nous parlions latin, s'appelait *summarium*. La première importe plus à qui étudie, la seconde à qui sait ; car l'une enseigne, l'autre rappelle. Mais je te donnerai de toutes deux en suffisance. Tu n'as que faire d'exiger telle ou telle autorité : les inconnus seuls donnent des répondants. J'écrirai donc ce que tu veux, mais à ma façon. En attendant tu as nombre d'auteurs où je ne sais si tu trouveras assez de méthode. Prends en main le *catalogue* des philosophes : cela seul te réveillera forcément quand tu verras combien d'hommes ont travaillé pour toi : tu désireras compter à ton tour parmi eux. Car le premier mérite d'une âme noble c'est l'élan qui la porte au bien. Nul homme doué de sentiments élevés ne trouve du charme dans l'ignoble et le bas : l'idée du grand l'attire et l'exalte. De même que la flamme s'élève droite sans qu'on puisse la faire ramper ou l'abattre, non plus que la tenir immobile [42]; ainsi l'âme humaine ne repose jamais, d'autant plus remuante et active qu'elle a plus de vigueur. Mais heureux qui a tourné cet élan vers le bien ! il se placera hors de la juridiction et du domaine de la Fortune, se modérera dans les succès, brisera l'aiguillon du malheur, et dédaignera ce qu'admireront les autres. Il est d'une âme grande de mépriser les grandeurs, et d'aimer mieux la médiocrité que l'excès : la médiocrité seule est utile et fait vivre l'homme ; l'excès nuit par son superflu même. Ainsi versent les épis trop pressés ; ainsi la branche surchargée de fruits se rompra ; ainsi l'exubérance n'arrive point à maturité [43]. Il en est de même des esprits ; une prospérité sans mesure les brise : ils n'en usent qu'au préjudice d'autrui comme au leur. Fut-on jamais plus malmené par un ennemi que certains hommes par leurs plaisirs, par ces tyranniques et folles débauches qui ne leur laissent quelque droit à la pitié que parce qu'ils subissent ce qu'ils ont fait subir? Et il faut bien qu'ils soient victimes de leur frénésie : nécessairement la passion n'admet plus de limites, dès qu'elle a franchi celles de la nature. La nature a son point d'arrêt : les chimères et les fantaisies de la passion vont à l'infini. Le nécessaire a pour mesure l'utile : mais le superflu, où le réduire? Aussi se noient-ils dans ces voluptés, qui sont pour eux des habitudes et dont ils ne se peuvent passer, d'autant plus misérables que le superflu leur est devenu nécessaire. Esclaves des plaisirs, ils n'en jouissent pas, et, pour dernier malheur, ils sont amoureux de leurs maux [44]. Oui, c'est le comble de l'infortune que de se vouer à la turpitude non plus par l'attrait d'un moment, mais par goût ; plus de remède possible, quand nos vices d'autrefois sont nos mœurs d'à présent.

# LETTRE XL.

*Le vrai philosophe parle autrement que le rhéteur.*

Je te sais gré de m'écrire fréquemment, car c'est la seule manière dont tu puisses te montrer à moi. Jamais je ne reçois de tes lettres qu'à l'instant même nous ne soyons réunis. Si les portraits de nos amis absents nous intéressent par les souvenirs qu'ils renouvellent, si cette consolation vaine et illusoire adoucit les regrets de la séparation, combien une lettre nous charme davantage en nous apportant de si loin des traces vivantes d'un être chéri, des caractères qui respirent en effet! Ce que leur présence avait de plus doux se retrouve et se reconnaît sur ces feuilles où une main amie s'est empreinte [18].

Tu m'écris que tu as entendu le philosophe Sérapion, lorsqu'il aborda dans tes parages; que sa manière consiste en un rapide torrent de paroles; que ses expressions ne se succèdent pas, mais se poussent et se précipitent, et qu'elles lui viennent en trop grand nombre pour qu'un seul gosier y suffise. Je n'approuve pas cela dans un philosophe, dont le parler même, comme la conduite, doit être mesuré, ce qui ne va point avec une précipitation trop hâtive. Aussi ces paroles pressées qui s'épanchent ininterrompues comme des flocons de neige sont par Homère attribuées à l'orateur ; mais l'éloquence du vieux Nestor coule avec lenteur et plus douce que le miel. Tiens pour certain que cette véhémence si prompte et si abondante sied mieux à un déclamateur ambulant qu'à un homme qui traite une œuvre grande et sérieuse, qu'à un professeur de sagesse. J'aime aussi peu les phrases qui filtrent goutte à goutte que celles qui vont au pas de course; l'oreille ne veut ni attendre, ni être assourdie. La disette et la maigreur du débit rendent l'auditeur moins attentif, ennuyé qu'il est d'une lenteur brisée encore par des repos : toutefois ce qu'il faut attendre s'imprime plus aisément que ce qui ne fait qu'effleurer. Enfin, le maître, comme on dit, transmet ses préceptes aux disciples : on ne transmet pas ce qui fuit. Ajoute que l'éloquence qui se consacre à la vérité, doit être simple et sans apprêt, tandis que la faconde populaire n'a rien de vrai. Elle veut remuer la foule, et entraîner tout d'un élan un auditoire sans expérience : elle ne se laisse pas examiner, elle est déjà loin. Or comment modérer les autres, quand on ne peut se modérer ? D'ailleurs le discours qui s'emploie à la guérison des âmes doit pénétrer tout l'homme : les remèdes ne profitent que s'ils séjournent quelque temps. Et que de vide et de néant dans ces phrases! plus de son que de poids. Apprivoisez les monstres qui m'épouvantent, calmez les passions qui m'irritent, dissipez mes erreurs, refrénez mon luxe, gourmandez ma cupidité, Rien de tout cela peut-il se faire à la course ? Un médecin peut-il guérir ses malades en passant ? Et puis, on ne trouve même aucun plaisir dans ce cliquetis de mots précipités sans choix. Comme la plupart des tours de force qu'on croirait ne pouvoir se faire et qu'il suffit de voir une fois, c'est bien assez d'entendre un moment ces baladins de la parole. Car que voudrait-on apprendre ou imiter d'eux? Que juger de leur âme quand leur discours désordonné s'emporte jusqu'à ne plus pouvoir s'arrêter ? L'homme qui court sur une pente rapide ne se retient pas où il veut ; entraîné par sa vitesse et le poids de son corps, il dépasse le point qu'il s'était marqué. Ainsi cette volubilité de diction n'est plus maîtresse d'elle-même ni assez digne du philosophe qui doit placer ses paroles, non les jeter au vent, qui doit s'avancer pas à pas. « Quoi donc! ne devra-t-il jamais s'élever? » Pourquoi non ? mais que ce soit sans compromettre sa dignité morale, que lui ferait perdre cette violente exagération de force. Sa force sera grande, et modérée toutefois, comme un fleuve au cours continu, non comme un torrent. A peine permettrai-je à un orateur une telle vélocité de langue dont on ne saurait ni rappeler ni régler l'essor. Comment en effet le juge, souvent inhabile et novice, le suivrait-il? L'orateur, fût-il emporté par le besoin de faire effet, ou par (a) une émotion qu'il ne maîtrise plus, ne doit décocher dans sa course que ce que l'oreille peut recueillir.

Tu feras donc sagement de ne pas voir ces hommes qui cherchent à dire beaucoup, non à bien dire, et d'aimer mieux, à la rigueur, entendre même un P. Vinicius (b). Quel Vinicius? dis-

(a) Au lieu de : *affectus impetus sui*, je lis, avec Muret et Gruter : *impotens sui, tantum*.... d'une seule et même phrase.
(b) Déclamateur de profession, comme Asellius et Gémin. Varius. Ne pas le confondre avec L. Vinicius son frère dont Auguste disait : *Il a de l'esprit argent comptant*. « Ingenium in numerato habet. »

tu. — Celui dont on demandait comment il portait la parole :
« Il la traîne ; » répondit Asellius. Géminus Varius disait en effet
de lui : « Vous lui trouvez du talent, je ne sais pourquoi ; il ne
peut coudre trois mots ensemble. » Oui, si tu dois parler, parle
plutôt comme Vinicius, dût-il arriver quelque impertinent pareil à celui qui l'entendant arracher ses mots l'un après l'autre,
comme s'il dictait au lieu de disserter, lui cria : « Parle ou
tais-toi une fois pour toutes. » Quant à la précipitation de
Q. Hatérius [46], orateur en son temps très-célèbre, je veux qu'un
homme sensé s'en garde le plus qu'il pourra. Hatérius n'hésitait jamais, jamais ne s'interrompait : il commençait et finissait tout d'une traite.

Je suis d'avis pourtant que, selon les nations, certaines méthodes conviennent plus ou moins. Ce que je blâme se passerait
aux Grecs ; nous, même en écrivant, nous avons l'habitude de
séparer nos mots. Notre Cicéron lui-même, de qui l'éloquence romaine reçut son élan, eut pour allure le pas. Nos
orateurs s'observent mieux que les autres, ils sentent ce qu'ils
valent et donnent le temps de le sentir. Fabianus (a), aussi distingué par ses vertus et son savoir que par son éloquence, mérite
qui vient en troisième ordre, discutait avec aisance plutôt qu'avec
promptitude : c'était facilité, pouvait-on dire, ce n'était pas
volubilité ; voilà ce que j'admets dans un sage. Je n'exige pas
que ses périodes sortent de sa bouche sans nul embarras :
j'aimerais mieux même un peu d'effort qu'un jet spontané. Je
voudrais d'autant plus te faire peur du travers dont je parle
qu'il ne se gagne point sans qu'on ait perdu le respect de soi-
même. Il faut pour cela se faire un front d'airain et ne pas s'é-
couter : car dans cette course irréfléchie, que de choses on voudrait ressaisir ! Non, te dis-je, on n'obtient ce triste avantage
qu'aux dépens de sa dignité. D'ailleurs il est besoin pour cela
qu'on s'exerce tous les jours, et que des choses on transporte
son étude aux mots. Or, quand les mots te viendraient d'eux-
mêmes et couleraient de source, et sans nul travail de ta part,
tu dois néanmoins en régler le cours ; et comme une démarche
modeste sied à l'homme sage, il lui faut un langage concis,
point aventureux. Ainsi, pour conclusion dernière, je te recommande d'être lent à parler.

(a) Sur Fabianus, voir *Lettre* c et note.

# LETTRE XLI.

### Dieu réside dans l'homme de bien. -- Vraie supériorité de l'homme.

Tu fais une chose excellente et qui te sera salutaire si, comme tu l'écris, tu marches avec persévérance vers cette sagesse qu'il est absurde d'implorer par des vœux quand on peut l'obtenir de soi. Il n'est pas besoin d'élever les mains vers le ciel, ni de gagner le gardien d'un temple pour qu'il nous introduise jusqu'à l'oreille de la statue, comme si de la sorte elle pouvait mieux nous entendre ; il est près de toi le Dieu, il est avec toi, il est en toi. Oui, Lucilius, un esprit saint réside en nous, qui observe nos vices et veille sur nos vertus, qui agit envers nous comme nous envers lui. Point d'homme de bien qui ne l'ait avec soi. Qui donc, sans son appui, pourrait s'élever au-dessus de la Fortune ? C'est lui qui inspire les grandes et généreuses résolutions. Dans chaque âme vertueuse il habite

> Quel dieu ? Nul ne le sait, mais il habite un dieu (a).

S'il s'offre à tes regards un de ces bois sacrés peuplé d'arbres antiques qui dépassent les proportions ordinaires, où l'épaisseur des rameaux étagés les uns sur les autres te dérobe la vue du ciel, l'extrême hauteur des arbres, la solitude du lieu, et ce qu'a d'imposant cette ombre en plein jour si épaisse et si loin prolongée te font croire qu'un Dieu est là [47]. Et cet antre qui, sur des rocs profondément minés, tient une montagne suspendue, cet antre qui n'est pas de main d'homme, mais que des causes naturelles ont creusé en voûte gigantesque ! ton âme toute saisie n'y pressent-elle pas quelque haut mystère religieux ? Nous vénérons la source des grands fleuves ; au point où tout à coup de dessous terre une rivière a fait éruption on dresse des autels ; toute veine d'eau thermale a son culte, et la sombre teinte de certains lacs ou leurs abîmes sans fond les ont rendus sacrés. Et si tu vois un homme que n'épouvantent point les périls, pur de toute

---

(a) *Énéid.*, VIII, 352.

passion, heureux dans l'adversité, calme au sein des tempêtes, qui voit de haut les hommes et à son niveau les dieux, tu ne seras point pénétré pour lui de vénération! Tu ne diras point : Voilà une trop grande, une trop auguste merveille pour la croire semblable à ce corps chétif qui l'enferme! Une force divine est descendue là. Cette âme supérieure, maîtresse d'elle-même, qui juge que toute chose est au-dessous d'elle et qui passe, se riant de ce que craignent ou souhaitent les autres, elle est mue par une puissance céleste. Un tel être ne peut se soutenir sans la main d'un Dieu : aussi tient-il par la meilleure partie de lui-même au lieu d'où il est émané. Comme les rayons du soleil, bien qu'ils touchent notre sol, n'ont point quitté le foyer qui les lance; de même cette âme sublime et sainte, envoyée ici-bas pour nous montrer la divinité de plus près, se mêle aux choses de la terre sans se détacher du ciel sa patrie. Elle y est suspendue, elle y regarde, elle y aspire, elle vit parmi nous comme supérieure à nous. Quelle est donc cette âme? Celle qui ne s'appuie que sur les biens qui lui sont propres.

Quoi de plus absurde en effet que de louer dans l'homme ce qui lui est étranger? Quelle plus grande folie que d'admirer en lui ce qui peut tout à l'heure passer à un autre? Un frein d'or n'ajoute pas à la bonté du coursier. Le lion dont on a doré la crinière, qui se laisse toucher et manier, qui subit patiemment la parure imposée à son courage dompté, n'entre pas dans l'arène du même air que cet autre qui, sans apprêt, garde tout son instinct farouche. Celui-ci, dans sa fougue sauvage, tel que l'a voulu la nature, majestueusement hérissé, beau de la peur qu'inspire son seul aspect, on le préfère à cet impuissant [1] quadrupède qui reluit de paillettes d'or. Nul ne doit tirer gloire que de ce qui lui est personnel. On fait cas d'une vigne dont les branches surchargées de fruits entraînent par leur poids ses soutiens mêmes jusqu'à terre : trouvera-t-on plus beaux des ceps d'or, où des raisins, des feuilles d'or serpentent? Le mérite essentiel d'une vigne est la fécondité. Dans l'homme aussi ce qu'il faut priser c'est ce qui est de l'homme même. Qu'il ait de superbes esclaves, un palais magnifique, beaucoup de terres ensemencées et de capitaux productifs; tout cela n'est pas en lui, mais autour de lui. Loue en lui ce qu'on ne peut ni ravir ni donner [2], ce qui est son bien propre. « Que sera-ce donc? » dis-tu. Son âme, et dans cette âme la raison perfectionnée. Car l'homme est un être doué de raison ; et le souverain bien pour lui est d'avoir atteint le but pour lequel il est né. Or, qu'exige de lui cette raison? Une chose bien facile : de vivre selon sa nature ; chose pourtant que rend difficile la folie générale. On se pousse l'un l'autre dans le vice; comment alors rappeler dans les voies de salut ceux que nul ne retient et que la multitude ent'aîne?

# LETTRE XLII.

Rareté des gens de bien. — Vices cachés sous l'impuissance.
Ce qui est gratuit coûte souvent bien cher.

Cet homme t'a déjà persuadé qu'il est homme de bien. Mais ce titre-là ne s'acquiert et ne se constate pas si vite. Tu sais ce qu'ici j'entends sous ce mot? un homme de bien du second ordre. Pour l'autre, comme le phénix, il naît une fois dans cinq siècles ; et faut-il s'étonner que les prodiges s'enfantent à de grands intervalles? Le médiocre et le commun, le sort se plaît à les créer souvent; mais il confère aux chefs-d'œuvre le mérite de la rareté. L'homme dont tu parles est loin jusqu'ici de ce qu'il fait profession d'être; et s'il savait ce qu'est un homme de bien, il ne se jugerait pas encore tel, peut-être même désespérerait-il de le devenir. « Mais il pense si mal des méchants ! » Et les méchants aussi pensent comme lui : le plus grand supplice d'un cœur mauvais, c'est de déplaire et à soi-même et à ses pareils. « Mais il hait tous ces grands improvisés qui usent en tyrans de leur pouvoir! » Il fera comme eux, quand il pourra les mêmes choses qu'eux. Sous l'impuissance de bien des hommes un génie pervers est caché : il osera, quand il aura foi en ses forces, tout ce qu'ont osé les mauvais instincts qu'un sort prospère a fait éclore. Les moyens seuls de développer toute leur noirceur manquent à ces âmes. On manie impunément le serpent le plus dangereux tant qu'il est roide de froid; alors son venin, sans être mort, n'est qu'engourdi. Combien de cruautés et d'ambitions, et de débauches auxquelles il ne manque, pour égaler en audace les plus monstrueuses, que d'être aidées de la Fortune! Elles ont les mêmes vouloirs : veux-tu t'en convaincre? Donne-leur de pouvoir tout ce qu'elles veulent³. Tu te rappelles cet homme dont tu prétendais pouvoir disposer ; je te disais qu'il était volage et léger, que tu ne le tenais point par le pied, mais par le bout de l'aile. Je me trompais : tu le tenais par une plume ; il te l'a laissée dans la main et s'est envolé. Tu sais comment ensuite il s'est joué de toi, et que de choses il a tentées qui devaient lui tourner à mal ! Il ne se voyait pas courir au piége en voulant y pousser les autres ; il oubliait combien étaient onéreux les objets de sa convoitise, quand ils n'eussent pas été superflus.

Sachons donc voir que ce qui provoque notre ambition et nos efforts si laborieux ou ne renferme nul avantage, ou offre encore plus d'inconvénients. Telle chose est superflue, telle autre ne vaut pas notre peine. Mais notre prévoyance ne va pas si loin, et nous appelons gratuit ce qui coûte le plus cher. O stupidité de l'homme ! Il s'imagine ne payer que ce qui vide sa bourse, et obtenir pour rien ce pour quoi il se donne lui-même. Ce qu'il ne voudrait pas acheter, s'il fallait, en échange, livrer une maison, une propriété d'agrément ou de rapport, il est tout prêt à l'acquérir à prix d'inquiétudes, de dangers, de temps, de liberté, d'honneur [4]. Tant l'homme n'a rien qu'il prise moins que lui-même ! Que ne fait-il donc en tout projet et pour toute chose ce que fait quiconque entre chez un marchand ? L'objet qu'on désire, à quel prix sera-t-il livré ? Souvent le plus dispendieux est celui qu'on reçoit pour rien. Que d'acquisitions, que de présents je puis te citer qui nous ont arraché notre indépendance (a) ! Nous nous appartiendrions, s'ils ne nous appartenaient pas.

Médite ces réflexions dès qu'il s'agira non-seulement de gain à faire, mais de perte à subir. Dis-toi : « Que vas-tu perdre ? Ce qui t'est venu du dehors. Tu n'en auras pas plus de peine à vivre après qu'avant. L'avais-tu longtemps possédé ? Tu t'en es rassasié avant de le perdre. Si tu ne l'as pas eu longtemps, tu n'en avais pas encore l'habitude. Ce sera de l'argent de moins ? Partant, moins de tracas. Ton crédit en diminuera ? Tes envieux aussi. Considère tous ces faux biens dont on s'éprend jusqu'à la folie, que l'on perd avec tant de larmes, et comprends que ce n'est point la perte qui fâche, mais l'idée qu'on se fait de cette perte. On la sent, non point par le fait, mais par la réflexion. Qui se possède n'a rien perdu : mais à combien d'hommes est-il donné de se posséder ? »

(a) Souvenir des largesses de Néron à Sénèque.

## LETTRE XLIII.

*Vivre comme si l'on était sous les yeux de tous. — La conscience.*

Tu me demandes comment cela est venu jusqu'à moi ; qui m'a pu dire ta pensée que tu n'avais dite à personne? « Celle qui sait tant de choses : la renommée. » Quoi! diras-tu, suis-je assez important pour mettre la renommée en émoi ?— Ne te mesure pas sur l'endroit où je suis, mais sur celui que tu habites. Qui domine ses voisins est grand où il domine. La grandeur n'est pas absolue : elle gagne ou perd par comparaison. Tel navire, grand sur un fleuve, est fort petit en mer ; le même gouvernail, trop fort pour tel navire, est exigu pour tel autre. Toi aujourd'hui, tu as beau te rapetisser, tu es grand dans ta province : tes actions, tes repas, ton sommeil, on épie, on sait tout. Tu n'en dois que mieux t'observer dans ta conduite. Mais ne t'estime heureux que le jour où tu pourrais vivre sous les yeux du public, où tes murailles te défendraient sans te cacher, ces murailles que presque tous nous croyons faites moins pour abriter nos personnes que pour couvrir nos turpitudes. Je vais dire une chose qui peut te faire juger de nos mœurs : à peine trouverais-tu un homme qui voulût vivre portes ouvertes. C'est la conscience plutôt que l'orgueil qui se retranche derrière un portier. Nous vivons de telle sorte que c'est nous prendre en faute que de nous voir à l'improviste. Mais que sert de chercher les ténèbres, de fuir les yeux et les oreilles d'autrui? Une bonne conscience défierait un public ; une mauvaise emporte jusque dans la solitude ses angoisses et ses alarmes. Si tes actions sont honnêtes, qu'elles soient sues de tous ; déshonorantes, qu'importe que nul ne les connaisse? tu les connais, toi. Que je te plains, si tu ne tiens pas compte de ce témoin-là!

# LETTRE XLIV [a].

### La vraie noblesse est dans la philosophie.

Tu persistes à te faire petit, et à te dire trop chétivement doté par la nature d'abord, puis par la Fortune, quand il ne tient qu'à toi de te tirer des rangs du vulgaire et d'atteindre à la plus haute des félicités. Si la philosophie possède en soi quelque mérite, elle a surtout celui de ne point regarder aux généalogies. Tous les hommes, si on les rappelle à l'origine première, **sont enfants des dieux.** Te voilà chevalier romain, et c'est à force de talent que tu es entré dans cet ordre : mais, grands dieux! à combien de citoyens les quatorze bancs ne sont-ils pas fermés? Le sénat ne s'ouvre pas pour tous : la milice même, pour nous admettre à ses fatigues et à ses périls, est difficile dans ses choix. La sagesse est accessible à tous; devant elle nous sommes tous nobles. La philosophie ne refuse ni ne préfère personne [b] : elle luit pour tout le monde. Socrate n'était point patricien; Cléanthe louait ses bras pour tirer l'eau dont il arrosait un jardin; la philosophie, en adoptant Platon, ne lui demanda pas ses titres, elle les lui conféra. Pourquoi désespérerais-tu de ressembler à ces grands hommes? Ils sont tous tes ancêtres, si tu te rends digne d'eux, et pour l'être, il faut tout d'abord te persuader que nul n'est de meilleure maison que toi. Nous avons tous même nombre d'aïeux; notre origine à tous remonte plus loin que la mémoire des hommes. « Point de roi, dit Platon, qui n'ait des esclaves pour ancêtres, point d'esclave qui ne sorte du sang des rois. » Une longue suite de révolutions a brouillé tout cela, et le sort a bouleversé les rangs. Quel est le vrai noble? Celui que la nature a bien préparé pour la vertu [c]. Voilà le seul titre à considérer. Autrement, si tu me renvoies aux vieux temps, chacun date d'un âge avant lequel il n'y a plus rien. Depuis le berceau du monde jusqu'à nos jours une série de vicissitudes nous a fait passer par de brillants comme par d'obscurs destins. Un vestibule

---

(a) Comparer cette lettre avec le chap. xxviii, liv. III, *Des bienfaits*.

rempli de portraits enfumés ne fait pas la noblesse. Nul n'a vécu pour notre gloire, et ce qui fut avant nous n'est pas à nous [7]. C'est l'âme qui anoblit; elle peut de toutes les conditions s'élever plus haut que la Fortune. Suppose-toi, non pas chevalier romain, mais affranchi, tu peux un jour être seul libre de fait parmi tant d'hommes libres de race. « Comment cela ? » diras-tu. En n'adoptant pas la distinction populaire des biens et des maux. Informe-toi non d'où viennent les choses, mais où elles aboutissent. S'il en est une qui puisse donner le bonheur, elle est bonne par essence, car elle ne peut dégénérer en mal. Quelle est donc la cause de tant de méprises, quand la vie heureuse est le vœu de tous? C'est qu'on prend les moyens pour la fin, et qu'en voulant l'atteindre on s'en éloigne. Tandis qu'en effet la perfection du bonheur consiste dans une ferme sécurité et dans l'inébranlable foi qu'il nous restera, on se cherche au loin des causes de soucis, et sur cette route perfide de la vie, on porte ses embarras bien moins qu'on ne les traîne. Aussi s'écarte-t-on toujours davantage du but poursuivi; plus on s'épuise en efforts, plus on reste empêtré, ou rejeté en arrière. Ainsi l'homme qui dans un labyrinthe presse le pas se fourvoie en raison de sa vitesse même

---

## LETTRE XLV.

### Sur les subtilités de l'école.

Tu te plains de la disette des livres en Sicile. L'important n'est pas d'en avoir beaucoup, mais d'en avoir de bons. Une lecture sagement circonscrite profitera; variée, elle amuse. Qui veut arriver à un but précis doit aller par un seul chemin, et non vaguer de l'un à l'autre, ce qui n'est pas avancer, mais errer. « J'aimerais mieux, diras-tu, des livres que des conseils. » Oh! en vérité, tous ceux que je possède, je suis prêt à te les envoyer, à vider tout mon grenier, à me transporter moi-même, si je le pouvais, près de toi, et, n'était l'espoir que tu obtiendras de bonne heure de cesser tes fonctions, c'est une expédition que j'eusse imposée à ma vieillesse : ni Charybde, ni Scylla, ni ce détroit maudit par la Fable ne m'auraient fait reculer. Je l'aurais franchi, que dis-je? je l'aurais passé à la nage pour pouvoir t'embrasser et juger par mes yeux des progrès de ton âme.

Quant au désir que tu exprimes de recevoir mes ouvrages, je ne m'en crois pas plus habile que je ne me croirais beau si tu demandais mon portrait. Je sais que c'est plutôt indulgence d'ami qu'opinion réfléchie, ou si c'est opinion, ton indulgence te l'a suggérée. Au reste, quels qu'ils soient, lis-les comme venant d'un homme qui cherche le vrai sans l'avoir encore trouvé, mais qui le cherche avec indépendance. Car je ne me suis mis sous la loi de personne; je ne porte le nom d'aucun maître; si j'ai souvent foi en l'autorité des grands hommes, sur quelques points c'est à moi que j'en appelle (*a*). Tout grands qu'ils sont, ils nous ont légué moins de découvertes que de problèmes; et peut-être eussent-ils trouvé l'essentiel, s'ils n'eussent cherché aussi l'inutile. Que de temps leur ont pris des chicanes de mots, des argumentations captieuses qui n'exercent qu'une vaine subtilité! Ce sont des nœuds que nous tressons, des équivoques de sens que nous enlaçons dans des paroles et qu'ensuite nous débrouillons. Avons-nous donc tant de loisir? Savons-nous déjà vivre, savons-nous mourir? Toutes les forces, toute la prévoyance de notre esprit doivent tendre à n'être pas dupe des choses : qu'importent les mots? Que me font tes distinctions entre synonymes où jamais nul n'a pris le change, que pour disputer? Les choses nous abusent : éclaircis les choses. Nous embrassons le mal pour le bien; nous désirons les contraires, nos vœux se combattent, nos projets se neutralisent. Combien la flatterie ressemble à l'amitié! Et non-seulement elle lui ressemble, mais encore l'emporte et enchérit sur elle, trouve pour se faire accueillir l'oreille facile et indulgente, s'insinue jusqu'au fond du cœur, nous charme en nous empoisonnant. C'est cette similitude-là qu'il faut m'apprendre à démêler. Un ennemi caressant vient à moi comme ami; le vice usurpe le nom de vertu pour nous surprendre; la témérité se cache sous les dehors du courage; la lâcheté s'intitule modération, l'homme timide a les honneurs de la prudence *. Là est le grand péril de l'erreur, c'est là qu'il faut des marques distinctives. Au surplus, l'homme à qui l'on dit *avez-vous des cornes?* n'est pas si sot que de se tâter le front, ni assez inepte et obtus pour entrer en doute,

(*a*) Voy *Lettre* xxxi, et *de la Vie heureuse* III.

quand par tes subtiles conclusions tu as cru le persuader. Ces
finesses déroutent sans nuire, comme les tours d'un escamoteur
avec ses gobelets et ses jetons, dont l'illusion fait tout le
charme : le procédé une fois compris, adieu le plaisir. J'en dis
autant de nos piéges de mots : car de quel autre nom appeler
*des sophismes* sans danger pour qui les ignore, inutiles à qui
les possède? Veux-tu à toute force des équivoques de langage
à éclaircir, démontre-nous que l'homme heureux n'est pas
celui que le monde nomme ainsi, et chez lequel l'or afflue en
abondance, mais celui qui a tous ses trésors dans son âme,
qui, fier et magnanime, foule aux pieds ce qu'admirent les
autres, qui ne voit personne contre qui il se veuille changer; qui ne prise dans l'homme que ce qui lui mérite le nom
d'homme; qui, prenant la nature pour guide et ses lois pour
règles, vit comme elle l'ordonne; qu'aucune force ne dépouille
de ses biens; qui convertit en biens ses maux; ferme dans ses
desseins, inébranlable, intrépide; qui peut être ému par la violence, mais non jeté hors de son assiette; enfin que la Fortune,
en lui dardant de toute sa force ses traits les plus terribles,
effleure à peine sans le blesser, et n'effleure que rarement.
Car ses traits ordinaires, si foudroyants pour le reste des
hommes, ne sont pour lui qu'une grêle sautillante, qui lancée
sur les toits sans incommoder ceux qui sont dessous, fait entendre un vain cliquetis et se fond aussitôt. Pourquoi me tenir
si longtemps sur cet argument que toi-même tu nommes *le
menteur* [9], et sur lequel on a composé tant de livres? Voici que
la vie tout entière est pour moi un mensonge : démasque-la,
subtil philosophe, ramène-la au vrai. Elle juge nécessaire ce
qui en grande partie est superflu [10], ou qui, sans être superflu,
n'est d'aucune importance réelle pour assurer et compléter le
bonheur. Car il ne s'ensuit pas qu'une chose soit un bien dès
qu'elle est nécessaire; et l'on prostitue ce nom si on le donne
au pain, à la bouillie, à tout ce qui pour vivre est indispensable. Ce qui est *bien* est, par le fait, nécessaire; ce qui est
nécessaire n'est pas toujours un *bien*, attendu que certaines
choses nécessaires sont en même temps très-viles. Nul n'ignore
à ce point la dignité de ce qui est bien, qu'il le ravale à tels
objets d'une éphémère utilité. Eh! pourquoi ne pas consacrer
plutôt tes soins à démontrer à tous quel temps précieux on
perd à chercher le superflu, et que d'hommes traversent la
vie en courant après les moyens de vivre? Passe en revue les
individus, considère les masses : personne qui n'ait chaque jour

l'œil fixé sur le lendemain. « Quel mal y a-t-il là? » diras-tu. Un mal immense : on ne vit pas, on attend la vie, on la recule en toute chose [11]. Avec toute la vigilance possible, le temps nous devancerait encore ; grâce à nos éternels délais, il passe comme chose qui nous serait étrangère, et le dernier jour a épuisé ce que chaque jour laissait perdre. Mais pour ne point excéder les bornes d'une lettre, qui ne doit pas occuper la main gauche du lecteur, remettons à un autre jour le procès des dialecticiens, trop subtiles gens qui font leur étude exclusive d'une chose accessoire.

## LETTRE XLVI.

### Éloge d'un ouvrage de Lucilius.

J'ai reçu ton ouvrage, comme tu me l'avais promis; et, me réservant de le lire à mon aise, je l'ai ouvert sans vouloir en prendre plus qu'un avant-goût. Peu à peu l'attrait même de la lecture me fit aller plus loin. Il y règne un grand talent ; et la preuve, c'est qu'il m'a paru court, bien qu'il dépasse la taille des miens comme des tiens, et qu'au premier aspect on puisse le prendre pour un livre de Tite Live ou d'Épicure : enfin j'étais retenu par un charme si entraînant, que sans m'arrêter j'ai lu jusqu'au bout. Le soleil m'invitait à rentrer, la faim me pressait, les nuages étaient menaçants, et pourtant je l'ai dévoré tout entier. J'étais plus que satisfait, j'étais ravi. Quelle imagination ! Quelle âme ! je dirais : quels élans ! si l'auteur faiblissait parfois, s'il ne s'élevait que par saillies. Or ce n'étaient pas des élans, mais une chaleur soutenue, une composition mâle, sévère et néanmoins par intervalles moelleuse et douce à propos. Tu as le style grand et fier : soutiens-le, garde cette allure. La matière y aidait sans doute; il faut donc la choisir fertile, propre à saisir, à échauffer l'imagination. Je te parlerai plus au long de ton livre après un nouvel examen : jusqu'ici mon jugement n'est pas plus arrêté que si j'avais entendu lire l'ouvrage, au lieu de l'avoir lu. Laisse-moi faire mon enquête. Sois sans appréhension : mon arrêt sera franc. Heureux mortel ! tu n'as rien qui oblige personne à te mentir de si loin. Il est vrai qu'aujourd'hui, à défaut de motif, on ment par habitude.

## LETTRE XLVII.

#### Qu'il faut traiter humainement ses esclaves.

J'apprends avec plaisir de ceux qui viennent d'auprès de toi que tu vis en famille avec tes serviteurs : cela fait honneur à ta sagesse, à tes lumières. « Ils sont esclaves ?» Non ils sont hommes. « Esclaves ? » Non : mais compagnons de tente avec toi. « Esclaves ? » Non : ce sont des amis d'humble condition, tes coesclaves, dois-tu dire, si tu songes que le sort peut autant sur toi que sur eux [12]. Aussi ne puis-je que rire de ceux qui tiennent à déshonneur de souper avec leur esclave, et cela parce que l'orgueilleuse étiquette veut qu'un maître à son repas soit entouré d'une foule de valets tous debout. Il mange plus qu'il ne peut contenir, son insatiable avidité surcharge un estomac déjà tout gonflé, qui, déshabitué de son office d'estomac, reçoit à grand'peine ce qu'il va rejeter avec plus de peine encore ; et ces malheureux n'ont pas droit de remuer les lèvres, fût-ce même pour parler. Les verges châtient tout murmure; les bruits involontaires ne sont pas exceptés des coups, ni toux, ni éternument, ni hoquet ; malheur à qui interrompt le silence par le moindre mot! ils passent les nuits entières debout, à jeun, lèvres closes. Qu'en arrive-t-il? Que leur langue ne s'épargne pas sur un maître en présence duquel elle est enchaînée. Jadis ils pouvaient converser et devant le maître et avec lui, et leur bouche n'était point scellée; aussi étaient-ils hommes à s'offrir pour lui au bourreau, à détourner sur leurs têtes le péril qui eût menacé la sienne. Ils parlaient à table, ils se taisaient à la torture. Voici encore un adage inventé par ce même orgueil : *Autant de valets, autant d'ennemis* [13]. Nous ne les avons pas pour ennemis, nous les faisons tels. Et que d'autres traits cruels et inhumains sur lesquels je passe, et l'homme abusant de l'homme comme d'une bête de charge! Et nous, accoudés sur nos lits de festin, tandis que l'un essuie les crachats des convives, que l'autre éponge à deux genoux les dégoûtants résultats de l'ivresse, qu'un troisième découpe les oiseaux de prix, et promenant une main exercée le long du poitrail et des cuisses, détache le tout en aiguillettes ! Plaignons l'homme dont la vie a pour tout emploi de disséquer avec grâce des volailles, mais plaignons plus peut-être l'homme qui donne ces leçons dans la seule vue de son plaisir, que celui qui s'y conforme par nécessité. Vient ensuite l'échanson, en parure de femme, qui s'évertue à démentir son âge : il ne peut échapper à l'enfance, l'art l'y repousse toujours, et déjà de taille militaire, il a le corps lisse, rasé ou complétement épilé : il consacre sa nuit entière à servir tour à tour l'ivrognerie et la lubricité du chef de la maison : il est son Jupiter au lit, et à table son Ganymède (a). Cet autre, qui a sur les convives droit de censure, dans sa longue faction, ô misère ! devra noter ceux que leurs flatteries, leurs excès de gourmandise ou de langue feront inviter pour demain. Ajoute ces chefs d'office, subtils connaisseurs du palais du *maître*, qui savent de quels mets la saveur le rappelle ou l'aspect le délecte, quelle nouveauté réveillerait ses dégoûts ; de quoi il est rassasié, blasé ; de quoi il aura faim tel jour. Mais souper avec eux, il ne l'endurerait pas ; il croirait sa majesté amoindrie, s'il s'attablait avec son esclave. Justes dieux ! et que d'esclaves devenus maîtres de telles gens ! J'ai vu faire antichambre debout chez Callistus (b) son ancien maître, j'ai vu ce maître, qui l'avait fait vendre sous écriteau avec des esclaves de rebut, être exclu quand tout le monde entrait. Il était payé de retour : il l'avait rejeté dans cette classe par où commence le crieur pour essayer sa voix, et lui-même, répudié par lui, n'était pas jugé digne d'avoir ses entrées. Le maître avait vendu l'esclave, mais que de choses l'esclave faisait payer au maître.

Songe donc que cet être que tu appelles ton esclave est né d'une même semence que toi, qu'il jouit du même ciel, qu'il respire le même air, qu'il vit et meurt [14] comme toi. Tu peux le voir libre, il peut te voir esclave. Lors du désastre de Varus, que de personnages de la plus haute naissance, à qui leurs emplois militaires allaient ouvrir le sénat, furent dégradés par la Fortune jusqu'à devenir pâtres ou gardiens de cabanes ! Après cela méprise des hommes au rang desquels avec tes mépris tu peux passer demain [15] !

Je ne veux pas étendre à l'infini mon texte, ni faire une

(a) Voy. Lettre cxxii et la note.
(b) Affranchi de l'empereur Claude, et puissant à sa cour.

dissertation sur la conduite à tenir envers nos domestiques traités par nous avec tant de hauteurs, de cruautés, d'humiliations. Voici toutefois ma doctrine en deux mots : *Sois avec ton inférieur comme tu voudrais que ton supérieur fût avec toi.* Chaque fois que tu songeras à l'étendue de tes droits sur ton esclave, chaque fois tu dois songer que ton maître en a d'égaux sur toi. « Mon maître ! vas-tu dire, mais je n'en ai point. » Tu es jeune encore : tu peux en avoir un jour. Ignores-tu à quel âge Hécube fit l'apprentissage de la servitude ? Et Crésus ! et la mère de Darius ! Et Platon ! Et Diogène ! Montre à ton esclave de la bienveillance : admets-le dans ta compagnie, à ton entretien, à tes conseils, à ta table.

Ici va se récrier contre moi toute la classe des gens de bon ton : « Mais c'est une honte, une inconvenance des plus grandes ! » Et ces mêmes gens-là je les surprendrai baisant la main au valet d'autrui ! Ne voyez-vous donc pas avec quel soin nos pères faisaient disparaître ce qu'a d'odieux le nom de maître et d'humiliant celui d'esclave ? Ils appelaient l'un *père famille* et l'autre [16]*familiaris*, terme encore usité dans les mimes. Ils instituaient la fête des serviteurs, non comme le seul jour où ceux-ci mangeraient avec leurs maîtres, mais comme le jour spécial où ils avaient dans la maison les charges d'honneur et y rendaient la justice : chaque ménage était considéré comme un abrégé de la république. « Comment ! Je recevrais tous mes esclaves à ma table ! » Pas plus que tous les hommes libres. Tu te trompes, si tu crois que j'en repousserai quelques-uns comme chargés de trop sales fonctions, mon muletier par exemple, ou mon bouvier : je mesurerai l'homme non à son emploi, mais à sa moralité. Chacun se fait sa moralité ; le sort assigne les emplois. Mange avec l'un, parce qu'il en est digne, avec l'autre pour qu'il le devienne. Ce que d'ignobles relations ont pu leur laisser de servile, une société plus honnête l'effacera. Pourquoi, ô Lucilius ! ne chercher un ami qu'au forum et au sénat ? Regarde bien, tu le trouveras dans ta propre maison. Souvent de bons matériaux se perdent faute d'ouvrier ; essaye, fais une épreuve. Comme il y aurait folie à marchander un cheval en examinant non la bête, mais la housse et le frein ; bien plus fou est-on de priser l'homme sur son costume, ou sur sa condition qui n'est qu'une sorte de costume et d'enveloppe. « Mais un esclave ! » Son âme peut-être est d'un homme libre. Un esclave ! Ce titre lui fera-t-il tort ? Montre-moi qui ne l'est pas. L'un est esclave de la débauche, l'autre de l'ambition, tous le sont de la peur [17]. Je te ferai voir des hommes consulaires valets d'une ridicule vieille, des riches, humbles servants d'une chambrière, des jeunes gens de la première noblesse courtisans d'un pantomime. Est-il plus indigne servitude qu'une servitude volontaire? En dépit donc de tous nos glorieux, montre à tes serviteurs un visage serein et point de hautaine supériorité. Qu'ils te respectent plutôt qu'ils ne te craignent.

On me dira que j'appelle les esclaves à l'indépendance, que je dégrade les maîtres de leur prérogative, parce qu'à la crainte je préfère le respect; oui je le préfère, et j'entends par là un respect de clients, de protégés. Mes contradicteurs oublient donc que c'est bien assez pour des maîtres qu'un tribut dont Dieu se contente : le respect et l'amour. Or amour et crainte ne peuvent s'allier. Aussi fais-tu très-bien, selon moi, de ne vouloir pas que tes gens tremblent devant toi et de n'employer que les corrections verbales. Les coups ne corrigent que la brute.

Ce qui nous choque ne nous blesse pas toujours ; mais nos habitudes de mollesse nous disposent aux emportements, et tout ce qui ne répond pas à nos volontés éveille notre courroux. Nous avons pris le caractère des rois : les rois, sans tenir compte de leur force et de la faiblesse de leurs sujets, se livrent à de tels excès de fureur et de cruauté, qu'on les croirait vraiment outragés si la hauteur de leur fortune ne les mettait fort à l'abri de tels risques. Non pas qu'ils l'ignorent, mais de leur plainte même (a) ils tirent un prétexte pour nuire ; ils supposent l'injure, pour avoir droit de la faire [18].

Je ne t'arrêterai pas plus longtemps : tu n'as pas ici besoin d'exhortation. Les bonnes habitudes ont entre autres avantages celui de se plaire à elles-mêmes, de persévérer ; les mauvaises sont inconstantes ; elles changent souvent, non pour valoir mieux, mais pour changer.

(a) Je lis *querendo* avec J. Lipse. au lieu de *quærendo*.

## LETTRE XLVIII.

*Que tout soit commun entre amis. Futilité de la dialectique.*

La lettre que tu m'as envoyée pendant ton voyage, aussi longue que le voyage même, aura plus tard sa réponse. J'ai besoin de me recueillir et d'aviser à ce que je dois te conseiller. Toi-même qui consultes, tu as longtemps délibéré si tu consulterais : je dois d'autant mieux t'imiter qu'il faut plus de loisir pour résoudre une question que pour la proposer, ici surtout où ton intérêt est autre que le mien. Mais parlé-je ici encore le langage (*a*) d'Épicure? Non : nos intérêts sont les mêmes; ou je ne suis pas ton ami, si toute affaire qui te concerne n'est pas la mienne. L'amitié rend tout indivis entre nous : point de succès personnel non plus que de revers : nous vivons sur un fonds commun. Et le bonheur n'est point pour quiconque n'envisage que soi, rapportant tout à son utilité propre : il nous faut vivre pour autrui, si nous voulons vivre pour nous. L'exacte et religieuse observation de cette loi sociale qui fait que tous se confondent avec tous, qui proclame l'existence du droit commun de l'humanité, soutient puissamment aussi cette société plus intime dont je parle, qui est l'amitié. Tout sera commun entre amis, si presque tout l'est d'homme à homme.

O Lucilius, le meilleur des hommes, je demanderais à nos subtils docteurs quels sont mes devoirs envers un ami et envers mon semblable, plutôt que tous les synonymes *d'ami* et combien le mot *homme* signifie de choses. Voici deux chemins opposés : la sagesse suit l'un, la sottise a pris l'autre : lequel adopter? De quel parti veut-on que je me range? Pour l'un tout homme est un ami, pour l'autre un ami n'est qu'un homme : celui-ci prend un ami pour soi, celui-là se donne à son ami. Et vous allez, vous, torturant des mots, agençant des syllabes! Qu'est-ce à dire? Si par un tissu d'artificieuses questions et à l'aide d'une conclusion fausse je n'arrive à coudre

---

(*a*) C'est-à-dire en mesurant l'amitié sur l'intérêt. Voir *lettre* IX.

le mensonge à un principe vrai, je ne pourrai démêler ce qu'il faut fuir de ce qu'il faut rechercher ! O honte! sur une chose si grave nous, vieillards, ne savons que jouer. *Un rat est une syllabe; or un rat ronge du fromage, donc une syllabe ronge du fromage.* Supposez que je ne puisse débrouiller ce sophisme, quel péril mon ignorance me suscitera-t-elle, quel inconvénient? En vérité devrai-je craindre de prendre un jour des syllabes dans une ratière, ou de voir, par ma négligence, un livre manger mon fromage? Ou peut-être y a-t-il plus de finesse à répondre : *Un rat est une syllabe; une syllabe ne ronge pas de fromage : donc un rat ne ronge pas de fromage.* Puériles inepties! Voilà sur quoi se froncent nos sourcils, sur quoi se penchent nos longues barbes! Voilà ce que nous enseignons avec nos visages soucieux et pâles!

Veux-tu savoir ce que la philosophie promet aux hommes? le conseil. Tel est appelé à la mort; tel est rongé par la misère; tel autre trouve son supplice dans la richesse d'autrui ou dans la sienne; celui-ci a horreur de l'infortune; celui-là voudrait se soustraire à sa prospérité ; tel est en disgrâce auprès des hommes, et tel auprès des dieux. Qu'ai-je à faire de vos laborieux badinages? Il n'est pas temps de plaisanter : des malheureux vous invoquent. Vous avez promis secours aux naufragés, aux captifs, aux malades, aux indigents, aux condamnés dont la tête est sous la hache; où s'égare votre esprit? Que faites-vous? Vous jouez, quand je meurs d'effroi. Secourez-moi : à tous vos discours, c'est la réponse de tous (*a*). De toutes parts les mains se tendent vers vous : ceux qui périssent, ceux qui vont périr implorent de vous quelque assistance; vous êtes leur espoir et leur force; ils vous crient : « Arrachez-nous à l'affreuse tourmente; nous sommes dispersés, hors de nos voies : montrez-nous le clair fanal de la vérité. » Dites-leur ce que la nature a jugé nécessaire, ce qu'elle a jugé superflu; combien ses lois sont faciles, de quelle douceur, de quelle aisance est la vie quand on les prend pour guides, de quelle amertume au contraire et de quel embarras quand on a foi dans l'opinion plus que dans la nature; mais d'abord enseignez ce qui peut alléger en partie leurs maux, ce qui doit guérir ou calmer leurs passions. Plût aux dieux que vos sophismes ne fussent qu'inutiles! Ils sont funestes. Je prouverai, quand on le vou-

---

(*a*) *Quidquid loquaris, respondent omnes.* Telle est la leçon que j'adopte pour ce passage diversement tourmenté.

dra, jusqu'à l'évidence, que jetées dans ces arguties, les plus nobles âmes s'amoindrissent et s'énervent. Je rougis de dire quelles armes on offre à qui va marcher contre la Fortune, et comme on le prépare au combat. Fait-on ainsi la conquête du souverain bien? Grâce à vous, la philosophie n'est plus que chicanes ténébreuses, ignobles : elles avilissent ceux mêmes qui vivent de procès. Que faites-vous autre chose, en effet, quand vous poussez sciemment dans le piége ceux que vous interrogez? qu'y voit-on? qu'ils ont succombé par la forme. Mais, à l'exemple du préteur, la philosophie les rétablit dans leur droit. Pourquoi déserter vos sublimes engagements? Dans vos pompeux discours, vous m'avez garanti « que l'éclat de l'or pas plus que celui du glaive n'éblouirait mes yeux, qu'armé d'un courage héroïque je foulerais aux pieds ce que tous désirent et ce que tous craignent, » et vous descendez aux éléments de la grammaire? Quel est ce langage? S'élève-t-on par là jusqu'aux cieux? Car c'est ce que me promet la philosophie, de me faire l'égal de Dieu, c'est à quoi elle m'invite, c'est pourquoi je suis venu; tenez parole.

Ainsi donc, cher Lucilius, débarrasse-toi autant que tu le pourras des exceptions et fins de non-recevoir de nos philosophes. La clarté, la simplicité vont si bien à la droiture! Eussions-nous encore maintes années à vivre, qu'il les faudrait économiser pour suffire aux études essentielles : quelle folie donc d'en cultiver de superflues dans une si grande disette de temps?

## LETTRE XLIX.

**La vie est courte. Ne point la dépenser en futilités sophistiques.**

Il y a, sans doute, cher Lucilius, de l'indifférence et de la tiédeur à ne se souvenir d'un ami que si les lieux nous le rappellent; toujours est-il que les endroits qu'il fréquentait réveillent parfois le regret assoupi dans notre âme ; c'est plus qu'un sentiment éteint qui ressuscite, c'est une plaie fermée qui se rouvre; ainsi notre deuil, bien qu'adouci par le temps, se renouvelle à l'aspect du serviteur aimé, du vêtement, de la demeure de ceux que nous pleurons. Voici la Campanie, voici surtout Naples en vue de tes chers Pompéi : tu ne croirais pas comme tout cela ravive les regrets de ton absence. Tu es tout entier sous mes yeux ; je m'arrache une seconde fois de tes bras ; je te vois dévorant tes larmes et résistant mal à tes émotions qui se font jour malgré tes efforts pour les comprimer. Il me semble que c'est hier que je t'ai perdu.

Eh ! tout n'est-il pas d'hier, à juger par le souvenir ? Hier, j'assistais enfant aux leçons du philosophe Sotion ; hier je débutais au barreau ; hier j'étais las de plaider ; hier déjà je ne le pouvais plus. Incalculable vitesse du temps, plus manifeste alors qu'on regarde en arrière ! Ceux qu'absorbe l'heure présente ne le sentent point, tant il fuit précipitamment et passe sans appuyer ! D'où vient, dis-tu, ce phénomène ? C'est que tout le temps écoulé se resserre dans un même espace, est vu du même coup d'œil, en un seul amas qui tombe dans un gouffre sans fond. Et d'ailleurs, peut-il y avoir de longs intervalles dans une chose dont le tout est si court ? Ce n'est qu'un point que notre vie, c'est moins encore, et cette chose si minime, la nature l'a divisée comme si c'était un espace. Elle en a fait la première, puis la seconde enfance, puis l'âge adulte, puis cette sorte de déclivité qui mène à la vieillesse, puis la vieillesse même. Quel petit cercle pour tant de degrés ! Naguère je te reconduisais ; et ce naguère pourtant est dans notre vie une bonne part, toute restreinte qu'elle doive nous paraître un jour, songeons-y. Jusqu'ici le temps ne me semblait pas si rapide ; maintenant son incroyable vélocité me frappe, soit que je sente l'approche des lignes fatales[10], soit que je commence à réfléchir sur mes pertes et à les compter.

C'est là ce qui accroît surtout mon indignation, lorsque je vois des hommes à qui ce temps ne peut suffire, même pour l'essentiel, quand ils le ménageraient avec le plus grand soin, le dépenser presque tout en superflu. Cicéron dit que, sa vie fût-elle doublée, il n'aurait pas le temps de lire les lyriques. Je fais le même cas des dialecticiens, dont la sottise est moins divertissante. Les premiers font profession de dire des riens ; les seconds croient dire quelque chose. Je ne nie pas qu'on ne doive leur donner un coup d'œil, mais rien qu'un coup d'œil, et les saluer en passant à cette seule fin de ne pas être dupe, de ne pas croire qu'il y ait chez eux quelque rare et précieux secret. Pourquoi te mettre à la torture et sécher sur un problème qu'il est plus piquant de dédaigner que de résoudre ? C'est en pleine sécurité et quand on voyage bien à l'aise qu'on va ramassant de menus objets ; mais quand on a l'ennemi à dos, quand vient l'ordre de lever le camp, la nécessité fait jeter tout ce que les loisirs de la trêve avaient permis de recueillir. Ai-je le temps d'épier des paroles à double entente, pour y exercer ma sagacité ?

> Vois nos peuples ligués, nos portes, nos remparts,
> Tant de bras aiguisant des glaives et des dards (a).

Une âme forte, voilà ce qu'il me faut, et qu'un tel fracas de guerre m'assiége sans m'étourdir. Chacun devrait me juger hors de sens, si tandis que femmes et vieillards apporteraient tous des pierres pour fortifier les retranchements, quand la jeunesse en armes n'attendrait pour faire une sortie ou ne demanderait qu'un signal, quand les traits ennemis s'enfonceraient dans les portes, et que le sol même tremblerait par l'effet des mines et des percées souterraines, si alors, assis les bras croisés, je posais des questions comme celle-ci : *Vous avez ce que vous n'avez pas perdu ; or vous n'avez pas perdu de cornes, donc vous avez des cornes ;* et autres combinaisons de ce genre, raffinements d'hallucinés. Eh bien, maintenant même, à bon droit tu m'estimerais fou si je dépensais ma peine à de pareilles choses : j'ai aussi un siége à soutenir ! A la guerre, le péril me viendrait du dehors : un mur me séparerait de l'ennemi ; ici c'est en moi qu'est l'ennemi mortel. Le temps me manque pour ces fadaises, j'ai sur les bras une immense affaire. Comment m'y prendre ? La mort est sur mes pas, la vie m'échappe : dans ce double embarras donnez-moi quelque expédient ; faites que je ne fuie point la mort et que je ne laisse point fuir la vie. Enhardissez-moi contre les obstacles, que je me résigne à l'inévitable : ce temps si étroit, venez me l'élargir, montrez que ce n'est pas la longueur mais l'emploi de la vie qui la fait heureuse ; qu'il peut arriver, qu'il arrive bien souvent que tel qui a vécu longtemps a très-peu vécu. Dites-moi, quand je vais dormir : « Tu peux ne plus te réveiller, » et quand je me réveille : « Tu peux ne plus dormir[10] ; » quand je sors : « Tu peux ne plus rentrer ; » et quand je rentre : « Tu peux ne plus sortir. » Non, ce n'est point le navigateur seulement que deux doigts séparent de la mort, c'est pour tous que l'intervalle est également mince. Sans se montrer partout d'aussi près, partout la mort est aussi proche. Dissipez ces ténèbres, et vous me transmettrez mieux des leçons

(a) *Énéid.*, V.III. 385.

auxquelles je serai préparé. La nature nous a créés capables d'apprendre: nous tenons d'elle une raison imparfaite, mais perfectible. Parlons ensemble de la justice, de la piété, de la frugalité, de la chasteté qui tout à la fois s'abstient d'attaquer et sait se défendre. Ne me menez point par des détours; j'arriverai plus aisément où tendent mes efforts. *La vérité*, dit certain tragique, *est simple en ses discours:* aussi ne la faut il point compliquer; rien ne sied moins que ces insidieuses finesses à une âme qui se porte au grand.

## LETTRE L.

#### Que peu d'hommes connaissent leurs défauts.

J'ai reçu ta lettre plusieurs mois après son envoi. J'ai donc cru superflu de demander au porteur ce que tu faisais. Il a certes bonne mémoire s'il s'en souvient; toutefois j'espère que ta façon de vivre est telle que, n'importe où tu sois, je sais ce que tu fais. Car que ferais-tu, sinon te rendre meilleur chaque jour, te dépouiller de quelque erreur, reconnaître tes fautes à toi, dans ce que tu crois celles des choses? Quelquefois on impute aux lieux ou aux temps tel inconvénient qui partout où nous irons doit nous suivre. Harpaste, la folle de ma femme, est restée chez moi, tu le sais, comme charge de succession; car pour mon compte j'ai en grande aversion ces sortes de phénomènes: si parfois je veux m'amuser d'un fou, je n'ai pas loin à chercher, c'est de moi que je ris[1]. Cette folle a subitement perdu la vue, et, chose incroyable mais vraie, elle ne sait pas qu'elle est aveugle: à tout instant elle prie son guide de déménager, disant que la maison est sombre et qu'on n'y voit goutte. Ce qui en elle nous fait rire nous arrive à tous, n'est il pas vrai? Personne ne se reconnaît pour avare, personne pour cupide. L'aveugle du moins cherche un conducteur; nous, nous errons sans en prendre et disons: « Je ne suis pas ambitieux; mais peut-on vivre autrement à Rome? Je n'ai point le goût des dépenses: mais la ville en exige de grandes; ce n'est point ma faute si je m'emporte, si je n'ai pas encore arrêté un plan de vie fixe; c'est l'effet de la jeunesse. »

Pourquoi nous faire illusion ? Notre mal ne vient pas du dehors ; il est en nous ; il a nos entrailles mêmes pour siége. Et si nous revenons difficilement à la santé, c'est que nous ne nous savons pas malades[22]. Même à commencer d'aujourd'hui la cure, quand chasserons-nous tant de maladies toutes invétérées (a)? Mais nous ne cherchons même pas le médecin, qui aurait moins à faire si on l'appelait au début du mal : des âmes novices et tendres suivraient ses salutaires indications. Nul n'est ramené difficilement à la nature, s'il n'a divorcé avec elle. Nous rougissons d'apprendre la sagesse ; mais assurément s'il est honteux de chercher qui nous l'enseigne, on ne doit pas compter qu'un si grand bien nous tombe des mains du hasard. Il y faut du travail. Et à vrai dire, ce travail même n'est pas grand, si du moins, je le répète, nous nous sommes mis à pétrir notre âme et à la corriger avant qu'elle ne soit endurcie dans ses mauvais penchants. Fût-elle endurcie, je n'en désespérerais pas encore ; il n'est rien dont ne vienne à bout une ardeur opiniâtre, un zèle actif et soutenu. Le bois le plus dur, même tortu, peut être rappelé à la ligne droite ; les courbures d'une poutre se rectifient sous l'action du feu : née tout autre, notre besoin la façonne à ses exigences. Combien plus aisément l'âme reçoit-elle toutes les formes, cette âme flexible et qui cède mieux que tous les fluides ! Qu'est-elle autre chose en effet qu'un air combiné de certaine façon? Or tu vois que l'air l'emporte en fluidité sur toute autre matière, parce qu'il l'emporte en ténuité? Crois-moi, Lucilius, ne renonce pas à bien espérer de nous par le motif que la contagion nous a déjà saisis et nous tient dès longtemps sous son empire. Chez personne la sagesse n'a précédé l'erreur : chez tous la place est occupée d'avance. Apprendre les vertus n'est que désapprendre les vices. Mais il faut aborder cette réforme avec d'autant plus de courage qu'un pareil bien une fois acquis se conserve toujours. On ne désapprend pas la vertu. Le vice rongeur est en nous une plante étrangère ; aussi peut-on l'extirper, le rejeter au loin : il n'est de fixe et d'inaltérable que ce qui vient sur un sol ami La vertu est conforme à la nature ; les vices lui sont contraires et hostiles. Mais si les vertus une fois admises dans l'âme n'en sortent plus et sont aisées à entretenir, pour les aller quérir les abords sont rudes, le premier mouvement d'une âme débile et

---

(a) Les éditions portent : *tot morbos*, *tantasve ægritudines*, les Mss., *tantas ve res*, ce qui n'a point de sens. Je propose *tam veteres*.

malade étant de redouter l'inconnu. Forçons donc la nôtre à se mettre en marche. D'ailleurs le remède n'est pas amer : l'effet en est aussi délicieux qu'il est prompt. La médecine du corps ne procure le plaisir qu'après la guérison : la philosophie est tout ensemble salutaire et agréable.

## LETTRE LI.

Les bains de Baïes. Leurs dangers, même pour le sage.

Chacun fait comme il peut, cher Lucilius. Toi, là-bas, tu as l'Etna, cette fameuse montagne de Sicile que Messala, ou que Valgius, je l'ai lu en effet dans tous les deux, a surnommée l'unique, je ne vois pas pourquoi ; car bien des endroits vomissent du feu ; et ce ne sont pas seulement des hauteurs, comme il arrive plus souvent, vu la tendance de la flamme à s'élever, ce sont aussi des plaines. Nous, faute de mieux, nous nous sommes contentés de Baïes, que j'ai quitté le lendemain de mon arrivée ; séjour à fuir, bien qu'il possède certains avantages naturels, parce qu'il est le rendez-vous que la volupté s'est choisi.

« Quoi donc ? Doit-on vouer de la haine à un lieu quelconque ? » Non sans doute. Mais comme tel costume sied mieux que tel autre à l'honnête homme, au sage, et que sans être ennemi d'aucune couleur, il estime qu'il en est de peu convenables à qui professe la simplicité, de même il y a tel séjour que ce sage ou l'homme qui tend à l'être évitera comme incompatible avec les bonnes mœurs. Ainsi, songe-t-il à une retraite, jamais Canope (*a*) ne sera son choix : pourtant Canope n'interdit à personne d'être sobre. Baïes ne l'attirera pas davantage, Baïes devenu le lieu de plaisance de tous les vices. Là le plaisir se permet plus de choses qu'ailleurs ; là, comme si c'était une convenance même du lieu, il se met plus à l'aise. Il faut choisir une région salubre non-seulement au corps, mais à l'âme. Pas plus que parmi les bourreaux, je ne voudrais loger auprès des ta-

---

(*a*) Ville d'Egypte, située où est aujourd'hui *Aboukir*. Elle était fameuse par un temple de Sérapis, et par les monstrueuses débauches de ses habitants.

vernes. Avoir le spectacle de l'ivresse errante sur ces rivages, de l'orgie qui passe en gondoles, des concerts de voix qui résonnent sur le lac, et de tous les excès d'une débauche comme affranchie de toute loi, qui fait le mal et le fait avec ostentation, est-ce là une nécessité? Non : mais un devoir pour nous, c'est de fuir au plus loin tout ce qui excite aux vices. Endurcissons notre âme, et tenons-la à longue distance des séductions de la volupté. Un seul quartier d'hiver amollit Annibal; et l'homme que n'avaient dompté ni les neiges ni les Alpes se laissa énerver aux délices de la Campanie. Vainqueur par les armes, il fut vaincu par les vices. Nous aussi nous avons une guerre à soutenir, guerre où nul relâche, nulle trêve n'est permise. Le premier ennemi à vaincre est la volupté qui, tu le vois, entraîna dans ses piéges les cœurs les plus farouches. Qui embrassera cette tâche en la mesurant tout entière saura qu'il ne doit accorder rien à la mollesse, rien à la sensualité. Qu'ai-je besoin de ces étangs d'eau chaude, de ces bains sudorifiques où s'engouffre un air sec et brûlant qui épuise le corps? Que le travail seul fasse couler nos sueurs. Si, comme Annibal, interrompant le cours de nos progrès et ne songeant plus aux batailles, le bien-être physique absorbait nos soins, qui ne blâmerait, et avec justice, une indolence hors de saison, dangereuse après la victoire, plus dangereuse quand la victoire est inachevée? Moins de choses nous sont permises à nous qu'à ceux qui suivaient les drapeaux de Carthage : il y a plus de péril à nous retirer, plus de besogne aussi à persévérer. La Fortune est en guerre avec moi : je ne suis pas homme à prendre ses ordres, je ne reçois pas son joug : qu'ai-je dit? j'aurai le courage plus grand de le secouer. Ne nous laissons pas amollir. Si je cède au plaisir, il me faudra céder à la douleur, céder à la fatigue, céder à la pauvreté; l'ambition, la colère réclameront sur moi le même empire; je me verrai, entre toutes ces passions, tiraillé, déchiré. L'indépendance, voilà mon but; c'est le prix où tendent mes travaux. Qu'est-ce que l'indépendance? dis-tu. N'être l'esclave d'aucune chose, d'aucune nécessité, d'aucun incident, réduire la Fortune à lutter de plain-pied avec moi; du jour où je sentirai que je puis plus qu'elle, elle ne pourra plus rien. Souffrirai-je tout d'elle, quand la mort est à ma disposition?

Quiconque est tout à ces idées choisira une sérieuse, une sainte retraite. Une nature trop riante efféminé les âmes, et nul doute que pour briser leur vigueur le pays n'ait quelque influence[25]. Tout chemin est supportable aux bêtes de somme dont le sabot s'est endurci sur d'âpres sentiers ; celles qui furent engraissées dans de molles et humides prairies se déchaussent vite. Nos meilleurs soldats viennent de la montagne : point d'énergie chez ceux qui naquirent et vécurent à la ville. Nul labeur ne rebute des mains qui passent de la charrue aux armes : la poussière de la première marche abat nos parfumés et brillants citadins. La sévérité du site est un enseignement qui affermit le moral et le rend propre aux plus grands efforts. Liternum était pour Scipion un exil plus décent que Baïes[24] ; un tel naufragé ne devait pas reposer si mollement. Ceux même que la fortune du peuple romain a investis les premiers de la souveraineté, C. Marius et Cn. Pompée et César, construisirent, il est vrai, des *villas* dans le pays de Baïes, mais ils les placèrent au sommet des montagnes. Il leur paraissait plus militaire de dominer au loin du regard les campagnes étendues à leurs pieds. Considère le choix de la position, l'assiette et la forme des édifices, tout cela ne sent point la *villa*, mais le château fort. Penses-tu que jamais Caton aurait habité quelque joli belvédère[25] pour compter de là les couples adultères voguant sous ses yeux, et tant de barques de mille formes et de mille couleurs sur un lac tout jonché de roses, pour entendre des chanteurs nocturnes s'injurier à l'envi ? N'eût-il pas préféré loger dans l'un de ces retranchements qu'il traçait de sa main pour une nuit (*a*) ? Et quel homme, digne de ce nom, n'aimerait mieux être éveillé par la trompette que par une symphonie ?

C'est assez faire le procès à Baïes ; mais nous ne le ferons jamais assez aux vices ; je t'en conjure, ô Lucilius ! poursuis-les sans mesure et sans fin : car eux non plus n'ont ni fin ni mesure. Chasse de ton cœur tous les vautours qui le rongent ; et s'ils ne peuvent s'expulser autrement, arrache plutôt ton cœur avec eux. Surtout bannis les voluptés et voue-leur l'aversion la plus vive : comme ces brigands que les Égyptiens appellent *Philètes*, elles nous embrassent pour nous étouffer[26].

(*a*) Je lis avec Fickert : *quod in unam noctem manu sua duxisset*. Lemaire *quam unam noctem inter talia duxisse*.

## LETTRE LII.

#### Sages et philosophes de divers ordres.

Quelle est donc, Lucilius, cette force qui nous entraîne dans un sens quand nous tendons vers un autre, et qui nous pousse du côté que nous voulons fuir? Quelle est cette âme qui lutte contre la nôtre, qui ne nous permet pas de rien vouloir une bonne fois? Nous flottons entre mille projets contradictoires: nous ne voulons rien d'une volonté libre, absolue, constante[27]. « C'est, dis-tu, l'esprit de déraison qui n'a rien de fixe, rien qui lui plaise longtemps. » Mais quand et comment nous arracher à son influence? Personne n'est par soi-même assez fort pour s'en dégager : il faut quelqu'un qui lui tende la main, qui le tire de la bourbe. Certains hommes, dit Épicure, cheminent, sans que nul les aide, vers la vérité ; et il se donne comme tel, comme s'étant tout seul frayé la route. Il les loue sans réserve d'avoir pris leur élan, de s'être produits par leur propre force. D'autres, ajoute-t-il, ont besoin d'assistance étrangère ; ils ne marcheront pas qu'on ne les précède, mais ils sauront très-bien suivre ; et il cite Métrodore (a) parmi ces derniers. Ce sont de beaux génies encore, mais du second ordre. La première classe n'est pas la nôtre ; heureux, si nous sommes admis dans la seconde ; car ne méprise pas l'homme qui peut se sauver avec l'intervention d'autrui : c'est déjà beaucoup de vouloir l'être. Après ces deux classes tu en trouveras une autre qui ne laisse pas d'être estimable, capable du bien si on l'y pousse avec une sorte de contrainte ; il lui faut non-seulement un guide, mais un auxiliaire et comme une force coactive. C'est la troisième nuance. Si tu veux un type de celle-là, Épicure te citera Hermarchus. Il félicite Métrodore, mais Hermarchus a son admiration. Bien qu'en effet tous deux eussent atteint le même but, la palme était due à qui avait tiré le même parti du fonds le plus ingrat. Figure-toi deux édifices pareils en tout, égaux en hauteur et en magnificence : l'un, établi sur un sol ferme, s'est rapidement élevé ; l'autre a de vastes fondations jetées sur un

(a) Voy. *Lettres* VI et XXIII.

sol mou et sans consistance, et il en a coûté de longs efforts pour arriver à la terre solide. On voit dans le premier tout ce qui a été fait; la plus grande et la plus difficile partie du second est cachée. Il est des esprits faciles et prompts; il en est qu'il faut remanier, comme on dit, et édifier à partir des fondements. Ainsi j'estimerai plus heureux celui qui n'a eu nulle peine à se former; mais on a mieux mérité de soi quand on a triomphé des disgrâces de la nature, et que l'on s'est non pas dirigé, mais traîné jusqu'à la sagesse. Ces durs et laborieux éléments nous ont été départis à nous, sachons-le : nous marchons à travers les obstacles. Il faut donc combattre et invoquer quelques auxiliaires. « Mais qui invoquer? Celui-ci ou celui-là? » Recours même aux anciens, toujours disponibles : l'aide nous peut venir de ceux qui ne sont plus aussi bien que des vivants. Parmi ceux-ci faisons choix, non de ces gens à grands mots, à la parole rapide et précipitée, torrents de lieux communs et colportant à huis clos la sagesse, mais de ces hommes dont la vie est un enseignement (a); qui disent ce qu'il faut faire et le prouvent en le faisant, et ne sont jamais pris à commettre ce qu'ils recommandent d'éviter : demande le secours de ces hommes que l'on admire plus à les voir qu'à les entendre. Non que je te défende d'écouter aussi ceux qui ont coutume d'admettre la foule à leurs dissertations, si du moins tout leur but, dès qu'ils se produisent en public, est de se rendre meilleurs en améliorant les autres, s'ils n'en font point une œuvre d'amour-propre. Car quoi de plus honteux que la philosophie courant après les acclamations? Le malade songe-t-il à louer l'opérateur qui tranche ses chairs? Aide-le par ton silence, et prête-toi à la cure; et si des cris doivent t'échapper, je n'y veux reconnaître que les gémissements d'une âme dont on sonde les plaies. Tu veux témoigner que tu es attentif et que les grandes pensées t'émeuvent : à la bonne heure! Tu veux juger et donner ton avis sur qui vaut mieux que toi : pourquoi m'y opposerais-je? Pythagore imposait à ses disciples un silence de cinq ans : penses-tu toutefois qu'aussitôt après et la parole et le droit d'éloge leur étaient rendus? Mais quel aveuglement que celui d'un maître qui s'enivre au sortir de sa chaire des acclamations d'une foule ignorante! Peux-tu te complaire aux louanges de gens que toi-même tu ne peux louer? Fabianus dissertait en

---

(a) Tous les Mss. : *vitam docent*; un seul : *vita*, sens plus beau que j'ai suivi.

public, mais on l'écoutait avec recueillement ; si l'on se récriait parfois d'admiration, ces transports étaient arrachés par la grandeur des idées et non par l'harmonie d'une molle et coulante diction que rien ne heurte dans son cours. Mettons quelque différence entre les acclamations du théâtre et celles de l'école : la louange aussi a son indiscrétion. Il n'est rien qui pour l'observateur n'ait ses indices, et les moindres traits peuvent donner la mesure de nos mœurs. L'impudique se reconnaît à la démarche, à un mouvement de main, souvent à une simple réponse, à un doigt qu'il porte à sa chevelure (a), à ses œillades détournées. Le méchant se trahit par son rire, le fou par sa physionomie et sa contenance [28]. Tout cela perce en symptômes extérieurs. Tu connaîtras ce qu'est un homme à la façon dont il se fait louer (b). Nos philosophes en chaire sont flanqués d'auditeurs qui leur battent des mains : ils disparaissent sous le cercle admirateur qui se penche au-dessus d'eux. Ce n'est pas là, prends-y bien garde, louer un maître, c'est applaudir un histrion. Abandonnons ces clameurs aux professions qui ont pour but d'amuser le peuple : la philosophie veut un culte muet. Qu'on permette parfois aux jeunes gens de céder à l'enthousiasme quand l'enthousiasme agira tout seul, quand ils ne pourront plus se commander le silence. Ces suffrages-là sont un nouvel encouragement pour l'auditoire même, un aiguillon pour les jeunes âmes. Que la doctrine seule les émeuve, et non l'artifice des paroles : autrement, nuisible est l'éloquence qui se fait désirer pour elle, point pour le fond des choses [29].

Arrêtons-nous pour le présent ; car il est besoin de détails longs et spéciaux sur la manière de disserter devant le public, sur ce qu'on peut se permettre avec lui, et lui permettre avec nous. La philosophie a perdu, nul n'en doutera, depuis qu'on l'a livrée au peuple ; mais elle peut se laisser voir dans son sanctuaire, quand toutefois elle trouve, au lieu d'ignobles fripiers, des ministres dignes d'elle.

(a) C'est-à-dire qu'il se gratte la tête d'un seul doigt pour ne pas déranger sa coiffure.
(b) Quemadmodum laudet, leçon vulgaire ; je préfère laudetur d'un Mss.

## LETTRE LIII.

Des maladies de l'âme. La philosophie veut l'homme tout entier

Que ne me persuaderait-on pas? On m'a persuadé de m'embarquer : au départ la mer était des plus calmes, mais le ciel, à ne pas s'y méprendre, se chargeait de nuages grisâtres qui presque toujours donnent de la pluie ou du vent; je comptais, de ta chère Parthénope à Puteoli, gagner sur l'orage ce trajet de quelques milles, malgré les menaces du sinistre horizon Afin donc d'échapper plus vite, je cinglai au large droit vers Nesida, coupant court aux sinuosités du rivage. Déjà j'étais si avancé, qu'il me devenait égal d'aller ou de revenir, quand soudain le calme qui m'avait séduit disparaît. Ce n'était pas encore la tempête, mais la mer devenait houleuse et les lames toujours plus pressées. Je prie alors le pilote de me mettre à terre quelque part. Il me répond que toute la côte est escarpée, inabordable, et que par la tempête il ne craint rien tant que la terre. Mais, trop malade pour songer au péril, torturé de ces nausées lentes et sans résultat qui remuent la bile et ne l'expulsent point, je pressai de nouveau le pilote et le forçai bon gré mal gré de gagner la côte. Comme nous étions près d'y toucher, sans attendre que, suivant les prescriptions de Virgile,

> Vers la mer on tourne la proue;

ou que

> De la proue on ait jeté l'ancre (a).

me rappelant mon métier de nageur, mon ancienne passion pour l'eau froide, je m'élance, en amateur de bains glacés, avec mon manteau de laine. Que penses-tu que j'aie souffert à ramper sur des roches, à chercher une voie, à m'en faire une? J'ai senti que les marins n'ont pas tort de tant craindre la terre. On ne croirait pas quelles fatigues j'ai eu à soutenir, et je ne pouvais me soutenir moi-même! Non, Ulysse n'était pas né maudit de Neptune au point de faire naufrage à chaque pas : son vrai mal fut le mal de mer. Comme lui, vers quelque point que je navigue jamais, je mettrai vingt ans pour arriver.

(a) *Enéid.*, VI, vers 3 et 902.

Dès que mon estomac se fut remis, et tu sais qu'en touchant la terre les nausées nous quittent, dès qu'une onction salutaire eut refait mes membres, je me mis à songer combien l'homme oublie jusqu'aux infirmités physiques qui à tout instant l'avertissent de leur présence, à plus forte raison ses infirmités morales, d'autant plus cachées qu'elles sont plus graves. Qu'un léger frisson nous survienne, nous prenons le change ; mais qu'il s'accroisse, et qu'une véritable fièvre s'allume, elle arrache l'aveu de son mal au mortel le plus ferme et le plus éprouvé. Sent-on quelque douleur aux pieds, des picotements aux articulations, on dissimule encore, on parle d'entorse au talon, d'un exercice où l'on se sera forcé. Le mal est indécis à son début, on lui ch... un nom ; mais que les chevilles viennent à se tuméfier et que du pied droit au pied gauche la différence soit nulle, il faut bien confesser que c'est la goutte [30]. Le contraire arrive dans les maladies qui affectent l'âme : l'état le plus grave sera le moins senti. Ne t'en étonne pas, cher Lucilius. Un homme légèrement assoupi, qui perçoit alors de vagues apparences, souvent reconnaît en dormant qu'il dort ; mais un sommeil profond éteint jusqu'aux songes et pèse tellement sur l'âme qu'il lui ôte tout usage de son intelligence. Pourquoi personne ne convient-il de ses propres vices ? C'est qu'il est absorbé par eux. Raconter son rêve, c'est être éveillé ; et confesser ses vices est signe de guérison. Éveillons-nous donc pour pouvoir démasquer nos erreurs : or la philosophie seule nous réveillera, seule elle rompra notre léthargie. Consacre-toi tout à elle ; tu es digne d'elle, elle est digne de toi. Volez dans les bras l'un de l'autre ; et toi, renonce à toute autre affaire en homme de cœur, avec éclat. Point de demi-philosophie. Si tu étais malade, tu discontinuerais tout soin domestique, tu laisserais là tribunaux et procès, nul à tes yeux ne vaudrait la peine que même à tes heures de relâche tu assistasses à son procès, ta pensée et ton but unique seraient d'être au plus tôt quitte de ton mal. Eh bien ! ne feras-tu pas de même pour ton âme ? Congédie tous tes embarras, et sois enfin à la sagesse ; on n'y arrive pas chargé des occupations du siècle.

La philosophie exerce son droit souverain : elle donne l'heure, elle ne la prend pas. Loin d'être un pis aller, elle est notre affaire de tous les moments (a) ; elle ne paraît que pour commander. Les habitants d'une ville offraient à Alexandre une

(a) Voy. *Lettres* XVII et LXXII.

partie de leur territoire et la moitié de tous leurs biens. « Je ne suis pas venu en Asie, leur dit-il, pour recevoir ce que vous me donneriez, mais pour vous laisser ce dont je ne voudrais point. » La philosophie dit de même aux choses de la vie : Je ne veux point du temps que vous auriez de reste ; c'est vous qui aurez celui dont je vous ferai l'octroi. »

Voue donc à cette philosophie toutes tes pensées, tes assiduités, ton culte : qu'un immense intervalle te sépare du reste des hommes. Tu les dépasseras tous de beaucoup : les dieux te dépasseront de peu. — Quelle différence y aura-t-il entre eux et toi ? — Tu veux le savoir ? Ils dureront plus longtemps. Mais assurément le chef-d'œuvre de l'art est de réduire en petit tout un grand ouvrage. Le sage trouve autant d'espace dans sa vie que Dieu dans tous les siècles. Et même, en un point, le sage l'emporte : Dieu est redevable à sa nature de ne pas craindre, le sage l'est à lui-même. Chose sublime ! joindre la fragilité d'un mortel à la sécurité d'un Dieu. On ne saurait croire quelle force a la philosophie pour amortir tous les coups du hasard. Pas un seul trait ne la pénètre : elle est remparée et inébranlable ; elle lasse certaines attaques, d'autres sont comme des flèches légères perdues dans les plis de sa robe ; ou bien elle les secoue et les renvoie à qui les a lancées.

## LETTRE LIV.

### Sénèque attaqué de l'asthme. Préparation à la mort.

Mon mal m'avait laissé une longue trêve : tout à coup il m'a repris. « Quel genre de mal ? » vas-tu dire. Tu as bien raison de le demander, car il n'en est point qui ne me soit connu. Il en est un pourtant auquel je suis pour ainsi dire voué, et que je ne sais pourquoi j'appellerais de son nom grec, car notre mot *suspirium* (suffocation) le désigne assez juste. Au reste il dure fort peu : c'est une tempête, un assaut brusque : en une heure presque il a cessé. Car peut-on être longtemps à expirer ? Toutes les incommodités physiques, toutes les crises ont passé sur moi : aucune ne me paraît plus insupportable. Et en effet, dans toute autre, quelle qu'elle soit, on n'est que malade ;

dans celle-ci on rend comme le dernier souffle. Aussi les médecins l'ont nommée *l'apprentissage de la mort*, et l'asthme finit par faire ce qu'il a mainte fois essayé.

Tu penses que je t'écris ceci bien gaiement, parce que je suis sauf. Si je m'applaudissais de ce résultat comme d'un retour à la santé, je serais aussi ridicule qu'un plaideur qui croirait sa cause gagnée, pour avoir obtenu délai. Toutefois, au fort même de la suffocation, je n'ai cessé d'avoir recours à des pensées consolantes et courageuses. Qu'est-ceci? me disais-je. La mort me tâtera-t-elle sans cesse? Eh bien soit! Moi aussi j'ai longtemps tâté d'elle. « Quand cela? » dis-tu. Avant de naître. La mort, c'est le non être (*a*) : ne l'ai-je pas déjà connu? il en sera après moi ce qu'il en était avant. Si la mort est un état de souffrance, on a dû souffrir avant de venir à la lumière; et pourtant alors nous ne sentions nul déplaisir. Dis-moi, ne serait-il pas bien insensé celui qui croirait que la lampe éteinte est dans un état pire que celle qui n'est point encore allumée? Nous aussi on nous allume, et puis l'on nous éteint : dans l'intervalle nous souffrons bien quelque chose; mais après comme devant l'impassibilité est complète. Notre erreur, ce me semble, Lucilius, vient de croire que la mort n'est qu'après la vie, tandis qu'elle l'a précédée, de même qu'elle la suivra. Tout le temps qui fut avant nous fut une mort. Qu'importe de ne pas commencer ou de finir? Dans l'un comme dans l'autre cas c'est le néant.

Voilà quel genre de remontrances je ne cessais de me faire, dans ma pensée s'entend, car parler, je ne l'aurais pu; puis insensiblement cet accès, qui déjà n'était plus qu'une courte haleine, me laissa de plus longs intervalles, se ralentit et enfin s'arrêta. Mais à présent même, bien que j'en sois quitte, ma respiration n'est pas naturelle, n'est pas libre : elle éprouve une sorte d'hésitation et de gêne. Comme elle voudra! pourvu que la gêne ne parte point de l'âme. A cet égard reçois ma parole : je ne tremblerai pas au dernier moment : je suis bien préparé; je ne compte même pas sur tout un jour. Il faut louer et imiter ceux qui n'ont pas regret de mourir tout en aimant à vivre. Quel mérite en effet de sortir quand on vous chasse? C'en est encore un pourtant : je suis chassé, mais je sors comme si je ne l'étais point. Aussi ne chasse-t-on point le sage;

---

(*a*) D'après Fickert et la plupart des mss, je lis simplement ; *Mors est non esse : id quale sit, jam scio*.

le mot suppose l'expulsion d'un lieu qu'on quitte malgré soi. Le sage ne fait rien malgré lui : il échappe à la nécessité ; car il veut d'avance les choses auxquelles elle le contraindrait.

## LETTRE LV.

### Description de la maison de Vatia. L'apathie ; le vrai repos.

Je descends de litière à l'instant, aussi las que si j'avais fait à pied tout le chemin que j'ai fait assis. C'est un travail d'être porté longtemps, d'autant plus fatigant peut-être que la nature y répugne : car elle nous a donné des jambes pour marcher, comme des yeux pour voir par nous-mêmes. C'est la mollesse qui nous condamne à la débilité ; à force de ne vouloir pas, on finit par ne plus pouvoir. Au surplus j'avais besoin de me secouer un peu, soit pour dissiper les glaires fixées dans mon gosier, soit pour débarrasser ma respiration gênée par quelque autre cause, et j'ai senti que la litière me faisait du bien. J'ai donc voulu prolonger une promenade à laquelle m'invitait ce beau rivage qui, entre Cumes et la campagne de Servilius Vatia, forme un coude resserré comme une étroite chaussée, d'une part par la mer, de l'autre par le lac. Une récente tempête avait raffermi la grève. Là, comme tu sais, la lame fréquente et impétueuse aplanit le chemin, qui s'affaisse après un long calme, l'humidité qui lie les sables venant à disparaître. Cependant, selon mon usage, je regardais de toutes parts si je ne découvrirais rien dont je pusse faire profit, et mes yeux s'arrêtèrent sur cette campagne qui fut jadis celle de Vatia. Ce fut là que cet ex-préteur, ce richard, vieillit sans autre renommée que celle d'oisif, et à ce seul titre estimé heureux.

Chaque fois que l'amitié d'Asinius Gallus (a) ou que la haine et plus tard l'affection de Séjan plongeait tel ou tel dans l'abîme, car il devint aussi dangereux d'avoir aimé Séjan que de l'avoir offensé, on s'écriait : « O Vatia! toi seul tu sais vivre! » Non; il ne sut que se cacher; il ne sut pas vivre [31].

Il y a loin du vrai repos à l'apathie. Pour moi, du vivant de

(a) Personnage vertueux, haï de Tibère qui le fit mourir après une longue captivité.

Vatia, je ne passais jamais devant sa demeure sans me dire
« Ci-gît Vatia ³⁴. » Mais tel est, ô Lucilius, le caractère vénérable et saint de la philosophie, qu'au moindre trait qui la rappelle le faux-semblant nous séduit. Car dans l'oisif le vulgaire voit un homme retiré de tout, libre de crainte, qui se suffit et vit pour lui-même, tous priviléges qui ne sont réservés qu'au sage. C'est le sage qui, sans ombre de sollicitude, sait vivre pour lui ; car il possède la première des sciences, la science de la vie. Mais fuir les affaires et les hommes, parce que nos prétentions échouées nous ont décidés à la retraite, ou que nous n'avons pu souffrir de voir le bonheur des autres ; mais, de même qu'un animal timide et sans énergie, se cacher par peur, c'est vivre, non pour soi, mais de la plus honteuse vie, pour son ventre, pour le sommeil, pour la luxure. Il ne s'ensuit pas qu'on vive pour soi de ce qu'on ne vit pour personne. Au reste c'est une si belle chose d'être constant et ferme dans ses résolutions, que même la persévérance dans le rien faire nous impose.

Sur la maison en elle-même je ne te puis rien dire de positif : je n'en connais que la façade et les dehors, ce qu'en peuvent voir tous les passants. Il s'y trouve deux grottes d'un travail immense, aussi grandes que le plus large *atrium* et faites de main d'homme : l'une ne reçoit jamais le soleil, l'autre le garde jusqu'à son coucher. Un bois de platanes ; au milieu un ruisseau qui va tomber d'un côté dans la mer, de l'autre dans le lac Acherusium, vous figure un Euripe (a) assez poissonneux, bien qu'on y pêche continuellement. Mais on le ménage quand la mer est ouverte aux pêcheurs ; le mauvais temps les fait-il chômer, on n'a qu'à étendre la main pour prendre. Du reste le grand mérite de cette villa, c'est qu'au delà de ses murs est Baïes, dont elle n'a pas les inconvénients, tout en jouissant de ses charmes. Voilà les qualités que je lui connais : c'est un séjour, je crois, de toute saison. Car elle reçoit la première le vent d'ouest, et si bien qu'elle en prive tout à fait Baies. Vatia, ce me semble, n'avait pas trop mal choisi cet endroit pour y loger le désœuvrement de sa paresseuse vieillesse.

Mais est-ce bien tel ou tel lieu qui contribue beaucoup à la tranquillité ? L'âme seule donne à toutes choses le prix qu'elles ont pour elle. J'ai vu de délicieuses campagnes habitées par des cœurs chagrins : j'ai vu en pleine solitude le même trouble que chez les gens les plus affairés ³⁵. Garde-toi donc de penser que

(a) Détroit qui séparait l'île d'Eubée de la Béotie, laissant à peine passage à un navire

si ton âme n'est point entièrement calme, c'est que tu n'es pas en Campanie. Pourquoi d'ailleurs n'y es-tu pas? Envoies-y ta pensée : tu peux, malgré l'absence, vivre avec tes amis aussi souvent, aussi longtemps que tu le voudras. Et ce plaisir, le plus grand de tous, se goûte alors bien mieux. Car la présence rassasie et blase ; et pour s'être un certain temps entretenus et promenés et assis ensemble, une fois séparés on ne songe plus aux gens qu'on voyait tout à l'heure. Résignons-nous à l'absence pour cette autre raison qu'il n'est point d'ami qui, même près de nous, ne soit longtemps sans nous. Comptons d'abord les nuits qu'on passe séparément, les occupations qui pour chacun sont différentes, puis les goûts qui font qu'on s'isole, les courses à la campagne, tu verras que c'est peu de chose que le temps enlevé par les voyages. C'est dans le cœur qu'il faut posséder son ami : or le cœur n'est jamais absent ; il voit qui il veut, et le voit tous les jours. Sois donc de moitié dans mes études, dans mes soupers, dans mes promenades. Nous vivrions trop à l'étroit, si en quoi que ce soit l'espace était fermé à la pensée. Moi je te vois, cher Lucilius, je t'entends même ; je suis tellement avec toi, que je doute à chaque lettre que je commence, si ce n'est pas un billet que je t'écris.

## LETTRE LVI.

Bruits divers d'un bain public. Le sage peut étudier même au sein du tumulte.

Je veux mourir, si le silence est aussi nécessaire qu'on le croit à qui s'isole pour étudier. Voici mille cris divers qui de toute part retentissent autour de moi : j'habite juste au-dessus d'un bain. Imagine tout ce que le gosier humain peut produire de sons antipathiques à l'oreille : quand *des forts* du gymnase s'escriment et battent l'air de leurs bras chargés de plomb, qu'ils soient ou qu'ils feignent d'être à bout de forces, je les entends geindre ; et chaque fois que leur souffle longtemps retenu s'échappe, c'est une respiration sifflante et saccadée, du mode le plus aigu. Quand le hasard m'envoie un de ces garçons maladroits qui se bornent à frictionner, vaille que vaille, les petites gens, j'entends claquer une lourde main sur des épaules ; et selon que le creux ou le plat a porté, le son est différent. Mais qu'un joueur de paume survienne et se mette à compter les points, c'en est fait. Ajoutes-y un querelleur, un filou pris sur le fait, un chanteur qui trouve que dans le bain [34] sa voix a plus de charme, puis encore ceux qui font rejaillir avec fracas l'eau du bassin où ils s'élancent. Outre ces gens dont les éclats de voix, à défaut d'autre mérite, sont du moins naturels, figure-toi l'épileur qui, pour mieux provoquer l'attention, pousse par intervalles son glapissement grêle, sans jamais se taire que quand il épile des aisselles et fait crier un patient à sa place. Puis les intonations diverses du pâtissier, du charcutier, du confiseur, de tous les brocanteurs de tavernes, ayant chacun certaine modulation toute spéciale pour annoncer leur marchandise.

« Tu es donc de fer, me diras-tu, ou tout à fait sourd pour avoir l'esprit libre au milieu de vociférations si variées et si discordantes ; tandis que les longues politesses de ses clients font presque mourir notre ami Crispus ! » Eh bien oui : tout ce vacarme ne me trouble pas plus que le bruit des flots ou d'une chute d'eau, bien qu'on dise qu'une certaine peuplade transféra ailleurs ses pénates par cela seul qu'elle ne pouvait supporter le fracas de la chute du Nil. La voix humaine, je crois, cause plus de distraction que les autres bruits : elle détourne vers elle la pensée ; ceux-ci ne remplissent et ne frappent que l'oreille. Parmi les bruits qui retentissent autour de moi sans me distraire, je mets celui des chariots qui passent, du forgeron logé sous mon toit, du serrurier voisin, ou de cet autre qui, près de la *Meta sudans* (a), essaye ses trompettes et ses flûtes, et beugle plutôt qu'il ne joue. Mais les sons intermittents m'importunent plus que les sons continus. Au reste je me suis si bien aguerri à tout cela, que je pourrais même entendre la voix écorchante d'un chef de rameurs marquant la mesure à ses hommes. Je force mon esprit à une constante attention sur lui même, et à ne se point détourner vers le dehors. Que tous les bruits du monde s'élèvent à l'extérieur, pourvu qu'en moi aucun tumulte ne se produise, que le désir et la crainte ne s'y combattent point, que l'avarice et le goût du faste n'y viennent point se quereller et se malmener l'un

---

(a) *Borne suante*, fontaine dont les restes se voient encore à quelques pas du Colysée, en face de l'arc de Constantin.

l'autre. Qu'importe en effet le silence de toute une contrée, si j'entends frémir mes passions?

Il est nuit : tout s'endort dans un profond repos (a).

Erreur! Nul repos n'est profond, hors celui que la raison sait établir : la nuit nous ramène nos déplaisirs, elle ne les chasse point; elle nous fait passer d'un souci à un autre. Même quand nous dormons, nos songes sont aussi turbulents que nos veilles. La vraie tranquillité est celle où s'épanouit une bonne conscience. Vois cet homme qui appelle le sommeil par le vaste silence de ses appartements : pour qu'aucun bruit n'effarouche son oreille, toute sa légion d'esclaves est muette ; ce n'est que sur la pointe du pied que l'on ose un peu l'approcher. Et néanmoins il se tourne en tous sens sur sa couche, cherchant à saisir à travers ses ennuis un demi-sommeil ; il n'entend rien, et se plaint d'avoir entendu quelque chose. D'où penses-tu que cela provienne? De son âme, qui lui fait du bruit [36] : c'est elle qu'il faut calmer, dont il faut comprimer la révolte ; car ne crois pas que l'âme soit en paix parce que le corps demeure couché. Souvent le repos n'est rien moins que le repos. Aussi faut-il se porter à l'action et s'absorber dans quelque honnête exercice, chaque fois qu'on éprouve le malaise et l'impatience de l'oisiveté. Un habile chef d'armée voit-il le soldat mal obéir, il le dompte par quelque travail, par des expéditions qui le tiennent en haleine : une forte diversion ôte tout loisir aux folles fantaisies ; et s'il est une chose sûre, c'est que les vices nés de l'inaction se chassent par l'activité. Souvent on pourrait croire que l'ennui des affaires et le dégoût d'un poste pénible et ingrat nous ont fait chercher la retraite, mais au fond de cet asile où la crainte et la lassitude nous ont jetés, l'ambition par intervalles se ravive. Elle n'était point tranchée dans sa racine, mais fatiguée, courbée peut-être et écrasée (b) par les mauvais succès. J'en dis autant de la mollesse, qui parfois semble avoir pris congé de nous, puis revient tenter notre âme déjà fière de sa frugalité, et du sein même de nos abstinences redemande des plaisirs qu'on avait quittés, mais non proscrits pour jamais : retours d'autant plus vifs qu'ils sont plus cachés. Car le désordre qui s'avoue est toujours

---

(a) Térentius Varron. Voy. Sénèque le rhéteur, III, 16º *Controv.*
(b) Aux Mss.: *obirata*, *obruta*, *abjecta*, *objecta*. Tout cela ne concorde point avec la métaphore d'*excisa*. Je lirais *obtrita*.

plus léger, comme la maladie tend à sa guérison quand elle fait éruption de l'intérieur et porte au dehors son venin.

Et la cupidité aussi, et l'ambition et toutes les maladies de l'âme ne sont jamais plus dangereuses, sache-le bien, que lorsqu'elles s'assoupissent dans une hypocrite réforme. On semble rentré dans le calme, mais qu'on en est loin ! Si au contraire nous sommes de bonne foi, si la retraite est bien sonnée, si nous dédaignons les vaines apparences dont je parlais tout à l'heure, rien ne pourra nous distraire ; ni les voix d'une multitude d'hommes ni le gazouillis des oiseaux ne rompront la chaîne de nos bonnes pensées désormais fermes et arrêtées. Il a l'esprit léger et encore incapable de se recueillir, l'homme que le moindre cri, que tout imprévu effarouche. Il porte en lui un fonds d'inquiétude, un levain d'appréhension qui le rendent ombrageux ; comme dit notre Virgile :

> Et moi, qui sous nos murs, calme au sein des alarmes,
> Affrontai mille fois toute la Grèce en armes,
> Un souffle me fait peur : je tremble au moindre bruit
> Et pour ce que je porte et pour ce qui me suit (a).

C'est d'abord un sage que ni le sifflement des dards, ni les phalanges serrées entrechoquant leurs armes, ni le fracas d'une ville que l'on sape n'épouvantent ; c'est ensuite un homme désorienté, qui craint pour son avoir, qui au moindre son prend l'alarme ; toute voix lui semble un bruit de voix hostiles et abat son courage ; les plus légers mouvements le glacent. Son bagage le rend timide. Prends qui tu voudras de ces prétendus heureux qui traînent et portent avec eux tant de choses, tu le verras

> Tremblant pour ce qu'il porte et pour ce qui le suit.

Tu ne jouiras, sois-en sûr, d'un calme parfait que si nulle clameur ne te touche plus, si aucune voix ne t'arrache à toi-même, qu'elle flatte ou qu'elle menace, ou qu'elle assiége l'oreille de sons vains et discords. « Mais quoi ? N'est-il pas un peu plus commode d'être à l'abri de tout vacarme ? » J'en conviens ; aussi vais-je déloger d'ici : c'est une épreuve, un exercice que j'ai voulu faire. Qu'est-il besoin de prolonger son malaise, quand le remède est si simple ? Ulysse a bien su garantir ses compagnons des Sirènes elles-mêmes.

(a) *Énéid.*, II, 726. *Trad.* de Delille pour les deux derniers vers.

# LETTRE LVII.

La grotte de Naples. Faiblesses naturelles que la raison
ne saurait vaincre.

Comme de Baïes je devais regagner Naples, je me laissai volontiers persuader que la mer était mauvaise, pour ne pas tenter de rechef cette voie-là; mais j'eus tant de boue sur toute la route que cela peut passer aussi bien pour une traversée. J'ai dû subir complétement ce jour-là le sort des athlètes : la boue nous tint lieu de *la cire à l'huile* (a), et nous prîmes notre couche de poussière sous la grotte de Naples (b). Rien de plus long que ce cachot, ni de plus sombre que ces flambeaux qui, au lieu de faire voir dans les ténèbres, rendent seulement les ténèbres visibles. Au reste le jour y pénétrerait qu'il serait éclipsé par la poussière, déjà si pénible en plein air et si incommode ; qu'est-ce donc, quand c'est sur elle-même qu'elle tournoie, sans nul soupirail pour sortir, et qu'elle retombe sur le passant qui l'a soulevée? Les deux inconvénients opposés nous furent infligés à la fois : sur la même route, le même jour, boue et poussière nous mirent à mal.

Toutefois cette obscurité profonde me donna sujet de rêver : je me sentis l'imagination comme frappée : c'était, non de la peur, mais un ébranlement causé par l'étrangeté d'une chose insolite et aussi des plus répugnantes. Mais ne te parlons plus de moi qui, loin d'être un sujet passable, suis plus loin encore de la perfection : parlons de l'homme sur qui la Fortune a perdu ses droits ; celui-là aussi peut avoir l'imagination frappée et changer de couleur. Il est des impressions, cher Lucilius, que n'éviterait point l'homme le plus ferme : la nature l'avertit par là qu'il est fait pour mourir. Ainsi le chagrin assombrit ses traits; il frissonne à un choc subit, et sa vue se trouble en sondant, du bord d'un précipice, son immense profondeur. Ce n'est

---

(a) Préparation dont les athlètes oignaient leur corps avant la lutte : ils ajoutaient, pour mieux l'y fixer, une couche de poussière.
(b) Aujourd'hui *grotte de Pausilippe*, longue de 700 pas. La description de Sénèque est encore vraie à présent.

point de la crainte; ce sont des mouvements naturels insurmontables à la raison. Ainsi encore certains braves, tout prêts à répandre leur sang, ne sauraient voir celui d'autrui ; d'autres ne peuvent toucher ni voir une blessure toute fraîche ou envieillie et purulente sans défaillir et perdre connaissance ; d'autres tendent la gorge au fer plus hardiment qu'ils ne l'envisagent! J'éprouvai donc, comme je le disais, une sorte non pas de bouleversement, mais d'ébranlement; en revanche, sitôt que je revis, que je retrouvai le grand jour, une joie involontaire et spontanée s'empara de moi. Puis je me mis à réfléchir combien il est absurde de craindre telle chose plutôt que telle autre, dès que toutes amènent une même fin. Où est la différence qu'on soit écrasé par une guérite ou par une montagne ? Tu n'en trouveras aucune : bien des gens néanmoins craindront davantage ce second accident, bien que l'un soit mortel comme l'autre. Tant la peur considère moins l'effet que la cause !

Penses-tu que je parle ici des stoïciens, selon lesquels l'âme de l'homme, écrasée par une grosse masse, ne peut plus sortir (*a*) et se disperse dans tout le corps, faute de trouver une issue libre? Nullement ; ceux qui tiennent ce langage me semblent dans l'erreur. Comme on ne saurait comprimer la flamme, car elle s'échappe tout autour de ce qui pèse sur elle ; et comme l'air, qu'on le frappe de pointe ou de taille, n'est ni blessé ni divisé même, mais enveloppe l'objet auquel il a fait place; ainsi l'âme, la substance la plus déliée de toutes, ne peut être retenue ni refoulée dans le corps ; sa subtilité se fait jour à travers les barrières mêmes qui la pressent. Tout comme la foudre, après qu'elle a rempli tout un édifice de ravages et de feux, se retire par la plus mince ouverture, l'âme, plus insaisissable encore que le feu, trouve à s'enfuir par le corps le plus dense. La question est donc de savoir si elle peut être immortelle. Or tiens pour certain que si elle survit au corps, elle ne saurait souffrir aucune lésion (*b*), par cela seul qu'elle est impérissable ; car il n'est point d'immortalité avec restriction, et rien ne porte atteinte à ce qui est éternel.

(*a*) *Permanere* leçon de presque tous les Mss. Pincianus, *permeare*. Je crois qu'il faut lire *permanare*.
(*b*) Texte corrompu. Fickert : *perimi illum nullo....* Lemaire : *...genere mori*. Je lirais *nullo genere* teneri *posse*, ou quelque mot analogue.

## LETTRE LVIII.

De la division des êtres selon Platon. La tempérance, le suicide.

Que notre langue est pauvre de mots, indigente même! Je ne l'ai jamais mieux senti qu'aujourd'hui. Mille choses se sont présentées, comme nous parlions par hasard de Platon, qui toutes demandaient des noms et n'en avaient point : quelques-unes en ont eu que, par dédain, on a laissé perdre. Or comment pardonner à l'indigence le dédain[56]? Cette mouche que les Grecs nomment *œstron*, qui chasse obstinément et disperse au loin les troupeaux dans les bois, nos pères l'appelaient *asilum*. On peut en croire Virgile :

.... Cui nomen *asilo*
Romanum est, *œstrum* Graii vertere vocantes (a).

On reconnaît, je pense, que ce mot a péri. Pour ne pas te tenir trop longtemps, certains mots étaient usités au simple ; ainsi on disait : *cernere ferro inter se* (vider sa querelle par le fer). Le même Virgile te le prouvera :

Inter se coiisse viros, et *cernere ferro* (b).

Maintenant *decernere* est le mot ; le verbe simple n'est plus en usage. Les anciens disaient *si jusso* pour *si jussero*. Ne t'en rapporte pas à moi, mais au véridique Virgile :

Cetera, qua *jusso*, mecum manus inferat arma (c).

Si je cite avec ce scrupule, ce n'est pas pour montrer quel temps j'ai perdu chez les grammairiens; mais imagine combien de mots, depuis Ennius et Attius, la rouille a dû envahir, puisque, dans le poëte même qu'on feuillette tous les jours, il en est que l'âge nous a dérobés.

« Que signifie, dis-tu, ce préambule? Où tend-il? » Je ne te le cèlerai pas : je voudrais, si faire se pouvait sans choquer ton

---

(a) *Géorg.*, III, 146. — (b) *Énéid.*, XII, 709. — (c) *Énéid.*, XI, 175.

oreille, risquer le terme *essentia;* sinon je le ferai en la choquant. J'ai pour caution de ce terme-là Cicéron, assez riche, je pense, pour répondre, et si tu veux du plus moderne, Fabianus, orateur disert et élégant, brillant même pour notre goût raffiné. Car comment faire, Lucilius? De quelle manière rendre οὐσία, la chose qui existe nécessairement, qui embrasse toute la nature, qui est le fondement des choses? Grâce donc pour ce mot, passe-le-moi : je n'en serai pas moins attentif à user très-sobrement du droit que tu m'auras donné; peut-être me contenterai-je de l'avoir obtenu. Mais à quoi me sert ton indulgence? Voilà que je ne puis exprimer par aucun mot latin ce qui m'a fait chercher querelle à notre langue.

Tu maudiras bien plus l'étroit vocabulaire romain, quand tu sauras que c'est une syllabe unique que je ne puis traduire. « Laquelle? » dis-tu. Τὸ ὄν [37]. Tu me trouves l'intelligence bien dure : il saute aux yeux que l'on peut traduire cela par *quod est* (ce qui est). Mais j'y vois grande différence : je suis contraint de mettre un verbe pour un nom : puisqu'il le faut, mettons *quod est.* Platon le divise en six classes, à ce que disait aujourd'hui notre ami, dont l'érudition est grande. Je te les énoncerai toutes, quand j'aurai établi qu'autre chose est le *genre,* autre chose l'*espèce.* Car ici nous cherchons ce *genre primordial* auquel toutes les espèces se rattachent, d'où naît toute division, où l'universalité des choses est comprise. Il sera trouvé si nous prenons chaque dérivé en remontant toujours; ainsi arriverons-nous au tronc primitif. L'homme est *espèce,* comme dit Aristote; le cheval est *espèce,* le chien *espèce :* il faut donc à toutes ces espèces chercher un lien commun qui les embrasse et les domine. Quel est-il? le genre *animal.* Voilà donc pour tous ces êtres que je viens de citer, homme, cheval, chien, le genre animal. Mais il est des choses qui ont une âme et qui ne sont point animaux : on convient, par exemple, que les plantes et les arbustes en ont une; aussi dit-on d'eux qu'ils vivent et qu'ils meurent. Les *êtres animés* occuperont donc une place supérieure, puisque dans cette classe sont compris et les animaux et les végétaux. D'autres êtres sont dépourvus d'âme, comme les pierres; ainsi il y aura un principe antérieur aux êtres animés, *le corps.* Je diviserai et je dirai : tous les corps sont ou animés ou inanimés. Il y a aussi quelque chose de supérieur au corps : car nous distinguons le *corporel* de l'*incorporel.* Mais d'où faudra-t-il qu'ils découlent? De ce à quoi nous venons d'appliquer un nom peu exact : de *ce qui est*. Nous le partagerons en deux espèces et nous dirons : ce qui est, est corporel ou incorporel. Voilà donc le genre primordial, antérieur et pour ainsi dire générique; tous les autres sont bien des genres, mais spéciaux. Ainsi l'homme est genre, car il comprend en soi les nations de toute espèce, Grecs, Romains, Parthes; de toute couleur, blancs, noirs, cuivrés; il comprend les individus, Caton, Cicéron, Lucrèce. En tant qu'il contient des espèces, il est genre; comme contenu dans un autre, il est espèce. Le genre générique, *ce qui est*, n'a rien qui le domine : principe des choses, il les domine toutes.

Les stoïciens veulent encore mettre au-dessus un autre genre supérieur dont je vais parler, quand j'aurai montré que celui qui vient de m'occuper obtient à bon droit la première place comme embrassant toutes choses. Je divise *ce qui est* en deux espèces, le corporel et l'incorporel. Il n'en est point d'autre. Comment divisé-je le corps? En l'appelant animé ou inanimé. Ensuite comment divisé-je ce qui est animé? Je dis : les uns ont une âme, les autres n'ont qu'une animation; ou bien : les uns ont un élan propre, ils marchent, ils se déplacent; les autres, fixés au sol, se nourrissent et croissent au moyen de leurs racines. Et les animaux, en quelles espèces les partageons-nous? Ils sont mortels ou immortels. Le premier genre est, dans l'idée de quelques stoïciens, le *je ne sais quoi* (*quiddam*). D'où leur vient cette idée, le voici. Dans la nature, disent-ils, il est des choses qui sont, il en est qui ne sont pas. Or la nature embrasse même ces dernières, qui apparaissent à l'imagination, comme les centaures, les géants, et toutes ces autres créations fantastiques de l'esprit auxquelles on est convenu de donner une forme, bien qu'elles n'aient point de substance.

Je reviens à ce que je t'ai promis. Comment Platon divise-t-il tout ce qui est en six classes? D'abord *l'être en lui-même* n'est saisissable ni par la vue, ni par le tact, ni par aucun sens : il ne l'est que par la pensée. Ce qui est d'une manière générale, le genre homme par exemple, ne tombe pas sous la vue; on ne voit que des spécialités, comme Cicéron, comme Caton. Le genre animal ne se voit pas, il s'imagine; mais on voit les espèces, le cheval, le chien. Au second rang des êtres, Platon met ce qui les domine et surpasse tous. C'est, dit-il, l'être par excellence, comme dit communément le poëte : tous les faiseurs de vers sont ainsi nommés; mais chez les Grecs ce titre n'appartient plus qu'à un seul homme. C'est d'Homère qu'on sait qu'il s'agit, quand on entend dire le poëte. Mais quel est l'être par excellence ? *Dieu* : car il est plus grand et plus puissant que tous les autres. Le troisième genre est celui des êtres qui *proprement existent* : ils sont sans nombre, mais placés hors de notre vue. « Mais quels sont-ils? » demandes-tu. Une création due à Platon : il appelle *idées* ce par quoi se fait tout ce que nous voyons et selon quoi tout se façonne. Elles sont immortelles, immutables, hors de toute atteinte. Écoute ce que c'est que *l'idée* ou ce qu'il en semble à Platon. « L'idée est le type éternel des œuvres de la nature. » Joignons le commentaire à la définition, pour te rendre la chose plus claire. Je veux faire ton portrait : je t'ai pour modèle de ma peinture, et de ce modèle mon esprit recueille un ensemble de traits qu'il imprime à son ouvrage. Ainsi cette figure qui me guide et m'inspire et d'où j'emprunte mon imitation, est une idée. La nature possède donc à l'infini ces sortes de types, hommes, poissons, arbres, d'après lesquels se forme tout ce qui doit naître d'elle. En quatrième lieu vient l'*eidos*. Qu'est-ce que l'*eidos* ? Il faut ici toute ton attention, il faut t'en prendre à Platon, non à moi de la difficulté de la chose; car point d'abstractions sans difficulté. Tout à l'heure je prenais le peintre pour comparaison ; s'il voulait avec ses couleurs représenter Virgile, il l'avait sous les yeux : l'idée était cette figure de Virgile modèle du futur tableau ; ce que l'artiste tire de cette figure, ce qu'il applique sur sa toile est *l'eidos*. « Où est la différence ? » dis-tu. L'un est le modèle, l'autre, la forme prise du modèle et transportée sur la copie. L'artiste imite l'un, l'autre est son ouvrage. Une statue, c'est une certaine figure, c'est l'*eidos*. Le modèle aussi est une figure qu'avait en vue le statuaire en donnant une forme à son œuvre, savoir l'idée. Veux-tu encore une autre distinction ? L'*eidos* est dans l'œuvre, l'idée en dehors de l'œuvre, et non-seulement en dehors, mais préexistante. Le cinquième genre comprend les êtres qui existent communément, et ceci commence à nous concerner : là se trouve tout ce qui peuple le monde, hommes, animaux et choses. Le sixième genre désigne ce qui n'a qu'une quasi-existence, comme le vide, le temps.

Tout ce qui se voit et se touche, Platon l'exclut du rang des êtres qu'il juge avoir une existence propre. Car tout cela passe et va sans cesse du plus au moins, du moins au plus. Nul de nous n'est sur ses vieux ans ce qu'il était dans sa jeunesse; nul n'est au matin ce qu'il fut la veille. Nous sommes emportés loin de nous, comme le fleuve loin de sa source ; tout ce que tu vois fuit du même pas que le temps; rien de ce qui frappe nos yeux n'est permanent. Et moi, à l'instant où je dis que tout change, je ne suis déjà plus le même. C'est là ce qu'exprime Héraclite : « On ne se baigne pas deux fois dans le même courant. » C'est le même fleuve pour le nom : mais les flots d'hier sont bien loin. Ce changement, pour être plus sensible dans un fleuve que chez l'homme, n'en est pas moins rapide pour ce dernier ni moins entraînant [56]; aussi admiré-je la folie de nos si vifs attachements à la chose la plus fugitive, notre corps, et de ces frayeurs de mourir un jour, quand chaque instant de vie est la mort de l'état qui précède! Ne crains donc plus, ô homme! de subir une dernière fois ce que tu subis chaque jour. J'ai parlé de l'homme, matière corruptible et caduque, en butte à toutes les causes de mort; et l'univers lui-même, éternel, invincible qu'il est, se modifie et ne reste jamais le même. Car bien qu'il possède toujours ses éléments primitifs, il les possède autres que primitivement : il en bouleverse la distribution. « A quoi, diras-tu, ces subtilités me serviront-elles? » Puisque tu le demandes, à rien. Mais de même que le ciseleur donne à ses yeux fatigués par une trop longue tension quelque distraction et quelque relâche et, comme on dit, les restaure, ainsi parfois devons-nous détendre notre esprit et le refaire par certains délassements. Mais que ces délassements soient aussi des exercices : tu tireras même de là, si tu le veux bien, quelque chose de salutaire. Telle est mon habitude, Lucilius; il n'est point de récréation, si étrangère qu'elle soit à la philosophie, dont je ne tâche de tirer quelque chose et d'utiliser le résultat. « Que recueillerai-je du sujet que nous venons de traiter, sujet étranger à la réforme des mœurs? Comment les *idées* platoniciennes me peuvent-elles rendre meilleur? Que retirerai-je de tout cela qui puisse réprimer mes passions? Tout au moins ceci, que tout objet qui flatte les sens, tout ce qui nous enflamme et nous irrite est, suivant Platon, en dehors des choses qui sont réellement. C'est donc là de l'imaginaire, qui revêt pour un temps telle ou telle forme, mais qui n'a rien de stable ni de substantiel. Et pourtant nous le convoitons comme s'il était fait pour durer sans cesse, ou nous-mêmes pour le posséder toujours. Êtres débiles et fluides, durant nos courts instants d'arrêt, élevons notre âme vers ce qui ne doit point périr. Voyons flotter dans les régions éthérées ces merveilleux types de toutes choses, et au centre de tous les êtres un Dieu modérateur, une Providence qui, n'ayant pu les faire immortels, la matière y mettait obstacle, les défend de la destruction, et de qui la raison triomphe de l'imperfection des corps. Car si l'univers subsiste, ce n'est point qu'il soit éternel, c'est qu'il est maintenu par les soins d'un régulateur. Les choses immortelles n'ont pas besoin qu'on les protége ; le reste est conservé par son architecte dont la toute-puissance domine la fragilité de la matière. Méprisons toute cette matière, si peu précieuse qu'on peut contester qu'elle soit réellement. Songeons encore que si cet univers, non moins mortel que nous, est tenu par la Providence en dehors des périls, nous aussi pouvons, par une sorte de providence humaine, prolonger quelque peu la durée de notre frêle machine, si nous savons régir et maîtriser les voluptés par lesquelles meurt la grande partie des hommes. Platon lui-même dut au régime le plus exact d'atteindre à la vieillesse. Doué, il est vrai, d'une complexion ferme et vigoureuse, sa large poitrine lui a valu le nom qu'il a porté ; mais les voyages maritimes et les crises de sa vie avaient bien affaibli ses forces ; sa tempérance toutefois, sa modération dans tout ce qui aiguise nos appétits, son extrême surveillance de lui-même le conduisirent à ce grand âge dont mille causes l'éloignaient. Car tu sais, je pense, que Platon, grâce à son régime et par un singulier hasard, mourut le jour anniversaire de sa naissance, sa quatre-vingt-unième année pleinement révolue. En considération de quoi, des Mages, qui se trouvaient à Athènes, offrirent un sacrifice aux mânes de celui qu'ils croyaient favorisé d'une destinée plus qu'humaine pour avoir accompli le plus parfait des nombres, le nombre de neuf multiplié par lui-même. Je ne doute pas qu'il n'eût été prêt à faire sur ce total remise de quelques jours et des honneurs du sacrifice.

La frugalité peut prolonger la vieillesse qui, si elle n'est pas fort désirable, n'est pas non plus à rejeter. Il est doux d'être avec soi-même le plus longtemps possible, quand on s'est rendu digne de jouir de soi.

Énonçons ici notre sentiment sur le point de savoir si l'on doit faire fi des dernières années de la vieillesse et, sans attendre le terme, en finir volontairement. C'est presque craindre le jour fatal que de le laisser lâchement venir ; comme c'est être plus que de raison adonné au vin que de mettre l'amphore à sec et d'avaler jusqu'à la lie. Nous chercherons toutefois si cet âge qui couronne la vie en est pour nous la lie, ou bien la partie la plus limpide et la plus pure, quand du moins l'âme n'est pas flétrie, quand les sens, dans leur intégrité, prêtent force à l'intelligence, et que le corps n'est point ruiné et mort avant le temps. Grande est en effet la différence entre une longue vie et une mort prolongée. Mais si le corps est impropre au service de l'âme, pourquoi ne pas tirer celle-ci de la gêne? Et peut-être faut-il le faire un peu avant d'y être obligé, de peur que l'obligation venue on ne le puisse plus; et comme l'inconvénient est plus grave de vivre mal que de mourir tôt, c'est folie de ne pas racheter au prix de quelques instants la chance d'un grand malheur. Peu d'hommes arrivent par une longue vieillesse à la mort sans que le temps leur ait fait outrage; la vie de beaucoup s'est usée dans l'inaction sans profit pour elle-même. Est-il bien plus cruel, penses-tu, de perdre quelque peu d'une vie qui, en dépit de tout, doit finir? Ne m'écoute point avec répugnance, comme si l'arrêt te concernait; mais pèse bien mes paroles. Je ne fuirai point la vieillesse, si elle doit me laisser tout entier à moi, tout entier dans la meilleure partie de mon être; mais si elle vient à saper mon esprit, à le démolir pièce à pièce, si elle me laisse non plus la vie mais le souffle, je m'élancerai hors d'un édifice vermoulu et croulant. Je ne me sauverai point de la maladie par la mort, si la maladie n'est pas incurable et ne préjudicie pas à mon âme; je n'armerai pas mes mains contre moi pour échapper à la douleur : mourir ainsi c'est être vaincu. Mais si je sais que je dois souffrir perpétuellement, je m'en irai non à cause du mal, mais parce qu'il me serait un obstacle à tout ce qui fait le prix de la vie. Faible et pusillanime est l'homme qui meurt parce qu'il souffre; insensé qui vit pour souffrir. Mais je deviens trop long; le sujet d'ailleurs épuiserait une journée. Et comment mettrait-il fin à son existence, celui qui ne peut finir une lettre? Donc porte-toi bien; ce mot-là, tu le liras plus volontiers que tous mes funèbres propos.

## LETTRE LIX.

Leçons de style. La flatterie. Vraies et fausses joies.

Ta lettre m'a fait grand plaisir : permets-moi l'expression reçue, et ne lui donne pas l'interprétation stoïcienne. Car le vice, croyons-nous, c'est le plaisir. A la bonne heure : d'ordinaire pourtant par ce dernier mot nous qualifions une affection gaie de l'âme. Je sais, encore une fois, que *le plaisir* (en formulant nos paroles sur nos maximes), est une chose honteuse, et que *la joie* n'appartient qu'au sage ; car c'est l'élan d'une âme sûre de sa force et de ses ressources. Toutefois, dans le langage habituel nous disons que le consulat d'un ami, ou son mariage ou l'accouchement de sa femme nous ont causé une grande joie, toutes choses qui loin d'être des joies, sont souvent le principe de futurs chagrins, tandis que la joie a pour caractère de ne point cesser, de ne point passer à l'état contraire. Aussi quand Virgile dit : *les mauvaises joies de l'âme*, il est élégant, mais peu exact ; car il n'y a jamais de mauvaise joie. C'est des plaisirs qu'il prétendait parler ; et ce qu'il voulait dire, il l'a bien rendu : il désignait les hommes joyeux de leur malheur. Toujours est-il que je n'ai pas eu tort d'avancer que ta lettre m'a fait grand plaisir. La joie de l'ignorant eût-elle un honnête motif, n'en est pas moins une affection désordonnée qui tournera vite au repentir, un plaisir, dirai-je, qui, provoqué par l'idée d'un faux bien, n'a ni mesure ni discrétion.

Mais, pour revenir à mon propos, voici ce qui dans ta lettre m'a charmé. Tu es maître de tes expressions ; et l'entraînement de la phrase ne te mène pas plus loin que tu n'as dessein d'aller. Bien des gens écrivent ce qui n'était point leur idée première, séduits qu'ils sont par l'attrait d'un mot éblouissant : cela ne t'arrive point : tout est précis et approprié au sujet. Tu ne dis qu'autant que tu veux, et tu laisses entendre plus que tu ne dis. Ce mérite en annonce un autre plus grand : on voit que ton esprit aussi est exempt de redondance et d'enflure. Je trouve chez toi des métaphores qui, sans être aventureuses, ne sont pas non plus sans éclat : celles-là peuvent se risquer. J'y trouve des images ; et nous les interdire en décidant qu'aux poëtes seuls elles sont permises, c'est n'avoir lu, ce me semble, aucun des anciens ; eux pourtant ne visaient point encore aux phrases à applaudissement. Ils s'énonçaient avec simplicité, uniquement pour se faire comprendre, et pourtant ils fourmillent de figures, chose que j'estime nécessaire aux philosophes, non pour la même raison qu'aux poëtes, mais pour aider à nos faibles intelligences, et mettre l'auditeur ou le lecteur en présence des objets.

Je lis en ce moment Sextius, esprit vigoureux, grec par son langage, romain par sa morale et sa philosophie. Une de ses comparaisons m'a frappé : « Une armée, dit-il, marche en bataillon carré, lorsque de tout côté les surprises de l'ennemi sont à craindre ; chacun se dispose à le recevoir. Ainsi doit faire le sage : déployer ses vertus en tous sens, n'importe par où vienne l'agression, y avoir la défense toute prête, et que tout obéisse sans confusion au moindre signe du chef. » Si dans les armées que disciplinent de grands tacticiens on voit les ordres du général parvenir simultanément à toutes les troupes, distribuées de telle sorte que le signal donné par un seul parcourt à la fois la ligne des fantassins et celle des cavaliers, la même méthode, selon Sextius, nous est à nous bien plus nécessaire. Car souvent une armée craint l'ennemi sans sujet, et la route la plus sûre est celle qu'elle suspectait le plus. Mais point de trêve pour l'imprévoyance : elle a à craindre au-dessus comme au-dessous d'elle ; l'alarme est à sa droite comme à sa gauche ; les périls surgissent derrière et devant elle ; tout lui fait peur ; jamais préparée, elle s'effraye même de ses auxiliaires. Le sage au contraire est sous les armes et en garde contre toute brusque attaque : la pauvreté, le deuil, l'ignominie, la douleur fondraient sur lui sans le faire reculer d'un pas. Il marchera intrépidement à la rencontre comme au travers de ces fléaux. Nous, mille liens nous enchaînent et usent notre force : nous avons trop croupi dans nos vices ; nous purifier est chose difficile. Car nous ne sommes pas souillés seulement, nous sommes infectés.

Sans passer de cette image à une autre, je me demanderai, question que je creuse souvent, pourquoi l'erreur s'attache à nous avec tant de ténacité ? C'est d'abord qu'on ne s'élance pas de toute sa force vers les voies de salut ; c'est aussi parce qu'on ne croit pas assez aux vérités trouvées par les sages.

c'est que loin de leur ouvrir tout son cœur on ne donne à ces grands intérêts qu'une légère attention. Or comment apprendre à lutter efficacement contre le vice, quand on n'y songe qu'autant que le vice nous laisse de relâche? Nul de nous n'est allé au fond des choses : nous n'avons fait qu'effleurer la surface, et si peu de temps que nous ayons donné à la philosophie, semble assez, même trop, à nos gens affairés. Mais le plus grand obstacle est que rien ne nous plaît si vite que nous-mêmes. Trouvons-nous quelqu'un qui vante notre sagesse, notre sagacité, nos rares vertus, nous reconnaissons qu'il dit vrai. Et loin qu'un éloge mesuré nous suffise, tous ceux qu'accumule la flatterie la plus impudente, nous les prenons comme chose due [39] ; qu'on nous proclame des modèles de bonté, de sagesse, nous en tombons d'accord, sachant pourtant que nous avons affaire à des menteurs de profession, et nous donnons si bien carrière à notre amour-propre, que nous voulons être loués précisément du contraire de ce que nous faisons. Entouré d'échafauds le tyran entend chanter sa clémence, l'homme de proie sa générosité, l'ivrogne et le débauché son extrême tempérance. Il suit de là qu'on renonce à se réformer, sûr que l'on est d'être le meilleur possible. Alexandre portait déjà dans l'Inde ses armes vagabondes et promenait la dévastation chez des peuples à peine connus même de leurs voisins, lorsqu'au siége de je ne sais quelle place dont il faisait le tour pour en découvrir les endroits faibles, il fut atteint d'une flèche. Il n'en resta pas moins à cheval et continua longtemps ses explorations. A la fin le sang ne coulant plus et s'étant figé dans la plaie, la douleur augmenta, la jambe peu à peu s'engourdit faute de support (a) ; et contraint de s'arrêter il se mit à dire : « Tout le monde me jure que je suis fils de Jupiter ; mais cette blessure me crie : Tu n'es qu'un homme. » Disons comme lui, chacun dans notre sphère, quand l'adulation voudra nous infatuer de nos mérites : « Vous vantez ma prudence ; mais je vois combien de choses inutiles je désire, ou que mes vœux seraient ma perte ; je ne distingue pas même, chose que la satiété enseigne aux animaux, quelle doit être la mesure du manger et du boire ; je ne sais pas encore la capacité de mon estomac. »

Je vais t'apprendre à reconnaître si tu es indigne du nom de sage. Dans le cœur du vrai sage il règne une joie, une sérénité,

---

(a) On sait que les anciens ne connaissaient pas les étriers.

un calme inébranlables; il vit de pair avec les dieux. Examine-toi maintenant. N'es-tu jamais chagrin, l'espérance n'agite-t-elle jamais ton âme impatiente de l'avenir, le jour comme la nuit cette âme se maintient-elle constamment égale, élevée et contente d'elle-même? tu es arrivé au comble du bonheur humain. Mais si tu appelles le plaisir et de partout et sous toute forme, sache qu'il te manque en sagesse tout ce qui te manque en satisfactions. Tu aspires au bonheur, mais tu te trompes si tu comptes y arriver par les richesses, si c'est aux honneurs que tu demandes la joie ainsi qu'aux soucis des affaires. Ce que tu brigues là comme devant te donner plaisir et contentement, n'enfante que douleurs. Oui, tous ces hommes courent après la vraie joie, mais d'où l'obtient-on durable et parfaite, ils l'ignorent. L'un la cherche dans les festins et la mollesse; l'autre dans l'ambition, dans un nombreux cortége de clients; celui-ci dans l'amour, celui-là dans un vain étalage d'études libérales, et dans les lettres, qui ne guérissent de rien. Amusements trompeurs qui les séduisent tous un moment, comme l'ivresse qui compense un instant de joyeux délire par de longues heures d'abattement, comme les applaudissements et les acclamations de la faveur populaire qui s'achètent et s'expient par de si vives anxiétés.

Persuade-toi bien que la sagesse a pour résultat une joie toujours égale. L'âme du sage est en même état que la partie de l'atmosphère supérieure à la lune : elle possède la sérénité sans fin [40]. Tu as donc pour vouloir être sage ce motif que le sage n'est jamais sans joie. Cette joie ne peut naître que de la conscience de ses vertus. Elle n'est faite que pour l'homme de cœur, l'homme juste, l'homme tempérant. « Quoi? diras-tu, les sots et les méchants ne se réjouissent-ils pas? » Pas plus que le lion qui a trouvé sa proie. Quand ils se sont fatigués de vin et de débauches, que la nuit cesse avant leurs orgies, et que les mets les plus exquis entassés dans leur estomac trop étroit commencent à chercher une issue, alors les malheureux s'écrient comme le Déiphobe de Virgile :

> Tu te souviens, hélas! dans quelle fausse joie
> Se passa cette nuit, la dernière de Troie (a).

Toutes les nuits des débauchés se passent en plaisirs faux, et comme si chacune était pour eux la dernière. Cette autre joie,

(a) *Énéid.*, VI, 146.

qui fait le partage des dieux et de leurs émules, ne s'interrompt ni ne cesse point : elle cesserait, s'ils l'empruntaient à l'extérieur. Comme c'est une grâce qu'ils ne tiennent de personne, elle n'est à la merci de qui que ce soit. Ce que la Fortune n'a point donné, elle ne l'enlève pas.

# LETTRE LX.

### Vœux imprévoyants. Avidité des hommes.

Je me plains, j'ai des griefs, de la colère contre toi. En es-tu encore à former les vœux que formait pour toi ta nourrice, ou ton pédagogue ou ta mère? Ne comprends-tu pas encore que de maux ils te souhaitaient? Oh! combien nous sont contraires les vœux de ceux qui nous aiment, et d'autant plus contraires lorsqu'ils sont exaucés! Je ne m'étonne plus que dès le berceau tous les maux s'attachent à nos pas : nous avons grandi au milieu des malédictions de nos parents [41]. Que les dieux en revanche entendent de notre bouche une prière désintéressée. Les fatiguerons-nous toujours de nos demandes, en hommes qui n'auraient pas encore de quoi s'alimenter? Jusqu'à quand sèmerons-nous pour nous seuls des champs plus vastes que de grandes cités? Jusqu'à quand tout un peuple moissonnera-t-il pour nous? Jusqu'à quand l'approvisionnement d'une seule table arrivera-t-il sur tant de vaisseaux et par plus d'une mer? Peu d'arpents suffisent à nourrir un bœuf : c'est assez d'une forêt pour plusieurs éléphants : il faut, pour qu'un homme se repaisse, et la terre et la mer. Eh quoi! dans un corps si chétif, la nature nous a-t-elle donné un estomac si insatiable que nous surpassions en avidité les plus grands, les plus voraces des animaux (a)? Non certes. Car à quoi se réduit ce que l'on donne à la nature? Pour peu de chose elle nous tient quittes. Ce n'est point l'appétit qui coûte, c'est la vanité. Ces gens donc que Salluste appelle *valets de leur ventre*, mettons-les au rang des animaux, non des hommes, et quelquefois pas même au rang des animaux, mais des morts. Vivre, c'est être utile à

(a) Voy. *Lettre* LXXXIX, et *Consol. à Helvia*, X.

plusieurs; vivre, c'est user de soi-même; mais croupir dans l'ombre et l'apathie, c'est de sa demeure se faire un tombeau. Au seuil même de tels hommes on peut graver sur le marbre, en épitaphe : morts par anticipation (a).

## LETTRE LXI.

#### Se corriger, se soumettre à la nécessité.

Cessons de vouloir ce que nous voulûmes jadis. Pour moi, je tâche sur mes vieux ans qu'on ne m'accuse pas de vouloir les mêmes choses que dans mon jeune âge. Voilà où tendent uniquement et mes jours et mes nuits; voilà mon œuvre, ma préoccupation : mettre fin à mes vieilles erreurs. Je travaille à ce que chaque jour soit pour moi toute une vie. Et vraiment je le saisis au vol, non comme si c'était le dernier, mais dans la pensée qu'il peut l'être. L'esprit dans lequel je t'écris cette lettre est celui d'un homme que la mort peut appeler à l'instant même où il t'écrit. Prêt à partir, je jouis mieux de la vie, vu que son plus ou moins de durée ne m'est d'aucun prix. Avant d'être vieux j'ai songé à bien vivre, et dans ma vieillesse à bien mourir; or bien mourir, c'est mourir sans regret. Prends garde de jamais rien faire malgré toi. Tout ce qui doit être, doit être une nécessité pour qui résiste : pour qui consent, la nécessité n'est pas. Oui assurément : se soumettre de bonne grâce au commandement, c'est échapper à ce que la servitude a de plus amer, qui est de faire ce qu'on ne voudrait point. Ce n'est pas d'exécuter un ordre qu'on est malheureux, c'est de l'exécuter à contre-cœur. Disposons donc notre âme à vouloir tout ce que le sort exigera, et surtout envisageons sans chagrin la fin de notre être. Il faut faire sés préparatifs pour la mort avant de les faire pour la vie. La vie est assez riche de ressources; mais nous sommes trop avides de les multiplier; quelque chose nous semble manquer, et nous le semblera toujours. Quant à vivre assez, les ans ni les jours n'y font rien; ce qui fait tout

(a) Voir la *Lettre* LV.

ici, c'est l'âme. J'ai vécu, cher Lucilius, autant qu'il me fallait : j'attends la mort rassasié de jours.

## LETTRE LXII.

### Même au sein des affaires on peut étudier.

Ils ne disent pas vrai ceux qui veulent faire croire que le grand nombre de leurs affaires est pour eux un obstacle aux études libérales; ils feignent des occupations ou les exagèrent, et c'est d'eux-mêmes que vient leur empêchement. Moi, cher Lucilius, moi, je suis libre, et n'importe où je me trouve, je suis à moi. Je me prête aux affaires, je ne m'y livre pas, et ne cours point après les occasions de gaspiller mon temps. Quelque part que je m'arrête, je reprends le fil de mes pensées; et j'occupe mon esprit de quelque salutaire réflexion. Quand je me donne à mes amis, je ne m'enlève pas pour cela à moi-même ; je ne suis point absorbé par ceux dont quelque circonstance me rapproche, ou bien un devoir social : non, je converse alors avec les plus vertueux des hommes. N'importe leur patrie, n'importe leur époque, c'est vers eux que vole ma pensée. Je porte partout avec moi Démétrius (a), le meilleur des mortels, et laissant là nos grands et leur pourpre, je m'entretiens avec ce sage demi-vêtu, et je l'admire. Et comment ne pas l'admirer ? Je vois que rien ne lui fait faute. On peut tout mépriser, on ne peut jamais tout avoir. Pour arriver aux richesses, le mépris des richesses est la voie la plus courte. Or comment vit notre Démétrius? Non en fier contempteur de tous les biens de la Fortune, mais en homme qui les abandonne aux autres.

(a) Voir, sur Démétrius, *De la Providence*, III.

# LETTRE LXIII.

*Ne point s'affliger sans mesure de la perte de ses amis.*

Tu es chagrin de la mort de Flaccus ton ami; mais je ne voudrais pas t'en voir affecté plus qu'il ne convient. Ne pas l'être du tout, j'aurais peine à te le demander, tout sûr que je suis que ce serait le mieux. Mais à qui cette fermeté d'âme serait-elle donnée, sinon à l'homme qui s'est déjà mis fort au-dessus de la Fortune? Cet homme même éprouverait alors un commencement d'émotion, mais rien qu'un commencement. Pour nous, on peut nous excuser de nous laisser aller aux larmes, si elles ne coulent pas avec excès, et si nous-mêmes savons les arrêter. Nos yeux ne doivent ni demeurer secs à la perte d'un ami, ni s'épuiser de larmes; il faut pleurer, mais non se fondre de douleur. Tu trouves dure la loi que je t'impose; et pourtant le prince des poëtes grecs n'accorde le droit de pleurer que pour un seul jour; et il a dit que Niobé même songea à prendre de la nourriture. Veux-tu savoir d'où viennent les lamentations, les pleurs immodérés? On veut afficher par là ses regrets : on ne cède pas à son affliction, on en fait parade. Ce n'est point pour ce qu'on souffre qu'on est triste. Déplorable folie! De la prétention jusque dans les larmes [49]! « Eh quoi! oublierai-je mon ami? » Il est bien court, le souvenir que tu lui promets, s'il ne dure pas plus que ta douleur. Ce front si rembruni va s'éclaircir au moindre sujet de rire qu'offrira le hasard : je ne te renvoie pas même à cette longueur de temps qui adoucit tous les regrets et calme les plus violents désespoirs. Dès que tu cesseras de t'observer, ce fantôme de tristesse s'évanouira. A présent tu choies ta douleur, tu la choies, et encore t'échappe-t-elle; plus elle est vive, plus elle cesse vite. Appliquons-nous à trouver des charmes au souvenir de nos amis perdus; car on n'aime pas à revenir sur une pensée constamment douloureuse. Toutefois si c'est pour l'homme une loi nécessaire qu'il ne puisse sans un serrement de cœur se rappeler ces noms chéris; cette émotion non plus n'est pas sans jouissance. En effet, suivant le mot de notre Attalus, « le souvenir d'un ami qui n'est plus a pour nous cette douceur un peu âpre qui plaît dans certains fruits ; comme on un vin trop vieux son amertume même nous flatte ; mais après quelque temps toute âpreté s'émousse, et le plaisir nous arrive sans mélange. »

Si nous l'en croyons, « penser à nos amis vivants, c'est savourer le miel et les gâteaux les plus exquis ; se ressouvenir de ceux qui ont cessé d'être est une satisfaction quelque peu acerbe. Or on ne contestera pas que l'acidité aussi et toutes les saveurs d'un genre sévère stimulent l'estomac. » Moi, je pense autrement : la mémoire de mes amis morts m'est douce et attrayante. Car je les ai possédés comme devant les perdre ; je les ai perdus comme les possédant encore.

Prends donc, cher Lucilius, un parti qui convienne à tes sentiments d'équité : cesse de mésinterpréter le don que te fit la Fortune. Elle l'a repris, mais elle l'avait donné [45]. Jouissons pleinement de nos amis : qui sait pour combien de temps ils nous sont laissés ? Songeons que de fois nous les quittâmes pour quelque lointain voyage ; combien, demeurant au même lieu, nous fûmes souvent sans les voir ; nous reconnaîtrons que de leur vivant la privation a été plus longue. Mais comment souffrir ces hommes qui après avoir tant négligé leurs amis les pleurent si lamentablement, et ne vous aiment que s'ils vous ont perdu ? Leur chagrin déborde avec d'autant plus d'effusion qu'ils ont peur qu'on ne mette en doute s'ils furent bons amis : c'est chercher tard à faire ses preuves. A-t-on d'autres amis ? c'est mal mériter d'eux, c'est peu les estimer, comme incapables à eux tous de nous consoler d'une seule perte. N'en a-t-on point d'autres ? on s'est fait soi-même plus de tort qu'on n'en a reçu de la Fortune. Elle ne nous a pris qu'un ami : nous n'avions pas su en faire un second. Et puis, dans son amitié unique, il n'a pas mis d'excès l'homme qui n'a pu en acquérir plus d'une. Celui qui, dépouillé par un vol de son seul vêtement, aimerait mieux déplorer son sort que d'aviser aux moyens de se parer du froid, de trouver à couvrir ses épaules, ne te semblerait-il pas un grand fou ? L'être que tu aimais est dans la tombe : cherche un cœur à aimer. Mieux vaut réparer ta perte que de pleurer.

Je vais ajouter une vérité bien rebattue, je le sais ; néanmoins je ne veux pas l'omettre, quoique tout le monde l'ait dite. Le terme des douleurs que n'a point fait cesser la raison arrive avec le temps ; or pour l'homme sensé la plus honteuse manière de guérir c'est de guérir par lassitude. Mieux vaut renoncer à ton chagrin que d'attendre qu'il renonce à toi ; sèche donc au plus tôt des larmes qui, lors même que tu le voudrais, ne peuvent longtemps couler [44]. Nos pères ont limité à une année le deuil des femmes, non pour qu'elles pleurassent tout ce temps, mais pour qu'il ne fût point dépassé ; chez l'homme, aucun délai n'est légitime, parce qu'aucun ne lui fait honneur. Eh bien ! de toutes ces inconsolables qu'on eut peine à retirer du bûcher, à séparer du cadavre de leurs époux, cite-m'en une dont les larmes aient duré tout un mois. Rien ne rebute si vite que le spectacle de l'affliction : récente, elle trouve des consolateurs et s'attire quelques sympathies ; invétérée, elle prête au ridicule et avec raison : c'est alors hypocrisie ou sottise.

Voilà ce que j'ose t'écrire, moi qui ai pleuré si immodérément mon cher Annæus Sérénus qu'à mon grand déplaisir je suis un exemple de ceux que la douleur a vaincus. Mais je condamne aujourd'hui ce que j'ai fait alors, et je vois que la plus grande cause de ma vive affliction venait de n'avoir jamais pensé qu'il pouvait mourir avant moi. Je ne me représentais qu'une chose, que j'étais son aîné, et son aîné de beaucoup ; comme si le Destin suivait l'ordre des âges ! Souvenons-nous donc à chaque instant que nous et tous ceux que nous aimons, sommes mortels. Je devais me dire : « Mon frère Sérénus est plus jeune que moi : mais que fait cela ? Il devrait mourir après moi, comme il peut mourir avant. » Je n'y songeai point, je n'étais pas prêt ; et tout d'un coup la Fortune m'a frappé. Maintenant je me répète que tout est mortel, et que la mort n'a point de règle fixe. Dès aujourd'hui peut arriver ce qui peut arriver un jour quelconque. Pensons donc, cher Lucilius, que nous serons bientôt nous-mêmes où nous sommes si fâchés qu'il soit. Et peut-être, si, comme l'ont publié les sages, il est un lieu qui reçoive nos âmes, l'ami que nous croyons perdu n'a fait que nous devancer.

## LETTRE LXIV.

**Éloge du philosophe Q. Sextius. Respect dû aux anciens, instituteurs de l'humanité.**

Tu étais hier avec nous. Tu pourrais te plaindre si ce n'avait été qu'hier ; aussi ajouté-je : avec nous ; car avec moi, tu y es toujours. Il m'était survenu de ces amis pour lesquels on fait plus grande fumée, non pas celle que vomissent les cuisines de nos gourmands et qui donne l'alarme aux gardes de nuit ; c'était cette fumée, modeste encore, qui révèle la venue de quelques hôtes. La conversation fut variée, comme est celle d'un repas, sans mener à fin aucun sujet, mais sautant d'une chose à une autre. On lut ensuite un ouvrage de Q. Sextius (a) le père, homme supérieur, si tu m'en crois, et, bien qu'il le nie, stoïcien. Bons Dieux ! que de vigueur, que d'âme ! On ne trouve pas cela chez tous les philosophes. Combien dont les écrits n'ont d'imposant que le titre et sont des corps vides de sang ! Ils dogmatisent, ils disputent, ils chicanent : ils n'élèvent point l'âme, car ils n'en ont pas. Lis Sextius, et tu diras : « Voilà de la vie, du feu, de l'indépendance, voilà plus qu'un homme, il me laisse plein d'une foi sans bornes. » En quelque situation d'esprit que je sois, quand je le lis, je te l'avouerai, je défierais tous les hasards et je m'écrierais volontiers : « Que tardes-tu, ô Fortune ? Viens sur l'arène ! Tu me vois prêt. » Je sens en moi l'ardeur de cet Ascagne qui cherche où s'essayer, où faire preuve d'intrépidité, qui souhaiterait

> Qu'au lieu de faibles daims un sanglier sauvage,
> Un lion rugissant provoquât son courage (b).

Je voudrais avoir quelque chose à vaincre, de quoi m'exercer à la souffrance. Car Sextius a aussi ce mérite, qu'il vous montre la grandeur de la souveraine félicité sans vous ôter l'espoir d'y atteindre. Il vous apprend qu'elle est placée haut, mais accessible à l'homme résolu. C'est le sentiment qu'inspire aussi

---

(a) Voir *Lettre* LIX et *Quest. natur.*, VII, chap. dernier.
(b) *Énéid.*, IV, 158.

la vertu : on l'admire, et pourtant on ne désespère point. Pour moi certes, je donne un temps considérable à la seule contemplation de la sagesse : je ne l'envisage pas avec moins d'étonnement que l'univers lui-même, qui me frappe souvent comme un spectacle nouveau pour mes yeux.

Aussi je vénère les découvertes de la sagesse et leurs auteurs; je brûle de les partager comme l'héritage d'une longue suite d'aïeux. C'est pour moi qu'ils l'amassèrent, pour moi qu'ils y mirent leurs sueurs. Mais agissons en bon père de famille : agrandissons l'héritage, et qu'il passe plus riche à nos neveux. Il reste encore, et il restera beaucoup à faire ; et pour qui naîtra mille siècles plus tard, la voie à de nouvelles conquêtes ne sera pas fermée. Mais lors même que nos devanciers auraient tout découvert, il y aura toujours, comme nouveauté, l'application, la science qui choisit et combine ce que les autres ont trouvé. Suppose qu'on nous ait laissé des recettes pour guérir les maux d'yeux; je n'ai plus à en chercher d'autres, mais à employer celles que je connais suivant le cas et la circonstance. Telle chose ramollit les tumeurs de l'œil ; telle autre diminue le gonflement des paupières ; ceci détourne le feu subit de la fluxion, cela rend la vue plus perçante. Il faut broyer ces drogues, choisir le moment, mesurer les doses pour chaque mal. Les remèdes de l'âme ont été trouvés par les anciens ; quand et comment les appliquer, c'est là notre tâche, notre étude à nous. Ils ont fait beaucoup, ceux qui nous ont précédés, mais ils n'ont pas tout fait : ils n'en méritent pas moins notre admiration et un culte analogue à celui des Dieux. Pourquoi n'aurais-je pas les portraits de ces grands hommes comme des encouragements à bien faire, et ne fêterais-je pas les jours où ils sont nés? Pourquoi ne prononcerais-je pas leurs noms avec un sentiment de vénération? Celle que je dois aux maîtres de mon enfance, je la porte à ces précepteurs du genre humain, par qui les sources du bien suprême ont découlé sur nous. Si je rencontre un consul ou un préteur, je leur rends tout l'honneur dû à d'honorables personnages, je descends de cheval, je me découvre la tête, je cède le passage ; et les deux Catons, et le sage Lélius et Socrate avec Platon, et Zénon et Cléanthe, je les recevrais dans mon âme sans offrir un digne hommage à tant de mérites ! Non, je les salue de tous mes respects ; je me lève toujours devant ces grands noms.

## LETTRE LXV.

Opinions de Platon, d'Aristote et des stoïciens sur la cause première.

La maladie m'a pris une partie de la journée d'hier : toute la matinée a été pour elle, elle ne m'a laissé que l'après-midi. J'en profitai d'abord pour essayer de la lecture ; puis, mon esprit l'ayant pu soutenir, je me risquai à lui commander ou plutôt à lui permettre davantage. Je me mis à écrire, et même avec plus d'application qu'à l'ordinaire, en homme qui lutte avec un sujet difficile et qui ne veut pas être vaincu. Enfin il me vint des amis qui me firent violence et m'arrêtèrent tout court comme un malade intempérant. Je cessai d'écrire pour converser ; et je vais t'exposer le sujet sur lequel nous sommes en litige. Nous t'avons constitué arbitre ; tu as plus à faire que tu ne penses ; trois parties sont au procès.

Nos stoïciens disent, comme tu sais, qu'il y a dans la nature deux choses, principes de tout ce qui se fait, la cause et la matière. La matière, gisante et inerte, se prête à tout, toujours au repos, si nul ne la met en mouvement. La cause, c'est-à-dire l'intelligence, façonne la matière et lui donne le tour qui lui plaît ; elle en tire des ouvrages de toute espèce. Il faut donc qu'il y ait et la substance dont se fait la chose et l'action qui la fait : celle-ci est la *cause*, l'autre est la *matière*. Tout art est une imitation de la nature ; et ce que je disais touchant l'œuvre de la nature doit s'appliquer aux œuvres de l'homme. Une statue a exigé une matière qui souffrît le travail de l'artiste, et un artiste qui donnât à cette matière une figure. Dans cette statue la matière était l'airain, la cause le statuaire. Toute autre chose est dans ces conditions : elle se compose de ce qui prend une forme et de ce qui la lui imprime. Les stoïciens veulent qu'il n'y ait qu'une cause, la cause efficiente. Suivant Aristote, la cause est de trois genres. La première, dit-il, est la matière même, sans laquelle rien ne peut se faire ; la seconde est l'ouvrier ; la troisième est la forme, qui s'impose à chaque ouvrage, comme à la statue, et qu'il appelle en effet *eidos*. Il en ajoute une quatrième : le but de l'œuvre entière. Éclaircissons ce dernier point. L'airain est la cause première d'une statue; car jamais elle n'eût été faite, sans une matière fusible ou ductile. La deuxième cause est l'artiste : cet airain ne pouvait devenir et figurer une statue, si des mains habiles ne s'y étaient employées. La troisième cause est la forme : cette statue ne s'appellerait pas le Doryphore ou la Diadumène (a), si on ne lui en eût donné tous les traits. La quatrième cause est le but dans lequel on l'a faite, puisque sans ce but elle ne serait pas. Qu'est-ce que le but ? Ce qui a invité l'artiste, ce qui lui a fait poursuivre son travail. Ce peut être l'argent, s'il l'a fabriquée pour la vendre ; la gloire, s'il a travaillé pour avoir un nom ; la piété, s'il voulait en faire don à un temple. C'est donc aussi une cause que la destination de l'œuvre. Et ne penses-tu pas qu'au nombre des causes d'exécution on doive mettre celle sans laquelle rien n'eût été fait ? Platon en admet encore une cinquième : le *modèle* qu'il appelle *Idée* ; c'est ce qu'a devant les yeux l'artiste en faisant ce qu'il a l'intention de faire. Or il n'importe qu'il ait ce modèle hors de lui pour y reporter son regard, ou qu'il l'ait conçu et posé au dedans de lui-même. Ces exemplaires de toutes choses, Dieu les possède en soi ; les nombres et les modes de tous les objets à créer sont embrassés par la pensée divine : elle est pleine de ces figures que Platon nomme les idées immortelles, immutables, inépuisables. Ainsi, par exemple, les hommes périssent : mais l'humanité, par elle-même, d'après laquelle est formé l'homme, est permanente ; ceux-là ont beau souffrir et mourir, celle-ci n'en sent nul dommage. « Les causes sont donc au nombre de cinq, d'après Platon : la matière, l'ouvrier, la forme, le modèle, le but ; après quoi vient le produit de tout cela. Ainsi dans la statue, dont nous parlions en commençant, la matière, c'est l'airain ; l'ouvrier, c'est le statuaire ; la forme, ce sont les traits qu'on lui donne ; le modèle, c'est le type imité par l'art ; le but est le motif de l'artiste ; le résultat définitif, la statue. » « Le monde, ajoute Platon, est un effet des mêmes causes : il a Dieu pour créateur ; pour matière, une masse inerte ; pour forme, cet ensemble et cet ordre que nous voyons ; pour modèle, la pensée d'après laquelle Dieu a fait ce grand et magnifique ouvrage ; pour but, l'intention qui le lui a fait

---

(a) Deux statues de Polyclète. Voir Pline, *Hist. nat.*, XXXIV, vიი.

faire. » Et cette intention, quelle fut-elle ? Toute de bonté. Ainsi du moins le dit Platon : « Pour quelle cause Dieu a-t-il créé le monde? Dieu est bon ; l'être bon n'est jamais avare du bien qu'il peut faire ; il l'a conséquemment créé le meilleur possible. »

Te voilà juge : porte ton arrêt et prononce lequel des deux systèmes te paraît le plus vraisemblable, je ne dis pas le plus vrai, car ces choses sont au-dessus de nous tout autant que la vérité elle-même? Ce grand nombre de causes, qu'Aristote et Platon établissent, comprend trop ou trop peu. Car si tout ce sans quoi rien ne peut se faire est à leurs yeux cause efficiente, ils ont dit trop peu. Qu'ils mettent au nombre des causes le temps : sans le temps rien ne peut se faire ; le lieu, on ne peut faire une chose sans qu'il y ait un lieu pour la faire ; le mouvement, sans lui rien ne se fait, rien n'est détruit ; sans mouvement, point d'art, point de transformation. Mais ici nous cherchons la cause première et générale : elle doit être simple, car la matière aussi est simple. Nous cherchons la vraie cause, c'est-à-dire la raison créatrice : car tout ce que vous avez énuméré ne constitue pas plusieurs causes distinctes, mais se rattache à une seule, à celle qui crée. La forme, dis-tu, est une cause! Non ; cette forme que l'ouvrier imprime à son ouvrage est une partie de cause, non une cause. Le modèle non plus n'en est pas une : c'est un moyen dont la cause a besoin. L'artiste a besoin de modèle comme de ciseau, de lime ; sans toutes ces choses l'art ne peut procéder, et pourtant ce ne sont ni parties de l'art, ni causes. Le but de l'artiste, dit-on, ce pour quoi il se met à l'œuvre, est une cause. Quand c'en serait une, elle ne serait pas efficiente, mais accessoire. Or celles-ci sont innombrables ; et nous cherchons la cause la plus générale. Mais la sagacité ordinaire de ces grands hommes leur a fait défaut lorsqu'ils ont dit que le monde entier, que toute œuvre achevée, est une cause : car il y a grande différence entre l'œuvre et la cause de l'œuvre.

Porte donc ton arrêt, ou, ce qui est plus facile en de telles matières, dis que tu n'y vois pas assez clair, et ajourne-nous. « Tu vas demander quel plaisir je trouve à consumer le temps sur des abstractions qui ne guérissent aucune passion, qui ne chassent nul mauvais désir? » Mais je songe et travaille avant tout à ce qui fait la paix de l'âme ; je m'étudie d'abord, et ensuite l'univers. Et ce n'est pas là un temps perdu, comme tu l'imagines. Toutes ces questions, quand on ne les morcèle et ne les étire point en subtilités sans portée, élèvent en l'allégeant notre âme qui, sous le poids étouffant de la matière, aspire à déployer ses ailes et à revoir un ordre de choses dont elle a fait partie. Ce corps est en effet un fardeau pour l'âme et un supplice ; il la gêne, il l'opprime ; elle est dans les fers si la Philosophie ne lui vient en aide, et, lui ouvrant le spectacle de la nature, ne la pousse à quitter la terre pour respirer dans le ciel [45]. Ainsi elle est libre, ainsi elle voyage : elle se dérobe par intervalles ; la prisonnière se refait là-haut de sa captivité. Comme après un travail délicat qui absorbait son attention et fatiguait sa vue, l'artiste, s'il habite une demeure sombre et mal éclairée, sort dans la rue et s'en va dans quelque lieu consacré au délassement public où ses yeux puissent jouir de la libre lumière ; ainsi l'âme, enclose dans son obscur et triste logis, prend le large, toutes les fois qu'elle le peut, et se repose dans la contemplation des scènes de l'univers. Le sage et l'aspirant à la sagesse, quoique enchaînés à leurs corps, s'en détachent par la meilleure partie de leur être ; toutes leurs pensées tendent vers une sphère supérieure ; et pareils au mercenaire engagé par serment, la vie est pour eux une milice : ils ont habitué leur cœur à n'avoir pour elle ni affection ni haine, et se résignent à la condition mortelle, quoiqu'ils sachent que de plus amples destinées les attendent. M'interdiras-tu la contemplation de la nature ? m'arracheras-tu à ce bel ensemble pour me réduire à un coin du tableau ? Ne puis-je m'enquérir de quelle manière tout a pris commencement, qui a donné la forme aux choses, qui les a classées toutes en les dégageant de cette masse unique, de l'inerte matière qui les enveloppait ? Quel fut l'architecte du monde où je suis ? Quelle intelligence a fixé des lois et un ordre à cette immensité, rassemblé ce qui était épars, séparé ce qui était confus, donné une face distincte à tout ce qui gisait dans l'informe chaos ? D'où cet océan de clarté jaillit-il ? Est-ce un feu ou quelque chose de plus lucide encore ? Ne puis-je sonder ces merveilles ? J'ignorerais d'où je suis descendu, si je ne verrai qu'une fois ce monde où si je renaîtrai plusieurs fois ; où j'irai au sortir d'ici ; quel séjour est réservé à l'âme affranchie des lois de l'humaine servitude ! Me défendre tout commerce avec le ciel, c'est m'ordonner de vivre le front baissé. Je suis trop grand et destiné à de trop grandes choses pour me faire le valet de mon corps, qui n'est rien à mes yeux qu'un réseau jeté autour de mon indépendance. Je l'oppose aux coups de la Fortune pour qu'ils s'y arrêtent ; je ne permets point qu'ils le traversent et qu'aucune blessure vienne jusqu'à moi. Tout ce qui en moi peut souffrir l'injure, c'est le corps : dans cette demeure assiégée habite une âme libre. Non, jamais cette chair ne saura me réduire à la peur, me réduire à la dissimulation <sup>46</sup>, indigne d'un cœur honnête : jamais je ne veux mentir en l'honneur d'un tel acolyte. Quand il me plaira, je romprai l'alliance qui nous associe, sans toutefois que, même à présent, les parts entre nous soient égales ; l'âme s'arrogera tous les droits. Le mépris du corps est le sûr gage de la liberté.

Pour revenir à mon premier texte, l'étude dont nous parlions tout à l'heure contribue beaucoup à cette liberté. Tout en effet vient de la matière et de Dieu ; Dieu régit l'immensité qui l'environne et qui suit en lui son modérateur et son chef. Or l'être actif qui est Dieu est plus puissant et plus excellent que la matière passive sous sa main. La place que Dieu remplit en ce monde, l'esprit l'occupe dans l'homme : ce qu'est dans le monde la matière, le corps l'est en nous. Que la substance la moins noble obéisse donc à l'autre ; soyons fermes contre les accidents du sort ; ne redoutons ni outrages, ni blessures, ni chaînes, ni indigence. La mort, qu'est-elle ? une fin ou un passage. Je ne crains ni de finir : c'est la même chose que de n'avoir pas commencé ; ni de passer ailleurs : je ne serai nulle part si à l'étroit qu'ici.

---

# LETTRE LXVI.

### Que tous les biens sont égaux et toutes les vertus égales.

J'ai revu, après bien des années, Claranus mon condisciple, et tu n'attends pas, je pense, que j'ajoute qu'il a vieilli ; mais, je t'assure, il est plein de verdeur au moral et vigoureux, et il lutte de son mieux contre l'affaissement du physique. Car la nature l'a iniquement traité ; elle a mal logé une pareille âme, ou peut-être a-t-elle voulu nous montrer que le caractère le plus énergique et le plus heureux peut se cacher sous telle enveloppe que ce soit. Il a néanmoins vaincu tout obstacle, et du mépris de son corps il est venu à mépriser tout le reste. Le poëte, selon moi, a eu tort de dire :

Des grâces d'un beau corps la vertu s'embellit (a).

Elle n'a besoin d'aucun embellissement ; elle est à elle-même son plus grand relief, et consacre le corps qu'elle fait sien. Oui, j'ai bien considéré Claranus : il me semble beau et aussi droit de corps que d'esprit. Un homme de haute taille peut sortir de la plus petite cabane, comme une belle et grande âme d'un corps difforme et cassé. La nature produit de ces phénomènes, afin, je crois, de nous apprendre que la vertu peut naître partout. Si la nature pouvait d'elle-même enfanter des âmes nues, elle l'eût fait ; mais elle a fait plus en en produisant quelques-unes qui, tout empêchées par le corps, se font jour néanmoins et rompent leurs entraves. Claranus me semble né comme exemple de cette vérité que la difformité physique n'enlaidit point l'âme, mais que la beauté de l'âme embellit le corps.

Bien que nous ayons été fort peu de jours ensemble, nous avons eu de nombreux entretiens que je rédigerai successivement et que je te ferai parvenir. Le premier jour nous traitâmes cette question : « Comment les biens peuvent-ils être égaux, s'ils sont de trois classes ? » Ceux qui, selon notre école, méritent le premier rang, sont, par exemple, la joie, la paix, le salut de la patrie. Comme biens de second ordre, fruits laborieux de tristes circonstances, il y a la patience dans les tourments, l'égalité d'âme dans la maladie. Nous souhaitons les premiers d'une manière immédiate ; les seconds, en cas de nécessité. Restent les biens de troisième ordre, comme une démarche modeste, un extérieur calme et honnête, la tenue d'un homme sage. Comment ces choses peuvent-elles être pareilles, quand il faut désirer les unes et craindre d'avoir besoin des autres ?

Pour expliquer ces distinctions, revenons au bien par excellence et considérons-le tel qu'il est. Une âme qui envisage le vrai, éclairée sur ce qu'elle doit fuir ou rechercher, assignant aux choses leur valeur non d'après l'opinion, mais d'après leur nature, s'initiant dans tous les secrets et osant explorer toute la marche de la création, une âme qui veille sur ses pensées comme sur ses actes, dont la grandeur égale l'énergie, que ni menaces ni caresses ne sauraient vaincre, que l'une ou l'autre

(a) *Énéide*, V, 344.

fortune ne maîtrise point, qui est supérieure aux heureuses et aux malheureuses chances, qui à la beauté unit la décence, à la vigueur la santé et la sobriété, imperturbable, intrépide, que nulle force ne brise, que les faits extérieurs n'enorgueillissent ni n'abattent point, une telle âme est proprement la vertu ; telle en serait l'image, embrassée d'une seule vue, dévoilée une fois tout entière. Mais elle a mille faces qui se développent suivant les états et les fonctions diverses de la vie, sans qu'elle en devienne au fond ni moindre ni plus grande. Le souverain bien ne peut décroître ni la vertu rétrograder ; mais elle se produit sous tel ou tel attribut, et prend la manière d'être qui convient à chacun de ses actes. Tout ce qu'elle a touché s'empreint de son image et de sa teinte ; les actions qu'elle inspire, les amitiés qu'elle noue, quelquefois des maisons entières, où l'harmonie rentre avec elle, s'embellissent de sa présence ; il n'est rien où elle s'emploie qu'elle ne rende digne d'amour, de respect, d'admiration. Sa force et sa grandeur ne sauraient donc monter plus haut, puisque l'extrême élévation ne comporte plus d'accroissement. Tu ne trouveras rien de plus droit que la rectitude, de plus vrai que la vérité, de plus tempérant que la tempérance.

Toute vertu a la modération pour base ; la modération est la vraie mesure de tout. La constance n'a point à aller au delà d'elle-même, non plus que la confiance, la vérité, la loyauté. Que peut-on ajouter à la perfection ? Rien ; sinon il y avait imperfection là où l'on ajoutait. De même pour la vertu : si l'on pouvait y ajouter, elle serait incomplète. L'honnête non plus ne saurait croître en nulle façon : car c'est pour cela même dont je parle qu'il est l'honnête. Que dirons-nous de ce qui est beau, juste, légitime ? Ne forme-t-il pas un même genre compris dans d'immuables limites ? La faculté de croître est un signe d'imperfection ; et tout bien est soumis aux mêmes lois : l'intérêt privé se lie à l'intérêt public, tout de même certes qu'on ne peut séparer ce qui est louable de ce qui est à désirer.

Ainsi les vertus sont égales, comme les œuvres qu'elles accomplissent, comme tous les hommes à qui elles se donnent. Quant aux plantes et aux animaux, leurs vertus, toutes mortelles, sont dès lors fragiles, caduques et incertaines ; elles ont des saillies, puis s'affaissent ; aussi ne les estime-t-on pas le même prix. La règle qui s'applique aux vertus humaines est une ; car la droite raison est une et simple. Rien n'est plus divin que le divin, plus céleste que le céleste. Les choses mortelles s'amoindrissent, tombent, se dégradent : on les voit grandir, s'épuiser, se remplir. La conséquence pour elles d'une condition si peu fixe est l'inégalité ; les choses divines ont une nature constante. Or la raison n'est autre chose qu'une parcelle du souffle divin immergée dans le corps de l'homme. Si la raison est divine, et qu'il n'y ait nul bien sans elle, tout bien est chose divine ; or entre choses divines point de différence, ni par conséquent entre les biens. Ce sont donc choses égales que le contentement, et que la ferme persévérance dans les tortures : car dans les deux cas la grandeur d'âme est la même : dans l'un seulement elle se dilate et s'épanouit, dans l'autre elle lutte, elle tend tous ses ressorts. Eh quoi ! N'y a-t-il pas un égal courage à forcer intrépidement les remparts ennemis et à soutenir un siége avec une constance à l'épreuve ? Scipion est grand quand il bloque et réduit Numance aux abois, quand il contraint des bandes invincibles à s'égorger de leurs propres mains ; mais grand aussi est le cœur de ces assiégés qui savent que rien n'est fermé pour l'homme à qui le trépas est ouvert et qui expire dans les bras de la liberté. Telle est la parité de tous les autres biens de l'âme, tranquillité, franchise, libéralité, constance, résignation, puissance de souffrir ; car tous ont un même fondement, la vertu, qui maintient l'âme en équilibre et invariable.

« Comment donc ? Point de différence entre le contentement et cette constance que ne font point fléchir les douleurs ? » Aucune, quant au fond même des vertus ; beaucoup, quant aux situations où chaque vertu se déploie : car ici l'âme est dans une aisance et un abandon naturels ; là, c'est une crise contre nature. J'appellerai donc indifférentes les situations qui peuvent recevoir beaucoup de plus et de moins ; mais dans chacune les vertus sont égales. Elles ne changent pas avec la circonstance ; que celle-ci soit dure et difficile ou heureuse et riante, elles n'en deviennent ni pires ni meilleures ; nécessairement donc ce sont des biens égaux entre eux. De deux sages, l'un ne se comportera pas mieux dans sa joie que l'autre dans ses tortures : or deux choses qui n'admettent plus d'amélioration sont égales. Car s'il y a quelque chose au delà de la vertu ou qui puisse l'amoindrir ou l'accroître, l'honnête cesse d'être l'unique bien. La concession d'un tel fait est l'entière destruction de l'honnête. Pourquoi ? C'est que rien n'est honnête de ce qui se fait à contre-cœur et avec répugnance. Tout acte honnête est volontaire : apportez-y de la paresse, des murmures, de l'hésitation, de la crainte, il perd son grand mérite, le contentement de soi. L'honnête ne peut être où n'est pas la liberté; et qui craint est esclave. L'honnête a toujours avec lui la sécurité, le calme ; si quelque chose le fait reculer, ou gémir, ou lui semble un mal, le voilà tout en proie au trouble, aux plus grands discords, aux fluctuations. L'apparence du bien l'attirait, le soupçon du mal le repousse. Quand donc nous devrons bien faire, quels que soient les obstacles, voyons-y plutôt des désagréments que des maux, sachons vouloir et agir de grand cœur. Tout acte honnête s'opère sans *hæsitatio* ni *cunctatio*; il est pur, et rien de mauvais ne s'y mêle.

Je sais ce qu'on peut ici me répondre : vous voulez, dira-t-on, nous persuader qu'il n'y a nulle différence entre nager dans la joie et lasser le bourreau qui nous torture sur le chevalet. Je pourrais répliquer qu'au dire d'Épicure lui-même, le sage, dans le taureau brûlant de Phalaris, s'écrierait : « Je jouis encore, et la douleur ne m'atteint pas. » On s'étonne que je dise qu'il est égal d'être couché sur le lit de festin ou de garder dans les tortures une intrépide attitude, lorsque Épicure, chose plus incroyable, soutient qu'il est doux de rôtir dans les flammes (*a*) ! Je réponds qu'il existe une grande différence entre la joie et la douleur. S'il s'agit d'opter, je prendrai l'une et j'éviterai l'autre : l'une étant conforme à la nature, et l'autre, contraire. A les considérer ainsi, un grand intervalle les sépare ; mais si l'on tient compte des vertus, toutes deux sont égales, et celle qui marche sur des fleurs et celle qui foule des épines. La souffrance, les traverses, les disgrâces quelconques sont de nulle importance ; la vertu neutralise tout cela. De même que la clarté du soleil éclipse les astres de moindre grandeur ; ainsi douleurs, contrariétés, injures, tout s'efface, tout est absorbé dans la grandeur de la vertu : n'importe où elle brille, tout ce qui ne tient pas d'elle son éclat reste dans l'ombre ; les désagréments de la vie ne lui font pas plus, quand ils pleuvent sur elle, qu'une faible ondée sur l'Océan.

Pour reconnaître que je dis vrai, vois l'homme vertueux, à quelque épreuve que l'honneur l'appelle, y courir sans délai. Que devant lui soit le bourreau, le tortionnaire et le bûcher, il restera ferme ; ce n'est point le supplice, c'est le devoir qu'il envisage : il a foi dans sa noble mission comme il aurait foi

---

(*a*) Lemaire : *Dulces esse tortores*. Alias *torqueri* ; les meilleurs Mss. : *dulces.... terrores* d'où je tire.... *dulce.... torreri*.

dans un cœur honnête, il la juge utile, sûre, propice à ses intérêts. Un acte honorable est vu par lui du même œil que l'honnête homme pauvre, exilé, pâli par la souffrance. Oui, suppose deux sages dont l'un est comblé de richesses, dont l'autre, qui n'a rien, possède tout en lui-même, tous deux seront également sages, malgré la disparité de fortune. Il faut, ai-je dit, porter sur les choses le même jugement que sur les hommes ; la vertu est aussi louable dans un corps valide et libre d'entraves que dans un corps malade et garrotté. Donc tu ne t'applaudiras pas plus de la tienne, si le sort préserve ta personne des outrages, que s'il te mutile en quelque endroit : autrement ce serait juger le maître sur l'extérieur des esclaves. Car toutes ces choses sur lesquelles le sort exerce sa domination sont esclaves, l'argent, le corps, les honneurs, tous fragiles, caducs, périssables, et d'une possession incertaine. Il n'est en revanche de libre et d'indestructible que les œuvres de la vertu, qui ne sont pas plus désirables quand la Fortune les voit avec bienveillance que lorsqu'elle les frappe de son injustice. Le désir est à l'égard des choses ce qu'est l'affection envers les hommes. Tu n'affectionnerais pas plus, je pense, l'honnête homme riche que pauvre ; robuste et musculeux, que grêle et de constitution débile ; donc aussi tu ne souhaiteras pas plus une situation gaie et paisible qu'une soucieuse et difficile (a). Sinon, de deux personnages également vertueux tu préféreras celui qui serait brillant et parfumé à celui qui serait poudreux et négligé ; puis tu en viendras à aimer mieux le sage s'il jouit de tous ses membres parfaitement sains que s'il est infirme et s'il louche. Peu à peu tes dédains croîtront, et de deux hommes également justes et éclairés tu choisiras l'un pour ses longs cheveux bien bouclés plutôt que l'autre dont le front serait un peu chauve.

Quand des deux côtés la vertu est égale, les autres inégalités disparaissent ; car elles ne font point partie de l'homme, elles sont accessoires. Est-il un père assez injuste appréciateur de ses enfants pour aimer mieux le fils bien portant, de taille svelte et élevée, que son frère de courte ou de moyenne stature? Les animaux ne font point de distinction entre leurs petits : ils se prêtent à les allaiter tous indifféremment : les oiseaux partagent également la pâture à leur couvée. Ulysse est aussi pressé de revoir les rochers de sa pauvre Ithaque [17]

---

(a) Au lieu de : *at si hodie magis*, édit. Lemaire, je lis avec les Mss.: *Et si hoc est, magis.... Et* dans le sens de *at*.

qu'Agamemnon les nobles murs de Mycènes. Nul n'aime son pays parce qu'il est grand, mais parce qu'il est son pays. « Où tend ce discours ? » diras-tu. A prouver que la vertu voit chacune de ses œuvres du même œil qu'un père ses enfants, qu'elle les aime également toutes et n'a de prédilection que pour celles qui souffrent : car l'amour des parents, quand il s'y joint de la pitié, est bien plus dévoué. De même la vertu, sans préférer celles de ses œuvres qui périclitent et sont en détresse, les entoure, à l'exemple des bons parents, de plus de soins et de complaisances. « Mais pourquoi telle vertu n'est-elle pas supérieure à telle autre ? » Par la raison que rien n'est plus convenable que ce qui convient, que rien n'est plus uni que l'uni. Tu ne peux dire : telle vertu est plus que telle autre l'égale d'une troisième ; conséquemment aussi rien n'est plus honnête que l'honnête.

Que si toutes les vertus ont la même nature, les trois genres de bien sont égaux. Oui, ce sont choses égales que se modérer dans la joie et se modérer dans la douleur ; la sérénité de l'une ne l'emporte pas sur cette fermeté de l'autre qui au sein des tortures dévore ses gémissements. L'une est désirable, il faut admirer l'autre, toutes deux n'en sont pas moins égales, parce que tous les désagréments possibles sont étouffés par une vertu plus grande qu'eux. Les juger inégaux c'est détourner ses yeux du fond des choses pour s'arrêter à la surface. Les vrais biens ont tous même poids, même volume ; les faux biens sont gonflés de vide. Que de choses ont de l'éclat et de la grandeur vues de face, qui mises dans la balance sont tout autres !

Oui, cher Lucilius, tout ce qui tire son mérite de la saine raison est substantiel, impérissable ; il raffermit l'âme, il la porte à une hauteur d'où elle ne descend plus. Mais ce qu'on vante sans réflexion, ce qui au jugement du vulgaire s'appelle biens enfle le cœur de vaines joies. D'autre part, ces maux prétendus que l'on appréhende jettent l'épouvante dans les esprits et y produisent la même agitation que chez les animaux l'apparence du danger. C'est donc sans motif que dans ces deux cas l'âme s'épanouit ou se froisse : il n'y a pas plus à se réjouir dans l'un qu'à s'effrayer dans l'autre. La raison seule ne change point, ne se départ point de son opinion ; car elle n'obéit point aux sens, elle leur commande. La raison est égale à la raison, comme la droiture à la droiture : donc la vertu n'est pas inférieure à la vertu : car elle n'est autre chose que la droite raison. Chaque vertu est une raison, et dès lors elle est droite ;

par conséquent l'une egale l'autre. Telle qu'est la raison, telles sont ses œuvres, toutes logiquement égales : semblables à leur mère, elles doivent se ressembler entre elles. Je dis qu'entre elles ces œuvres sont égales, parce qu'elles sont droites et honnêtes. Du reste elles différeront beaucoup, selon la diversité de la matière, qui tantôt est plus ample, tantôt plus restreinte; tantôt illustre, tantôt sans éclat; qui concerne ici une foule d'hommes, là-bas un petit nombre; dans tous les cas néanmoins l'excellence de l'acte est la même : c'est toujours l'honnête. Ainsi les hommes vertueux le sont tous au même point, en tant que vertueux; mais il y a des différences d'âge : l'un est plus vieux, l'autre est plus jeune; des différences physiques : l'un est beau, l'autre laid; des différences de fortune : l'un est riche, l'autre pauvre; l'un a du crédit, du pouvoir, il est connu des villes et des peuples; l'autre est obscur et le monde ne le connaît pas. Mais, par cela qu'il sont vertueux, ils sont égaux.

Les sens ne sont point juges des biens ni des maux : l'utile, le nuisible, ils l'ignorent. Ils ne peuvent prononcer qu'en face des objets, sans prévoyance de l'avenir, sans mémoire du passé, ils ne savent point les conséquences des choses. Or c'est de tout cela que se forme la trame et la série des événements et l'unité d'une vie régulière dans sa marche. C'est donc la raison qui est l'arbitre des biens et des maux, qui tient pour vil l'extérieur et tout ce qui n'est pas elle, et qui regarde les accidents qui ne sont ni biens ni maux comme de minimes et très-légers accessoires : tout bien pour elle réside dans l'âme. Seulement il est des biens auxquels elle donne le premier rang et qu'elle aspire à obtenir, comme la victoire, de dignes enfants, le salut de la patrie; puis des biens de second ordre qui ne se manifestent que dans les circonstances critiques, comme la résignation dans une maladie grave ou l'exil; il y a des biens intermédiaires qui ne sont absolument ni conformes ni contraires à la nature, comme de marcher posément ou d'être décemment assis. Car il n'est pas moins selon la nature d'être assis que debout ou que de marcher. Les deux premières classes de biens sont de genre opposé; vu qu'il est selon la nature de jouir de la tendresse de ses enfants, du bien-être de sa patrie, et qu'il est contre la nature de résister avec courage aux tourments et d'endurer la soif quand la fièvre brûle nos entrailles. « Eh quoi ! y aurait-il des biens contre nature ? » Non sans doute : mais il est des situations contre nature où ces biens-là se rencontrent; car être criblé de blessures, et fondre dans les flammes d'un bûcher et se voir terrassé par la maladie, tout cela est contre nature ; mais conserver en cet état une âme indomptable, voilà ce que la nature avoue. Et pour résumer brièvement ma pensée, l'élément du bien est quelquefois contre nature, le bien ne l'est jamais, parce qu'il n'est aucun bien sans la raison et que la raison suit la nature. Qu'est-ce en effet que la raison? L'imitation de la nature. Et le souverain bien? Une conduite conforme au vœu de la nature.

« Il n'est pas douteux, dira-t-on, qu'on ne doive préférer une paix que nul ennemi ne trouble à une paix reconquise par des flots de sang, une santé jamais altérée à celle qui n'est revenue de graves maladies et des portes du trépas que de haute lutte, pour ainsi dire, et à grand renfort de patience. Sans doute aussi ce sera un plus grand bien de se réjouir que d'avoir à roidir son âme pour supporter les déchirements du fer ou de la flamme. » Point du tout. Car les choses fortuites seules comportent de grandes différences et s'apprécient par l'utilité qu'en tirent ceux qui les reçoivent. Le principe des vrais biens est de se conformer à la nature, condition que tous remplissent également. Quand le sénat suit l'opinion d'un de ses membres, on ne peut dire : « Celui-ci adhère plus pleinement que celui-là ; » tous se réunissent dans le même avis. Ainsi des vertus : toutes adhèrent aux vues de la nature ; ainsi des biens : tous sont conformes à cette même nature. Tel sera mort adolescent, tel autre, vieux ; tel autre, encore en bas âge, aura pour toute grâce entrevu la vie ; tous ont été mortels au même degré, bien que le sort ait laissé le vieillard prolonger sa carrière, qu'il ait moissonné le jeune homme en pleine fleur, et arrêté l'enfant dès ses premiers pas. On voit des gens que la vie abandonne au milieu d'un repas, ou chez qui la mort est la continuation du sommeil, ou qui s'éteignent dans les embrassements d'une maîtresse. Mettez en regard ceux qui ont péri par le fer ou par la morsure d'un serpent, ou écrasés par une chute d'édifice, ou que de longues contractions de nerfs ont torturés en détail, on peut dire que les uns ont fini mieux, les autres plus mal ; mais ç'a toujours été la mort. Elle vient par des chemins divers qui tous aboutissent au même terme. Jamais de plus ou de moins en elle ; elle a pour tous sa commune règle : mettre fin à la vie. J'en dis autant des biens : l'un habite au milieu de plaisirs sans mélange, l'autre dans la détresse et l'amertume ; celui-ci modère la prospérité, celui-là dompte les rigueurs du sort ; tous deux sont biens au même titre, quoique le premier ait foulé une terre aplanie, et le second, d'âpres sentiers. Il se réduisent à une même fin : ils sont bons, ils sont louables, ils ont la vertu et la raison pour compagnes ; la vertu égalise tout ce qu'elle avoue comme sien.

Mais n'admire pas cette doctrine comme purement stoïcienne. Chez Épicure il y a deux sortes de biens, dont se compose la suprême béatitude : l'absence de douleur pour le corps et de trouble pour l'âme. Ces biens ne s'accroissent plus, dès qu'ils sont complets ; d'où viendrait l'accroissement où il y a plénitude ? Que le corps soit exempt de douleur, qu'ajoutera-t-on à cet état négatif ? De même qu'un ciel serein n'est pas susceptible d'une clarté plus vive, dès qu'il est pur de tout nuage et entièrement net, ainsi l'homme qui veille sur son corps et sur son âme, qui ourdit au moyen de l'un et de l'autre sa félicité, se trouve dans un état parfait et au comble de ses désirs, quand ni son âme n'est en proie aux orages ni son corps à la souffrance. Si quelques douceurs de plus lui viennent du dehors, elles n'ajoutent rien au souverain bien, mais, pour ainsi dire, elles l'assaisonnent, elles l'égayent ; car le bonheur absolu de la nature humaine se contente de la paix de l'âme et du corps. Je vais encore te montrer chez Épicure une autre division des biens, toute semblable à la nôtre. Ainsi il est des choses qu'il souhaiterait de préférence, comme le repos du corps libre de toute malaise, et la quiétude d'une âme heureuse par la conscience de ses vertus ; il en est d'autres dont il voudrait que l'occasion ne vînt pas et que néanmoins il loue et approuve fort, par exemple, comme je le disais tout à l'heure, une patience à l'épreuve de la mauvaise santé et des plus vives douleurs, patience qui fut la sienne dans le dernier et le plus heureux jour de sa vie. Il disait en effet : « Ma vessie et mon ventre ulcéré me torturent si fort qu'il n'y a point d'accroissement possible à ma souffrance ; et néanmoins c'est pour moi un heureux jour. » Or être heureux ainsi n'appartient qu'à l'homme en possession du souverain bien. Tu vois donc chez Épicure même ces biens dont tu aimerais mieux ne pas faire l'épreuve, et que pourtant, puisque ainsi le sort l'a voulu, il faut embrasser avec amour et louer à l'égal des plus grands biens. Il en est l'égal, peut-on le nier ? ce bien qui couronne une heureuse carrière, et pour lequel les dernières paroles d'Épicure sont des actions de grâce.

Permets-moi, vertueux Lucilius, une assertion plus **hardie** encore : si jamais biens pouvaient être plus grands que d'autres, selon moi ceux dont l'apparence rebute auraient ce privilége sur ceux qui ont pour éléments la mollesse et la sensualité. Il est plus grand de rompre les difficultés que de modérer ses joies. C'est par un même principe, je le sais, qu'on supporte la bonne fortune avec sagesse et la mauvaise avec fermeté. Celui-là peut être aussi brave qui veille en sécurité aux portes du camp dont nul ennemi ne menace les lignes, que celui qui, les jarrets coupés, combat sur ses genoux et ne rend point ses armes. *Honneur au courage!* est le mot qu'on adresse à ceux qui reviennent sanglants des batailles. Je louerais donc de préférence ces vertus d'épreuve et de dévouement qui ont su lutter contre la Fortune. Je n'hésite pas à le dire : la main mutilée de Mucius dont les chairs se tordent dans la flamme est plus glorieuse que celle du plus brave, demeurée sans blessure. Fier contempteur de cette flamme et de l'ennemi, Mucius regarda sa main se fondre lentement sur le brasier, tant qu'enfin Porsenna, heureux de son supplice, mais jaloux de sa gloire, le fit arracher de force du réchaud brûlant. Et cette vertu, je ne la placerais pas au premier rang? Je ne la préférerais pas à un bonheur tranquille et respecté de la Fortune, d'autant qu'il est plus rare de vaincre un ennemi par le sacrifice de sa main que par le fer dont elle est armée? « Mais, vas-tu me dire, souhaiterais-tu ce bonheur pour toi? » Pourquoi non? qui n'ose le souhaiter, n'oserait s'en rendre digne [48]. Dois-je plutôt désirer que de jeunes esclaves viennent masser les parties les plus chatouilleuses de mon corps, qu'une courtisane, ou un adolescent transformé en courtisane, me déroidisse artistement les doigts? Heureux Mucius, qui livra sans peur sa main aux charbons, plus heureux que s'il l'eût offerte à un massage voluptueux! Il répara pleinement sa méprise : sans arme et sans main il mit fin à la guerre, et ce bras manchot fut vainqueur de deux rois.

# LETTRE LXVII.

Que tout ce qui est bien est désirable. — Patience dans les tourments.

Pour commencer par un propos banal, je te dirai que le printemps vient de s'ouvrir; mais en s'approchant de l'été, lorsqu'il nous devait de la chaleur, il s'est refroidi, et l'on ne s'y fie point encore ; car souvent il nous rejette dans l'hiver. Veux-tu savoir combien jusqu'ici il a été peu sûr? Je n'affronte pas encore l'eau toute froide : mais j'en tempère la crudité. « C'est, diras-tu, ne supporter ni chaud ni froid. » Cela est vrai, cher Lucilius : j'ai déjà bien assez des glaces de l'âge, moi qui au fort de l'été me sens à peine dégourdi, et qui en passe la plus grande partie sous mes couvertures. Je rends grâce à la vieillesse de m'avoir cloué dans mon lit. Et pourquoi ne la remercierais-je pas à ce titre? Tout ce que je ne devais pas vouloir, j'ai cessé de le pouvoir. C'est avec mes livres que j'aime le plus à m'entretenir. Si parfois il me survient de tes lettres, je m'imagine être avec toi ; et l'illusion est telle qu'il me semble non que je t'écris, mais que ma voix répond à la tienne. Cherchons donc aussi ensemble, comme dans un entretien réel, la réponse à la question que tu me fais.

*Toute espèce de bien est-elle désirable?* « Si c'est un bien, dis-tu, de subir la torture avec courage, d'être héros sur le bûcher, et patient dans la maladie, il s'ensuit que toutes ces souffrances sont désirables; or je ne vois rien là qui soit digne de souhait. Jusqu'ici assurément je ne sache pas qu'on se soit acquitté d'un vœu pour avoir été battu de verges, torturé par la goutte, ou allongé par le chevalet. » Fais ici une distinction, Lucilius, et tu verras dans tout cela quelque chose de désirable. Je serais bien aise d'échapper aux tourments; mais s'il faut les subir, mon vœu sera de m'y comporter intrépidement, en homme d'honneur et de courage. Je dois sans doute vouloir que la guerre n'arrive point; mais, si elle arrive, mon vœu sera de supporter noblement les blessures, la faim toutes les nécessités qu'apporte la guerre. Je ne suis pas assez fou pour souhaiter d'être malade ; mais, si je dois l'être, mon vœu sera de ne faire acte ni d'impatience ni de faiblesse. Ainsi ce qui est désirable, ce n'est point le mal, mais bien la vertu qui l'endure. Quelques-uns de nos stoïciens estiment que la fermeté dans les tourments n'est pas à désirer ni à repousser non plus, parce que l'objet de nos vœux doit être un bonheur sans mélange et sans trouble et inaccessible aux contrariétés. Tel n'est point mon avis, et pourquoi? D'abord il ne peut se faire qu'une chose soit vraiment bonne et ne soit pas désirable ; ensuite, si la vertu est à désirer, et qu'il n'y ait nul bien sans elle, tout bien est, comme elle, désirable. Et puis, quand même la fermeté dans les tourments ne serait pas chose désirable, je demanderai encore si le courage ne l'est pas? Car enfin le courage méprise et défie les dangers ; son plus beau rôle, son œuvre la plus admirable est de ne pas fuir devant la flamme, d'aller au-devant des blessures et, au besoin, loin d'esquiver le coup mortel, de le recevoir à poitrine ouverte. Si le courage est désirable, la fermeté dans les tourments l'est aussi : c'est en effet une partie du courage.

Distingue bien tout cela, je le répète, et rien ne fera plus équivoque pour toi. Ce qu'on doit désirer, ce n'est pas de souffrir, mais de souffrir courageusement. Voilà ce que je souhaite : le courage ; car voilà la vertu. « Mais qui formera jamais un pareil souhait? » Il y a des vœux clairs et déterminés, ceux qui se font pour une chose spéciale ; il y en a d'implicites, quand un seul en embrasse plusieurs. Par exemple, je souhaite une vie honorable : cette vie honorable se compose d'actes variés ; elle comprend le tonneau de Régulus, la blessure qu'élargit Caton de sa propre main, l'exil de Rutilius, la coupe empoisonnée qui fit monter Socrate du cachot dans les cieux. Ainsi, en souhaitant une vie honorable, j'ai du même coup souhaité les épreuves sans lesquelles parfois elle est impossible.

> O trois et quatre fois heureux,
> Vous tous qui, pour sauver les hauts remparts de Troie,
> Sous les yeux paternels mourûtes avec joie (*a*)!

Souhaiter à quelqu'un un pareil sort n'est-ce pas avouer qu'il fut désirable? Décius se dévoue pour la République ; et poussant son cheval, il court chercher la mort au milieu des ennemis. Son fils, après lui, émule du courage paternel, répète les solennelles paroles qui sont déjà pour lui un souvenir de

(*a*) *Énéide*, I, 93.

famille, et s'élance au plus épais de la mêlée sans nul souci que de sauver Rome par sa mort du courroux céleste, et convaincu qu'un si beau trépas est digne de son ambition. Doutes-tu donc que ce ne soit une grande félicité de faire une fin mémorable, marquée par quelque œuvre généreuse ?

Dès qu'un homme souffre les tourments avec courage, il fait usage de toutes les vertus. Une seule peut-être est en évidence et frappe le plus les yeux : la patience : mais là est aussi le courage, dont la patience, la puissance de souffrir et la résignation ne sont que des rameaux : là est la prudence, sans laquelle il n'est point de conseil et qui détermine à supporter l'inévitable avec le plus de fermeté possible : là est la constance, que rien ne peut chasser de son poste, qu'aucune violence n'écarte et ne fait départir de ses résolutions : là se trouve réuni l'indivisible cortége des vertus. Tout acte honorable est le fait d'une seule vertu, mais sous l'inspiration commune des autres; or ce qu'approuvent toutes les vertus, bien qu'une seule semble l'exécuter, est chose désirable.

Eh quoi ! ne verrais-tu de désirable que ce qui vient par les voies de la mollesse et de la volupté, que ce que l'homme salue par de joyeux festons à sa porte ? Il est des voluptés amères, il est des vœux héroïques que fêtent non point une foule banale de complimenteurs, mais l'hommage d'une vénération religieuse. Ne penses-tu point, par exemple, que Régulus souhaita de retourner à Carthage ? Entre par la pensée dans cette âme si haute; sépare-toi un moment du vulgaire et de ses préjugés ; vois, aussi grande que tu dois la voir, l'image de cette vertu si belle et si magnifique qui veut, au lieu d'encens et de guirlandes, les sueurs, le sang de ses fidèles. Considère M. Caton portant ses mains si pures sur ses entrailles sacrées et déchirant, élargissant ses plaies, iras-tu donc lui dire : « Que n'es-tu plus heureux ? Je le voudrais comme toi, je souffre de ton supplice ; » plutôt que : « Je te félicite de ce que tu fais. » Ceci me rappelle notre Démétrius qui compare une vie toute tranquille et sans nulle agression de la Fortune à *une mer morte*. Ne rien avoir qui te réveille, qui te mette au défi, dont l'annonce ou le choc subit te force d'éprouver la fermeté de ton âme, mais croupir dans un repos exempt de toute secousse, ce n'est point tranquillité, c'est bonace. Attalus le stoïcien disait souvent : « J'aime mieux que la Fortune me tienne dans ses camps qu'à sa cour[49]. Je subis la torture mais avec courage, tout va bien ; je péris, mais avec courage, tout va bien. » Entends Épicure te dire :

« Cela même est doux. » Pour moi, je n'appliquerai jamais l'épithète de molle à une doctrine si honnête et si austère. La flamme me dévore sans me vaincre. Et il ne serait pas désirable, je ne dis point qu'elle me dévore, mais qu'elle ne me vainque pas ! Rien de plus noble, de plus beau que la vertu : tout est bon, tout est désirable dans ce qui s'opère par son commandement.

---

# LETTRE LXVIII.

### La retraite : n'en point faire vanité.

J'approuve ta résolution : cache-toi au sein du repos, et cache même ton repos [50]. Si tu ne le fais d'après les maximes des stoïciens, tu suivras pourtant leurs exemples, sache-le bien ; mais tu le feras aussi d'après leurs maximes, et pour peu que tu le veuilles, tu les trouveras raisonnables. Nous ne poussons point le sage à prendre part à tout gouvernement, ni en toute occurrence, ni sans relâche ; d'ailleurs, en lui donnant une République digne de lui, c'est-à-dire le monde, nous ne le plaçons pas en dehors de l'autre, lors même qu'il s'en est retiré. Peut-être même il n'abandonne un coin de terre obscur que pour passer sur un plus vaste et plus noble théâtre ; peut-être, du ciel où il est assis, reconnaît-il qu'une chaise curule ou un tribunal ici-bas étaient pour lui de bien humbles siéges. Je te confie ici ma pensée : jamais le sage n'est moins inoccupé que quand les choses divines et humaines se dévoilent à ses yeux.

Revenons au conseil que je te donnais : que ton repos soit ignoré. Garde-toi d'afficher la philosophie et la retraite ; couvre d'autres prétextes ta détermination ; dis que c'est faiblesse de santé, de tempérament, que c'est paresse. Mettre sa gloire à ne rien faire est une lâche ambition. Certains animaux, pour qu'on ne puisse les découvrir, brouillent leurs voies à l'entour de leur gîte ; il te faut faire de même, ou il ne manquera pas de gens pour te relancer. Habituellement on dédaigne les endroits découverts, on fouille ce qui est mystère et obscurité : les choses scellées tentent le voleur. Il ne fait point cas de ce qu'on n'enferme point ; devant une maison ouverte il passe outre [51]. Telle est la pente du vulgaire, de l'ignorance, avide de pénétrer tous les secrets. Le mieux est donc de ne pas faire sonner trop haut sa retraite, or c'est le faire en quelque sorte que de se trop celer, de s'exiler trop loin de la vue des hommes. L'un s'est confiné à Tarente ; l'autre s'est enterré à Naples ; celui-ci depuis longues années n'a point passé le seuil de sa porte. C'est convoquer la foule autour de sa retraite que d'en faire le texte d'une histoire quelconque.

Une fois dans la solitude, il ne faut point tâcher que [52] le monde s'entretienne de toi; il faut t'entretenir avec ta conscience. Et de quoi? De ce qu'on répète si volontiers sur le compte des autres, du mal que tu dois penser de toi-même ; tu en prendras l'habitude et de dire la vérité et de l'entendre. Mais soigne surtout la partie que tu sentiras en toi la plus faible. Chacun connaît ses infirmités corporelles ; ainsi tel soulage son estomac par le vomissement, tel autre le soutient par une fréquente nourriture ; un troisième coupe son régime par la diète qui débarrasse et purge son corps. Ceux qui sont sujets à la goutte s'abstiennent soit de vin soit de bains : insouciants sur tout le reste, ils ne songent qu'au mal qui les attaque habituellement. Notre âme aussi a des parties malades auxquelles doivent s'appliquer nos soins. Que fais-je dans ma retraite? Je panse mon ulcère. Si je te montrais un pied gonflé, une main livide, ou une jambe raccourcie par le dessèchement des nerfs, tu me permettrais de rester en place et de tout mettre en œuvre pour me guérir : j'ai un mal plus grand que tout cela, mais je ne puis te le montrer. C'est dans mon âme qu'est le gonflement, la masse d'humeurs, l'abcès impur. Ne va pas me louer, ne va pas dire : « O le grand homme ! Il a tout dédaigné, il a condamné les folies de la vie humaine, il a tout fui. » Je n'ai rien condamné que moi. Ce n'est pas à moi qu'il faut vouloir venir pour profiter à mon exemple. Tu te trompes, si tu comptes tirer d'ici quelque secours : ce n'est pas un médecin, c'est un malade qui y demeure. J'aime mieux qu'en me quittant tu dises: « Je croyais cet homme riche de bonheur et de science, j'avais soif de l'entendre ; je suis déchu de mon espoir, je n'ai rien vu, rien entendu qui piquât ma curiosité, qui m'invitât à revenir. » Si tel est ton sentiment, ton langage, tu auras gagné à me voir. J'aime mieux que ma retraite excite ta compassion que ton envie.

« La retraite ! diras-tu ; toi, Sénèque, tu me la conseilles ! Tu te laisses aller aux phrases d'Épicure ! » Oui, je te prêche le repos ; mais un repos où tu fasses de plus grandes et de plus belles choses que celles que tu quitteras. Frapper aux portes orgueilleuses des grands, tenir registre des vieillards sans héritiers, avoir grand crédit sur la place, sont des avantages en butte à l'envie, éphémères, et, à vrai dire, ignobles. Tel l'emporte beaucoup sur moi par son influence sur les juges, tel autre par son temps de service militaire et le haut rang qu'il lui a valu, un autre par la foule de ses clients. Cette foule, que je ne puis avoir, lui donne plus de crédit. Est-ce un grand mal que les hommes triomphent de moi, si à ce prix je triomphe de la Fortune? Plût aux dieux que cette détermination eût été de bonne heure embrassée par toi, et que ce ne fût pas en présence de la mort que nous songeassions à vivre heureusement! Aujourd'hui même tarderons-nous encore? Car que de choses sur la frivolité, sur le danger desquelles la raison devait nous convaincre et que l'expérience nous dévoile maintenant! Faisons comme ceux qui quittent les derniers la barrière et qui forcent de vitesse pour regagner le temps perdu : que l'éperon redouble ses coups. Nous sommes dans l'âge qui se prête le mieux aux études de la sagesse ; la vie a jeté son écume, les passions indomptées d'une ardente jeunesse sont bien amorties; peu s'en faut qu'elles ne soient éteintes. « Mais ce que tu apprends au moment du départ, quand te servira-t-il et à quoi ? » A partir meilleur! Au reste, n'en doute pas, aucun âge n'est plus propre à la sagesse que celui où des épreuves multipliées et de longues et fréquentes souffrances ont dompté la nature et qui arrive aux salutaires pratiques par l'épuisement des passions. Cette heureuse saison est la nôtre : quiconque dans la vieillesse est parvenu à être sage le doit à ses années.

---

# LETTRE LXIX.

### Que les fréquents voyages sont un obstacle à la sagesse.

Je n'aime pas à te voir changer de lieux et voltiger de l'un à l'autre. D'abord de si fréquentes migrations sont la marque d'un esprit peu stable. La retraite ne lui donnera de consistance que s'il cesse d'égarer au loin ses vues et ses pensées. Pour contenir l'esprit, commence par fixer le corps, autre fugitif; et puis c'est la continuité des remèdes qui les rend surtout efficaces ; n'interromps point ce calme et cet oubli de ta vie antérieure. Laisse à tes yeux le temps de désapprendre, et à tes oreilles de se faire au langage de la raison. Dans chacune de tes excursions, ne fût-ce qu'en passant, quelque objet propre à réveiller tes passions viendra t'assaillir. L'homme qui s'efforcera d'arracher l'amour de son cœur évitera tout ce qui rappellerait la personne aimée ; car rien n'est plus sujet que l'amour aux recrudescences ; de même pour bannir tout regret des choses qui enflammèrent nos désirs on détournera ses yeux et ses oreilles de ce qu'on aura quitté. La passion est prompte à la révolte ; n'importe où elle se tourne, quelque chose se présente qui intéresse ses préoccupations. Point de mauvais penchant qui n'ait à offrir son appât. L'avarice promet de l'argent ; la mollesse, mille voluptés diverses ; l'ambition, la pourpre et les applaudissements et par suite la puissance et tout ce que peut la puissance. Chaque vice te sollicite par un salaire : la retraite veut des sacrifices gratuits. Un siècle entier suffirait à peine pour que des vices enhardis par une longue licence pussent se réduire et accepter le joug ; que sera-ce si le court espace qui nous reste est morcelé par des lacunes ? Pour amener une œuvre quelconque à la perfection il faut la vigilance et l'attention les plus soutenues. Si tu me veux croire, médite bien ces vérités : exerce-toi, soit à bien accueillir la mort, soit à la prévenir, si la raison t'y engage. Il n'importe qu'elle vienne à nous, ou que nous allions à elle. Persuade-toi de la fausseté du mot que répètent tous les ignorants : *Heureux qui meurt de sa belle mort!* Et puis tu peux te dire : nul ne meurt qu'à son jour. Tu ne perds rien de ta part de temps : qu'abandonnes-tu ? Ce qui n'est pas à toi.

## LETTRE LXX.

#### Du suicide. Quand peut-on y recourir ? Exemples mémorables.

Après un long intervalle, j'ai revu ton cher Pompéi ; je me suis retrouvé en présence de ma jeunesse. Tout ce que j'y avais fait alors, il me semblait que je le pouvais recommencer, que je l'avais fait peu auparavant. Nous avons côtoyé la vie, Lucilius ; et de même que sur mer, comme dit notre Virgile,

On voit la terre et les cités s'enfuir (a),

ainsi, dans cette course si rapide du temps, s'efface d'abord notre enfance, puis notre adolescence, puis, n'importe comme on l'appelle, la saison intermédiaire du jeune homme au vieillard, frontière des deux âges, puis les meilleures années de notre vieillesse même, et enfin commence à nous apparaître le terme commun du genre humain. Nous y voyons l'écueil, insensés que nous sommes, et c'est le port, souvent désirable, jamais à fuir. Celui qui dès ses premiers ans s'y voit déposé n'a pas plus à se plaindre qu'un passager dont la traversée a été prompte. Car tantôt, tu le sais, la paresse des vents se joue de lui et le retient dans un calme indolent qui ennuie et qui lasse ; tantôt un souffle opiniâtre le porte avec une extrême vitesse à sa destination. Ainsi de nous, crois-moi : la vie a mené rapidement les uns au but où il faut bien qu'arrivent même les retardataires ; elle a miné et consumé lentement les autres ; et tu n'ignores pas qu'il ne faut point se cramponner à elle ; car ce n'est pas de vivre qui est désirable, c'est de vivre bien. Aussi le sage vit autant qu'il le doit, non autant qu'il le peut. Il décidera où il lui faut vivre, avec qui, comment, dans quel rôle : ce qui l'occupe, c'est quelle sera sa vie, jamais ce qu'elle durera. Est-il assailli de disgrâces qui bouleversent son repos, il quitte la place, et n'attend pas pour le faire que la nécessité soit extrême ; mais du jour où la Fortune lui devient suspecte, il examine, non sans scrupule, s'il ne doit pas dès lors cesser d'être. « Qu'importe, dit-il, que je me donne la mort ou que je la reçoive, que je finisse plus tôt ou plus tard ? je n'ai pas là grand dommage à craindre. » On ne perd pas grand'chose à voir fuir tout d'un coup ce qui échappait goutte à goutte. Mourir plus tôt ou plus tard est indifférent ; bien ou mal mourir ne l'est pas. Or, bien mourir, c'est nous soustraire au danger de mal vivre. Aussi regardé-je comme des plus pusillanimes le mot de ce Rhodien (b) qui, jeté par un tyran dans une fosse et nourri là comme une bête sauvage, dit à quelqu'un qui lui conseillait de se laisser mourir de faim : « Tant que la vie lui reste, l'homme peut tout espérer. » Cela fût-il vrai, la vie doit-

---

(a) *Énéide*, III, 72.
(b) Télesphore. Voir *De la colère*, III, xvii.

elle s'acheter à tout prix? L'avantage le plus grand et le mieux assuré, je ne voudrais pas l'obtenir par un indigne aveu de lâcheté. Irai-je songer que la Fortune peut tout pour celui qui vit encore? Pensons plutôt qu'elle ne peut rien contre qui sait mourir.

Il est des cas pourtant où, sa mort fût-elle sûre, imminente, et fût-il instruit que la peine capitale l'attend, la main du sage ne se prêtera point à exécuter l'arrêt. C'est folie de mourir par crainte de la mort. Voici venir celui qui tue : attends-le. Pourquoi le devancer? Pourquoi te faire l'agent de la cruauté d'autrui? Es-tu jaloux du bourreau, ou plains-tu sa peine? Socrate pouvait finir sa vie en s'interdisant toute nourriture et préférer la faim au poison ; cependant il passa trente jours en prison et dans l'attente du supplice, non avec l'idée que tout était possible, qu'un si long délai ouvrait le champ à beaucoup d'espérances, mais il voulait satisfaire aux lois et que ses amis pussent jouir de Socrate à ses derniers instants. Qu'y eût-il eu de plus absurde que l'homme qui méprisait la mort redoutât la ciguë? Scribonia, femme d'un haut mérite, était la tante de Drusus Libo, jeune homme aussi stupide que noble, et à prétentions plus élevées qu'on ne les eût permises à qui que ce fût en ce temps-là, ou à lui-même en aucun temps. Au sortir du sénat, rapporté malade dans sa litière qui certes n'était pas suivie d'un nombreux convoi, car tous ses proches avaient indignement abandonné celui qui pour eux n'était déjà plus un accusé, mais un cadavre, il délibéra s'il se donnerait la mort ou s'il l'attendrait. « Quel plaisir auras-tu, lui dit Scribonia, à faire la besogne d'autrui? » Elle ne le persuada pas, il se tua et fit bien ; car devant mourir trois ou quatre jours après, au gré de son ennemi, vivre c'était préparer à cet ennemi une jouissance. Tu ne saurais donc décider en thèse générale s'il faut prévenir ou attendre la mort quand une violence étrangère nous y condamne ; une foule de circonstances peuvent déterminer pour ou contre. Si je puis opter entre une mort compliquée de tortures et une mort simple et douce, pourquoi ne prendrais-je pas cette dernière? Tout comme je fais choix du navire, si je veux naviguer ; de la maison, s'il me faut un logis, ainsi du genre de mort par où je voudrais sortir d'ici. Et de même que la vie n'en est pas meilleure pour être plus longue, la mort la plus longue est la pire de toutes. La mort est la chose où l'on doit le plus agir à sa fantaisie : l'âme n'a qu'à suivre son premier élan : préfère-t-elle le glaive, le lacet ou quelque breuvage propre à glacer les veines, qu'elle achève son œuvre et brise les derniers liens de sa servitude. On doit compte de sa vie aux autres, de sa mort à soi seul. La meilleure est celle qu'on choisit [83].

Il est absurde de se dire : « On prétendra que j'ai montré peu de courage, ou trop d'irréflexion, ou qu'il y avait des genres de mort plus dignes d'un grand cœur. » Dis-toi plutôt que tu as en main la décision d'une chose où l'opinion n'a rien à voir. N'envisage qu'un but : te tirer des mains de la Fortune au plus vite ; sinon il ne manquera pas de gens qui interpréteront mal ta résolution. Tu trouveras même des hommes professant la sagesse qui nient qu'on doive attenter à ses jours, qui tiennent que le suicide est impie et qu'il faut attendre le terme que la nature nous a prescrit. Ceux qui parlent ainsi ne sentent pas qu'ils ferment les voies à la liberté. Un des plus grands bienfaits de l'éternelle loi, c'est que pour un seul moyen d'entrer dans la vie, il y en a mille d'en sortir. Attendrai-je les rigueurs de la maladie ou des hommes, quand je puis me faire jour à travers les tourments et balayer les obstacles ? Le grand motif pour ne pas nous plaindre de la vie, c'est qu'elle ne retient personne. Tout est bien dans les choses humaines dès que nul ne reste malheureux que par sa faute. Vous plaît-il de vivre ? vivez ; sinon, vous êtes libres : retournez au lieu d'où vous êtes venus. Pour calmer une douleur de tête vous vous êtes mainte fois fait tirer du sang ; pour diminuer une pléthore, on vous perce la veine ; or il n'est pas besoin qu'une large blessure partage vos entrailles pour vous ouvrir les vastes champs de la liberté : une lancette suffit ; la sécurité est au prix d'une piqûre [84].

D'où nous vient donc tant d'apathie et d'hésitation ? Nul de nous ne songe qu'il devra un jour quitter ce domicile. Comme d'anciens locataires, trop attachés aux lieux et à leurs habitudes, les incommodités qui nous pressent ne peuvent nous en chasser [85]. Veux-tu être indépendant de ton corps ? Ne l'habite que comme un lieu de passage. Considère-le comme une tente dont tôt ou tard il faudra te passer : tu subiras avec plus de courage la nécessité d'en sortir. Mais comment la pensée de finir viendra-t-elle à qui désire tout et sans fin ? Rien au monde n'est plus nécessaire à méditer que cette question du départ ; car pour les autres épreuves, on s'y aguerrit peut-être en pure perte. Nous aurons préparé notre âme à la pauvreté ; et nos richesses nous seront restées. Nous l'aurons armée de mépris contre la douleur ; et, grâce à une santé ferme et inaltérable, jamais l'essai de cette vertu ne nous sera demandé. Nous nous serons fait une loi de supporter avec constance la perte des êtres les plus regrettables ; et tous ceux que nous aimons auront survécu respectés par le sort. Savoir mourir est la seule chose qu'un jour on exigera forcément de nous.

Ne va pas croire que les grands hommes seuls ont eu la force de rompre les barrières de l'humaine servitude. Ne prétends pas qu'il a fallu être Caton pour arracher de sa main cette âme que le glaive n'avait pu faire sortir. Des hommes de la condition la plus vile se sont, par un généreux effort, mis hors de tous périls : n'étant pas maîtres de mourir à leur guise, ni de choisir tel qu'ils l'eussent voulu l'instrument de leur trépas, ils se sont saisis du premier objet venu ; et ce qui de sa nature était inoffensif, leurs mains courageuses en ont fait une arme mortelle. Naguère, au cirque des animaux, un des Germains commandés pour le spectacle du matin se retira, sous prétexte d'un besoin naturel, dans le seul endroit où les gardiens le laissaient libre ; là il prit le morceau de bois où était fixée l'éponge nécessaire à la propreté du corps, se l'enfonça tout entier dans la gorge, et interceptant le passage de l'air parvint à s'étouffer. « C'était traiter la mort avec peu de respect ! » Sans contredit. « Et d'une façon bien sale et bien peu noble ! » Eh ! quoi de plus sot, quand on veut mourir, que de faire le délicat sur les moyens ? Voilà un homme de cœur ! Qu'il méritait bien qu'on lui laissât le choix de sa mort ! Quel noble usage il eût fait d'un glaive ! Qu'il se serait intrépidement jeté dans les profondeurs de la mer ou sur les pointes aiguës d'un rocher ! Privé de toute ressource, il sut ne devoir qu'à lui-même la mort et l'arme qui la lui donna : il nous apprit que pour mourir rien ne nous arrête que la volonté. Qu'on juge comme on voudra l'action de cet homme énergique ; mais qu'on reconnaisse que le trépas le plus immonde est préférable à la plus élégante servitude. J'ai commencé à citer des hommes de la classe la plus abjecte, je vais poursuivre, car on exigera davantage de soi en voyant ceux qu'on méprise le plus s'élever au mépris de la mort. Les Catons, les Scipions, et d'autres dont les noms sont pour nous l'objet d'une admiration traditionnelle, nous les croyons trop grands pour être imités ; eh bien ! nous allons voir le même courage offrir d'aussi nombreux exemples dans une ignoble arène que chez nos héros de guerre civile. Tout récemment un malheureux, conduit sur un chariot entouré de gardes pour servir au spectacle du matin, feignit d'être accablé de sommeil, laissa glisser sa tête vacillante jusque entre les rayons de la roue, et attendit, ferme sur son siége, qu'en tournant elle lui rompît le cou ; le chariot même qui le menait au supplice servit à l'y soustraire.

Il n'est plus d'obstacles pour qui veut les rompre et sortir de la vie. Le lieu où la nature nous garde est ouvert de toutes parts. Tant que le permet la nécessité, voyons à trouver une issue plus douce ; avons-nous sous la main plus d'un moyen d'affranchissement, faisons notre choix, examinons lequel réussira le mieux : l'occasion est-elle difficile, la première venue sera la meilleure, saisissons-la, fût-elle inouïe et sans exemple. Les expédients ne sauraient manquer pour mourir là où le courage ne manque pas. Vois les derniers des esclaves : quand l'aiguillon du désespoir les presse, comme leur génie s'éveille et met en défaut toute la vigilance de leurs gardiens ! Celui-là est grand qui s'impose pour loi le trépas et qui sait le trouver.

Je t'ai promis plusieurs exemples de gladiateurs. Voici le dernier. Lors de la seconde naumachie, un Barbare se plongea dans la gorge la lance qu'il avait reçue pour combattre. « Pourquoi, se dit-il, ne pas me soustraire à l'instant même à tous ces supplices, à toutes ces risées? J'ai une arme, attendrai-je la mort? » Ce fut là une scène d'autant plus belle à voir qu'il est plus noble à l'homme d'apprendre à mourir qu'à tuer. Eh quoi ! L'énergie qu'ont des âmes dégradées et des malfaiteurs, ne l'aurons-nous pas, nous qui pour braver les mêmes crises sommes armés par de longues études et par le grand maître de toutes choses, la raison? Nous savons par elle que le terme fatal a diverses avenues, mais est le même pour tous, et qu'il n'importe par où commence ce qui aboutit à même fin. Par elle nous savons mourir, si le sort le permet, sans douleur, sinon, par tout moyen possible, et nous saisir du premier objet propre à trancher nos jours. Il est inique de vivre de vol (*a*); mais voler sa mort est sublime.

(*a*) Comme les malfaiteurs dont il vient de parler.

## LETTRE LXXI.

*Qu'il n'y a de bien que ce qui est honnête. Différents degrés de sagesse.*

Tu ne cesses de me consulter sur tel ou tel détail de conduite, oubliant que la vaste mer nous sépare. Comme le grand mérite d'un conseil est d'être donné à temps, il doit arriver que sur certains points mon avis te parvienne lorsque déjà l'avis contraire est préférable. Car un conseil doit s'adapter à l'état des choses, et les choses humaines sont emportées ou plutôt roulent sans fin. Le conseil doit donc naître au jour du besoin ; et un jour, c'est encore trop long : il doit naître, comme on dit, sous la main. Or comment le trouver, le voici. Quand tu voudras savoir ce qu'il faudra fuir ou rechercher, que le souverain bien, que les grands principes de toute la vie soient devant tes yeux. Là en effet doivent se rapporter toutes nos actions ; ordonner les parties est impossible quand l'ensemble n'est pas arrêté. Jamais peintre, eût-il ses couleurs toutes prêtes, ne rendra la ressemblance, s'il n'est fixé d'avance sur ce qu'il veut représenter. Nos fautes viennent de ce que nos délibérations embrassent toujours des faits partiels, jamais un plan général de vie. On doit savoir, avant de lancer une flèche, quel but on veut frapper : alors la main règle et mesure la portée du trait. Notre prudence s'égare, faute d'avoir où se diriger. Qui ne sait pas vers quel port il doit tendre n'a pas de vent qui lui soit bon. Comment le hasard n'aurait-il point sur notre vie un pouvoir immense ? Nous vivons au hasard.

Or il arrive à certaines gens de savoir ce qu'ils croient ignorer, comme parfois nous cherchons telles personnes qui sont avec nous : ainsi le plus souvent nous ne savons où réside le souverain bien et nous en sommes tout près. Et il ne faut ni beaucoup de paroles ni long circuit d'arguments pour le définir : on le démontre pour ainsi dire au doigt sans le morceler par mille divisions. Que sert en effet de l'étendre en imperceptibles catégories, quand on peut dire : « Le souverain bien est l'honnête ; » et, chose plus merveilleuse encore, « l'honnête est le seul bien ; tous les autres sont faux et entachés de mensonge? » Si tu te l'es persuadé, si tu t'es passionné pour la vertu, car l'aimer serait peu, tout ce que tu éprouveras à cause d'elle sera pour toi, quoi qu'en jugent les autres, heureux et prospère, la torture même, quand sur le chevalet tu demeureras plus calme que tes bourreaux ; la maladie, si tu ne maudis point ton sort et ne cèdes point à la souffrance. En un mot, tout ce qui aux yeux des autres est réputé maux s'adoucira et se tournera en biens si tu parviens à le dominer. Qu'il te soit démontré qu'il n'y a de bien que l'honnête ; et tous les désagréments de la vie tu les appelleras à bon droit des biens, quand du moins la vertu les aura ennoblis. Bien des gens s'imaginent que nous promettons plus que ne peut tenir l'humaine condition ; et ils ont raison, s'ils ne considèrent que le corps : qu'ils regardent à l'âme : c'est sur Dieu qu'ils mesureront l'homme.

Élève haut ta pensée, sage Lucilius, laisse là les puérilités littéraires de ces philosophes qui ravalent la plus magnifique chose à un jeu de syllabes ; dont les minutieux enseignements rapetissent et énervent l'esprit ; et tu te placeras au niveau des inventeurs non des précepteurs de ces dogmes, qui s'évertuent à faire voir dans la philosophie plus de difficultés que de grandeur.

Socrate qui ramena toute la philosophie à la morale, a dit aussi que le sommaire de la sagesse est de savoir discerner les biens et les maux. Suis donc de pareils guides, si j'ai sur toi quelque crédit, et tu seras heureux ; consens à passer pour déraisonnable aux yeux de certains hommes. Essaye qui voudra contre toi l'outrage et l'injustice ; tu n'en souffriras rien, si la vertu est avec toi. Oui, veux-tu être heureux et franchement homme de bien, il est des mépris qu'il te faut accepter (a). Nul n'est capable de cet effort, que celui pour qui tous biens sont égaux, vu que le bien n'est pas sans l'honnête et que l'honnête est dans tout bien au même degré.

« Mais quoi ! Est-il égal que Caton soit nommé à la préture ou qu'il en soit exclu? Est-il égal qu'aux champs de Pharsale il soit défait ou victorieux? Ce bien, de demeurer invincible dans un parti vaincu, valait-il cet autre bien de rentrer vainqueur dans sa patrie et d'y rétablir la paix? » Pourquoi non? C'est la même vertu qui surmonte la mauvaise fortune et qui règle la bonne : or la vertu ne peut ni grandir ni décroître : elle est toujours de même stature. « Mais Cn. Pompée perdra son armée ; mais cet impo-

---

(a) Voir *Lettre* LXXVI.

sant patriciat, cette élite de la République, avant-garde du parti pompéien, ce sénat romain sous les armes sera écrasé dans une seule action ; l'écroulement du colosse enverra ses débris tomber par tout le globe, les uns en Égypte, d'autres en Afrique, d'autres en Espagne, et cette malheureuse République n'aura pas même la consolation de périr en une fois. » Oui, tous les malheurs dussent-ils éclater, Juba dans son royaume n'être point assez fort ni de la connaissance des lieux ni de l'obstiné dévouement du peuple à son roi ; dût la foi même de ceux d'Utique fléchir brisée par le malheur, et Scipion voir en Afrique la fortune de son nom l'abandonner, Caton a pourvu dès longtemps à ce que nul dommage ne pût l'atteindre. « Il a été vaincu pourtant ! » Eh bien ! compte cela pour une exclusion de plus ; sa grande âme est prête à se voir interdire la victoire comme la préture. Le jour où celle-ci lui fut déniée, il joua à la paume ; la nuit de sa mort il ne fit que lire : ce fut pour lui même chose de perdre la préture ou la vie ; quoi qu'il pût arriver, il s'était fait une loi de le souffrir. Pourquoi n'aurait-il pas souffert aussi le renversement de la République avec constance et résignation ? Car est-il rien qui soit excepté de la chance des révolutions ? Ni terre ni ciel n'y échappent, ni cette belle contexture de l'immense univers, bien qu'un Dieu le gouverne et le guide. Cet ordre sublime n'est point éternel ; ce cours harmonieux, un jour viendra qui doit le rompre. Tout a sa marche et ses périodes fixes : tout doit naître, croître, s'éteindre. Ces grands corps qui roulent sur nos têtes, cette masse dont nous faisons partie, ce support en apparence immuable, attendent leur déclin et leur (a) terme. Il n'est rien qui n'ait sa vieillesse : inégaux sont les intervalles, mais la destinée est la même. Tout ce qui est cessera d'être, non pour périr, mais pour se décomposer. A nos yeux la décomposition c'est la mort, car nous regardons au plus près de nous ; notre vue obtuse ne va pas au delà, c'est à la matière qu'elle s'attache ; mais qu'on verrait avec plus de courage mourir et soi-même et les siens, si on s'élevait à l'espoir que tout passe ainsi et alterne de la vie à la mort (b), et se décompose pour se recomposer, et que c'est l'œuvre où s'emploie incessamment la toute-puissance du céleste ouvrier. Aussi, comme

(a) Voy. *Consolat. à Polybe*, XXI.
(b) Voy. *Consolat. à Marcia*, LVI. *Quest. natur.*, III, X.

Caton, le sage en parcourant par la pensée l'ensemble des âges, se dira : « L'humanité entière, contemporains, race future, est condamnée à périr ; ces cités dominatrices, n'importe où elles soient, celles qui font l'honneur et l'orgueil des royaumes étrangers, un jour on cherchera quelle fut leur place ; toutes par diverses causes auront disparu. La guerre détruira les unes, d'autres se consumeront dans les langueurs d'une paix dégénérée en apathie et dans le luxe, fléau des riches États. Toutes ces fertiles campagnes seront couvertes par la subite inondation des mers ; ou le sol brusquement affaissé les entraînera dans l'abîme. Pourquoi donc m'indigner ou gémir, si je devance de quelques moments la commune catastrophe ? » Qu'une grande âme obéisse à Dieu : ce que la loi universelle prescrit, qu'elle n'hésite pas à le subir. Ou elle part pour une meilleure vie, pour habiter à jamais parmi les puissances divines un séjour de lumière et de paix ; ou du moins, désormais exempte de souffrir, elle va se réunir à son principe et rentrer dans le grand tout. Une honorable vie n'est donc point pour Caton un plus grand bien qu'une mort honorable, puisque la vertu ne renchérit pas sur elle-même. La vérité et la vertu, disait Socrate, sont même chose : pas plus que la vérité, la vertu ne peut croître, elle a toute sa perfection, toute sa plénitude.

Ne t'étonne donc pas que les biens soient égaux, tant ceux qu'il faut embrasser par choix, que ceux qu'amène le cours des choses. Car admettre l'inégalité, et compter le courage dans les tortures parmi les biens de second ordre, c'est le compter par là même au nombre des maux, c'est proclamer Socrate malheureux dans les fers, Caton malheureux de rouvrir sa blessure avec plus d'héroïsme qu'il ne l'avait faite, et Régulus le plus infortuné des hommes, parce qu'il porte la peine de la foi gardée même à des ennemis. Et pourtant nul n'a osé le dire, pas même la secte la plus efféminée : on nie le bonheur d'un tel homme, mais on ne dit pas qu'il ait été malheureux.

L'ancienne école académique avoue que l'homme peut être heureux au milieu de toutes ces souffrances, mais non pleinement ni d'une manière parfaite ; ce qui n'est nullement admissible. S'il est heureux, il l'est souverainement (a). Et ce souverain bien n'a point de degré au delà de lui-même, dès que la vertu est trouvée, la vertu que l'adversité n'amoindrit pas, qui même en un corps tout mutilé demeure intacte,

(a) Je lis avec un ms : *Si beatus est, in summo bono est.* Lemaire ; *Nisi beatus... non est.*

Telle elle demeure, car elle a, comme je la conçois, le cœur haut et intrépide ; tout ce qui la persécute l'exalte. L'enthousiasme qu'éprouvent souvent de jeunes et généreuses natures, si quelque acte honorable, qui les saisit par sa beauté, les pousse à braver tous les coups du sort, la sagesse saura bien l'inspirer et le transmettre ; elle nous convaincra que le seul bien c'est l'honnête, qu'il n'est susceptible ni de déchoir ni d'augmenter, pas plus que le niveau, qui apprécie la rectitude des lignes, ne fléchira. Si peu qu'on y changerait serait aux dépens de l'exactitude. Il faut en dire autant de la vertu : c'est une règle aussi qui n'admet point de courbure ; elle peut prendre plus de rigidité, jamais plus d'extension. Elle est juge de tout, et n'a point de juge. Si elle ne peut être plus droite qu'elle-même, les actes qui se font par elle ne sont pas plus droits les uns que les autres ; car il faut qu'ils lui soient conformes ; ils sont donc égaux.

« Mais encore ! Est-il égal d'être sur un lit de festin ou sur un instrument de torture ? » Cela te surprend ? Voici qui te surprendra davantage : les joies de la table sont un mal, et les tortures du chevalet un bien, s'il y a honte dans le premier cas et gloire dans le second. Qui fait alors le bien ou le mal ? Ce n'est pas la situation, c'est la vertu : n'importe où elle se montre, elle donne à tout la même mesure et le même prix. Je les vois d'ici me provoquer du geste, ceux qui jugent toutes les âmes par la leur, parce que je dis qu'aussi heureux est l'homme qui porte l'adversité avec courage que celui qui use honnêtement de la prospérité ; aussi heureux le captif traîné devant un char, mais dont le cœur reste invincible, que le triomphateur lui-même. Nos adversaires jugent impossible tout ce qu'ils ne peuvent faire ; c'est d'après leur faiblesse qu'ils décident de ce qu'est la vertu (a). Qu'on ne s'étonne pas que le feu, les blessures, la mort, les plus durs cachots aient leur charme et quelquefois même soient choisis par l'homme ! La diète est une peine pour l'intempérant ; le travail, un supplice pour le paresseux ; la continence (b) désole le débauché ; et l'activité, l'homme qui n'y est point fait ; l'étude semble une torture à un esprit inappliqué [86] ; de même les épreuves pour lesquelles nous sommes tous si faibles, nous les croyons dures et intolérables, oubliant que pour bien des hommes c'est un tourment

---

(a) Voir *Lettre* cxv; *in fine* et *Constance du sage*, xv.
(b) Je lis avec les Mss. et J. Lipse *continentia*, au lieu de *industria*, leçon vulg., puis *indoctis industria*

d'être privés de vin ou réveillés au point du jour. Ces épreuves ne sont pas difficiles en elles-mêmes ; c'est nous qui sommes lâches et énervés. Il faut apprécier avec une grande âme les grandes choses ; sans quoi nous voudrons voir en elles le vice qui est en nous. Ainsi le bâton le plus droit, plongé dans l'eau, présente l'apparence de lignes courbes et brisées. Ce n'est pas ce que nous voyons, mais la façon dont nous le voyons qui importe : l'esprit de l'homme n'aperçoit la vérité qu'à travers un brouillard. Donne-moi un jeune homme qu'ait respecté la corruption, qui au moral ait toute sa force, il dira qu'il trouve plus heureux celui qui porte sans fléchir le poids de l'adversité la plus accablante, celui qu'il voit plus grand que le sort. Ce n'est pas merveille qu'au milieu du calme on garde son assiette : mais admirons qu'un homme s'élève où les autres s'abaissent, et reste debout quand tous sont par terre. Qu'y a-t-il dans les tourments et dans tout ce qu'on nomme adversité qui soit vraiment un mal ? C'est, ce me semble, que l'âme faiblisse, et plie, et vienne à tomber : rien de tout cela ne peut arriver au sage. Il se tient droit, quelque charge qui lui incombe ; rien ne le rapetisse ; rien de ce que l'homme doit subir ne le rebute. S'il fond sur lui quelqu'un de ces maux qui peuvent fondre sur tous, il n'en murmure point. Il connaît sa force, il sait qu'elle répond à sa tâche.

Je ne mets point le sage à part des autres hommes ; je ne le rêve pas inaccessible à la douleur, comme le serait un roc étranger à toute sensation. Je me souviens qu'il a été formé de deux substances : l'une, privée de raison, ressent les morsures, les flammes, la souffrance ; l'autre, en tant que raisonnable, est inébranlable dans ses convictions, intrépide, indomptée. En elle habite le souverain bien : tant qu'il n'a pas toute sa plénitude, l'âme s'agite incertaine ; mais quand il est parfait, l'immuable stabilité est conquise. Ainsi le néophyte, qui aspire au plus haut degré, l'adorateur de la vertu, lors même qu'il approche de ce bien parfait, comme il n'a pas su encore y mettre la main, se relâchera par intervalles, et laissera quelque peu se détendre le ressort moral ; car il n'a point franchi tout défilé suspect : il foule encore une terre glissante. Mais l'heureux mortel dont la sagesse est accomplie n'est jamais plus content de soi que quand il est fortement éprouvé ; ce qui épouvanterait les autres, lui, si l'exécution d'un noble devoir est à ce prix, non-seulement s'y résigne, mais s'y dévoue et aime bien mieux s'entendre applaudir de sa constance que de sa fortune.

Je viens maintenant où m'appelle ton impatience. Nous ne créons point une vertu hors de nature, une vague chimère : notre sage tremblera, souffrira, pâlira comme vous : sensations physiques que tout cela. Où donc y a-t-il calamité? Où y a-t-il mal véritable? Dans l'âme qui alors se voit abattue, réduite à confesser sa dépendance, à se repentir de sa vertu. Si la vertu du sage triomphe de la Fortune, trop de gens qui se piquent de sagesse s'effrayent souvent des plus légères menaces. Ici le tort est de notre côté : ce qui ne se dit que du sage, nous l'exigeons du commençant. Je me prêche cette vertu dont je fais l'éloge, mais je ne suis point encore converti (a); quand je le serais, je n'aurais pas une résolution assez prompte, assez exercée pour courir à l'encontre de toutes les crises. Il est des couleurs que la laine prend du premier coup; il en est dont elle ne peut s'imboire qu'après qu'on l'a mainte fois macérée et recuite : ainsi les enseignements vulgaires, à l'instant même où l'esprit les reçoit, sont réfléchis par lui; mais si elle ne descend au fond de nous-mêmes et n'y séjourne longtemps, si au lieu d'imprimer une teinte légère, elle n'a coloré tout l'homme, la sagesse ne donne rien de ce qu'elle avait promis. Il faut peu de temps et fort peu de paroles pour enseigner « que la vertu est l'unique bien, que tout au moins il n'en est point sans elle, et que cette vertu siége dans la meilleure partie de l'homme, dans la partie raisonnable. » Mais que sera cette vertu? Un jugement vrai, inébranlable, qui donnera tout mouvement à l'âme et lui fera voir à nu toutes les vaines apparences qui émeuvent ses passions. Ce jugement aura pour attribut de réputer biens, et biens égaux entre eux, toutes choses où la vertu aura mis la main. Or les biens corporels sont biens pour le corps, mais ne le sont pas pour tout l'homme. Ils auront sans doute quelque prix, du reste point de dignité : distants entre eux à de longs intervalles, ceux-ci seront plus grands, ceux-là moindres. Même chez les poursuivants de la sagesse il est de grandes inégalités, nous sommes forcés d'en convenir. L'un est arrivé à lever contre la Fortune un regard calme, mais non imperturbable, et qui cède ébloui par un trop vif éclat; un autre en est venu à l'envisager face à face; s'il a franchi le dernier degré, le voilà plein d'une ferme confiance. L'imperfection nécessairement chancelle, et tantôt avance, tantôt glisse en ar-

---

(a) Aveu modeste, souvent répété par Sénèque. Voir *Lettre* VI. *De la Vie heureuse*, XVII.

rière où même tombe. Et on reculera, si l'on ne persiste à marcher d'effort en effort ; pour peu que notre zèle, que notre consciencieux dévouement faiblissent, il faut rétrograder. Nul ne retrouve ses progrès où il les a laissés.

Courage donc et persévérance ! Nous avons dompté moins de difficultés qu'il n'en reste encore ; mais c'est déjà une grande avance que de vouloir avancer. Cette vérité-là, j'en ai la conscience : je veux, et je veux de toute mon âme. Chez toi aussi je vois la même inspiration précipiter ta course vers le plus noble de tous les buts. Hâtons-nous donc ! ainsi seulement la vie sera un bienfait ; autrement ce n'est qu'un obstacle dont il faut rougir, s'il nous retient dans l'ignominie. Faisons que tout notre temps soit pour nous : il ne nous appartiendra que si nous commençons à nous appartenir. Quand nous sera-t-il donné de mépriser l'une et l'autre fortune ! Quand pourrai-je, toutes mes passions réduites et mises à la chaîne, faire entendre ce cri : J'ai vaincu ! « Quels ennemis ? » vas-tu dire. Ce n'est ni le Persan ni l'habitant du fond de la Médie, ni les contrées belliqueuses qui s'étendent peut-être au delà des Dahes, mais la cupidité, mais l'ambition, mais la crainte de la mort, qui triomphèrent des triomphateurs du monde.

## LETTRE LXXII.

### Tout abandonner pour embrasser la sagesse.

L'éclaircissement que tu me demandes je l'avais présent, lorsque j'étudiais cette matière ; mais il y a longtemps que je n'ai interrogé ma mémoire, et elle a peine à me répondre. Je sens qu'il m'est arrivé comme à ces livres dont la moisissure a collé les feuillets ; l'esprit a besoin qu'on le déroule et qu'on secoue de temps à autre ce qu'on y a déposé, pour le trouver prêt quand le besoin l'exigera. Pour le moment donc différons ma réponse ; elle demande trop de soin et d'application. Au premier endroit où je pourrai me promettre un séjour un peu long, je me mettrai à l'œuvre. Il est en effet des choses qui peuvent s'écrire même en litière : il en est d'autres qui veulent le lit, le repos et le silence du cabinet. Toutefois ne laissons pas de faire quelque chose et en ces jours d'occupation et tant que dure le jour, car jamais les occupations ne cesseront de se succéder; nous les semons : une seule en fait éclore plusieurs, sans compter les délais que nous nous accordons. « Quand j'aurai mis fin à ceci, j'étudierai de toute mon âme; si j'arrive à régler cette fâcheuse affaire, je m'adonnerai à la philosophie. » Ce n'est pas pour les jours de loisir qu'il faut réserver la philosophie (a) : négligeons tout le reste pour elle : pour elle nulle vie n'est assez longue, s'étendît-elle depuis l'enfance jusqu'au terme de la vieillesse la plus reculée. Il n'y a pas ici grande différence entre ne point travailler du tout et interrompre ses travaux, car ils n'en demeurent point où on les a quittés; comme ces ressorts mal tendus qui reviennent sur eux-mêmes, tout retombe bien vite jusqu'au point de départ, quand l'effort a discontinué.

Il faut résister aux occupations et, loin de les poursuivre, les repousser toutes. Point de temps qui ne soit propre aux études salutaires : que d'hommes toutefois n'étudient rien dans les conjonctures même pour lesquelles il faut étudier ! « Il surviendra des empêchements! » Qu'est cela pour une âme qui dans les affaires les plus graves demeure gaie et allègre? une sagesse imparfaite n'a que des joies entrecoupées ; le contentement du sage est continu : c'est un tissu que nul accident, nul coup de fortune ne peuvent rompre ; toujours et partout c'est le même calme, car il est indépendant d'autrui et n'attend de faveur ni du sort ni des hommes. Sa félicité est tout à fait interne : elle quitterait son âme, si elle venait d'ailleurs, mais elle naît en lui. De temps à autre quelque atteinte du dehors l'avertit qu'il est mortel; mais l'atteinte est légère et ne passera point l'épiderme. Ce n'est plus qu'un souffle incommode : le bien suprême qui est en lui n'est pas ébranlé. En un mot si quelque désagrément lui arrive de l'extérieur, comme parfois sur un corps robuste et vigoureux des éruptions de pustules et de petits ulcères, l'intérieur n'éprouve aucun mal. Il y a la même différence entre le sage consommé et celui qui est en chemin de l'être qu'entre l'homme sain et l'homme qui, relevant d'une grave et longue maladie, trouve une sorte de santé dans la diminution des accès. Ce dernier, s'il ne s'observe, éprouvera des pesanteurs et des rechutes : le sage ne peut retomber ni dans son premier mal ni même dans tout autre. La santé du corps n'est en effet

(a) Voir *Lettre* XVII.

que pour un temps ; le médecin même qui l'a pu rétablir ne la garantit point : souvent il est rappelé chez celui qui l'avait fait quérir. L'âme une fois guérie l'est pour toujours. Voici les signes où l'on reconnaît l'âme saine : contentement d'elle-même ; confiance dans ses forces ; conviction complète que tous les vœux des mortels, toutes les grâces qui se donnent et se demandent ne sont de nulle importance pour la vie heureuse. Car ce qui peut recevoir une addition quelconque est imparfait ; ce qui peut subir des retranchements n'est point perpétuel ; pour jouir d'un contentement perpétuel il faut le puiser en soi. Toutes ces choses auxquelles le vulgaire aspire bouche béante ont leur flux et leur reflux : la Fortune ne nous livre rien en propre ; mais ses dons même accidentels ont leur charme quand la raison les règle et les mélange avec mesure. Elle seule assaisonne ces avantages extérieurs dont usent les âmes avides sans les apprécier.

Attalus employait souvent cette comparaison : « Vous voyez quelquefois un chien happer à la volée des morceaux de pain ou de viande que lui jette son maître : tout ce qu'il saisit est englouti du même coup ; et il espère, il appelle toujours autre chose. Voilà les hommes : quoi que la Fortune jette à leur impatience, ils le dévorent sans le savourer, toujours alertes et attentifs à s'emparer d'une nouvelle proie. » Tel n'est point le sage : il est rassasié ; toute grâce ultérieure est reçue par lui tranquillement et mise en réserve : il jouit d'une satisfaction suprême, intime. Tel autre aura beaucoup de zèle et sera en progrès, mais loin encore de la perfection : on le verra abaissé et relevé tour à tour, tantôt porté jusqu'au ciel, tantôt retombé sur la terre. Les affairés et les apprentis en sagesse marchent sans cesse de chute en chute : ils tombent dans le chaos d'Épicure, dans ce grand vide qui n'a pas de fond. Il est encore une troisième classe, celle des hommes qui côtoient la sagesse ; ils ne l'ont pas touchée ; mais ils l'ont sous les yeux et pour ainsi dire à portée : ils n'éprouvent plus de secousses, ne dérivent même plus et, sans tenir terre, sont déjà au port. Puis donc qu'il y a si grande différence des premiers aux derniers, puisque la classe intermédiaire a aussi ses avantages à côté de l'immense péril d'être rejetée plus loin qu'auparavant, ne nous livrons point aux affaires, fermons-leur la porte : une fois entrées, elles en attireront d'autres après elles. Arrêtons-les dès le principe. Mieux vaut les empêcher de commencer, que d'avoir à y mettre fin.

# LETTRE LXXIII.

Que les philosophes ne sont ni des séditieux ni de mauvais citoyens.
Jupiter et l'homme de bien.

C'est une erreur, à mon avis, de voir dans les fidèles serviteurs de la philosophie des citoyens rebelles et réfractaires, contempteurs des magistrats, des rois, de tous ceux qui administrent la chose publique[87]. Au contraire nul ne leur paye plus qu'eux le tribut d'une reconnaissance légitime, car nul ne fait plus pour eux que ceux qui leur permettent la jouissance d'un loisir tranquille. La sécurité publique concourant à leur noble projet de vivre vertueusement, comment l'auteur d'un si grand bien ne serait-il pas chéri d'eux comme un père? Et ils lui portent bien plus d'amour que ces esprits remuants, ces hommes d'intrigue qui doivent tant au prince et se prétendent encore ses créanciers, et sur qui ses grâces ne pleuvent jamais avec assez d'abondance pour désaltérer leur soif que l'on irrite en l'abreuvant. Or ne songer qu'à obtenir encore, c'est oublier ce qu'on a obtenu; et de tous les vices de la cupidité le plus grand c'est qu'elle est ingrate. Ajoutons que de tous ces hommes qui ont des fonctions dans l'État nul ne considère qui il surpasse, mais par qui il est surpassé; ils sont moins flattés de laisser mille rivaux derrière eux que rongés d'en voir un seul qui les précède. C'est le vice de toute ambition de ne point regarder derrière elle. Et ce n'est pas l'ambition seule qui ne s'arrête jamais; toute passion fait de même : elle part toujours du point d'arrivée (a).

Mais l'homme pur et sincère qui a dit adieu au sénat, au forum, à toute participation au gouvernement, pour occuper sa solitude d'un plus sublime emploi, un tel homme affectionne ceux à qui il doit de le faire sans risque; lui seul leur voue un hommage désintéressé, car il tient d'eux, sans qu'ils s'en doutent, un immense bienfait. Tout ce qu'il a de respect et d'estime pour les instituteurs dont le dévouement l'a tiré des inextricables voies de l'ignorance, il l'étend à ceux sous la tutelle

---

(a) Voir *Des bienfaits*, II, xxvii. *De la colère*, III, xxxi.

desquels il cultive les plus nobles arts. « Mais le souverain protége aussi les autres de son autorité. » Qui le conteste? Toutefois, comme on se sent plus obligé à Neptune, si, par un beau temps dont d'autres aussi profitaient, on a débarqué des objets plus précieux, plus nombreux que les leurs ; comme le marchand acquitte son vœu de meilleur cœur que le passager ; et comme, parmi les marchands mêmes, la gratitude a plus d'effusion chez ceux qui amenaient des parfums, de la pourpre, des choses à vendre au poids de l'or, que chez ceux qui avaient entassé à bord des denrées de vil prix bonnes pour servir de lest : de même le bienfait de la paix, auquel tous participent, touche plus profondément l'homme qui en fait le meilleur usage. Car que de gens, sous l'habit civil, subissent de plus durs travaux qu'à la guerre ! Penses-tu qu'on soit aussi reconnaissant de la paix quand on en consume les loisirs dans l'ivresse, dans la débauche, dans tous ces vices dont, fût-ce même au prix de la guerre, il faudrait rompre le cours? A moins que tu ne supposes le sage assez peu juste pour se croire personnellement libre de toute obligation envers le bienfaiteur de tous. Je dois beaucoup au soleil et à la lune, et pourtant ils ne se lèvent pas pour moi seul ; les saisons, le Dieu qui les règle, sont mes bienfaiteurs particuliers, quoique cette belle ordonnance n'ait pas été établie en mon honneur. L'absurde cupidité humaine, avec ses distinctions de jouissance et de propriété, croit que rien n'est à elle de ce qui est à tout le monde ; le sage au contraire estime que rien n'est mieux à lui que les choses qu'il partage avec le genre humain, qui ne seraient pas communes si chacun n'y avait sa part, et il fait sienne jusqu'à la moindre portion de cette communauté.

D'ailleurs les grands, les véritables biens ne se morcellent point de manière à n'arriver à chacun que par minces dividendes : tout homme les obtient dans leur intégrité. Si dans les largesses solennelles on ne reçoit que ce qui fut promis par tête ; si des festins publics, des distributions de victimes, de tout ce que la main peut saisir aucun n'emporte que son lot, il est des biens indivisibles, la paix, la liberté, qui appartiennent tout entiers à tous et à chacun [53]. De là le sage reporte sa pensée sur l'homme qui lui fait recueillir l'usage et le fruit de de ces biens, sur l'homme qui ne l'appelle ni aux armes, ni à la garde des postes, ni à la défense des remparts ni à mille charges militaires, toutes de nécessité publique, et il rend grâce au pilote qui veille pour lui. Ce qu'enseigne surtout la philosophie, c'est de bien sentir comme de bien rendre les bienfaits dont l'aveu seul équivaut parfois au payement. Il confessera donc sa dette immense envers ce grand administrateur, cette seconde providence qui le gratifie d'un bienheureux repos, du libre emploi de ses journées, de cette tranquillité que ne trouble point l'embarras des devoirs publics.

> O Mélibée! un dieu nous a fait ce loisir :
> Oui, toujours pour son dieu mon cœur le veut choisir.

Si l'on est si fort obligé à l'auteur de ce loisir dont voici la grâce la plus haute :

> Il laisse errer en paix mes fidèles troupeaux,
> Et permet qu'à mon gré j'enfle ici mes pipeaux (a),

combien n'estimerons-nous pas cet autre loisir qui est le partage des dieux, qui nous fait dieux nous-mêmes [59]?

Oui, Lucilius; et je t'invite à monter au ciel par un bien court chemin. « Jupiter, disait souvent Sextius, n'est pas plus puissant que l'homme de bien. » Jupiter a plus à donner aux mortels; mais de deux sages le meilleur n'est pas le plus riche, comme entre deux pilotes également habiles tu ne donneras point la palme à celui du navire le plus grand et le plus magnifique. En quoi l'emporte Jupiter sur l'homme de bien ? Il est plus longtemps vertueux. Le sage s'en estimera-t-il moins parce qu'un moindre espace circonscrit ses vertus? Tout comme de deux sages celui qui meurt plus âgé n'est pas plus heureux que celui dont la vertu fut limitée à un moindre chiffre d'années; ainsi Dieu ne surpasse point le sage en bonheur, quoiqu'il le surpasse en durée. La durée n'ajoute point à la grandeur de la vertu. Jupiter possède tout, mais pour faire part aux hommes de ce qu'il possède. Le seul usage qui lui en revienne, c'est que tous en usent grâce à lui. Le sage voit avec autant d'indifférence et de dédain que le fait Jupiter les richesses concentrées dans les mains des autres : d'autant plus fier de lui-même que Jupiter ne peut, et que lui ne veut pas en user. Croyons donc Sextius qui nous indique la plus noble route et qui nous crie : « C'est par ici qu'on monte dans les cieux ; c'est par la voie de la frugalité, de la tempérance, par la voie du courage. » Les dieux ne sont ni dédaigneux, ni jaloux : ils ouvrent les bras, ils tendent la main à qui veut s'élever jusqu'à

---

(a) Virg., Églog., I

eux. Tu t'étonnes que l'homme puisse monter jusqu'à Dieu ! C'est Dieu qui descend jusqu'à l'homme[60], que dis-je? la relation est plus étroite, il entre dans l'homme. Il n'est aucune âme bonne sans Dieu (a). Il est tombé dans chaque créature humaine des germes célestes dont une heureuse culture obtient une moisson de même nature que la semence et digne en tout du créateur; mais faute de soin, comme en un sol stérile et marécageux, ils meurent, et on voit naître de viles herbes au lieu de bon grain.

---

# LETTRE LXXIV.

### Qu'il n'y a de bien que ce qui est honnête.

Ta lettre m'a charmé et m'a réveillé de ma langueur; du même coup mes souvenirs, déjà paresseux et lents, se sont ravivés. Comment, cher Lucilius, n'admettrais-tu pas comme le grand moyen de vivre heureux cette persuasion qu'il n'y a de bien que l'honnête? L'homme en effet qui croit à d'autres biens tombe au pouvoir de la Fortune et à la discrétion d'autrui; celui qui pose l'honnête pour limite de tout bien a son bonheur en lui-même. D'autres seront affligés de la perte ou inquiets de la maladie de leurs enfants, ou désolés de leur inconduite et de la flétrissure qu'ils ont encourue; une passion adultère fera le supplice de l'un, et l'amour conjugal le malheur de l'autre. Il s'en trouve qu'un échec met à la torture; il en est que les honneurs importunent. Mais dans l'immense famille des humains la plus nombreuse classe de malheureux est celle qu'agite l'attente de la mort qui de tous côtés nous menace; car d'où ne surgit-elle point? Comme étrangers sur une terre hostile, il leur faut porter çà et là des regards inquiets et au moindre bruit tourner la tête. Qui n'a point banni cette crainte de son cœur vit dans les transes et les palpitations. Vous ne rencontrez que bannis, que propriétaires chassés de leurs biens; qu'indigents au sein de l'opulence, gens de misère pire que toute autre; ici des naufragés; plus loin, jouets d'un sort pa-

(b) Voir la magnifique *Lettre* XLI.

reil, des victimes du courroux [61] populaire ou de l'envie, ce fléau des supériorités. Ils furent à l'improviste, en pleine sécurité, balayés comme par ces bourrasques qui, dans un jour serein auquel on a foi, nous surprennent [62], ou comme frappés d'un foudre soudain, d'un de ces coups dont les alentours même ont tremblé. Car tout ce qui fut près de l'explosion reste aussi étourdi que ceux qui en furent atteints. Ainsi, dans les catastrophes violentes, pour un seul écrasé tout le reste est dans la terreur [63], et les revers possibles contristent l'homme autant que les revers essuyés. Que le malheur fonde inattendu sur un voisin, tous s'alarment. Pareils à l'oiseau qu'effarouche le sifflement d'une fronde à vide, non-seulement le coup nous fait tressaillir, mais le bruit seul du coup [64].

Donc pour personne le bonheur n'est possible sous l'influence d'un tel préjugé ; car il n'y a de bonheur qu'où la crainte n'est pas : où tout est suspect la vie est mauvaise. Quiconque se livre beaucoup au hasard s'est ouvert une source féconde d'inextricables sollicitudes ; une seule voie mène à l'abri du trouble, le dédain de l'extérieur et une conscience à qui l'honnête suffit. Car l'homme qui préfère quoi que ce soit à la vertu ou reconnaît d'autre bien qu'elle, celui-là court tendre la main aux dons que sème la Fortune et attend avec anxiété qu'il en tombe sur lui quelque chose [65]. Figure-toi cette Fortune ouvrant une loterie, et sur tout ce concours de mortels, secouant de sa robe honneurs, crédit, richesses : ici les lots sont mis en pièces par les mains qui se les disputent ; ailleurs la mauvaise foi fait les parts entre associés ; certains dons coûtent cher à saisir après qu'ils vous étaient échus, soit qu'ils tombent sur l'homme qui n'y pensait pas, soit que, de vouloir trop étreindre, on les perde tous, et que de l'avide envahisseur ils soient repoussés plus loin. Mais, même parmi les pillards heureux, pas un ne garde jusqu'au lendemain la joie de sa rapine. Aussi les mieux avisés, sitôt qu'ils voient venir les distributions, fuient l'amphithéâtre, sachant bien quel haut prix se payent ces chétifs objets. Point de lutte à craindre quand on fait retraite ; les coups ne suivent pas qui s'éloigne : autour du butin est toute la mêlée. Il en est ainsi des largesses que la Fortune jette du haut de sa roue. On se travaille misérablement, on se multiplie, on voudrait avoir plusieurs mains ; on lève à chaque instant les yeux vers la distributrice : comme elles semblent tarder ces faveurs qui irritent nos désirs, que peu obtiendront, que tous espèrent ! On voudrait les saisir au vol ; on triomphe si l'on a pris et si l'espoir de prendre est déçu chez d'autres ; et ce vil butin on l'expie par quelque grande disgrâce ou par les mécomptes de la possession. Éloignons-nous donc de ces jeux funestes, cédons la place aux hommes de proie : que l'attente des vains appâts qui pendent sur leurs têtes les tienne eux-mêmes plus vainement suspendus.

Quiconque a résolu d'être heureux ne doit reconnaître de bien que l'honnête. En admettre quelque autre, c'est d'abord mal juger de la Providence sur ce qu'elle envoie aux justes mille fâcheux accidents et que ses dons sont peu durables, sont exigus, comparés à la durée de l'ensemble des choses. Toutes ces plaintes font de nous d'ingrats appréciateurs des bienfaits célestes. Nous murmurons de ce qu'ils nous arrivent trop minces, trop précaires, de ce qu'ils nous quitteront. Voilà pourquoi nous ne consentons ni à vivre ni à mourir : vivre nous est odieux, mourir nous épouvante. Toutes nos résolutions chancellent, aucune félicité ne peut combler le vide de nos âmes. C'est que nous sommes encore loin de ce bien immense et suprême où il serait besoin que se fixât notre volonté, puisqu'au-dessus de la perfection il n'y a rien. « Tu demandes pourquoi la vertu n'a faute de quoi que ce soit ! » Parce que, heureuse de ce qu'elle a, elle n'ambitionne pas ce qui est loin d'elle : tout lui est assez grand, car tout lui suffit. Qu'on s'écarte de ce système, plus de foi, ni de dévouement. Pour déployer ces deux vertus il faut supporter beaucoup de ce qu'on appelle maux, sacrifier beaucoup de ce qu'on affectionne comme biens. C'en est fait du courage, qui doit payer de sa personne ; c'en est fait de la grandeur d'âme, qui ne peut faire ses preuves qu'en méprisant comme mesquin tout ce que le vulgaire souhaite comme très-grand ; c'en est fait de la reconnaissance, dont les témoignages sont autant de corvées pour l'homme qui connaît quelque chose de plus précieux que le devoir et un autre but que la vertu.

Mais, sans m'arrêter sur ce dernier point, ou ces biens ne sont pas ce qu'on les appelle, ou l'homme est plus heureux que Dieu : car les choses qui sont sous notre main Dieu ne les a point à son usage ; la luxure, les banquets splendides, les richesses, et tout ce qui entraîne l'homme par l'appât d'une volupté vile, de tout cela Dieu n'a que faire. Il faut donc croire que Dieu a faute de biens, où il est prouvé par le fait qu'elles ne sont pas des biens ces choses que Dieu n'a pas. Ajoute que beaucoup de ces biens prétendus sont plus amplement répartis aux animaux qu'à l'homme. Leur appétit est plus vorace ; les plaisirs de l'amour les lassent moins; leurs forces sont plus grandes, plus également soutenues; les voilà donc bien plus heureux que l'homme. Ils vivent en effet sans iniquités et sans fraudes; ils jouissent de voluptés et plus pleines et plus faciles, sans craindre aucunement la honte ou le repentir. Vois maintenant s'il faut qualifier *bien* ce en quoi l'homme l'emporte sur Dieu. C'est dans l'âme qu'il faut circonscrire le souverain bien : il dégénère, si de la plus noble partie de nous-mêmes il passe à la plus vile, si nous le transportons aux sens, plus actifs chez la brute. Non : notre félicité suprême ne doit point se placer dans la chair.

Les vrais biens sont ceux que donne la raison : substantiels et permanents, ils ne peuvent ni périr, ni même décroître ou s'amoindrir. Hors de là sont des biens de convention, ayant même nom que les véritables, sans avoir même vertu. Nommons-les donc des *avantages*, et, pour parler philosophiquement, des *emprunts* : sachons du reste qu'ils sont esclaves de l'homme et non point parties de lui-même; qu'ils soient chez nous, mais à condition, rappelons-nous-le, qu'ils soient hors de nous. Même demeurant chez nous, comptons-les pour des possessions peu dignes et abjectes, dont nul n'a droit de se montrer vain. Car quoi de plus absurde que de s'applaudir de ce qui n'est point notre ouvrage? Que tout cela s'approche de nous, mais n'y adhère pas, afin que si on nous l'enlève, la séparation s'opère sans déchirement [66]. Il faut en user, non en faire gloire, et en user modérément, comme de dépôts prêts à fuir de nos mains. Quiconque ne fut point sobre dans la possession ne les garda jamais longtemps : car la félicité qui ne se tempère pas croule sur elle-même. Compte-t-elle sur ses fugitifs avantages, elle s'en voit délaissée bien vite : les conserve-t-elle, ils l'écrasent. Peu d'hommes ont pu sans risque déposer doucement leur prospérité : la plupart trébuchent en même temps que leur grandeur, accablés sous l'échafaudage qui les tenait exhaussés. Recourons donc à la prudence pour imposer à ces choses la mesure et l'économie : l'esprit de désordre gaspille et précipite les jouissances, et rien d'immodéré ne dure, si la raison, cette grande modératrice, n'en contient les écarts. C'est ce que te montrera la destinée d'une foule d'États qui virent tomber dans sa fleur même leur puissance déréglée : tout ce qu'avait élevé la vertu s'écroula par l'intempérance. Prémunissons-nous contre de tels malheurs. Or, contre la Fortune, point d'enceinte inexpugnable : c'est le dedans qu'il faut armer. Si le dedans est en sûreté, on pourra battre la place, mais non l'emporter. « Qui peut ainsi fortifier l'homme ? » Tu es curieux de l'apprendre ?

C'est, quoi qu'il arrive, de ne s'indigner de rien, de savoir que ce qui paraît nous blesser rentre dans le plan de conservation universelle et dans l'ordre des phénomènes qui assurent la marche et le rôle de la création. Que l'homme veuille tout ce qu'a voulu Dieu [67] : qu'il ne s'admire, lui et ce qui est en lui, que s'il est invincible, s'il tient le malheur sous ses pieds, si, fort de la raison, la plus puissante de toutes les armes, il triomphe du sort, de la douleur et de l'injustice. Aime la raison : cet amour sera pour toi un bouclier contre les plus rudes atteintes. L'amour de ses petits précipite la bête sauvage sur les épieux des chasseurs : son instinct farouche, son aveugle élan la rendent indomptable ; souvent la passion de la gloire envoie de jeunes courages braver et le fer et les feux ; il est des hommes qu'un fantôme d'honneur, une ombre de vertu jettent dans le suicide. Autant la raison est plus courageuse et plus constante que tout cela, autant elle se fera jour avec plus d'énergie à travers les épouvantails et les périls.

« Vous ne gagnez rien, nous dit-on, à nier qu'il existe aucun autre bien que l'honnête. Ce rempart-là ne vous mettra point à l'abri de la Fortune et de ses coups. Vous comptez en effet au nombre des biens des enfants qui vous aiment, une patrie jouissant de bonnes institutions, des parents vertueux. Or vous ne sauriez être impassibles témoins de leurs dangers : votre patrie assiégée, la mort de vos enfants, la servitude de vos proches vous bouleverseront. » Écoute contre ces objections ce qu'ordinairement on répond pour nous : puis j'exposerai ce qu'à mon sens on pourrait dire de plus. Il n'en est pas ici comme de ces avantages dont la disparition fait place à quelque incommodité : la santé qui s'altère, par exemple, de bonne devient mauvaise ; que notre vue s'éteigne, nous voilà frappés de cécité ; les jarrets coupés ôtent à l'homme non-seulement son agilité, mais l'usage de ses jambes. De tels risques n'existent point pour les biens dont j'ai parlé ci-dessus. Comment ? si je perds un fidèle ami, serai-je pour cela victime de la perfidie d'un autre ? si je vois mourir des enfants qui m'aiment, s'ensuit-il que des cœurs dénaturés prennent leur place ? D'ailleurs ce ne sont pas mes amis, mes enfants qui sont morts, ce sont leurs personnes. Et le bien ne saurait périr que d'une manière ; en devenant mal, ce que la nature ne permet pas, parce que toute vertu et tout produit de la vertu demeure incorruptible. Puis, quand j'aurais perdu des amis, des enfants irréprochables et qui répondaient aux vœux de leur père, il me reste de quoi m'en tenir lieu. Qui m'en tiendra lieu? Tu le demandes? Ce qui les avait faits bons : la vertu. Elle ne laisse point de vide dans l'âme, elle l'occupe tout entière, elle en bannit tous les regrets : seule elle nous suffit, car tous les biens tirent d'elle leur valeur et leur origine. Qu'importe qu'une eau courante soit détournée et se perde, si la source d'où elle coulait est respectée? Tu ne prétends pas qu'un homme soit plus juste, plus réglé, plus prudent, plus honorable quand ses enfants survivent que quand ils périssent : donc il n'en sera pas plus vertueux : donc il n'en sera pas meilleur. On n'en est ni plus sage parce qu'on a quelques amis de plus, ni plus insensé pour quelques amis de moins : on n'en est donc ni plus heureux ni plus misérable. Tant que la vertu reste sauve, on ne s'aperçoit pas qu'on ait rien perdu.

« Qu'est-ce à dire? N'est-on pas plus heureux entouré d'un cercle d'amis et d'enfants? » Pourquoi le serait-on? Le souverain bien ne s'entame ni ne s'augmente : il est toujours en même état, quoi que la Fortune fasse, qu'une longue vieillesse nous soit octroyée, ou que nous finissions en deçà de la vieillesse : la mesure du souverain bien est égale, malgré l'inégalité d'âge. Pour décrire un cercle ou plus grand ou moindre on ne modifie que l'espace, non la forme ; que l'un subsiste plus longtemps, et qu'on efface l'autre aussitôt et qu'il se perde sous la poussière [68] où il fut tracé, la forme de tous deux a été la même. La rectitude des lignes ne se juge ni par leur grandeur, ni par leur nombre, ni par le temps mis à les faire : qu'on les prolonge ou les raccourcisse, il n'importe. Pour une vie vertueuse prends l'espace d'un siècle et retranches-en tant qu'il te plaira ; ne lui donne qu'un jour, ce n'en sera pas moins une vertueuse vie. Tantôt la vertu agit dans une large sphère, gouverne des royaumes, des villes, des provinces, fait les lois, cultive ses amis, remplit librement ses devoirs envers ses enfants et ses proches ; tantôt elle se voit restreinte et comme circonscrite par l'indigence, l'exil, la perte d'héritiers. Toutefois elle n'est pas moindre, encore qu'elle soit tombée du faîte des honneurs à la vie privée, du trône au rang le plus obscur, du vaste exercice de la toute-puissance à l'étroit asile d'une cabane ou d'un coin de terre. Elle n'en est pas moins grande, fût-elle refoulée en elle-même et chassée de partout : car elle n'a rien perdu de la hauteur, de la noblesse de ses sentiments : sa prudence n'en est pas moins éclairée, ni sa justice moins inflexible (a). Donc aussi elle n'en est pas moins heureuse, le bonheur n'ayant qu'un seul domicile qui est l'âme, où il apporte sa fixité, sa grandeur, son calme, ce qui sans la connaissance des choses divines et humaines serait impossible.

Voici maintenant ma propre réponse, comme je l'ai promise. Le sage n'est point abattu par la perte de ses enfants ni par celle de ses amis ; il supporte leur mort avec le même calme qu'il attend la sienne ; il ne craint pas plus celle-là qu'il ne s'afflige de celle-ci. Car la vertu est tout harmonie : tous ses actes sont à l'unisson et en concordance parfaite avec elle, concordance qui sera détruite si l'âme, de la hauteur où elle devait être, se laisse plonger dans le deuil et le désespoir. Toute agitation de la peur, toute anxiété, toute paresse d'agir est contraire à l'honnête. L'honnête est chose pleine de sécurité, libre d'embarras, de frayeur, toujours alerte pour le combat. « Mais quoi ? le sage ne ressentira-t-il pas alors quelque espèce de trouble ? N'aura-t-il pas le teint altéré, le visage ému, les membres saisis d'un froid soudain ? n'éprouvera-t-il rien de ces impressions qui agissent sans que la volonté y préside, par un mouvement indélibéré de la nature ? » Je l'avoue, mais il n'en demeurera pas moins convaincu qu'aucune de ces pertes n'est un mal et ne mérite qu'une âme saine y succombe. Tout ce que son devoir lui dit de faire, il le fait hardiment, avec promptitude. Il n'appartient qu'à la folie, nul ne le niera, de faire lâchement et à contre-cœur ce qu'elle doit faire, de pousser son corps d'un côté, son âme de l'autre, et d'être tiraillée par les mouvements les plus contraires. Ces désespoirs même, où elle triomphe et s'admire, ne lui valent que le mépris ; et jusqu'aux choses dont elle se glorifie, elle ne les fait pas de plein gré. S'agit-il d'un mal qu'elle redoute, l'attente est pour elle aussi accablante que l'événement, et tout ce qu'elle craint de souffrir elle le souffre par la crainte seule. Dans une constitution débile la maladie s'annonce par des signes précurseurs : c'est une sorte d'engourdissement qui pèse sur les nerfs, une lassitude sans avoir rien fait, des bâillements, un frisson qui parcourt les membres ; ainsi une âme maladive, bien avant que les maux ne la terrassent, se sent ébranlée ; elle les anticipe,

---

(a) Voir *Lettre* LXXXV. *De la vie heureuse*, XXV. *Tranquillité de l'âme*.

elle tombe avant l'heure. Or quelle plus grande extravagance que d'être en anxiété de l'avenir, et, au lieu de se réserver pour les douleurs futures, d'aller au-devant de ses misères et de rapprocher des crises que pour bien faire on doit reculer, si les dissiper est impossible. Veux-tu la preuve qu'on ne doit jamais se tourmenter de l'avenir? Qu'un homme apprenne que dans cinquante ans d'ici il subira quelque supplice, en sera-t-il troublé, si sa pensée ne franchit l'intervalle pour se plonger dans ces angoisses qui ne l'attendaient qu'au bout d'un demi-siècle? C'est par un même travers que certains esprits, amoureux du chagrin et en quête de sujets d'affliction, s'attristent de vieux souvenirs déjà effacés par le temps. Les peines passées, tout comme celles à venir, sont loin de nous : nous ne sentons ni les unes ni les autres. Or il faut que l'on sente pour qu'il y ait douleur.

## LETTRE LXXV.

### Ecrire simplement et comme on pense. Affections et maladies de l'âme. Trois classes d'aspirants à la sagesse.

Tu te plains du style trop peu apprêté de mes lettres. Mais qui donc parle avec apprêt, s'il ne veut être un insipide parleur? Comme dans ma conversation avec toi, soit assis, soit en promenade, il n'y aurait ni travail ni gêne, ainsi je veux que soient mes lettres [69] : qu'elles n'aient rien de recherché, de factice. S'il était possible, je voudrais te montrer à nu ce que j'ai dans l'âme plutôt que te le dire. La discussion la plus vive ne me ferait ni frapper du pied, ni agiter les bras, ni renforcer ma voix ; je laisserais cela aux orateurs et me contenterais de te transmettre mes pensées sans vain ornement comme sans platitude. Il n'est qu'un point dont je sois jaloux de te convaincre, c'est que je pense toutes les choses que je dis, et que non-seulement je les pense, mais que je suis passionné pour elles. Autre est le baiser qu'on donne à une maîtresse, autre celui qu'on donne à un fils ; et toutefois ce baiser si chaste et si pur manifeste assez la tendresse d'un père. Aux dieux ne plaise que je condamne à la sécheresse et à la maigreur nos entretiens sur ces grands sujets ; la philosophie ne divorce point avec l'imagination ; mais il ne faut pas dépenser trop de travail en paroles. Il faut avoir pour but essentiel de parler comme on sent, de sentir comme on parle, de faire concorder son langage avec sa conduite. Il a rempli ses engagements celui qui, à le voir et à l'entendre, est toujours le même. Avant de juger quel il est, ce qu'il vaut, voyons s'il est un.

Nos discours doivent tendre non à plaire, mais à être utiles. Si pourtant l'éloquence nous vient sans qu'on la cherche trop, si elle s'offre d'elle-même, ou coûte peu, qu'on l'admette, et qu'elle serve d'accompagnement à nos belles doctrines, de telle sorte qu'elle fasse ressortir les choses plutôt qu'elle-même. Il est des arts qui parlent exclusivement à l'esprit : celui-ci est l'affaire de l'âme. Le malade ne cherche pas un médecin qui parle bien, mais qui guérisse : si le hasard veut néanmoins que ce même homme qui sait guérir, discoure avec grâce sur le traitement à suivre, le malade en sera bien aise, mais ne s'estimera pas plus heureux pour lui avoir trouvé ce second talent, aussi peu nécessaire à un médecin qu'une belle figure à un pilote. Pourquoi me vouloir chatouiller et charmer l'oreille? Il s'agit d'autre chose. C'est le fer, c'est le feu, c'est la diète qu'il me faut. Voilà pourquoi tu es mandé : tu as à soigner un mal invétéré, grave, épidémique. Tu n'as pas moins à faire qu'un Hippocrate en temps de peste. Et c'est à peser des mots que tu t'amuses ! Trop heureux si tu pouvais suffire aux choses [70] ! Quand amasseras-tu les trésors de la science? Quand te l'appliqueras-tu assez intimement pour qu'elle ne puisse t'échapper? Quand la mettras-tu à l'épreuve? Il n'en est pas de celle-ci comme des autres qu'il suffit de confier à sa mémoire : c'est à l'œuvre qu'il faut l'essayer. Ici l'homme heureux n'est pas l'homme qui sait, mais qui pratique.

« Mais quoi? N'y a-t-il pas des degrés intermédiaires? Hors de la sagesse, n'y a-t-il plus que précipices? » Non pas, à mon avis : les hommes qui sont en progrès sont encore au nombre des insensés, mais séparés d'eux par un vaste intervalle ; et parmi ces premiers même on trouve de grandes différences. Ils se divisent, selon quelques-uns, en trois classes. La première comprend ceux qui n'ont pas encore la sagesse, mais qui déjà ont pris pied dans son voisinage. Toutefois, si près qu'on soit du but, on est en deçà. « Quels sont ces hommes, demandes-tu? » Ceux qui ont déjà dépouillé et passions et vices, qui ont appris à quoi ils doivent s'attacher, mais dont la confiance n'est pas allée jusqu'à l'épreuve et qui n'ont point usé de leur trésor. Néanmoins la situation qu'ils ont fui, ils n'y peuvent plus retomber ; ils en sont à ce point où l'on ne glisse plus en arrière ; mais ce n'est pas encore à leurs yeux chose bien claire, et, comme je me rappelle l'avoir écrit dans une de mes lettres (*a*), *ils ne savent pas qu'ils savent.* Ils jouissent déjà d'un état meilleur, ils n'y ont pas foi encore. Ces hommes en progrès sont désignés par quelques-uns comme ayant échappé aux maladies de l'âme, mais non tout à fait à ses affections, et comme foulant encore une pente glissante, vu que personne n'est en dehors des tentations de la méchanceté, s'il ne s'est entièrement débarrassé d'elle, et que nul ne s'en est débarrassé s'il ne s'est, au lieu d'elle, revêtu de la sagesse.

Quelle différence y a-t-il entre les *maladies* de l'âme et ses *affections?* Je l'ai souvent énoncé : je veux te le rappeler encore. Ces maladies sont les vices invétérés, endurcis, comme la cupidité, l'ambition excessive : une fois maîtres de l'âme, ils la tiennent enserrée et deviennent ses éternels vautours. Pour les définir brièvement, ces maladies sont les faux préjugés où l'on s'obstine, comme de croire vivement désirable ce qui ne l'est que faiblement ; ou, si tu l'aimes mieux, c'est convoiter trop fort des choses faiblement désirables ou qui ne le sont pas du tout ; ou c'est priser trop haut ce qui a peu ou point de prix. Les *affections* sont des mouvements de l'âme répréhensibles, soudains et impétueux, qui, répétés et négligés, font les maladies ; de même qu'un catarrhe simple, qui n'a point passé à l'état chronique, produit la toux ; et la toux continue et invétérée, la phthisie. Ainsi les âmes qui ont fait le plus de progrès sont hors des *maladies*, mais ressentent encore des *affections*, si près qu'elles soient d'être parfaites.

A la deuxième classe appartiennent ceux qui se sont délivrés et des plus dangereuses *maladies* et même des *affections*, mais qui à cet égard ne possèdent point la pleine sécurité : ils peuvent éprouver des rechutes.

La troisième classe a laissé derrière elle des vices graves et nombreux, mais non pas tous les vices ; libre de l'avarice, elle reste sujette à la colère ; l'aiguillon de la chair ne la tourmente plus, mais l'ambition ne l'a pas quittée ; elle ne convoite plus, mais elle craint encore ; ces craintes mêmes lui laissent assez de fermeté pour certaines choses, bien qu'elle

---

(*a*) Dans la *Lettre* LXXI.

faiblisse pour d'autres ; elle méprise la mort, et la douleur l'épouvante.

Une réflexion sur cette dernière classe : estimons-nous bien partagés, si nous y sommes admis. Il faut une riche et heureuse nature, un grand et assidu dévouement à l'étude pour occuper le second rang : mais la troisième nuance n'est pas non plus à dédaigner. Songe et regarde combien d'iniquités t'environnent ; vois s'il est un seul attentat sans exemple ; quels progrès fait chaque jour le génie du mal ; que de méfaits politiques et privés ; tu sentiras que pour nous c'est assez faire que de ne pas être parmi les plus corrompus. « Mais j'espère, moi, pouvoir aussi m'élever plus haut. » Je le souhaiterais pour nous plutôt que je ne le promettrais. Le mal en nous a pris l'avance ; nous marchons à la vertu, empêtrés de mille vices ; j'ai honte de le dire : nous cultivons l'honnête à nos moments perdus. Mais quel magnifique salaire nous est réservé, si nous rompons nos empêchements, nos mauvaises tendances si tenaces ! Ni cupidité, ni crainte ne nous feront plus reculer ; inébranlables à toutes les alarmes, incorruptibles aux voluptés, nous n'aurons point horreur de la mort, non plus que des dieux ; nous saurons que ni la mort n'est un mal, ni les dieux ne sont méchants. Il y a autant de faiblesse dans l'être qui fait souffrir que dans celui qui [71] souffre : aux êtres bons par excellence le pouvoir de nuire manque. Quel trésor nous attend si, quelque jour, de cette fange nous nous élevons à la hauteur sublime du sage, à cette tranquillité d'âme et, toute erreur bannie, à l'absolue indépendance ! « Cette indépendance, quelle est-elle ? » Ne craindre ni les hommes ni les dieux, ne vouloir rien de honteux, rien d'immodéré, exercer sans limites la royauté de soi-même. Inestimable bien que celui de s'appartenir !

## LETTRE LXXVI.

Sénèque, quoique vieux, prend encore des leçons. Il prouve de nouveau que l'honnête est le seul bien. N'estimer dans l'homme que son âme.

Tu me menaces d'une brouille sérieuse, si je te laisse rien ignorer de ce que je fais journellement. Vois comme j'en use franchement avec toi : quelle confidence je vais te faire ! J'assiste aux leçons d'un philosophe (a), et voilà cinq jours que je vais à son école où dès la huitième heure (b) je l'entends discuter. « Bel âge pour s'instruire ! diras-tu. Pourquoi, non ? N'est-ce pas le comble de la sottise que de s'autoriser d'avoir été longtemps sans apprendre, pour n'apprendre plus ? Qu'est-ce à dire ? Me faut-il vivre en petit-maître, en jeune homme ? Ah ! je bénis ma vieillesse, si telle est la seule inconvenance qu'on lui reproche. Cette école est faite pour les hommes de tout âge : allons-y, nous autres vieillards, et les jeunes gens suivront. Quoi ! j'irai au théâtre en cheveux blancs ; je me ferai porter au cirque ; pas un combat de gladiateurs ne se donnera sans moi, et je rougirais d'aller entendre un philosophe ! Il faut apprendre tant que l'on ignore ; et, si j'en crois le proverbe, tant qu'on est en ce monde : proverbe qui ne s'applique à nulle autre chose mieux qu'à la philosophie ; il faut apprendre l'art de vivre aussi longtemps que dure la vie. D'ailleurs, moi aussi j'enseigne quelque chose en cette école. « Quoi ? » diras-tu. Que le vieillard même doit apprendre [72]. Je rougis pour l'espèce humaine chaque fois que j'entre dans l'école de Métronacte. Il faut, pour y arriver, passer, comme tu sais, devant le théâtre napolitain, toujours encombré. Là on discute, avec une extrême chaleur, la supériorité d'un joueur de flûte : on fait foule autour d'un trompette grec ou d'un héraut qui proclame le vainqueur. Et ces bancs devant lesquels on recherche quel est

(a) Métronacte, qui ne nous est connu que par Sénèque. Voir Lettre XCIII.

(b) Deux heures après midi. Les Romains comptaient comme nous douze heures de jour et douze heures de nuit; la première du jour commençait à nos six heures du matin.

l'homme vertueux, où l'on apprend à l'être, sont presque déserts. Ceux qu'on y voit passent dans le monde pour n'avoir rien de bon à faire : on les traite d'imbéciles et de fainéants. J'envie ces titres de dérision : écoutons sans nous émouvoir les sarcasmes de l'ignorance ; qui marche vers l'honnête doit mépriser tous ces mépris-là [73].

Poursuis, Lucilius, et hâte-toi : qu'il ne t'arrive pas, comme à moi, d'attendre si tard pour t'instruire ; hâte-toi même d'autant plus que l'étude entreprise par toi ne s'achèvera qu'à peine sur tes vieux jours. « Combien y ferai-je de progrès ? » dis-tu. Autant que tu feras d'efforts. Qu'attends-tu ? La sagesse n'est pour personne un don du hasard. L'argent peut venir de lui-même, les honneurs t'être déférés, la faveur et les dignités se jeter à ta tête ; la vertu ne tombera pas sur toi à l'improviste : ce n'est pas au prix d'une légère peine, d'un mince travail qu'on la connaîtra ; mais est-ce trop qu'un labeur sérieux pour entrer en possession de tous les biens à la fois ? Car le bien dans son unité c'est l'honnête ; tu ne peux trouver rien de vrai, rien de sûr dans tout ce qui séduit l'opinion.

Établissons pourquoi l'unique bien est l'honnête, puisque tu juges que ma précédente lettre ne l'a point assez expliqué, et que je te semble avoir fait plutôt un éloge qu'une démonstration : puis je résumerai en peu de mots ce que j'aurai dit. Toute chose a son mérite propre et constitutif : la vigne se recommande par sa fertilité et par la saveur de son vin, le cerf par sa vitesse. Veux-tu savoir pourquoi la force des bêtes de somme est dans les reins ? Parce qu'elles ne sont bonnes qu'à porter des fardeaux. La première qualité dans un chien est la finesse de l'odorat, s'il doit aller en quête du gibier ; l'agilité, s'il doit le poursuivre ; la hardiesse, s'il est fait pour mordre et attaquer. Ce que chaque être doit avoir de meilleur en soi, c'est l'aptitude pour laquelle il est né, qui lui donne son rang. Quelle est dans l'homme la meilleure chose ? La raison : par elle il marche roi des animaux, il vient après les dieux. Cette raison perfectionnée est donc le bien propre de l'homme : tout le reste lui est commun avec les brutes et les plantes. Il est fort ? le lion ne l'est-il pas ? Il a la beauté ? le paon a la sienne. Il est prompt à la course, le cheval aussi. J'omets de dire : sous ces trois rapports il est inférieur. Je ne cherche point en quoi il excelle, mais ce qu'il possède seul. Il a un corps : les arbres en ont un. Il a des élans, des mouvements volontaires : de même la bête, et le vermisseau. Il a une voix : mais combien le chien la plus éclatante, l'aigle plus perçante, le taureau plus grave, le rossignol plus douce et plus flexible! Quel est le privilége de l'homme? La raison. Quand cette raison a toute sa rectitude, quand elle est consommée, la félicité humaine est complète. Si donc tout bien, perfectionné dans son essence, est digne d'éloge, est parvenu aux fins de sa nature, et si la raison est le bien de l'homme, l'homme est louable quand il l'a perfectionnée, quand il a satisfait à sa vocation ici-bas. Cette raison parfaite, on l'appelle vertu, ou, ce qui est même chose, l'honnête. Le seul mérite qui soit en l'homme est donc celui qui seul vient de l'homme : car nous ne cherchons pas maintenant ce que c'est que le bien, mais ce que c'est que le bien de l'homme. Si ce n'est pas autre chose que la raison, elle sera pour lui l'unique bien, mais qui compensera tous les biens du monde. L'homme méchant sans doute sera désapprouvé ; bon, on l'approuvera ; donc le premier, le seul bien de l'homme est ce par quoi on l'approuve ou le désapprouve.

Tu ne doutes pas que ce ne soit un bien, tu doutes que ce soit le seul. Qu'un homme possède tous les autres avantages, santé, richesse, nombreuses images d'ancêtres, vestibule encombré de clients, mais qu'on le reconnaisse pour malhonnête homme, il sera condamné par toi. Qu'un autre, n'ayant rien de ce que je viens d'énumérer, se trouve dénué de fortune, de clients, de noblesse, d'une longue série d'aïeux et de bisaïeux, mais que la voix publique le proclame vertueux, tu l'estimeras. Partant le seul vrai bien est celui qui rend louable son possesseur, abandonné même de tout le reste, et qui appelle sur ceux qui ne l'ont pas, fussent-ils comblés de tous les autres biens, la réprobation et le mépris.

Il en est des hommes comme des choses. On entend par un bon navire non celui qui est peint de riches couleurs, ou dont la proue est d'or ou d'argent, et la divinité tutélaire sculptée en ivoire, ou qui porte l'argent du fisc et les trésors des rois, mais celui qui, ferme et solide, bien calfeutré contre les infiltrations de l'onde, assez fort pour rompre le choc des vagues, est docile au gouvernail, bon voilier, et garde au vent [74] son équilibre. L'épée que tu juges bonne n'est pas celle qui pend à un baudrier doré, ni dont le fourreau est constellé de pierres précieuses ; c'est celle qui pour frapper a le tranchant bien affilé et dont la pointe percerait les plus dures cuirasses. On ne s'enquiert pas si une règle est plus ou moins belle, mais si elle est bien droite. Toute chose se prise en raison de sa destination, de la propriété qu'elle a. Ainsi, dans l'homme, il n'importe ce qu'il exploite d'arpents et de capitaux, combien de saluts il recueille, quel est le haut prix de son lit de table, le transparent de son vase à boire : combien est-il bon, voilà ce qui importe ; or il est bon, si sa raison est développée dans toute sa rectitude et selon ce que veut de lui sa nature. Voilà ce qu'on nomme *vertu*, voilà *l'honnête*, et l'unique bien de l'homme. Car la raison seule nous rendant parfaits, la raison parfaite nous rend seule heureux ; par conséquent l'unique bien de l'homme est ce qui seul fait son bonheur.

Nous donnons aussi le nom de biens à tout ce qui émane de la vertu et en porte le cachet, en un mot à toutes ses œuvres. Mais elle est elle-même l'unique bien à ce titre qu'il n'en existe aucun sans elle. Si tout bien réside dans l'âme, tout ce qui la fortifie, l'élève, l'agrandit est bien ; or qui rend l'âme forte, élevée, grande, sinon la vertu ? Tout autre mobile, en excitant nos passions, abaisse en revanche et énerve l'âme, et, lorsqu'il semble la rehausser, la gonfle de mille chimères qui l'abusent. Il n'est donc qu'un vrai bien, celui qui améliore l'âme. Toutes les actions de la vie se règlent sur la considération de l'honneur ou de la honte qui en résulte ; c'est par là qu'on se détermine à faire ou à ne pas faire. Développons cette pensée. Ce que l'homme de bien croira qu'il est honnête de faire, il le fera, si pénible que ce soit ; il le fera, même à son détriment ; il le fera, quand il y aurait danger pour lui. Mais une chose honteuse, il ne la fera jamais, dût-elle lui valoir richesses, plaisir, pouvoir. Nulle crainte ne le détournera de l'honnête, nul espoir ne l'engagera dans la honte. Si donc on le voit suivre à tout prix l'honnête, fuir à tout prix ce qui ne l'est pas, et dans tous les actes de sa vie n'envisager que deux seuls points, à savoir qu'il n'est d'autre bien que l'honnête et d'autre mal que son contraire ; si la vertu est la seule chose qui ne se fausse point, qui garde toujours sa même rectitude, il n'est dès lors de bien que la vertu : il ne peut arriver qu'elle cesse de l'être ; elle ne court plus risque de changer. L'erreur gravit vers la sagesse ; la sagesse ne retombe point dans l'erreur.

J'ai dit, tu te le rappelles peut-être, que dans un élan indélibéré grand nombre d'hommes ont foulé aux pieds ce qu'ambitionne et ce que redoute le vulgaire. Il s'en est trouvé qui plongèrent leur main dans les flammes, ou dont le bourreau ne put interrompre les rires ; d'autres, aux funérailles de leurs fils, n'ont pas versé une larme ; d'autres ont couru d'un pas intrépide au-devant de la mort. L'amour, la colère, la cupidité ont appelé de tous leurs vœux le péril. Ce que peut un entêtement passager, poussé par un mobile quelconque, combien la vertu ne le peut-elle pas davantage, elle qui ne va point par élan, par saillie, mais qui est soutenue dans son action, permanente dans son énergie! Il s'ensuit que des choses méprisées souvent par des gens sans lumières, toujours par le sage, ne sont ni des biens ni des maux ; et que l'unique bien, c'est cette même vertu qui marche tête haute entre l'une et l'autre fortune avec grand mépris pour toutes deux.

Si tu admets l'opinion qu'il est encore d'autre bien que l'honnête, plus de vertu qui n'en soit ébranlée ; pas une en effet qui se puisse maintenir, si elle aspire, en dehors d'elle-même, à quoi que ce soit. Cet état de choses répugne à la raison, de laquelle les vertus procèdent, à la vérité, qui n'existe point sans la raison ; et toute opinion qui répugne à la vérité est fausse. Tu m'accorderas nécessairement que le dévouement de l'homme de bien envers les dieux est absolu : ainsi, quoiqu'il lui arrive, il le supportera sans murmure, sachant bien qu'ainsi l'a voulu la loi divine d'après laquelle marche l'univers. Cela étant, il n'y aura pour lui d'autre bien que l'honnête ; car l'honnête a pour loi d'obéir aux dieux, de ne pas s'indigner des coups imprévus, de ne pas déplorer son sort, mais d'en subir patiemment la nécessité et de satisfaire aux ordres d'en haut. Si en effet il était d'autre bien que l'honnête, il s'ensuivrait pour nous un amour effréné de la vie et de tout ce qui fait le matériel de la vie, passion intolérable, illimitée, jamais stable. Le seul bien est donc l'honnête, dont la limite est fixe. Nous avons dit que les hommes vivraient plus heureux que les dieux, si les choses dont l'usage est étranger aux dieux étaient des biens, par exemple l'argent, les honneurs. Ajoute que, si toutefois l'âme dégagée du corps lui survit, son nouvel état est plus heureux que le premier qui la tenait plongée dans la matière. Or, dans le système où les choses dont le corps fait usage seraient des biens, l'âme séparée du corps y perdrait ; et il est contre la vraisemblance qu'une âme libre, en possession de l'immensité, perde à ne plus être close et investie dans sa prison. Si ce sont des biens, avais-je dit en outre, que ces avantages dont la brute jouit ainsi que l'homme, la brute aussi possède la vie heureuse, ce qui de tout point est impossible. Il n'est rien que pour l'honnête on ne doive souffrir : le devrait-on, s'il y avait d'autre bien que l'honnête ?

Ce que j'avais développé plus au long dans ma précédente lettre, le voilà en raccourci et dans un rapide exposé. Mais jamais tu n'admettras une pareille doctrine comme vraie, qu'en exaltant ton âme, qu'en t'interrogeant de la sorte : « Si le danger de la patrie exige que je meure pour elle et que je rachète le salut de tous par mon sang, présenterai-je la tête, non-seulement avec résignation, mais encore avec joie? » Si tu es prêt à le faire, c'est qu'il n'est point d'autre bien que l'honnête : tu quittes tout pour le posséder. Vois jusqu'où va sa puissance. Tu vas mourir pour la patrie, et, s'il le faut, à l'instant même, dès que tu sauras qu'il le faut. Cet acte sublime t'abreuve en un instant court et fugitif d'une immense félicité ; et bien que, chez les morts et notre rôle achevé sur la terre, on ne recueille aucun fruit de son sacrifice, la perspective du bien qu'il produira te comble de joie. Oui, l'homme de cœur, le juste, qui se représente comme prix de son trépas la liberté de son pays, le salut de tous ceux pour lesquels il s'immole, cet homme jouit d'une volupté suprême, et ses périls sont des délices. Et dût-on lui ravir cette grande et dernière satisfaction que donne l'accomplissement d'une telle œuvre, il n'hésiterait pas à se précipiter dans la mort, heureux de son noble et pieux dévouement. Oppose-lui mille raisons pour retenir son élan, dis-lui : « Ton action sera suivie d'un prompt oubli, de la froideur, de l'ingratitude de la cité. — Tout cela, répondra-t-il, est en dehors de ce que je vais faire ; je vois mon acte en soi, ma conscience me dit qu'il est beau : quelque part qu'elle me guide et m'appelle, je la suis. »

L'unique bien est d'une nature telle qu'il se fait sentir non-seulement aux âmes parfaites, mais aux cœurs nobles par nature et bien doués ; tous les autres biens sont choses légères et changeantes. Aussi les possède-t-on avec anxiété : si haut que les entasse sur une même tête la bienveillance du sort, c'est pour leur maître une lourde charge, embarrassante toujours, parfois même écrasante. De tous ces hommes que tu vois éclatants de pourpre, pas un n'est heureux, non plus que ces princes de théâtre pour qui le sceptre et la chlamyde sont un attribut de leur rôle, et qui après avoir étalé en public leur haute stature et leurs cothurnes, à peine sortis de la scène se déchaussent et redescendent à leur taille naturelle. Non, de tous ces personnages guindés bien haut sur un échafaudage d'honneurs et de richesses, pas un n'est grand. Pourquoi donc le paraissent-ils? Tu mesures base et statue ensemble. Un nain sera toujours petit, eût-il une montagne pour piédestal, et un colosse toujours grand, fût-il descendu dans un puits.

L'erreur dont nous souffrons, qui nous fascine, c'est que nous ne prisons jamais l'homme pour ce qu'il est ; nous ajoutons à la personne son entourage. Et pourtant, si l'on veut rechercher son vrai prix et savoir quel il est, c'est à nu qu'il faut l'examiner. Qu'il dépose devant toi ce patrimoine, ces honneurs et tous ces autres mensonges de la Fortune [75] ; dépouille-le même de son corps, n'envisage que son âme, ce qu'elle est, tout ce qu'elle est, si sa grandeur est personnelle ou d'emprunt. Voit-il sans baisser la paupière les glaives étincelants ; sait-il qu'il ne lui importe en rien que sa vie s'exhale de ses lèvres ou par sa gorge entr'ouverte, donne-lui le nom d'heureux ; donne-le-lui si à la menace de tortures physiques, de rigueurs du sort, d'iniquités d'un homme puissant, si en présence des chaînes, de l'exil, de tous les fantômes dont s'épouvantent nos imaginations, il demeure impassible et dit :

> Nul péril à ma vue
> Ne présente, ô prêtresse, une face imprévue :
> J'ai tout pesé d'avance et je suis préparé (a).

« Ces menaces que tu me fais aujourd'hui, je me les suis faites en tous temps : homme, je me tiens prêt aux accidents de l'humanité. » D'un mal prévu le choc ne vient plus qu'amorti. Mais pour les âmes irréfléchies et qui ont foi en la Fortune, tous les événements ont une face nouvelle et inopinée ; et la nouveauté, chez ces sortes de gens, fait presque tout le mal. Vois pour preuve comme l'habitude leur donne le courage d'endurer ce qu'ils croyaient insupportable. C'est pourquoi le sage s'aguerrit contre les maux à venir ; et ce que les autres ne trouvent léger qu'après de longues souffrances, lui le rend tel en y pensant longtemps. On entend parfois cette exclamation échappée aux imprévoyants : « Pouvais-je me douter que ce coup m'attendait ? » Mieux instruit, le sage les attend tous : quoi qu'il advienne, il dit : « Je le savais. »

(a) *Énéide*, VI, 103.

## LETTRE LXXVII.

La flotte d'Alexandrie. Mort volontaire de Marcellus. Juger d'une vie par son dénoûment.

Aujourd'hui, à l'improviste, nous avons vu paraître les navires d'Alexandrie (a), qu'on dépêche toujours en avant pour annoncer la flotte qui doit les suivre. On les nomme *tabellaires*. Leur vue est une fête pour la Campanie : la population de Pouzzole est toute sur les jetées et reconnaît à la forme des voiles, parmi une foule d'autres navires, les Alexandrins : car ils ont seuls le droit d'arborer la voile de perroquet, le *siparum*, dont les autres ne font usage qu'en pleine mer. Rien en effet ne facilite la course comme les hautes voiles : c'est de là que le bâtiment reçoit sa plus forte impulsion. Aussi, quand le vent augmente et devient plus grand qu'il ne faut, on baisse l'antenne : le souffle a moins de force quand il donne par le bas. Lorsque les vaisseaux sont dans les eaux de Caprée et de l'orageux promontoire

> D'où Pallas voit au loin les flots se balancer,

la règle est qu'ils se contentent de la grande voile ; ceux d'Alexandrie ont seuls le *siparum* pour insigne.

Tandis que de divers points tout le monde courait au rivage, je me suis senti vraiment heureux de ma paresse. Au moment de recevoir des lettres de mes correspondants, je ne me suis point hâté de savoir en quel état se trouvaient mes affaires (b), quelles nouvelles m'arrivaient. Depuis longtemps pertes et gains me sont étrangers. Je devrais prendre ainsi les choses, quand même je ne serais pas vieux, à plus forte raison dans un âge où, si peu que je posséderais, il me resterait plus de provisions que de chemin à faire, surtout quand celui où nous sommes entrés n'exige pas qu'on aille jusqu'au bout. Un voyage

---

(a) Qui transportaient d'Égypte à Rome le blé nécessaire à la subsistance du peuple.

(b) Ceci nous apprend que Sénèque avait des terres ou de l'argent placé en Égypte, où son oncle (Voir *Consolat. à Helvia*, xvii) avait été préfet.

est inachevé si l'on s'arrête à mi-chemin ou en deçà du terme où l'on tend ; la vie n'est point inachevée, si elle est honnête. N'importe où elle finit, si elle finit bien, elle est complète. Mais souvent il faut avoir le courage de finir, même sans motifs bien puissants ; sont-ils bien puissants ceux qui nous retiennent ?

Tullius Marcellinus (a), que tu as très-bien connu, paisible jeune homme et vieux de bonne heure, frappé d'une maladie qui, sans être incurable, devenait longue, assujettissante, exigeante, s'est avisé de délibérer s'il se ferait mourir. Ses amis convoqués vinrent en foule. Les pusillanimes lui donnaient le conseil qu'eux-mêmes se seraient donné ; les autres, flatteurs et complaisants, opinaient dans le sens qu'ils présumaient lui devoir agréer le plus. Un stoïcien de nos amis, personnage d'un rare mérite, et, pour faire en deux mots son digne éloge, homme ferme et d'un vrai courage, lui adressa, selon moi, la plus belle des exhortations. Il débuta ainsi : « Mon cher Marcellinus, ne te mets pas l'esprit à la torture, comme s'il s'agissait d'une bien grande affaire. Ce n'est pas une chose si importante que de vivre : tous tes esclaves, tous les animaux vivent ; l'important est de mourir noblement, en sage, en homme de cœur. Songe que de temps passé à ne faire que la même chose : la table, le sommeil, les femmes, voilà le cercle où roule la vie (b). Et on peut vouloir mourir sans avoir grande sagesse ni grand courage, ou sans être fort malheureux ; il suffit qu'on s'ennuie de vivre. » Marcellinus n'avait pas besoin qu'on l'excitât, mais qu'on l'aidât à mourir, en quoi ses esclaves lui refusaient l'obéissance.[76]. Le stoïcien commença par dissiper leurs craintes, en leur apprenant que des esclaves ne couraient de risque qu'autant qu'il ne serait point certain que la mort du maître eût été volontaire ; que d'ailleurs il était d'aussi mauvais exemple d'empêcher son maître de mourir que de l'assassiner[77]. Puis il rappelle à Marcellinus qu'il ne serait pas mal, tout comme au sortir de la table on partage la desserte aux valets qui l'entourent, de faire en sortant de ce monde quelque don à ceux qui avaient été les serviteurs de toute sa vie. Marcellinus était facile et libéral, au temps même où c'était encore du sien qu'il donnait. Il distribua de légères sommes à ses esclaves en pleurs, qu'il prenait lui-même soin de consoler. Il n'eut pas besoin de fer, d'effusion de sang : il

(a) Dont il est parlé dans la *Lettre* xxix.
(b) Voir *Lettre* xxiv *in fine*.

s'abstint trois jours de nourriture. Il fit dresser dans sa chambre une tente à baignoire ; puis on apporta la baignoire même où il resta longtemps couché. L'eau chaude qu'on y versait de temps à autre le fit insensiblement défaillir, et cela, comme il disait, non sans une certaine jouissance que procure d'ordinaire ce doux anéantissement bien connu de moi, qui ai plus d'une fois perdu connaissance [78].

Je me suis laissé aller à ce récit qui t'intéressera sans doute : tu y verras comment a fini ton ami, sans agonie, et sans souffrir. Car bien qu'il l'eût provoquée, il est entré mollement dans la mort : il a glissé hors de cette vie. Ce récit d'ailleurs peut ne pas être inutile : souvent la nécessité nous appelle à donner de pareils exemples. Souvent le devoir nous dit de mourir, et nous résistons ; la nature nous y force, et nous résistons. Nul n'est stupide au point d'ignorer qu'il doit un jour cesser d'être ; pourtant, approche-t-il de ce jour, il tergiverse, il tremble, il gémit. Ne te semblerait-il point le plus fou des hommes, celui qui pleurerait de n'être pas au monde depuis mille ans? Non moins fou est celui qui pleure parce que dans mille ans il n'y sera plus. N'être plus, n'avoir pas été, n'est-ce point même chose? Ni l'une ni l'autre époque ne t'appartiennent. Jeté sur un point du temps, quand tu pourrais l'étendre ce point, jusqu'où l'étendras-tu? Pourquoi ces pleurs, ces souhaits? Peine perdue!

N'espère rien du sort : il est sourd aux prières (a).

Tout est réglé sans retour, et tout marche d'après la grande et éternelle loi de fatalité. Tu iras où vont toutes choses. Est-ce donc pour toi une condition nouvelle? C'est celle de ta naissance ; ç'a été le sort de ton père, de ta mère, de tes aïeux, de tous ceux qui t'ont précédé comme de tous ceux qui te suivront. Une chaîne indissoluble, où nul effort ne peut rien changer, embrasse et traîne tout avec elle. Que de morts ont peuplé les tombeaux avant toi! Combien s'y acheminent derrière toi! Combien y entreront avec toi! Tu serais, j'imagine, plus résolu, si tu mourais de compagnie avec plusieurs milliers d'hommes. Eh bien, des milliers d'hommes et d'animaux, en ce moment même où tu hésites à mourir, exhalent leurs vies de diverses manières. Et toi seul ne pensais pas qu'enfin tu arriverais où tu n'as cessé de tendre? Point de chemin qui n'aboutisse.

(a) *Énéide.*

Tu crois qu'ici je vais rapporter des exemples de grands hommes! Ce sont des enfants que je te veux citer. On nous a transmis le souvenir de ce Spartiate encore impubère qui, fait prisonnier, criait dans son dialecte dorien : « Non, je ne servirai pas ! » et l'effet répondit à la parole. A la première chose servile et dégradante qui lui fut commandée (il s'agissait d'apporter un vase destiné à d'ignobles besoins), il se brisa la tête contre la muraille. La liberté est si près de nous! Et des hommes consentent à servir! Ne voudrais-tu pas voir ton fils plutôt périr ainsi que ramper lâchement pour vieillir? Pourquoi donc tant d'angoisses, quand une mort courageuse est l'acte d'un enfant? Si tu ne veux pas suivre, tu seras entraîné. Empare-toi des droits qu'a sur toi l'extérieur. N'auras-tu pas, comme cet enfant, le cœur de dire : Je ne suis plus esclave? » Hélas! tu es esclave des hommes, esclave des choses, esclave de la vie : car la vie, pour qui n'ose mourir, est un esclavage. Et qu'as-tu qui t'oblige d'attendre? Les plaisirs qui t'arrêtent, qui te retiennent, tu les as épuisés. Il n'en est plus qui soit nouveau pour toi, plus qui ne te rebute par la satiété même. La saveur du vin pur, du vin miellé, tu les connais : qu'importe que cent ou mille amphores passent par ta vessie? Tu n'es qu'un filtre à liqueurs. Blasée sur la délicatesse des coquillages, du rouget, ta soif de jouir ne t'a pas laissé pour l'avenir une seule fleur qui ne soit fanée [70]. Voilà pourtant à quoi tu as tant de peine à t'arracher. Qu'y a-t-il encore dont il te fâche d'être privé? Tes amis? Ta patrie? Pour l'amour d'elle, dis-moi, retarderais-tu ton souper, toi qui pour l'avancer éteindrais, si tu pouvais, le soleil? Car qu'as-tu jamais fait qui soit digne de la lumière? Confesse que ce n'est ni le sénat, ni le forum, ni même cette belle nature que tu regrettes, qui te rendent si lent à mourir : tu gémis de laisser à d'autres le marché aux vivres, où tu n'as rien laissé. Tu crains la mort! Et tu la braves si bien au sein de tes orgies! Tu veux vivre! Tu sais donc comment on doit vivre? Tu crains de mourir! Eh! ta vie n'est-elle pas une vraie mort? Un jour que César traversait la voie Latine, il rencontra la chaîne des forçats, et l'un d'eux, vieillard dont la barbe descendait jusque sur la poitrine, lui demanda la grâce de mourir : *Est-ce que tu vis?* répondit Caïus.

C'est la réponse à faire à tous ceux pour qui la mort serait un bienfait. Tu crains de mourir! Est-ce que tu vis? « Mais, diras-tu, je veux vivre, moi qui fais si bien ma tâche d'honnête homme : je quitte à regret des devoirs que je remplis avec conscience et avec zèle. » Quoi ! ne sais-tu pas que mourir est aussi un des devoirs de la vie ? Tes devoirs ! auquel renonces-tu ? Le chiffre ici n'est pas certain, le cercle à remplir bien précis. Point de vie qui ne soit courte ? Comparée à la durée de l'univers, celles de Nestor et de Statilia ont fini trop tôt, de Statilia qui fit graver sur son tombeau qu'elle avait vécu quatre-vingt-dix-neuf ans. Admire la sotte vanité de cette vieille, et à quel degré plus choquant ne l'eût-elle pas poussée, s'il lui eût été donné de parfaire la centaine ?

Il en est de la vie comme d'un drame, où ce n'est pas la durée, mais la bonne conduite qui importe. Il est indifférent que tu finisses à tel ou tel point. Finis où tu voudras : seulement que le dénoûment soit bon [80].

## LETTRE LXXVIII.

Le mépris de la mort, remède à tous les maux. L'opinion, mesure des biens et des maux.

Les catarrhes fréquents qui te tourmentent et tes petits accès de fièvre qu'amène le prolongement de ces affections devenues chroniques me chagrinent d'autant plus que j'ai éprouvé ce genre de mal. Dans le principe je n'en ai pas tenu compte : jeune encore, je pouvais supporter de pareilles atteintes et bravement tenir tête aux maladies. J'ai fini par être le moins fort, et j'ai vu se fondre jusqu'à mon corps réduit à une extrême maigreur. J'ai pris mainte fois le brusque parti de rompre avec la vie ; je fus retenu par la vieillesse du plus tendre des pères. Je calculai non pas combien j'avais de courage pour mourir, mais le peu qu'il en aurait pour supporter ma perte. Et je m'imposai la loi de vivre, ce qui souvent aussi est un acte de courage. Quelles furent alors mes consolations ? Tu vas le savoir ; mais apprends d'abord que ces principes mêmes de résignation furent pour moi comme un remède souverain. Il est de hautes consolations qui arrivent à nous guérir ; et tout ce qui relève le moral est salutaire même au physique. Nos études m'ont sauvé ; je reporte à la philosophie l'honneur de mon rétablissement, du retour de mes forces : je lui dois la vie, et c'est la moindre de mes dettes envers elle. Ce qui n'a pas peu contribué à ma guérison ce sont mes amis, dont les exhortations, les veilles, les entretiens me soulageaient. Oui, mon excellent Lucilius, rien ne ranime et ne réconforte un malade comme l'affection de ses amis, rien ne le dérobe mieux à l'attente et aux terreurs de la mort. Je ne m'imaginais pas mourir en les laissant après moi : il me semblait, en vérité, que j'allais vivre en eux, sinon avec eux ; je ne croyais pas rendre l'âme, mais la leur transmettre. Voilà où j'ai puisé la volonté de m'aider moi-même, et d'endurer toute espèce de souffrance ; autrement, c'est une grande misère, quand on a repoussé la résolution de mourir, de n'avoir pas le courage de vivre.

Fais appel à ces mêmes remèdes. Le médecin te prescrira la mesure des promenades et des exercices : « Ne cédez pas, dira-t-il, à cette propension au rien faire vers lequel incline une santé languissante ; lisez à haute voix, exercez cette respiration dont les voies et le réservoir sont embarrassés ; montez sur un navire dont le doux balancement secouera vos viscères ; prenez telle nourriture ; ayez recours au vin, comme fortifiant ; suspendez-en l'usage, s'il peut irriter et aigrir votre toux. » Ce que je te prescris, moi, c'est le spécifique non-seulement de ton mal actuel, mais de la vie entière, le mépris de la mort. Rien n'est pénible pour qui a cessé de la craindre.

Trois choses dans toute maladie sont amères : crainte de la mort, douleur physique, interruption des plaisirs. J'en ai dit assez sur la mort ; n'ajoutons qu'un mot : ici ce n'est pas la maladie, c'est la nature qui craint. Que de gens dont la maladie a reculé la mort et dont le salut a tenu à ce qu'on les croyait mourants (a) ! Tu mourras, non parce que tu es malade, mais parce que tu vis. Cette crise t'attend, même en santé : que tu guérisses, tu n'y échapperas point ; tu ne te sauveras que de la maladie.

Quant à l'inconvénient d'être malade, sans doute de grandes souffrances accompagnent cet état ; mais, grâce aux intermittences, elles sont supportables : l'extrême intensité de la douleur en amène le terme. Nul ne peut souffrir avec violence et longtemps : la nature, en mère tendre, nous a conformés de telle sorte que la douleur ou nous fût supportable ou passât vite. Les plus violentes ont pour siége les parties les moins

---

(a) Ceci paraît être un souvenir personnel de l'auteur. Voir *sa vie*.

charnues du corps, les nerfs, les articulations : tout ce qu'il y a de ténu dans l'homme donne prise aux atteintes les plus vives, parce que le mal y est à l'étroit. Mais ces mêmes parties s'engourdissent promptement : à force de douleur l'aiguillon douloureux se brise, soit que l'esprit vital, entravé dans son cours naturel, dégénère et perde cette vigueur agissante qui avertit nos sens ; soit que l'humeur viciée, n'ayant plus où s'épandre, se refoule sur elle-même, et frappe d'insensibilité les organes où elle afflue. La goutte aux pieds ou aux mains et toutes les douleurs des vertèbres et des nerfs ont des intervalles de repos, quand la partie torturée ne réagit plus : les premiers élancements causent un vif malaise qui, en se prolongeant, s'amortit, et la souffrance s'arrête à l'engourdissement. Les dents, les yeux, les oreilles sont le siége d'affections d'autant plus aiguës qu'elles naissent sur les points les moins étendus de notre corps ; il en est de même, certes, pour les maux de tête ; mais plus ils sont vifs, plus tôt l'insensibilité et l'assoupissement leur succèdent. Ce qui donc doit consoler dans les grandes souffrances, c'est que nécessairement la sensation cesse dès qu'elle est trop poignante. Mais pourquoi les douleurs physiques sont-elles si importunes au grossier vulgaire ? C'est qu'il n'est point fait aux méditations de l'esprit ; c'est qu'il a trop donné au corps. Aussi l'homme dont le cœur et les vues sont élevés tient-il son âme indépendante du corps : il cultive surtout la meilleure, la divine partie de lui-même ; pour l'autre, quinteuse et fragile, il ne compte avec elle que le moins possible.

« Mais il en coûte d'être sevré de ses plaisirs habituels, de s'abstenir de nourriture, de souffrir la soif et la faim ! » Les premiers jours de privation sont durs : mais les désirs vont ensuite s'émoussant, à mesure que les organes de ces mêmes désirs se lassent et s'affaiblissent. De là les susceptibilités de l'estomac ; de là l'antipathie pour les choses dont on fut avide ; de là la mort même des désirs. Or qu'y a-t-il de pénible à n'avoir pas ce qu'on ne désire plus ? Et puis toute douleur a ses heures de relâche ou du moins ses adoucissements. Et puis on peut et en prévenir la venue et en repousser l'approche par des préservatifs ; car toujours elle est précédée de symptômes, surtout celles qui reviennent habituellement. Les souffrances de la maladie sont supportables pour qui brave sa suprême menace.

Ne va pas toi-même aggraver tes maux et t'achever par tes plaintes. Ils pèseront peu, si l'opinion n'y ajoute point ; et surtout si l'on s'encourage en disant : *Ce n'est rien,* ou du moins : *C'est peu de chose, sachons l'endurer, cela va finir;* tu rends le mal léger en le jugeant tel.

Tout dépend de l'opinion : l'ambition, la mollesse, la cupidité ne sont pas seules à se régler sur elle : l'opinion est la mesure de nos douleurs; on est misérable en proportion de ce qu'on croit l'être. Je voudrais qu'on renonçât à se lamenter sur des souffrances qui sont déjà loin; point de ces exclamations: « Jamais homme ne fut plus malheureux! Quels tourments, quels supplices j'ai endurés! Personne n'eût cru que j'y survivrais! Que de fois les miens m'ont pleuré comme mort! Que de fois les médecins m'ont abandonné! Ceux qu'on lie au chevalet ne sont pas torturés de la sorte! » Tout cela fût-il vrai, c'est chose passée [81]. Que sert de remanier des plaies qui sont fermées, et d'être malheureux parce qu'on l'a été jadis? Et quelle est cette manie qu'a tout homme d'exagérer ses misères et de se mentir à lui-même? Puis on aime à raconter ses peines; il est naturel qu'on se réjouisse de la fin de ses maux. Loin de nous donc tout à la fois et la crainte de l'avenir, et les retours sur un passé désagréable : celui-ci ne m'est plus rien, l'autre ne me touche pas encore. Au sein même des crises les plus difficiles, que l'homme se dise :

Ces souvenirs un jour peut-être auront leurs charmes (a)!

Qu'il lutte de tout son courage contre la douleur : il sera vaincu, pour peu qu'il lui cède ; il la vaincra, s'il se roidit contre elle. Mais que font la plupart des hommes? Ils attirent sur eux la chute du fardeau qu'ils devraient soutenir. Cette masse qui est tout proche, qui descend, qui déjà te pèse, si tu veux t'y soustraire te suit et croule plus accablante encore ; tiens ferme et redouble d'efforts, tu la repousseras. Que de rudes coups l'athlète n'essuie-t-il pas sur le visage et surtout le corps! Point de tourment toutefois qu'il n'endure par amour de la gloire, et qu'il n'endure non-seulement parce qu'il combat, mais pour combattre : ses exercices sont déjà des tourments. Nous aussi sachons tout surmonter : nous aurons pour prix non point une couronne, une palme, ou le son de la trompette commandant le silence pour qu'on proclame notre nom, mais la vertu, et la fermeté de l'âme et la paix du reste de nos jours, si une fois, dans quelque rencontre, nous avons mis la Fortune hors de combat.

(a) *Énéid.*, I. 203.

« Mais je sens de cruelles douleurs! » Qu'est-ce à dire? Les sens-tu moins quand tu les supportes en femme? De même que l'ennemi est surtout fatal aux fuyards; ainsi les désagréments de l'extérieur harcèlent bien plus quiconque veut s'y dérober et tourner le dos. « Mais la charge est lourde! » Eh! n'avons-nous reçu la force que pour de légers fardeaux? Lequel préfères-tu, que la maladie soit longue, ou qu'elle soit violente et courte? Longue, tu as du relâche, elle donne moyen de respirer, de longs moments où elle fait grâce : il lui faut ses heures d'irritation et de calme. Une maladie courte et précipitée s'éteindra d'elle-même ou elle m'éteindra. Or où est la différence, qu'elle finisse ou que je finisse? Dans les deux cas plus de souffrance.

Tu te trouveras bien aussi de distraire ton esprit vers d'autres pensées et de l'enlever à celle de la douleur. Rappelle-toi tout ce que tu as fait d'honorable et de courageux : considère les beaux côtés du rôle humain, promène tes souvenirs sur les grands traits qui ont le plus excité ton admiration. Évoque ces hommes intrépides qui triomphèrent de la douleur, celui qui pendant que l'on incisait ses varices n'en poursuivait pas moins sa lecture; celui qui ne cessa pas de rire, alors qu'irrités par là même les bourreaux épuisaient sur lui tous les raffinements de la cruauté. La raison ne vaincra-t-elle pas la douleur que le rire a vaincu? Cite-moi telle affection que tu voudras, catarrhe, toux violente et continue qui arrache les poumons par lambeaux, fièvre qui dévore les entrailles, tourments de la soif, membres distordus par le mal qui en déjette les articulations; ce qui est pire, c'est la flamme des tortures, le chevalet, les lames ardentes, et le fer enfoncé dans la tumeur même de la plaie pour la raviver, pour creuser encore plus avant. Au milieu pourtant de tous ces supplices, tel homme a pu ne point gémir, que dis-je? ne point supplier, ne rien répondre : il a pu rire et rire franchement (a). Et tu n'oserais pas, après cela, te railler de la douleur?

« Mais la maladie ne me permet de rien faire, de vaquer à aucun devoir. » Ton corps seul est valétudinaire, ton âme ne l'est point. La maladie arrête les pieds du coureur, enchaîne les mains du cordonnier et de l'artisan. Mais si tu as coutume d'employer ton intelligence, tu pourras donner conseils et leçons, écouter, apprendre, interroger, te ressouvenir. Après tout, n'est-ce rien faire que d'être un malade raisonnable? Tu feras

---

(a) Voy. Lettre LXXXV.

voir qu'on peut surmonter la maladie ou du moins la supporter. Ah! crois-moi, même chez l'homme gisant dans son lit il y a place pour le courage. Ce n'est pas seulement dans le choc des armes et dans la mêlée que l'on juge une âme énergique, indomptable à toute espèce d'effroi : même sur sa couche l'homme de cœur se révèle. Tu as ton œuvre à faire : lutte bravement contre le mal ; s'il ne t'arrache rien de force ou de surprise, tu donnes un noble exemple aux hommes. Oh! que de gloire à recueillir de la maladie, si nous y étions en spectacle! Sois à toi-même ton spectateur, ton admirateur.

Mais poursuivons : il est deux sortes de voluptés. Celles du corps, la maladie les suspend sans en tarir la source, ou, pour dire vrai, en la ravivant. On boit avec plus de plaisir quand on a soif, et l'affamé trouve les mets bien plus savoureux : toute jouissance qui suit la privation est plus avidemment saisie. Mais les voluptés de l'âme, plus grandes et plus certaines, nul médecin ne les défend au malade : quiconque les recherche et les goûte avec intelligence dédaigne tout ce qui chatouille les sens. Que je te plains d'être malade! Tu ne bois plus ton vin à la neige ; tu ne renouvelles plus la fraîcheur de ton breuvage en laissant tomber dans ta large coupe des morceaux de glace ; l'huître du Lucrin ne s'ouvre plus pour toi sur ta table même ; des valets d'office ne s'agitent plus en foule autour de tes convives, apportant les fourneaux [82] mêmes avec les plats. Car tel est le procédé que vient d'inventer la mollesse : de peur qu'un mets ne tiédisse et ne soit pas assez brûlant pour des palais (a) que rien ne réveille plus, le festin entre avec la cuisine. Que je te plains d'être malade! Tu ne mangeras que ce que tu pourras digérer ; tu n'auras pas, étalé sous tes yeux, un sanglier [83] renvoyé ensuite comme viande trop grossière ; tu n'entasseras pas en pyramide sur un bassin des poitrines d'oiseaux, car l'oiseau entier rebute à voir. Où est pour toi le mal? Tu mangeras en malade, disons mieux, comme doit manger souvent l'homme sain.

Mais nous supporterons tout cela sans peine, et la tisane et l'eau chaude, et tout ce qui semble intolérable à notre délicatesse énervée par le luxe, à nos âmes plus maladives que nos corps, pourvu qu'à nos yeux la mort cesse d'être un objet d'horreur. Elle cessera de l'être si la limite des biens et des maux nous est connue : alors enfin ni dégoût de la vie ni

(a) Voy. *Lettre* xcv et *Quest. nat.*, IV, xii.

frayeur de la mort. Comment en effet y aurait-il place pour la satiété dans une existence occupée de tant de choses si variées, si grandes, si divines? Ce qui toujours nous rend à charge à nous-mêmes, c'est l'inertie dans le loisir. A l'homme qui parcourt le domaine de la nature jamais la vérité n'apporte l'ennui : mais le faux rassasie bien vite. D'autre part si la mort approche et l'appelle, fût-ce prématurément, fût-ce au milieu de sa carrière brisée, il n'en a pas moins cueilli longtemps les fruits de la vie et connu en grande partie la nature : il sait que la vertu ne croît pas en raison du temps. Ceux-là trouvent nécessairement la vie courte qui lui donnent pour mesure des voluptés chimériques, dès lors sans limites.

Que de telles pensées te réconfortent et que le travail de notre correspondance y contribue aussi parfois. Un jour viendra où, rapprochés de nouveau, nous ne ferons plus qu'un; et si courts que soient ces moments, nous les ferons longs en les utilisant. Car, comme le dit Posidonius, « un seul jour de l'homme instruit a plus d'étendue que la plus longue vie de l'ignorant [84]. » En attendant, attache-toi, cramponne-toi à ce principe : ne point succomber aux rigueurs du sort, ne pas nous fier à ses faveurs; ne jamais perdre de vue jusqu'où vont ses caprices, et nous figurer que tout ce qu'il peut faire, il le fera. Toute épreuve longtemps attendue est plus légère quand elle arrive.

# LETTRE LXXIX

Scylla, Charybde, l'Etna. La gloire est l'ombre de la vertu.

J'attends que tes lettres me signalent ce que ta tournée dans la Sicile entière t'aura fait voir de nouveau, et tout ce qu'on a de positif sur Charybde. Qu'en effet Scylla ne soit qu'un rocher, qui même n'effraye point les navigateurs, je le sais parfaitement; mais Charybde répond-elle bien aux histoires qu'on en fait : je le voudrais savoir au juste. Et si par hasard tu l'as observé, la chose en vaut la peine, éclaire-nous sur cette question : le tournoiement du détroit n'a-t-il lieu que sous l'action d'un seul vent, ou bien toute espèce de bourrasque produit-elle le même résultat [85] ? est-il vrai enfin que tout ce que saisit ce courant circulaire est entraîné sous l'eau l'espace de plusieurs milles et ne reparaît que vers la côte de Tauroménium [86] ? Quand tu m'auras bien marqué tout cela, j'oserai alors te prier de gravir en mon honneur le mont Etna, qui se consume et s'affaisse insensiblement, selon certains raisonneurs, attendu qu'autrefois on le voyait de plus loin en mer. Cela peut provenir, non de ce que la montagne a baissé de hauteur, mais de l'évaporation du feu, moins violent, moins large dans ses éruptions, et qui par là même exhale de jour une fumée plus faible. Au reste il est également croyable qu'une montagne minée journellement par le feu s'amoindrisse et que ce feu diminue, puisqu'il ne procède pas de lui-même, puisqu'il s'engendre dans quelque vallée souterraine d'où il sort en torrent, et qu'enfin il se nourrit d'autres feux et trouve dans la montagne non un aliment, mais un soupirail. Il y a en Lycie une contrée bien connue, que les habitants nomment Héphestion (a) : c'est un sol percé en plusieurs endroits et entouré d'une ceinture de feux inoffensifs qui n'endommagent nullement ses productions : pays fertile, couvert d'herbages, où rien ne souffre de cette flamme amortie et languissante comme la lueur qu'elle donne.

Mais remettons à traiter ces questions après que tu m'auras écrit à quelle distance du cratère de l'Etna se trouvent ces neiges que l'été même ne fond pas, que dis-je? qui craignent si peu le voisinage du feu volcanique. Toutefois ne me rends pas comptable de toute cette peine, ta passion pour les vers gagnerait sur toi, quand nul ne t'en viendrait prier, de compléter ta description de l'Etna, car ta modestie ne t'empêche pas d'aborder ce texte favori de tous les poëtes. Ovide l'a traité sans être découragé par Virgile qui l'avait si heureusement fait (b), et enfin Sévérus Cornélius [87] n'en fut pas détourné par ces deux grands noms. Le sujet d'ailleurs a été fécond pour tous; et les premiers venus n'ont pas épuisé, ce me semble, ce qu'on pouvait en dire : ils ont ouvert la mine. Il y a bien de la différence entre une matière épuisée et celle qu'on attaque déjà exploitée par d'autres : chaque jour elle se montre plus riche, et les anciennes découvertes ne font point obstacle aux nouvelles. Et puis l'avantage est pour le dernier venu : il trouve des mots tout prêts qui, différemment mis en

---

(a) Fait rapporté aussi par Pline, *Hist. nat.*, V, xxvii.
(b) *Énéid.*, III, v. 203.

œuvre, prennent une physionomie nouvelle ; ce n'est point là mettre la main sur le bien d'autrui ; car ils sont du domaine public, et les jurisconsultes nient que le domaine public s'acquière par usucapion. Si je te connais bien, l'Etna te fait déjà, comme on dit, venir l'eau à la bouche. Tu brûles d'enfanter quelque œuvre grandiose et digne de tes devanciers. Ta modestie ne te permet pas d'espérer plus : elle est telle, que tu enchaînerais toi-même, je crois, l'essor de ton génie, si tu risquais de vaincre tes modèles, tant tu as pour eux de vénération !

Entre autres avantages la sagesse a celui-ci, que ses poursuivants ne peuvent se dépasser les uns les autres qu'en gravissant vers elle ; arrivés au sommet, tout est égal : plus d'avancement possible, c'est le point d'arrêt. Le soleil peut-il gagner quelque chose en grandeur, la lune excéder les dimensions ordinaires de son disque ? Les mers ne s'accroissent point ; le monde conserve la même forme et les mêmes limites. Tout ce qui a rempli ses proportions naturelles ne peut plus grandir. Tous ceux qui auront atteint la sagesse seront égaux, seront pairs entre eux ; chacun d'eux aura ses qualités à lui : tel sera plus affable ou plus alerte, ou parlera plus facilement, plus éloquemment que tel autre ; mais le point essentiel, mais ce qui fait le bonheur sera égal chez tous. Que ton Etna puisse s'affaisser et crouler sur lui-même ; que cette gigantesque cime, qui frappe les regards de si loin en mer, soit minée continuellement par l'action du feu, c'est ce que j'ignore ; mais la vertu, ni flamme, ni écroulement ne la feront tomber au-dessous d'elle-même. C'est la seule grandeur qui ne connaisse point d'abaissement, qu'on ne puisse ni porter au delà, ni refouler en arrière. Elle est, comme les corps célestes, invariable dans sa hauteur. Efforçons-nous de nous élever jusqu'à elle. Nous avons déjà fait beaucoup ; ou, pour dire mieux et plus vrai, nous avons fait trop peu. Car ce n'est pas être bon que de valoir mieux que les plus mauvais. Se vante-t-il d'avoir de bons yeux celui qui est en doute s'il fait jour, et pour qui le soleil ne luit qu'à travers un brouillard ? Il a beau parfois se trouver heureux d'avoir échappé à la cécité, il ne jouit pas encore du bienfait de la lumière. Notre âme aura lieu de se féliciter, lorsqu'affranchie des ténèbres où elle se débat elle pourra, non plus entrevoir d'indécises lueurs, mais se pénétrer toute du grand jour, lorsque, rendue au ciel sa patrie, elle retrouvera la place qu'elle occupait déjà quand le sort la fit naître. Là-haut l'appelle sa naissance : elle y sera, même avant de quitter cette prison du corps, quand, jetant loin d'elle toute souillure, elle s'élancera, pure et légère, dans la sphère des célestes pensées!

Voilà notre tâche, mon cher Lucilius, voilà où se doit porter toute notre ardeur, n'y eût-il que peu d'hommes, n'y eût-il personne pour le savoir. La gloire est l'ombre de la vertu : elle l'accompagne même en dépit d'elle. Mais comme l'ombre tantôt marche devant, tantôt à côté de nous, et tantôt derrière, ainsi la gloire quelquefois nous précède et frappe tous les regards ; d'autres fois elle nous suit, d'autant plus grande qu'elle est plus tardive : l'envie alors s'est retirée. Combien de temps Démocrite n'a-t-il point passé pour un fou? La Renommée eut peine à accueillir Socrate. Combien de temps Caton ne fut-il pas méconnu de Rome? On le repoussa, on ne le comprit qu'après l'avoir perdu. L'innocence et la vertu de Rutilius seraient ignorées, sans l'iniquité qu'il a subie : l'outrage l'a fait resplendir [69]. Ne dut-il pas rendre grâce à son infortune et chérir son exil? Je parle ici d'hommes que le sort a illustrés en les persécutant. Mais combien d'œuvres méritoires venues au grand jour après la mort de leurs auteurs! Que de noms négligés et puis exhumés par la gloire! Vois Épicure, si fort admiré non-seulement des hommes qu'a polis l'étude, mais aussi de la masse ignorante. Il était inconnu, même à Athènes, aux environs de laquelle il cacha sa vie. Aussi, comme il survivait déjà de plusieurs années à son cher Métrodore, dans une lettre, véritable hymne de reconnaissance dicté par les souvenirs d'une mutuelle tendresse, il termine en disant « que les charmes de leur union n'avaient rien perdu à ce que cette Grèce si riche en illustrations les eût laissés, Métrodore et lui, dans l'obscurité et presque dans un oubli absolu. » Plus tard pourtant, quand il eut cessé d'être, n'a-t-on pas su le découvrir? Sa doctrine en a-t-elle eu moins d'éclat? Métrodore aussi nous apprend par une de ses lettres qu'Épicure et lui n'avaient point été placés à leur hauteur, mais que leurs noms faits pour l'avenir grandiraient, comme celui de quiconque aurait marché résolûment sur leurs traces.

Aucune vertu ne demeure cachée : le fût-elle pour un temps, elle n'en souffrira point. Le jour viendra qui, des ténèbres où la tenait plongée l'envie contemporaine, doit la produire à la lumière. Il est né pour peu d'hommes celui dont la pensée ne s'adresse qu'à son siècle. Des milliers d'années, des générations nouvelles vont te suivre : c'est là qu'il faut jeter la vue. L'envie eût-elle imposé silence à tous les hommes de ton époque, il te naîtra des juges qui, sans faveur ni haine, sauront t'apprécier. Si la renommée est pour la vertu une récompense de plus, celle-là même n'est jamais perdue. Les discours de la postérité ne nous toucheront plus sans doute, mais tout insensibles que nous y serons, elle aura pour nous des hommages et de fréquents ressouvenirs. Il n'est personne qui, vivant et après sa mort, n'ait été payé de sa vertu, s'il l'a franchement embrassée, s'il ne l'a point prise comme un costume et un fard trompeur, s'il a été trouvé le même et dans les visites annoncées et quand on l'a surpris à l'improviste. Rien ne sert de se déguiser : trop peu d'yeux s'en laissent imposer par un extérieur qu'un vernis léger décore. Au dehors comme au dedans, le vrai seul est toujours le même. Les faux-semblants [89] n'ont point de consistance. Rien n'est plus mince que le mensonge ; il est transparent, si l'on y regarde de près.

## LETTRE LXXX.

Futilité des spectacles. Certains grands comparés à des comédiens.

Je m'appartiens pour cette journée, et je le dois moins à moi-même qu'au spectacle, qui chasse tous les importuns vers le jeu de paume. Nul ne vient fondre jusqu'à moi ; nul ne troublera mes pensées, qui dans cette confiance même se développent plus hardies. Je n'entends pas crier ma porte à chaque instant : le rideau de mon cabinet ne se soulèvera point ; je pourrai poursuivre mon pas, chose essentielle, surtout à qui marche de lui-même et dans la voie qu'il s'est tracée. Est-ce donc que je ne suis pas les anciens ? — Si fait ; mais je me permets de faire aussi quelques découvertes, de modifier, d'abandonner les leurs. Mon acquiescement n'est point un esclavage (a).

Mais non : c'était trop dire ; je me promettais du silence, une solitude que rien n'interromprait ; et voici qu'une bruyante clameur, partie de l'amphithéâtre, vient, non m'arracher à mon calme, mais me faire songer à ce débat si passionné des spectateurs. Je considère à part moi combien de gens exer-

(a) Voy. *Lettres* XXXIII, XLV, LXXXIV.

cent leur corps, et combien peu leur esprit; quel concours de peuple à un spectacle de mensonge et d'illusion, et quel désert autour de la science; quels imbéciles esprits dans ces hommes dont on admire l'encolure et les muscles. Voici sur quoi j'arrête spécialement mes réflexions. Si le corps peut arriver par l'exercice à cette force passive qui endure les coups de pied et de poing de plusieurs assaillants; qui lui fait braver les plus vives ardeurs du soleil au milieu d'une poussière brûlante, dégouttant du sang qu'il perd, et cela durant tout un jour; combien plus aisément l'âme ne pourrait-elle point s'endurcir à recevoir sans se briser les coups de la Fortune, à être terrassée, foulée par elle pour se relever encore! Le corps a besoin de mille choses pour soutenir sa vigueur; l'âme croît par sa propre énergie : elle s'alimente et s'exerce elle-même. Il faut au corps force nourriture, force boisson, force huile, en un mot des soins continus; la vertu, tu l'obtiendras sans tant de provisions, sans dépense. Tout ce qui peut te rendre bon est en toi. Que te faut-il pour l'être? Le vouloir. Et que peux-tu vouloir de mieux que de t'arracher à cette servitude qui se fait sentir à tout homme, et que les esclaves même du dernier rang, du sein de cette fange où ils sont nés, s'efforcent de briser par tous les moyens? Ce pécule amassé en fraudant leur appétit, ils le donnent pour racheter leur tête; et tu n'ambitionnerais pas de conquérir à tout prix la liberté, toi qui te crois né libre! Tu jettes les yeux sur ton or : l'or ne l'achète point. Chimère donc que cette liberté qui s'inscrit aux registres publics : elle n'est pas plus à ceux qui la payèrent qu'à ceux qui la vendirent. C'est à toi de te la donner; ne la demande qu'à toi. Affranchis-toi premièrement des terreurs de la mort, avant tout autre ce joug-là nous pèse, ensuite de la crainte de la pauvreté. Pour savoir combien elle est loin d'être un mal, compare la physionomie du pauvre avec celle du riche. Le pauvre rit plus souvent et de meilleur cœur; ses soucis n'ont rien de profond; s'il lui survient quelque inquiétude, c'est un léger nuage qui passe. Mais les heureux, comme on les appelle, n'ont que des joies factices ou des tristesses poignantes et concentrées, d'autant plus poignantes qu'il ne leur est jamais permis d'être ouvertement misérables, et qu'au fort même de ces chagrins qui rongent le cœur, il faut jouer son rôle d'heureux [80]. Cette métaphore-là j'ai trop occasion d'en user (a), car rien ne caracté-

---

(a) Voy. Lettre LXXVI.

rise mieux le drame de la vie, qui assigne à chacun de nous un personnage si mal soutenu. Cet homme qui s'avance majestueusement sur la scène, et qui dit, renversant sa tête :

> Héritier de Pélops, je suis maître d'Argos ;
> L'isthme que l'Hellespont vient battre de ses flots,
> Et qui commande au loin sur la mer d'Ionie,
> Reconnaît mon empire.... (a).

c'est un esclavé qui reçoit par mois cinq boisseaux de froment et cinq deniers (b). Ce héros superbe, impérieux, gonflé du sentiment de sa puissance, et qui dit :

> Arrête, Ménélas ! ou tu meurs de ma main ;

est un gagiste à tant par jour, qui dort dans un galetas [91]. Autant peux-tu en dire de tous ces voluptueux en litière qui planent sur les têtes et dominent la foule : leur bonheur à tous est un masque. Arrache-le, ils feront pitié. Avant d'acheter un cheval, tu fais déboucler son harnais ; tu déshabilles l'esclave que tu marchandes, il peut cacher quelque vice physique ; et tout autre homme tu le prises avec son enveloppe ! Chez les vendeurs d'esclaves, tout ce qui pourrait choquer se déguise sous quelque artifice ; aussi, pour l'acheteur, tout ajustement est suspect ; qu'un lien quelconque à la jambe ou au bras frappe ta vue, tu fais tout découvrir, tu veux voir le corps bien à nu [95]. Vois ce roi de Scythie ou de Sarmatie, le front paré du diadème : si tu le veux apprécier et savoir au fond tout ce qu'il est, détache son bandeau : que de misères cachées là-dessous ! Mais que parlé-je des autres ? Si tu veux te peser toi-même, mets à l'écart ta fortune, ta maison, ton rang, et considère l'homme intérieur. Jusque-là tu t'estimes sur la foi d'autrui.

(a) Vers d'Attius, tragédie d'*Atrée*.
(b) 43 litres 20 centilitres et 2 fr. 50 c.

# LETTRE LXXXI.

Des bienfaits, de l'ingratitude, de la reconnaissance.

Tu te plains que ta générosité soit tombée sur un ingrat. Si c'est le premier, rends grâce à ta bonne fortune ou à ta prudence. Mais, en pareille matière, la prudence n'est bonne qu'à rendre parcimonieux : car, pour éviter un risque fâcheux, tu ne feras pas le bien, et la crainte de le voir perdu le fera sécher dans tes mains. Renonçons à recueillir plutôt que de ne pas donner. Souvent ce qu'avait fait perdre l'opiniâtre stérilité d'un sol ingrat, une seule bonne année l'a rendu. La chance de trouver un homme reconnaissant vaut bien un essai sur quelques ingrats. Nul n'a la main si sûre en bienfaits que souvent il ne se méprenne : manquons le but plusieurs fois pour l'atteindre une seule. Après le naufrage on affronte de nouveau les mers : le prêteur n'est point chassé du forum par un banqueroutier (a). Bientôt la vie serait privée d'action et paralysée, s'il fallait abandonner tout ce qui rebute. Que le péril même te rende plus libéral : où le succès est incertain, ne faut-il pas, pour réussir une fois, multiplier les tentatives ?

Au reste, j'en ai dit assez sur ce point dans le traité qui a pour titre *Des bienfaits* (b); voyons plutôt cette question que je n'ai pas, ce me semble, suffisamment développée : Quelqu'un m'a obligé, et ensuite m'a nui ; y a-t-il compensation et suis-je dégagé de ma dette ? Ajoute encore, si tu veux : il m'a nui bien plus qu'il ne m'avait servi. Veux-tu avoir l'arrêt impartial d'un juge rigoureux ; il voudra que l'un absolve l'autre, il dira : « Bien que le dommage l'emporte, fais remise au bienfait de ce qu'il y a de plus dans l'injure. Le tort a été plus grand ? Mais le service a précédé : tiens compte aussi de l'ordre des dates. » Une autre réflexion, trop naturelle pour qu'on te la suggère, te fera rechercher quel empressement on mit à t'obliger et quelle

---

(a) Au texte : *Non fugat a foro coactor. Coactor*, colle eur d'impôts, sens peu clair. Je lis, comme Pincianus, *coctor*, dans le sens de *decoctor* que porte un Mss.

(b) Livre III, xiii, et VI, iv.

répugnance à te nuire; car l'intention constitue le bienfait comme l'injure. Tel service que je ne voulais pas rendre m'a été arraché par respect humain, par des instances opiniâtres, par un espoir quelconque. Les choses sont dues comme elles sont données; et ce n'est point leur valeur, mais la volonté dont elles émanent que l'on pèse. Mais écartons les conjectures. Reconnaissons d'une part un bienfait, de l'autre, une injure surpassant en grandeur le bienfait qui l'a précédée. Une âme honnête établit un double calcul en prenant la perte à son compte : elle ajoute au bienfait, elle retranche de l'injure : plus indulgente que le premier juge, et voilà comme je voudrais être, elle oubliera l'une pour ne se souvenir que de l'autre. « Mais certes, dit-on, il est selon la justice de rendre à chacun ce qui lui est dû, au bienfait la reconnaissance, à l'injure les représailles, ou du moins le ressentiment. » A la bonne heure, si l'injure vient d'une autre personne que le bienfait : car si c'est de la même personne, l'effet de l'injure est annulé. Ne nous eût-on pas obligé antérieurement, il aurait fallu pardonner; à qui nous offense après le bienfait, on doit mieux que le pardon. Je n'évalue point l'une à l'égal de l'autre : je donne plus de poids au bienfait qu'à l'injure.

Sans qu'on soit ingrat, on ne sait pas toujours devoir un bienfait : un homme sans lumière et grossier, un homme de la foule peut le savoir, surtout quand l'obligation est récente; mais il ignore combien il doit : le sage lui seul connaît le vrai taux de chaque chose. Mais l'ignorant dont je viens de parler, sa volonté fût-elle bonne, rend moins qu'il ne doit, ou choisit mal le temps, le lieu; ce qu'il faut rapporter, il le jette gauchement, il le laisse tomber.

C'est chose merveilleuse que la justesse de certaines expressions; et le génie de l'ancien langage caractérise certains actes en termes si frappants que l'enseignement du devoir y est visiblement marqué. Telle est assurément la locution habituelle : *Ille illi gratiam retulit* (il a été reconnaissant), ce qui veut dire : il a spontanément *rapporté* ce qu'il devait. Nous ne disons pas *il a rendu;* on rend quand on en est prié, on rend malgré soi, et n'importe où et par intermédiaire. Nous ne disons pas *il a remis, il a payé;* nous n'avons voulu aucun de ces mots qui sentent la dette. *Rapporter*, c'est porter à celui dont on a reçu. Ce mot exprime une démarche volontaire, l'action d'un homme qui s'est mis lui-même en demeure. Le sage pèsera dans sa pensée tout ce qu'il aura reçu, et de qui, et l'époque, le lieu, la manière. Voilà pourquoi, selon nous nul ne sait être reconnaissant que le sage ; et nul non plus ne sait donner un bienfait que le sage, c'est-à-dire que l'homme q i jouit plus de donner, qu'un autre de recevoir.

Peut-être verra-t-on ici l'une de ces doctrines par où nous semblons heurter l'opinion générale, un paradoxe, comme l'appellent les Grecs ; on dira : « Voilà donc que, hormis le sage, nul ne sait répondre aux bienfaits ; donc aussi nul autre que lui ne saura ni rembourser un créancier, ni payer à un vendeur le prix d'un achat? » Qu'on ne nous fasse point de mauvais parti, et sache qu'Épicure parle comme nous. Du moins Métrodore soutient-il « que le sage seul sait répondre à un bienfait. » Puis il s'étonne quand nous disons : « Le sage seul sait aimer ; il n'y a d'ami que le sage. » Et pourtant n'est-ce pas un devoir d'affection et d'amitié que la reconnaissance ? C'est même un acte plus vulgaire et dont plus d'hommes sont capables que de la vraie amitié.

Il s'étonne encore de nous entendre dire « que la bonne foi n'est que chez le sage, » comme s'il ne le confessait pas lui-même. Te semble-t-il homme de foi, celui qui ne sait pas être reconnaissant ? Que l'on cesse donc de nous décrier sous prétexte que nous prêchons des choses incroyables ; et qu'on reconnaisse que l'honnête se trouve en réalité chez le sage, quand le commun des hommes n'en a que l'apparence et le simulacre. Nul ne sait répondre aux bienfaits que le sage : l'insensé aussi y répondra d'une manière telle quelle, selon sa portée ; le savoir lui manquera plutôt que la volonté. La volonté ne s'apprend point. Le sage comparera toutes choses entre elles, parce qu'il s'attache plus ou moins de valeur au même bienfait, selon le temps, le lieu, le motif. Souvent des trésors versés à pleines mains firent moins que mille deniers donnés à propos. Car il y a grande différence entre un cadeau et un secours, entre la libéralité qui sauve et celle qui ajoute à l'aisance. Souvent le don, fort petit en soi, est immense par ses résultats. Et quelle différence encore entre l'homme qui tire de son coffre pour donner, et celui qui reçoit pour transmettre !

En résumé, et pour ne pas retomber sur des questions suffisamment approfondies, dans cette comparaison du bienfait et de l'injure l'homme de bien décidera en toute équité ; mais il aura plus égard au bienfait ; c'est de ce côté qu'il penchera. D'ordinaire aussi la qualité de la personne est d'un grand poids en pareille matière. Tu m'as rendu service dans la personne de mon esclave, et tu m'as fait injure dans celle de mon père ; tu as sauvé mon fils, mais tu m'as privé de mon père. Il poursuivra ainsi les autres détails par où procède tout parallèle ; si la nuance est imperceptible, il la dissimulera ; si elle est tranchée, mais qu'elle puisse s'excuser sans que la voix du sang ou du devoir murmure, il en fera grâce, au cas, bien entendu, où l'injure ne touche que lui seul. En deux mots, il se montrera facile à la compensation, et se laissera même imputer plus qu'il ne doit. Répugnant à payer le bien en le balançant par le mal, il inclinera, il tendra toujours à se juger redevable, à vouloir s'acquitter. C'est se méprendre en effet que de trouver plus de plaisir à recevoir qu'à rendre. Autant il est plus agréable de se libérer que d'emprunter, autant celui qui se décharge de l'immense dette d'un bienfait doit plus jouir que l'homme qui contracte au moment même son obligation. Car, autre préjugé des ingrats : eux qui soldent à leurs créanciers quelque chose de plus que leur capital, ils se figurent que la jouissance des bienfaits est à titre gratuit. Le bienfait aussi croît avec le temps : il faut rembourser plus à mesure qu'on a plus tardé. Ingrat est celui qui ne rend pas avec usure. C'est de quoi il faut encore tenir compte en balançant la recette et la dépense.

Il faut tout faire pour montrer le plus de reconnaissance possible : c'est à soi pour lors que l'on fait du bien. Ainsi la justice ne profite pas, comme pense le vulgaire, à autrui seulement ; ce qu'il y a de plus excellent n le lui revient. Toujours, en obligeant les autres, on s'oblige soi-même. Non que j'entende par là que l'homme assisté par moi m'assiste à son tour, qu'il court défendre son défenseur, et que tout acte méritoire remonte par un heureux circuit jusqu'à son auteur, tout comme les mauvaises œuvres retombent sur leurs artisans, tout comme la pitié s'éloigne de ceux qui éprouvent l'injustice s'ils l'ont autorisée en l'enseignant par leur exemple ; mais je veux dire que toutes les vertus portent en elles leur récompense. On ne les pratique point par intérêt : le prix d'une bonne action, c'est de l'avoir faite. Je suis reconnaissant, non pour qu'un autre m'oblige plus volontiers, encouragé par une première épreuve, mais pour m'acquiter du plus doux comme du plus noble des devoirs. Je suis reconnaissant, non pour mon profit, mais pour mon plaisir ; et la preuve, c'est que si la reconnaissance ne m'était permise qu'à condition de paraître ingrat, si je ne pouvais rendre un bienfait que sous les semblants de l'injure, bien volontiers je marcherais où l'honnête m'appelle, même à travers l'infamie. Nul ne me semble mettre à plus haut prix la vertu, ni lui être plus dévoué que celui qui a perdu le titre d'homme de bien pour n'en pas perdre la conscience. Aussi, je le répète, ton bienfaiteur gagne-t-il moins que toi à ce que tu sois reconnaissant. Lui, en effet, recueille un avantage vulgaire et journalier : il recouvre ce qu'il a donné ; le tien est immense et part de la plus heureuse situation morale, du sentiment de ta gratitude. Car si l'on est malheureux par la méchanceté, heureux par la vertu, et si c'est une vertu que la gratitude, pour une restitution ordinaire tu as conquis un bien inestimable, la conscience d'une vertu remplie, et cette conscience n'est donnée qu'à une âme divine et bienheureuse.

Quant à l'âme affectée du sentiment contraire, le plus affreux malheur l'accable. Quiconque est ingrat sera misérable ; ne le renvoyons pas au futur, il l'est à l'instant même. Gardons-nous donc d'un pareil vice, sinon à cause d'autrui, du moins pour nous. C'est la moindre et la plus légère partie de son fiel que l'iniquité distille sur autrui ; ce qu'elle a de plus nuisible et pour ainsi dire toute la lie séjourne et pèse au fond de l'âme perverse. Comme le disait Attalus, l'un des nôtres : « La méchanceté boit la plus grande partie de son propre venin [85]. » Celui des serpents, toujours prêt pour tuer l'ennemi, ne tue point l'animal qui le porte ; tel n'est pas le venin du méchant : l'âme qui le renferme en souffre le plus. L'ingrat se torture et se ronge lui-même : il hait ce qu'il a reçu, parce qu'il doit rendre ; il le déprise : mais les torts, il les amplifie et les exagère. Or est-il une âme plus à plaindre que celle où le bienfait passe et où l'injure demeure ? Le sage, au contraire, relève la moindre des grâces qu'il reçoit et l'embellit à ses propres yeux et en perpétue la jouissance par le souvenir. La satisfaction du méchant n'a lieu qu'une fois, pour un moment, quand il reçoit ; celle du sage se prolonge et ne cesse plus. Car ce n'est pas de recevoir, mais d'avoir reçu qu'il est heureux, félicité permanente et de tous les instants. Il ne tient pas compte de ce qui le blesse ; et non point par insouciance, mais volontairement, il oublie. Il n'interprète pas tout au pire, ne cherche pas à qui imputer un accident, et préfère attribuer à la Fortune les fautes des humains. Il n'incrimine ni les paroles, ni les airs de visage ; il explique tout mécompte dans un esprit de bienveillance qui le lui rend léger : il ne se souvient pas de l'offense plutôt que du service. Autant qu'il le peut, il s'en tient au souvenir plus doux du bienfait précédent, et ne change pas de sentiments pour qui a bien mérité de lui, à moins que les torts ne l'emportent de beaucoup, et que la différence ne frappe l'œil même le plus indulgent; encore ne change-t-il, quand l'injure est la plus forte, que pour redevenir ce qu'il était avant le bienfait. Car si le mal est égal au bien, il laisse encore dans l'âme un reste d'affection. De même que le partage des voix absout un accusé, et que toujours, dans le doute, l'humanité incline pour la douceur; ainsi le cœur du sage, lorsque le mal et le bien se balancent, peut n'être plus redevable, mais ne peut plus ne pas vouloir l'être; il fait comme le débiteur qui, après l'abolition des dettes, persiste à payer.

Nul ne peut être reconnaissant s'il ne méprise ces choses dont le vulgaire est follement épris. Veux-tu être reconnaissant, sois prêt à partir pour l'exil, à répandre ton sang, à embrasser l'indigence, souvent même à voir ton innocence flétrie, exposée aux plus indignes rumeurs. Ce n'est pas pour peu que l'homme reconnaissant se tient quitte.

Rien n'a de prix comme une grâce qu'on demande, rien n'en a moins qu'une grâce obtenue [94]. Veux-tu savoir ce qui nous la fait mettre en oubli? La soif d'obtenir encore. On ne songe pas à ce qui est acquis, mais à ce qu'on veut acquérir [95]. Ce qui nous arrache au devoir, c'est la passion de l'or, des honneurs, de la puissance et de mille choses, précieuses selon nous, en réalité misérables. Nous ne savons point les estimer, ces choses : il faudrait pour cela interroger leur nature vraie et non pas la renommée. Elles n'ont rien de magnifique, rien qui leur puisse attirer nos cœurs, que notre habitude de les admirer. Ce n'est point parce qu'elles sont désirables qu'on les vante; mais on les désire parce qu'elles sont vantées; et comme l'aveuglement de chacun a formé le préjugé public, celui-ci renforce l'aveuglement de chacun. Or, si sur ce point nous croyons comme le peuple, croyons comme lui en cette vérité : rien n'est plus beau que la reconnaissance. Toutes les villes, tous les pays, toutes les races même barbares le proclameront à l'envi; bons et méchants tiendront même langage. Les uns vanteront les plaisirs, d'autres préféreront le travail; ici la douleur s'appellera le plus grand des maux, là elle ne sera pas même un mal; plusieurs élèveront la richesse au rang du souverain bien, il s'en trouvera qui la diront créée pour le tourment de la vie; selon eux, le plus opulent c'est celui à qui la Fortune ne trouve rien à donner. Dans cette immense diversité d'opinions, toutes affirmeront, comme on dit, d'une seule voix, que l'homme qui mérite bien de nous doit être payé de retour : le genre humain, si partagé sur tout le reste, tombera ici d'accord, ce qui ne l'empêche pas mainte fois de rendre le mal pour le bien. Et la première cause qui fait les ingrats, c'est de n'avoir pu être assez reconnaissant[96]. Cette frénésie est venue au point que l'on court grands risques à rendre à certaines gens de grands services : car, ayant honte de ne rendre point, ils voudraient que l'homme auquel ils doivent rendre ne fût plus de ce monde. « Garde pour toi ce que tu as reçu; je ne répète, je n'exige rien : pardonne-moi le bien que je t'ai fait. » Point de haine plus dangereuse que celle qui vient de la honte d'avoir forfait à la reconnaissance.

## LETTRE LXXXII.

### Contre la mollesse. Subtilités des dialecticiens.

Je ne suis plus inquiet de toi. Et quel dieu ai-je pris pour garant? Tu le demandes! Celui qui ne trompe personne : ton âme passionnée pour la droiture et la vertu. La meilleure partie de toi-même est hors de péril. La Fortune peut te faire tort; mais, chose plus essentielle, je ne crains plus que tu te fasses tort à toi-même. Suis toujours ta voie : recueille-toi dans les habitudes d'une vie paisible sans mollesse. J'aime mieux être mal que mollement; et prends ce mot être mal dans le sens ordinaire du peuple, vivre durement, pâtir et travailler. Souvent nous entendons vanter l'existence de certains hommes et dire avec envie : « Ils vivent dans la mollesse; » c'est comme qui dirait : « Ils ne valent rien. » Car peu à peu leur âme s'efférmine, et devient l'image même de la langueur, de la paresse où elle croupit et se fond. Et pour l'homme de cœur, s'endurcir à la peine ne vaut-il pas mieux? Et puis l'efféminé craint de mourir, quand de sa vie il s'est fait une mort! Il y a loin du vrai loisir à l'immobilité de la tombe. « Quoi donc? Ne vaut-il pas mieux rester immobile que d'être emporté par le tourbillon de tant de futiles devoirs? » Ce sont deux choses qui tuent également que les convulsions et le marasme. Et, je pense, un cadavre est aussi peu vivant sur un lit de parfums que sous le croc du bourreau. Le loisir sans les lettres est une mort ; c'est l'homme tout vif dans la sépulture. De quoi alors peut servir la retraite? Nos causes d'anxiété ne nous suivent-elles pas au delà des mers? Dans quel antre assez reculé ne pénétreront point les terreurs de la mort? Comment fortifier et bâtir assez haut la paix de notre existence pour que la douleur n'y porte point l'alarme? N'importe où tu te cacheras, les misères humaines t'assiégeront de leurs menaces. Combien au dehors, rôdant autour de nous, méditent une surprise ou l'assaut ; et au dedans, en pleine solitude, que de rébellions !

Que la philosophie nous enveloppe de son rempart inexpugnable : le sort, dût-il l'attaquer de ses mille machines, n'y fera point brèche. Elle est retranchée dans un poste invincible, l'âme qui a rompu avec l'extérieur : ce fort qu'elle s'est fait, elle sait s'y défendre ; tous les traits portent plus bas. La Fortune n'a pas les bras aussi longs qu'on le pense : elle ne saisit que ceux qui s'attachent à elle. Fuyons donc loin d'elle le plus que nous pourrons et fuyons vite ; mais nous ne le pourrons que par la connaissance de nous-mêmes et de la nature. Sachons où nous devons aller, d'où nous venons ; ce qui est bien pour l'homme, ce qui est mal ; ce qu'il faut vouloir ou éviter ; ce qu'est cette raison qui discerne le désirable de ce qui ne l'est point, qui apprivoise les passions folles, qui émousse les poignantes terreurs. Quelques-uns se vantent d'avoir, même sans la philosophie, réprimé tout cela ; mais le moindre accident qui met leur sécurité à l'épreuve leur arrache un tardif désaveu : tout ce fier langage tombe quand le bourreau leur vient prendre la main, quand la mort les attend tout proche [97]. On pourrait leur dire : « Vous braviez à votre aise des maux éloignés ; la voici cette douleur que vous disiez supportable. Voici cette mort contre laquelle vous faisiez tant de phrases intrépides. Les fouets résonnent, le glaive étincelle :

C'est ici qu'il vous faut un cœur, une âme ferme (a). »

Et ce qui donne cette fermeté, c'est de méditer assidûment, d'exercer non point ton langage, mais ton âme ; de t'aguerrir contre la mort, sans espérer sur ce point ni encouragements ni force morale de ceux qui, par des chicanes de mots, tenteront de te persuader que la mort n'est point un mal. Car enfin, sage Lu-

(a) *Énéide*, VI, 26.

cilius, moquons-nous un peu de ces inepties grecques dont, à ma grande surprise, je ne suis pas encore bien revenu. Notre Zénon pose ce syllogisme : « Aucun mal n'est glorieux ; la mort est glorieuse; donc la mort n'est point un mal. » Me voilà bien avancé! Délivré de ma peur, après ce beau mot je n'hésiterai plus à tendre le cou. Ne saurais-tu parler plus sérieusement, ne pas me donner à rire en face du supplice? Oui certes, il me serait difficile de dire quel est le plus extravagant de se flatter d'étouffer par un tel argument la crainte de la mort, ou de prendre à tâche, comme si c'était la peine, de débrouiller ton sophisme. Car Zénon s'est réfuté lui-même par un syllogisme contraire, tiré de ce que nous plaçons la mort parmi les choses indifférentes, ἀδιάφορα, comme s'expriment les Grecs. « Rien d'indifférent, a-t-il dit, n'est glorieux ; la mort est glorieuse; donc elle n'est pas indifférente. » Tu vois où va cette surprise de mots. La mort en elle-même n'est pas glorieuse; c'est mourir courageusement qui est glorieux ; et quand il dit : « Rien d'indifférent n'est glorieux, » je l'accorde, sauf à dire aussi : rien de glorieux qui n'ait pour éléments des choses indifférentes. Je comprends comme telles, c'est-à-dire comme n'étant ni des biens ni des maux, la maladie, la douleur, la pauvreté, l'exil, la mort. Aucune de ces choses n'est essentiellement glorieuse, et rien pourtant ne l'est sans elles; car on loue, non la pauvreté, mais l'homme qu'elle n'humilie ni ne fait plier; car on loue, non l'exil, mais l'homme qu'il ne contriste pas; car on loue, non la douleur, mais l'homme qui ne lui cède rien ; on n'a jamais loué la mort; on loue celui à qui la mort a plus tôt fait d'enlever l'existence que de troubler le cœur. Toutes ces choses n'ont en elles rien d'honnête ni de glorieux; mais quelle que soit celle où la vertu intervienne et mette la main, elle la fait honorable et glorieuse. Neutres par leur nature, elles se modifient selon que le vice ou la vertu y appliquent leur empreinte. Cette même mort, si belle chez Caton, est, chez Brutus, ignoble et déshonorante. Je parle de ce Brutus [98] qui, condamné à périr et cherchant des délais, se retira à l'écart pour satisfaire un besoin naturel, et comme on l'appelait au supplice, répondit à l'ordre de présenter sa tête : « Je la présenterai ; si à ce prix on me laissait vivre! » Quelle démence de vouloir fuir, quand reculer est impossible! « Si à ce prix on me laissait vivre! » Peu s'en fallut qu'il n'ajoutât : « même sous Antoine! » O homme digne d'être livré à l'existence!

Au reste, comme je viens de le dire, la mort en elle-même,

tu le vois, n'est ni un mal ni un bien : Caton en a tiré le parti le plus honorable ; Brutus, le plus honteux. Les choses qui ont le moins d'éclat en reçoivent de l'alliance de la vertu. Nous disons qu'une chambre est claire, bien que la nuit elle soit fort obscure : c'est le jour qui lui verse sa clarté, la nuit la lui ôte. Telles sont les choses que nous appelons indifférentes ou neutres : richesse, force, beauté, honneurs, rang suprême, et, dans les contraires, mort, exil, mauvaise santé, douleurs, tout ce qui excite plus ou moins nos appréhensions ; tout cela reçoit du vice ou de la vertu le nom de bien ou de mal. Une masse métallique n'est par elle-même ni chaude ni froide : jetée dans la fournaise elle s'embrase, plongée dans l'eau elle se refroidit. La mort ne devient honorable que parce qui est honnête, à savoir : la vertu et le mépris de l'extérieur.

Il y a aussi, Lucilius, dans tout ce que nous appelons *neutre*, de grandes distinctions à faire. Car la mort n'est pas indifférente dans le même sens qu'il l'est que tes cheveux soient coupés également ou non ; la mort est de ces choses qui, sans être des maux, en ont toutefois l'apparence. Il y a dans l'homme un amour de soi, un instinct inné de conservation et de durée qui répugne à la dissolution de son être, parce qu'elle semble lui enlever une foule de biens et l'arracher à cette abondance à laquelle il s'est accoutumé. Voici encore pourquoi la mort nous effarouche : ce monde où nous sommes nous le connaissons ; mais où l'on passe au sortir de là nous l'ignorons ; que sera-ce ? l'inconnu fait peur. Et puis l'horreur naturelle des ténèbres où l'on se figure que le trépas nous plonge, tout cela fait que la mort, quoique dans le fond indifférente, n'est pas toutefois de ces accidents qu'on méprise facilement. Il faut de longs efforts pour y aguerrir l'âme, pour qu'elle en soutienne la vue et les approches. La mort est plus à dédaigner qu'on ne le fait d'ordinaire : oui, on la juge trop sur ouï-dire, trop de beaux esprits en ont à l'envi exagéré l'affreux tableau. On en a fait une prison souterraine, une région ensevelie dans une nuit perpétuelle où, de son antre sanglant, couché sur des os à demi rongés,

> Le monstrueux gardien de ces demeures sombres,
> Par d'éternels abois glace les pâles ombres (a).

Mais nous eût-on persuadé que tout cela n'est que fables (b),

(a) *Énéide*, VIII, 297 et VI, 401.
(b) Voy. *Lettre* XXIV et *Consol. à Marcia*, XIX.

et que les morts n'ont plus à s'épouvanter de rien, une autre crainte vient nous saisir : l'homme n'a pas moins peur de n'être nulle part que d'être chez les Mânes. Ayant à combattre ces chimères dont l'offusque un préjugé invétéré, comment la mort soufferte avec courage ne lui serait-elle pas glorieuse comme l'un des actes les plus grands de l'humanité? L'homme ne s'élèvera jamais à la vertu, s'il pense que la mort est un mal ; il s'y élèvera, s'il la juge indifférente. Il n'est pas dans la nature que l'on se dévoue de grand cœur à ce qu'on croit un mal; on s'y portera lentement et avec hésitation : or est-il rien de glorieux dans ce qu'on fait de mauvais gré, en marchandant? La vertu ne fait rien par contrainte. Ajoutons que rien d'honnête ne s'accomplit, si l'âme ne s'y consacre et n'y intervient tout entière, si quelqu'une de ses facultés y répugne. Mais qu'on se résigne à un mal par crainte de plus grands maux, ou dans l'espérance de biens tels que leur conquête vaille bien un seul mal à souffrir et à dévorer, il y a dissidence entre les sentiments qui font agir : l'un commande de mener à fin l'entreprise; l'autre nous rentraîne en arrière et veut fuir l'objet suspect et dangereux : deux tendances contraires nous partagent. Et dès lors, plus de gloire ; car la vertu exécute sans arrière-pensée ce qu'elle a résolu ; elle ne s'effraye point de ses actes.

> Sans céder au malheur, marche avec plus d'audace
> Où le sort te permet.... (a).

Marcheras-tu avec plus d'audace, si tu crois au malheur? Bannis cette croyance de ton âme : autrement tu hésites, ton élan est arrêté par la méfiance, tu es poussé de force où tu devrais te précipiter.

Nos stoïciens veulent qu'on tienne pour juste l'argumentation de Zénon, pour insidieuse et fausse celle qu'on y oppose. Moi je ne ramène point la question aux lois de la dialectique, ni à ces nœuds que tresse l'art le plus insipide : il faut proscrire, selon moi, tout cet attirail interrogatif par lequel l'adversaire, qui se sent circonvenu, est amené à confesser et à répondre le contraire de ce qu'il pense. Défendons la vérité par des armes plus franches; combattons la peur plus virilement. Ce que l'on embarrasse d'arguties, je voudrais le démêler et le développer de manière à persuader les hommes, non à leur donner

(a) *Énéide*, VI, 95.

le change. Au moment de conduire à l'ennemi des citoyens qui s'en vont mourir pour leurs femmes et pour leurs enfants, quelle sera la harangue du chef? Voici les Fabius qui détournent sur leur seule famille tout le poids d'une guerre nationale. Voici les Spartiates placés dans les gorges mêmes des Thermopyles : ni victoire ni retour à espérer : ce défilé sera leur tombeau. Comment les exhorteras-tu à opposer leurs corps pour barrière à l'avalanche de tout un peuple, à quitter plutôt la vie que leur poste? Diras-tu : « Ce qui est un mal n'est point glorieux : la mort est glorieuse; donc la mort n'est point un mal? » C l'entraînant discours! qui après cela hésiterait à s'élancer sur les piques ennemies et à mourir debout? Mais quelle forte parole un héros, Léonidas, adresse à des héros : « Camarades, dînez en hommes qui souperez ce soir chez Pluton. » Et les morceaux ne demeurèrent point entassés dans leur bouche ni arrêtés dans leur gosier, ni ne tombèrent point de leurs mains : ils acceptèrent d'enthousiasme l'invitation à l'un comme à l'autre repas. Citerai-je ce général romain qui, envoyant une poignée d'hommes s'emparer d'une position où ils ne pouvaient arriver qu'à travers d'épais bataillons ennemis, leur tint ce langage : « Camarades, il faut aller là; mais il ne faut pas revenir [99]. » Vois combien le courage est simple et bref dans ses commandements. Mais vous, captieux raisonneur, de quel mortel sauriez-vous relever le moral, exalter l'énergie? Vous brisez l'âme humaine qu'on ne doit jamais moins rétrécir ni emprisonner dans l'épineux et subtil sophisme, que lorsqu'il faut la pousser aux grandes choses. Ce n'est pas à trois cents guerriers seulement, c'est à tous les mortels qu'il s'agit d'ôter la crainte de la mort. Comment leur enseignes-tu qu'elle n'est point un mal? Ces préjugés vieillis avec nous, sucés dès l'enfance, comment en viendras-tu à bout? De quel secours t'appuyer? Que dire à l'humaine faiblesse? Que lui dire qui l'enflamme et la lance au plus fort du péril? Par quelle harangue déconcerteras-tu cette ligue de la peur, par quelle puissance de génie, cette persuasion de tous révoltée contre toi? Tu viens m'ourdir des piéges de mots, des tissus de petites interrogations! Aux grands fléaux les grands moyens d'attaque. Ce serpent qui désolait l'Afrique, qui était pour nos légions plus terrible encore que la guerre, fut assailli vainement par les frondeurs et les archers : le javelot même ne l'entamait point; la dureté de ses écailles, proportionnée à sa prodigieuse longueur, repoussait le fer et tout ce qu'on lui jetait de main d'homme : il fallut des roches entières pour l'écraser [100]. Et toi, tu n'as contre la mort que des dards de si mince portée ! Une alêne pour affronter un lion ! Elles sont affinées tes paroles : rien l'est-il plus qu'une barbe d'épi? Il est des armes que leur subtilité même rend inutiles et impuissantes.

## LETTRE LXXXIII.

Dieu connaît toutes nos pensées. Exercices et régime de Sénèque. Sophisme de Zénon sur l'ivresse

Tu me demandes compte de chacun de mes jours, de mes jours tout entiers. Tu présumes bien de moi si tu penses que je n'ai rien à déguiser de leur emploi. Oui certes, il faut régler sa vie comme si elle se passait sous l'œil du public ; ses pensées, comme si quelqu'un pouvait, et quelqu'un le peut, lire au fond de nos âmes. Que sert de se cacher en partie aux hommes? Rien n'est fermé pour Dieu. Il est présent dans nos consciences, il intervient dans nos pensées [1]. Il intervient, ai-je dit? comme si jamais il en était absent! Je ferai donc comme tu l'exiges ; la nature et l'ordre de mes occupations, je te manderai volontiers tout cela. Je vais m'observer dès à présent, et, suivant la plus utile des pratiques, faire la revue de ma journée. Ce qui nous endurcit dans le mal, c'est que nul ne tourne les yeux vers sa vie antérieure. Que ferons-nous? Voilà ce qui nous occupe, et rarement. Qu'avons-nous fait? cela n'inquiète guère ; et pourtant les conseils pour l'avenir, c'est du passé qu'ils viennent [2]

Ce jour-ci est à moi sans réserve : personne ne m'en a rien enlevé; il a été partagé tout entier entre les méditations du lit et la lecture : j'en ai donné la moindre partie à l'exercice du corps. Et c'est de quoi je rends grâces à la vieillesse : elle ne me coûte pas grande dépense de temps; au moindre mouvement je suis las; et la lassitude, pour l'homme le plus fort, est le terme de l'exercice. Qui ai-je pour compagnons de gymnastique? Un seul me suffit, Éarinus, jeune esclave, comme tu sais, tout aimable : mais je le changerai. J'en cherche déjà un d'un âge plus tendre. Il prétend que nous sommes tous deux dans la même crise d'âge, parce que les dents (*a*) lui tombent comme à moi ; mais déjà je puis à peine l'atteindre à la course ; encore quelques jours, je ne le pourrai plus : tu vois ce que je gagne à mes exercices quotidiens. L'intervalle s'agrandit bien vite entre deux coureurs qui vont en sens contraire : en même temps qu'il monte, moi je descends ; et tu n'ignores pas combien de ces deux façons d'aller la dernière est la plus rapide. Encore n'ai-je pas dit vrai, car à mon âge on ne descend pas, on se précipite. Or veux-tu savoir le résultat de notre lutte d'aujourd'hui ? Chose rare chez des coureurs, nous avons touché barre ensemble. A la suite de cette fatigue, je ne dis pas de cet exercice, j'ai pris mon bain d'eau froide, ce qui chez moi s'entend d'une eau médiocrement chaude. Moi qui, intrépide amant de l'eau glacée ³, saluais l'Euripe (*b*) aux calendes de janvier, qui inaugurais la nouvelle année (comme d'autres la commenceraient par une lecture, un écrit, un discours) en me plongeant dans une onde (*c*) vierge, j'ai reculé mon camp d'abord sur le Tibre et en dernier lieu près de cette baignoire qui, dans mes jours de courage et d'allure franche, n'a que le soleil pour la tempérer. Peu s'en faut que je ne sois au régime des bains ordinaires. Puis du pain tout sec (*d*), et une collation sans table après laquelle on n'a pas de mains à laver. Je dors très-peu. Tu sais mon habitude : mon sommeil est fort court et va comme par relais. Il me suffit d'avoir cessé de veiller ; souvent j'ignore que j'ai dormi, souvent j'en ai le vague soupçon.

Mais voici que la clameur du Cirque assiége mon oreille : un cri soudain, universel est venu la frapper, sans toutefois m'arracher à mes réflexions ni même les interrompre (*e*). Je supporte très-patiemment le bruit : des voix nombreuses et qui se confondent en une seule sont pour moi comme le flot qui gronde, comme le vent qui fouette la forêt, comme tout ce qui ne produit que d'indistincts retentissements.

Mais à quoi ai-je appliqué aujourd'hui mes pensées ? A ceci, résumé de mes réflexions d'hier : Dans quel but des hommes pourvus de tant de lumières ont-ils, pour les vérités les plus importantes, imaginé des démonstrations si futiles et si em-

---

(*a*) Voy. *Lettre* XII.
(*b*) On appelait ainsi des canaux d'eau vive creusés dans les jardins, par allusion à l'Euripe, détroit de l'Eubée. Voy. *Lettre* XC.
(*c*) Que n'a réchauffée ni le soleil ni le feu.
(*d*) Voy. *Lettres* XVIII et CXIII et *Vie de Sénèque*.
(*e*) Voy. *Lettres* LVI et LXXX.

brouillées, qui, fussent-elles justes, ressemblent si fort à l'erreur? Zénon, le grand Zénon, fondateur de la secte la plus courageuse et la plus austère, veut-il nous détourner de la passion du vin? Écoute comment il établit que l'honnête homme ne s'enivrera pas : « Nul ne confie un secret à l'homme ivre ; on le confie à l'honnête homme ; donc l'honnête homme ne sera pas ivre. » Observe comme, en opposant à Zénon une proposition du même genre, on parodie la sienne ; il suffit d en produire une entre mille : « Nul ne confie un secret à un homme endormi : on en confie à l'honnête homme ; donc l'honnête homme ne dort point. » La seule raison qu'on puisse fournir à l'appui de Zénon est de Posidonius ; encore, selon moi, n'est-elle pas soutenable. Il prétend que cette expression, « l'homme qui s'enivre, a deux sens : l'un s'appliquant à l'homme pris de vin, qui n'est plus à soi ; l'autre à celui qui s'enivre habituellement, qui est sujet à ce vice. Zénon parle de ce dernier, non du premier : et en effet personne ne confiera de secrets à celui que le vin pourrait faire parler. » Distinction fausse, car le premier membre du syllogisme concerne celui qui est ivre, et non celui qui le sera. Tu m'accorderas qu'il y a grande différence entre le mot *ivre* et le mot *ivrogne*; l'homme ivre peut l'être pour la première fois, sans que chez lui ce soit vice ; l'ivrogne peut souvent n'être pas ivre. Je prends donc le mot au sens ordinaire ; d'autant plus qu'il est employé par un auteur qui se pique d'exactitude et qui pèse ses expressions. Ajoute à cela que si Zénon l'a entendu et voulu faire entendre autrement, il a demandé à l'équivoque du mot un moyen de surprise, ce que ne doit pas faire quiconque cherche la vérité. Mais je veux qu'il l'ait entendu autrement; ce qui suit est faux, savoir qu'on ne confie pas de secret à l'homme qui a l'habitude de s'enivrer. Songe combien de soldats, gens d'ordinaire peu sobres, des généraux, des tribuns, des centurions ont pris pour confidents de choses essentiellement secrètes. Le projet de meurtre contre C. César (je parle de l'homme à qui la défaite de Pompée livra la République) fut communiqué à Tillius Cimber comme à C. Cassius, qui toute sa vie ne but que de l'eau, tandis que Tillius Cimber fut passionné pour le vin et brutal dans son langage, de quoi lui-même plaisantait en disant : « Comment supporterais-je un maître, moi qui ne supporte pas le vin? » Chacun peut connaître et nommer tels individus à qui on risquerait plus de confier du vin qu'un secret. J'en vais toutefois citer un seul exemple qui me vient à l'esprit, et que je ne veux pas laisser perdre, car il faut enrichir son expérience d'exemples notables, sans toujours recourir à l'antiquité. L. Pison, gouverneur de Rome, ne cessa d'être ivre du jour de son entrée en charge, passant la plus grande partie de la nuit en festins, et ne s'éveillant que vers la sixième heure (midi), où commençait sa matinée. Et pourtant ses fonctions, qui embrassaient la surveillance de la capitale, étaient fort exactement remplies. Nommé par Auguste gouverneur de la Thrace qu'il acheva de dompter, il reçut de lui des ordres confidentiels; il en reçut de Tibère qui, partant pour la Campanie, laissait dans Rome plus d'un sujet de soupçon et d'ombrage. C'est sans doute parce que ce prince avait été content de l'ivrogne Pison qu'il lui donna pour successeur dans le commandement de la ville Cossus, homme de poids, modéré, mais noyé dans l'ivresse et dégoûtant de crapule, si bien que parfois, lorsqu'au sortir de table il était venu au sénat, on l'en emportait accablé d'un sommeil dont rien ne le pouvait tirer. Voilà pourtant l'homme à qui Tibère écrivit de sa main bien des choses qu'il ne croyait pas devoir confier même à ses ministres. Jamais secret politique ou autre n'échappa à Cossus.

Ecartons donc ces déclamations banales : « L'âme, dans les liens de l'ivresse, ne s'appartient plus : de même qu'au sortir du pressoir le vin fait éclater les tonneaux et fermente avec tant de force que toute la lie du fond jaillit à la surface, ainsi les bouillonnements de l'ivresse soulèvent et portent au dehors tout ce que l'âme cache au plus profond d'elle-même; l'homme qui a l'estomac surchargé de flots de vin ne peut retenir ni sa nourriture ni ses secrets : les siens comme ceux des autres, tout déborde pêle-mêle. » Mais bien que la chose arrive souvent, souvent aussi des hommes, que nous savons enclins à boire, sont appelés par nous à délibérer sur de graves intérêts. Il y a donc erreur dans cette assertion de plaidoirie qu'on ne rend pas confident de choses qu'il faille taire quiconque est sujet à s'enivrer.

Ne vaut-il pas bien mieux attaquer de front l'ivrognerie et en exposer tous les vices, qu'évitera sans peine un homme ordinaire, à plus forte raison le sage accompli, satisfait d'éteindre sa soif, et qui, jusque dans ces repas où tout provoque à une gaieté que l'on prolonge en l'honneur d'autrui, s'arrête toujours en deçà de l'ivresse? Nous verrons plus tard si l'excès du vin trouble la raison du sage et lui fait faire ce que font les gens ivres. En attendant, si tu veux prouver que l'homme de bien ne doit pas s'enivrer, pourquoi procéder par syllogismes ? Montre combien il est honteux d'absorber plus qu'on ne peut tenir, et d'ignorer la mesure de son estomac ; que de choses on fait dans l'ivresse dont on rougit de sang-froid ; que l'ivresse n'est vraiment qu'une démence volontaire. Prolonge quelques jours cet état de l'esprit, douteras-tu qu'il n'y ait démence ? Or ici elle existe, aussi forte, mais plus courte. Rappelle l'exemple d'Alexandre de Macédoine qui dans un festin perça Clitus, son plus cher, son plus fidèle ami, et qui, ayant reconnu son crime, voulut mourir et le méritait bien. Point de mauvais penchant que l'ivresse n'enflamme et ne dévoile : elle bannit le respect humain, ce frein des tentatives coupables. Car en général c'est par honte de mal faire plutôt que par pureté d'intention qu'on s'abstient de prévariquer. Dès que l'ivresse possède notre âme, toutes nos souillures cachées se font jour. L'ivresse ne fait pas le vice, elle lui ôte son masque : alors l'incontinent n'attend pas même le huis clos, et se permet sur-le-champ tout ce que lui demandent ses passions ; alors l'homme aux goûts obscènes confesse et proclame sa frénésie ; le querelleur ne retient plus ni sa langue ni sa main. L'arrogance devient plus superbe, la cruauté plus impitoyable, l'envie plus mordante ; tout vice se dilate et fait explosion. Ajoute cette méconnaissance de soi-même, ces paroles hésitantes et inintelligibles, ces yeux égarés, cette chancelante démarche, ces vertiges, ces lambris qui semblent se mouvoir et tourbillonner avec la maison tout entière ; et cet estomac torturé par le vin qui fermente et distend jusqu'aux entrailles : tourments supportables encore, tant que le vin garde son action simple, mais qu'arrive-t-il s'il est vicié par le sommeil, si l'ivresse tourne à l'indigestion ? Rappelle-toi quels désastres enfanta l'ivresse, quand des peuples entiers s'y plongèrent. Elle a livré à leurs ennemis des races intrépides et belliqueuses, elle a ouvert des cités qu'une opiniâtre vaillance défendait depuis longues années ; les mortels les plus intraitables, les plus rebelles au joug sont tombés, poussés par elle, à la merci de l'étranger : ceux que la guerre trouvait invincibles ont été défaits par le vin.

Vois Alexandre, dont je faisais mention tout à l'heure : de tant d'expéditions lointaines, de tant de batailles, de tant d'hivers traversés nonobstant et l'intempérie et la difficulté des lieux, de tous ces fleuves aux sources ignorées, de toutes ces mers il a échappé sain et sauf ; et son intempérance, et la coupe d'Hercule, cette fatale coupe l'a enterré ! Quelle gloire y a-t-il à loger force vin dans son estomac? Que la palme te soit demeurée, que nul ne puisse plus répondre à tes rasades provocatrices, qu'au milieu des convives terrassés par le sommeil et vomissants seul tu restes debout, que tu les aies tous vaincus par ton insigne courage, que tu aies tenu plus de vin que pas un; un tonneau l'emporte sur toi [1]. Ce Marc-Antoine, grand homme d'ailleurs et génie distingué, quelle autre chose a pu le perdre et le jeter, transfuge de nos mœurs, dans tous les vices des barbares, sinon l'ivrognerie, et sa passion non moins forte pour Cléopâtre? Voilà ce qui l'a fait ennemi de la République et inégal à ses rivaux; voilà ce qui l'a rendu cruel jusqu'à se faire apporter à table les têtes des premiers citoyens, alors qu'au milieu des plus somptueux banquets et de tout le faste des rois, ses yeux cherchaient à reconnaître les mains et les traits de ses proscrits, alors que, gorgé de vin, il avait encore soif de sang. Chose révoltante qu'il s'enivrât, combien plus révoltante qu'il se fît bourreau dans l'ivresse! Presque toujours l'ivrognerie a la cruauté pour compagne; car elle violente et exaspère l'âme la plus saine. Tout comme les yeux demeurent irritables après une longue ophthalmie, au point que le moindre rayon de soleil les blesse, ainsi des orgies continues rendent les caractères féroces. A force de mettre l'homme hors de soi, cette habitude de frénésie endurcit les vices qu'engendre le vin; et même de sang-froid ils prévalent.

Expose-nous donc pourquoi le sage devra fuir l'ivresse : montres-en la difformité et tous les périls par des faits, non par des paroles : la chose est facile. Prouve que ces plaisirs, comme on les appelle, quand ils outrepassent la mesure, sont des supplices. Car de prétendre par arguments qu'un excès de vin échauffera le sage et ne lui ôtera pas sa rectitude de sens, si offusqué que soit son cerveau, autant vaut dire qu'une coupe de poison ne le ferait pas mourir, qu'un narcotique ne l'endormirait pas, qu'il prendrait de l'ellébore sans rendre par toutes les issues tout ce qui encrasse ses entrailles. Mais si ses pieds chancellent, si sa langue n'est plus libre, qui t'autorise à supposer qu'en partie il est ivre, et qu'en partie il ne l'est point?

## LETTRE LXXXIV.

La lecture. Comment elle sert à la composition. Les abeilles.

Ces excursions, qui secouent ma paresse, profitent à ma santé, je le sens, et à mes études. Ce que ma santé y gagne, tu le vois : quand l'amour des lettres me rend apathique et insoucieux de mon corps, un mouvement d'emprunt me tient lieu d'exercice. Comment cela sert-il mes études ? Le voici : je ne quitte pas mes lectures. La lecture, à mon sens, est nécessaire, d'abord en ce qu'elle prévient l'exclusif contentement de moi-même ; ensuite, m'initiant aux recherches des autres, elle me fait juger leurs découvertes et méditer sur ce qui reste à découvrir. Elle est l'aliment de l'esprit, qu'elle délasse de l'étude, sans cesser d'être une étude aussi. Il ne faut ni se borner à écrire, ni se borner à lire : car l'un amène la tristesse et l'épuisement (je parle de la composition) ; l'autre énerve et dissipe. Il faut passer de l'un à l'autre, et qu'ils se servent mutuellement de correctif : ce qu'aura glané la lecture, que la composition y mette quelque ensemble. Imitons, comme on dit, les abeilles, qui voltigent çà et là, picorant les fleurs propres à faire le miel [s], qui ensuite disposent et répartissent tout le butin par rayons et, comme s'exprime notre Virgile :

> D'un miel liquide amassé lentement,
> Délicieux nectar, emplissent leurs cellules (a).

A ce propos, l'on n'est pas bien sûr si elles tirent des fleurs un suc qui à l'instant même devient miel ; ou si elles transforment leur récolte en cette substance au moyen d'un certain mélange et d'une propriété de leur organisation. Quelques uns prétendent en effet que l'industrie de l'abeille consiste non à faire le miel, mais à le recueillir. Ils disent qu'on trouve dans l'Inde, sur les feuilles d'un roseau, un miel produit soit par la rosée du climat, soit par une sécrétion douce et onctueuse du roseau lui-même ; que ce principe est aussi déposé dans nos

---

(a) *Énéid.*, I, 432.

plantes, mais à une dose moins manifeste et moins sensible [6], et que c'est ce principe que poursuit et extrait l'insecte né pour cela. Selon d'autres, c'est par la façon de le pétrir et de l'élaborer que l'abeille convertit en miel ce qu'elle a pompé sur la partie la plus tendre des feuilles et des fleurs ; elle y ajoute une sorte de ferment qui d'éléments variés forme une masse homogène.

Mais, sans me laisser entraîner hors de mon sujet, répétons-le : nous devons, à l'exemple des abeilles, classer tout ce que nous avons rapporté de nos différentes lectures ; tout se conserve mieux par le classement. Puis employons la sagacité et les ressources de notre esprit à fondre en une saveur unique ces extraits divers, de telle sorte que, s'aperçût-on d'où ils furent pris, on s'aperçoive aussi qu'ils ne sont pas tels qu'on les a pris : ainsi voit-on opérer la nature dans le corps de l'homme sans que l'homme s'en mêle aucunement. Tant que nos aliments conservent leur substance première et nagent inaltérés dans l'estomac, c'est un poids pour nous ; mais ont-ils achevé de subir leur métamorphose, alors enfin ce sont des forces, c'est un sang nouveau. Suivons le même procédé pour les aliments de l'esprit. A mesure que nous les prenons, ne leur laissons pas leur forme primitive, leur nature d'emprunt [7]. Digérons-les : sans quoi ils s'arrêtent à la mémoire et ne vont pas à l'intelligence [8]. Adoptons-les franchement et qu'ils deviennent nôtres, et transformons en unité ces mille parties, tout comme un total se compose de nombres plus petits et inégaux entre eux, compris un à un dans une seule addition. De même il faut que notre esprit, absorbant tout ce qu'il puise ailleurs, ne laisse voir que le produit obtenu. Si même on retrouve en toi les traits reproduits de quelque modèle profondément gravé dans ton âme par l'admiration, ressemble-lui, j'y consens, mais comme le fils au père, non comme le portrait à l'original : un portrait est une chose morte. « Comment ! on ne reconnaîtra pas de qui sont imités le style, l'argumentation, les pensées ? » La chose, je crois, sera même parfois impossible, si c'est un esprit supérieur qui, prenant de qui il veut les idées premières, fait son œuvre à lui, y met son type, son cachet, et fait tout tendre à l'unité. Ne vois-tu pas de quel grand nombre de voix un chœur est composé ? Toutes cependant ne forment qu'un son, voix aiguës, voix graves, voix moyennes ; aux chants des femmes se marient ceux des hommes et l'accompagnement des flûtes ; aucun effet n'est distinct, l'ensemble seul te frappe.

Je parle du chœur tel que les anciens philosophes l'ont connu. Nos concerts d'aujourd'hui emploient plus de chanteurs que les théâtres autrefois n'avaient de spectateurs. Quand tous les passages sont encombrés de ces chanteurs, que le bas du théâtre est bordé de trompettes, et que de l'avant-scène retentissent les flûtes et les instruments de tout genre, de ces sons divers naît l'accord général°. Tel je veux voir l'esprit : j'y veux force instructions, force préceptes, force exemples de plus d'une époque, et que le tout conspire à une même fin.

« Comment, dis-tu, parvenir à cette fin? » Par une attention soutenue, et en ne faisant rien que par les conseils de la raison. Consens à l'entendre, elle te dira : « Renonce enfin aux vanités que poursuit l'homme par tant de voies; renonce aux richesses, péril ou fardeau de qui les possède ; renonce aux folles joies du corps et de l'âme : elles amollissent, elles énervent; renonce à l'ambition, gonflée de vide, de chimères et de vent : elle n'a point de limites, elle n'a pas moins peur de voir quelqu'un devant elle que derrière elle; deux envies la travaillent : la sienne, puis celle d'autrui ; or juge quelle misère : être envieux et envié ! Jette les yeux sur la demeure des grands. sur ce seuil tumultueusement disputé par ceux qui les courtisent : combien d'humiliations pour entrer, combien plus quand tu es admis ! Laisse là ces escaliers de l'opulence, ces vestibules suspendus sur d'énormes terrasses : tu t'y verrais sur la pente d'un abîme et sur une pente glissante. Viens plutôt par ici, viens à la sagesse : dirige-toi vers sa demeure si tranquille et en même temps si riche de ressources. Tout ce qui paraît bien haut placé parmi les choses humaines, en réalité fort petit, ne s'élève que relativement aux plus humbles objets; on n'y aborde néanmoins que par de roides et difficiles sentiers. Elle est escarpée, la voie qui mène au faîte des dignités. Mais choisis de monter à cet autre séjour devant lequel la Fortune courbe le front ; tu verras sous tes pieds ce qui passe pour grandeurs suprêmes; et tu seras venu pourtant par un chemin uni au point qui les domine toutes. »

# LETTRE LXXXV.

### Que le sage s'interdise même les passions les plus modérées

Je t'avais ménagé ; j'avais omis tout ce qui restait encore de trop difficile à démêler, satisfait de te donner comme un avant-goût de ce que disent les nôtres pour établir que la vertu à elle seule suffit à remplir toutes les conditions du bonheur. Tu veux que je réunisse tous les arguments soit de notre école, soit imaginés pour nous persifler : si je l'entreprenais, au lieu d'une lettre je ferais un livre, moi qui témoigne à tout instant que ce genre de démonstration est loin de me plaire. J'ai honte de descendre dans la lice, pour la cause des dieux et des hommes, avec une alène pour toute arme.

« Qui est prudent est aussi tempérant ; l'homme tempérant a de plus la constance ; la constance suppose l'imperturbabilité, laquelle n'admet point d'affection triste ; or qui est libre de tristesse est heureux : donc l'homme prudent est heureux, et la prudence suffit pour le bonheur. » A cette série de déductions, des péripatéticiens répondent que l'imperturbabilité, et la constance, et l'absence de tristesse s'attribuent, dans leur langage, à l'homme qui n'est troublé que rarement et médiocrement, et non pas qui ne l'est jamais ; l'exemption de tristesse, ils l'entendent de quiconque n'y est point enclin et ne se livre pas fréquemment ou avec excès à ce genre de faiblesse : car notre nature ne veut pas qu'aucune âme en soit affranchie ; leur sage, invincible au chagrin, y est toutefois vulnérable.... et le reste dans le même sens, suivant l'esprit de leur secte. Ils n'excluent pas les passions, ils les atténuent.

Mais que c'est accorder peu au sage que de le dire plus fort que les plus faibles, plus gai que les plus affligés, plus modéré que les plus fougueux, plus grand que l'extrême bassesse ! Et que n'admire-t-il son agilité, que n'en est-il fier en considérant les boiteux et les estropiés ?

Elle aurait pu courir sur le front des épis,
Sans froisser ni courber ce flexible tapis,

Ou de son pied léger suspendu sur l'abîme,
Sans l'y mouiller jamais, des flots raser la cime (a).

Voilà la vitesse qu'on estime par elle-même, et non pas celle qu'on loue comparativement aux plus lentes allures. Appellerais-tu bien portant l'homme attaqué de fièvre, même légère ? Un degré moindre dans le mal n'est pas la bonne santé.

« Le sage, disent-ils, est appelé imperturbable comme on appelle fruits sans noyau non ceux qui n'en ont point, mais ceux qui l'ont fort petit. » Erreur. Ce n'est pas la diminution, c'est l'absence des vices qui constitue l'homme vertueux tel que je le conçois ; il faut qu'ils soient nuls, non pas moindres ; si peu qu'il y en ait, on les verra croître et lui faire obstacle à chaque pas. Si une fluxion sur les yeux, grandie jusqu'au dernier période, ôte la vue, un commencement de fluxion la trouble. Donne au sage des passions quelconques, la raison, impuissante contre elles, sera emportée comme par un torrent, d'autant plus qu'au lieu d'une seule, c'est la ligue entière des passions que tu lui laisses à combattre. Or cette masse réunie, tout médiocre que soit chaque ennemi, est plus forte que le choc d'un seul, si grand qu'il puisse être. Ce sage a pour la richesse un amour qui est modéré, de l'ambition sans trop de fougue, une colère qu'on peut apaiser, une légèreté moins vagabonde et moins mobile que bien d'autres, un goût de débauche qui n'est point de la frénésie. Mieux partagé serait l'homme qui aurait un seul vice complet que celui qui, à moindre dose, les réunirait tous. D'ailleurs qu'importe le degré de la passion ? Quel qu'il soit, elle ne sait pas obéir, elle ne reçoit pas de conseil. Tout comme nul animal, soit sauvage, soit domestique ou privé, n'obtempère à la raison, parce que leur nature est d'être sourds à sa voix ; de même les passions ne suivent ni n'écoutent, si minimes qu'elles soient. Les tigres ni les lions ne dépouillent jamais leur férocité, bien qu'elle plie quelquefois ; et lorsqu'on s'y attend le moins, cette rage un instant radoucie se réveille terrible. Jamais le vice ne s'est franchement apprivoisé. Enfin, où la raison triomphe, les passions ne naîtront même point ; où elles naissent malgré la raison, malgré elle elles gagnent du terrain. Car il est plus facile de les arrêter au début que de régler leur fougueux développement (b).

Mensonge donc et danger que ce *moindre degré* dans le mal,

(a) *Énéid.*, VII, 808. Barthélemy.
(b) Voir *De la colère*, I, vii et viii.

système à mettre au même rang que celui qui dirait : « Sois modérément fou, modérément malade. » La vertu seule garde ce tempérament, que n'admettent point les mauvaises affections de l'âme : on les expulse plus aisément qu'on ne les dirige. N'est-il pas vrai que ces vices, invétérés et endurcis, qu'on appelle maladies de l'âme, sont immodérés, comme l'avarice, la cruauté, la tyrannie, l'impiété? Les passions le sont donc aussi : car des passions on passe aux vices. Et puis, pour peu que tu laisses d'empire à la tristesse, à la crainte, à la cupidité, à tout mouvement dépravé de l'âme, tu n'en seras plus maître. Pourquoi ? Parce que c'est hors de toi qu'ils trouvent leurs stimulants. Aussi se développeront-ils selon que ces causes d'excitation seront plus ou moins énergiques. La crainte sera plus grande si l'objet qui la frappe semble plus grave ou plus imminent; et le désir d'autant plus vif que de plus riches avantages éveilleront nos espérances. Si la naissance des passions dans l'homme ne dépend pas de l'homme, il dépend aussi peu de lui de les avoir à tel degré. Si tu leur permets de commencer, elles s'accroîtront avec leurs causes et toujours en proportion de celles-ci (a). Ajoutons que même les plus petites affections de l'âme ne peuvent que grandir : jamais le mal ne garde de mesure. Les maladies les plus légères au début n'en suivent pas moins leur marche, et parfois une aggravation toute minime perd le malade. Mais quelle folie n'est-ce pas de croire qu'une chose dont le commencement ne dépend point de nous, prenne fin quand il nous plaira! Comment suis-je assez fort pour étouffer ce que je n'ai pu empêcher de se produire, bien qu'il soit plus aisé de fermer la porte à l'ennemi que de le maîtriser une fois reçu?

On a distingué, on a dit : « L'homme tempérant et sage, tranquille par sa complexion morale et physique, ne l'est point par le fait des événements. Si en effet, dans l'habitude de son âme, il ne sent ni trouble, ni tristesse, ni crainte, une foule de causes surgissent du dehors qui s'en viennent le troubler. » Voici ce qu'on veut dire par là : Il n'est point colère et se fâche pourtant quelquefois ; sans être timide, il a quelquefois peur : en d'autres termes, la crainte n'est pas en lui comme vice, mais comme impression. Admettons l'hypothèse ; et la fréquence des impressions produira le vice ; et la colère, admise

---

(a) Au texte : *cum causis crescent, tantique erunt quanti* (ou *quanto*) *fient* ; ce qui n'offre pas de sens. J'ai lu *quantæ*.

dans l'âme, refondra cette constitution morale où la colère n'avait point part. Je dis plus : qui ne méprise pas les accidents du dehors craint donc quelque chose ; et lorsqu'il faudra braver hardiment et en face les glaives et les feux pour la patrie, les lois, la liberté, il marchera de mauvaise grâce et à contre-cœur. Le sage ne tombera jamais dans cette discordance de sentiments.

Il faut prendre garde aussi, ce me semble, de confondre deux points qui veulent être établis séparément. On conclut de la nature même de la chose qu'il n'y a de bien que l'honnête, et pareillement, que la vertu suffit pour le bonheur. S'il n'y a de bien que l'honnête, tout le monde accordera que pour vivre heureusement il suffit de la vertu ; réciproquement, si la vertu seule fait le bonheur, on ne disconviendra pas que l'unique bien c'est l'honnête. Xénocrate et Speusippe tiennent que le bonheur peut à toute force être le fruit de la vertu seule, et que cependant l'honnête n'est pas l'unique bien. Épicure aussi est d'avis qu'avec la vertu l'homme est heureux ; mais qu'en elle-même la vertu n'est point assez pour le bonheur, vu qu'on est heureux par la volupté, qui procède de la vertu, mais qui n'est point la vertu même. — Inepte distinction ! car il dit lui-même que jamais la vertu n'existe sans la volupté. D'après quoi, si toujours elle lui est inséparablement unie, seule elle suffira pour le bonheur, puisqu'elle a avec elle la volupté, puisqu'elle ne va point sans elle, lors même qu'elle est seule. Autre absurdité quand on dit qu'à toute force on sera heureux par la vertu, mais non parfaitement heureux : je ne vois pas comment cela peut se faire. Car la vie heureuse comprend le bien parfait et à son comble : elle est donc parfaitement heureuse. Si celle des dieux n'offre rien de plus grand ni de meilleur ; si la vie heureuse c'est la vie divine, il n'est plus pour elle d'accroissement possible. Et encore, si la vie heureuse est celle qui n'a faute de rien, toute vie heureuse l'est parfaitement ; là se trouve le bonheur et le bonheur suprême. Douteras-tu que la vie heureuse ne soit le souverain bien ? Donc, si elle possède ce bien, elle est souverainement heureuse. Le souverain bien n'étant point susceptible d'augmenter, car qu'y aurait-il au delà du terme le plus élevé ? il en est de même de la vie heureuse qui ne le serait pas sans le souverain bien. Que si tu fais l'un plus heureux que l'autre, tu mets à plus forte raison une infinité de degrés dans le souverain bien, ce bien au-dessus duquel je ne conçois aucun degré. Qu'un homme soit moins heureux qu'un autre, naturellement il ambitionnera cette vie

plus heureuse que la sienne. Or l'homme vraiment heureux
ne préfère rien à son sort. Il est de même peu croyable qu'il
reste quelque chose que le sage aime mieux être que ce qu'il
est, ou qu'il ne préfère pas ce qui serait meilleur à ce qu'il a.
Car assurément, plus il sera sage, plus il se portera vivement
vers la meilleure des situations et voudra la conquérir à tout
prix. Or comment serait heureux l'homme qui peut encore,
que dis-je? qui doit encore désirer quelque chose?

Je vais dire d'où vient cette erreur : on ne sait point qu'il
n'y a qu'une vie heureuse. Ce qui fait d'elle la meilleure situation possible, c'est sa qualité et non sa grandeur. Aussi est-
elle la même, longue ou courte, répandue ou concentrée,
qu'elle se partage entre une infinité de lieux et de devoirs, ou
qu'elle se replie sur un seul objet. L'estimer par nombre, mesure et parties, c'est lui ôter son excellence. Or qu'y a-t-il
d'excellent en elle? qu'elle est une vie pleine. Le terme du
manger comme du boire est, je pense, la satiété. L'un a mangé
plus, l'autre moins; qu'importe? les voilà tous deux rassasiés.
L'un boit davantage, l'autre moins; qu'importe, si tous deux
n'ont plus soif? Celui-ci a vécu plus d'années que celui-là :
il n'importe, si les nombreuses années du premier n'ont point
comporté plus de bonheur que le peu d'années du second.
L'homme dont tu dis : « Il est moins heureux, » ne l'est pas du
tout; ce titre d'heureux n'admet pas de diminutif.

« Qui est courageux est sans crainte; qui est sans crainte
est sans tristesse; qui est sans tristesse est heureux. » Ce syllogisme est de notre école. On cherche à répondre à cela : que
nous nous emparons d'un fait erroné et contestable comme
d'une chose avouée, en disant que l'homme courageux est sans
crainte. Car enfin, cet homme ne craindra-t-il pas des maux
imminents? Ne pas les craindre serait pure folie, aliénation
d'esprit plutôt que courage. Il craindra, sans doute très-
légèrement; mais il ne sera pas tout à fait hors de crainte.
« Parler ainsi, c'est toujours retomber dans l'abus de prendre
pour vertus des vices moindres. Car celui qui craint, quoique
plus rarement et moins que d'autres, n'est point pur des atteintes du mal; seulement elles sont plus légères. » — Encore
une fois, je tiens pour insensé quiconque n'appréhende pas tout
mal imminent. — « Vous dites vrai, si c'est un mal; mais s'il sait
que ce n'en est point un, s'il ne juge comme mal que la turpitude, il devra envisager le péril d'un œil calme et dédaigner
ce que d'autres peuvent craindre; ou bien, s'il est d'un fou et

d'un homme hors de sens de ne pas avoir peur du mal, plus on sera sage, plus cette peur sera forte. » A votre sens, l'homme courageux se jettera donc au-devant des dangers ? « Point du tout. Il ne les craindra pas, mais il les évitera : la prudence lui sied, si la crainte ne lui sied point. » Eh quoi ! la mort, les fers, les brasiers, tous les traits de la Fortune ne l'effrayeront pas? « Non : il sait que ce ne sont point des maux, mais des semblants de maux; il voit dans tout cela des épouvantails. Représente-lui la captivité, les fouets sanglants, les chaînes, l'indigence et ces membres que déchirent la maladie ou les cruautés des hommes, évoque d'autres fléaux encore, il les comptera parmi les terreurs paniques. C'est aux peureux à en avoir peur. Regardes-tu comme mal ce à quoi l'homme doit souvent se porter de lui-même?

Tu demandes : Qu'est-ce que le mal? C'est de céder à ce qu'on appelle maux, et de livrer lâchement cette indépendance pour laquelle il faut tout souffrir. C'en est fait de l'indépendance, si on ne brave les vaines menaces qui nous imposent leur joug. On ne mettrait pas en problème ce qui convient à l'homme courageux, si l'on savait ce que c'est que courage. Ce n'est point témérité irréfléchie ni amour des périls, ni manie de rechercher ce que tous redoutent ; c'est la science de distinguer ce qui est mal et ce qui ne l'est pas. Le courage n'excelle pas moins à se protéger lui-même qu'à supporter ces choses qui ont une fausse apparence de maux. « Mais enfin, si le fer est levé sur la tête de l'homme courageux ou va creusant tour à tour telle et telle partie de son corps ; s'il voit rouler sur ses genoux ses entrailles; si par intervalles, pour qu'il sente mieux ses tortures, on revient à la charge; si de ses viscères, de ses plaies ressuyées on tire encore de nouveau sang,[10], n'éprouve-t-il, dis-moi, ni crainte ni douleur? » Il souffre sans doute, car le plus grand courage ne dépouille point la sensation physique ; mais il ne craint pas, il n'est pas vaincu, il regarde d'en haut ses souffrances. Veux-tu savoir quel esprit l'anime? Celui d'un ami exhortant son ami malade.

« Ce qui est un mal est nuisible; ce qui nuit fait que l'homme vaut moins : ni la douleur, ni la pauvreté n'altèrent ses mérites ; donc elles ne sont point des maux. » Cette proposition, nous dit-on, est fausse ; car il y a telle chose qui peut nuire à l'homme sans qu'il en vaille moins. La tempête et les mauvais temps nuisent au pilote, et ne lui ôtent rien de son talent. —

Certains stoïciens répondent que le talent du pilote se perd dans la tempête et le mauvais temps en ce qu'il ne peut plus accomplir ce qu'il se propose et suivre sa direction : il tombe au-dessous non point de son art, mais de son œuvre. Sur quoi le péripatéticien : « Voilà donc aussi le sage qui vaut moins si la pauvreté, si la douleur, si d'autres crises semblables le pressent : elles ne lui ôtent pas sa vertu, elles en empêchent l'action. » L'objection serait juste, s'il n'y avait disparité entre le pilote et le sage. Celui-ci se propose, dans la conduite de sa vie, non d'accomplir quoi qu'il arrive ce qu'il entreprend, mais d'agir en tout selon le devoir ; le but du pilote est de vaincre tous les obstacles pour mener son navire au port. Les arts ne sont que des agents : ils doivent tenir ce qu'ils promettent ; la sagesse commande et dirige. Les arts sont les serviteurs de la vie ; la sagesse en est la souveraine.

Il y a une autre réponse à faire, ce me semble ; savoir : que jamais ni l'art du pilote ne perd à la tempête, ni l'application de cet art. Le pilote ne te promet point une heureuse traversée : il te promet ses utiles services, son habileté à conduire un vaisseau, laquelle brille d'autant plus que des contre-temps fortuits lui suscitent plus d'obstacles. Celui qui peut dire : « Neptune, jamais tu n'engloutiras ce vaisseau sans que je tienne mon gouvernail droit ¹¹, » a satisfait à l'art ; ce n'est pas l'œuvre du pilote, c'est le succès que compromet la tempête. « Comment ? il ne nuit pas au pilote l'accident qui l'empêche de gagner le port, qui rend ses efforts impuissants, qui le reporte en arrière ou le tient immobile, ou enlève ses agrès ? » Ce n'est pas comme pilote, c'est comme navigateur qu'il en souffre. Loin que cela déconcerte son art, il en ressort davantage : car en temps calme, comme on dit, le premier venu est pilote. Le gros temps fait tort au navire, non au pilote en tant que pilote. Il y a en lui deux personnes : l'une qui lui est commune avec tous ceux qui montent le bâtiment où lui-même compte comme passager ; l'autre qui lui est propre et qui le constitue pilote. La tempête lui nuit sous le premier rapport, non pas sous le second. Et puis son art existe pour le service d'autrui : ce sont les passagers qu'il intéresse, comme l'art du médecin s'applique à ceux qu'il traite. La sagesse est un bien tout à la fois commun aux hommes avec lesquels vit le sage, et personnel au sage. Ainsi peut-être la tempête contrarie le pilote en paralysant le ministère qu'il a promis aux passagers ; mais le sage ne reçoit d'échec ni de la pauvreté, ni de la douleur, ni d'aucun des orages de la vie ; car ils n'enchaînent point tous ses actes, mais seulement ceux qu' touchent ses semblables : lui-même agit toujours sans toujours réussir (*a*), et n'est jamais plus grand que quand le sort lui fait obstacle : il remplit alors la vraie mission de la sagesse, qui est le bien, avons-nous dit, et des autres hommes et du sage.

Mais de plus, il ne tombe même pas dans l'impuissance de les servir, lorsque pour son compte il est victime de quelque fatalité. L'humilité de sa fortune l'empêche-t-elle d'enseigner d'exemple l'art de gouverner les peuples, il enseignera comment se gouverne la pauvreté ; son œuvre s'étend à toutes les circonstances de la vie. Et il n'y a ni condition, ni événement qui exclue son action : il remplit alors ce même rôle qui lui interdit de remplir les autres. Également propre à toutes deux, la bonne fortune il la réglera, la mauvaise il la vaincra. Il a exercé sa vertu de manière à la déployer dans les revers comme dans le succès, à n'envisager qu'elle, non la matière qu'elle doit mettre en œuvre. Voilà pourquoi ni pauvreté, ni douleur, ni rien de ce qui pousse les esprits ignorants hors de la voie et dans l'abîme n'arrête le sage. Tu crois que le malheur l'accable ? Le malheur lui sert. Ce n'était pas d'ivoire seulement que Phidias savait faire des statues ; il en faisait de bronze. Tu lui aurais donné du marbre, ou toute autre matière, vile au prix du marbre, qu'il en eût tiré, selon qu'elle s'y fût prêtée, des chefs-d'œuvre. Ainsi le sage signalera sa vertu, s'il le peut, dans la richesse ; faute de mieux, dans la pauvreté ; dans sa patrie, s'il y habite ; sinon, sur la terre d'exil ; comme général ou comme soldat, en santé comme en maladie. Quelque destinée qui lui advienne, il en fera sortir de mémorables résultats. Certains hommes domptent les bêtes sauvages et soumettent au joug les plus féroces, celles dont la rencontre nous glace de terreur. C'est peu qu'ils les dépouillent de leur caractère farouche, ils les appriyoisent jusqu'à la familiarité. Le lion souffre de son maître qu'il porte la main dans sa gueule ; le tigre se laisse embrasser de son gardien ; un nain d'Éthiopie fait mettre à genoux et marcher sur la corde un éléphant (*b*). De même le sage est expert dans l'art de dompter les maux. La douleur, l'indigence, l'ignominie, la captivité, l'exil, monstres affreux partout ailleurs, dès qu'ils approchent ne sont plus intraitables.

---

(*a*) Je lis avec deux Mss. *non in effectu*. Lemaire : *et in effectu*.
(*b*) Voy. Suét., *Galba*, VI, et Pline. *Hist. nat.*, VIII, 11.

# LETTRE LXXXVI.

Maison de campagne et bains de Scipion l'Africain. Bains modernes. Plantation des oliviers.

Je t'écris de la villa même de Scipion l'Africain (a) où je me repose, non sans avoir religieusement salué ses mânes et l'autel que je présume être le sépulcre du grand homme. Pour son âme, elle est remontée au ciel sa patrie ; et je me le persuade, non parce qu'il a conduit de grandes armées, honneur qu'il partage avec ce fou de Cambyse qui réussit par sa folie même, mais à cause de sa rare modération et de son patriotisme plus admirable lorsqu'il s'exile que lorsqu'il défend son pays. Ou Scipion devait être perdu pour Rome, ou Rome pour la liberté. « Je ne veux, se dit-il, blesser en rien nos lois ni nos institutions : que le droit reste égal pour tous ; jouis sans moi, ô ma patrie ! du bienfait que tu tiens de moi : j'ai été le sauveur et je serai la preuve de ton indépendance. Je pars, si tu me crois devenu plus grand qu'il ne te convient. »

Comment n'admirerais-je pas cette magnanimité qui embrasse un exil volontaire pour soulager Rome d'un nom qui l'offusque ? Les choses en étaient venues au point que la liberté allait faire outrage à Scipion, ou Scipion à la liberté. Sacrilége des deux parts : donc il céda la place aux lois et prit Liternum pour retraite, laissant à son pays la honte de son exil, comme avait fait Annibal [12].

J'ai vu cette villa toute en pierre de taille, cette muraille qui ceint la forêt, ces tours de défense élevées sur les deux flancs de l'édifice, cette citerne masquée de constructions et de verdure et qui suffirait aux besoins d'une armée, ce bain tout étroit, et ténébreux selon l'usage antique : nos pères n'imaginaient pas qu'il fît chaud dans une pièce, à moins qu'il n'y fît pas clair. De quelle douce émotion je fus saisi en comparant les habitudes de Scipion aux nôtres ! Voilà l'humble recoin où la terreur de Carthage, où celui à qui Rome doit de n'avoir été

---

(a) Voir, sur cette villa, *Lettre* LI.

qu'une fois prise (*a*), baignait ses membres fatigués de rustiques travaux : car tels étaient ses exercices, et, comme faisaient nos aïeux, il domptait le sol de ses propres mains. Il habita sous ce toit grossier, ce vil pavé portait le héros. Qui consentirait de nos jours à se baigner si mesquinement? On s'estime pauvre et misérablement logé, si les murs de nos bains ne resplendissent d'astragales dont l'ampleur égale la richesse ; si les marbres numides, pour trancher de couleurs, ne s'incrustent dans ceux d'Alexandrie ; si des festons de mosaïque, prodiges de travail et rivaux de la peinture, ne serpentent tout autour ; si le verre ne lambrisse les plafonds ; si la pierre de Thasos (*b*), jadis la rare curiosité de quelque temple, ne revêt ces piscines où nous plongeons nos corps desséchés par d'excessives transpirations, et si des bouches d'argent n'y vomissent l'onde à grands flots. Et je ne parle encore que de bains plébéiens : si je décrivais ceux de nos affranchis! Que de statues, que de colonnes qui ne soutiennent rien[13], qu'ils dressent là comme décor, par besoin de dépense! Quelles masses d'eaux tombant en cascades avec fracas! Nous voilà blasés à tel point que nos pieds ne veulent plus fouler que des pierres précieuses.

Il y a dans ce bain de Scipion de faibles jours, fentes plutôt que fenêtres, pratiqués dans la pierre du mur pour recevoir la clarté sans nuire aux fortifications. Aujourd'hui on appelle nid de cloportes un bain qui n'est point disposé de telle façon que de vastes fenêtres y admettent le soleil à toute heure du jour, que l'on puisse tout ensemble et se laver et se brunir la peau, et que de sa baignoire on découvre au loin la campagne et les mers. Aussi des édifices qui attiraient le concours et l'admiration de tous le jour de leur dédicace, sont rejetés au rang des antiquités à mesure que le luxe trouve par de nouveaux moyens à s'éclipser lui-même. Jadis les bains publics étaient rares, et nul embellissement ne les ornait : à quoi bon orner ce qui coûtait d'entrée le quart d'un as (*c*), ce que l'on créait pour l'utilité, non pour l'agrément? L'eau ne montait point du fond des bassins et ne se renouvelait pas sans cesse comme le courant d'une source thermale : on n'attachait pas tant de prix au degré de transparence d'une eau où le corps allait déposer ses souillures. Mais, ô dieux! quel plaisir n'est-ce pas d'entrer

(*a*) **Par les Gaulois.** — (*b*) Sorte de marbre veiné.
(*c*) A peu près un centime et demi.

dans ces bains obscurs, revêtus d'un crépi grossier, quand vous savez qu'un édile comme Caton, ou Fabius Maximus, ou l'un des Cornélius Scipions y mettaient la main pour en régler la chaleur! Car c'était aussi pour ces grands hommes une des fonctions de l'édilité de visiter les lieux qui s'ouvraient pour le peuple, d'y faire régner la propreté, une convenable et saine température, non point celle dont on s'est naguère avisé, température d'incendie, au point qu'un esclave convaincu d'un crime devrait n'être que baigné tout vif. Je ne vois plus en quoi diffère un bain chaud d'un bain d'eau bouillante. Combien aujourd'hui certaines gens ne taxent-ils pas Scipion de rusticité! Ne devait-il point faire entrer le jour dans son étuve par de larges spéculaires [14], et rôtir en plein soleil, en attendant d'être cuit dans son bain? L'infortuné mortel! Il ne sut pas jouir. Son eau n'était pas filtrée, mais bien souvent trouble et, s'il avait plu un peu fort, presque bourbeuse. Or il ne s'inquiétait guère de la trouver telle : il y venait laver sa sueur et non ses parfums. Ici, dis-moi, n'entends-tu pas d'avance ces exclamations : « Je n'envie guère ce Scipion : oui, c'était vivre en exilé que se baigner de la sorte. » Et même, le sais-tu, il ne se baignait pas tous les jours. Car, au dire de ceux qui nous ont décrit les usages de la vieille Rome, on se lavait chaque jour les bras et les jambes, à cause des souillures contractées par le travail ; mais l'ablution du corps entier n'avait lieu qu'aux jours de marché. Sur quoi l'on va me dire : « Ils étaient donc bien sales! Quelle odeur ils devaient avoir! » Ils sentaient la guerre, le travail, l'homme enfin [15]. Depuis que les bains sont devenus si nets, les corps sont plus souillés que jamais. Si Horace veut peindre un infâme trop connu par ses raffinements sensuels, que dit-il?

Rufillus sent le musc (a).

Rufillus vivrait aujourd'hui qu'il semblerait sentir le bouc, qu'il serait comme ce Gorgonius que le même Horace lui oppose. Prendre des parfums n'est plus rien, si on ne les renouvelle deux, trois fois le jour, de peur que tout ne s'évapore. Et ces gens font gloire de leurs odeurs, comme si elles venaient d'eux!

Si tu trouves ceci trop austère, accuses-en l'influence du lieu. Là j'ai appris d'Ægialus, chef d'exploitation très-intelli-

---

(a) Horace, *Ép.* II, liv. I.

gent et possesseur actuel de ce domaine, que même les vieux arbres peuvent se transplanter. Chose essentielle à savoir pour nous autres vieillards qui ne mettons pas en terre un olivier qui ne soit pour un autre. Ægialus en a transplanté devant moi en automne un de trois ou quatre ans dont les fruits ne l'avaient point satisfait. Toi aussi tu pourras t'abriter sous cet arbre lent à venir

> Qui, né pour un autre âge,
> A nos futurs neveux réserve son ombrage (a).

comme dit notre Virgile, moins soigneux de l'exacte vérité que de la grâce parfaite des détails ; il a voulu non pas instruire l'homme des champs, mais charmer ses lecteurs. En effet, sans parler de mainte autre erreur, il a fallu qu'aujourd'hui je le prisse en défaut sur le point que voici :

> Sème au printemps la fève ; au printemps les sainfoins
> Et le millet doré redemandent tes soins (b).

N'y a-t-il qu'une époque pour semer ces trois choses, et chacune doit-elle se semer au printemps? Tu vas en juger.

Je t'écris au moment où juin décline déjà vers juillet : eh bien! je viens de voir, le même jour, semer le millet et récolter la fève.

Revenons à l'olivier, que j'ai vu aussi transplanter de deux manières. Figure-toi des arbres de belle grandeur, tous leurs rameaux coupés à un pied du tronc : ils ont leur tige, on a retranché, sans toucher à la souche principale où elles tiennent, le chevelu des racines : cette souche frottée de fumier est plongée dans la fosse ; puis non content d'y amonceler la terre, on la presse en piétinant. Rien, à ce que dit Ægialus, n'est plus efficace que cette pression : elle ferme passage au froid et au vent, rend l'arbre moins mobile et permet aux racines nouvelles de s'étendre et de mordre le sol : elles sont si tendres et si faiblement adhérentes que la moindre agitation les arracherait infailliblement. De plus, avant d'enfouir l'arbre, il ratisse légèrement l'écorce ; car il prétend qu'il repousse des racines de toute la partie mise à nu. Le tronc ne doit pas s'élever de terre au delà de trois ou quatre pieds, vu qu'en très-peu de temps il

---

(a) *Géorg.*, II, 58. Delille.
    Mes arrière-neveux me devront cet ombrage. (La Fontaine.)

(b) *Géorgiq.*, I, 215. Delille.

se garnira de branches depuis le bas et ne restera pas en grande partie, comme les vieux oliviers, aride et rabougri.

Voici quel fut son second mode de transplantation : de fortes branches, dont l'écorce non durcie encore ressemble à celle des jeunes arbres, se plantaient comme des troncs. Leur croissance est un peu plus lente ; mais, comme s'ils partaient d'une tige mère, ils n'ont rien qui choque le toucher ni la vue.

J'ai vu encore un vieux cep de vigne qu'on détache du tronc pour le transplanter : il faut ramasser en faisceau, s'il se peut, jusqu'aux moindres poils des racines, puis coucher le plant bien au long, pour que le cep même en jette de nouvelles. Et j'en ai vu de plantés en février, et même à la fin de mars, qui déjà tiennent embrassé l'ormeau de leur voisin. Au surplus tous ces arbres que j'appelle à haute tige (a) veulent, suivant Ægialus, être arrosés d'eau de citerne : si ce moyen est bon, nous avons la pluie à commandement. Je ne veux pas t'en apprendre plus, crainte de te mettre en état, comme Ægialus l'a fait avec moi, de disputer contre ton maître.

## LETTRE LXXXVII.

Frugalité de Sénèque. Du luxe. Les richesses sont-elles un bien ?

J'ai fait naufrage avant de m'embarquer : comment la chose arriva-t-elle, je ne le dirai pas ; tu pourrais la ranger parmi les paradoxes stoïciens dont aucun pourtant n'est ni mensonger, ni si étrange qu'il paraît l'être au premier aspect, ce que je te ferai voir quand tu voudras, et même quand tu ne le voudrais pas. En attendant, mon expédition m'a appris combien nous avons d'objets superflus, et qu'un facile raisonnement porterait l'homme à se défaire de choses que parfois la nécessité lui enlève et dont il ne sent pas la perte. Avec le peu d'esclaves que pouvait tenir un seul chariot, sans autre garde-robe que ce que nous portons sur nous, mon cher Maxime et moi sommes déjà au second jour du plus heureux voyage. Mon matelas est par

(a) Je lis *grandiscapiæ*, comme plus haut *arborum truncos cum scapo suo* et non *rapo*.

terre, et moi sur mon matelas. De deux manteaux l'un sert à garnir ma couche, l'autre à la couvrir. Quant au dîner, on n'aurait su rien en distraire ; il n'a pas fallu grand temps pour l'apprêter : je ne suis jamais sans figues sèches, pas plus que sans tablettes à écrire. Si j'ai du pain, les figues font mon ragoût ; sinon, elles me servent de pain. Grâce à elles, chaque jour est pour moi un jour [16] de nouvel an que je me rends propice et heureux au moyen de bonnes pensées et de tout ce qui élève l'âme. Or jamais l'âme ne s'élève plus haut que lorsque isolée des choses étrangères elle a conquis la paix en bannissant la crainte ; la richesse, en ne désirant rien. La voiture où je suis placé est tout à fait rustique : nos mules ne donnent signe de vie que parce qu'elles se traînent encore ; le muletier va sans chaussure, et ce n'est pas à cause de la chaleur. J'ai peine à gagner sur moi de laisser croire qu'une pareille voiture est la mienne : elle survit donc toujours en moi, la mauvaise honte de ce qui est bien ! Chaque fois qu'un train plus élégant arrive sur nous, j'ai beau m'en vouloir, je rougis, preuve que ces beaux plans, approuvés et vantés par moi, ne sont pas encore adoptés franchement et d'une manière invariable. Qui rougit d'un attelage mesquin sera glorieux d'une voiture de prix. J'ai fait peu de progrès jusqu'ici : je n'ose point être simple à la face des gens ; je m'inquiète toujours de ce que pensent de moi ceux qui passent.

Et c'est contre ce que pense tout le genre humain que ma voix devrait s'élever : insensés, dupes que vous êtes, en extase devant des superfluités, vous n'estimez jamais l'homme par ses biens propres. S'agit-il de patrimoine ? Calculateurs des plus experts, vous dressez l'inventaire de l'homme à qui vous allez prêter ou votre argent ou vos services, car cet article aussi se porte en compte, et vous dites : « Ses biens sont considérables, mais il doit beaucoup ; il a une maison superbe, mais payée d'emprunts ; personne ne présente au premier signal des valets de meilleure mine, mais il ne fait pas honneur à ses engagements ; ses créanciers soldés il n'aurait plus rien. » Ne devriez-vous pas à tout autre égard raisonner de même, vous enquérir avec soin des qualités que chacun possède en propre? Cet homme est riche, pensez-vous : car il se fait suivre, même en voyage, d'une vaisselle d'or ; car il a des terres de labour dans toutes les provinces ; car il feuillette un énorme livre d'échéances ; car il possède, aux portes de Rome, plus d'arpents qu'on ne lui pardonnerait d'en posséder dans les déserts de l'Apulie. Avez-vous tout dit? Eh bien, il est pauvre. » Comment? « Parce qu'il doit. » Combien? « Tout ce qu'il a. N'est-ce pas la même chose à vos yeux d'emprunter aux hommes que d'emprunter à la Fortune? Que me font ces mules rebondies, toutes de couleur pareille? Et ces voitures ciselées?

> L'or se mêle aux dessins de leur housse écarlate ;
> L'or brille aux longs colliers sur leur poitrail pendants,
> Et des freins d'or massif sont rongés sous leurs dents (a).

Tout cela ne fait pas que le maître en vaille mieux [17], non plus que la mule. M. Caton le censeur, dont la naissance fut aussi heureuse pour la République que celle de Scipion, car si l'un fit la guerre à nos ennemis, l'autre la fit aux mauvaises mœurs, Caton montait un méchant bidet, et portait en croupe un bissac, pour avoir avec lui l'indispensable. Oh! s'il pouvait aujourd'hui se rencontrer avec l'un de ces élégants, si magnifiques sur les grands chemins, escortés de coureurs, d'écuyers numides, de torrents de poussière qu'ils chassent devant eux (b)! Caton sans doute paraîtrait moins bien équipé, moins bien entouré que le raffiné qui, au milieu de tout cet appareil, en est à se demander s'il se louera comme gladiateur ou comme bestiaire. Siècle glorieux que celui où un général triomphateur, un censeur de Rome et plus que tout cela, un Caton se contentait d'un seul cheval qui n'était pas même tout pour lui : car moitié était occupée par son bagage pendant de chaque côté de la selle. A tous ces coursiers brillants d'embonpoint, à ces andalous, à ces agiles trotteurs ne préférerais-tu pas l'unique cheval de Caton, pansé par Caton lui-même?

Mais, je le vois, une telle matière serait sans terme, si moi-même je ne finissais. Je n'en dirai donc pas davantage de ces équipages de route qu'on devinait sans doute devoir être un jour ce qu'ils sont, quand on les appela pour la première fois *impedimenta*, des embarras. Je veux en revanche t'entretenir encore de quelques syllogismes de notre école au sujet de la vertu, qui, nous le prétendons, satisfait à toutes les conditions du bonheur. « Ce qui est bon rend l'homme bon, de même que ce qu'il y a de bon dans l'art musical fait le musicien ; les dons du hasard ne font pas l'homme bon ; ce ne sont donc pas des biens. » A quoi les péripatéticiens répondent que le premier

---

(a) *Énéide*, VII, 277. Barthélemy.
(b) Voir *Lettre* CXXIII.

terme de notre énoncé est faux : « De ce qu'une chose est bonne, il ne suit pas nécessairement qu'elle rende l'homme bon. Il peut y avoir dans la musique quelque chose de bon comme les cordes, la flûte ou tout autre instrument propre à accompagner le chanteur; mais rien de tout cela ne fait un musicien. » Nous répliquons qu'ils ne saisissent pas dans quel sens nous prenons ces termes : ce qu'il y a de bon dans la musique. Nous ne parlons pas du bagage d'un musicien, mais de ce qui le fait musicien : eux considèrent le matériel de l'art, au lieu de l'art même. Mais si dans cet art proprement dit il y a quelque chose de bon, c'est là nécessairement ce qui fera le musicien. Tâchons de rendre ceci encore plus clair : le mot bon, en musique, se dit de deux choses, de ce qui sert le musicien comme exécutant, et de ce qui fait l'art accompli. A l'exécution appartiennent les instruments, les flûtes, les cordes : ils ne tiennent point directement à l'art. On est artiste même sans instruments : peut-être ne peut-on pas alors tirer parti de son art. Cette distinction n'a pas lieu dans l'homme : le bien de l'homme est aussi le bien de sa vie.

« Ce que l'homme le plus méprisé, ce que l'infâme peut obtenir n'est pas un bien ; or un prostitueur, un maître d'escrime obtiennent la richesse : elle n'est donc pas un bien. » Proposition fausse, s'écrie-t-on. Car dans les professions de grammairien, de médecin, de pilote, on voit les plus minces individus arriver aux richesses. — Mais ces professions ne se piquent pas de grandeur d'âme, ne portent pas le cœur haut, ne dédaignent pas les dons du hasard. La vertu élève l'homme au-dessus de lui-même, au-dessus des objets les plus chers aux autres mortels : ce qu'ils appellent biens, ce qu'ils appellent maux, n'excite en lui ni désirs passionnés, ni folles craintes. Chélidon, l'un des eunuques de Cléopatre, posséda un immense patrimoine. Tout récemment Natalis, dont la langue était aussi impure que méchante, dont la bouche recueillait les purgations périodiques des femmes, hérita d'une foule de testateurs et eut lui-même nombre d'héritiers. Eh bien, est-ce la richesse qui l'a souillé, ou lui qui a rendu la richesse immonde ?

L'argent tombe sur certains hommes comme une pièce de monnaie dans un égout. La vertu est plus haut placée que ce vil métal : sa valeur à elle est tout intrinsèque ; aucun de ces profits qui arrivent par bonnes comme par mauvaises voies ne sont à ses yeux des biens. Or la science soit du médecin, soit du pilote, ne défend ni à elle-même ni aux siens l'admiration de ces choses-là. Qui n'est pas honnête homme peut néanmoins être médecin, pilote ou grammairien, tout comme cuisinier sans doute. Mais qui possède des avantages peu communs ne peut être classé dans le commun des hommes. Tel est le bien, tel sera l'homme. Un coffre-fort vaut ce qu'il contient, ou plutôt il est l'accessoire de ce qu'il contient. Un sac d'écus a-t-il jamais d'autre prix que celui de l'argent qu'il renferme? Il en est de même des possesseurs de grands patrimoines : ils sont des accessoires, des appendices de leurs propriétés. D'où vient donc la grandeur du sage? De ce que son âme est grande. Il est donc vrai que ce qu'on voit échoir aux mortels les plus méprisés n'est pas un bien. Aussi ne dirai-je jamais que l'insensibilité soit un bien : elle est le partage de la cigale, de la puce. Je ne donnerai pas même ce nom à la tranquillité, à l'absence de chagrin : quoi de plus tranquille que le vermisseau?

Tu veux savoir ce qui constitue le sage? Ce qui constitue Dieu. Tu es forcé d'accorder au sage quelque chose de divin, de céleste, de sublime. Le vrai bien n'est pas fait pour tous, et n'admet pas pour possesseur le premier venu.

> Il faut voir ce que donne ou refuse une terre.
> Là réussit le blé, la vigne ailleurs prospère ;
> Plus loin l'arbre fertile en verger grandira,
> Et sans culture ici le gazon verdira.
> L'Inde aura son ivoire, et Saba dans ses plaines
> Récoltera l'encens, et de ses noirs domaines
> Le Chalybe aux flancs nus nous enverra le fer ;
> Le Tmole son safran parfumé.... (a).

Ces productions furent réparties en divers climats, pour obliger les mortels à commercer entre eux, si les uns voulaient recevoir des autres et leur donner réciproquement. Le souverain bien aussi a sa patrie à lui : il ne naît point aux mêmes lieux que l'ivoire [19], aux mêmes lieux que le fer. Et où donc naît-il? Dans notre âme. Si elle n'est pure, si elle n'est sainte, Dieu n'y logera point.

« Le bien ne peut naître du mal : la cupidité crée la richesse, la richesse n'est donc pas un bien. » On répond qu'il n'est pas vrai que le bien ne naisse point du mal ; car du sacrilége et du vol il provient de l'argent. Ainsi ce sera un mal que le sacrilége et que le vol, mais à ce titre qu'ils font plus de maux que de biens : car encore donnent-ils du profit, quoique empoisonné

(a) *Géorgiq.*, I, 53.

par la crainte, l'anxiété, les tourments de l'âme et du corps. — Quiconque parle ainsi se condamne à admettre que si le sacrilége est un mal comme entraînant beaucoup de maux, c'est un bien à quelque autre égard, parce qu'il rapporte quelque avantage; or se peut-il rien de plus monstrueux, bien qu'on ait dès longtemps persuadé aux hommes que le sacrilége, le vol, l'adultère sont au nombre des biens? Que de gens n'ont point honte du vol! combien font gloire de l'adultère! On punit les petits sacriléges, les grands sont portés en triomphe [19]. D'ailleurs si sous un rapport quelconque le sacrilége est réellement un bien, il sera plus, il sera honorable et qualifié de méritoire (a), ce que nulle conscience humaine n'admettra. Non, encore une fois, le bien ne peut naître du mal. Si en effet, comme vous le dites, le sacrilége est un mal uniquement parce qu'il entraîne beaucoup de maux, faites-lui remise des supplices, garantissez-lui la sécurité, ce sera un bien complet de tout point. Et pourtant le plus grand supplice du crime n'est-il pas dans le crime même? Crois-tu la peine différée tant que le bourreau, tant que les cachots ne sont point là? erreur; elle se fait sentir sitôt l'acte commis, que dis-je? lors même qu'il se commet. Ainsi du mal ne peut naître le bien, pas plus que la figue de l'olivier. Le fruit répond à la semence : le bien ne dégénère pas. Dès que l'honnête ne peut provenir de la turpitude, le mal ne produit pas le bien : car l'honnête et le bien, c'est tout un. Quelques stoïciens objectent à ceci : qu'en admettant que l'argent est un bien de quelque part qu'il vienne, il ne s'ensuit pas que ce soit un argent sacrilége, quoique étant le fruit d'un sacrilége. Voici comment je comprends la chose. Dans la même urne il y a de l'or et une vipère : si tu en tires l'or (b), ce n'est pas parce qu'elle renferme une vipère que l'urne te fournit cet or, mais elle te le fournit quoiqu'elle renferme aussi une vipère. Les profits du sacrilége ont lieu de la même manière, non parce que c'est chose honteuse et criminelle que le sacrilége, mais parce qu'au crime se joint le profit. De même que dans cette urne il n'y a de mauvais que la vipère, et non l'or qui s'y trouve en même temps ; ainsi pour le sacrilége le mal est dans le crime, non dans le profit. Cette opinion n'est pas la mienne : les deux termes de la comparaison sont très-dissemblables. Je puis d'une part prendre l'or sans la vipère, de l'autre je ne puis

---

(a) Texte altéré : *Nostra enim actio est* : interpolation.
(b) *Quia illic et vipera est*, autre interpolation.

arriver au profit que par le sacrilége. Ce profit-là n'est point à côté du crime ; il fait corps avec lui.

« Toute chose dont la poursuite nous fera tomber dans une foule de maux n'est pas un bien. La poursuite des richesses nous jette dans une foule de maux ; donc les richesses ne sont pas un bien. » Votre proposition, nous dit-on, signifie deux choses : l'une qu'en voulant arriver aux richesses nous tombons dans une foule de maux : or cet inconvénient a lieu aussi dans la poursuite de la vertu. Tel qui court les mers pour s'instruire aboutit au naufrage ; tel autre à la captivité. Voici le second sens : ce qui nous fait tomber dans le mal n'est pas un bien. Mais il ne suit pas de cette proposition que les richesses ou les voluptés nous précipitent dans le malheur ; autrement, loin d'être un bien, elles seraient un mal. Or vous vous bornez à dire qu'elles ne sont pas un bien. Ce n'est pas tout : vous accordez que les richesses ont quelque utilité ; vous les rangez parmi les avantages de la vie. Mais d'après votre raisonnement elles ne seront pas même des avantages, car par elles une foule d'inconvénients nous arrivent.

Certains philosophes répondent · « qu'on impute faussement aux richesses ces inconvénients. Elles ne font de mal à personne : le mal ne vient que de notre folie à nous ou de l'iniquité d'autrui. Ainsi l'épée d'elle-même ne tue point ; elle est l'arme de celui qui tue. Il n'est pas vrai que les richesses vous nuisent, parce qu'on vous nuit à cause de vos richesses. » Posidonius, ce me semble, a mieux répondu : « Les richesses sont des causes de maux, non pas qu'elles-mêmes fassent quelque mal, mais parce qu'elles excitent à mal faire. » Car autre est la cause efficiente, qui produit à l'instant et nécessairement le mal, autre la cause antérieure ; et les richesses ne renferment que celle-là. Elles enflent l'âme, engendrent l'orgueil et suscitent l'envie ; elles égarent à tel point la raison que le renom d'homme riche, dût-il nous porter malheur, nous enchante. Or les vrais biens doivent être irréprochables : ils sont purs, ne corrompent point l'âme, ne la troublent point : ils l'élèvent et l'agrandissent, mais sans la gonfler. Les vrais biens inspirent de la confiance ; les richesses, de l'audace ; les vrais biens donnent de la grandeur à l'âme ; les richesses, de l'insolence. Et l'insolence n'est qu'un faux semblant de grandeur. « A ce compte les richesses non-seulement ne sont pas un bien, elles sont même un mal. » Oui, si elles nuisaient par elles-mêmes ; si, comme je l'ai dit, elles étaient cause efficiente ; mais elles ne sont qu'une cause antérieure, laquelle, il est vrai, excite au mal, y entraîne même; car elles offrent des apparences, des semblants de bien, et le grand nombre y peut croire. La vertu aussi est une cause antécédente d'envie ; car que de gens dont la sagesse, dont la justice excitent ce sentiment! mais cette cause n'est pas immédiate et ne frappe pas tout d'abord. Loin de là, ce qui dans la vertu frappe le plus l'imagination des hommes, c'est qu'elle inspire l'amour et l'admiration. Posidonius veut qu'on pose ainsi la question : « Ce qui ne donne à l'âme ni grandeur, ni confiance, ni sécurité, n'est pas un bien; or les richesses, la santé et autres dons semblables ne procurent aucune de ces trois choses ; donc ce ne sont pas des biens. » Il renforce encore sa proposition de cette manière : « Ce qui, loin de donner de la grandeur, de la confiance, de la sécurité à l'âme, n'engendre au contraire qu'insolence, morgue, présomption, n'est pas un bien ; or les dons du hasard nous portent à tout cela ; donc ce ne sont pas des biens. » — A ce compte, disent nos adversaires, ce ne seront pas même des avantages. — Les avantages ne sont pas de même nature que les biens. Un avantage apporte plus d'utilité que de désagrément; un bien doit être sans mélange et n'avoir en soi rien de nuisible. Ce qui fait le bien, ce n'est pas d'être plus utile que nuisible, c'est d'être exclusivement utile. D'ailleurs les avantages sont aussi pour les animaux, pour les hommes imparfaits, pour les sots. C'est pourquoi les inconvénients peuvent s'y mêler ; mais on appelle avantage ce qu'on juge tel sous la plupart des rapports. Le bien appartient au sage seul, et ne doit point comporter d'alliage.

Prends courage : il ne te reste plus qu'un nœud à dénouer, mais c'est le nœud d'Hercule (*a*). « Une somme de maux ne fait pas un bien : plusieurs pauvretés font une richesse ; donc la richesse n'est pas un bien. » Notre école ne reconnaît pas ce syllogisme : les péripatéticiens qui l'imaginèrent en donnent aussi le mot. Mais, dit Posidonius, ce sophisme rebattu dans toutes les chaires de dialectique est ainsi réfuté par Antipater : « Qui dit pauvreté ne dit pas possession, mais retranchement ou, comme les anciens, privation, *orbationem*, que les Grecs nomment στέρησιν. On vous appelle pauvre à raison non de ce que vous avez, mais de ce que vous n'avez pas. Des vides multipliés ne rempliront rien : les richesses se composent de

(*a*) Autrement dit : *le nœud gordien.*

plusieurs possessions, et non d'une somme de dénûments. Vous n'entendez pas comme il faut le mot de pauvreté. C'est l'état non de qui a peu, mais de l'homme à qui il manque beaucoup. Il se dit non de ce qu'on possède, mais de ce qu'on n'a pas. » J'exprimerais plus facilement ma pensée s'il existait un mot latin qui eût le sens d'ἀνυπαρξία (non existence), qualification qu'Antipater assigne à la pauvreté. Pour moi, je ne vois pas que la pauvreté soit autre chose que la possession de peu. Nous examinerons, quelque jour que nous serons bien de loisir, ce qui constitue la richesse et la pauvreté. Mais alors aussi nous considérerons s'il ne vaudrait pas mieux l'apprivoiser, cette pauvreté, et ôter à la richesse sa morgue sourcilleuse, que de disputer sur les mots comme si l'on était d'accord sur les choses. Prenons que nous sommes convoqués à une assemblée du peuple. On propose une loi sur l'abolition des richesses : est-ce avec de tels syllogismes que nous comptons la soutenir ou la combattre? Obtiendrons-nous ainsi que le peuple romain redemande avec enthousiasme cette pauvreté qui fut le fondement et la cause de sa puissance, et qu'il s'alarme de ses richesses; et qu'il se dise qu'il les a trouvées chez des vaincus ; que par elles la brigue, la vénalité, les séditions ont fait irruption dans la cité la plus pure et la plus tempérante; que l'on étale avec trop de faste la dépouille des nations; que ce qu'un peuple a ravi à tous, il est plus facile à tous de le reprendre à un seul (a)?
— Voilà ce qu'il importe plus de démontrer. Exterminons les vices, au lieu de les définir. Parlons, si nous pouvons, avec plus de vigueur, sinon, plus nettement.

## LETTRE LXXXVIII.

### Des arts libéraux[29].

Tu désires savoir ce que je pense des *arts libéraux*. Pas un que j'estime, pas un que je mette au rang des bonnes choses; c'est au lucre qu'ils visent. Industries mercenaires, elles n'ont d'utilité que si elles préparent l'intelligence, mais ne la capti-

(a) Réflexion prophétique.

vent point. On peut s'y arrêter tant que l'âme n'est capable de rien de plus haut : ce sont des apprentissages, non des œuvres de maîtres. On les a nommés arts libéraux, tu le vois, comme étant dignes d'un homme libre. Mais il n'est qu'un art vraiment libéral : celui qui fait libre ; c'est la sagesse, cet art sublime, généreux, magnanime ; le reste n'est que petitesse, puérilités. Penses-tu qu'il y ait rien de bon dans ces arts qui ont, remarque-le, pour professeurs les plus ignobles et les plus dégradés des hommes ? Il faut, non pas les apprendre, mais les avoir appris.

On a cru devoir rechercher si les arts libéraux rendent l'homme vertueux. Ils ne le promettent même pas ; c'est une science où ils n'aspirent point. Le grammairien s'évertue à épurer le langage ; veut-il s'aventurer davantage, il va jusqu'aux abords de l'histoire, ou, reculât-il au plus loin ses limites, jusqu'à la versification. Qu'y a-t-il là qui aplanisse le chemin à la vertu ? Classification de syllabes, exacte appréciation des mots, traditions mythologiques, lois et variétés du mètre ? Qu'y a-t-il là qui bannisse la crainte, qui affranchisse de la cupidité, qui refrène l'incontinence ? Allons chez le géomètre et chez le musicien : trouveras-tu rien là qui te défende de craindre, qui te défende de désirer ? Hors ces deux points, nulle autre science ne sert.

Il s'agit de voir si ces professeurs enseignent la vertu ou non ; s'ils ne l'enseignent pas, ils ne peuvent l'inspirer ; s'ils l'enseignent, ce sont des philosophes. Veux-tu te convaincre que ce n'est pas pour enseigner la vertu qu'ils montent dans leurs chaires ? Regarde combien sont diverses les tendances de chacun d'eux ; or le but serait un si l'enseignement était le même. Mais peut-être voudront-ils te persuader qu'Homère était un philosophe, quand les preuves mêmes qu'ils en donnent les démentent. Car tantôt on fait de lui un stoïcien, n'admirant rien que la force d'âme, ayant horreur des voluptés et ne s'écartant pas de l'honnête, même au prix de l'immortalité ; tantôt c'est un épicurien, qui fait l'éloge d'une cité où règne la paix et où la vie s'écoule parmi les festins et les chants ; c'est encore un péripatéticien qui admet trois sortes de biens dans la vie ; c'est enfin un académicien qui dit que tout n'est qu'incertitude. La preuve qu'il n'est rien de tout cela, c'est qu'il est tout cela à la fois : systèmes entre eux incompatibles. Accordons-leur qu'Homère ait été philosophe. Nécessairement il le sera devenu avant d'avoir songé le moins du monde aux vers :

étudions (a) donc cette sagesse qui a fait d'Homère son adepte. Quant à rechercher lequel fut antérieur à l'autre, d'Homère ou d'Hésiode, c'est chose aussi indifférente que de savoir si Hécube était plus jeune qu'Hélène, et pourquoi elle portait si mal son âge. Est-il bien important, dis-moi, de rechercher l'âge de Patrocle et d'Achille (b)? Veux-tu savoir sur quelles mers a erré Ulysse plutôt que de nous empêcher, nous, d'errer incessamment? Je n'ai pas le loisir d'apprendre si c'est entre l'Italie et la Sicile ou en dehors du monde connu qu'il fut le jouet des tempêtes, car dans un cercle si étroit pouvait-on errer si longtemps? Mais nous, les tempêtes de l'âme nous secouent chaque jour; nos mauvaises passions nous poussent dans toutes les mésaventures d'Ulysse. Assez de beautés attirent nos regards, assez d'ennemis aussi; d'une part des monstres implacables qui s'enivrent du sang des hommes ; de l'autre d'insidieux enchantements préparés pour l'oreille ; plus loin des naufrages et tant de fléaux variés. Enseigne-moi comment je dois aimer ma patrie, mon épouse, mon père, et voguer, au prix du naufrage, vers de si nobles affections. Que demandes-tu si Pénélope a été peu chaste, si elle en a imposé à son siècle, si, avant de l'apprendre, elle n'a pas deviné qu'elle revoyait Ulysse? Enseigne-moi ce que c'est que la chasteté et tout le prix de cette vertu, si c'est dans le corps ou dans l'âme qu'elle réside.

Je passe à la musique. Tu m'enseignes comment les voix du ton aigu s'accordent avec celles du ton grave ; comment des cordes qui rendent des sons différents produisent un accord parfait. Ah! fais plutôt que mon âme s'accorde avec elle-même, et que dans mes résolutions il n'y ait point de dissonance. Tu me montres quels sont les modes plaintifs ; montre-moi plutôt à ne point exhaler de plainte au milieu de l'adversité.

La géométrie m'apprend à mesurer de vastes fonds de terre, qu'elle m'apprenne plutôt la juste mesure de ce qui suffit à l'homme. L'arithmétique m'apprend l'art de compter, de prêter mes doigts aux calculs de l'avarice ; qu'elle m'apprenne plutôt le néant de pareils calculs, qu'il n'en est pas plus heureux l'homme dont l'immense fortune lasse ses teneurs de livres, et que bien superflues sont des possessions dont le maître serait le plus à plaindre des hommes s'il devait par lui-même supputer tout son avoir. Que me sert de savoir régler le

---

(a) Il faut lire avec les Mss. *discamus*. Lemaire : *dicamus*.
(b) Voy. sur cette manie de recherches, *Brièveté de la vie*, XIII et XIV.

partage du plus petit champ, si je ne sais point partager avec un frère ? A quoi bon relever en expert jusqu'au dernier pied d'un arpent, et ressaisir une minime fraction échappée à la toise, si je me chagrine de ce qu'un voisin puissant écorne ma propriété ? L'arithmétique me donne le secret de ne rien perdre de mes limites ; et je voudrais, moi, qu'on me donnât celui de tout perdre avec sérénité. « Mais c'est du champ de mon père et de mon aïeul qu'on m'évince ! » Et avant ton aïeul quel en était le maître ? Peux-tu me dire nettement, non pas même à quel homme, mais à quel peuple il a appartenu ? Tu y es entré non comme maître, mais comme fermier. Fermier de qui ? De ton héritier, au cas le plus heureux pour toi. Au dire des jurisconsultes on ne prescrit point sur le domaine public ; tu n'es ici que l'occupant ; ce que tu dis être à toi est au public, que dis-je ? à tout le genre humain ". Que ton art est sublime ! Tu sais mesurer les corps ronds ; tu réduis au carré toutes les figures qu'on te présente, tu nous dis les distances des astres, il n'est rien qui ne soit soumis à ton compas. Homme si habile, mesure donc l'âme humaine, montre toute sa grandeur, montre toute sa petitesse. Tu sais ce que c'est qu'une ligne droite ; que t'en revient-il, si ce qui est droit en morale tu ne le sais pas ?

A toi maintenant qui fais gloire de connaître les corps célestes.

Où va le froid Saturne, et quels cercles des cieux
Parcourt le vol errant du messager des dieux (a).

A quoi cette science me sera-t-elle bonne ? A me donner l'alarme chaque fois que Saturne et Mars seront en présence, ou quand Mercure, à son coucher sur l'horizon, sera regardé de Saturne ? J'aime bien mieux me persuader que, quelle que soit leur position, les astres sont propices et nullement sujets à changer. Mus par les destins dont l'ordre ne s'interrompt, dont le cours ne s'évite jamais, c'est par des périodes marquées que se font leurs retours. « Ils sont les moteurs ou les pronostics de tout événement ! » Eh bien, s'ils opèrent tout ce qui arrive, que gagne-t-on à connaître ce qu'on ne changera point ? S'ils ne font que l'annoncer, à quoi bon prévoir l'inévitable ? Que tu le saches ou non, la chose se fera (b).

Observe le soleil au terme de sa course,

(a) *Géorg.*, I, 336. Delille.
(b) Voy. *Lettres* XIII, XVI, LXXVII. *Quest. nat.*, II, XXXV et XXXVII.

> La lune à son lever, pour n'être point séduit
> Par la sérénité d'une trompeuse nuit (a).

J'ai songé de reste à bien m'assurer contre les surprises : tout lendemain n'est-il pas trompeur ? Ce que par avance on ignore trompe toujours. J'ignore ce qui sera, mais je sais bien ce qui peut être. Je ne me désespérerai de rien, je m'attends à tout : s'il m'est fait grâce de quelque chose, je le tiens pour gain. Le sort ne me trompe que s'il m'épargne, et même alors ne me trompe-t-il pas ; car comme je sais que tout accident est possible, je sais aussi que tous n'ont pas lieu infailliblement. Et j'attendrai les succès en homme préparé aux revers.

Il faut ici que tu me pardonnes de ne pas suivre les classifications reçues. On ne m'amènera pas à compter parmi les arts libéraux la peinture, non plus que l'art du statuaire, du marbrier et autres pourvoyeurs du luxe. Ainsi des lutteurs et de leur science toute pétrie d'huile et de poussière (b) : je les rejette en dehors des études relevées, ou bien j'y ferai entrer les parfumeurs et les cuisiniers, et quiconque met son industrie au service de nos voluptés. Car enfin, je te prie, qu'ont-ils de libéral ces hommes qui vomissent leur vin pris à jeun, corps appesantis de graisse, âmes appauvries et perdues de marasme ? Verrons-nous là une étude libérale pour cette jeunesse que nos pères obligeaient à s'exercer debout, à lancer le javelot, à ficher l'épieu, à dompter un coursier, à manier les armes ? Ils n'enseignaient rien à leurs enfants qu'ils pussent apprendre couchés. Mais ni ces exercices ni les arts dont je parle n'enseignent ou ne nourrissent la vertu. Que sert en effet de gouverner un cheval et de modérer sa course avec le mors, si les passions les plus effrénées nous emportent ? Que sert de triompher de mille rivaux à la lutte et au ceste, si la colère triomphe de nous ?

« Mais enfin, les arts libéraux n'auront ils donc aucune utilité ? » Aucune pour la vertu, beaucoup pour d'autres choses. Les arts mécaniques, ces professions viles qui n'emploient que la main, quoique apportant beaucoup au matériel de la vie, ne se rattachent nullement à la vertu. Pourquoi donc instruisons-nous nos fils dans les études libérales ? Ce n'est pas qu'elles puissent donner la vertu, c'est qu'elles mettent l'âme en état de la recevoir. De même que cette première teinture des

---

(a) *Géorgiq.*, I, 424. Delille.
(b) Voy *Lettre* LVII et la note.

lettres, comme disaient nos pères, ces éléments qu'on enseigne à l'enfance ne sont pas les arts libéraux dont l'étude va suivre, mais leur préparent la place ; ainsi les arts libéraux ne mènent pas jusqu'à la vertu, mais en facilitent les voies.

Posidonius partage les arts en quatre classes : arts vulgaires et infimes, arts d'agrément, arts éducateurs, arts libéraux. Les premiers, attributs de l'artisan, purement manuels, s'occupent de fournir aux besoins de l'existence : là rien qui offre l'apparence du beau ni de l'honnête. Les arts d'agrément ont pour but le plaisir des yeux et des oreilles. A quoi l'on peut rattacher les conceptions du machiniste, ces échafaudages de théâtre qui surgissent comme par enchantement, ces décorations qui montent sans bruit dans les airs, et ces changements inattendus où des masses réunies se disjoignent, séparées se rapprochent spontanément, s'élèvent pour s'abaisser ensuite insensiblement sur elles-mêmes, choses dont s'éblouit une foule ignorante que tout effet soudain, dont elle ne connaît pas les causes, jette dans l'ébahissement. Les arts éducateurs, que les Grecs appellent encycliques, ont quelque ressemblance avec les arts libéraux dont ils portent le nom parmi nous. Toutefois il n'est d'arts libéraux, ou pour mieux dire, libres, que ceux qui ont pour objet la vertu.

« Mais, dit-on, tout comme il y a dans la philosophie la partie naturelle, la partie morale et la partie rationnelle, la classe des arts libéraux y réclame à son tour une place. Quand il s'agit de questions de physique, on s'appuie du témoignage de la géométrie. Elle fait donc, comme auxiliaire, partie de cette science. » Eh ! que d'auxiliaires nous avons, qui ne font point partie de nous-mêmes? Je dis plus : s'ils en faisaient partie, ils ne seraient point auxiliaires. La nourriture est l'auxiliaire du corps et pourtant n'en fait point partie. La géométrie nous rend des services ; mais la philosophie n'a besoin d'elle que comme elle a besoin du mécanicien ; elle ne fait pas plus partie de la philosophie que le mécanicien de la géométrie. Ces deux sciences d'ailleurs ont chacune leurs limites. Le philosophe recherche et découvre les causes naturelles ; le géomètre s'applique à les supputer et par nombres et par mesures. Le principe constituant des corps célestes, leur action, leur nature, voilà la science du philosophe ; leurs cours, leurs retours, l'observation des lois spéciales suivant lesquelles ils descendent, s'élèvent et parfois semblent stationnaires, bien qu'ils ne puissent s'arrêter jamais, tout cela est recueilli par le mathématicien. Le philosophe saura d'où vient qu'un miroir réfléchit les objets ; le géomètre pourra te dire à quelle distance de l'image doit se trouver le corps, et que telle forme de miroir renverra telle image. Le philosophe prouvera que le soleil est grand ; le mathématicien, combien il est grand ; le mathématicien procède par une certaine routine ou pratique ; mais, pour procéder, il faut qu'il ait acquis quelques principes philosophiques. Or ce n'est pas un art indépendant que celui dont la base est d'emprunt. La philosophie ne demande rien à d'autres : elle tire du sol même tout son édifice. Les mathématiques sont pour ainsi dire une science de surface ; elles bâtissent sur le fonds d'autrui : elles reçoivent les premiers matériaux et par ce moyen leur œuvre aboutit ; si elles allaient au vrai par elles-mêmes, si elles pouvaient complétement embrasser la nature de la création, je dirais qu'elles peuvent être d'un immense secours à nos âmes, car l'étude du monde céleste communique à l'âme une grandeur qu'elle semble puiser d'en haut.

Il n'est pour l'âme qu'une sorte de perfection, la science des principes fixes du bien et du mal, science qui relève de la philosophie seule : nul autre art ne s'occupe des biens ni des maux. Voulons-nous examiner les vertus une à une ? Le courage, c'est le mépris de ce que les hommes craignent : ces épouvantails, qui font tomber sous le joug notre indépendance, il les dédaigne, les provoque, les brise ; est-ce donc aux arts libéraux qu'il doit tant de vigueur ? La bonne foi, c'est le trésor le plus inviolable de la conscience humaine ; aucune nécessité ne la forcerait au parjure, aucune largesse ne la corrompt. « Vos lames ardentes, s'écrie-t-elle, vos verges, vos échafauds ne me feront point trahir mon secret ; plus la douleur tentera de me l'arracher, plus je le cacherai profondément. » Les arts libéraux font-ils de ces âmes héroïques ? La tempérance maîtrise les voluptés : elle déteste et repousse les unes ; elle fait la part des autres, elle les rappelle à une sage mesure et ne les recherche jamais pour elles-mêmes. Elle sait que la meilleure règle du désir est de ne s'y livrer qu'autant qu'on le doit, non autant qu'on le veut. Cette autre vertu qui nous humanise nous défend l'orgueil envers tout membre de la société ; elle nous défend d'être cupides ; dans ses paroles, ses actes, ses sentiments, elle se montre affable et facile à tous ; leurs maux deviennent les siens, et si elle s'applaudit du bien qui lui arrive, c'est surtout parce qu'il doit lui servir à faire quelque heureux. Les arts libéraux prescrivent-ils une pareille morale ? Non :

pas plus qu'ils n'enseignent la sincérité, la modestie, la modération ; pas plus qu'ils n'inspirent la frugalité, l'économie, ou la clémence qui épargne le sang d'autrui comme si c'était le sien, et qui sait que l'homme ne doit pas être prodigue de la vie des hommes.

« On demande comment nous, qui disons que sans les arts libéraux on n'arrive point à la vertu, nous nions que ces arts lui soient d'aucune aide. » Il en est d'eux comme de la nourriture, sans laquelle on ne deviendrait pas vertueux, et qui pourtant n'a nul rapport avec la vertu. Un amas de bois ne fait pas par lui-même un vaisseau ; néanmoins un vaisseau ne se peut construire que de bois. En un mot, de ce qu'une chose ne peut se faire sans une autre, il ne s'ensuit pas qu'elle se fasse par son auxiliaire. On peut même dire qu'il n'est pas besoin d'arts libéraux pour arriver à la sagesse : car quoiqu'il faille apprendre la vertu, ce n'est point par eux qu'on l'apprend. Et pourquoi m'imaginerais-je qu'on ne peut devenir sage si l'on est illettré, puisque la sagesse ne réside pas dans les lettres? Elle enseigne des choses, non des mots ; et je ne sais si la mémoire n'est pas plus sûre quand elle ne s'aide d'aucun secours extérieur. Grande et vaste science que la sagesse : il lui faut la place libre ; elle embrasse dans ses leçons les choses divines et humaines, le passé, l'avenir, le périssable, l'éternel, le temps qui à lui seul, tu le vois, soulève tant de questions. D'abord est-il quelque chose par lui-même? ensuite quelque chose a-t-il existé avant lui et sans lui? a-t-il commencé avec le monde, ou, même avant le monde, si quelque chose existait, le temps aussi existait-il? Rien que sur l'âme les questions sont innombrables : D'où vient-elle? Quelle est-elle? Quand commence-t-elle à être? Quelle est sa durée? Passe-t-elle d'un lieu à un autre, et change-t-elle de domiciles, emprisonnée successivement sous la figure de tel ou tel être ; ou bien n'est-elle captive qu'une fois, avant d'avoir son essor libre au sein du grand tout? Est-elle un corps ou non? Que fera-t-elle quand elle cessera d'agir par nos sens? Comment usera-t-elle de sa liberté, quand elle aura fui de son cachot? Oublie-t-elle son premier état, et ne commence-t-elle à se connaître qu'après que, séparée du corps, elle s'est retirée dans les cieux? Quelque partie que tu embrasses parmi les sciences divines et humaines, un énorme amas de problèmes et d'enseignements viendra t'accabler. Pour que tant et de si grands objets puissent y loger à l'aise, tu dois bannir de ton âme les inutilités qui la rétrécissent : la vertu n'y entrerait point ; à une grande chose il faut un large espace. Loin de toi ce qui n'est pas elle : que ton âme soit toute libre pour la recevoir.

« Mais il y a du charme à connaître un grand nombre d'arts. » N'en retenons donc que l'indispensable. Tu jugeras répréhensible l'homme qui fait provision de superfluités pour en déployer dans sa maison le coûteux étalage ; et tu ne blâmeras point celui qui s'occupe à entasser un inutile bagage littéraire ? Vouloir apprendre plus que de besoin est une sorte d'intempérance. Et puis cette manie d'arts libéraux fait des importuns, de grands parleurs, des fâcheux, des esprits amoureux d'eux-mêmes, d'autant moins portés à apprendre le nécessaire qu'ils se sont farcis de bagatelles. Le grammairien Didyme (a) a écrit quatre mille volumes : homme à plaindre, n'eût-il fait qu'en lire un pareil nombre d'inutiles. Dans ces livres il recherche quelle fut la patrie d'Homère ; la véritable mère d'Énée ; ce qu'Anacréon aima le mieux, du vin ou des femmes ; si Sapho se livrait au public, et mille autres fadaises que je voudrais désapprendre, si je les savais. Qu'on vienne dire maintenant que la vie est trop peu longue ! Et dans notre école même, viens, je te montrerai de nombreux abatis à faire. Il faut trop dépenser de temps, trop blesser de jalouses oreilles pour entendre de soi cet éloge : *Le savant homme!* Contentons-nous du titre plus modeste d'*homme de bien*. Eh quoi ! je compulserai autant d'annales qu'il y a eu de peuples ; je leur demanderai qui fit les premiers vers ; je supputerai, sans avoir de fastes, combien d'années séparent Orphée d'Homère ; je contrôlerai une à une les impertinences dont Aristarque a hérissé les poëmes d'autrui, et j'userai ma vie sur des syllabes [22] ! Quoi ! que je demeure cloué sur la poussière du géomètre (b) ? Aurais-je à ce point oublié le salutaire précepte : *Sois ménager du temps ?* Moi, savoir de telles choses ! Que m'est-il donc permis d'ignorer ?

Appion le grammairien qui, sous Caligula, courut en charlatan toute la Grèce et y fut accueilli de ville en ville comme un second Homère, prétendait « que ce n'était qu'après avoir fini ses deux poëmes, l'Iliade et l'Odyssée, qu'Homère avait ajouté le début de celui qui contient la guerre de Troie ; » et il en apportait pour preuve « que deux lettres (c) placées à dessein en tête du premier vers indiquaient le nombre de livres des

---

(a) Grammairien grec, sous Auguste. Ses écrits sont perdus.
(b) Voy. *Lettre* LXXIV et la note.
(c) M et H, les deux premières du premier mot, *numériquement* 48.

deux poèmes. » Voilà ce qu'il faut savoir, quand on ne veut que savoir beaucoup.

Ne songeras-tu pas, ô homme! combien de temps te dérobent et les maladies, et les affaires publiques, et tes affaires privées, et les soins journaliers de la vie, et le sommeil? Mesure la durée de tes jours : elle n'a point place pour tant de choses.

Je parle des arts libéraux : et chez les philosophes, que de choses inapplicables et de nul usage! Eux aussi sont descendus à des discussions de syllabes, aux propriétés des conjonctions et des prépositions; ils ont empiété sur le grammairien, empiété sur le géomètre. Tout ce que ceux-ci avaient dans leur domaine de plus inutile, les philosophes l'ont transplanté dans le leur. De là est venu qu'ils savent mieux l'art de bien dire que l'art de bien faire. Écoute combien le trop de subtilité fait de mal, et quel obstacle c'est à la vérité! Protagoras dit qu'on peut soutenir le pour et le contre sur toute question, à commencer par celle-ci : le pour et le contre sont-ils également soutenables en toute chose? Nausiphane prétend que de ce qui semble être, il n'y a rien dont l'être soit plus constant que le non être. Parménide affirme que de tout ce que nous voyons rien n'existe en dehors de l'unité. Zénon [23] d'Élée nous débarrasse de tout embarras : il dit que rien n'existe. Les Pyrrhoniens tournent à peu près dans le même cercle avec les Mégariques, les Érétriens et les Académiciens, ces introducteurs d'une science nouvelle, *ne rien savoir* [24].

Tout cela est à reléguer parmi le stérile fatras des arts libéraux. L'un m'offre une science qui ne me servira de rien; l'autre m'enlève l'espoir d'arriver à une science quelconque : encore vaut-il mieux savoir du superflu que rien. Ici l'on ne me présente pas le flambeau qui pourrait me conduire à la vérité; là on prétend me crever les yeux. Si j'en crois Protagoras, il n'y a que doute sur toutes choses; si Nausiphane, la seule chose certaine c'est que rien n'est certain; selon Parménide il n'y a au monde qu'une chose; selon Zénon cette chose même n'est pas. Que sommes-nous donc, nous et cette nature qui nous environne, qui nous alimente, qui nous porte? L'univers n'est donc qu'une ombre sans corps, ou dont le vrai corps nous échappe? J'aurais peine à dire qui me fâche le plus, de ceux qui nous interdisent de savoir quoi que ce soit, ou de ceux qui ne nous laissent pas même l'avantage de ne rien savoir.

## LETTRE LXXXIX.

Division de la philosophie. Du luxe et de l'avarice.

Tu demandes une chose utile, nécessaire même à qui désire arriver vite à la sagesse : tu veux que je divise la philosophie, et que je décompose ce vaste corps en plusieurs membres. En effet la connaissance des parties nous amène plus facilement à celle du tout. Et plût au ciel, tout comme la face de l'univers se développe à nos regards, que la philosophie pût nous apparaître tout entière, spectacle beau comme l'univers. Certes elle ravirait à elle l'admiration du genre humain et lui ferait quitter tout ce qui lui semble grand aujourd'hui, ignorant qu'il est de la vraie grandeur. Mais ce bonheur n'étant point fait pour nous, force nous est d'observer ici, de la même façon que nous contemplons les secrets de la nature. L'âme du sage, il est vrai, embrasse l'universalité de ce grand tout : son œil le parcourt aussi rapidement que fait le nôtre la voûte céleste ; quant à nous, qui avons à percer tant d'épais nuages et dont la vue s'arrête à un horizon si prochain, il est plus facile de nous exposer les détails, puisque l'ensemble nous échappe encore.

Je vais donc, comme tu l'exiges, distribuer la philosophie par divisions, non par lambeaux : car c'est la division, non le morcellement qui est utile, et il est aussi difficile de saisir le trop grand que le trop petit. Le peuple se divise en tribus, l'armée en centuries. Ce qui s'élève à de hautes proportions s'étudie mieux dans le classement de ses parties, lesquelles, ai-je dit, ne doivent être ni innombrables ni imperceptibles. Car c'est un abus de diviser à l'excès comme de ne point diviser du tout : c'est l'image de la confusion qu'un fractionnement qui réduit la chose en poussière.

Et d'abord énonçons, pour te satisfaire, en quoi la sagesse diffère de la philosophie. La sagesse est pour l'âme humaine la perfection dans le bien ; la philosophie, c'est l'amour et la poursuite de cette perfection. La première montre le but où la seconde est parvenue. Pourquoi l'appelle-t-on philosophie ? L'étymologie même du mot l'indique clairement. Quelques-uns ont défini la sagesse la science des choses divines et humaines. D'autres y ont ajouté : et de leurs causes ; adjonction superflue, ce me semble : car les causes ici font partie des choses mêmes. La philosophie aussi a été diversement définie : on l'a nommée tantôt l'étude de la vertu, tantôt l'étude propre à corriger l'âme, tantôt la recherche de la droite raison. Il est demeuré à peu près constant qu'il y a quelque différence entre la philosophie et la sagesse : car il ne se peut faire que l'objet poursuivi et le poursuivant soient identiques. Il y a grande différence entre l'avarice et l'argent, puisque l'une désire et que l'autre est désiré ; de même entre la philosophie et la sagesse. Celle-ci est l'effet et la récompense de celle-là : l'une est le terme où marche l'autre. La sagesse est ce que les Grecs appellent σοφίαν, expression usitée aussi chez nos pères, comme chez nous celle de philosophie. C'est ce que prouvent nos vieilles comédies nationales et les mots inscrits sur la tombe de Dossennus :

Arrête, voyageur,<br>
Et lis de Dossennus quelle fut la sagesse.

Bien que la philosophie soit l'étude de la vertu, dont elle se distingue comme le moyen de la fin, quelques stoïciens n'ont pas cru pourtant qu'on pût les séparer, vu qu'il n'y a pas de philosophie sans vertu, ni de vertu sans philosophie. La philosophie est l'étude de la vertu, mais par la vertu même : or la vertu ne peut exister sans l'étude d'elle-même, ni l'étude de la vertu, sans la vertu. Car il n'en est point ici comme du but qu'on s'exerce à frapper de loin : ailleurs se trouve le point d'attaque, ailleurs le point de mire ; il n'en est pas comme des chemins qui conduisent à une ville, et qui sont en dehors. On n'arrive à la vertu que par elle-même. La philosophie et la vertu ont donc entre elles un lien commun.

La philosophie se compose de trois parties, selon les autorités les plus graves et les plus nombreuses : *la science morale, la science naturelle* et *la science logique*. La première forme le cœur ; la seconde étudie la nature ; la troisième éclaircit les propriétés des mots, leur composition, et les moyens d'argumentation pour que le faux ne se glisse point à la place du vrai. Au reste, il s'est trouvé des auteurs qui réduisaient cette division, et d'autres qui l'étendaient. Quelques péripatéticiens y joignirent une quatrième partie, *la science civile*, attendu que celle-ci exige une pratique spéciale et s'occupe de matières étrangères aux trois précédentes. D'autres y rattachent encore ce que les Grecs appellent οἰκονομικήν, *la science de l'administration domestique.* D'autres ont fait *des genres de vie* une classe à part : mais il n'est rien de tout cela qui ne se trouve dans la morale.

Les épicuriens comprennent toute la philosophie sous deux titres : l'un *de la science naturelle*, l'autre de la *morale;* quant à *la logique*, ils l'écartent. Puis comme la nature même des choses les obligeait à distinguer les équivoques et à signaler le faux caché sous l'apparence du vrai, ils ont à leur tour admis une partie logique sous cette autre dénomination : *du jugement et de la règle*, l'estimant toutefois accessoire de la partie *naturelle*. Les cyrénaïques ne voulurent ni de l'une ni de l'autre et se bornèrent à la morale, mais ils ne les écartent que pour les réadmettre sous des titres différents. Ils établissent en effet cinq divisions de la morale : la première, des choses à fuir ou à rechercher; la deuxième, des passions; la troisième, des actions; la quatrième, des principes des choses; la cinquième, des arguments. Or les principes des choses appartiennent aux sciences naturelles; les arguments, à la logique, et les actions, à la morale. Ariston de Chio, non content d'avancer que les sciences naturelles et logiques sont superflues, va jusqu'à les dire contradictoires : la morale elle-même, qu'il nous laisse toute seule, perd sous sa main de ses dépendances. Il lui enlève toute la partie *des maximes*, qui sont, selon lui, du *précepteur*, non du *philosophe;* comme si le sage était autre chose que le précepteur du genre humain.

Puis donc que nous avons fait trois branches de la philosophie, procédons d'abord à la distribution de la morale. On a cru devoir en former aussi trois sections, dont la première est cette *étude qui rend à chacun selon son droit* et estime toutes choses leur vrai prix. C'est la plus utile; car quoi d'aussi indispensable que d'appliquer aux objets leur valeur? La deuxième section traite *des désirs*, et la troisième, *des actions.* Car il faut avant tout juger ce que vaut la chose, en second lieu régler et tempérer le désir qui porte vers elle; enfin établir entre le désir et l'action une harmonie telle que dans ces trois faits réunis l'homme soit constamment d'accord avec lui-même. Qu'un seul des trois vienne à faillir, les deux autres ne se répondent plus. Que sert-il en effet de bien apprécier intérieurement toute chose, si tes désirs sont trop impétueux? Que sert de réprimer cette impétuosité et de tenir tes passions en bride, si dans l'action l'à-propos t'échappe, si tu ignores le temps, le lieu, le mode convenables pour agir? Car autre chose est de connaître le mérite et le prix de chaque objet, autre chose de saisir les occasions; on peut contenir la fougue de ses appétits, et ne pas savoir se porter à l'action sans s'y précipiter. Ainsi la vie concorde avec elle-même quand l'action ne manque pas au désir, et quand le désir est conçu suivant le mérite de la chose, désir plus tiède ou plus vif en raison de ce mérite même.

*Les sciences naturelles* s'occupent de deux ordres de substances : les corporelles et les incorporelles, subdivisées à leur tour, pour ainsi dire, en plusieurs degrés. La première classe comprend les corps engendrants, puis les corps engendrés, et, parmi ceux-ci, les éléments. Quant à l'élément-principe, quelques-uns le croient simple, quelques autres complexe, c'est-à-dire contenant et la matière et la cause de tout mouvement et les éléments dérivés. Reste la section des *sciences logiques*. Tout discours est ou continu, ou coupé par demandes et réponses. Celui-ci s'est appelé *dialectique*, et celui-là *rhétorique*, laquelle s'occupe des mots, de leur sens et de leur arrangement. L'objet de la dialectique est double : elle s'attache aux termes et à leur définition ou, si l'on veut, au fond et à la forme des propositions. Vient ensuite une ample classification de ces deux parties, et c'est ici que je dois m'arrêter ;

Sur la fleur des objets glissons d'un pas rapide (a) :

autrement, si je voulais donner les divisions des divisions, tout cela ferait un volume.

Pour toi, Lucilius, mon excellent ami, lis ces choses, je ne te le défends pas ; mais quoi que tu puisses lire, rapporte-le tout de suite aux mœurs. Ce sont tes mœurs qu'il faut discipliner : réveille les langueurs de ton âme, raffermis ce qui se relâche en toi, dompte ce qui résiste et fais une guerre à outrance à tes vices et aux vices du siècle. A ceux qui te crient : « Quoi ! toujours les mêmes reproches ? » Réponds : « C'est à moi de vous dire : quoi ! toujours les mêmes fautes ! Voulez-vous que les remèdes cessent plus tôt que la maladie ? Non : je les veux répéter encore ; vous les repoussez, j'insisterai d'autant plus. La cure commence à opérer, quand elle rappelle un corps en léthargie au sentiment de la douleur. En dépit de vous-mêmes je vous apprendrai à guérir. Plus d'une fois mes paroles peu flatteuses frapperont vos oreilles ; et la vérité, que chacun

(a) *Énéide*, I, 342.

de vous refuse d'ouïr, tous ensemble vous l'entendrez. Jusqu'où reculerez-vous les bornes de vos possessions? Une terre qui contint tout un peuple, est trop étroite pour un seul maître. Jusqu'où pousserez-vous vos labours, vous qui ensemencez des provinces, métairies pour vous encore trop circonscrites? Des fleuves renommés arrosent durant tout leur cours une propriété privée ; de grandes rivières, limites de grandes nations, de leur source à leur embouchure sont à vous. C'est peu encore, si vous ne donnez à vos domaines les mers pour ceinture ; si votre fermier ne commande au delà de l'Adriatique, de la mer d'Ionie, de la mer Égée; si des îles, jadis demeures de grands capitaines, ne sont pour vous de très-chétifs manoirs (a). Possédez tant que vous voudrez, au loin et au large : faites un fonds de terre de ce qui s'appelait un empire, ayez à vous tout autant que vous pourrez, toujours il en restera plus qui ne sera point à vous [25].

« A votre tour maintenant, vous chez qui le luxe déborde en aussi larges envahissements que chez d'autres la cupidité. Jusqu'à quand, vous dirai-je, n'y aura-t-il point de lac sur lequel le faîte de vos villas ne s'élève comme suspendu, point de fleuve que ne bordent vos édifices somptueux? Partout où l'on verra sourdre un filet d'eau thermale, de nouvelles maisons de plaisir vont sortir du sol. Partout où le rivage forme en se courbant quelque sinuosité, vous y bâtissez à l'instant ; le terrain n'est point digne de vous, si vous ne le créez de main d'homme, si vous n'y emprisonnez les mers [26]. Mais en vain vos palais resplendiront-ils en tous lieux, et sur ces hautes montagnes d'où l'œil découvre au loin la terre et les flots, et au sein des plaines d'où ils s'élèvent rivaux des montagnes ; quand vous aurez construit sans fin comme sans mesure, chacun de vous n'aura pourtant qu'un corps et bien mince. Que vous servent tant de chambres à coucher? Vous ne reposez que dans une seule. Elle n'est point vôtre, la place où vous n'êtes point.

« A vous ensuite, qui pour votre table, gouffre insatiable et sans fond, faites fouiller la terre aussi bien que les mers. Hameçons, lacets, filets de tout genre font la plus laborieuse chasse à tous les animaux ; pas un n'obtient la paix que de vos dédains. De cette chère, que vous apprêtent des milliers de bras, combien peu en effleurent vos lèvres blasées de raffine-

---

(a) Voy. *De la Vie heureuse*, xvii. *Lettre* xciv; *des Bienfaits*, III, viii.

ments? De cette énorme bête, prise au péril de tant de vies, combien peu en goûte le patron, gonflé d'indigestion et de nausées! Ces amas de coquillages, voiturés de si loin, combien peu en reçoit cet estomac que rien n'assouvit! Malheureux! vous ne comprenez même pas que vous avez plus d'appétit que de ventre! »

Dis cela aux autres, de manière à l'entendre aussi toi-même; écris-le, mais pour te lire en écrivant, rapportant tout aux mœurs et à l'apaisement de nos fougueuses passions. Étudie, non pour savoir plus, mais pour savoir mieux.

## LETTRE XC.

Éloge de la philosophie. Les premiers hommes. La philosophie n'a pas inventé les arts mécaniques.

Nul n'en peut douter, Lucilius : c'est aux dieux immortels que nous avons l'obligation de vivre, et bien vivre est un don de la philosophie. Nous lui devrons donc à elle plus qu'aux dieux, en proportion de la supériorité du bienfait; puisqu'une bonne vie l'emporte sur la vie elle-même. Oui certes, on lui devrait davantage, si cette philosophie ne venait encore des immortels [27] : c'est un trésor qu'ils n'ouvrent à personne, mais dont ils donnent la clef à tous. S'ils en eussent fait le bien de tout le monde, et si l'on apportait la sagesse en naissant, elle perdait son plus précieux caractère; ce n'était plus qu'une chose fortuite. Ce qu'il y a en elle d'inestimable et de magnifique, c'est qu'elle ne vient pas spontanément, c'est qu'on la tient de soi, et qu'on ne l'emprunte pas à autrui. Qu'aurais-tu à admirer dans la philosophie, si elle n'était qu'un don banal? Son unique but est la vérité dans les choses divines et humaines : toujours viennent sur ses pas la justice, le sentiment du devoir, la religion, en un mot le cortège de toutes les vertus enchaînées l'une à l'autre et se donnant la main. Elle enseigne le culte des dieux, l'amour des hommes, et que les premiers sont nos maîtres, les seconds nos associés; association quelque temps respectée avant que la cupidité en rompît les nœuds et devînt une cause de pauvreté pour ceux mêmes qu'elle fit les plus riches. Car on cessa de posséder toutes choses, dès qu'on voulut posséder en propre [28].

Mais les premiers mortels et les fils des premiers mortels suivaient ingénument la nature : ils la prenaient pour guide et pour loi, en se confiant à l'autorité du meilleur d'entre eux. Car il est dans la nature que ce qui vaut le moins soit soumis à ce qui vaut le mieux. Les animaux privés de la parole ont pour chef le plus grand ou le plus fort de leur bande. Le taureau qui marche en tête du troupeau n'est point de race dégénérée : non, c'est celui qui par sa taille et ses muscles l'emporte sur ses mâles rivaux ; l'éléphant le plus haut de stature conduit ceux de son espèce : chez les hommes le plus grand c'est le plus vertueux. Aussi était-ce alors ce qui faisait choisir les chefs ; et la félicité des peuples était la plus grande possible, l'autorité ne se donnant qu'à la vertu. Car il peut tout ce qu'il veut, celui qui ne croit pouvoir que ce qu'il doit [29].

Dans ce siècle appelé l'âge d'or, l'empire était donc aux sages, comme le pense Posidonius. Ils arrêtaient la violence et protégeaient le faible contre le fort ; ils exhortaient et dissuadaient, ils signalaient l'utile et le nuisible. Leur prudence pourvoyait à ce que rien ne manquât à leurs peuples : leur valeur écartait les périls, leur bienfaisance rendait la société prospère et brillante. Commander était une charge, non un droit. Jamais on n'essayait toute la force du pouvoir contre des hommes d'où le pouvoir émanait, comme aussi nul n'avait ou l'intention ou le motif de nuire. Un bon gouvernement trouvait une prompte obéissance ; et un roi ne pouvait faire à son peuple indocile une plus grande menace que celle d'abdiquer. Mais lorsque les sourds progrès de la corruption eurent changé en tyrannies les royautés, le besoin des lois se fit sentir; et ces lois, dans le principe, furent encore établies par les sages. Solon, qui fonda celles d'Athènes sur l'équité, est connu comme l'un des sept sages de son époque ; et si la Grèce eût alors enfanté Lycurgue, ce nombre sacré se fût enrichi d'un huitième génie : on loue encore les lois de Zaleucus et de Charondas. Ce n'est point au forum, ni dans l'école des jurisconsultes, mais dans la retraite silencieuse et révérée de Pythagore, que ceux-ci étudièrent les lois qu'ils devaient transplanter dans la Sicile alors florissante et dans l'Italie grecque.

Jusqu'ici je pense comme Posidonius : mais que la philosophie ait inventé les arts qui sont d'un usage journalier dans la vie, je ne l'accorde pas ; je ne lui décerne pas la gloire des œuvres manuelles. « Les humains dispersés, dit-il, et n'ayant d'abri qu'une excavation sous terre ou au pied d'une roche, ou le creux d'un tronc d'arbre, apprirent d'elle à construire des cabanes. » Pour moi, je crois que la philosophie n'a pas plus imaginé ces échafaudages de toits élevés sur des toits et de villes assises sur des villes, que ces viviers tenus bien clos pour que la gourmandise ne coure pas les risques des tempêtes : pour que, dans les bourrasques même les plus violentes, la sensualité ait ses ports choisis où elle engraisse des poissons tous parqués selon leur espèce. Qu'est-ce à dire ? La philosophie a montré aux hommes à avoir clef et serrure ? Qu'eût-elle fait là ? Rien qu'un appel à l'avarice. La philosophie aurait, au grand péril de qui les habite, suspendu sur nos têtes ces toits menaçants ? Ne suffisait-il pas du premier abri venu, de quelque retraite naturelle, trouvée sans art et sans difficulté ? Crois-moi, ce siècle de bonheur a précédé les architectes. C'est quand déjà naissait le luxe que naquit l'usage et d'équarrir les pièces de bois, et de faire courir la scie sur des lignes tracées d'avance qui permettent de diviser. d'une main sûre

    La poutre que jadis les coins seuls déchiraient (*a*).

Alors les maisons n'étaient point faites pour les salles de festin où pût tenir un peuple de convives ; on ne voiturait pas sur une longue file de chariots, qui font trembler tout un quartier, des pins et des sapins énormes où des lambris d'or massif dussent être suspendus. Deux fourches parallèles soutenaient la cabane ; un amas de ramées et de feuilles entassées disposé en pente suffisait, même à l'écoulement des grandes pluies. Sous de pareils toits habitait la sécurité. Le chaume couvrit des hommes libres : sous le marbre et l'or loge la servitude.

Je suis encore d'autre avis que Posidonius, quand il prétend que les outils en fer sont de l'invention des sages. A ce compte il pourrait leur attribuer aussi

    Et la toile perfide, et la glu du chasseur,
    Et sa meute, des bois ceignant la profondeur (*b*);

toutes inventions de l'industrie humaine, non de la sagesse. Je ne pense pas non plus que ce furent les sages qui décou-

(*a*) *Géorgiq.*, I, 444. — (*b*) *Géorgiq.*, I, 139.

vrirent les mines de fer et d'airain, quand l'incendie des forêts calcina le sol, et que les veines gisant à sa surface coulèrent liquéfiées. Ces choses-là sont trouvées par les mêmes gens qui les exploitent. Autre problème, qui ne me semble pas aussi difficile qu'à Posidonius : « L'usage du marteau a-t il précédé celui des tenailles? » Ces deux objets sont dus à quelque esprit exercé, pénétrant, plutôt que grand et élevé : et ainsi de toutes les recherches qui veulent un corps courbé vers la terre et une âme absorbée par elle. Le sage était de facile entretien. Pourquoi non? puisque en nos jours même il désire le moins d'attirail possible.

Comment, je te prie, concilies-tu ton admiration pour Diogène avec celle que t'inspire Dédale? Lequel des deux te semble sage? L'inventeur de la scie, ou celui qui, voyant un enfant boire de l'eau dans le creux de sa main, brisa aussitôt son écuelle qu'il tira de sa besace, et se reprochant sa sottise, s'écria : « Comment ai-je gardé si longtemps un meuble superflu ? » celui enfin qui fit d'un tonneau son logement et son lit? De nos jours, dis-moi, est-il plus sage l'homme qui trouva moyen de faire jaillir par de secrets tuyaux [30] l'eau safranée à une immense hauteur, de remplir ou vider brusquement de leurs masses d'eau des bras de mer factices, d'adapter aux salles de festin des lambris mobiles qui en renouvellent successivement la face, si bien qu'on change de plafonds autant de fois que de services, est-il plus sage que l'homme qui prouve aux autres comme à lui-même que la nature est loin de nous avoir rien imposé de dur et de difficile; qu'on peut se loger sans marbrier et sans sculpteur, se vêtir sans avoir commerce au pays des Sères, posséder tout ce qui est nécessaire à nos besoins en se contentant de ce que la terre offre à sa surface? Si le genre humain voulait écouter cette voix, il saurait qu'il peut aussi bien se passer de cuisiniers que de soldats. Ceux-là furent les vrais sages, ou du moins le plus près de l'être, qui presque sans frais pourvurent à l'entretien du corps. Des soins bien simples procurent le nécessaire ; c'est pour les raffinements qu'on s'épuise de travail. On n'a pas besoin d'artisans si on suit la nature : elle n'a pas voulu nous partager entre tant de choses : en nous donnant des besoins, elle nous donne de quoi les satisfaire. Le froid est insupportable pour l'homme nu. Eh bien! est-ce que la dépouille des bêtes sauvages et autres ne suffit pas et au delà pour nous garantir? Des écorces d'arbres ne sont-elles pas le vêtement de la plupart des races barbares? La plume des oiseaux ne se tresse-t-elle point en commodes habits? Aujourd'hui même les Scythes en grande partie n'endossent-ils pas des fourrures de renards et de martres, molles au toucher et impénétrables au vent? « Il faut bien pourtant repousser par la fraîcheur de l'ombre les traits brûlants d'un soleil d'été. » Eh quoi! les siècles ne nous ont-ils pas préparé une foule de retraites qui, soit injure du temps, soit tout autre accident, se sont creusées en profondes cavernes? Et puis des branches flexibles que la main façonnait en claie, qu'on enduisait d'un grossier limon recouvert de paille et d'herbes sauvages, tout cela ne fit-il pas un toit incliné où glissaient les pluies et sous lequel on passait tranquillement la saison des orages? Et enfin les habitants des Syrtes ne se cachent-ils pas dans des trous, les ardeurs excessives du soleil ne leur laissant d'abri suffisamment compacte que la terre même, toute brûlante qu'elle est?

La nature n'a pas été si marâtre, qu'elle ait donné à tous les autres animaux de faciles moyens d'existence, quand l'homme lui seul ne pourrait vivre sans nos milliers d'arts. Rien de semblable n'est exigé par elle, rien qu'il doive chercher à grand'peine pour pouvoir prolonger sa vie. Tout est sous sa main dès qu'il naît; mais nous rendons tout difficile par notre dégoût des choses faciles. Le toit et le vêtement, et les remèdes et la nourriture, et ces accessoires devenus une si grande affaire, s'offraient gratuitement, ou au prix d'une légère peine : car la mesure en tout se bornait aux exigences du nécessaire; on a tout transformé en objets coûteux, en merveilles qui veulent le concours d'arts aussi pénibles que multipliés. La nature suffit pour ce qu'elle réclame. Or le luxe s'est écarté de la nature, le luxe qui s'aiguillonne lui-même de jour en jour, qui grandit avec les siècles, ingénieux auxiliaire des vices. Convoitant d'abord le superflu, puis le pernicieux, il a fini par faire de l'âme le sujet du corps, le valet forcé de vils appétits. Toutes ces industries qui réveillent la cité ou qui l'étourdissent, s'évertuent au service du corps [51]. Tout ce que jadis on lui donnait comme à un esclave, on le lui apprête comme à un roi. De là fabriques de tissus, mécaniques sans nombre, distilleries de parfums, professeurs de poses gracieuses, de chants lubriques et efféminés. Tant nous sommes loin de cette modération naturelle qui donne au désir le besoin pour limite : c'est chose rustique et misérable que de vouloir simplement ce qui suffit.

Il est incroyable, cher Lucilius, combien l'entraînement du discours éloigne du vrai même de grands esprits. Vois Posidonius, à mon avis l'un de ceux qui ont le plus mérité de la philosophie : il veut décrire d'abord comment se tordent certains fils, comment on ramène certains autres lâches et disjoints; ensuite comment la toile à l'aide de poids suspendus s'étend en une chaîne droite; comment la trame, introduite entre les deux parties de la chaîne dont elle surmonte la résistance, s'y mêle et s'y incorpore par la pression de la lame; puis il attribue aux sages jusqu'à l'art du tisserand, oubliant que depuis on a trouvé une méthode plus ingénieuse, suivant laquelle

> La navette en courant entrelace la trame
> Entre deux rangs de fils sur le métier tendus;
> Et le peigne resserre, aplanit les tissus (a).

Et s'il avait pu y joindre ces tissus de notre époque, dont on fabrique des vêtements qui ne cachent rien [32], qui ne sont d'aucun secours, je ne dis pas au corps, mais à la pudeur?

De là il passe aux agriculteurs et décrit, avec le même talent, le soc divisant la terre et, au moyen des seconds labours, cette terre plus meuble se prêtant mieux à l'éruption des germes; les semences confiées à son sein; la main de l'homme arrachant les herbes sauvages qui naissent d'elles-mêmes et qui étouffaient le bon grain. C'est encore là, dit-il, l'œuvre du sage; comme si, même à présent, les cultivateurs ne découvraient pas nombre de procédés nouveaux qui accroissent la fertilité du sol.

Mais non content de tout cela, il va jusqu'à courber le sage sur le pétrin du boulanger. Il conte en effet de quelle manière, en imitant la nature, celui-ci s'est mis à faire le pain : « L'homme met un fruit dans sa bouche, ajoute-t-il; un double rang de corps très-durs, les dents le brisent sous leur pression; ce qui en échappe leur est ramené par la langue : alors le tout se mêle à la salive qui en facilite le passage à travers le gosier qu'elle lubrifie. Arrivé dans l'estomac et cuit par sa chaleur, il finit par s'assimiler à notre substance. A l'instar de ce mécanisme, on a placé l'une sur l'autre deux pierres brutes en guise de dents, dont la première, immobile, attend l'action de la seconde; après quoi, par le frottement réciproque, les grains sont broyés et repoussés sous les meules qui ne cessent

(a) Ovide, *Métam.*, VI. 54.

de les triturer jusqu'à les réduire en poudre. Puis il trempe d'eau sa farine qui, façonnée et pétrie sans relâche, a formé du pain à la cuisson duquel suffirent d'abord des cendres chaudes et un âtre brûlant. Plus tard et successivement on imagina les fours et autres constructions dont la chaleur se règle à volonté. » Peu s'en est fallu qu'il n'eût donné l'industrie du cordonnier comme une invention du sage.

Sans doute l'intelligence imagina toutes ces choses, mais non l'intelligence rectifiée par la philosophie. C'est à l'homme, ce n'est point au sage qu'on doit ces inventions. J'en dirai certes autant de ces vaisseaux qui servirent à passer les fleuves et les mers au moyen de voiles adaptées pour recevoir le souffle des vents, et de gouvernails placés à l'arrière pour guider dans tous les sens la course du bâtiment, modèle pris des poissons qui se dirigent à l'aide de leur queue et, par une légère inclinaison, tournent leur élan à droite ou à gauche [33]. « Toutes ces inventions, dit-il, sont du sage; mais trop peu nobles pour que lui-même en tirât parti, il les transmit à de vils manœuvres. » Moi je dis plus : elles ne furent pas imaginées par d'autres que par ceux qui jusqu'aujourd'hui s'en occupent. Il est des découvertes qui, nous le savons, ne datent que de notre temps, comme l'usage des pierres spéculaires (a) dont les feuilles diaphanes transmettent la lumière dans toute sa pureté; comme les bains suspendus au-dessus de leurs foyers, et ces tubes, appliqués dans les murs, qui font circuler la chaleur et l'entretiennent de bas en haut toujours égale. Que dirai-je des marbres dont nos temples, dont nos maisons resplendissent? Et ces masses de pierres polies en colonnes où s'appuient des portiques et des palais à recevoir des peuples entiers? Et ces caractères abrégés, au moyen desquels le discours le plus rapide est recueilli, et la main suit la célérité de la parole (b)?

Les plus vils esclaves ont trouvé tout cela : la sagesse a plus haut son siège; elle ne fait pas l'éducation des mains, elle est l'institutrice des âmes. Tu veux savoir ce qu'elle a découvert, ce qu'elle a produit? Ce ne sont pas des mouvements de corps déshonnêtes, ni des sons variés qui, passant de la bouche humaine par la trompette ou par la flûte, prennent à leur sortie

---

(a) Voy. Lettre LXXXVI. De la Providence, IV et notes.
(b) La sténographie inventée par Tyron, affranchi et secrétaire de Cicéron.

ou dans leur trajet les inflexions de la voix ; ce ne sont pas les armes, les remparts, la guerre : elle rêve à l'utile, plaide pour la paix, et appelle le genre humain à la concorde. Elle n'est point, non elle n'est point fabricatrice d'outils pour nos vulgaires nécessités.

Quel chétif rôle tu lui assignes ! Vois en elle l'artisan de la vie. Elle a d'autres arts sans doute sous sa dépendance : car celle dont la vie relève tient à ses ordres les ornements de la vie ; du reste c'est au bonheur qu'elle tend, qu'elle nous conduit, qu'elle nous ouvre les voies. Elle montre ce qui est mal, ce qui ne l'est qu'en apparence ; elle nous dépouille de nos illusions, elle donne la solide grandeur ; elle fait justice de la morgue, de tout ce qui est vide et spécieux, ne nous laisse pas ignorer en quoi diffère l'enflure de l'élévation, nous livre enfin la connaissance de toute la nature et d'elle-même. Elle révèle ce que sont les dieux et leurs attributs, les puissances infernales, les Lares, les Génies, les âmes perpétuées sous la forme de dieux secondaires, leur séjour, leur emploi, leur pouvoir, leur volonté. Voilà par quelles initiations elle nous ouvre non la chapelle de quelque municipe, mais l'immense temple de tous les dieux, le ciel même, dont elle a produit les vraies images et les représentations fidèles aux yeux de l'intelligence : car pour de si grands spectacles les yeux du corps sont trop faibles. De là elle revient aux principes des choses, à l'éternelle raison incorporée au grand tout, à cette vertu de tous les germes qui donne à chaque être sa figure propre. Puis elle entre dans l'étude de l'âme, de son origine, de son siége, de sa durée, du nombre de parties qui la composent. Du corporel elle passe à l'incorporel, approfondit la vérité, les arguments qui la prouvent, et après cela comment s'éclaircissent les problèmes de la vie et du langage ; car dans l'une et dans l'autre le faux se mêle au vrai.

Le sage, je le répète, ne s'est point arraché aux arts matériels, comme il semble à Posidonius : il ne les a nullement abordés. Jamais il n'eût cru digne des frais d'invention ce qu'il ne pouvait croire digne de servir à tout jamais : il n'adopterait point pour répudier. « Anacharsis, dit Posidonius, a trouvé la roue du potier, qui en tournant forme des vases. » Ensuite, comme dans Homère se rencontre cette roue du potier, il aime mieux croire les vers apocryphes que son assertion erronée. Je ne prétends pas, moi, qu'Anacharsis soit l'auteur de cette découverte ; ou, s'il l'est, ce sera bien un sage qui l'aura faite, mais non à titre de sage, de même que les sages font beaucoup de choses comme hommes et non point comme sages. Imagine un sage excellent coureur : il devancera les autres en vertu de sa légèreté, non de sa sagesse. Je voudrais que Posidonius pût voir le verrier donner au verre avec son souffle une multitude de formes que la plus habile main aurait peine à produire. On a trouvé cela depuis qu'on ne trouve plus de sages.

« Démocrite, poursuit-il, a, dit-on, inventé les voûtes de pierres, qui se courbent en arceaux doucement inclinés et réunis par une pierre centrale. » Je dirai que le fait est faux. Car nécessairement, avant Démocrite, il y eut des ponts et des portes, dont généralement la partie supérieure est en voûte. « Avez-vous oublié, me dit-on, que ce même Démocrite trouva l'art d'amollir l'ivoire, de convertir par la cuisson le caillou en émeraude, procédé qui aujourd'hui encore sert à colorer certaines pierres qui s'y prêtent? » Oui : mais bien qu'un sage ait trouvé ces secrets, ce n'est pas en tant que sage qu'il les a trouvés ; car il fait beaucoup de choses que les hommes les moins éclairés font sous nos yeux tout aussi bien, ou avec plus d'adresse et d'expérience que lui.

Tu veux savoir quelles furent les explorations du sage, quels mystères il nous dévoila? D'abord ceux de la nature, qu'il n'a pas vue, comme font les autres animaux, d'un œil insoucieux des choses divines ; ensuite la loi de la vie, loi qu'il a appliquée à tout. Il nous a appris non-seulement à connaître les dieux, mais à leur obéir, et à recevoir les événements comme des ordres. Il nous a défendu de céder aux jugements de l'erreur ; il a estimé au poids de la vérité ce que vaut chaque chose ; il a condamné les jouissances mêlées de repentir et loué les biens faits pour toujours plaire ; il a signalé à tous comme le plus fortuné des hommes celui qui n'a pas besoin de la Fortune, comme le plus puissant, celui qui sait l'être sur lui-même. Je ne parle pas de cette philosophie qui place le citoyen hors de la patrie et les dieux hors du monde, qui donne la vertu en apanage à la volupté, mais de celle qui ne voit de bien que l'honnête, de celle que les présents ni de l'homme ni de la Fortune ne séduiraient point, de celle dont le prix consiste à ne pouvoir se vendre à aucun prix.

Que cette philosophie ait existé dans l'âge grossier où toute industrie manquait encore et où l'utile ne s'apprenait que par l'usage, je ne le crois pas ; de même avant cette époque, au temps heureux où les bienfaits de la nature étaient à la portée et à la discrétion de tous, avant que la cupidité et le luxe eussent désuni les mortels qui coururent à la rapine au lieu de partager en frères, il n'y avait pas de vrais sages, bien que tous fissent alors ce que des sages devaient faire. Car jamais situation plus admirable pour la race humaine ne peut s'imaginer ; et qu'un dieu permette à un homme de créer une terre et de régler la condition de ses habitants, il ne choisira pas autre chose que ce qu'on raconte de ces peuples primitifs chez lesquels

> Jamais d'enclos, de bornes, de partage.
> La terre était de tous le commun héritage;
> Et sans qu'on l'arrachât, prodigue de son bien,
> La terre donnait plus à qui n'exigeait rien (a).

Quelle génération fut plus heureuse ? Ils jouissaient en commun de la nature; elle suffisait, en bonne mère, à l'entretien de tous : on possédait la publique richesse en pleine sécurité. Comment ne pas nommer les plus opulents des mortels ceux parmi lesquels un pauvre était impossible à trouver ? L'avarice a fait irruption sur cette trop heureuse abondance : comme elle voulut distraire une part qui lui devînt propre, le trésor de tous cessa d'être le sien, et de l'immense fleuve elle s'est réduite à un filet d'eau ; elle a introduit la pauvreté ; aspirant à beaucoup, elle a vu tout lui échapper. Aussi quoique aujourd'hui elle se travaille en tous sens pour réparer ses pertes, quoiqu'elle ajoute des champs à ses champs et dépossède le voisin à force d'or ou d'injustices, quoiqu'elle donne à ses terres l'étendue de provinces, et que posséder pour elle ce soit voyager bien loin sur le sien, aucun prolongement de limites ne nous ramènera au point dont nous sommes descendus. Quand nous serons à bout d'envahir, nous aurons beaucoup ; nous avions tout auparavant. La terre elle-même était plus fertile sans culture et se prodiguait aux besoins des peuples qui ne la pillaient point à l'envi. Découvrir quelque production de la nature n'était pas un plus grand plaisir que celui de l'indiquer à autrui [34]; nul ne pouvait avoir trop ou trop peu : la concorde présidait aux partages. La main du plus fort ne s'était point encore appesantie sur le plus faible ; point d'avare qui, celant des trésors inutiles pour lui, privât personne du nécessaire. On prenait le même souci des autres que de soi. La guerre était inconnue et les mains pures du sang des hom-

---

(a) *Géorgiq.*, I, 125. Delille.

mes : on n'en voulait qu'aux bêtes féroces. Quand l'épaisseur du bocage voisin pouvait garantir du soleil, et qu'on bravait l'inclémence des hivers ou des pluies sous l'abri naturel d'un toit de feuilles, la vie coulait paisible et les nuits étaient sans cauchemar. Tandis que les soucis nous retournent sur nos lits de pourpre et nous réveillent de leurs poignants aiguillons, quel doux sommeil ces hommes goûtaient sur la dure! Ils n'avaient point au-dessus d'eux des lambris ciselés, mais sans obstacle ils voyaient de leur couche les astres glisser sur leurs têtes et le sublime spectacle des nuits menant en silence la grande révolution du ciel.

A toute heure du jour et de la nuit s'ouvrait pour eux la perspective de cette merveilleuse demeure : ils se plaisaient à voir une partie des astres décliner du milieu du ciel vers l'horizon, et d'autres à l'opposite se rendre visibles et monter. Avec quel charme ils promenaient leurs yeux dans cette immensité semée de prodiges! Mais vous, le moindre bruit de vos plafonds vous alarme ; et si entre vos riches peintures quelque craquement se fait entendre, vous fuyez comme si c'était la foudre. Au lieu de palais grands comme des villes, un air pur, circulant librement et à ciel ouvert, l'ombre légère d'un rocher ou d'un arbre, de limpides fontaines, des ruisseaux que ni travail humain, ni tuyaux, ni direction forcée n'avaient profanés, mais qui suivaient leur cours volontaire, et des prairies belles sans art, et au milieu de tout cela un toit agreste élevé par une rustique main, c'était là une demeure selon la nature, où l'on aimait à habiter sans la craindre et sans craindre pour elle. Aujourd'hui un de nos grands sujets de frayeur, ce sont nos maisons.

Mais toute belle et toute pure de fraude qu'ait été leur vie, ces mortels ne furent point des sages, nom qui n'est dû qu'à la perfection même. Je ne nie point toutefois qu'il n'y eût alors des hommes d'une haute inspiration et comme fraîchement sortis de la main des dieux : car il est hors de doute que le monde non encore épuisé enfantait des âmes plus généreuses. Or si elles étaient toutes de trempe plus forte et plus aptes aux travaux, elles n'avaient point toutes atteint le point suprême. La nature en effet ne donne point la vertu; c'est un art que d'y arriver (a). On ne cherchait pas l'or, ni l'argent, ni les pierres transparentes dans les abîmes fangeux de la terre ; on épar-

(a) Voy. Lettre LXXX.

gnait l'animal inoffensif, tant l'homme était loin d'égorger l'homme sans colère ni crainte, pour le seul plaisir d'un spectacle. Il n'avait point encore de vêtement brodé ni de tissu d'or : l'or n'était point sorti des mines. Pour tout dire enfin, son ignorance faisait son innocence : or la distance est grande entre ne pas vouloir et ne pas savoir faire le mal. Il lui manquait la justice, il lui manquait la prudence, la tempérance, le rai courage. Il y avait quelque image de ces vertus dans leur vie d'inexpérience ; mais la vertu n'est donnée aux âmes qu'après la culture et la science, et quand d'assidus exercices les ont perfectionnées. Nous naissons pour elle, mais sans elle ; et le meilleur naturel, avant qu'on ne l'instruise, est un élément de vertu, mais n'est point la vertu.

# LETTRE XCI.

Sur l'incendie de Lyon, l'instabilité des choses humaines et la mort.

Notre ami Libéralis est aujourd'hui bien triste : il vient d'apprendre qu'un incendie a consumé entièrement la colonie de Lyon[36], catastrophe faite pour émouvoir les plus indifférents, à plus forte raison un homme qui aime tant son pays. Aussi ne peut-il retrouver la fermeté d'âme dont il a dû travailler à se munir contre les accidents qu'il jugeait possibles. Mais pour ce coup si imprévu, et peu s'en faut inouï, je ne m'étonne pas qu'il fût sans crainte quand la chose était sans exemple : car si la flamme a maltraité bien des villes, elle n'en a fait disparaître aucune.

Même dans celles où la main de l'ennemi lance le feu sur les habitations, il s'éteint en nombre d'endroits ; on a beau par moments l'attiser, rarement il dévore tout au point que le fer n'ait plus rien à achever. Et les tremblements de terre ! Presque aucun n'est assez violent, assez destructeur pour renverser des villes tout entières. Jamais en un mot n'éclata si funeste incendie qu'il ne laissât matière pour un autre. Or tant de superbes édifices dont chacun ferait l'honneur d'une cité, qu'une nuit les a jetés par terre ; et, dans une paix si profonde, ce que la guerre même ne saurait faire craindre a fondu sur eux. Qui le croirait? Dans le silence universel des armes, quand par toute la terre régnait la sécurité, Lyon, que la Gaule montrait avec orgueil, on cherche où fut sa place. A tous ceux qu'un fléau public doit abattre, la Fortune donne le temps d'appréhender ses coups : toute grande catastrophe laisse un répit quelconque avant de se consommer: ici il n'y eut que l'espace d'une nuit entre une puissante ville et plus rien [36] ; que dis-je ? elle a péri en moins de temps que je ne le raconte. Tout cela brise le cœur patriotique de notre Libéralis, pour lui-même si ferme et si résolu. Ce n'est pas a tort qu'il est bouleversé : l'inattendu accable davantage, et leur étrangeté augmente le poids des infortunes; point de mortel chez qui la surprise même n'ajoute à l'affliction.

Aussi n'est-il rien qu'on ne doive prévoir, rien où d'avance on ne doive se placer en esprit; il faut prévoir non-seulement l'habituel, mais tout le possible. Car qu'y a-t-il que la Fortune ne précipite, dès qu'il lui plaît, de l'état le plus florissant, et qu'elle n'attaque et ne brise d'autant mieux qu'il se pare d'un plus bel éclat? Qu'y a-t-il pour elle d'inaccessible ou de difficile? Ce n'est pas toujours par une seule voie ni avec toutes ses forces qu'elle se rue sur nous. Tantôt armant nos mains contre nous-mêmes, tantôt contente de son seul pouvoir, elle fait naître le péril où l'écueil n'était point. Elle n'excepte aucun temps: de la volupté même elle fait éclore la douleur. La guerre surgit du milieu de la paix ; et les secours qui rassuraient se transforment en objets d'alarmes, l'ami en adversaire, l'allié en ennemi. De soudaines tempêtes, plus terribles que celles des hivers, éclatent par le calme d'un beau jour d'été. Sans ennemi, que d'hostilités on essuye! Ce qui crée le désastre, à défaut d'autres causes, c'est l'excès de prospérité. La maladie atteint le plus tempérant ; la phthisie, le plus robuste ; la condamnation, le plus innocent; les troubles du monde, le plus solitaire des hommes. Toujours le sort, comme craignant notre oubli, trouve un nouveau moyen de nous faire sentir sa puissance. Tout ce qu'une longue suite de travaux constants, aidés de la constante faveur des dieux, réussit à élever, un seul jour le brise et le disperse. C'est donner un terme trop long à ces révolutions rapides que de parler d'un jour: une heure, un moment a suffi au renversement des empires. Ce serait une sorte de consolation pour notre fragilité comme pour celle des choses qui nous touchent, si tout était aussi lent à périr qu'à croître; mais le progrès veut du temps pour se développer : la chute vient au pas de course.

Rien chez l'homme privé, rien dans l'État n'est stable; hommes et villes ont leur jour fatal qui s'approche. Sous le plus grand calme couve la terreur; et quand rien au dehors n'est gros de tempêtes, elles s'élancent d'où on les attend le moins. Des royaumes que les guerres civiles, que les guerres étrangères avaient laissés debout, s'écroulent sans que nulle main les pousse. Est-il beaucoup d'États qui se soient toujours maintenus prospères? Donc il faut s'attendre à toutes choses et affermir son âme contre les chocs qu'elle pourra subir. Exils, tortures, guerres, maladies, naufrages, pensons à tout cela. Le sort peut ravir le citoyen à la patrie, ou la patrie au citoyen; il peut le jeter sur une plage déserte; ces lieux mêmes où s'étouffe la foule peuvent se changer en un désert. Mettons sous nos yeux toutes les chances de l'humaine condition : pressentons par la pensée, je ne dis point les événements ordinaires, mais tous ceux qui sont possibles, si nous voulons n'être pas accablés et ne jamais voir dans la rareté du fait une nouveauté qui stupéfie. Envisageons la destinée sous toutes ses faces. Que de villes dans l'Asie, dans l'Achaïe, un tremblement du sol a jetées bas! Combien en Syrie, en Macédoine furent englouties! Que de fois Chypre fut dévastée par le même fléau! Que de fois Paphos croula sur elle-même! Fréquemment nous reçûmes la nouvelle de villes entières anéanties; et nous-mêmes, qui apprenons ces choses, quelles faibles parcelles nous sommes du grand tout! Roidissons-nous donc contre le hasard, et quoi qu'il nous amène, sachons que le mal n'est pas si grand que le bruit qu'en fait l'opinion. La flamme a détruit cette ville opulente, l'ornement des provinces où elle était à la fois enclavée et distincte, assise sur une seule montagne qui n'était pas fort haute. Eh bien, toutes les cités dont la magnificence et la gloire retentissent maintenant à nos oreilles, le temps en balayera jusqu'aux vestiges. Ne vois-tu pas comme en Achaïe il a déjà consumé les fondements des plus illustres villes, et qu'il n'y reste rien qui annonce même qu'elles aient existé? Non-seulement les œuvres de nos mains s'en vont en poussière; non-seulement tout ce que l'art et l'industrie humaine établissent est bouleversé par les âges, mais la cime des monts s'affaisse, des contrées entières s'abîment, les flots viennent couvrir des lieux placés loin de l'aspect des mers; le feu a dévasté des collines le long desquelles il brillait dans nos demeures (*a*), il a rongé ces crêtes jadis si élevées dont la vue récréait le navigateur; il a rabaissé les plus hauts postes d'observation au niveau du sol. Quand les créations de la nature sont ainsi maltraitées, ne doit-on pas souffrir avec résignation la destruction des villes? Rien n'est debout que pour tomber, et la même fin attend hommes et choses, soit qu'une force intérieure, un vent privé d'issue secoue violemment le poids qui le tient captif ; soit que des torrents cachés sous nos pieds le plus fort vienne à briser tout obstacle; soit que des flammes impétueuses aient crevé la charpente du globe; soit que la vétusté, que rien ne brave, ait insensiblement tout miné ; soit que l'insalubrité du climat ait chassé les peuples et fait de l'inculte désert un foyer de pestilence. Énumérer toutes les causes de destruction serait chose trop longue. Ce que je sais, c'est que toute œuvre des mortels est condamnée à mourir: nous vivons entourés d'objets périssables.

Voilà entre autres discours les consolations que je présente à notre Libéralis qui brûle d'un incroyable amour pour sa patrie; et cette patrie peut-être n'a été consumée que pour renaître plus brillante. Souvent le dommage a préparé la place à une situation meilleure : bien des choses sont tombées pour se relever plus grandes et plus belles. Timagène, cet ennemi de la prospérité de Rome, disait: « Si les incendies de cette ville me font peine, c'est que je sais que ses débris ressusciteront en meilleur état qu'auparavant. » Et Lyon aussi, tous vraisemblablement s'empresseront à l'envi de la rétablir plus grande et mieux garantie (*b*) qu'avant le désastre. Puisse-t-elle être durable, et sous de meilleurs auspices se fonder pour un plus long avenir! Car cette colonie depuis son origine ne compte que cent ans, ce qui n'est pas, même pour l'homme, le terme le plus reculé. Établie par Plancus, les avantages du lieu l'avaient fait jusqu'ici croître en population, bien que, dans l'espace d'une vie de vieillard, elle eût souffert de très-graves échecs.

Formons notre âme à l'intelligence de son sort et à la résignation; sachons qu'il n'est rien que n'ose la Fortune ; qu'elle a sur les empires les mêmes droits que sur leurs chefs, qu'elle

---

(*a*) Témoin l'incendie de Rome sous Néron.
(*b*) Néron donna, pour cette reconstruction, environ 1 500 000 francs de notre monnaie. Tacite, *Ann.*, liv. XVI.

peut contre les villes tout ce qu'elle peut contre les hommes. Rien ne doit là nous indigner : tel est le monde où nous sommes entrés, telles les lois sous lesquelles on y vit. Te plaisent-elles? soumets-toi. Ne te plaisent-elles point? sors par où tu voudras. Indigne-toi, si cette constitution n'est injuste que pour toi seul : mais si la même nécessité enchaîne grands et petits, réconcilie-toi avec le destin qui condamne tout à se dissoudre. Ne nous mesure pas à nos tombeaux ni à ces monuments plus ou moins riches qui bordent nos grandes voies; notre cendre à tous est pareille : nés inégaux, nous mourons dans l'égalité. Je dis des villes ce que je dis de leurs habitants : Rome a été prise aussi bien qu'Ardée. Le grand législateur de l'humanité ne nous distingue par la naissance et l'éclat des noms que pour le temps de cette vie. Mais arrive-t-on au point où tout mortel finit : « Hors d'ici ! dit-il, vanités humaines; que tout ce qui pèse sur la terre subisse la même loi. » Nous sommes égaux devant toutes les souffrances ; nul n'est plus fragile qu'un autre; nul n'est plus qu'un autre assuré de vivre demain. Alexandre, roi de Macédoine, commençait l'étude de la géométrie; le malheureux! il allait savoir combien est petit ce globe dont il n'avait conquis qu'une bien faible part; malheureux, dis-je, il allait sentir la fausseté du surnom qu'il portait : car qui peut être grand sur un mince théâtre? Ces leçons étaient fort abstraites et exigeaient une attention soutenue : elles n'étaient pas faites pour entrer dans une tête insensée dont les rêves s'égaraient par delà l'Océan. Il s'écria : « Enseigne-moi des choses plus faciles. — Elles sont pour vous, dit le maître, comme pour tout le monde, également difficiles [37]. »

Prenons que la nature nous tient même langage : « Les choses dont tu te plains existent pour tous; je ne puis les offrir plus faciles à personne, mais quiconque le voudra saura tout seul se les rendre aisées. » Comment? Par l'égalité d'âme. Il faut que tu pleures, que tu aies soif, que tu aies faim, que tu vieillisses si tu es gratifié d'un plus long séjour chez les hommes, que tu sois malade, que tu perdes, que tu périsses. Ne va pas toutefois croire aux plaintes qui retentissent autour de toi : rien dans tout cela n'est mal, rien n'est intolérable ou trop dur. Il n'y a là que peurs de convention : en craignant la mort c'est un bruit public que tu crains. Et quoi de moins sensé qu'un homme qu'effrayent de simples paroles? Démétrius notre ami a coutume de dire plaisamment : « Je fais autant de cas des propos des ignorants que des vents qui s'échappent de leurs entrailles. Que m'importe en effet que le son vienne d'en haut ou d'en bas? »

Quelle folie de craindre d'être diffamé par des infâmes? Comme on a sans motif redouté ce qui n'était qu'un bruit, on a pris peur de choses qui jamais n'alarmeraient, si le bruit public ne le voulait ainsi. Un homme de bien perd-il le moins du monde à ce que des rumeurs calomnieuses pleuvent sur lui? Aux vaines rumeurs la mort elle-même ne doit rien perdre auprès de nous: elle aussi a mauvais renom. Nul de ceux qui l'accusent n'en a fait l'épreuve; et il est toujours téméraire de condamner ce qu'on ne connaît pas. Du moins tu sais à combien d'hommes elle rend service; combien elle en arrache aux tourments, à l'indigence, aux lamentations, aux supplices, à l'ennui.

L'homme n'est au pouvoir de personne, dès que la mort est en son pouvoir.

## LETTRE XCII.

Contre les épicuriens. Le souverain bien n'est pas dans la volupté.

Tous deux, je pense, nous serons d'accord sur ce point, que les choses extérieures se recherchent pour le corps; qu'on soigne le corps en considération de l'âme; que l'âme a ses ministres, parties d'elle-même, à l'aide desquels l'homme se meut et se nourrit, et qu'il doit subordonner à la partie principale. Dans celle-ci se trouve l'irraisonnable et le raisonnable. Le premier obéit au second qui seul, sans se rattacher ailleurs, rattache tout à lui. Car la divine raison elle-même commande à toutes choses et n'est sujette de quoi que ce soit; or la raison de l'homme est de même nature, elle vient de la raison divine. Si nous sommes d'accord sur ce point, par voie de conséquence nous conviendrons aussi qu'en une seule chose réside la vie heureuse, savoir, dans une raison parfaite. Car elle seule ne laisse point fléchir le courage et tient bon contre la Fortune: c'est d'elle qu'en toute conjoncture nous vient la sécurité, le salut; et le caractère du vrai bien est de ne jamais être entamé.

Celui là, dis-je, est heureux que rien ne peut amoindrir : il est au faîte des choses et ne s'appuie que sur lui-même, car quiconque s'étaye de quelque support peut tomber. Autrement, on commence à tenir grand compte de ce qui n'est point à soi. Or qui voudrait ne relever que de la Fortune ? Quel homme de sens se glorifie de ce qui lui est étranger ? Qu'est-ce que la vie heureuse ? C'est la sécurité et la permanence dans le calme. Ce qui donne cela, c'est une âme grande, c'est la constance qui maintient ce que la justice a décidé. Mais comment acquérir ces vertus ? Il faut avoir étudié la vérité sous tous ses aspects et gardé dans nos actions l'ordre, la mesure, la convenance, une volonté inoffensive et bienveillante, toute à la raison dont jamais elle ne se départ, et digne à la fois d'amour et d'admiration. Enfin, pour te tracer la règle en deux mots, l'âme du sage doit être telle que pourrait être l'âme d'un dieu. Que peut désirer l'homme qui possède tout ce qui est honnête ? Car, si ce qui n'est point honnête pouvait en quelque chose contribuer au bien suprême, le bonheur serait dans des choses avec lesquelles il n'est point (a). Et quoi de plus insensé ou de plus honteux que de rattacher le bonheur d'une âme raisonnable à ce qui n'a point de raison ?

Quelques-uns pourtant jugent que le souverain bien peut s'accroître, vu qu'il n'atteint point à sa plénitude si l'extérieur lui est contraire. Antipater aussi, l'une des graves autorités de notre secte, dit « qu'il accorde quelque influence à l'extérieur, mais fort peu. » Or que penser d'un homme à qui ne suffit pas la clarté du jour, s'il n'y joint celle de quelque bougie ? Auprès des splendeurs du soleil, de quelle importance peut être une étincelle ? Si l'honnête tout seul ne te satisfait pas, nécessairement tu y voudras joindre ou le repos, l'ἀοχλησία des Grecs, ou la volupté. Le premier, à la rigueur, peut s'admettre ; car l'âme du sage est exempte de contrariété ; elle a toute liberté d'étudier l'univers et rien ne l'enlève à la contemplation de la nature. Quant au second point, la volupté, c'est le bonheur de l'animal. Vous alliez la raison à son contraire, l'honnête à ce qui ne l'est pas. Grande est, selon vous, la volupté que donne le chatouillement des sens. Pourquoi n'oser pas dire que tout est bien pour l'homme si son palais est satisfait ? Et vous comptez, je ne dis pas comme homme de cœur, mais comme homme celui pour qui le bien suprême est dans les saveurs,

---

(a) Je lis avec un Mss. *cum quibus non est.* Lemaire : *sine quibus.*

les couleurs, les sons? Excluons-le de la noble classe qui après les dieux marche la première; qu'il aille grossir le troupeau des brutes, l'être qui fait de sa pâture toute sa joie!

La partie irraisonnable de l'âme se divise en deux autres : la première, ardente, ambitieuse, violente, tout entière aux passions; la seconde, basse, languissante, que la volupté asservit. La partie effrénée, meilleure toutefois que l'autre, et certes plus courageuse et plus digne de l'homme, on n'en a pas tenu compte; on a cru indispensable au bonheur la partie débile et abjecte. On a voulu lui assujettir la raison; et le bien du plus généreux des êtres, on en a fait un bien dégradé et ignoble, pétri en outre d'un alliage monstrueux, de membres tout divers et mal concordants; car, comme dit notre Virgile, parlant de Scylla :

> Jusqu'au-dessous du sein son visage, son corps
> Représente une vierge aux séduisants dehors;
> Ses flancs offrent aux yeux la louve, la baleine,
> Et sa queue en dauphin se recourbe et se traîne (a).

A cette Scylla du moins sont adaptés des animaux féroces, effroyables, agiles : mais de quels monstres a-t-on composé la sagesse? La partie supérieure de l'homme, c'est la vertu : elle a pour associée une chair incommode et molle, « qui n'est propre qu'à absorber des aliments, » comme dit Posidonius. Cette vertu divine se termine par de lascifs organes : à cette tête vénérable et céleste est accolé un animal inerte et flétri. Le repos des épicuriens, si profond qu'il soit, ne procurerait déjà nul avantage à l'âme, mais il écartait d'elle les embarras : voici venir la volupté qui la dissout, qui en énerve toute la force. Où trouver un assemblage de corps si antipathiques? La vigueur accouplée à la faiblesse, la frivolité au sérieux, la sainteté même à l'incontinence, à l'inceste!

« Eh quoi! dit-on, si la bonne santé, et le repos, et l'absence de douleur ne doivent empêcher en rien la vertu, ne les rechercherez-vous pas? » Pourquoi non? Je les rechercherai, non qu'elles soient des biens, mais parce qu'elles sont selon la nature et que j'y mettrai du discernement. Qu'y aura-t-il alors de bon en elles? Rien que le mérite d'un bon choix. Quand je porte un habit décent, quand mon allure, si je marche, est convenable, quand je soupe comme il sied que je le fasse, ce n'est

(a) *Énéide*, III, 426. Barthélemy.

ni le souper, ni la promenade, ni l'habit qui est un bien, mais le but qu'en tout cela je me propose, qui est de garder en tout la mesure qu'exige la raison. J'ajouterai ceci encore : le choix d'un vêtement propre est désirable pour l'homme ; car l'homme, de sa nature, est ami de la propreté, de l'élégance. Ainsi ce qui est bien par soi-même, ce n'est pas un vêtement propre, c'est le choix de ce vêtement : le bien n'étant pas dans la chose, mais dans le discernement qui fait que nos actions sont honnêtes, non la matière de nos actions. Ce que j'ai dit du vêtement, je le dis du corps, crois-le bien. Car la nature en a enveloppé l'âme comme d'un vêtement qui la voile aux yeux. Or estime-t-on jamais l'habit par le coffre où il est serré ? Le fourreau ne rend l'épée ni bonne ni mauvaise. A l'égard du corps je te réponds de même : je le prendrai, si je puis choisir, et sain et robuste ; mais le bien sera dans mon choix, non dans la force ou la santé.

« Sans doute, dira-t-on, le sage est heureux ; mais le bonheur complet lui échappe, s'il n'en possède aussi les instruments matériels. De cette sorte on ne peut être malheureux avec la vertu ; mais on n'est pas au faîte du bonheur, lorsque les biens physiques nous manquent, comme la santé et l'intégrité des organes. » Ce qui paraît le moins admissible, tu l'accordes, savoir, qu'un homme en proie à d'extrêmes et continuelles douleurs n'est pas à plaindre, qu'il est même heureux, et tu nies la conséquence, bien moindre, qu'il le soit parfaitement. Cependant, si la vertu peut faire qu'un homme ne soit pas malheureux, bien plus aisément complétera-t-elle son bonheur, car il reste moins d'intervalle entre l'heureux et le très-heureux, qu'entre le misérable et l'heureux. Quoi ! la puissance capable d'arracher l'homme aux calamités pour le mettre au rang des heureux, ne saurait achever son œuvre et l'élever au bonheur suprême ! Elle fléchit quand elle touche au sommet ! La vie a ses avantages et ses désavantages : les uns et les autres sont hors de nous. Si l'homme de bien n'est point misérable, eût-il à subir tous les désavantages, comment cesse-t-il d'être très-heureux si quelques avantages l'abandonnent ? Comme en effet le poids des uns ne le précipite pas jusque dans le malheur, de même la privation des autres ne l'arrache point à sa félicité ; elle reste alors aussi complète que son malheur est nul dans le premier cas : autrement on peut lui ravir son bonheur, si on peut le diminuer.

Je disais tout à l'heure que la lueur d'une bougie n'ajoute

rien aux clartés du soleil dont la splendeur efface tout ce qui sans lui aurait de l'éclat. « Mais il est des choses qui s'interposent entre le soleil et nous. » Oui, et la force de ses rayons demeure entière, au milieu de ces obstacles mêmes ; et malgré l'intermédiaire qui nous en dérobe l'aspect, il est à son œuvre et poursuit sa course. Lorsqu'il luit au sein des nuages, il n'est pas moindre que par un beau ciel, ni plus lent dans sa marche ; car il y a grande différence entre un obstacle et l'empêchement absolu. De même ce qui fait obstacle à la vertu ne lui enlève rien. Elle n'est pas moindre, mais elle brille moins ; à nos yeux peut-être ne paraît-elle pas aussi éclatante, aussi pure ; et comme l'astre éclipsé, son influence voilée agit encore. Ainsi calamités, pertes, injustices, sont aussi impuissantes contre la vertu qu'un léger nuage contre le soleil.

Nous trouvons des gens qui nous disent que le sage mal partagé corporellement n'est ni malheureux ni heureux. Ceux-là aussi se trompent : ils mettent les avantages fortuits au niveau des vertus, et n'accordent pas plus aux choses honnêtes qu'à celles qui le sont le moins. Or quoi de plus indigne, de plus révoltant que de comparer des choses respectables à celles qui méritent le dédain? La vénération est due à la justice, à la piété, à la loyauté, au courage, à la prudence ; ce qui est vil au contraire, c'est ce dont souvent les plus vils mortels sont le plus largement pourvus : la jambe solide, et les bras et les dents, tout cela sain et à l'épreuve. Mais d'ailleurs si le sage, avec une santé fâcheuse, ne doit passer ni pour malheureux ni pour heureux, et qu'on le laisse sur la ligne mitoyenne, sa vie non plus ne sera ni à désirer ni à fuir. Et qu'y a-t-il de si absurde que ceci : « La vie du sage n'est pas à désirer, » ou de si incroyable que de prétendre qu'il y a telle vie qui n'est ni à désirer ni à fuir? Et puis, si les incommodités physiques ne rendent pas malheureux, elles permettent d'être heureux. Ce qui n'a pas la puissance de me faire passer dans un état pire ne peut m'interdire le meilleur état. « Le froid et le chaud, répond-on, sont deux choses connues dont le moyen terme est le tiède : ainsi tel est heureux, tel misérable ; tel enfin n'est ni l'un ni l'autre. » Je veux faire justice de cette comparaison qu'on nous oppose. Si j'ajoute un degré de froid au tiède, il deviendra froid, un degré de chaud, il finira par être chaud. Mais l'homme qui n'est ni misérable ni heureux, quelque élément de misère que je lui apporte, ne sera pas misérable, vous-mêmes vous le dites : la comparaison est donc inexacte.

Enfin, je vous livre un homme qui n'est ni misérable ni heureux : je le frappe de cécité, sans qu'il soit misérable ; de paralysie, il ne l'est point encore ; de douleurs continuelles et graves, il ne l'est pas davantage. Si tant de maux ne sauraient le faire malheureux, ils ne le font même pas déchoir du bonheur. Si le sage ne peut tomber, comme vous le dites, du bonheur dans la misère, il ne tombera pas dans la privation du bonheur. Car pourquoi de si beaux commencements s'arrêteraient-ils à un point quelconque ? Ce qui l'empêche de rouler jusqu'en bas le retient au sommet. Comment le bonheur ne serait-il pas indivisible ? Il ne peut même être discontinu ; c'est pourquoi la vertu suffit d'elle-même à le produire. « Quoi ! s'écrie-t-on, un sage comblé de jours qu'aucune douleur n'a traversés n'est pas plus heureux que celui qui a toujours lutté contre la mauvaise fortune ? » Qu'on me réponde si le second est meilleur et plus vertueux que le premier : s'il n'en est rien, il n'est pas plus heureux. Il faut que sa vie soit plus pure, pour qu'elle devienne plus heureuse ; elle ne le devient qu'à ce prix. La vertu ne saurait s'accroître, ni par conséquent le bonheur, qui vient d'elle. La vertu est un si grand bien, qu'elle ne sent point tous ces petits accidents tels que la brièveté de la vie, la douleur, les diverses incommodités du corps. Car, pour la volupté, elle ne mérite pas même un de ses regards. Quel est le plus beau privilége de la vertu ? De n'avoir nul besoin de l'avenir, de ne point compter le nombre de ses jours : le plus court espace de temps lui complète un bonheur sans fin.

Cela nous paraît hors de toute croyance et dépasser les limites de notre nature : car cette majestueuse vertu, nous la mesurons à notre faiblesse, et c'est à nos vices mêmes que nous appliquons le nom de vertu. Mais ne semble-t-il pas aussi incroyable qu'un homme au fort des plus vives douleurs s'écrie : Je suis heureux ? Pourtant c'est dans l'officine même de la volupté que ce mot-là s'est fait entendre. « Voici le dernier et le plus heureux jour de ma vie, » disait Épicure (a), quand d'une part des embarras de vessie le torturaient, et que de l'autre un incurable ulcère lui rongeait les entrailles. Pourquoi donc ne pas croire à de pareils traits venant d'hommes qui vouent leur culte à la vertu, quand on les trouve jusque chez ceux qui prirent la volupté pour souveraine ? Oui, même ces âmes dégénérées, si peu élevées dans leurs sentiments, soutiennent qu'au

---

(a) Voy. *Lettre* LXVI.

sein d'extrêmes douleurs, d'extrêmes calamités, le sage ne sera ni heureux ni malheureux. Toutefois cette assertion aussi est incroyable, plus incroyable que la nôtre. Car je ne vois pas comment ne tomberait point jusqu'au plus bas degré la vertu une fois renversée de son trône. Ou elle doit donner le bonheur, ou, si elle perd cette prérogative, elle n'empêchera point le malheur. Tant qu'il se tient debout, l'athlète n'est pas renvoyé du combat : il faut qu'il soit vainqueur ou vaincu. « Mais ce n'est que pour les dieux immortels que la vertu et le bonheur sont faits : nous n'avons de ces biens que l'ombre et qu'une sorte d'image : nous en approchons sans y atteindre. » Je réponds que la raison est commune aux dieux comme à nous : seulement chez eux elle est parfaite, chez nous perfectible. Mais ce qui nous amène à désespérer, ce sont nos vices. L'homme faible n'est au second rang que par son peu de persistance à observer les meilleurs principes, et parce que son jugement chancelle encore incertain. Il a besoin que sa vue et son ouïe soient bonnes, sa santé satisfaisante, son extérieur non disgracieux, et qu'il se maintienne dispos de tous ses membres, et puis que sa carrière soit longue : ainsi pourra-t-il ne point se repentir de la vie. Ce demi-sage garde en lui un levain de malignité qui tient à sa mobilité d'âme ; ce fond de malice qui ne le quitte point le pousse à violer la règle, et l'agite et l'éloigne du bien. Il n'est pas encore vertueux, il s'essaye à l'être ; or quiconque ne l'est pas sans restriction n'est qu'un méchant.

Mais un cœur généreux qu'habite la vertu (a)

est l'égal des dieux ; c'est vers eux qu'il s'élève, car il a souvenir de son origine. Ce n'est jamais une témérité de vouloir remonter au lieu d'où l'on est descendu. Et pourquoi ne pas voir quelque chose de divin dans l'être qui est une parcelle de la divinité ? Ce grand tout, dans lequel nous sommes compris, est un, et cet un est dieu : nous sommes ses associés, nous sommes ses membres [38]. L'esprit de l'homme qui embrasse tant de choses s'élève jusqu'à lui, si les vices ne dépriment point son essor. Et comme l'attitude de son corps est droite et ses yeux tournés vers le ciel, de même son esprit, qui peut s'étendre aussi loin qu'il lui plaît, a été de telle sorte formé par la nature qu'il veut atteindre au niveau des dieux, déployer ainsi toutes

(a) *Énéide*, V, 363.

ses forces et parcourir à l'aise son domaine. Elle ne lui est pas étrangère la route par où il gravit vers le ciel ; y monter était une œuvre immense : mais il y retourne, il est né pour ce chemin-là. Il marche hardiment, sans souci pour tout le reste : les trésors, il n'y regarde point ; cet or et cet argent, si dignes des ténèbres où ils gisaient, il ne les prise pas sur le brillant dont ils frappent les yeux de l'ignorance, mais d'après la fange originelle dont notre cupidité les a séparés en les exhumant. Il sait, disons-le bien, que les richesses sont placées autre part qu'où on les entasse, que c'est son âme qu'il doit remplir, non ses coffres. Un tel homme, on peut l'investir du domaine de toutes choses, on peut l'envoyer en possession de la nature entière, sans autres limites que celles de l'Orient et de l'Occident ; tout doit, comme aux dieux, lui appartenir à lui qui regarde d'en haut ceux qui, regorgeant d'opulence, sont tous moins heureux de ce qu'ils ont que malheureux de ce qu'ils n'ont pas [39]. Parvenu à ce point de sublimité, il songe aussi à son corps, ce fardeau nécessaire, non en aveugle ami, mais en tuteur, et ne se met pas sous la dépendance de ce qui fut mis sous la sienne. Nul ne peut être libre, qui est esclave de son corps. Car échappât-on aux autres servages que nous crée l'amour excessif et inquiet qu'on lui porte, le corps est déjà un fantasque et difficile maître. Tantôt le sage en sort sans murmure, tantôt il s'en élance avec courage, et ne s'informe point de ce que ses restes vont devenir. Mais comme nous ne prenons point souci des poils coupés de notre barbe, cette âme divine, alors qu'elle va quitter l'homme, estime que l'endroit où son enveloppe sera portée, que le feu la consume, ou que le sol la couvre, ou que les bêtes la déchirent, ne lui importe pas plus que l'arrière-faix au nouveau-né. Qu'on la jette à dépecer aux oiseaux de proie, ou que

Les chiens de mer en fassent leur pâture [40],

cela le touche-t-il ? Lors même qu'il est parmi les hommes, nulle menace ne l'intimide ; craindra-t-il, mort, les menaces de ceux pour qui ce n'est pas assez d'être craints en deçà du trépas ? « Je ne m'épouvante, dit-il, ni de vos crocs, ni des outrages auxquels seront en butte les lambeaux de mon cadavre, hideux pour ceux qui le verront. Je ne réclame de personne les derniers devoirs ; je ne recommande à personne ma dépouille. Nul ne reste sans inhumation : la nature y a pourvu. Ceux que la cruauté humaine jette à l'abandon, le temps les ensevelit. Mécène a très-bien dit :

> Que m'importe un tombeau ? Le sein de la nature
> De ses fils délaissés devient la sépulture. »

Ce mot semble d'une âme résolue : c'était en effet un haut et mâle génie, si l'homme n'eût énervé le poëte.

## LETTRE XCIII.

#### Sur la mort de Métronax. Mesurer la vie sur l'emploi qu'on en fait, non sur sa durée.

Dans la lettre où tu te plaignais de la mort du philosophe Métronax (a), comme s'il eût pu et dû vivre plus longtemps, je n'ai point reconnu cet esprit de justice qui pour toute personne et en toute cause surabonde chez toi : mais il ne te fait faute que là où il manque à tout le monde. J'ai trouvé beaucoup d'hommes justes envers les hommes; envers les dieux, pas un seul. Nous faisons chaque jour le procès à la destinée : « Pourquoi celui-ci est-il enlevé au milieu de sa carrière ? Pourquoi celui-là ne l'est-il pas et prolonge-t-il une vieillesse à charge à lui-même et aux autres ? » Qu'estimes-tu, je te prie, le plus légitime, ou que tu obéisses à la nature, ou que la nature t'obéisse ? Et qu'importe que tu sortes plus ou moins tôt d'où il faudra toujours sortir ? Ce n'est pas de vivre longtemps qu'il faut se mettre en peine, mais de vivre assez. Le premier point est l'affaire du sort, le second est la tienne. La vie est longue si elle est remplie ; or elle n'est remplie que si l'âme a ressaisi ses biens propres et s'est remise en possession d'elle-même. Que servent à cet homme quatre-vingts ans passés à ne rien faire ? Il n'a pas vécu, il a séjourné dans la vie ; ç'a été non une mort tardive, mais une longue mort. « Il a vécu quatre-vingts ans ! » Je voudrais savoir à quel jour tu fais remonter sa fin [1].
« Mais cet autre, mort dans la verdeur de l'âge ! » Lui du moins s'est acquitté de tous les devoirs d'un bon citoyen, d'un bon

(a) Voy., sur Métronax. Lettre LXXVI.

ami, d'un bon fils ; il ne s'est relâché sur aucun point. Quoique son âge soit incomplet, sa vie est complète. « Le premier a vécu quatre-vingts ans ! » Dis plutôt : il a duré tout ce temps-là, à moins que tu n'entendes qu'il a vécu comme on le dit des végétaux.

Voici mon vœu, Lucilius : tâchons qu'à l'instar des métaux précieux notre vie gagne non en volume, mais en valeur. Mesurons-la par ses œuvres, non par sa durée [42]. Veux-tu savoir ce qui distingue ce jeune héros, contempteur de la Fortune, et à tout égard déjà vétéran de l'existence dont il a conquis le plus riche trésor, ce qui le distingue de cet homme qui a laissé derrière lui nombre d'années? L'un vit encore après qu'il n'est plus, l'autre avant de mourir avait cessé d'être. Louons donc et plaçons parmi les heureux celui qui, du peu de temps qui lui fut octroyé, sut faire un bon emploi. Il a joui de la vraie lumière : ce n'a pas été un homme de la foule ; il a vécu, et d'une vie énergique ; tantôt le ciel a été serein pour lui, et tantôt, selon l'ordinaire, l'astre aux puissants rayons n'a percé qu'à peine les nuages. Pourquoi demander combien de temps il a pu vivre ? Il a vécu, il s'est élancé jusque dans la postérité, il a pris rang dans la mémoire des hommes.

Ce n'est pas que, si un surcroît d'années m'était offert, je le refuserais : toutefois je dis que rien n'aura manqué à mon bonheur, si on en abrége la durée. Car je n'ai pas arrangé mes plans pour le plus long terme qu'une avide espérance pouvait se promettre ; mais il n'est point de jour que je n'aie regardé comme le dernier de mes jours. Pourquoi m'interroger sur la date de ma naissance, et si je compte encore parmi les jeunes gens? J'ai mon lot. De même qu'un homme peut dans une petite taille être complétement homme, ainsi un court espace de temps peut compléter la vie. La longueur de l'âge ne fait rien ici [43]. La durée de ma vie est hors de mon pouvoir ; être homme de bien tant que je vivrai, voilà qui dépend de moi. Exige de moi que mes jours ne s'écoulent pas un à un dans d'ignobles ténèbres, que je dirige ma vie et ne la laisse pas fuir devant moi.

Tu demandes quel est l'âge le plus avancé ? L'âge de la sagesse. Y parvenir c'est avoir atteint non la plus lointaine limite, mais la plus élevée. Que l'homme alors se glorifie hardiment et remercie les dieux en se retrouvant parmi eux, et sache gré autant à lui-même qu'à la nature de ce qu'il a été. Oui, il a droit de s'applaudir d'avoir rendu à la nature une vie meilleure qu'il ne la reçut. Il a réalisé le modèle de l'homme de bien ; il en a fait voir le caractère et la grandeur : eût-il ajouté à ses jours, il n'eût fait que continuer son passé. Et jusqu'où donc voulons-nous vivre? Nous avons tout connu, joui de tout. Nous savons d'où relève le grand principe des choses, la nature; comment elle ordonne le monde; par quels retours elle ramène l'année; comment elle a réuni en elle tous les êtres épars et s'est donnée pour fin à elle-même. Nous savons que les astres marchent par leur propre impulsion; qu'excepté la terre rien n'est fixe; que tout le reste fuit d'une vitesse continuelle. Nous savons comment la lune devance le soleil ; pourquoi, plus lente, elle le laisse derrière elle, lui si prompt dans sa course; comment elle reçoit ou perd sa lumière; quelle cause amène la nuit et quelle autre nous rend le jour. Il nous reste à aller où nous verrons de plus près ces merveilles. Et, dit le sage, ce n'est pas cet espoir qui me fait partir avec plus de courage, bien sûr que pour moi s'ouvre un chemin vers mes dieux bien-aimés J'ai mérité sans doute d'être admis dans leur sein et je m'y suis déjà vu : j'ai envoyé vers eux ma pensée et ils m'ont envoyé la leur. Mais suppose-moi anéanti, et qu'à la mort rien de l'homme ne reste, ma résolution n'en est pas moins ferme, dussé-je n'aborder nulle part au sortir d'ici. « Il n'a pas vécu autant d'années qu'il aurait pu vivre ! » Un petit nombre de lignes peut former un livre, un livre louable et utile. Tu sais combien les annales de Tanusius sont volumineuses et comment on les appelle (a). La longue vie de quelques hommes ressemble à ces annales et mérite l'épithète qu'on y joint. Estimes-tu plus heureux le gladiateur qu'on égorge le soir que celui qui tombe au milieu du jour? en est-il, penses-tu, un seul assez sottement épris de la vie pour aimer mieux recevoir le coup de grâce au spoliaire (b) que dans l'arène? Voilà à quelle distance nous nous devançons les uns les autres. La mort nous fauche tous, le meurtrier après la victime. C'est en vue d'un moment que l'on s'agite avec tant d'anxiété. Eh! que sert d'éviter plus ou moins longtemps l'inévitable?

(a) *Annales Tanusi, cacata charta.* (Catulle.)
(b) Lieu où l'on achevait les gladiateurs désormais impropres à combattre. Voy. *Quest. nat.*, III, 59.

## LETTRE XCIV.

De l'utilité des préceptes. De l'ambition, de ses angoisses.

Cette partie de la philosophie qui donne les préceptes propres à chaque personne, qui ne forme point l'homme en général, mais qui prescrit au mari la conduite à tenir avec sa femme, au père la manière d'élever ses enfants, au maître celle de gouverner ses esclaves, a été seule admise par quelques esprits. Ils ont laissé là tout le reste qu'ils tenaient pour pures digressions en dehors de l'utile, comme si l'on pouvait donner conseil sur des cas spéciaux sans avoir d'abord embrassé tout l'ensemble de la vie humaine. D'après Aristote le stoïcien, au contraire, ces préceptes ont peu de poids et ne descendent pas jusqu'au fond de l'âme. Ils tirent un grand secours, selon lui, des axiomes de la philosophie et de la constitution même du souverain bien; et les avoir bien compris et étudiés, c'est s'être prescrit ce qu'il faut faire dans chaque occurrence. Celui qui apprend à lancer le javelot se choisit un point de mire, et sa main se forme à bien diriger le trait; quand il a acquis ce talent par les leçons et l'exercice, partout où il veut il en fait usage : car ce n'est pas tel ou tel objet qu'il sait frapper, mais tous ceux qu'il voudra. De même l'homme instruit des devoirs de la vie en général n'a pas besoin d'avis partiels, quand le tout lui est familier : ce qu'il sait, ce n'est pas la manière de vivre avec sa femme ou son fils, mais celle de bien vivre, qui renferme aussi les deux premières.

Cléanthe juge que cette branche de la science est utile aussi, mais impuissante si elle n'est entée sur le tronc, si les décrets mêmes et les points capitaux de la philosophie ne nous sont connus.

Le problème se divise donc en deux points : cette branche est-elle utile ou inutile, et peut-elle, à elle seule, former l'homme de bien, c'est-à-dire est-elle superflue ou rend-elle superflues toutes les autres? Ceux qui la veulent faire croire superflue disent: « Si quelque obstacle arrête ma vue, il faut l'écarter; tant qu'il est devant moi, c'est peine perdue que de me prescrire et la façon de marcher et où je dois étendre la main. Ainsi encore, si quelque nuage aveugle mon âme et s'oppose à ce qu'elle discerne l'ordre de ses devoirs, que me fait l'homme qui me dit : « Tu vivras de telle sorte avec ton « père, de telle autre avec ta femme ? » Vos préceptes n'avancent à rien, tant que l'erreur offusque mon esprit; dissipez-la, je verrai clairement ce que chaque devoir exige de moi. Sinon, vous enseignez au malade ce que l'homme sain doit faire, vous ne lui rendez pas la santé. Vous enseignez au pauvre le rôle du riche. Comment le remplira-t-il s'il reste dans sa pauvreté? Vous apprenez à celui qui a faim ce qu'il doit faire en tant que rassasié; cette faim qui lui ronge les moelles, ôtez-la lui d'abord. Je vous dis de même pour tous les vices : c'est d'eux qu'il faut débarrasser l'homme, au lieu de recommander ce qui, avec eux, est impraticable. Si vous ne dissipez les préjugés qui nous travaillent, ni l'avare ne comprendra comment il faut user de l'argent, ni le poltron comment mépriser les périls. Il faut faire bien comprendre à l'un que l'argent n'est ni un bien ni un mal, et lui montrer des riches très-misérables ; il faut convaincre l'autre que tout ce que redoute la multitude n'est pas si à craindre que la renommée le crie en tous lieux, fût-ce même la douleur ou la mort. Que dans la mort, cette loi qu'il faut subir, il y a cette grande consolation qu'elle ne nous visite pas deux fois ; que dans la douleur on aura pour remède ce courage obstiné qui rend plus léger ce qu'on supporte avec énergie; que la douleur a cela de bon qu'elle ne peut être extrême quand elle dure, ni durer quand elle est extrême ; qu'il faut accepter avec constance tout ce que nous imposent les nécessités d'ici-bas. Lorsqu'avec ces principes vous aurez amené l'homme en présence de sa condition, et qu'il aura reconnu que la vie heureuse n'est point une vie selon la volupté, mais selon la nature; qu'il aura affectionné dans la vertu l'unique bien de l'homme et fui la turpitude comme l'unique mal; que tout le reste, richesse, honneurs, santé, force, puissance seront à ses yeux dessillés choses indifférentes qui ne doivent compter ni dans les biens ni dans les maux, il n'aura que faire de ces moniteurs de détails pour lui dire : « Marchez ou mangez de telle « sorte; ceci convient à l'homme, ceci à la femme, ceci au mari, « ceci au célibataire. » Les plus ardents donneurs de ces conseils n'ont pas eux-mêmes la force de les suivre. Le pédagogue les prodigue à l'enfant, l'aïeule au petit-fils, et le plus colère des précepteurs démontre qu'il ne se faut point mettre en colère.

Entre dans une école publique, tu verras que ce que les philosophes débitent avec tant d'importance et d'emphase est dans les livrets de l'enfance (a).

« Et après tout, enseignerez-vous des choses évidentes ou douteuses ? Évidentes, elles n'ont pas besoin qu'on en donne avis ; douteuses, on n'en croit pas le précepteur : les préceptes sont donc superflus. Veuillez bien me comprendre. Si vos avis sont obscurs et ambigus, il faudra les appuyer de preuves ; s'il vous faut prouver, vos démonstrations ont plus de valeur que le reste et suffisent toutes seules. « Voici comme il faut en user avec un ami, un citoyen, un allié. — Pourquoi ? — Ainsi le veut la justice. » Une théorie de la justice me fournit tout cela. J'y trouve que l'équité est en soi chose désirable, que ce n'est pas la crainte qui nous y force, l'intérêt qui nous y engage ; que celui-là n'est pas juste à qui cette vertu plaît par autre chose que par elle-même.

« Quand, bien persuadé, je me suis imbu de ces doctrines, que me font vos préceptes qui m'apprennent ce que je sais déjà ? Les préceptes sont superflus pour qui a la science ; pour qui ne l'a pas, c'est peu de chose. Car il lui faut concevoir non-seulement ce qu'on lui prescrit, mais encore le pourquoi. Est-ce, je le répète, à l'homme qui a des idées justes sur les biens et sur les maux que les préceptes sont nécessaires, ou à l'homme qui en a des idées fausses ? Le second ne tirera de vous aucune aide : son oreille est acquise au préjugé public qui combat vos avertissements ; le premier, dont le jugement est arrêté sur ce qu'il doit rechercher ou fuir, sait ce qu'il a à faire sans même que vous parliez. Toute cette partie de la philosophie peut donc être écartée.

« Deux choses nous amènent à faillir, ou un fonds de mauvais penchants que des opinions dépravées ont fait contracter à l'âme, ou, sans que l'erreur la domine, c'est une propension vers l'erreur ; et bientôt entraînée par de faux-semblants loin du devoir, la voilà corrompue. C'est pourquoi nous devons ou guérir radicalement cette âme malade et la délivrer de ses vices, ou, si elle est libre encore mais tendante au mal, nous emp rer d'elle les premiers. Les *décrets* de la philosophie opèrent ce double effet : donc ici vos préceptes n'ont rien à faire.

« D'ailleurs, si nous voulons donner des préceptes pour chaque

---

(a) « Les plus sublimes idées des philosophes sont dans les réponses du Catéchisme. » (*Génie du Christianisme.*)

individu, c'est une œuvre qui passe toute portée. Car nous devons d'autres avis aux capitalistes qu'aux cultivateurs, aux commerçants qu'aux suivants et amis des rois, à celui qui veut s'attacher à ses égaux qu'à celui qui veut vivre avec ses inférieurs. Pour l'état de mariage vous prescrirez comment on doit vivre avec celle qu'on a épousée fille, et comment avec celle qui a l'expérience d'un premier hymen, comment avec une femme riche, comment avec une non dotée. Ne pensez-vous pas qu'il y a quelque différence entre une épouse stérile ou féconde, déjà mûre ou toute jeune, entre une mère ou une marâtre? Nous ne pouvons embrasser tous les cas, et chacun pourtant veut des préceptes particuliers. Mais les lois de la philosophie sont sommaires et comprennent tous les cas. Ajoute ici que les préceptes de la sagesse doivent être précis et positifs : ce qui ne peut être précisé est en dehors de la sagesse ; la sagesse connaît les limites des choses. Nouvelle raison d'écarter la partie des préceptes qui promet à peu de personnes, loin de pouvoir fournir à toutes, tandis que la sagesse s'adresse à tout le monde. La démence publique et celle qu'on livre aux soins des médecins ne diffèrent nullement : sinon que celle-ci est travaillée de maladie, celle-là de faux préjugés. L'une vient d'un dérangement d'organes ; l'autre est un dérangement d'esprit. Celui qui recommanderait à un fou la manière dont on doit parler, la démarche qu'on doit avoir, la conduite qu'on doit tenir en public, en particulier, serait plus fou que celui qu'il voudrait morigéner ; c'est la bile noire qu'il faut guérir, c'est la cause même de sa folie qu'il faut écarter. Agissez pareillement pour cette autre folie de l'âme : dissipez le mal lui-même, sinon vos bons avis se perdent en vaines paroles. »

Voilà les raisons d'Ariston. Nous les réfuterons une à une. D'abord, pour répondre à celle-ci : « Si quelque obstacle empêche l'œil de voir, il faut l'écarter, » j'avoue que l'œil n'a pas besoin de préceptes pour voir, mais d'un remède qui le nettoie et le débarrasse de l'obstacle. Car il est dans la nature que l'homme voie, et c'est le rendre à ses fonctions que d'écarter ce qui les gêne. Mais ce que chaque devoir exige de nous, la nature ne l'enseigne pas. Et puis, l'homme guéri d'une fluxion ne se trouve pas, par cela même qu'il recouvre la vue, en état de la rendre à d'autres : l'homme délivré du vice en délivre autrui. Il n'est besoin ni d'exhortation ni même de conseil pour que l'œil saisisse la différence des couleurs : il distinguera le blanc du noir sans que personne l'en avertisse : l'âme au contraire exige force préceptes pour reconnaître les devoirs qu'impose la vie. Et encore, pour des yeux malades le médecin fait plus que traiter, il conseille. « Gardez-vous, dit-il, d'exposer la vue affaiblie à une trop vive lumière : des ténèbres passez d'abord à un demi-jour, puis osez davantage, et par degrés accoutumez-vous à supporter le plein midi. Après le repas point d'étude : ne forcez point un organe plein et gonflé ; l'impression de l'air, du froid qui vous frappe au visage, est à éviter ; » à quoi il ajoute d'autres avis semblables non moins efficaces que les médicaments (a). « L'erreur, dit Ariston, est la cause de nos fautes ; les préceptes ne nous l'enlèvent pas, ils ne détruisent pas les opinions fausses touchant le bien et le mal. » J'accorde que par eux-mêmes les préceptes sont impuissants pour renverser les préventions erronées de l'âme ; mais est-ce à dire qu'ils le sont toujours, même avec d'autres auxiliaires ? En premier lieu ils renouvellent nos souvenirs, et puis, ce qui en bloc paraissait trop confus, la division des parties l'offre sous un jour plus exact. Dans votre système vous pourriez taxer de superflues toute consolation, toute exhortation ; or elles ne le sont pas ; donc les simples avis ne le sont pas non plus. « C'est folie, dites-vous, de prescrire au malade ce qu'il devrait faire bien portant ; c'est la santé qu'il faut lui rendre, sans quoi les préceptes sont vains. » Mais n'y a-t-il pas des règles communes à la maladie et à la santé, dont il faut être instruit, comme de ne point manger gloutonnement, d'éviter la fatigue ? Il y a des préceptes communs au pauvre et au riche. « Guérissez la cupidité et vous n'aurez rien à recommander ni au pauvre ni au riche, si la passion s'éteint chez tous les deux. » Comme si ce n'étaient pas choses différentes que de ne point désirer l'argent et que de savoir user de la richesse dont l'avare ignore la mesure, dont l'homme même qui ne l'est pas ne sait point l'usage ? « Extirpez les erreurs, les préceptes sont superflus. » Cela est faux : supposez en effet l'avarice plus généreuse, le luxe moins dissipateur, la témérité soumise au frein, l'apathie réveillée par l'éperon, tous les vices repoussés, encore reste-t-il à savoir et ce qu'on doit faire et comment on doit le faire. « Les avertissements seront sans effet, appliqués à des vices invétérés. » Mais la médecine elle-même ne triomphe pas des maux incurables : pourtant on l'y emploie tantôt comme remède, tantôt comme soulagement. La philosophie à son tour,

---

(a) Je retranche comme interpolé : *Adjicit remediis medicina consilia.*

dût-elle agir tout entière et rassembler toutes ses forces, ne saurait extirper un ulcère endurci, envieilli dans l'âme ; s'ensuit-il qu'elle ne guérisse rien parce qu'elle ne guérit pas tout ? « Que sert de démontrer des choses évidentes ? » Cela sert beaucoup. Car souvent nous savons telle chose et nous n'y songeons point. L'admonition n'instruit pas, mais pique l'attention, mais réveille, mais fortifie nos souvenirs et les empêche de s'échapper. Nous passons devant tant d'objets sans les voir ! Avertir, c'est une manière d'exhorter. Souvent l'esprit ferme les yeux aux choses les plus visibles : il faut d'autorité le rappeler à la connaissance de ce qu'il connaît le mieux. C'est ici le cas de rappeler le mot de Calvus plaidant contre Vatinius : « Il y a eu brigue, vous le savez, et tous savent que vous le savez. » De même vous savez que l'amitié veut être saintement observée, et vous la trahissez ; vous savez qu'il est injuste d'exiger que votre femme soit chaste, quand vous corrompez celles des autres ; vous savez que si elle doit être pure d'adultère, vous devez l'être de concubinage, et vous ne l'êtes pas. Aussi faut-il vous ramener fréquemment à ces souvenirs, car vous devez les tenir non pas à l'écart, mais sous la main. Toute vérité salutaire veut être souvent méditée, souvent approfondie ; et qu'on ne se borne pas à la connaître, mais qu'on l'ait à commandement. Ajoute que les choses déjà claires deviennent ainsi plus claires encore. « Si ce que vous prescrivez est contestable, vous devrez y joindre des preuves ; ce seront donc ces preuves, non les préceptes, qui feront effet. » Mais, sans même recourir aux preuves, l'autorité seule de celui qui conseille n'a-t-elle pas son efficacité, tout ainsi que les réponses des jurisconsultes gardent leur valeur, même quand les raisons n'en sont pas données ? En outre les préceptes mêmes ont intrinsèquement beaucoup de poids, surtout formulés en vers ou resserrés en prose sous forme de sentences, comme ces adages de Caton : « Achète, non pas l'utile, mais l'indispensable. Ce qui n'est pas utile, ne coûtât-il qu'un as, est trop cher. » Telles sont les réponses d'oracles ou les mots qui y ressemblent : « Sois ménager du temps. Connais-toi toi-même. » Exigeras-tu des preuves quand on te citera ces vers :

> Pour remède à l'injure il ne faut que l'oubli.
> Osons : le sort nous aidera (a).
> Le paresseux fait obstacle à lui-même.

(a) *Énéide*, X, 284.

Ces vérités n'ont nul besoin d'avocat; elles nous prennent par nos sentiments intimes, et c'est alors que la nature nous montre sa puissance et triomphe (*a*). Nos âmes portent les germes de toutes les vertus, que développent les bons avis, comme à l'aide d'un souffle léger s'étend le feu d'une étincelle. La vertu se réveille dès qu'on la touche et qu'on la provoque. Il y a, en outre, des principes qui sont en nous, mais que nous n'avons pas bien présents, et qui obéissent à l'appel dès qu'on les énonce. Il est aussi des idées éparses et peu liées entre elles, qu'un esprit non exercé ne saurait réunir. C'est cette réunion qu'il importe d'opérer, pour leur donner à toutes plus de consistance et à l'esprit plus d'allégement. Autrement, si les préceptes ne sont d'aucun secours, il faut abolir tout corps de doctrine et s'en tenir à la simple nature. Ceux qui le prétendent ne voient pas qu'il y a des esprits actifs et pénétrants, comme des esprits lents et obtus; que tel enfin est plus ingénieux que tel autre. La vigueur de l'esprit se nourrit et s'accroît par les préceptes qui ajoutent des idées aux idées naturelles, et qui rectifient les mauvaises tendances.

« Mais l'homme qui manque de principes droits, à quoi vos avertissements lui serviront-ils, enchaîné qu'il est par ses vices? » Ils lui serviront à s'en affranchir. Car tout sentiment naturel n'est pas éteint en lui, mais seulement éclipsé et comprimé : en cet état même il tente de se relever, il lutte contre le génie du mal. Mais qu'il trouve assistance et soit soutenu par vos préceptes, il remonte à la vie, si toutefois une corruption invétérée ne l'a pas gangrené et frappé de mort; car alors la philosophie avec toutes ses règles, avec toute l'instance de ses efforts, ne le ressusciterait pas. En quoi d'ailleurs diffèrent ses décrets de ses préceptes, sinon que les uns sont généraux, les autres particuliers? Ce sont toujours des prescriptions, mais absolues dans le premier cas, et, dans le second, relatives. « A l'homme qui a des principes droits et honnêtes les avertissements sont superflus. » Point du tout : car tout instruit qu'il est de ce qu'il doit faire, il ne lit pas assez clairement dans ses devoirs. Ce ne sont pas nos passions seulement qui nous empêchent de faire des actes dignes d'éloge, c'est aussi l'incapacité de découvrir ce que chaque chose exige de nous. Parfois notre âme est bien réglée, mais apathique, et n'est pas exercée à trouver la route du devoir : les bons avis la lui montrent. « Ban-

---

(*a*) Voir *Lettre* CVIII.

nissez les fausses opinions touchant les biens et les maux, et mettez les vraies à la place : les bons avis n'auront rien à faire. » Sans doute c'est un moyen d'établir l'harmonie de l'âme, mais ce n'est pas le seul. Car encore qu'on ait démontré par de bons arguments ce qui est bien, ce qui est mal, les préceptes n'en ont pas moins leur rôle : la prudence, la justice constituent des devoirs, et les devoirs se règlent par les préceptes. Et puis le jugement qu'on porte du bien et du mal se fortifie par l'exécution des devoirs à laquelle les préceptes conduisent. Car le conseil et l'action marchent d'accord, et l'un ne peut précéder l'autre sans en être suivi ; l'action vient en son lieu, d'où l'on voit que les préceptes la devancent. « Mais les préceptes sont infinis. » Cela est faux. Ils ne le sont pas sur les points principaux et nécessaires ; ils n'offrent alors que de légères variétés selon l'exigence des temps, des lieux, des personnes, et encore donne-t-on pour tout cela des préceptes généraux. « Jamais des préceptes généraux n'ont guéri la folie, ni même la méchanceté. » Il y a ici dissemblance. Car ôtez la folie, vous avez rendu la santé ; mais bannissez les fausses opinions, vous n'obtenez pas à l'instant l'intelligence claire des devoirs, et quand vous l'obtiendriez, les bons avis n'en fortifieront pas moins un jugement déjà droit sur les biens et sur les maux. Il est également faux que les préceptes ne profitent pas à l'insensé : car si tout seuls ils ne suffisent pas, ils aident du moins à la guérison : les menaces et les corrections ont souvent contenu l'insensé. Je parle de celui dont l'esprit est dérangé, non entièrement perdu.

« Mais les lois, pour nous porter au devoir, sont inefficaces : et que sont les lois, que des préceptes mêlés de menaces ? » D'abord ce qui ôte aux lois le pouvoir de persuader, c'est qu'elles menacent : les préceptes gagnent la volonté, mais ne la forcent point. Ensuite, les lois détournent du crime : les préceptes ne font qu'exhorter au devoir. Ajoute que les lois aussi contribuent aux bonnes mœurs, quand surtout elles instruisent et ne se bornent pas à commander. Sur ce point je suis d'autre avis que Posidonius, qui n'approuve pas que les lois de Platon soient accompagnées d'exposés de motifs [11]. « La loi, dit-il, doit être brève, pour être plus facilement retenue par les ignorants ; qu'elle soit comme une voix partie du ciel ; qu'elle ordonne et ne discute pas. Rien ne me semble plus froid ni plus déplacé qu'une loi avec préambule. Commande, dis ce que tu veux que je fasse : ma tâche n'est pas d'apprendre, mais d'obéir. » Je tiens, moi, que les lois influent sur les mœurs ; aussi voit-on de mauvaises mœurs partout où les lois sont mauvaises. « Mais les lois n'influent pas sur tous ! » Ni la philosophie non plus : est-ce à dire qu'elle soit inutile et impuissante à former les âmes ? or la philosophie qu'est-elle, sinon la loi de la vie ? Mais admettons que les lois soient sans influence, il ne suit pas de là qu'il en soit de même de tout avertissement, ou il faudra le dire aussi des discours qui consolent, qui dissuadent, qui exhortent, de la réprimande et de l'éloge. Toutes ces choses sont des espèces d'avertissements, des moyens de faire arriver à la perfection morale.

Rien n'inspire mieux des sentiments honnêtes et ne rappelle mieux au droit chemin une âme flottante et encline à s'égarer, que la fréquentation des gens de bien. C'est un charme qui peu à peu s'insinue dans les cœurs ; et les voir souvent, les entendre souvent, agit avec autant de force que le précepte. Oui, j'aime à le dire, la simple rencontre du sage fait du bien ; et tout d'un grand homme, jusqu'à son silence, profite en quelque point (a). Il ne m'est pas si aisé de dire comment on en devient meilleur, qu'il me l'est de sentir que je le suis devenu. « Il y a, dit Phédon, de menus insectes dont la morsure ne se sent point, tant le dard est imperceptible et nous trompe pour mieux nous blesser ; la tumeur indique une morsure, et sur la tumeur même nulle lésion ne paraît. Semblable chose arrive dans le commerce des sages ; on ne reconnaît ni quand, ni comment il profite ; on reconnaît qu'il a profité. » — Que prétends-tu conclure de là ? — Que les bons préceptes, si tu les médites souvent, te serviront autant que les bons exemples. Pythagore a dit « que notre âme devient tout autre, lorsque entrés dans un temple nous voyons de près les images des dieux et attendons la voix de quelque oracle (b). »

Mais qui peut nier que certains préceptes ne frappent efficacement les esprits même les moins éclairés ? Tels sont ces axiomes si brefs, mais d'un grand poids :

Rien de trop.
Jamais un cœur avare a-t-il dit « C'est assez ? »
Attendez-vous à la pareille.

Ces mots-là portent coup, et nul n'est maître de douter ou de

---

(a) Allusion à Thraséas et à Sénèque lui-même devant Néron. Voy. de la Tranquillité de l'âme, III, et Lettre CVIII.
(b) Voy. Quest. natur., VII, 30.

s'enquérir du pourquoi. Tant la vérité, même sans démonstration, nous entraîne toute seule !

Si le respect est un frein pour l'âme, une barrière pour le vice, pourquoi l'avertissement n'aurait-il pas le même pouvoir? Si le châtiment imprime la honte, pourquoi l'avertissement ne le ferait-il pas, lors même qu'il n'emploie que les préceptes sans rien de plus? Mais il est plus efficace et pénètre plus avant, s'il appuie de raisons ses conseils, s'il ajoute pourquoi la chose doit se faire, quel fruit est réservé à celui qui la fait et qui obéit aux préceptes. Si l'autorité est utile, l'avertissement le sera ; or elle est utile, par conséquent l'avertissement aussi.

La vertu se divise en deux parties, la contemplation du vrai et l'action ; la doctrine nous porte à la première, l'avertissement à la seconde. L'action droite est à la fois l'exercice et la manifestation de la vertu ; or si celui qui conseille sert pour l'action, celui qui avertit sert encore. Si donc l'action droite est nécessaire à la vertu, et que cette action nous soit indiquée par l'avertissement, l'avertissement aussi est nécessaire. Deux choses ajoutent singulièrement aux forces de l'âme, sa foi en la vérité et en elle-même : l'avertissement donne l'une et l'autre. Il lui fait croire à la vérité, et cette croyance lui inspire l'enthousiasme et la remplit de confiance : concluons que l'avertissement n'est pas superflu. M. Agrippa, homme d'un grand caractère et, entre tous ceux que les guerres civiles ont faits illustres et puissants, le seul dont les succès aient été ceux de la patrie, répétait souvent qu'il devait beaucoup à cette maxime : « L'union fait prospérer les plus faibles établissements, l'anarchie dissout les plus forts. » Maxime qui, disait-il, l'avait rendu excellent frère, excellent ami. Si des sentences de ce genre, devenues familières à l'âme, la forment au bien, pourquoi cette portion de la philosophie, dont elles sont l'essence, n'en ferait-elle pas autant? La vertu consiste, partie dans la doctrine, partie dans l'exercice : il faut apprendre, et confirmer par l'action ce qu'on a appris. S'il en est ainsi, non-seulement les décrets de la sagesse sont utiles, mais encore ses préceptes, véritables édits qui répriment nos passions et qui les enchaînent.

« La philosophie, dit-on, se partage en deux points : la science, et l'état de l'âme. Qui possède la science, qui s'est instruit de ce qu'il doit faire ou éviter, n'est point sage encore, s'il n'a comme identifié son âme avec ses instructions. La troisième partie, celle des préceptes, tient des deux premières, des décrets et de l'état de l'âme, et partant ne contribue en rien à compléter la vertu, puisque les deux autres suffisent. » Ainsi donc la consolation aussi serait superflue, car elle a la même origine; et aussi l'exhortation, les conseils, les raisonnements même, toutes choses qui proviennent de l'état d'une âme bien réglée et forte. Mais quoiqu'elles naissent d'une excellente situation de l'âme, cette situation est produite par elles, tout comme elle les produit. Et puis votre objection suppose déjà un homme parfait et monté au comble de la félicité humaine. Or on n'arrive là que bien tard, et, en attendant, l'homme imparfait, mais en progrès, a besoin qu'on lui montre les voies et façons d'agir. Ces voies, peut-être la sagesse saura-t-elle les trouver sans avertissements, elle qui a déjà conduit l'âme à ne pouvoir se porter que vers le bien; quant aux esprits encore débiles, il est nécessaire que quelqu'un les précède et leur dise : « Évitez ceci, faites cela. » D'ailleurs, s'ils attendent à savoir par eux-mêmes ce qu'il y a de meilleur à faire, jusque-là ils ne peuvent qu'errer et leurs erreurs les empêcheront d'arriver à se suffire; il leur faut donc un guide, pendant qu'ils se rendent capables de se guider. Les enfants apprennent par règles : on leur tient les doigts, que la main du maître promène sur le tracé des lettres figurées; puis on leur prescrit d'imiter le modèle d'après lequel se réforme leur écriture; ainsi notre âme trouve dans les préceptes instruction et secours.

Voilà comment on prouve que cette partie de la philosophie n'est point superflue. On se demande ensuite si seule elle suffit pour faire un sage. Cette question aura son jour (*a*); jusque-là, toute argumentation à part, n'est-il pas clair que nous avons besoin d'un conseiller dont les leçons combattent celles que nous donne le peuple? Aucune parole n'arrive impunément à nos oreilles : qui nous souhaite du bien nous nuit, qui nous souhaite du mal nous nuit encore; les imprécations des uns nous inspirent de chimériques terreurs, et l'affection des autres nous abuse par ses vœux bienveillants, en nous envoyant vers des biens éloignés, incertains, fugitifs, quand nous pouvons puiser chez nous la félicité. On n'est plus libre, je le répète, de suivre le droit chemin : on est entraîné dans le faux par des parents, par des serviteurs; nul ne s'égare pour soi seul; on répand l'esprit d'erreur sur ses voisins, et réciproquement on le reçoit d'eux. Et pourquoi l'individu a-t-il les vices de la so-

---

(*a*) Elle fait l'objet de la lettre suivante.

ciété? La société les lui donne. A corrompre les autres on se corrompt soi-même; on apprend le mal, ensuite on l'enseigne, et on arrive à ce comble de dépravation qui concentre dans un seul cœur la science perverse de tous. Ayons donc quelque surveillant (a) qui par intervalles pique notre apathie, ferme notre oreille aux rumeurs de l'opinion et proteste quand le public ne fait que louer. Car on se trompe si l'on croit que nos vices naissent avec nous : ils nous sont survenus, on nous les inculque. Que de fréquents avertissements repoussent donc les cris étourdissants qui résonnent autour de nous. La nature ne nous prédispose pour aucun vice [15] : elle nous a engendrés purs et libres de souillures; rien qui pût irriter notre cupidité ne fut mis par elle sous nos yeux; elle a enfoncé sous nos pieds l'or et l'argent; elle nous a donné à fouler et à écraser tout ce pour quoi l'on nous foule et l'on nous écrase. Elle a élevé nos fronts vers le ciel; tous ses magnifiques et merveilleux ouvrages, elle a voulu les mettre à portée de nos regards; le lever, le coucher des étoiles, la rapide révolution des cieux qui le jour nous découvre les scènes terrestres et la nuit celles du firmament; la marche des astres, tardive si on la compare à celle du monde céleste, des plus promptes si l'on songe aux immenses cercles qu'ils parcourent avec une vitesse qui ne s'interrompt jamais; les éclipses du soleil et de la lune placés en opposition réciproque; puis d'autres phénomènes dignes d'admiration, soit qu'ils se succèdent régulièrement, soit qu'ils jaillissent déterminés par des causes subites, comme de nocturnes traînées de feux, des éclairs qui déchirent le ciel sans bruit et sans tonnerre, des colonnes, des poutres ardentes, des flammes sous tant d'autres formes. La nature a ainsi réglé ce qui devait se passer au-dessus de nos têtes; mais l'or et l'argent, mais le fer qui à cause d'eux ne reste jamais en paix, comme pour prouver qu'il y a péril à nous les livrer elle les a tenus cachés. Nous seuls avons arraché et produit à la lumière ce qui devait nous mettre aux prises; c'est nous qui, bouleversant de pesantes masses de terres, avons exhumé les motifs et les instruments de nos dangers, nous qui, armant la Fortune des fléaux dont elle nous frappe, n'avons pas honte de mettre au plus haut rang ce qui gisait aux dernières profondeurs du sol. Veux-tu savoir quel faux éclat a déçu tes yeux? Rien de plus sale, de moins brillant que ces métaux tant qu'ils restent ensevelis et noyés dans

(a) Voy. *Lettres* VII et XII.

leur boue [46]. Et en effet, quand on les extrait à travers de sombres et interminables tranchées, et avant qu'ils se produisent dégagés de leurs scories, il n'est rien de plus terne. Enfin considère ceux qui les travaillent et sous la main desquels cette sorte de terre stérile et informe laisse successivement ses impuretés, et vois de quel enduit fuligineux ils sont couverts. Eh bien! les âmes en sont plus salies que les corps, et il en reste plus d'ordures chez le possesseur que chez l'ouvrier.

Ayons donc, il le faut, ayons un moniteur, un conseiller de bon sens, et qu'au milieu de tout ce fracas, de ces frémissements du mensonge, une voix sincère se fasse entendre à nous. Quelle sera cette voix? Ce sera celle qui à travers les cris assourdissants de l'ambition saura nous glisser de salutaires paroles et nous dire : « Tu n'as pas sujet de rien envier à ceux que le peuple appelle grands et heureux; non, ne laisse pas ébranler la paisible assiette, la santé de ton âme, à de futiles battements de mains; non, ne prends pas en dégoût ta tranquillité devant ces faisceaux qui précèdent cet homme habillé de pourpre. Non, ne juge pas celui à qui on fait faire place plus heureux que toi, que le licteur écarte de sa route. Veux-tu exercer une dictature aussi profitable à toi-même que peu tyrannique pour les autres? chasse bien loin tous tes vices. Beaucoup d'hommes se rencontrent, incendiaires des cités, qui vont rasant des murailles indestructibles au temps et vierges d'invasion durant plusieurs siècles; beaucoup élèvent des terrasses au niveau des forteresses, et voient des remparts prodigieux en hauteur foudroyés par leurs béliers et leurs machines; beaucoup poussent devant eux des armées, portent les derniers coups aux ennemis en fuite et arrivent jusqu'à la grande mer, tout dégouttants du sang des nations; mais eux aussi, pour vaincre leurs adversaires, avaient été vaincus par la cupidité. Ils sont accourus, et nul n'a fait résistance; mais eux non plus n'avaient point résisté à la soif des conquêtes et du carnage : voilà ce qui les poussait, quand ils semblaient pousser les autres.

« Ainsi courait le malheureux Alexandre, en proie à cette rage de dévastation qui l'envoyait sous des cieux inconnus. Le crois-tu sain d'esprit, lui qui préludant par les désastres de la Grèce, son institutrice, ravit à chacun ce qu'il a de plus précieux, à Sparte l'indépendance, à Athènes la parole? Non content de la ruine de tant de villes, subjuguées ou achetées par Philippe, il va renversant çà et là d'autres villes et promène ses armes sur tout le globe ; sa cruauté ne s'arrête et ne se lasse nulle part ; c'est la bête féroce qui mord au delà de sa faim. Déjà il a entassé vingt royaumes en un seul ; déjà il est la terreur commune du Grec et du Persan ; déjà reçoivent son joug des peuples restés libres devant Darius ; et cependant il veut marcher par delà l'Océan et le soleil : il s'indigne que sa victoire rétrograde et délaisse les traces d'Hercule et de Bacchus : il veut faire violence à la nature elle-même. C'est moins désir d'aller toujours qu'impuissance de faire halte, comme ces masses que l'on précipite et dont la chute n'a de terme que le fond de l'abîme.

Et Cn. Pompée lui-même, qui l'engageait dans ses guerres étrangères et civiles ? Ce n'étaient ni le courage ni la raison : c'était l'amour insensé d'une fausse grandeur. Tantôt marchant en Espagne contre les aigles de Sertorius, tantôt courant traquer les pirates et pacifier les mers, il se parait de ces prétextes pour perpétuer son pouvoir. Qui l'entraînait en Afrique, dans le Nord, contre Mithridate, et dans l'Arménie et vers tous les recoins de l'Asie, sinon cette passion démesurée de s'élever qui le faisait lui seul ne pas s'estimer assez grand ? Qui a rendu César le fléau de sa propre fortune et de la patrie ? La gloire et l'ambition et l'insatiable besoin d'être le premier. Il ne put souffrir un seul homme devant lui (*a*), quand la République en souffrait deux au-dessus d'elle. C. Marius une seule fois consul, car il reçut un seul consulat et usurpa les autres, Marius taillant en pièces les Teutons et les Cimbres et poursuivant Jugurtha dans les déserts d'Afrique, n'avait-il, dis-moi, en recherchant tant de périls que son courage pour instigateur ? Marius menait son armée, l'ambition menait Marius [47]. Ces hommes qui ébranlaient le monde étaient eux-mêmes plus agités encore ; pareils à l'ouragan qui arrache et entraîne, entraîné qu'il est tout le premier, et qui fond avec une impétuosité d'autant plus grande qu'il n'a nul moyen de se maîtriser. Et c'est pourquoi, après avoir fait des victimes sans nombre, ces pestes du genre humain ressentent le contre-coup des atteintes dont ils l'accablèrent. Ah ! crois-le bien, nul n'est heureux par le malheur d'autrui.

De tous ces types dont nos yeux, dont nos oreilles sont fatigués, prenons le contrepied, et purgeons notre âme des mauvaises doctrines qui la remplissent. Ramenons la vertu dans

---

(*a*) Voir *Consolation à Marcia*, xiv et la note.

la place usurpée sur elle ; qu'elle en extirpe tout mensonge et tout ce qui plaît sous un faux titre ; qu'elle nous sépare du peuple auquel nous croyons trop, et nous rende aux saines opinions. Car la sagesse est de revenir à la nature et de rentrer en possession du bien d'où l'erreur publique nous avait bannis. C'est un grand pas vers la raison que d'avoir quitté les prêcheurs de folie en fuyant loin de cette foule où l'homme est nuisible pour l'homme. Pour te convaincre que je dis vrai, observe combien chacun vit autrement pour le monde, autrement pour soi. Non que par elle-même la solitude soit une école d'innocence, ni que les champs enseignent la frugalité; mais quand le témoin et le spectateur sont partis, peu à peu se calment les vices dont la jouissance est d'être montrés, d'attirer les regards. Qui a jamais endossé la pourpre pour ne la faire voir à personne? Qui a jamais fait servir dans l'or son repas solitaire? Quel homme couché à l'ombre de quelque arbre éloigné des villes a déployé pour lui seul la pompe de son luxe? Nul n'a de faste pour ses propres yeux, pas même pour un petit cercle d'amis : on étale l'attirail de ses vices en proportion du nombre des regardants. Oui, dans tous ces objets de nos extravagances, le stimulant c'est l'admiration et la présence d'autrui. Tu empêcheras qu'on ne les désire, si tu empêches qu'on ne les montre. L'ambition, le luxe, la tyrannie ont besoin d'un théâtre : les tenir dans l'ombre c'est les guérir [46].

Si donc le sort nous a placés au milieu du fracas des villes, qu'un moniteur s'y tienne à nos côtés et loue, devant les admirateurs des immenses patrimoines, le mortel qui, riche de peu, règle son avoir sur le besoin. Devant ceux qui exaltent le crédit et la puissance, il mettra plus haut le loisir consacré aux lettres, l'âme détachée de l'extérieur et revenue à ses vrais biens. Ceux que les décisions du vulgaire proclament heureux, il les montrera qui chancellent étourdis sur ce faîte envié de tous et qui portent de leur état un bien autre jugement que la foule. Car ce qui à la foule semble élévation est pour eux le bord d'un abîme. Ils ne respirent plus, le vertige les prend chaque fois que leur vue plonge dans ce précipice de leur grandeur. Ils songent que le sort est variable [49], que plus le poste est haut, plus il est glissant ; ce qu'ils convoitaient les épouvante ; et cette même fortune qui les fait peser sur autrui leur pèse à eux, bien plus accablante; alors ils font l'éloge d'une douce et indépendante retraite : ils abhorrent l'éclat, ils cherchent par où fuir de l'édifice encore debout: alors enfin vous voyez la crainte philosopher (a) et des affaires malades inspirer de saines résolutions. Car, comme si c'étaient choses incompatibles que bonne fortune et bon esprit, le malheur nous donne la sagesse que la prospérité emporte.

# LETTRE XCV.

#### Insuffisance des préceptes philosophiques. Il faut encore des principes généraux. Sur l'intempérance.

Tu me pries de payer comptant ce que j'avais dit devoir s'ajourner, et de t'apprendre si cette partie de la philosophie que les Grecs appellent παραινετικὴν et nous *préceptive*, suffit pour faire un sage accompli. Je sais que tu prendrais en bonne part mon refus. Je n'en tiendrai que mieux ma promesse et ne laisserai pas tomber l'adage vulgaire : « Une autre fois ne demande plus ce que tu ne voudrais pas obtenir. » Parfois en effet nous sollicitons avec instance ce que nous refuserions si on nous l'offrait. Que ce soit inconséquence ou cajolerie, on doit nous punir en nous prenant vite au mot[80]. Il y a trop d'hypocrites demandes qui cachent des répugnances réelles. Un lecteur apporte une longue histoire écrite fort menu, en rouleau très-serré, et, quand une bonne part en est lue : « Je cesserai, dit-il, si on le désire. — Continuez, continuez, » lui crient ceux-là même qui voudraient le voir se taire à l'instant[81]. Souvent nous désirons une chose et en sollicitons une autre, et nous taisons la vérité même aux dieux ; mais ou les dieux ne nous exaucent pas, ou ils nous pardonnent.

Pour moi, sans pitié aucune, je veux me venger et te décocher une énorme lettre ; que si elle t'ennuie à lire, dis alors : « Je me la suis attirée, » et compare-toi à ceux qui, parvenus à force d'intrigue à épouser une femme, ne l'ont que pour leur supplice ; ou à ces avares que leurs richesses acquises par des sueurs infinies rendent malheureux ; ou à ces ambitieux que leurs honneurs gagnés au prix de mille artifices et de mille

---

(a) Je lis avec un Ms. *philosophantes metus*, et non *metu*, ou *philosophantis metus*.

efforts déchirent de tant d'épines, à tous ceux enfin qui sont en pleine possession de leurs maux.

Mais, sans plus de préambule. j'entre en matière. « La vie heureuse, disent nos adversaires, se fonde sur les bonnes actions vers lesquelles conduisent les préceptes ; donc les préceptes suffisent pour la vie heureuse. » — Si les préceptes conduisent aux bonnes actions, ce n'est pas toujours ; c'est quand ils trouvent l'esprit docile : quelquefois ils se présentent en vain, si l'âme est circonvenue d'opinions erronées. D'ailleurs, lors même qu'on fait bien, on ne sait pas qu'on fait bien. Car il est impossible à qui que ce soit, s'il n'est dès le principe formé et gouverné par une raison parfaite, de remplir toutes les conditions du devoir jusqu'à en connaître et les moments et l'étendue, et envers qui et comment les remplir. Aussi lui est-il impossible de se porter vers l'honnête de toute son âme, ni même avec constance ou affection ; il regarde en arrière, il hésite. « Si, dit-on, l'action honnête vient des préceptes, les préceptes sont bien suffisants pour rendre la vie heureuse : or l'un est vrai, donc l'autre l'est aussi. » A quoi nous répondons que les actions honnêtes se font un peu grâce aux préceptes, mais non grâce aux préceptes seuls. On insiste et l'on dit : « Si les autres arts ont assez des préceptes, il en sera de même de la sagesse qui est l'art de la vie. On forme un pilote en lui enseignant à mouvoir le gouvernail, à carguer les voiles, à profiter du bon vent, à lutter contre le mauvais, à tirer parti d'une brise incertaine et sans direction fixe. Les préceptes instruisent de même les autres artisans : donc ceux dont l'art est de bien vivre y trouveront les mêmes ressources. » Mais les autres arts ne s'occupent que du matériel de la vie, non de la vie dans son ensemble. Aussi rencontrent-ils au dehors beaucoup d'empêchements et d'embarras, l'espérance, la cupidité, le découragement. Celui qui s'intitule l'art de vivre ne peut être arrêté par rien dans son exercice ; il renverse les barrières et se joue avec les obstacles. Veux-tu savoir quelle dissemblance il y a entre cet art et les autres? Dans les autres on est plus excusable de pécher volontairement que par accident ; dans celui-ci, la plus grande faute est celle qu'on a voulu commettre. Ce que je dis va s'expliquer. Un grammairien ne rougit pas d'un solécisme qu'il a fait sciemment ; il en rougit, s'il l'a fait par ignorance. Le médecin qui ne voit pas que l'état du malade empire, pèche plus contre son art que s'il feint de ne le pas voir. Mais dans l'art de la vie, il y a plus de honte à faillir volontairement. Ajoute que le plus grand nombre des arts, même les plus libéraux, ont leurs axiomes en outre des préceptes, comme la médecine. C'est pourquoi autre est l'école d'Hippocrate, autre celle d'Asclépiade, autre celle de Thémison. D'ailleurs point de science contemplative qui n'ait ses axiomes, nommés par les Grecs δόγματα, que nous pouvons appeler ou *decreta*, ou *scita*, ou *placita*, et que tu trouveras dans la géométrie et l'astronomie (*a*). Or, la philosophie est à la fois contemplative et active : elle observe et agit tout ensemble. On se trompe si l'on croit qu'elle ne promette que des œuvres terrestres ; elle aspire plus haut. « J'explore, dit-elle, tout l'univers et ne me borne pas au commerce des mortels ; vous conseiller, vous dissuader ne me suffit point ; de grands objets m'appellent qui sont au delà de votre portée. »

> Je vais dire d'abord le système des cieux,
> L'origine du monde et l'histoire des dieux ;
> D'où la nature crée et nourrit toutes choses ;
> Leur fin, leur renaissance et leurs métamorphoses (*b*).

comme parle Lucrèce. Il s'ensuit donc que la philosophie, comme contemplative, a ses axiomes. Et puis n'est-il pas vrai que nul ne fera bien ce qu'il doit faire, s'il n'est instruit par la raison à remplir en toute chose toute l'étendue de ses devoirs ? Celui-là ne les observera pas qui aura reçu des préceptes relatifs et non généraux. Toute leçon partielle est faible en elle-même et pour ainsi dire sans racine. Les axiomes seuls nous affermissent, nous maintiennent dans la sécurité et dans le calme, embrassent et la vie tout entière et toutes les lois de la nature. Il y a la même différence entre les axiomes de la philosophie et ses préceptes qu'entre les éléments et les corps : ceux-ci dépendent de ceux-là, ceux-là sont les causes de ceux-ci, comme de tout.

« L'antique sagesse, dit-on, ne prescrivait rien de plus que ce qu'il faut faire ou éviter ; et les hommes d'alors en valaient beaucoup mieux ; depuis que sont venus les docteurs, les gens de bien ont disparu. Cette simple et accessible vertu s'est changée en une science obscure et sophistique : on nous enseigne à disputer, non à vivre. » Sans doute, comme vous le

---

(*a*) Avant Seneque, qui a introduit le mot *astronomia*, on disait *astrologia*
(*b*) Lucrèce, I, vers 40.

dites, cette sagesse de nos aïeux était grossière, surtout à sa naissance, ainsi que tous les autres arts qui avec le temps se sont raffinés de plus en plus. Mais aussi n'avait-on pas besoin alors de cures bien savantes. L'iniquité ne s'était ni élevée si haut, ni propagée si loin : à des vices non compliqués encore des remèdes simples pouvaient résister. Aujourd'hui il faut des moyens de guérir d'autant plus puissants que les maux qui nous attaquent ont bien plus d'énergie. La médecine était autrefois la science de quelques herbes propres à étancher le sang et à fermer les plaies ; depuis, elle est arrivée insensiblement à cette infinité de recettes si variées. Ce n'est pas merveille qu'elle ait eu moins à faire sur des tempéraments robustes, non encore altérés, nourris de substances digestibles que ne viciaient point l'art et la sensualité. Mais dès qu'au lieu d'apaiser la faim, on ne chercha qu'à l'irriter, et qu'on inventa mille assaisonnements afin d'aiguiser la gourmandise, ce qui pour le besoin était un aliment devint un poids pour la satiété. De là cette pâleur, ce tremblement de nerfs qu'a pénétrés le vin, ces maigreurs par indigestion, plus déplorables que celles de la faim ; de là cette incertaine et trébuchante démarche, cette allure, comme dans l'ivresse même, constamment chancelante ; de là cette eau infiltrée partout sous la peau, ce ventre distendu par la malheureuse habitude de recevoir outre mesure ; de là cet épanchement d'une bile jaune, ces traits décolorés, ces consomptions, vraies putréfactions d'hommes vivants, ces doigts retors aux phalanges roidies, ces nerfs insensibles, détendus et privés d'action ou mus par soubresauts, et vibrant sans relâche. Parlerai-je de ces vertiges, de ces tortures d'yeux et d'oreilles, du cerveau qui bouillonne comme un fourmillement, et des ulcères internes qui rongent tous les conduits par où le corps se débarrasse ? Et qui compterait en outre cet essaim de fièvres qui tantôt fondent à l'improviste, tantôt se glissent en poison lent, tantôt viennent avec leurs frissons et leurs tremblements universels ? Rappellerai-je tant d'autres maladies, innombrables supplices de la mollesse ? On était exempt de ces fléaux quand on ne s'était pas encore laissé fondre aux délices, quand on n'avait de maître et de serviteur que soi. On s'endurcissait le corps à la peine et au vrai travail ; on le fatiguait à la course, à la chasse, aux exercices du labour. On trouvait au retour une nourriture que la faim toute seule savait rendre agréable. Aussi n'était-il pas besoin d'un si grand attirail de médecins, de fers, de boîtes à remèdes. Toute

indisposition était simple comme sa cause : la multiplicité des
mets a multiplié les maladies. Pour passer par un seul gosier,
vois que de substances combinées par le luxe, dévastateur de la
terre et de l'onde ! Des aliments tout hétérogènes doivent nécessairement se combattre et altérer les digestions par leurs
tendances diverses. Et il n'est pas surprenant que de matières
si discordantes naissent des maladies si capricieuses et si variées, et que des éléments de contraire nature, concentrés sur
un seul point, regorgent au dehors. Par là, nos maladies sont
aussi peu uniformes que notre vivre.

Le prince, et tout à la fois le fondateur de la médecine, a
dit que les femmes ne sont sujettes ni à la perte des cheveux
ni à la goutte aux jambes (a). Cependant et leurs cheveux tombent et leurs jambes souffrent de la goutte. Ce n'est pas la
constitution des femmes, c'est leur vie qui a changé : c'est pour
avoir lutté d'excès avec les hommes qu'elles ont subi les infirmités des hommes. Comme eux elles veillent, elles boivent
comme eux; elles les défient à la gymnastique et à l'orgie;
elles vomissent aussi bien qu'eux ce qu'elles viennent de prendre au refus de leur estomac et rendent toute la même dose du
vin qu'elles ont bu ; elles mâchent également de la neige pour
rafraîchir leurs entrailles brûlantes. Et leur lubricité ne le cède
même pas à la nôtre : nées pour le rôle passif (maudites soient-
elles par tous les dieux !), ces inventrices d'une débauche contre
nature en viennent à assaillir des hommes[63]. Comment donc
s'étonner que le plus grand des médecins, celui qui connaît
le mieux la nature, soit pris en défaut et qu'il y ait tant de
femmes chauves et podagres? Elles ont perdu à force de vices
le privilége de leur sexe; elles ont dépouillé leur retenue de
femmes, les voilà condamnées aux maladies de l'homme. Les
anciens médecins ne savaient pas recourir à la fréquence des
aliments et soutenir par le vin un pouls qui va s'éteindre; ils
ne savaient pas tirer du sang et chasser une affection chronique à l'aide du bain et des sueurs; ils ne savaient pas, par
la ligature des jambes et des bras, renvoyer aux extrémités le
mal secret qui siége au centre du corps. Rien n'obligeait à
chercher bien loin mille espèces de secours contre des périls si
peu nombreux. Mais aujourd'hui, quels immenses pas ont faits

---

(a) Hippocrate dans ses aphorismes parle ainsi des eunuques, non des
femmes ; il dit seulement qu'elles ne sont point sujettes à la goutte, *si non
menses ipsi defecerint.*

les fléaux de la santé humaine ! On paye ainsi les intérêts du plaisir poursuivi sans mesure ni respect de rien [53].

Nos maladies sont innombrables ; ne t'en étonne pas : compte nos cuisiniers. Les études ne sont plus ; les professeurs de sciences libérales, délaissés par la foule, montent dans une chaire sans auditeurs. Aux écoles d'éloquence et de philosophie règne la solitude ; mais quelle affluence aux cuisines ! Quelle nombreuse jeunesse assiége les fourneaux des dissipateurs ! Je ne cite point ces troupeaux de malheureux enfants qui, après le service du festin, sont encore réservés aux outrages de la chambre à coucher. Je ne cite point ces bandes de mignons classés par races et par couleurs, si bien que tous ceux d'une même file ont la peau du même poli, le premier duvet de même longueur, la même nuance de cheveux, et que les chevelures lisses ne se mêlent point aux frisées. Je passe ce peuple d'ouvriers en pâtisserie ; je passe ces maîtres d'hôtel au signal desquels tout s'élance pour couvrir la table. Bons dieux ! que d'hommes un seul ventre met en mouvement ! Eh quoi ! ces champignons, voluptueux venin, n'opèrent-ils pas en vous quelque sourd travail, lors même qu'ils ne tuent pas sur l'heure ? Et cette neige au cœur de l'été, ne doit-elle pas dessécher et durcir le foie ? Penses-tu que ces huîtres, chair tout inerte, engraissée de fange, ne te transmettent rien de leur pesanteur limoneuse ? que cette *sauce de la compagnie* [54], précieuse pourriture de poissons malsains, ne te brûle pas l'estomac de sa saumure en dissolution ? Ces mets purulents et qui passent presque immédiatement de la flamme à la bouche, crois-tu qu'ils vont s'éteindre sans lésion dans tes entrailles ? Aussi quels hoquets impurs et empestés ! Quel dégoût de soi-même aux exhalaisons d'une indigestion de vieille date ! Sache donc que tout cela pourrit en toi, et ne s'y digère point.

Jadis, je me le rappelle, on a parlé beaucoup d'un ragoût fameux : tout ce qui, chez nos magnifiques, vous tient à table un jour durant, un gourmand, pressé d'en venir à sa ruine, l'avait entassé sur un plat : conques de Vénus, spondyles, huîtres séparées de leurs bords qui ne se mangent plus, entremêlées et coupées de hérissons de mer ; le tout portait sur un plancher de rougets désossés et sans nulle arête. On se dégoûte de ne manger qu'une chose à la fois ; on fond toutes les saveurs en une ; on opère sur table ce que devait faire l'estomac repu ; je m'attends à ce qu'on nous serve tout mâché.

Qu'il s'en faut peu quand on ôte coquilles et arêtes ; quand l'œuvre de nos dents, c'est le cuisinier qui l'a faite! C'est trop de peine pour la sensualité que de goûter l'un après l'autre! Elle veut le tout ensemble transformé en un mets unique. Est-ce la peine d'allonger le bras pour un seul objet? Qu'ils arrivent plusieurs à la fois; que tout ce que de nombreux services offrent de plus distingué s'unisse et se combine. Vous qui disiez que la table n'a qu'un but d'ostentation et de vanité, sachez qu'ici l'on ne montre point: on donne à deviner. Qu'on fasse un tout de ce qu'ailleurs on sépare; qu'une même sauce l'assaisonne; qu'on ne distingue rien: que les huîtres, les hérissons, les spondyles, les rougets soient amalgamés, cuits, servis ensemble: y aurait-il plus de confusion dans le produit d'un vomissement? Que résulte-t-il de toutes ces mixtions? Des maladies complexes comme elles, énigmatiques, diverses, de formes multiples, contre lesquelles la médecine à son tour a dû s'armer d'expériences de toute espèce.

J'en dis autant de la philosophie. Plus simple autrefois, lorsque après des fautes moindres de légers soins nous guérissaient, contre le renversement complet de nos mœurs, elle a besoin de tous ses efforts. Et plût aux dieux qu'à ce prix enfin elle fît justice de la corruption! Notre frénésie n'est pas seulement individuelle, elle est nationale: nous réprimons les assassinats, le meurtre d'homme à homme; mais les guerres, mais l'égorgement des nations[88], forfait couronné de gloire! La cupidité, la cruauté, ne connaissent plus de frein: ces fléaux toutefois, tant qu'ils s'exercent dans l'ombre et par quelques hommes, sont moins nuisibles, moins monstrueux; mais c'est par décrets du sénat, c'est au nom du peuple que se consomment les mêmes horreurs, et l'on commande aux citoyens en masse ce qu'on défend aux particuliers. L'acte qu'on payerait de sa tête s'il était clandestin, nous le préconisons commis en costume militaire. Loin d'en rougir, l'homme, le plus doux des êtres, met sa joie à verser le sang de son semblable et le sien, à faire des guerres, à les transmettre en héritage à ses fils, tandis qu'entre eux les plus stupides et les plus féroces animaux vivent en paix. Contre une fureur si dominante et si universelle la tâche de la philosophie est devenue plus difficile; elle s'est munie de forces proportionnées aux obstacles croissants qu'elle voulait vaincre. Elle avait bientôt fait de gourmander un peu trop d'amour pour le vin ou la recherche de mets trop délicats; elle n'avait pas grand'peine à remettre dans la sobriété des gens qui ne s'en écartaient pas bien loin. Aujourd'hui

Il lui faut tant de bras, tant d'art et de génie (a).

On court au plaisir par toutes voies; tout vice a franchi sa limite. Le luxe pousse à la cupidité ; l'oubli de l'honnête a prévalu; la honte n'est jamais où nous invite le gain. L'homme, chose sacrée pour l'homme, vois-le égorgé par jeu et par passe-temps; l'instruire à faire et à recevoir des blessures était déjà impie, et voilà qu'on l'expose aux coups nu et sans armes; tout le spectacle qu'on attend de l'homme, c'est sa mort (b).

Au sein de cette perversité profonde, on voudrait quelque chose de plus énergique que les remèdes connus pour nous purger de ces souillures invétérées; il faut l'autorité des dogmes[86] pour extirper jusqu'aux racines dernières du mensonge en crédit. Avec cela préceptes, consolations, exhortations peuvent servir: tout seuls ils sont inefficaces. Si nous voulons nous rattacher les hommes et les tirer du vice où ils sont engagés, apprenons-leur la nature du bien et du mal; qu'ils sachent que tout, hors la vertu, est sujet à changer de nom, à devenir tantôt bien, tantôt mal. De même que le premier lien de la discipline militaire est la foi jurée, l'amour du drapeau et l'horreur de la désertion, et que les autres devoirs s'exigent et s'obtiennent sans peine de ces consciences qu'enchaîne leur serment, ainsi dans l'homme que vous voulez conduire à la vie heureuse, jetez les premières bases et insinuez les principes de la vertu. Qu'il l'embrasse avec une sorte de superstition, qu'il la chérisse, qu'il veuille vivre avec elle, que sans elle il refuse de vivre.

« Eh quoi! N'a-t-on pas vu des gens devenir vertueux sans ces instructions si subtiles, et atteindre à de grands progrès en ne suivant rien de plus que de simples préceptes? » Je l'avoue; mais c'étaient d'heureux génies qui saisirent en passant les points essentiels. Car de même que les dieux n'ont appris aucune vertu, étant nés avec toutes, et qu'il entre dans leur essence d'être bons, ainsi parmi les hommes, quelques natures privilégiées du sort parviennent sans un long apprentissage aux lumières que les autres reçoivent par tradition, et se vouent à l'honnête au premier mot qui le révèle : de là ces âmes qui s'approprient si vite toute vertu, qui se fécondent pour ainsi dire elles-mêmes. Quant aux esprits émoussés et obtus ou que

(a) *Énéide*, VIII, 442. — (b) Voy. *Lettres* VII et XC.

leurs habitudes dépravées dominent, il faut un long travail pour que leur rouille s'efface. Au reste, si l'on élève plus vite à la perfection les âmes qui tendent au bien, on aidera aussi les âmes faibles et on les arrachera à leurs malheureux préjugés en leur enseignant les dogmes de la philosophie dont l'importante nécessité est si visible. Il y a en nous des penchants qui nous font paresseux pour certaines choses, téméraires pour d'autres. On ne peut ni arrêter cette audace, ni réveiller cette apathie, si l'on n'en fait disparaître les causes, qui sont d'admirer et de craindre à faux. Tant que ces passions possèdent l'homme, on a beau lui dire : « Voici tes devoirs envers ton père, tes enfants, tes amis, tes hôtes. » Ses efforts seront paralysés par l'avarice ; il saura qu'il faut combattre pour la patrie, et la crainte l'en dissuadera ; il saura qu'il doit à ses amis jusqu'à ses dernières sueurs, mais la mollesse l'empêchera d'agir; il saura que prendre une concubine est la plus grave injure qu'on puisse faire à une épouse ; mais l'incontinence le poussera hors du devoir. Ainsi rien ne sert de donner des préceptes, si d'abord on n'écarte ce qui leur fait obstacle : ce serait mettre des armes sous les yeux et à la portée d'un homme qui pour s'en servir n'aurait pas les mains libres. Pour que l'âme puisse aller aux préceptes qu'on lui donne, il faut la délier. Supposons qu'un homme fasse ce qu'il doit : il ne le fera pas d'une manière assidue, d'une manière égale, car il ignorera pourquoi il le fait. Quelques-unes de ses actions, soit hasard, soit routine, se trouveront bonnes ; mais il n'aura pas en main la règle pour les y rapporter, pour s'assurer qu'elles sont vraiment bonnes. Il ne promettra pas d'être à tout jamais vertueux, s'il l'a été par accident.

En second lieu, les préceptes te montreront peut-être à faire ce qu'il faut, mais non à le faire comme il faut ; et s'ils ne te le montrent pas, ils ne te mènent pas jusqu'à la vertu. L'homme averti fera ce qu'il doit, je l'accorde ; mais c'est trop peu, parce que le mérite n'est pas dans l'action, mais dans la manière de la faire. Quoi de plus scandaleux que le faste qui dans un repas dévore le cens d'un chevalier ? Quoi de plus digne d'être noté par le censeur, dès qu'on se donne cela, comme parlent nos débauchés, pour soi, pour son plaisir ? Pourtant des repas de cérémonie ont coûté tout autant de sesterces aux hommes les plus sobres. Ce qui, donné à la gourmandise, est honteux, échappe au blâme, si la dignité l'exigeait. Ce n'est plus du faste, c'est un devoir de représentation [87].

Un rouget d'énorme taille (et pourquoi n'en pas dire le poids, cela va piquer l'appétit de certaines gens?), un rouget de quatre livres et demie, dit-on, fut envoyé à Tibère qui le fit porter au marché pour être vendu, disant : « Mes amis, je me trompe fort, ou Apicius l'achètera, ou P. Octavius. » Sa conjecture fut réalisée au delà de ses prévisions : les enchères s'ouvrent, Octavius l'emporte, et obtient parmi ses pareils l'immense gloire d'avoir payé cinq mille sesterces (a) un poisson que vendait César et qu'Apicius même n'osait acheter. Une telle dépense pour Octavius fut une honte, non pour l'homme qui avait fait emplette du poisson afin de l'envoyer à l'empereur; bien que blâmable aussi, il l'avait fait par admiration d'un objet qu'il crut digne de César.

Un ami se tient au chevet d'un ami malade, nous l'approuvons ; mais s'il n'est là qu'en vue d'hériter, c'est un vautour, il attend un cadavre. Les mêmes choses sont ou honteuses ou honnêtes, selon l'intention ou la manière dont on les fait. Or elles sont toujours honnêtes, si c'est à l'honnête que nous sommes voués, si nous n'estimons de bien sur la terre que l'honnête et ce qui s'y rattache. Toutes les autres choses ne sont des biens que par accident. On doit donc se pénétrer de convictions qui dominent l'ensemble de la vie : je les appelle dogmes. Telle que sera la conviction, telles seront les œuvres et les pensées ; or les œuvres et les pensées, c'est la vie. Des conseils détachés sont trop peu pour ordonner tout un système. M. Brutus, dans le livre qu'il a intitulé *Des devoirs*, donne force préceptes aux parents, aux enfants, aux frères ; mais nul ne les exécutera comme il faut, s'il n'a des principes où les rapporter. Il faut se proposer un but de perfection vers lequel tendent nos efforts et qu'envisagent tous nos actes, toutes nos paroles, comme le navigateur a son étoile pour le diriger dans sa course. Vivre sans but, c'est vivre à l'aventure. Si force est à l'homme de s'en proposer un, les dogmes deviennent nécessaires. Tu m'accorderas, je pense, que rien n'est plus honteux que l'homme indécis, hésitant et timide, qui porte le pied tantôt en arrière, tantôt en avant. C'est ce qui en toutes choses nous arrivera, si nos âmes ne se dépouillent de tout ce qui nous retient en suspens et nous empêche d'agir de toutes nos forces.

Le culte à rendre aux dieux est un sujet ordinaire de pré-

---

(a) Environ 1500 fr. On en paya un, sous Caligula, 8000 sesterces. Pline, *Hist.*, IX.

ceptes. Défendons aux hommes d'allumer des lampions le jour du sabbat, vu que les dieux n'ont nul besoin de luminaire, et qu'aux hommes mêmes la fumée n'est pas chose fort agréable. Proscrivons ces salutations matinales dont on assiége les temples ; l'orgueil humain se laisse prendre à de tels hommages ; mais adorer Dieu, c'est le bien connaître. Proscrivons ces linges et frottoirs qu'on porte à Jupiter, et ces miroirs qu'on présente à Junon (a) : la divinité n'exige pas de tels services ; loin de là, elle se met elle-même au service du genre humain : partout et pour tous elle est prête [58]. L'homme a beau savoir quel rôle il doit tenir dans les sacrifices, à quelle distance il doit fuir le joug de la superstition, il n'aura jamais assez fait, si sa pensée n'a conçu Dieu tel qu'il doit l'être, Dieu qui possède et qui donne toutes choses, qui fait le bien sans intérêt. Quel mobile porte les dieux à faire le bien? Leur nature. On s'imagine qu'ils ne veulent pas nuire ; on se trompe : ils ne le peuvent pas ; recevoir une injure leur est aussi impossible que la faire. Car offenser et être offensé sont choses qui se tiennent. Leur nature suprême et belle par excellence, en les affranchissant du danger, n'a pas permis qu'ils fussent dangereux eux-mêmes.

Le culte à rendre aux dieux, c'est d'abord de croire à leur existence, et ensuite de reconnaître leur majesté, leur bonté surtout, sans laquelle il n'est point de majesté. C'est de savoir qu'ils président là-haut, régissant l'univers de leur main puissante, et que, tuteurs du genre humain tout entier, ils s'intéressent par instants aux individus. Ils n'envoient ni n'éprouvent le mal ; du reste châtiant quelquefois, prévenant les crimes, ou les punissant, et les punissant même par d'illusoires faveurs. Tu veux te rendre les dieux propices? Sois bon comme eux [59]. Celui-là les honore assez qui les imite [60].

Voici une seconde question : comment faut-il agir avec les hommes? Qu'y répondons-nous, et quels sont nos préceptes? Qu'on épargne le sang humain? Combien c'est peu de ne pas nuire à qui l'on doit faire du bien ! La belle gloire en effet pour un homme de n'être point féroce envers son semblable ! Nous lui prescrivons de tendre la main au naufragé, de montrer la route à l'homme qui s'égare, de partager son pain avec celui qui a faim [61]. Quand aurai-je fini de dire tout ce dont il doit s'acquitter ou s'abstenir, moi qui puis lui tracer en ce peu de mots la formule du devoir humain : ce monde que tu vois, qui com-

---

(a) Voy. Sénèque, *Fragments*, xxxvi.

prend le domaine des dieux et des hommes, est un . nous sommes les membres d'un grand corps [62]. La nature nous a créés parents, en nous tirant des mêmes principes et pour les mêmes fins. Elle a mis en nous un amour mutuel et nous a faits sociables ; elle a établi le droit et le juste, elle a décrété que l'auteur du mal serait plus à plaindre que celui qui le souffre [63] ; elle commande, et je trouve toutes prêtes des mains secourables. Qu'elle soit dans nos cœurs et sur nos lèvres cette maxime du poëte :

Ah ! rien d'humain ne m'est étranger, je suis homme [64].

Qu'elle y soit toujours ; nous sommes nés pour le bien commun. La société est l'image exacte d'une voûte qui croulerait avec toutes ses pierres, si leur mutuelle résistance n'assurait seule sa solidité.

Ayant fait la part des dieux et des hommes, examinons comment il faut user des choses. On aura jeté au vent ses préceptes, s'ils ne sont précédés de l'idée qu'on doit avoir sur chaque chose, sur la pauvreté, les richesses, la gloire, l'ignominie, la patrie, l'exil. Apprécions chacune de ces choses, sans tenir compte de l'opinion ; cherchons ce qu'elles sont, et non comment on les appelle.

Je passe aux vertus. On nous recommandera d'avoir en haute estime la prudence, de nous armer de courage, d'aimer la tempérance, d'embrasser la justice, s'il se peut, plus étroitement encore que tout le reste. Mais on n'obtiendra rien, tant qu'on ignorera ce qu'est la vertu ; s'il n'y en a qu'une ou s'il y en a plusieurs ; si elles sont séparées ou connexes ; si en posséder une c'est les posséder toutes ; comment elles diffèrent entre elles. L'artisan n'a besoin de s'enquérir ni de l'origine, ni des avantages de son métier, non plus que le pantomime de la théorie de la danse. Tous ces arts-là se savent pour ainsi dire eux-mêmes et sont tout d'une pièce : car ils n'embrassent pas l'ensemble de la vie. La vertu est en même temps la science des autres et de soi : il faut apprendre d'elle à l'étudier elle-même. L'action ne sera pas droite, si la volonté ne l'est pas, puisque la volonté fait l'action. D'autre part, la volonté ne peut être droite que le fond de l'âme ne le soit, car de là procède la volonté ; et le fond de l'âme ne sera tel que lorsqu'elle aura saisi les lois de toute la vie, fixé ses jugements sur chaque chose et réduit tout au pied de la vérité. Point de tranquillité que pour ceux qui possèdent une règle immuable et certaine de jugement ; les autres tombent à chaque pas, puis se relèvent, et du dégoût à la convoitise c'est un va-et-vient incessant. La cause de cette mobilité est toujours l'éblouissement que nous cause le phare le moins sûr de tous, l'opinion. Pour vouloir toujours les mêmes choses, il faut vouloir le vrai (*a*). On n'arrive point au vrai sans les dogmes : toute la vie est là. Biens et maux, honnête et déshonnête, juste et injuste, actes pieux et impies, vertus et usages des vertus, avantages de la vie, considération, dignité, santé, force, beauté, sagacité des sens, toutes ces choses veulent un bon appréciateur. Que l'on puisse savoir pour combien chacune doit entrer dans nos ressources. Car on s'abuse, et l'on prise certains objets plus qu'ils ne valent ; et l'on s'abuse au point que ce qui tient chez nous la première place, richesses, crédit, puissance, ne devrait pas compter pour un sesterce (*b*). Voilà ce que tu ne sauras point, si tu n'as étudié la grande loi d'appréciation qui pèse et estime tout cela. Tout comme les feuilles ne peuvent verdir d'elles-mêmes, comme il leur faut une branche où elles tiennent, dont elles tirent la sève ; ainsi les préceptes, s'ils sont isolés, se flétrissent : greffe-les sur un corps de doctrines.

Et puis, ceux qui suppriment les principes généraux ne s'aperçoivent pas qu'ils les confirment par cela même. Car que disent-ils ? que les préceptes suffisent au système entier de la vie ; qu'on n'a que faire des principes généraux de la sagesse, c'est-à-dire des dogmes. Or, ce qu'ils disent là est aussi un principe général, tel assurément que j'en établirais un si je disais qu'il faut laisser là les préceptes comme superflus, s'en tenir aux principes généraux et en faire son étude exclusive : cette défense même de s'occuper des préceptes serait un précepte encore. En philosophie certains cas réclament des conseils ; certains autres, et le nombre en est grand, veulent des preuves, car ils sont enveloppés de doute, et à peine le plus grand soin, joint à une extrême pénétration, peut-il les éclaircir. Si les preuves sont nécessaires, nécessaires aussi sont les dogmes, fruit du raisonnement, résumés de la vérité. Il est des choses évidentes, il en est d'obscures ; les évidentes sont ce que les sens, ce que la mémoire saisissent ; les obscures, ce qui leur échappe. Or la raison n'est point pleinement satisfaite des

---

(*a*) Voy. *Lettre* CXXII et *Quest. natur.*, 1, *Préface*.
(*b*) C'est-à-dire un petit sesterce, 20 centimes environ.

choses évidentes; son plus grand, son plus beau domaine est dans les choses cachées. Ce qui est caché veut des preuves; nulle preuve sans dogmes; donc les dogmes sont nécessaires. La croyance aux choses certaines, qui fait le sens commun, fait aussi le sens parfait; sans elle tout n'est dans l'âme que fluctuation; de là encore la nécessité du dogme qui donne aux esprits la règle inflexible de jugement. Enfin, quand nous avertissons un homme de mettre son ami sur la même ligne que lui-même, de songer qu'un ennemi peut devenir ami, de redoubler d'affection envers l'un, de modérer sa haine pour l'autre, nous ajoutons : « Cela est juste et digne de l'honnête homme. » Eh bien, le juste et l'honnête sont renfermés dans le code de nos dogmes, code par conséquent nécessaire, puisque sans lui le juste ni l'honnête n'existent plus.

Mais joignons dogmes et préceptes : car sans la racine les rameaux sont stériles, et la racine profite à son tour des rameaux qu'elle a produits. Personne ne peut ignorer de quelle utilité sont les mains; leurs services sont manifestes : mais le cœur, de qui les mains reçoivent la vie, la force et le mouvement, le cœur reste caché. Je puis dire de même des préceptes qu'ils paraissent à découvert, mais que les dogmes de la sagesse s'enveloppent de mystère. Ce qu'il y a de plus saint dans les choses sacrées est révélé aux initiés seuls; ainsi la philosophie ne dévoile ses derniers secrets qu'aux adeptes qu'elle admet dans son sanctuaire, tandis que ses préceptes et autres détails de ce genre sont connus même des profanes.

Posidonius estime nécessaires non-seulement la *préception*, terme que rien ne nous empêche d'employer, mais encore les conseils, la consolation et l'exhortation. Il y ajoute la recherche des causes, l'*ætiologie*, si j'ose ainsi parler, et pourquoi ne le ferais-je pas, quand nos grammairiens, gardiens de la pure latinité, se croient en droit d'adopter ce mot? Posidonius dit que la définition de chaque vertu serait utile, ce qu'il appelle *éthologie* et quelques-uns χαρακτηρισμόν, exposé des caractères et des symptômes de chaque vertu et de chaque vice, pour différencier ce qui paraît semblable. Ce procédé a la même portée que les préceptes. Le précepte dit : « Tu feras telle chose si tu veux être tempérant. » La définition : « Être tempérant, c'est faire telle chose et s'abstenir de telle autre. » Où est la différence? L'un donne les préceptes de la vertu, et l'autre le modèle. Ces définitions, ou, pour me servir du terme des publicains, ces signalements ont leur utilité, j'en conviens. Signalons des actes louables : ils trouveront quelque imitateur. Tu crois utile qu'on te donne des indices pour reconnaître un coursier généreux, pour n'être pas dupe en l'achetant et ne point perdre ta peine avec un sujet sans vigueur? Combien n'est-il pas plus essentiel de connaître les caractères d'une âme supérieure, vu qu'il est permis de se les approprier !

> Jeune et de noble sang, d'un pas fier il s'avance,
> Sur ses souples jarrets retombe avec aisance ;
> Insensible aux vains bruits, le premier du troupeau,
> Il fend l'onde écumante, affronte un pont nouveau.
> Il a le ventre court, l'encolure hardie,
> Et la tête effilée et la croupe arrondie ;
> Chaque muscle saillit sur ce mâle poitrail...
> Que d'un clairon lointain le son guerrier l'éveille,
> Il s'agite, il frémit, il a dressé l'oreille.
> Un souffle de feu roule en ses bruyants naseaux (a).

Notre Virgile, sans y penser, a décrit l'homme de cœur ; et moi, je n'emploierais pas d'autres traits pour peindre le grand homme. Que j'aie à représenter Caton, intrépide au milieu du fracas des guerres civiles, qui gourmande le premier les armées déjà parvenues aux Alpes et qui court s'opposer à leur choc impie, je ne lui donnerais pas un autre aspect, une autre attitude. Certes, nul ne pourrait s'avancer plus fièrement que l'homme qui se lève à la fois contre César et contre Pompée, et quand tous, par intérêt, caressent l'une ou l'autre faction, les défie tous deux et leur fait voir que la République a aussi son parti à elle. Oui, c'est peu dire pour Caton que de le montrer

*Insensible aux vains bruits....*

lui qu'en effet les bruits les plus vrais, les crises les plus pressantes n'effrayent pas : en face de dix légions, des auxiliaires gaulois, des enseignes barbares mêlées aux aigles citoyennes, il élève une voix libre, il exhorte la République à ne point fléchir dans sa lutte pour la liberté, à tenter toutes les épreuves : car il est plus noble de tomber dans la servitude que d'y courir. Quelle vigueur, quel enthousiasme, et, dans la terreur universelle, quelle assurance ! Il sait qu'il est le seul dont la condition ne court point de risque ; que la question n'est pas si Caton sera libre, mais s'il vivra au milieu d'hommes libres : de

---

(a) *Géorgiques*, III, vers 76. Trad. de Delille modifiée.

là son mépris des périls et des glaives. Ah! sans doute, en admirant 'invincible constance du héros que n'ébranle pas la chute de sa patrie, je puis répéter :

> Chaque muscle saillit sur ce mâle poitrail.

Il serait utile, non-seulement de peindre les hommes vertueux tels qu'ils ont coutume d'être, et d'esquisser leurs formes et leurs traits, mais de redire quels ils furent, mais d'exposer cette dernière et héroïque blessure de Caton par où s'exhalait l'âme de la liberté. Il faudrait montrer cette sagesse de Lælius et son union de frère avec Scipion ; ces beaux faits de l'autre Caton, tant dans la paix que dans la guerre, ces lits de bois de Tubéron [65] dressés en public avec leurs peaux de boucs pour couvertures, et les vases d'argile servis aux convives devant le temple même de Jupiter. Qu'était-ce autre chose que diviniser la pauvreté dans le Capitole? N'eussé-je de lui que ce fait pour l'associer aux Catons, le croirons-nous insuffisant? C'était là plutôt une censure qu'un repas. Oh! combien ils ignorent, les avides poursuivants de la gloire, ce qu'elle est et quelle route y mène! Ce jour-là le peuple romain vit la vaisselle de bien des citoyens, il admira celle d'un seul homme. L'or et l'argent de tous les autres a été brisé et mille fois refondu ; l'argile de Tubéron durera autant que les siècles.

## LETTRE XCVI.

### Adhérer à la volonté de Dieu. La vie est une guerre.

Et tu t'indignes encore de quelque chose, et tu te plains, et ne comprends pas qu'il n'y a dans tout ceci d'autre mal que ton indignation et tes plaintes! Si tu me demandes mon sentiment, je ne vois de malheureux pour l'homme de cœur que la croyance qu'il y aurait ici-bas quelque malheur pour lui. Je ne me souffrirai plus moi-même, du jour où quelque chose me deviendra insupportable. Je me porte mal? C'est dans ma destinée. Mes esclaves sont morts. mes rentes compromises, ma maison écroulée, les pertes, les blessures, les tribulations, les craintes fondent sur moi. Choses ordinaires, que dis-je? inévitables, décrets du ciel plutôt qu'accidents.

Si tu veux en croire un ami qui te découvre avec franchise le fond de son cœur, dans tout ce qu'on appelle disgrâces et rigueurs voici ma règle : je n'obéis pas à Dieu, je m'unis à sa volonté (a) ; c'est par dévouement, non par nécessité, que je le suis. Quoi qu'il m'arrive, j'accepterai tout sans tristesse, sans changer de visage; jamais je ne payerai à contre-cœur mon tribut. Or tout ce qui cause nos gémissements, nos épouvantes, est tribut de la vie. Quant à en être exempt, Lucilius, ne l'espère, ne le demande pas. Un mal de vessie t'a ôté le repos ; tes aliments t'ont paru amers, ton affaiblissement a été continu : allons plus loin, tu as craint pour tes jours. Eh! ne savais-tu pas que tu souhaitais tout cela en souhaitant la vieillesse ? Tout cela est, dans une longue vie, ce que sont dans une longue route la poussière, la boue et la pluie. « Mais je voulais vivre et n'éprouver aucune incommodité! » Un vœu si lâche n'est pas d'un homme. Prends comme tu voudras celui que je fais pour toi : c'est celui du courage autant que de l'amitié : fassent les dieux et les déesses que tu ne sois jamais l'enfant gâté de la Fortune! Demande-toi à toi-même, si quelque dieu te laissait le choix, lequel tu aimerais mieux de vivre dans les camps ou dans les tavernes. Eh bien, la vie, Lucilius, c'est la guerre[66]. Ainsi ceux qui, toujours alertes, vont gravissant des rocs escarpés ou plongent dans d'affreux ravins, et qui tentent les expéditions les plus hasardeuses, sont les braves et l'élite du camp ; mais ceux qu'une ignoble inertie, lorsque autour d'eux tout travaille, enchaîne à leur bien-être, sont les lâches qu'on laisse vivre par mépris.

---

# LETTRE XCVII.

Du procès de Clodius. Force de la conscience.

Tu te trompes, cher Lucilius, si tu regardes comme un vice propre à notre siècle la soif du plaisir, l'abandon des bonnes

(a) Voir *Lettre* cvii, et *De la vie heureuse*, **xv**.

mœurs et autres désordres que chacun reprocha toujours à ses contemporains⁶⁷. Tout cela tient aux hommes, non aux temps ; aucune époque n'a été pure de fautes. Suis de siècle en siècle l'histoire de la corruption, je rougis de le dire, mais jamais elle n'agit plus à découvert qu'en présence de Caton. Croira-t-on que l'or joua un si grand rôle dans la cause où Clodius était accusé d'adultère ostensiblement commis avec la femme de César en profanant la sainteté d'un de ces sacrifices qui s'offrent pour le salut du peuple, en un lieu où l'aspect seul d'un homme est si sévèrement interdit que jusqu'aux peintures d'animaux mâles y sont voilées ? Eh bien, de l'or fut compté aux juges ; et, chose plus infâme qu'un tel pacte, la jouissance de patriciennes et d'adolescents nobles fut exigée comme supplément de prix. Le crime fut moins révoltant que l'absolution. L'accusé d'adultère se fait distributeur d'adultères et n'est assuré de son salut qu'en rendant ses juges semblables à lui. Voilà ce qui s'est fait dans une cause où, n'y eût-il pas eu d'autre frein, Caton avait porté témoignage. Citons les paroles mêmes de Cicéron, car le fait passe toute croyance : « Il a mandé les juges, il a promis, il a cautionné, il a donné. Bien plus, bons dieux, quelle horreur ! des nuits de femmes qu'ils désignèrent, et de nobles adolescents qu'on dut leur amener, tel a été, pour quelques juges, le pot-de-vin du marché (a). » Ne disputons pas sur le prix : l'accessoire fut plus monstrueux. Tu veux la femme de cet homme austère ? je te la donne. De ce riche ? je la mettrai dans ton lit. Si je ne te procure pas l'épouse de cet autre, condamne-moi. Cette belle que tu désires, elle viendra ; je te promets une nuit de cette autre, et je ne serai pas long : dans les vingt-quatre heures ma promesse sera tenue.

Distribuer des adultères, c'est faire pis que de les commettre : l'un est pour de nobles dames une injonction méprisante, l'autre un jeu de libertin. Ces juges, si dignes de l'accusé, avaient demandé au sénat une garde, qui n'était nécessaire qu'en cas de condamnation, et l'avaient obtenue, ce qui leur valut ce mot piquant de Catulus, après l'absolution : « Pourquoi nous demander une garde ? Craigniez-vous qu'on ne vous reprît l'or de Clodius ? » Mais ces plaisanteries n'empêchaient pas l'impunité d'un homme adultère avant le jugement, courtier de prostitution pendant qu'on le jugeait, qui, pour échapper à son ar-

(a) *Lettres à Atticus*, I, XVI.

rêt, avait fait pis que pour le mériter. Crois-tu qu'il y ait eu rien de plus corrompu que ces mœurs, quand ni religion ni justice n'arrêtaient la débauche, qui dans cette même enquête, suivie extraordinairement par décret du sénat, consommait de plus graves attentats que ceux qu'on recherchait? Il s'agissait de savoir si après l'adultère on pouvait être en sûreté; il fut reconnu qu'on ne pouvait l'être qu'au moyen de l'adultère. Et ceci s'est commis sous les yeux de Pompée et de César, sous les yeux de Cicéron et de Caton, de ce Caton, disons-nous, en présence duquel le peuple n'osa demander, aux jeux floraux, qu'on fît paraître les courtisanes nues. Crois-tu les hommes d'alors plus austères comme spectateurs que comme juges? Tout cela se verra, tout cela s'est vu; et l'immoralité des villes, momentanément contenue par les lois et la crainte, ne s'arrêtera jamais d'elle-même. Ne va donc pas te figurer que la débauche soit aujourd'hui plus autorisée et les lois moins libres d'agir. De nos jours, la jeunesse est bien plus retenue qu'au temps où un accusé se défendait d'un adultère devant ses juges, tandis que les juges s'avouaient coupables du même crime devant l'accusé; lorsque pour juger l'infamie on la commettait; lorsqu'un Clodius, plus en crédit que jamais par les vices qui l'avaient rendu criminel, se faisait entremetteur au moment où se plaidait sa cause. Qui le croira? Un seul adultère l'eût fait condamner; sa complicité dans plusieurs le fit absoudre.

Tout âge aura ses Clodius, mais tout âge n'aura point ses Catons[68]. Nous inclinons facilement au mal: pour le mal, les guides ni les compagnons ne peuvent manquer; que dis-je? on y va, sans guide ni compagnon, de soi-même; c'est plus qu'une pente, c'est un précipice. Et ce qui nous rend presque tous incapables de retour au bien, c'est que dans tous les autres arts, les fautes portent honte et dommage à leur auteur; dans l'art de la vie on trouve du charme à faillir. Le pilote ne s'applaudit point de voir son vaisseau couler bas, ni le médecin d'enterrer son malade, ni l'orateur, si la faiblesse de sa défense a fait succomber son client: pour l'ennemi des mœurs au contraire, prévariquer c'est jouir. L'un triomphe d'un adultère que rendaient plus piquant les obstacles; l'autre met sa joie dans la fourberie et le vol: nul repentir du crime, que si le crime a mal tourné. Tel est l'effet des habitudes perverses. Car, d'un autre côté, la preuve que le sentiment du bien survit même dans l'âme la plus abandonnée au mal, et qu'elle n'ignore point ce qui est déshonnête, mais qu'elle n'y songe plus, c'est que tout homme dissimule une mauvaise action, et que, lui eût-elle réussi, en recueillant le résultat il a bien soin de cacher la cause. Mais une conscience pure aime le grand jour et défie tous les regards : le méchant craint jusqu'aux ténèbres. Épicure a dit là-dessus fort heureusement, ce me semble : « Le malfaiteur peut avoir la chance de rester caché ; la certitude, il ne peut l'avoir. » Ou bien, si tu trouves le sens plus clair comme ceci : « Rien ne sert au coupable de demeurer caché ; eût-il même cette fortune, il n'y aurait pas foi. » Oui, l'impunité peut suivre le crime, la sécurité jamais.

Je ne crois pas qu'ainsi énoncée cette maxime choque notre école(*a*). Pourquoi? Parce que la plus prompte comme la plus grave peine du malfaiteur est d'avoir fait le mal, et que pas un crime, dût la Fortune l'orner de tous ses dons, et le protéger et le couvrir, ne reste impuni : le supplice du crime est dans le crime même (*b*). Et néanmoins un autre châtiment encore le presse et le poursuit : toujours il craint et prend l'alarme et ne se fie à rien de ce qui pourrait le rassurer. Pourquoi délivrerais-je d'un tel supplice l'iniquité? Pourquoi ne la laisserais-je pas toujours en suspens?

Séparons-nous ici d'Épicure, qui dit : « Rien n'est juste de sa nature ; et il faut éviter de faire le mal parce que ensuite on n'évite pas la crainte ; » mais répétons avec lui qu'une mauvaise conscience porte en elle ses fouets vengeurs et subit des tortures infinies dans cette perpétuelle angoisse qui l'oppresse, qui la déchire, qui lui défend de croire aux garants de sa sécurité[69]. Et cela même démontre, ô Épicure! que naturellement l'homme abhorre le crime, puisque nul coupable, au fond même du plus sûr asile, n'est exempt de frayeur. Beaucoup sont par hasard affranchis de la punition, nul ne l'est de la crainte. Pourquoi? C'est que nous portons imprimée en nous l'horreur de ce que la nature condamne. Aussi n'est-on jamais sûr d'être bien caché lors même qu'on l'est le mieux : car la conscience nous accuse et nous dénonce à nous-mêmes. Le propre du crime est de trembler toujours. Malheur à l'humanité, lorsque tant de forfaits échappent à la loi, au magistrat et aux supplices écrits, si la nature ne faisait tout payer, et cruellement, et à l'heure même ; et si, à défaut du châtiment, elle n'envoyait la peur.

(*a*) Elle disait qu'on doit haïr le vice et aimer la vertu pour eux-mêmes.
(*b*) Voy. *Lettres* LXXXI et LXXXVII.

# LETTRE XCVIII.

Ne point s'attacher aux biens extérieurs. L'âme, plus puissante que la Fortune, se fait une vie heureuse ou misérable.

Ne regarde jamais comme heureux celui dont le bonheur est suspendu aux chances du sort. Fragile appui que l'extérieur pour qui y place sa joie: elle sortira par où elle est entrée. Mais celle qui naît de son propre fonds est fidèle et solide; elle croît et nous accompagne jusqu'à notre dernière heure: toutes les autres admirations du vulgaire ne sont des biens que pour un jour. « Mais quoi? Ne saurait-on y trouver ni profit ni plaisir? » Qui dit le contraire? Pourvu toutefois que nous en soyons les maîtres, qu'ils ne soient pas les nôtres. Tout ce qui relève de la Fortune peut profiter et plaire sous une condition: que le possesseur se possède et ne soit point l'esclave de ce qu'il a. Car on s'abuse, Lucilius, si l'on croit qu'un seul des biens ou des maux de l'homme lui vienne de la Fortune: elle ne donne que la matière des uns comme des autres, et les éléments de ce qui chez lui deviendra bien ou mal. Plus forte que toute destinée, l'âme fait seule prendre à ce qui la touche une face riante ou rembrunie, et devient l'artisan de ses joies et de ses misères. Pour le méchant rien qui ne tourne en mal, même ce qui lui venait sous l'apparence du plus grand bien; l'âme droite et saine redresse les torts de la Fortune, adoucit ses plus vives rigueurs par l'art de les supporter, reconnaissante et modeste dans le succès, courageuse et ferme dans la disgrâce. Malgré sa prudence et les religieux scrupules qu'elle apportera dans tous ses actes, bien qu'elle ne tente rien au delà de ses forces, elle n'obtiendra pas ce bonheur absolu et inaccessible aux menaces, si elle ne se tient immobile devant la mobilité des choses.

Que tu observes les autres, car on juge plus nettement ce qui ne nous est point personnel, ou que tu t'observes sans partialité, et tu sentiras et tu avoueras que dans ce qui nous est désirable et cher il n'est rien d'utile, si tu ne t'es armé contre la légèreté du sort et des choses dépendantes du sort, si tu ne répètes, au lieu de te plaindre, à chaque dommage qui survient: *Les dieux ont jugé autrement,* ou même, inspiration plus haute, plus juste, plus réconfortante pour l'âme, à chaque événement contraire à ta pensée: *Les dieux ont mieux jugé que moi.* Plus d'accidents pour l'homme ainsi préparé; et l'on se prépare ainsi quand on songe, avant de le sentir, à tout ce que peut la vicissitude des choses humaines, quand on possède ses enfants, sa femme, son patrimoine, comme ne pouvant les posséder toujours [70], et comme ne devant pas être plus à plaindre si on vient à les perdre. Déplorables esprits que ceux que l'avenir tourmente, malheureux avant le malheur, qui se travaillent pour conserver jusqu'au bout leurs jouissances du moment. En aucun temps ils ne seront calmes; et dans l'attente du futur, le présent, dont ils pouvaient jouir, leur échappe. Nulle différence entre perdre une chose et trembler de la perdre.

Ce n'est pas que je te prêche ici l'insouciance. Loin de là, prends garde aux écueils; tout ce que la sagesse peut prévoir, prévois-le; observe, détourne bien, avant qu'il n'arrive, tout ce qui peut te porter dommage. Pour cela même rien ne servira mieux qu'une confiance hardie et une âme d'avance cuirassée contre la souffrance. Qui peut supporter les coups du sort pourra les éviter; et ce n'est pas dans un tel calme qu'il soulève les orages. Rien de plus misérable et de moins sage qu'une crainte anticipée. Quelle est donc cette démence de devancer son infortune? Enfin, pour rendre en deux mots ma pensée et te peindre au vrai ces affairés, ennemis d'eux-mêmes, ils sont aussi impatients sous le coup que dans l'attente du malheur. Il s'afflige plus qu'il ne le devrait, l'homme qui s'afflige plus tôt qu'il ne le doit. Comment apprécierait-elle la douleur, cette même faiblesse qui ne sait point l'attendre? Avec cette sorte d'impatience, on rêve la perpétuité du bonheur, on le croit fait pour croître toujours, si haut qu'il soit déjà, non pour durer seulement; on oublie par quel mécanisme toute destinée monte ou s'affaisse, et c'est la constance du hasard que l'on se promet pour soi seul. Aussi Métrodore me paraît-il avoir très-bien dit dans une lettre à sa sœur qui venait de perdre un fils du meilleur naturel: « Tous les biens des mortels sont mortels comme eux. » Il parle des biens vers lesquels se précipite la foule : car le grand, le vrai bien ne meurt pas; il est aussi certain que permanent; il s'appelle sagesse et vertu, seule chose impérissable que donne le ciel à qui doit périr.

Du reste l'homme est si injuste, si oublieux du terme où il marche, où chacune de ses journées le pousse, qu'il s'étonne de la moindre perte, lui qui doit tout perdre en un jour. Sur quelque objet que tu fasses graver : *Ceci m'appartient*, cet objet peut être chez toi, il n'est pas à toi ; rien de solide pour l'être débile, pour la fragilité rien d'éternel et d'indestructible. C'est une nécessité de périr aussi bien que de perdre ; et ceci même, comprenons-le bien, console un esprit juste : il ne perd que ce qui doit périr.

« Eh bien, contre ces pertes quelle ressource avons-nous trouvée ? » Celle de retenir par le souvenir ce qui nous a fui, sans laisser échapper du même coup les fruits que nous en avons pu recueillir. La possession s'enlève, avoir possédé nous reste. Tu es le plus ingrat des hommes si, après que tu as reçu, tu te crois quitte quand tu perds. Un accident nous ravit la chose ; mais en avoir usé, mais le fruit de cette chose, est encore à nous : nos iniques regrets nous font tout perdre. Dis-toi bien : « De tout ce qui me semble terrible, rien qui n'ait été vaincu, qui ne l'ait été par plus d'un mortel, le feu par Mucius, la croix par Régulus, le poison par Socrate, l'exil par Rutilius, la mort au moyen du fer par Caton ; nous aussi sachons vaincre quelque chose !

« D'autre part, ces faux biens, dont l'éclat apparent entraîne le vulgaire, ont été par plusieurs et plus d'une fois dédaignés. Fabricius général refusa les richesses, censeur il les flétrit ; Tubéron jugea la pauvreté digne de lui, digne du Capitole, le jour où, se servant d'argile dans un repas public, il montra que l'homme devait se contenter de ce qui était, même alors, à l'usage des dieux (*a*). Sextius le père répudia les honneurs, lui que sa naissance appelait aux premières charges de la république : il ne voulut point du laticlave que lui offrait le divin Jules ; car il sentait que ce qui peut se donner peut se reprendre. A notre tour, faisons preuve de magnanimité. Prenons rang parmi les modèles. Pourquoi mollir ? pourquoi désespérer ? Tout ce qui fut possible l'est encore. Nous n'avons qu'à purifier notre âme et suivre la nature : qui s'en écarte est condamné à désirer et à craindre, à être esclave des événements. Nous pouvons rentrer dans la route, nous pouvons ressaisir tous nos droits. Ressaisissons-les, et nous saurons supporter la douleur, sous quelque forme qu'elle envahisse notre

---

(*a*) Voy. *Lettre* xcv et la note.

corps, et nous dirons à la Fortune: « Tu as affaire à un homme
« de cœur; cherche ailleurs qui tu pourras vaincre. »

Avec ces propos et d'autres semblables, notre ami (a) calme
les douleurs d'un ulcère qu'assurément je voudrais voir perdre
de sa violence et se guérir, ou rester stationnaire et vieillir
avec lui. Mais pour lui je suis bien tranquille; c'est la perte
que nous ferons qui m'inquiète, si ce digne vieillard nous est
enlevé. Car lui, il est rassasié de la vie; s'il en désire la prolongation, ce n'est pas pour lui, mais pour ceux auxquels il est
utile. Il vit par générosité. Un autre eût déjà mis fin à de telles
souffrances; notre ami pense qu'il est aussi honteux de se réfugier dans la mort que de la fuir. « Eh quoi! si tout l'y engage, ne quittera-t-il pas la vie? » Pourquoi non, si, n'étant
plus utile à personne, il ne fait plus que perdre sa peine à souffrir?

Voilà, cher Lucilius, s'instruire d'exemple à la philosophie
et s'exercer en présence des actes: voir ce qu'un homme
éclairé a de courage contre la mort, contre la douleur, aux
approches de l'une, sous l'étreinte de l'autre. Ce qu'il faut
faire, apprenons-le de celui qui le fait. Jusqu'ici nous cherchions par des arguments s'il est possible à qui que ce soit de
résister à la douleur, si les plus grands courages eux-mêmes
fléchissent en face de la mort. Qu'est-il besoin de paroles? La
chose est sous nos yeux. Voici un homme que ni la mort ne
rend plus ferme contre la douleur, ni la douleur contre la mort:
contre toutes deux il s'appuie sur lui-même; l'espoir de la
mort ne le fait pas souffrir plus patiemment, ni l'ennui de la
souffrance mourir plus volontiers: il attend l'une, il supporte
l'autre.

## LETTRE XCIX.

Sur la mort du fils de Marullus. Divers motifs de consolation.

Je t'envoie la lettre que j'écrivis à Marullus quand il perdit
son tout jeune fils, et qu'on m'apprit qu'il supportait cette
perte avec peu de fermeté. Je n'y ai pas suivi l'usage ordinaire,

(a) On ne sait quel est cet ami.

et n'ai poin. cru devoir traiter mollement un homme plus digne de réprimande que de consolation. Pour une âme abattue et qui supporte impatiemment une blessure profonde, il faut quelque peu d'indulgence : qu'elle se rassasie de son deuil ou exhale du moins ses premiers transports. Mais ceux qui pleurent de parti pris, qu'on les gourmande sur-le-champ, et qu'ils apprennent combien, même dans les larmes, il y a d'inconséquences.

« Tu attends, lui disais-je, des consolations : tu recevras des reproches. Quoi! tant de faiblesse pour la mort d'un fils! Que ferais-tu, si tu perdais un ami? Il t'est mort un fils de douteuse espérance, du tout premier âge : ce sont bien peu de jours perdus. On se cherche partout des motifs d'affliction ; sans motifs même, on veut se plaindre de la Fortune, comme si elle ne devait pas nous en fournir de légitimes. Mais, en vérité, tu me semblais avoir déjà assez de constance contre des malheurs réels, pour ne pas en manquer devant ces fantômes de malheurs dont on ne gémit que pour suivre l'usage. Tu ferais la plus grande des pertes, celle d'un ami, que tu devrais encore plutôt te réjouir de l'avoir possédé que t'attrister de ne l'avoir plus. Mais personne presque ne porte en compte toutes les avances qu'il a reçues, tous les plaisirs qu'il a goûtés. La douleur, entre autres misères, a cela de particulier qu'elle est infructueuse, disons plus, qu'elle est ingrate. Eh quoi! de ce que tu n'as plus ce précieux ami, votre œuvre est-elle perdue? Ces longues années, cette fusion intime de deux existences, cette étroite fraternité d'études, n'ont-elles rien produit? Enterres-tu ton amitié avec ton ami? Et pourquoi gémir de l'avoir perdu, si sa possession t'a été stérile? Crois-moi, le sort a beau nous enlever ceux que nous aimons, la plus grande partie d'eux-mêmes demeure avec nous. Il est à nous le temps qui n'est plus, et rien n'est en lieu plus sûr que ce qui a été. Nos prétentions sur l'avenir nous rendent ingrats envers les biens qui précédèrent, comme si l'avenir, en admettant qu'il nous réussisse, ne devait pas bien vite se perdre dans le passé. C'est apprécier étroitement les choses que d'enfermer ses joies dans le présent : et l'avenir et le passé ont leurs charmes; l'un a l'espérance, l'autre le souvenir. Mais le premier, encore en suspens, peut ne point arriver; le second ne peut pas ne point avoir été. Quelle folie est-ce donc de se laisser déchoir de la plus sûre des possessions (a)? Savourons en esprit nos jouissances épui-

(a) Voy. *Lettre* xcviii, et *Consolation à Polybe*, xxix, xxx.

sées, si toutefois en les épuisant, notre âme, comme percée à jour, n'a pas laissé perdre ce qu'on lui versait.

« Il y a une infinité d'exemples de pères qui suivirent sans larmes le convoi de leurs enfants morts à la fleur de l'âge, qui du bûcher revinrent au sénat ou à l'exercice de quelque charge publique, et se livrèrent tout de suite à autre chose qu'à la douleur. Et ils firent bien : car d'abord la douleur est superflue dès qu'elle ne change en rien les choses; ensuite la plainte n'est pas juste quand l'accident qui aujourd'hui frappe l'un, est réservé à tous. Enfin, regrets et plaintes sont déraisonnables là où si peu d'instants séparent l'être qui s'en va de celui qui le regrette. Résignons-nous donc d'autant mieux à sa perte que nous allons le suivre. Considère la célérité du temps, qui fuit à tire-d'ailes ; songe à ce court espace où nous sommes emportés si vite; regarde bien tout ce cortége du genre humain tendre vers le même terme et à de très-brefs intervalles, lors même qu'ils semblent le plus longs : le fils que tu as cru perdre n'a fait que prendre les devants (a). Quelle démence à toi, qui achèves la même route, de le plaindre d'être arrivé le premier! Pleure-t-on un événement qu'on savait bien devoir s'accomplir? Si l'on ne croyait point qu'un homme dût mourir, on se mentait à soi-même. Pleure-t-on un événement qu'on reconnaissait soi-même inévitable? Se plaindre qu'un homme soit mort, c'est se plaindre qu'il ait été homme. Tous nous sommes liés au même destin : si tu obtins de naître, il te reste à mourir. Nous différons par les intervalles, au but nous redevenons égaux. La durée qui s'étend du premier au dernier de nos jours n'est qu'incertitude et variation : calculée sur l'échelle des maux, elle est longue même pour l'enfant; sur la vitesse, elle est courte même pour le vieillard. Rien qui ne nous échappe et ne nous trompe; tout est plus mobile que les flots les plus orageux. Tout n'est qu'un va-et-vient, tout se transforme en son contraire au commandement de la Fortune ; et dans une telle révolution des choses humaines, rien pour aucun de nous, sinon la mort, n'est certain. Tous pourtant la maudissent, elle qui seule n'abuse personne. « Mais il est mort à un âge si tendre ! » Je ne te dis pas encore que le plus heureux est l'être débarrassé de la vie; passons au vieillard : de combien peu il l'emporte sur l'enfant ! Représente-toi l'océan des âges, si profond et si vaste, embrasse-le tout entier; puis compare ce

(a) Voy. *Consolation à Marcia*, xix. *Consolation à Polybe*, xxviii.

qu'on appelle une vie d'homme à l'immensité même, et vois sur quelle minime durée portent nos vœux, nos calculs sans fin! De ce peu d'heures, combien nous prennent les larmes, combien les soucis, combien nos souhaits de mort avant que la mort n'arrive; combien les maladies, les craintes, les années ou trop tendres ou incultes ou stériles : et la moitié du tout se passe à dormir! Ajoutes-y travaux, afflictions, périls; tu reconnaîtras que même dans la plus longue vie la moindre part est celle où l'on vit en effet.

« Maintenant personne t'accordera-t-il que ce ne soit pas une grâce pour l'homme de rentrer dans son premier état, et d'achever sa route avant l'heure de la lassitude? La vie n'est ni un bien ni un mal : c'est le théâtre de l'un et de l'autre. Ainsi ton fils n'a rien perdu qu'une chance plus certaine de dommage. Il eût pu sortir de tes mains sage et prudent; il eût pu sous l'aile paternelle croître pour la vertu; mais, crainte plus légitime, il eût pu ressembler au grand nombre (a). Vois ces jeunes descendants des plus nobles maisons que la débauche a jetés dans l'arène; vois-les, assouvissant tout ensemble leur lubricité et celle d'autrui, se prostituer à tour de rôle, et ne pas laisser s'écouler un jour sans ivresse ou sans quelque autre éclatant scandale: il te sera démontré que la crainte était plus fondée que l'espérance. Ne te forge donc pas de nouveaux motifs d'affliction : à de faibles désagréments n'ajoute pas le poids de ton impatience. Je ne te demande pas de grands efforts, de l'héroïsme; je ne présume pas assez mal de ta vertu pour te croire réduit à l'appeler à toi tout entière. Ce n'est pas là une blessure, c'est une morsure légère : la blessure, c'est toi qui la fais. Certes la philosophie t'a merveilleusement profité, si un enfant, plus connu jusqu'ici de sa nourrice que de son père, te cause d'aussi violents regrets!

« Mais quoi! te conseillé-je l'insensibilité? voudrais-je voir tes traits impassibles au bûcher d'un fils, et irai-je jusqu'à défendre au cœur d'un père de se serrer? Aux dieux ne plaise! C'est inhumanité, ce n'est pas force d'âme, que d'envisager du même œil les funérailles ou la vie des siens, que de n'être pas ébranlé [13] au premier déchirement qui nous sépare d'eux. Et quand je te les défendrais, il est des choses qu'on ne maîtrise point : les larmes s'échappent quoi qu'on fasse, et en s'épanchant elles soulagent le cœur. Quel parti prendre? Permettons

(a) Voy. Consolation à Marcia, XXI, XXII.

qu'elles coulent sans les provoquer ; mais qu'elles coulent tant que la douleur les fera sortir, non d'après les invitations de l'exemple. N'aggravons en rien notre peine, ne l'amplifions pas sur ce que nous voyons chez les autres. Il y a un faste de douleur plus exigeant que la douleur même : combien peu d'hommes sont tristes pour eux seuls ! Nous éclatons si le monde nous entend ; muets et calmes dans la solitude, l'aspect du premier venu nous fait fondre en larmes de plus belle [73]. Alors on se frappe la tête, ce qu'on pouvait faire plus à l'aise quand nul ne nous empêchait ; alors on invoque le trépas, on se roule de son lit à terre. Toutes ces démonstrations s'en vont avec le spectateur. Ici, de même qu'ailleurs, nous tombons dans le travers de prendre exemple du grand nombre et de consulter non le devoir, mais la coutume. Transfuges de la nature, nous nous livrons à l'opinion, toujours mauvaise conseillère et le plus inconséquent des juges sur ce point comme sur tout le reste. Voit-elle un homme courageux dans l'affliction ? elle l'appelle cœur sauvage et dénaturé. En voit-elle un autre défaillir, étendu sur un corps chéri ? Femmelette, dit-elle, âme sans vigueur. C'est donc aux lois de la raison qu'il faut tout rappeler.

« Or rien ne répugne à la raison comme de viser à ce qu'on cite notre douleur et qu'on admire nos larmes : le sage sans doute s'en permet quelques-unes, d'autres lui échappent d'elles-mêmes ; mais voici la différence. Quand la première nouvelle d'une mort prématurée nous frappe, quand nous pressons ce corps qui de nos bras va passer dans les flammes, irrésistiblement la nature nous arrache des pleurs. La sensibilité, sous l'impression d'une douleur poignante, en ébranlant tout l'individu, agit sur les yeux d'où elle chasse, en la comprimant, l'humeur qui les avoisine. Ces larmes-là tombent forcément malgré nous. Il en est auxquelles nous donnons passage, quand la mémoire de ceux que nous avons perdus se réveille ; et je ne sais quelle douceur se mêle à la tristesse, au souvenir de leur agréable entretien, de leur commerce enjoué, de leur complaisante tendresse : alors nos paupières se dilatent comme dans la joie. Ici on s'abandonne, ailleurs on est subjugué.

« Et c'est pourquoi la présence d'aucun cercle, d'aucun assistant, ne doit retenir ni exciter nos pleurs ; les essuyer ou les laisser couler est toujours moins honteux que les feindre. Qu'ils suivent leur cours ; ils peuvent venir aux tempéraments les plus calmes et les plus rassis. Souvent les pleurs du sage coulèrent sans que sa dignité en souffrît, mais c'était dans une telle mesure que, pour être homme, il ne cessait pas d'être grand. Oui, nous pouvons céder à la nature en gardant notre gravité. J'ai vu aux funérailles des leurs des hommes vénérables, sur le visage desquels perçait la tendresse du cœur, sans rien de nos désespoirs d'apparat, rien qui ne fût donné à une affection sincère. Il est, jusque dans la douleur, une bienséance que doit observer le sage ; et, comme toute chose, l'affliction a ses limites. Chez les hommes de peu de raison, les joies comme les douleurs débordent.

« Subis sans murmure les coups de la nécessité. Qu'est-il survenu d'improbable, d'extraordinaire ? Combien à cette heure même il se commande d'enterrements ! Que de lits funèbres [74] s'achètent ! Combien de deuils après le tien !

« Autant de fois que tu diras : « Mon fils était enfant ; » dis aussi : « Il était du nombre des mortels, auxquels rien n'est garanti, que le destin n'est pas tenu de conduire à la vieillesse : où il le veut, il les congédie. » Du reste, parle fréquemment de lui ; fais revivre, autant que tu pourras, son souvenir qui se représentera plus souvent s'il n'est pas accompagné d'amertume. Car si les gens tristes ne sont guère recherchés, la tristesse l'est bien moins encore. Quelque heureux propos, quelque gentillesse, tout enfantine qu'elle fût, t'ont-ils charmé en lui, reviens-y souvent, et affirme sans crainte qu'il eût pu remplir les espérances conçues par la tendresse de son père. Perdre la mémoire des siens et l'ensevelir avec leurs cendres, être pour eux prodigue de larmes, avare de souvenirs, c'est ne point porter un cœur d'homme. C'est ainsi que les oiseaux, que les bêtes féroces aiment leurs petits : leur amour, des plus violents, est pour ainsi dire de la rage ; mais viennent-ils à les perdre, il s'éteint tout à fait. Cela ne sied point au sage : sa mémoire sera persévérante, ses larmes passeront.

« Je n'approuve en aucune façon ce que dit Métrodore, « qu'il est une volupté, sœur de la tristesse [75], qu'on fera bien de savourer aux jours d'affliction. » J'ai transcrit ses propres paroles, tirées de sa première lettre à sa sœur. Je ne doute pas du jugement que tu en porteras. Car quoi de plus honteux ? Être, au sein du deuil, en quête du plaisir, l'espérer du deuil même, et demander aux pleurs une jouissance ! Voilà les hommes qui nous reprochent trop de rigorisme, qui flétrissent nos doctrines comme impitoyables, quand nous disons qu'on doit fermer son âme aux chagrins, ou les en bannir au plus vite. Lequel donc est le plus inadmissible, le plus barbare, ou de ne pas sentir la douleur de perdre un ami, ou d'être, au milieu de sa douleur, à l'affût de la volupté ? Nos préceptes à nous n'ont rien que d'honnête : quand le cœur trop rempli s'est soulagé de quelques larmes et a jeté pour ainsi dire ses premiers bouillons, nous lui défendons le désespoir. Et tu conseilles, toi, l'amalgame du deuil et de la joie ! Ainsi l'on console un enfant avec du gâteau, et l'on fait taire les cris d'un nourrisson en faisant couler du lait dans sa bouche. Quoi ! à l'instant même où ton fils est la proie des flammes, où ton ami expire, tu n'admets point de trêve au plaisir, ton chagrin est une sensualité de plus ! Lequel est le plus honorable, ou d'éloigner de ton âme la douleur, ou d'y accueillir la volupté de pair avec elle ? Que dis-je de l'accueillir, de courir après, de vouloir l'extraire de ta douleur même ? Il est, dis-tu, une volupté sœur de la tristesse ! C'est à nous qu'est permis ce langage, à vous il ne l'est pas. Vous ne connaissez de bien que la volupté, de mal que la douleur. Entre le bien et le mal quelle parenté peut-il y avoir ? Mais supposons-la : est-ce bien le moment de faire cette trouvaille, de scruter sa douleur pour surprendre autour d'elle quelque chose qui nous délecte et qui nous chatouille ? Certains remèdes, salutaires à telle partie du corps, sont trop malpropres et trop peu décents pour s'appliquer à telle autre ; et ce qui ailleurs soulagerait sans choquer la pudeur, devient déshonnête selon l'endroit de la blessure. N'as-tu pas honte de guérir le deuil du cœur par la volupté ? Cherche une cure plus sévère à une telle plaie. Dis plutôt : « L'homme qui a cessé d'être ne sent plus le mal, ou, s'il le sent, « il n'a pas cessé d'être. » Non, plus de souffrance pour qui n'est plus ; car souffrir c'est vivre. Le crois-tu à plaindre de n'être pas, ou d'être encore d'une manière quelconque ? Or ce ne peut être un tourment pour lui de ne pas exister ; le néant peut-il rien sentir ? Et s'il existe, point de tourment, car il échappe au grand désavantage de la mort, qui est de n'être plus.

« Disons aussi à quiconque pleure et regrette un fils enlevé dès le bas âge : « Nous tous, vu la brièveté de nos jours com« parée à l'ensemble des siècles, jeunes ou vieux, nous sommes « au même point (a). Notre partage sur la totalité des temps est « moindre que ce qu'on peut dire de plus imperceptible, car « même l'imperceptible est quelque chose ; ce qui nous est donné « à vivre se réduit presque à rien, et ce rien, ô démence ! « nos plans l'étendent à l'infini. »

(a) « Nos termes sont pareils par leur courte durée. » La Fontaine.

« Si je t'écris ceci, ce n'est pas que je pense que tu l'attendes de moi : le remède viendrait bien tard; et je suis sûr de t'avoir dit de vive voix tout ce que tu vas lire. Mais j'ai voulu te punir d'un moment d'oubli qui t'avait laissé absent de toi-même, et, pour l'avenir, t'exhorter à opposer à la Fortune toute la vigueur de ton courage, à prévoir tous ses traits, non comme possibles, mais comme devant t'atteindre à coup sûr. »

## LETTRE C.

### Jugement sur les écrits du philosophe Fabianus.

Tu m'écris que tu as lu avec beaucoup d'empressement les livres de Fabianus Papirius *sur les devoirs civils*, mais qu'ils n'ont pas répondu à ton attente ; puis, oubliant qu'il s'agit d'un philosophe, tu blâmes sa construction oratoire. Admettons que tu dises vrai, qu'il laisse aller ses paroles et ne les travaille pas. D'abord cette manière a sa grâce, et un charme particulier s'attache à une composition facile et coulante. Car il est essentiel, je crois, de distinguer si elle tombe négligemment, ou si elle s'échappe avec aisance. Et ici même, comme je vais le dire, il y a une différence importante. Fabianus, ce me semble, ne presse pas sa diction, il l'épanche, tant elle abonde et se déroule avec calme, bien que l'entraînement s'y laisse sentir. Elle annonce et révèle clairement qu'on ne l'a ni façonnée ni longtemps tourmentée. Mais, croyons-le comme toi : il a fait de la morale, non du style ; il a écrit pour l'âme et point pour l'oreille. D'ailleurs, quand il discourait, tu n'aurais pas eu le temps de songer aux détails, tant l'ensemble t'aurait transporté ; et presque toujours ce qui plaît improvisé est d'un effet moindre sur le manuscrit. Mais c'est déjà beaucoup de captiver au premier abord l'attention, encore qu'un examen réfléchi doive trouver à reprendre. Mon avis, si tu le demandes, c'est qu'il est plus beau d'emporter les suffrages que de les mériter ; et je sais bien que les mériter est le plus sûr ; je sais qu'alors on compte plus hardiment sur l'avenir.

Un style trop circonspect ne sied point au philosophe. Quand sera-t-il énergique et ferme, quand risquera-t-il sa personne s'il craint pour ses mots ? La diction de Fabianus ne sentait point la négligence, mais la sécurité. Aussi n'y trouveras-tu rien de bas : il choisit ses termes sans courir après ni les placer selon le goût du siècle, au rebours de l'ordre naturel. Ils ont de l'éclat, quoique pris de la langue ordinaire; sa pensée, noble et magnifique, n'est point écourtée en sentence : elle se développe largement. Tu trouveras chez lui des manques de précision, des structures de phrase peu savantes ou qui n'ont pas notre poli moderne; mais, l'œuvre entière bien considérée, on n'y voit rien d'étroit et de vide. Là sans doute, ni variétés de marbres, ni salons entrecoupés de canaux d'eaux vives, *ni cabane du pauvre* (a), ni tout ce qu'un luxe dédaigneux de la belle simplicité entasse de disparates; mais, comme on dit, la maison est bien construite.

Ajoute qu'en fait de composition oratoire on n'est pas d'accord. Les uns lui veulent une nudité sauvage pour parure; d'autres l'aiment raboteuse, au point que si le hasard leur amène une période un peu harmonieuse, ils la démembrent tout exprès, ils en brisent les cadences, de peur qu'elle ne réponde à l'attente de l'oreille. Lis Cicéron : sa composition est une; souple et posée, molle sans être efféminée (b).

Asinius Pollion : style rocailleux et sautillant, qui laisse l'oreille au dépourvu où l'on y pense le moins. Cicéron n'a que d'heureuses désinences; chez Pollion tout est cascade, sauf quelques phrases bien rares sorties d'un moule convenu et d'une structure uniforme.

Pour Fabianus, il va, dis-tu, terre à terre et s'élève peu : je ne crois pas que tel soit son défaut. Il n'y a pas chez lui manque de grandeur; c'est du calme, c'est le reflet d'une âme habituellement paisible et tempérée; il est uni, mais sans bassesse. Il n'a pas cette vigueur oratoire, ces aiguillons que tu demandes, ces sentences frappantes et soudaines [76]; mais vois le corps tout entier : bien que sans apprêt (c), il a sa beauté. La dignité, son discours ne l'a pas, elle est au fond de sa doctrine. Montre-moi qui tu pourrais préférer à Fabianus. Je te passe Cicéron, dont les œuvres philosophiques sont presque aussi nombreuses que les siennes; mais s'ensuit-il qu'on soit un nain dès qu'on n'a pas la taille du géant? Je te passe Asinius Pollion et je

---

(a) Voy. *Consolation à Helvia*, xii. *Lettre* xviii et la note.
(b) Voy. *Lettres* xl (*gradatius fuit* il allait au pas), et cxiv.
(c) Je lis, avec Gruter : *quanquam sit incomptum*

dis : « En si haute matière, c'est exceller que d'être le troisième. » Nomme Tite-Live enfin : car il a écrit aussi des dialogues (a) qu'on peut rattacher à la philosophie autant qu'à l'histoire, et des traités de philosophie pure. Je lui ferai place encore : mais vois que de rivaux on dépasse quand on n'a que trois vainqueurs, et tous trois des plus éloquents [77] !

Mais Fabianus n'a pas tous les mérites : son style est sans nerf, bien qu'il ait de l'élévation ; il n'est point rapide ni impétueux, malgré son ampleur ; il n'est pas limpide, il n'est que pur. « Tu voudrais, dis-tu, l'entendre malmener le vice, mettre les périls au défi, apostropher la Fortune, humilier l'ambition ; tu voudrais que le luxe fût gourmandé, la débauche stigmatisée, la violence désarmée, que l'art oratoire parfois lui prêtât ses foudres, la tragédie son grandiose, le comique sa finesse. » Veux-tu donc qu'il s'amuse à la plus petite des choses, aux mots ? Il s'est voué à la science, son sublime objet ; et l'éloquence le suit comme son ombre, sans qu'il y prenne garde [78]. Non, sans doute, il ne s'observera point à chaque pas, ramassant sa phrase sur elle-même, aiguisant chaque parole en trait qui réveille et qui perce, beaucoup, je l'avoue, tomberont sans porter coup, et par moments son discours glissera sur nous sans agir ; mais partout règnera une grande lumière ; mais, si long qu'il soit, le chemin sera sans ennui. Bref, il te laissera convaincu qu'il a écrit comme il sentait. Tu reconnaîtras qu'il a tout fait pour t'instruire de ses idées, non pour flatter les tiennes. Tout chez lui tend au progrès, à la sagesse ; rien ne vise aux applaudissements.

Je ne doute pas que tels ne soient ses écrits, bien que j'en juge plutôt par réminiscence que sur le livre même, et que leur caractère m'apparaisse moins comme l'impression familière d'un commerce récent que comme les traits généraux d'une lointaine connaissance. Tel il me semblait du moins quand je pouvais l'entendre : non substantiel, mais plein, fait pour enthousiasmer les jeunes âmes bien nées et les enflammer d'un zèle imitateur, de l'espoir même de le vaincre, exhortation, selon moi, la plus efficace : car on décourage si en donnant le désir d'imiter on en ôte l'espoir. Au reste il avait l'abondance du style ; sans que tel ou tel passage ressortît, l'ensemble était magnifique.

(a) Ces Dialogues ont péri, ainsi que ses Traités.

## LETTRE CI.

Sur la mort de Sénécio. Vanité des longs projets. Ignoble souhait de Mécène.

Chaque jour, chaque heure démontre à l'homme tout son néant [79] : toujours quelque récente leçon lui rappelle sa fragilité qu'il oublie, et de l'éternité qu'il rêve rabat ses pensées vers la mort [80]. « Où tend ce début? » vas-tu dire. Tu connaissais Cornelius Sénécio, ce chevalier romain si magnifique et si obligeant : parti d'assez bas il s'était élevé par lui-même, et n'avait plus qu'une pente aisée pour courir à tous les succès. Car les honneurs croissent plus facilement qu'ils ne commencent ; comme l'aspirant aux richesses, que la pauvreté retient dans sa sphère, a longtemps à lutter et à ramper pour en sortir. Sénécio visait même à l'opulence, où le conduisaient deux moyens des plus efficaces, la science d'acquérir et celle de conserver ; et l'une des deux seule l'eût fait assez riche. Cet homme donc, d'une sobriété extrême, non moins soigneux de sa santé que de son patrimoine, m'avait fait visite le matin selon sa coutume, avait passé le reste du jour jusqu'à nuit close, au chevet d'un ami malade d'une affection grave et désespérée ; il avait soupé gaiement, quand une indisposition subite le saisit : une angine, lui rétrécissant le gosier, comprima son souffle ; à peine alla-t-il, tout haletant, jusqu'au jour. Ainsi en très-peu d'heures, et venant de remplir toutes les fonctions d'un homme sain et plein de vie, Sénécio s'est éteint. Lui qui faisait travailler ses capitaux sur terre et sur mer qui, essayant, sans en négliger aucun, de tous les genres de profit, était même entré dans les fermes publiques, alors que tout succède à ses vœux, que des torrents d'or courent s'engloutir dans ses coffres, le voilà enlevé.

> Et puis va, Mélibée,
> Plante, aligne tes ceps et greffe tes poiriers (a).

Qu'insensé est l'homme qui jette ses plans pour toute une

(a) Virg., Églog., I.

vie! Il n'est pas maître de demain. Oh! quelles sont folles, ces longues espérances qu'il aime à bâtir [81]! « J'achèterai, je construirai, je ferai tel prêt, telle rentrée, je remplirai telles dignités ; puis enfin, las et plein de jours, je me recueillerai dans le repos. » Crois-moi, tout, même pour les heureux, n'est qu'incertitudes : nul n'a le droit de rien promettre de l'avenir. Que dis-je? ce que nous tenons glisse de nos mains ; et l'heure présente, qu'on croit bien saisir, le moindre incident nous la vole [82]. Le temps se déroule suivant des lois fixes, mais impénétrables ; or que gagné-je à ce que la nature sache de science certaine ce que moi je ne sais pas? On projette des traversées lointaines, et, après maintes courses aux plages étrangères, un tardif retour dans la patrie ; on prendra l'épée, puis viendront les lentes récompenses des travaux militaires ; puis des gouvernements, des emplois qui mènent à d'autres emplois, et déjà la mort est à nos côtés, la mort à laquelle on ne pense que quand elle frappe autrui ; en vain elle multiplie à nos yeux ses instructives rigueurs (a), leur effet ne dure pas plus que la première surprise. Et quelle inconséquence ! On s'étonne de voir arriver un jour ce qui chaque jour peut arriver. Le terme de notre carrière est où l'inexorable nécessité des destins l'a fixé : mais nul de nous ne sait de combien il en est proche.

Aussi faut-il disposer notre âme comme si nous y touchions déjà : ne remettons rien au futur, réglons journellement nos comptes avec la vie. Car elle pèche surtout en ceci que, toujours inachevée, on l'ajourne d'un temps à un autre. Qui sut chaque jour mettre à sa vie la dernière main n'est point à court de temps. Or de ce manque de temps naissent l'anxiété et la soif d'avenir qui ronge l'âme. Rien de plus misérable que ce doute : les événements qui approchent, quelle issue auront-ils? Combien me reste-t-il de vie, et quelle sorte de vie? Voilà ce qui agite de terreurs sans fin l'âme qui ne se recueillit jamais. Quel moyen avons-nous d'échapper à ces tourmentes? un seul : ne pas lancer notre existence en avant, mais la ramener sur elle-même. Si l'avenir tient en suspens tout mon être, c'est que je ne fais rien du présent. Si au contraire j'ai satisfait à tout ce que je me devais ; si mon âme affermie sait qu'entre une journée et un siècle la différence est nulle, elle regarde d'en haut tout ce qui peut survenir encore d'événements et de

---

(a) Voy. *De la Tranquillité de l'âme*, xi.

jours, et se rit fort dans sa pensée de la vicissitude des temps. Comment en effet ces chances variables et mobiles te bouleverseraient-elles, si tu demeures stable en face de l'instabilité?

Hâte-toi donc de vivre, cher Lucilius, et compte chaque journée pour une vie entière. Celui qui s'est ainsi préparé, celui dont la vie s'est trouvée tous les jours complète, possède la sécurité. Vivre d'espérance, c'est voir le temps, à mesure qu'il arrive, échapper à notre croissante avidité, et nous laisser ce sentiment si amer, qui remplit d'amertume tous les autres, la peur de la mort. De là l'ignoble souhait de Mécène (a), qui ne refuse ni les mutilations, ni les difformités, ni enfin le pal sur la croix, pourvu qu'au milieu de tant de maux la vie lui soit conservée.

> Qu'on me rende manchot, cul-de-jatte, impotent[83];
> Sur ce corps que le mal déforme
> Qu'il s'élève une bosse énorme;
> Que dans ma bouche branle une dernière dent;
> Si je respire encor, c'est bien, je suis content.
> Même en croix, sur le pal, laissez, laissez-moi vivre[84].

Ce qui serait, si la chose arrivait, le comble des misères, il le souhaite, il demande, comme si c'était vivre, une prolongation de supplice. Je le jugerais déjà bien méprisable s'il n'arrêtait son vœu que devant la mise en croix; mais que dit-il? « Mutilez tous mes membres, pourvu qu'en un corps brisé et impotent il me reste le souffle, et que, défiguré, monstrueusement contrefait, j'obtienne encore quelque répit sur le bois même où l'on me clouerait, sur le pal où vous m'asseyeriez! » Est-ce donc la peine de comprimer sa plaie, de pendre à une croix les bras étendus, afin de reculer ce qui, pour tout patient, est une grâce, le terme du supplice? N'avoir de souffle que pour expirer sans cesse? Que souhaiter à ce malheureux, sinon des dieux qui l'exaucent? Que veut dire cette turpitude de poëte et de femmelette, ce pacte insensé de la peur? Pourquoi mendier si bassement l'existence? Penses-tu que Virgile ait jamais dit pour lui ce beau vers:

> Est-ce un malheur si grand que de cesser de vivre (b)?

Il invoque les derniers des maux; les plus cruelles souffrances, la croix et le pal, il les désire; et qu'y gagnera-t-il?

---

(a) Voy., sur Mécène, *de la Providence*, III, IX. *Lettres* XCII, CXIV.
(b) *Énéide*, XII, 646. Trad. par Racine (*Phèdre*).

Eh ! certes de vivre un peu plus. Or quelle vie est-ce qu'une longue agonie? Il se trouve un homme qui aime mieux sécher dans les tourments, et périr par lambeaux, et distiller sa vie goutte à goutte, que de l'exhaler d'un seul coup ! Il se trouve un homme qui, hissé sur l'infâme gibet, déjà infirme et défiguré, les épaules et la poitrine comprimées par une difformité hideuse, ayant déjà, même avant la croix, mille motifs de mourir, veut prolonger une existence qui prolongera tant de tortures ! Nie maintenant que la nécessité de mourir soit un grand bienfait de la nature ! Et bien des gens sont prêts pour des pactes encore plus infâmes, prêts même à trahir un ami pour quelques jours de vie de plus, à livrer de leur main leurs enfants à la prostitution, pour obtenir de voir cette lumière témoin de tous leurs crimes. Dépouillons-nous de la passion de vivre, et sachons qu'il n'importe à quel moment on souffre ce qu'il faut souffrir tôt ou tard. L'essentiel est une bonne et non une longue vie ; et parfois bien vivre consiste à ne pas vivre longtemps.

# LETTRE CII.

Sur l'immortalité de l'âme. Que l'illustration après la mort est un bien.

Comme on désoblige l'homme qu'on arrache aux visions d'un songe agréable, car on lui enlève un plaisir qui, tout illusoire, a pourtant l'effet de la réalité, ta lettre m'a fait le même tort : elle m'a tiré d'une douce méditation où je me laissais aller et qui, si je l'avais pu suivre, m'eût conduit plus avant. Je me complaisais dans le problème de l'immortalité des âmes ; et j'étais même, oui j'étais pour l'affirmative : j'entrais avec confiance dans l'opinion de tant de grands hommes, dont les doctrines si consolantes promettent plus qu'elles ne prouvent[20]. Je me livrais à leur espoir sublime ; déjà j'éprouvais un dégoût de moi-même et regardais en mépris les restes d'un corps brisé par l'âge, moi pour qui cette immensité du temps, cette possession de tous les siècles allait s'ouvrir, quand tout à coup je fus réveillé par la remise de ta lettre, et tout mon beau rêve fut perdu. J'y reviendrai quand je serai quitte avec toi : je veux le ressaisir à tout prix.

Tu dis au début de ta lettre que je n'ai pas entièrement développé ma thèse stoïcienne « que l'illustration qui s'obtient après la mort est un bien, qu'en effet je n'ai pas résolu l'objection qu'on nous oppose : « Jamais il n'y a de bien où il y a solution de continuité ; or ici cette solution a lieu. » — Ta difficulté, Lucilius, se rattache à la question, mais doit être vidée ailleurs : c'est pourquoi j'avais différé d'y répondre, comme à d'autres choses qui ont trait au même sujet. Car en certains cas, tu le sais, les sciences rationnelles rentrent dans la morale. J'ai donc traité, comme touchant directement aux mœurs, cette thèse-ci : « Si ce n'est pas chose folle et sans objet que d'étendre ses soins au delà du jour suprême ? Si les biens de l'homme périssent avec nous, et s'il n'y a plus rien pour qui n'est plus ? Si une chose qui, lorsqu'elle existera, ne sera pas sentie par nous, peut offrir, avant qu'elle existe, quelque fruit à recueillir ou à désirer ? » Tout ceci est de la morale : aussi l'ai-je placé en (*a*) son lieu. Quant à ce que disent contre cette opinion les dialecticiens, je devais le réserver et je l'ai fait. Maintenant que tu veux le tout ensemble, j'exposerai leurs arguments en bloc pour y répondre ensuite en détail.

A moins de quelques préliminaires, ma réfutation ne serait pas comprise. Et quels préliminaires veux-je présenter ? qu'il est des corps continus, tels que l'homme ; des corps composés, comme un vaisseau, une maison, enfin tout ce qui forme unité par l'assemblage de diverses parties ; des corps divisibles, aux membres séparés, tels qu'une armée, un peuple, un sénat : car les membres qui constituent ces corps sont réunis par droit ou par devoir, mais distincts et isolés par nature. Que faut-il encore que j'avance ? que, selon nous, il n'y a pas de bien où il y a solution de continuité ; vu qu'un même esprit devant contenir et régir un même bien, l'essence d'un bien unique est une. Si tu en désires la preuve, elle est par elle-même évidente ; mais je devais poser ce principe, puisqu'on nous attaque par nos propres armes.

« Vous avouez, nous dit-on, qu'il n'y a pas de bien où il y a solution de continuité. Or l'illustration, c'est l'opinion favorable

---

(*a*) Dans son grand Traité de morale qui est perdu.

des honnêtes gens. Comme en effet la bonne renommée ne vient pas d'une bouche unique, ni la mauvaise de la mésestime d'un seul, ainsi l'illustration n'est pas dans l'approbation d'un seul homme de bien. Il faut l'accord d'un grand nombre d'hommes marquants et considérables pour qu'elle ait lieu. Mais elle est le résultat du jugement de plusieurs, c'est-à-dire de personnes distinctes; d'où il suit qu'elle n'est pas un bien.

« L'illustration, dit-on encore, est l'éloge donné aux bons par les bons; l'éloge est un discours; le discours, une voix qui exprime quelque idée : or la voix, même des gens de bien, n'est pas un bien. Car ce que fait l'honnête homme n'est pas toujours un bien : il applaudit, il siffle; et ni cette action d'applaudir ni celle de siffler, quand on admirerait et louerait tout de lui, ne s'appellent biens, non plus que sa toux ou ses éternuments. Ce n'est donc pas un bien que l'illustration.

« Enfin dites-nous : ce bien appartient-il à qui donne l'éloge, où à qui le reçoit? Si vous dites que c'est au premier, votre assertion est aussi ridicule que de prétendre que c'est un bien pour moi qu'un autre soit en bonne santé. Mais louer le mérite est une action honnête: ainsi le bien est à celui qui loue, puisque l'action vient de lui, et non à nous qui sommes loués; or tel était le fait à éclaircir. »

Répondons sommairement à chaque point. D'abord, y a-t-il bien, quand il y a solution de continuité? Cela fait encore doute, et les deux partis ont leurs arguments. Ensuite l'illustration n'a pas besoin d'une foule de suffrages; l'opinion d'un seul homme de bien peut lui suffire; car l'homme de bien est capable de porter jugement de tous ses pareils. « Quoi! l'estime d'un seul donnera la bonne renommée, le blâme d'un seul l'infamie? Et la gloire aussi je la comprends large, étendue au loin, car elle veut le concert d'un grand nombre. » La gloire, la renommée, diffèrent de l'illustration, et pourquoi? Qu'un seul homme vertueux pense bien de moi, c'est pour moi comme si tous les gens vertueux avaient de moi la même pensée, ce qui aurait lieu si tous me connaissaient. Leur jugement est pareil, identique; or c'est toujours tenir la même voie que de ne pouvoir se partager. C'est donc comme si tous avaient le même sentiment, puisqu'en avoir un autre leur est impossible. Quant à la gloire, à la renommée, la voix d'un seul ne suffit pas. Si, au cas précité, un seul avis vaut celui de tous, parce que tous, interrogés, n'en auraient qu'un seul; ici les jugements d'hommes dissemblables sont divers et les impressions variées : tout y est douteux, inconséquent, suspect. Comment croire qu'un seul sentiment puisse être embrassé par tous? Le même homme n'a pas toujours le même sentiment. Le sage aime la vérité, qui n'a qu'un caractère et qu'une face ; c'est le faux qui entraîne l'assentiment des autres. Or le faux n'est jamais homogène : ce n'est que variations et dissidences [86].

« La louange, dit-on, n'est autre chose qu'une voix ; or une voix n'est pas un bien. » Mais en disant que l'illustration est la louange donnée aux bons par les bons, nos adversaires rapportent cela non à la voix, mais à l'opinion. Car encore que l'homme de bien se taise, s'il juge quelqu'un digne de louange, il le loue assez. D'ailleurs il y a une différence entre la louange et le panégyrique : il faut, pour louer, que la voix se fasse entendre ; aussi ne dit-on pas la *louange* funèbre [87], mais l'*oraison funèbre*, dont l'office consiste dans le discours. Dire que quelqu'un est digne de louange, c'est lui promettre non pas les paroles, mais le jugement favorable des hommes. Il y a donc aussi une louange muette, une approbation de cœur, une conscience qui applaudit à l'homme de bien. Répétons en outre que la louange se rapporte au sentiment, non aux paroles, lesquelles expriment la louange conçue et la portent à la connaissance de plusieurs. C'est me louer que me juger digne de l'être. Quand le tragique romain (a) s'écrie : « Il est beau d'être loué par l'homme que chacun loue [88] ; » il veut dire l'homme digne de louange. Et quand un vieux poëte dit :

Oui, la louange est l'aliment des arts [89],

il ne parle pas de cette louange bruyante qui les corrompt ; car rien ne perd l'éloquence et en général les arts faits pour l'oreille comme l'engouement populaire. La renommée veut, elle exige une voix ; l'illustration s'en passe : elle peut s'obtenir sans cela, se contenter de l'opinion ; elle est complète en dépit même du silence, en dépit des oppositions. En quoi l'illustration diffère-t-elle de la gloire ? En ce que la gloire est le suffrage de la foule ; l'illustration, le suffrage des gens de bien.

« On demande à qui appartient ce bien qu'on nomme illustration, cette louange donnée aux bons par les bons ; est-ce à celui qui loue, ou à celui qui est loué ? » A tous les deux : à moi qui suis loué, parce que la nature m'a fait ami de tous, que je m'applaudis d'avoir bien fait, que je me réjouis d'avoir

---

(a) Nævius.

trouvé des cœurs qui comprennent mes vertus et qui m'en savent gré ; à mille autres aussi pour qui leur gratitude même est un bien, mais d'abord à moi, car il est dans ma nature morale d'être heureux du bonheur d'autrui, surtout du bonheur dont je suis la cause. La louange est le bien de ceux qui louent : car c'est la vertu qui l'enfante, et toute action vertueuse est un bien. Mais c'est une jouissance qui leur échappait, si je n'avais été vertueux. Ainsi c'est un bien de part et d'autre qu'une louange méritée, tout autant certes qu'un jugement bien rendu est un avantage pour le juge comme pour celui qui gagne sa cause. Doutes-tu que la justice ne soit le trésor et du magistrat qui l'a dans son cœur et du client à qui elle rend ce qui lui est dû? Louer qui le mérite c'est justice : c'est donc un bien des deux côtés.

Voilà suffisamment répondre à ces docteurs en subtilités. Mais notre objet ne doit pas être de discuter des arguties, et de faire descendre la philosophie de sa hauteur majestueuse dans ces puérils défilés. Ne vaut-il pas bien mieux suivre franchement le droit chemin, que de se préparer soi-même un labyrinthe, pour avoir à le reparcourir à grand'peine? Car toutes ces disputes ne sont autre chose que jeux d'adversaires qui veulent se tromper avec art. Dites-nous plutôt combien il est plus naturel d'étendre dans l'infini sa pensée. C'est une grande et noble chose que l'âme humaine : elle ne se laisse poser de limites que celles qui lui sont communes avec Dieu même. Elle n'accepte point une étroite patrie telle qu'Éphèse ou Alexandrie, ou toute autre ville, s'il en est, plus populeuse en habitants, plus ample en constructions ; sa patrie, c'est ce vaste circuit qui enceint l'univers et tout ce qui le domine, c'est toute cette voûte sous laquelle s'étendent les terres et les mers, sous laquelle l'air partage et réunit à la fois le domaine de l'homme et celui des puissances célestes, et où des milliers de dieux, chacun à son poste, poursuivent leurs tâches respectives. Et elle ne souffre pas qu'on lui circonscrive son âge, elle se dit : « Toutes les années m'appartiennent ; point de siècle fermé au génie, point de temps[20] impénétrable à la pensée. Quand sera venu le jour solennel où ce corps, mélange de divin et d'humain, se dissoudra, je laisserai mon argile où je l'ai prise, et moi, je me réunirai aux dieux. Ici même je ne suis pas sans communiquer avec eux ; mais ma lourde et terrestre prison me retient. Ces jours mortels sont des temps d'arrêt, préludes d'une existence meilleure et plus durable. Comme le sein maternel qui nous garde neuf mois nous forme non pour lui, mais en apparence pour ce monde où nous sommes jetés assez forts déjà pour respirer l'air et résister à l'extérieur, ainsi le temps qui s'écoule de l'enfance à la vieillesse nous mûrit pour un second enfantement. Une autre origine, un monde nouveau nous attend. Jusque-là, nous ne pouvons souffrir du ciel qu'une vue lointaine.

« Sache donc envisager sans frémir cette heure qui juge la vie (a); elle n'est pas la dernière pour l'âme, si elle l'est pour le corps. Tous les objets qui gisent autour de toi, vois-les comme les meubles d'une hôtellerie : tu ne dois que passer. La nature nous fait sortir nus, comme nous sommes entrés. On n'emporte pas plus qu'on n'a apporté[91]. Que dis-je? tu laisseras sur le seuil une grande part du bagage apporté pour cette vie. Tu dépouilleras cette peau, première enveloppe qui tapisse tes organes; tu dépouilleras cette chair, ce sang qui la pénètre et court se distribuer par tous tes membres; tu dépouilleras ces os et ces muscles qui maintiennent les parties molles et fluides du corps; ce jour, que tu redoutes comme le dernier, te fait naître pour un jour sans fin[92]. Dépose ton fardeau : tu hésites! n'as-tu pas déjà quitté de même le corps où tu étais caché, pour te produire à la lumière? Tu résistes, tu te jettes en arrière : jadis aussi à grand effort ta mère t'expulsa de son sein. Tu gémis, tu pleures ; et ces pleurs mêmes annoncent l'avénement à la vie. On dut les excuser, quand tu arrivais novice et étranger à tout; quand au sortir des entrailles maternelles, de ce tiède et bienfaisant abri, tu fus saisi par un air trop vif et offensé par le toucher d'une main rude ; quand, faible encore, au milieu d'un monde inconnu, tu éprouvais la stupeur d'une complète ignorance. Aujourd'hui, ce n'est pas pour toi chose nouvelle d'être séparé de ce dont tu faisais partie. Abandonne de bonne grâce des membres désormais inutiles, laisse là ce corps que tu fus si longtemps sans habiter. Il sera mis en pièces, écrasé, réduit en cendres : tu t'en affliges? Cela se fait toujours. Elles périssent de même (b) les membranes qui enveloppent le nouveau-né. Pourquoi tant chérir ces débris, comme ta chose propre? Ils n'ont fait que te couvrir. Voici venir le jour où tomberont tes voiles, où tu seras tiré de ta demeure, de ce ventre immonde et infect.

(a) Voir *Lettre* xxvi.
(b) Je lis avec Gruter : *pereunt æque*. Lemaire : *sæpe*.

« D'ici même, dès aujourd'hui, fais effort et prends ton élan : attache-toi à tes amis, à tes parents comme à choses qui ne sont pas tiennes ; élève-toi d'ici à de plus hautes et plus sublimes méditations. Quelque jour la nature t'ouvrira ses mystères, la nuit présente se dissipera, et une lumière pure t'inondera de toutes parts. Représente-toi de quel éclat vont briller ces milliers d'astres confondant ensemble leurs rayons. Pas un nuage ne troublera cette sérénité ; toutes les plages du ciel se renverront une égale splendeur. La nuit ne succède au jour que dans notre infime atmosphère. Alors tu confesseras avoir vécu dans les ténèbres, quand ton être complet envisagera la complète lumière que d'ici, à travers l'étroite orbite de tes yeux, tu entrevois obscurément et que pourtant tu admires de si loin. Que te semblera-t-elle cette divine clarté, contemplée dans son foyer 93 ? »

De telles pensées ne laissent séjourner dans l'âme aucun penchant sordide, bas ou cruel. « Il est des dieux, nous disent-elles, témoins de tout ce que fait l'homme : soyez purs devant eux, rendez-vous dignes de les approcher un jour, proposez-vous l'éternité. Si l'homme l'embrasse comme son idéal, ni les armées ne lui font peur, ni la trompette ne l'étonne, ni les menaces ne l'intimident. Comment craindrait-il ? pour lui la mort est une espérance. Celui même qui ne croit à l'âme et à sa durée qu'autant que la retiennent les liens du corps, d'où elle se dégagerait pour s'évaporer aussitôt, s'il travaille à se rendre utile même après son trépas, alors tout ravi qu'il soit à nos yeux, cependant

> Et ses hautes vertus et l'éclat de sa race
> Vivent dans la mémoire ... (a)

Songe combien les bons exemples servent l'humanité, et reconnais que le souvenir des grands hommes ne profite pas moins que leur présence.

(a) *Énéide*, IV, 3.

## LETTRE CIII.

*Comment l'homme doit se méfier de l'homme. Ne point rompre avec les usages reçus.*

Pourquoi te mettre si fort en garde contre ces accidents qui, possibles sans doute, peuvent aussi ne pas arriver, tels que l'incendie (*a*), l'écroulement d'une maison, tout ce qui fond sur nous par hasard, non par préméditation? Prévois, évite plutôt ces ennemis qui nous épient, qui visent à nous surprendre. Ce sont des cas assez rares, quoique graves, que les naufrages, les chutes du haut d'un char; mais d'homme à homme le péril est de tous les jours. Voilà contre quoi il faut te prémunir, t'armer de toute ta vigilance, car nul fléau n'est plus commun, plus obstiné, plus insinuant. La tempête menace avant de surgir; l'édifice craque avant de s'écrouler; la fumée précède et annonce l'incendie : l'attaque de l'homme est imprévue; il masque d'autant mieux ses machines qu'il nous serre de plus près. Tu es dupe, si tu te fies aux physionomies qui s'offrent à toi! Sous le visage d'hommes est le naturel des bêtes féroces[94]; seulement, chez celles-ci le premier bond est plus dangereux: une fois passées elles ne nous cherchent plus, car jamais rien ne les porte à nuire que la nécessité. Elles, la faim ou la peur les forcent au combat; pour l'homme, perdre un homme est l'affaire d'un caprice.

Ne songe toutefois à ce que tu dois craindre de ton semblable, qu'en te rappelant tes devoirs envers lui. Observe autrui, de peur qu'on ne te blesse; toi-même, pour ne pas blesser. Réjouis-toi de voir des heureux, sois ému quand tu vois souffrir; et n'oublie ni le bien à faire, ni les piéges à éviter. A cette conduite que gagneras-tu? qu'on ne te nuise pas? Non:

---

(*o*) Leçon vulgaire : *incidentium ruinam*, locution plate et qui choque devant l'*incidunt* de la ligne suivante. Je lis avec un Mss. : ince*ndium dico, ruinam, aliaque quæ*. Juvénal semble s'être souvenu de ce texte de Sénèque Sat. III, v. 7 :

*Incendia, lapsus*
*Tectorum assiduos, ac mille pericula sævæ*
*Urbis*

mais tu ne seras pas dupe. Au reste, le plus que tu pourras, réfugie-toi dans la philosophie : elle te couvrira de son égide ; tu seras, dans son sanctuaire, en sûreté ou plus sûr qu'ailleurs. On ne se heurte contre la foule qu'en faisant route avec elle. Qu'ai-je à te dire encore? Ne te vante point de cette même philosophie : elle a maintes fois failli perdre ceux qui la pratiquaient avec trop de hauteur et d'indépendance. Qu'elle extirpe tes vices sans reprocher les leurs aux autres : qu'elle n'ait point horreur des usages reçus, et ne se donne point l'air de condamner tout ce qu'elle ne fait pas. La sagesse peut aller sans faste, sans offusquer les gens (a).

---

## LETTRE CIV.

Une indisposition de Sénèque. Tendresse de sa femme pour lui. Les voyages ne guérissent point les maux de l'âme. Vivre avec les grands hommes de l'antiquité.

J'ai fui dans ma terre de Nomentanum.... devine quoi ? « La ville? » Non, mais la fièvre qui s'annonçait. Déjà elle mettait la main sur moi : je fis bien vite préparer ma voiture, malgré ma Pauline, qui voulait me retenir. « Le mal est à son début, disait le médecin, le pouls agité, inégal, troublé dans sa marche naturelle. » Je m'obstine à partir : je donne pour raison ce mot de mon honoré frère Gallio qui, pris d'un commencement de fièvre en Achaïe, s'embarqua aussitôt en s'écriant : « Ce n'est pas de moi, c'est du pays que vient le mal. » Voilà ce que je répétais à ma Pauline qui est cause que ma santé a plus de prix pour moi. Oui, comme je sais que sa vie tient à la mienne, je commence, par égard pour elle, à m'écouter un peu ; et aguerri par la vieillesse sur bien des points, je perds sur celui-ci le bénéfice de mon âge. Je me représente que dans ce vieillard respire une jeune femme qu'il faut ménager ; et comme je ne puis gagner sur elle d'être aimé avec plus de courage, elle obtient de moi que je m'aime avec plus de soin.

(a) Voir *Lettres* v, xiv, xviii, xix, lxviii. Imité par Montaigne, I, xxv.

Il faut condescendre à nos légitimes affections ; et quelquefois, quand tout nous presserait de mourir, à la pensée des siens il faut, même au prix de la souffrance, rappeler à soi la vie et retenir le souffle qui s'exhale. L'honnête homme doit rester ici-bas, non tant qu'il s'y plaît, mais tant qu'il y est nécessaire. Celui qu'une épouse, qu'un ami ne touchent point assez pour l'arrêter plus longtemps sur la terre et qui s'obstine à mourir, est un égoïste. Vivre est aussi une loi à s'imposer quand l'intérêt des nôtres l'exige ; eussions-nous souhaité, commencé même de rompre avec la vie, n'achevons pas et prêtons-nous encore à leur tendresse[96]. Généreuse est l'âme que son dévouement pour autrui rattache à l'existence ; plus d'un grand homme a fait ainsi. Mais la plus haute preuve de sensibilité, à mon sens, c'est quand la vieillesse, malgré son immense avantage de moins s'inquiéter du corps et d'user de la vie avec moins de regrets, devient plus attentive à se conserver, si elle sait que tel est le bonheur, l'utilité, le vœu de quelqu'un des siens. D'ailleurs cela porte avec soi sa joie et son salaire qui, certes, est assez doux. Quoi de plus agréable, en effet, que d'être chéri d'une épouse au point d'en devenir plus cher à soi-même ? Aussi ma Pauline peut compter que j'éprouve ses craintes pour moi, en outre des miennes.

Tu veux savoir si cette résolution de partir m'a bien ou mal réussi ? A peine eus-je quitté la lourde atmosphère de la ville et cette odeur des cuisines qui, toutes fumantes, toutes en travail, vomissent mêlé à la poussière tout ce qu'elles engouffrent de vapeurs infectes, j'ai senti dans mon être un changement subit. Juge combien mes forces ont dû croître quand j'ai pu atteindre mes vignes ! J'étais le coursier qu'on rend à la prairie, qui vole à sa pâture. Je me suis donc enfin retrouvé : j'ai vu disparaître cette langueur suspecte, qui ne promettait rien de bon ; déjà toute mon ardeur me revient pour l'étude. Non qu'un lieu y fasse beaucoup plus qu'un autre, si l'esprit ne se possède, l'esprit qui se crée, s'il veut, une retraite au sein même des occupations. Mais l'homme qui choisit telle contrée, puis telle autre, et veut saisir le repos à la course, trouvera partout de nouveaux tiraillements. Quelqu'un se plaignait à Socrate que les voyages ne lui avaient servi de rien ; le sage, dit-on, lui repartit : « Ce qui vous arrive est tout simple ; vous voyagiez avec vous. » Heureux certains hommes, s'ils se sauvaient loin d'eux-mêmes ! Mais non : on est à soi-même son premier persécuteur, son corrupteur, son épouvantail.

Que gagne-t-on à franchir les mers, à errer de ville en ville? Veux-tu fuir le mal qui t'obsède? Il n'est pas besoin que tu sois ailleurs: sois autre. Suppose-toi débarqué à Athènes, débarqué à Rhodes; choisis à ton caprice toute autre ville: que te font les mœurs de ces pays[97]? Tu y portes les tiennes. La richesse te semble-t-elle le bonheur? Tu trouveras ton supplice dans ta pauvreté, dans la pire de toutes, la pauvreté imaginaire. Car en vain possèdes-tu beaucoup; quelque autre possédant davantage, tu te crois en déficit de tout ce dont il te surpasse. Places-tu le bonheur dans les dignités? Tu souffriras de l'élection de tel consul, de la réélection de tel autre: quel dépit, si tu lis plusieurs fois le même nom dans nos fastes! Dans ton ambitieuse démence, tu ne verras plus ceux que tu dépasses, dès qu'un seul te devancera. Le plus grand des maux, penses-tu, c'est la mort? Mais il n'y a de mal en elle que ce qui la précède, la peur. Tu t'effrayeras et du péril et de l'ombre du péril; des chimères t'agiteront sans cesse. Car que te servira

> D'avoir franchi tant d'hostiles cités,
> Tant de bords dangereux par le Grec habités (a)?

La paix même sera pour toi fertile en alarmes. Ton âme une fois découragée, l'abri le plus sûr n'aura pas ta confiance; et dès que le sentiment irréfléchi de la peur tourne en habitude, il paralyse jusqu'à l'instinct de la conservation. Il n'évite pas, il fuit: et l'on donne plus de prise aux dangers en leur tournant le dos. Tu croiras subir une bien grave infortune lorsque tu perdras quelqu'un que tu aimes: en quoi tu montreras autant d'inconséquence que si tu pleurais quand les arbres riants qui ornent ta demeure sont abandonnés de leurs feuilles. Tous les êtres qui réjouissent ton cœur, vois-les comme tu vois ces feuilles alors qu'elles verdoient; car enfin, aujourd'hui l'un, demain l'autre, leur sort est de tomber; mais de même qu'on regrette peu la chute des feuilles parce qu'elles se reproduisent, ainsi dois-tu prendre la perte de ceux que tu aimes et qui, dis-tu, font le charme de ta vie: ils se remplacent, s'ils ne peuvent renaître. « Mais ce ne seront plus les mêmes! » Et toi, n'auras-tu pas changé? Chaque jour, chaque heure fait de toi un autre homme (b); et ce larcin du temps, visible chez autrui, s'il ne l'est pas chez toi, c'est qu'il s'opère à ton insu. Les

---

(a) *Énéide*, III, 383.
(b) Voy. *Lettre* LXVIII.

autres semblent emportés de vive force, nous sommes furtivement dérobés à nous-mêmes.

Mais ces réflexions ne seront point les tiennes; tu n'appliqueras pas ce baume à ta plaie; toi-même sèmeras ta route d'inquiétudes sans fin, tantôt espérant, tantôt découragé. Plus sage, tu tempérerais l'un par l'autre : tu n'espérerais point sans méfiance, tu ne te méfierais point sans espoir.

Jamais changement de climat a-t-il en soi profité à personne? Il n'a pas calmé la soif des plaisirs, mis un frein aux cupidités, guéri les emportements, maîtrisé les tempêtes de l'indomptable amour, délivré l'âme d'un seul de ses maux, ramené la raison, dissipé l'erreur. Mais comme l'enfant s'étonne de ce qu'il n'a jamais vu, pour un moment un certain attrait de nouveauté nous a captivés. Du reste l'inconstance de l'esprit, alors plus malade que jamais, s'en irrite encore, plus mobile, plus vagabonde par l'effet même du déplacement. Aussi les lieux qu'on cherchait si ardemment, on met plus d'ardeur encore à les fuir et, comme l'oiseau de passage, on vole plus loin, on part plus vite qu'on n'était venu[98]. Les voyages te feront connaître des peuples et voir de nouvelles configurations de montagnes, des plaines d'une grandeur insolite pour toi, des vallons arrosés de sources intarissables, des fleuves offrant à l'observateur quelque phénomène naturel, soit le Nil, qui gonfle et déborde en été; soit le Tigre, qui disparaît tout à coup pour se frayer sous terre un passage dont il sort avec toute la masse de ses eaux; soit le Méandre, sujet d'exercice et de fiction pour tous les poëtes, qui se replie en mille sinuosités et souvent, lorsqu'il approche de son lit, se détourne encore avant d'y rentrer: mais tout cela ne te rendra ni meilleur ni plus sage[99]. C'est à l'étude qu'il faut recourir et aux grands maîtres de la sagesse, pour apprendre leurs découvertes, pour chercher ce qui reste à trouver. Ainsi l'âme se rachète de son misérable esclavage et ressaisit son indépendance. Tant que tu ignores ce que tu dois fuir ou rechercher, ce qui est nécessaire ou superflu, ce qui est juste, ce qui est honnête, tu ne voyageras pas, tu ne feras qu'errer. Tu n'as point d'aide à espérer de tes courses sans nombre; car tes passions cheminent avec toi, car ton mal te suit. Et puisse-t-il ne faire que te suivre! Il serait à quelque distance: mais il est en toi, non à ta suite. Aussi t'obsède-t-il partout; partout ton malaise est également cuisant. Il faut des remèdes à un malade plutôt que des déplacements. L'homme qui s'est cassé la jambe ou donné une entorse ne monte ni sur une voiture ni sur un navire : il fait appeler le médecin pour rejoindre l'os rompu, pour replacer le muscle démis. Eh bien donc, croiras-tu qu'une âme foulée et fracturée sur tant de points se rétablisse par le changement de lieux? L'affection est trop grave pour céder à une locomotion. Ce n'est pas à courir le monde qu'on devient médecin ou orateur : il n'y a de lieu spécial pour l'apprentissage d'aucun art; et la sagesse, de tous le plus difficile, se ramasserait sur les grandes routes? Il n'est point de voyage, crois-moi, qui te sorte de tes passions, de tes dépits, de tes craintes; s'il en était, le genre humain tout entier se lèverait pour l'entreprendre. Tes passions ne lâcheront point prise : elles déchireront sur la terre et sur l'onde leur proie fugitive aussi longtemps que tu emporteras le principe de tes maux.

Tu t'étonnes de fuir en vain? Ce que tu fuis ne t'a pas quitté. C'est à toi-même à te corriger; rejette ce qui te pèse et mets à tes désirs au moins quelque borne. Purge ton âme de toute iniquité : pour que la traversée te plaise, guéris l'homme qui s'embarque avec toi. L'avarice te rongera tant que tu auras commerce avec des cœurs avares et sordides : ta morgue te restera tant que tu hanteras des superbes [100]; ton humeur implacable ne se perdra pas dans la compagnie d'hommes de sang ; tes accointances avec les débauchés raviveront tes feux adultères. Si tu veux dépouiller tes vices, fuis au plus loin les vicieux exemples. L'avare, le séducteur, l'homme cruel, l'artisan de fraudes, si contagieux par leur seule approche, sont en toi. Passe au camp des hommes vertueux. Vis avec les Catons, avec Tubéron, avec Lælius, ou, s'il te prend envie de visiter aussi les Grecs, avec Socrate, avec Zénon. L'un t'enseignera à mourir quand la nécessité l'exigera ; l'autre, à prévenir même la nécessité. Vis avec un Chrysippe, un Posidonius. Ceux-là te transmettront la science des choses divines et humaines; ceux-là te prescriront d'agir, de n'être pas seulement un habile discoureur qui débite ses phrases pour le plaisir des oreilles, mais de te faire une âme vigoureuse et inflexible à toutes menaces. Car l'unique port de cette vie agitée, orageuse, c'est le dédain de tout ce qui peut advenir; c'est la lutte résolue, à découvert, qui reçoit en face les traits de la Fortune, sans l'esquiver, sans la marchander. La nature nous donne la passion des grandes choses; et comme les animaux reçurent d'elle, les uns la férocité, les autres la ruse, d'autres l'instinct de la crainte, ainsi l'homme lui doit cette fierté et cette élévation du cœur qui cherchent la vie la plus honorable, non la plus exempte de péril : car en lui tout respire le ciel, modèle et but dont il se rapproche autant que peuvent le faire les pas d'un mortel. Il appelle le grand jour, il aime à se croire devant ses juges et ses approbateurs. Roi de l'univers, supérieur à tout ici-bas, devant quoi s'humilierait-il? Rien lui semble-t-il assez accablant pour qu'il courbe sa noble tête?

Ce couple affreux à voir, la souffrance et la mort (*a*),

ne l'est nullement pour qui ose l'envisager d'un œil fixe et percer de trompeuses ténèbres. Mainte fois les terreurs de la nuit se changent au matin en objets de risée [101].

Ce couple affreux à voir, la souffrance et la mort,

dit si bien Virgile, et non point affreux *en réalité*, mais seulement *à voir* : il entend que c'est pure vision, que ce n'est rien. Qu'y a-t-il là, répétons-le, d'aussi formidable que ce qu'en publie la renommée? Qu'y a-t-il, je te prie, Lucilius, pour qu'un homme de cœur craigne la souffrance, un mortel la mort?

Je ne vois que gens qui réputent impossible ce qu'ils n'ont pu faire (*b*); et puis nos doctrines sont trop hautes, disent-ils, elles passent les forces de l'homme. Ah! combien j'ai d'eux meilleure opinion qu'eux-mêmes! Eux aussi peuvent, mais ils ne veulent pas. L'essai qu'on leur demande a-t-il jamais trahi ceux qui l'ont tenté? N'a-t-il pas toujours paru plus facile à l'exécution? Ce n'est point parce qu'il est difficile que nous n'osons pas; c'est parce que nous n'osons pas, qu'il est difficile. D'ailleurs, s'il vous faut un exemple, prenez Socrate, vieillard éprouvé par tous les malheurs, poussé sur tous les écueils, et que n'ont vaincu ni la pauvreté, aggravée encore par ses charges domestiques, ni les fatigues des camps qu'il dut subir aussi, ni les tracasseries de famille dont il fut harcelé, soit par une femme aux mœurs intraitables, à la parole hargneuse, soit par d'indociles enfants qui ressemblaient plus à leur mère qu'à leur père. Quelle vie passée presque toute ou à la guerre, ou sous la tyrannie, ou sous une liberté plus cruelle que la guerre et que les tyrans! Après vingt-sept ans de combats, la fin des hostilités fut l'abandon d'Athènes à la merci de trente tyrans, la plupart ennemis de Socrate. Pour

(*a*) *Énéid.*, IV, 277.
(*b*) Voy. *Lettres* xcviii, cxvi. *De la Colère.* I, xii.

calamité dernière, une condamnation le flétrit des imputations les plus accablantes. On l'accusa d'attenter à la religion et de corrompre les jeunes gens qu'il soulevait, disait-on, contre les dieux, contre leurs parents et la république : puis vinrent les fers et la ciguë. Tout cela, bien loin de troubler son âme, ne troubla même pas son visage. Il mérita jusqu'à la fin l'éloge admirable, l'éloge unique que jamais nul ne le vit plus gai ni plus triste que de coutume : il fut toujours égal dans ces grandes inégalités du sort.

Veux-tu un second exemple? Prends M. Caton, ce héros plus moderne, que la Fortune poursuivit d'une haine encore plus vive et plus opiniâtre. Traversé par elle dans tous les actes de sa vie, et jusque dans celui de sa mort, il prouva néanmoins qu'un grand cœur peut vivre et mourir en dépit d'elle. Son existence se passa toute soit dans les guerres civiles, soit à une époque déjà grosse de guerres civiles; et l'on peut dire de lui, comme de Socrate, qu'il vécut dans une patrie esclave, à moins qu'on ne prenne Pompée, César et Crassus, pour les hommes de la liberté. Personne ne vit changer Caton, quand la république changeait sans cesse : toujours le même dans toute situation, préteur ou repoussé de la préture, accusé ou chef de province, au forum, aux armées, à l'heure du trépas. Enfin, au milieu de toute cette république en détresse, quand d'un côté marchait César appuyé des dix plus braves légions, de tant d'étrangers ses auxiliaires, et quand de l'autre était Pompée, Caton seul suffit contre tous. Quand ceux-là penchaient pour César, ceux-ci pour Pompée, Caton lui seul forma un parti à la liberté. Embrasse dans tes souvenirs le tableau de ces temps, tu verras d'une part le petit peuple et tout ce vulgaire enthousiaste des choses nouvelles; de l'autre, l'élite des Romains, l'ordre des chevaliers, tout ce qu'il y avait dans l'État de vénéré, de distingué; et, délaissés au milieu de tous, la république et Caton. Ah! sans doute, tu considéreras avec admiration

> Agamemnon, Priam, et terrible à tous deux
> Achille.... *(a)*;

car il les improuve tous deux, il les veut désarmer tous deux. Voici comme il juge au sujet de l'un et de l'autre : « Si César triomphe, je me condamne à mourir; si c'est Pompée, je m'exile. » Qu'avait-il à craindre celui qui, défait ou vainqueur, s'infligeait

(*a*) *Énéide*, I, 458.

les peines qu'on n'attend que du plus implacable ennemi? Il mourut donc, selon son propre arrêt. Vois si l'homme peut supporter les travaux : il conduisit à pied son armée à travers les solitudes de l'Afrique ; s'il est possible d'endurer la soif : Caton, sur des collines arides, dépourvu de bagages, traînant après lui les débris de ses légions vaincues, souffrit la disette d'eau sans quitter sa cuirasse, et chaque fois que s'offrait l'occasion de boire, il but toujours le dernier [102]. Vois si l'on peut mépriser et les honneurs et les affronts : le jour même où on lui refuse la préture, il joue à la paume sur la place des comices. Vois si l'on peut ne pas trembler devant des puissances supérieures : il provoque à la fois César et Pompée, quand nul n'osait offenser l'un que pour gagner les bonnes grâces de l'autre. Vois si la mort peut se dédaigner aussi bien que l'exil : Caton s'imposa l'exil ou la mort, et pour prélude la guerre. Nous pouvons donc contre pareil sort avoir même courage : il ne faut que vouloir soustraire sa tête au joug. Or avant tout répudions les voluptés : elles énervent, elles efféminent, elles exigent trop de choses, et toutes ces choses, c'est à la Fortune qu'il les faut mendier. Ensuite méprisons les richesses, ce salaire de tant d'esclavages [103]. Renonçons à l'or, à l'argent, à tout cet éclat qui pèse sur les heureux du siècle : sans sacrifice point de liberté; et qui tient la liberté pour beaucoup doit tenir pour bien peu tout le reste.

## LETTRE CV.

Ce qui fait la sécurité de la vie. Des mauvaises consciences.

Les règles que tu dois observer pour jouir d'un peu de sûreté dans la vie, les voici, sauf à toi à les prendre, et j'en suis d'avis, comme des préceptes d'hygiène que je te donnerais pour l'insalubre climat d'Ardée (a). Cherche à voir quels sont les motifs qui poussent un homme à perdre son semblable, tu trouveras l'espérance, l'envie, la haine, la crainte, le dédain. De tous ces motifs le dédain est le moins grave, au point que beau-

(a) *Ardea*, aujourd'hui le hameau de *mal'aria*.

coup l'acceptèrent comme préservatif, comme abri ¹. On foule, il est vrai, l'homme qu'on dédaigne, mais on passe outre. Nul ne s'acharne, nul ne s'étudie à persécuter l'objet de ses dédains. On oublie même l'ennemi couché par terre pour combattre l'ennemi debout.

Tu éluderas l'espoir du méchant, en ne possédant rien qui excite la convoitise et l'improbité, rien qui ait trop d'éclat : car on est désireux de ce qui brille, bien qu'on le connaisse peu.

Pour échapper à l'envie, tu ne feras ni étalage de ta personne, ni vanité de tes biens; tu sauras jouir dans le secret de ton cœur².

La haine est fille de l'offense : on l'évite, si l'on ne fait d'injure gratuite à personne; c'est de quoi le bon sens te garantira. Voici qui fut pour beaucoup un écueil : on a parfois encouru des haines sans avoir proprement d'ennemi (*a*). Si tu n'inspires pas la crainte, tu le devras à la médiocrité de ta fortune, et à la douceur de ton caractère. Que les gens sachent qu'on peut te choquer sans péril grave; qu'avec toi la réconciliation soit facile et loyale. Il est aussi triste de se faire craindre chez soi qu'au dehors, par ses serviteurs que par ses enfants. Il n'est personne qui ne soit assez fort pour nuire. Et puis, qui se fait craindre craint à son tour : nul n'a pu lancer la terreur en gardant sa sécurité.

Reste le dédain, dont la mesure est à la discrétion de celui qui le prend pour égide, qui l'accepte parce qu'il l'a voulu, non parce qu'il le mérite : disgrâce qu'on oublie dans la pratique du bien et dans l'amitié de ceux qui ont du pouvoir chez quelque puissant : il sera bon de s'approcher d'eux, non de s'y accrocher; le secours pourrait coûter plus que le péril.

Mais rien ne te servira mieux que de vivre dans le repos, de t'entretenir fort peu avec les autres, beaucoup avec toi. Il se glisse dans les entretiens je ne sais quel charme insinuant, qui, de même que l'ivresse ou l'amour³, nous arrache nos secrets. Nul ne tait ce qu'il entend dire; nul ne dit uniquement ce qu'il a entendu. Qui n'a pas tu la chose ne taira pas l'auteur. Chacun a pour quelque autre la même confiance qu'on a mise en lui. Si maître qu'il soit de sa langue, ne se fut-il livré qu'à un seul, il aura un peuple de confidents; et le secret d'hier devient la rumeur du jour⁴. La grande base de la sécurité consiste à ne

(*a*) Témoin Aristide.

rien faire d'inique. Celui qui cède au génie du mal mène une vie de trouble et d'anxiété; ses frayeurs égalent ses prévarications, et son esprit n'est jamais en paix. Les alarmes suivent le délit : captif de sa conscience qui ne lui permet aucune distraction, tout malfaiteur est sans cesse sommé de lui répondre. On souffre la peine dès qu'on l'attend; on l'attend quand on la mérite ⁵. Une mauvaise conscience peut trouver sûreté quelque part, nulle part sécurité. On a beau n'être pas découvert, on se dit qu'on peut l'être; et dans le sommeil on tressaille, et l'on ne peut ouïr parler d'un crime sans songer au sien. Il ne semble point assez effacé, assez invisible. Le coupable a parfois la chance de rester caché; la certitude, il ne l'a jamais ⁶.

# LETTRE CVI.

### Si le bien est corps. Fuir les subtilités.

Si je réponds un peu tard à tes lettres, ce n'est pas que trop d'occupations se disputent mon temps: ne te paye jamais d'une telle excuse; j'ai du loisir, et en a toujours qui veut. Les affaires ne cherchent personne; c'est nous qui courons nous y jeter, et qui croyons que tous ces embarras sont l'enseigne du bonheur. Pourquoi est-ce donc que je n'ai pas sur-le-champ répondu à tes questions? c'est qu'elles rentraient dans la contexture de l'ouvrage où tu sais que je veux embrasser toute la philosophie morale, et éclaircir toutes les questions qui s'y rattachent. J'ai donc hésité si je t'ajournerais, ou si, en attendant que cette matière vînt en son ordre, je te donnerais une audience extraordinaire : j'ai cru plus honnête de ne pas faire languir un homme venu de si loin. J'extrairai donc ceci encore d'une série de choses qui se tiennent; et s'il se présente quelque curiosité de ce genre, je préviendrai ta demande et te l'enverrai. Que sera-ce? Tu veux le savoir? De ces objets dont la connaissance amuse plus qu'elle ne sert; comme est ta question : « Le bien est-il un corps? »

Le bien agit, car il est utile : or ce qui agit est corps. Le bien donne du mouvement à l'âme, il en est comme la forme et le moule; ce qui est le propre d'un corps. Les biens du corps sont corps eux-mêmes; donc il en est ainsi des biens de l'âme, car l'âme aussi est corps. Le bien de l'homme est nécessairement un corps, l'homme étant corporel. Ou je me trompe, ou ce qui l'alimente, ce qui conserve ou rétablit sa santé est corps aussi : donc également le bien de l'homme est corps. Tu ne douteras pas, je pense, que les passions ne soient corps (pour intercaler ici un autre point dont tu ne parles pas); par exemple : la colère, l'amour, la tristesse. Si tu en doutais, vois comme elles changent tous les traits, obscurcissent le front, épanouissent le visage, appellent la rougeur ou refoulent le sang. Comment des signes aussi manifestes seraient-ils imprimés au corps par autre chose qu'un corps? Si les passions sont corps, les maladies de l'âme, l'avarice, la cruauté, les vices endurcis et arrivés à l'état incurable, et encore la perversité et toutes ses espèces, comme la malignité, l'envie et la superbe, le sont aussi. Il en sera de même des biens, d'abord par la raison des contraires, ensuite parce qu'ils t'offrent les mêmes indices. Ne vois-tu pas quelle vivacité donne aux yeux le courage; quelle force d'attention, la prudence; quelle modestie paisible, le respect; quelle sérénité, la joie; quel air rigide, la sévérité; quelle aisance calme, la franchise? Il faut donc que ce qui change la couleur des corps et leur manière d'être, que ce qui exerce sur eux tant d'empire soit corps aussi. Or toutes les vertus susdites sont des biens, comme tout ce qui vient d'elles. Est-il douteux que ce qui touche ne soit corps?

Un corps seul peut toucher et peut être touché,

comme dit Lucrèce (a). Or tous les agents dont je parle ne changeraient pas le corps s'ils ne le touchaient, donc ils sont corps. Il y a plus : tout ce qui possède force d'impulsion, de contrainte, de rappel, de commandement, est corps. Car enfin, ne voit-on pas la crainte retenir, l'audace précipiter, le courage pousser et donner l'élan, la modération imposer un frein et rappeler, la joie exalter l'âme, la tristesse l'abattre? Tous nos actes, en un mot, se font sous l'empire de la perversité ou de la vertu; ce qui commande au corps n'est autre chose qu'un corps; de même ce qui le violente. Le bien du corps est corporel; le bien de l'homme est aussi le bien du corps, et partant corporel.

Après avoir fait pour toi, selon ton désir, acte de complai-

---

(a) *De natura rerum*, I, 305.

sance, souffre que je me dise ce que déjà je t'entends dire. Nous jouons là comme aux échecs ; nous émoussons sur des choses vaines la subtilité de notre esprit : tout cela ne fait pas des hommes de bien, mais des doctes ⁷. La sagesse est plus accessible, elle est surtout plus simple : avec peu de science on arrive au bon esprit. Mais, comme nous prodiguons sans fruit tout le reste, ainsi faisons-nous de la philosophie même. Nous portons partout, et jusque dans la science, l'intempérance qui nous travaille : nous étudions non pour la vie réelle, mais pour l'école.

# LETTRE CVII.

### Se préparer à toutes les disgrâces. Suivre sans murmurer les ordres de Dieu.

Qu'est devenue ta rare prudence? Et cette sagacité qui appréciait si bien les choses? Où est ton grand courage? Une bagatelle te désole! Tes esclaves, te voyant si affairé, ont cru le moment bon pour s'enfuir. Prends que c'étaient de faux amis, (et en vérité laissons-leur le nom d'amis que leur donne ce bon Épicure) (*a*); pour qu'ils ne compromettent pas plus scandaleusement tous tes intérêts, passe-toi de gens qui mettaient ta surveillance aux abois, et faisaient de toi un maître aussi fâcheux que ses valets (*b*). Rien en cela d'étrange, rien d'inattendu. S'en émouvoir est aussi ridicule que de se plaindre d'être éclaboussé en pleine rue ou crotté dans la boue. Tu es sujet, dans la vie, aux mêmes accidents qu'en un bain public, dans une foule, en voyage, les uns prémédités, les autres fortuits. Ce n'est pas une affaire de plaisir que la vie. Engagé dans une longue carrière, il faut que l'homme trébuche, et chancelle, et tombe, et s'épuise et s'écrie : « O mort! » c'est-à-dire qu'il mente. Ici tu laisseras en chemin un compagnon, là tu enterreras l'autre, un troisième te menacera. Voilà par quels en-

---

(*a*) *Quo turpius non sint.... desint illi*, leçon des Mss. Lemaire a torturé le texte pour en tirer : *quota pars abesset.... desunt....*

(*b*) Je lis comme J. Lipse : *et te aliis molestum et se* (au lieu de *esse*) *reddebunt*.

combres il te faut parcourir cette route hérissée d'écueils. « Un ami vouloir ma mort (*a*)! » Prépare ton âme à tout cela : tu es venu, sache-le bien, où éclate la foudre; tu es venu sur des bords

> Qu'habitent les chagrins et les remords vengeurs,
> Et la triste vieillesse et les pâles douleurs (*b*).

C'est dans cette compagnie que la vie doit s'achever. Éviter tant d'ennemis, tu ne le peux; les braver est possible, et on les brave quand on y a songé souvent et tout prévu d'avance. On affronte plus hardiment le péril contre lequel on s'est longuement aguerri; et les plus dures atteintes, dès qu'on s'y attend, s'amortissent, comme les plus légères effrayent, si elles sont imprévues. Tâchons que rien ne le soit pour nous; et comme tout mal dans sa nouveauté pèse davantage, tu devras à une méditation continuelle de n'être neuf pour aucun.

« Mes esclaves m'ont abandonné! » D'autres ont pillé leur maître, l'ont calomnié, massacré, trahi, foulé aux pieds, empoisonné, poursuivi criminellement. Tout ce que tu dirais de pire est arrivé mille fois. Et puis, quelle multitude et quelle variété de traits nous menacent! Les uns déjà nous ont percés; on brandit les autres : en ce moment même ils arrivent; beaucoup, qui vont frapper autrui, nous effleurent. Ne soyons surpris d'aucune des épreuves pour lesquelles nous sommes nés : nul n'a droit de s'en plaindre, elles sont communes à tous. Je dis à tous, car celui même qui y échappe pouvait les subir; or la loi juste est celle non point qui a son effet sur tous, mais qui est faite pour tous. Imposons à notre âme la résignation, et payons sans gémir les tributs d'un être mortel. L'hiver amène les frimas, souffrons son âpreté; l'été revient avec ses chaleurs, endurons-les; une température malsaine attaque notre santé, sachons être malades. Tantôt une bête sauvage se jettera sur nous, ou un homme plus féroce que toute bête sauvage. L'onde nous ravira ceci, la flamme cela. C'est la constitution des choses : la changer nous est impossible; ce que nous pouvons, c'est de nous élever à cette hauteur d'âme, si digne de la vertu, qui souffre avec courage les coups du hasard et veut ce que veut la nature. Or la nature, comme tu vois, gouverne ce monde par le changement. Aux nuages succède la sérénité; les

---

(*a*) Je lis avec un Mss. : *Mori me vult ?* et non *Mori vult ?*
(*b*) *Énéide*, VI, 264.

mers se soulèvent après le calme ; les vents soufflent alternativement ; le jour remplace la nuit ; une partie du ciel s'élève sur nos têtes, l'autre plonge sous nos pieds : c'est par les contraires que la permanence des choses se maintient [8]. Voilà sur quelle loi il faut nous régler : suivons-la, obéissons-lui : quoi qu'il arrive, pensons que cela devait arriver, et renonçons à quereller la nature.

Le mieux est de souffrir, quand le remède est impossible [9] ; contre le divin auteur de tout événement n'essayons nulle plainte et marchons dans ses voies [10]. Mauvais soldat est l'homme qui suit son général à contre-cœur. Recevons avec dévouement et avec joie ses commandements ; ne troublons point, lâches déserteurs, la marche de cette belle création où tout ce que nous souffrons est partie nécessaire. Disons à Jupiter, qui tient le gouvernail et dirige le grand tout, ce que lui dit le stoïcien Cléanthe en vers éloquents que l'exemple de l'éloquent Cicéron me permet de traduire en notre langue. S'ils te plaisent, tu m'en sauras gré ; sinon, songe à Cicéron dont je n'ai fait que suivre l'exemple.

> Roi des champs étoilés, ô père, sois mon guide :
> Où tu veux, sans tarder et d'un pas intrépide
> Je te suis. C'est la loi, que j'en murmure ou non ;
> Et le destin s'impose au méchant comme au bon :
> Je cède, il me conduit ; je résiste, il m'entraîne.

Ainsi doit-on vivre et parler. Que le destin nous trouve prêts et déterminés. Il n'est d'âme grande que celle qui s'abandonne à Dieu : c'est aux âmes étroites et dégénérées à tenter la lutte, à calomnier l'ordre de l'univers, à vouloir réformer la Providence, plutôt qu'elles-mêmes.

---

# LETTRE CVIII.

*Comment il faut écouter les philosophes. Attalus, Sotion, Pythagore. Tout rapporter à la vie pratique.*

La question que tu me fais porte sur des choses bonnes à savoir seulement pour dire qu'on les sait. Mais enfin, puisque tel est leur mérite, et que tu es pressé, et que tu ne veux pas attendre le livre où je m'occupe à présent même à classer l'ensemble de la philosophie morale, je vais résoudre tes doutes. Toutefois je veux avant tout t'indiquer le moyen de diriger cette ardeur de savoir dont je te vois enflammé, et qui pourrait se faire obstacle à elle-même. Il ne faut ni butiner au hasard, ni envahir avidement tout le champ de la science : c'est partie par partie qu'on arrive à saisir le tout. On doit proportionner le fardeau à ses forces, et ne pas prendre au delà de ce qu'on peut porter. Ne puise pas selon ton désir, mais selon ta capacité. Commence par avoir l'âme bien réglée : ta capacité répondra à tes désirs. Plus une telle âme reçoit, plus elle s'étend.

Voici un précepte que j'ai retenu d'Attalus (a), lorsque j'assiégeais son école, le premier à m'y rendre et le dernier à la quitter; lorsque, durant ses promenades mêmes, je l'attirais dans l'une de ces discussions instructives auxquelles il se prêtait de bonne grâce, qu'il provoquait même. « Le maître et le disciple, disait-il, doivent avoir un but commun et vouloir, l'un se rendre utile, l'autre profiter. » Que celui qui vient aux leçons d'un philosophe y recueille chaque fois quelque fruit, et s'en retourne ou plus sage ou plus près de l'être. Et il en sera ainsi : car telle est l'influence de la philosophie, que non-seulement ses prosélytes, mais tous ceux qui l'approchent y gagnent (b). Qui s'expose au soleil brunira son teint, bien qu'il n'y vienne pas pour cela; qui s'arrête et fait longue séance dans la boutique d'un parfumeur emporte avec soi l'odeur du lieu ; de même, au sortir de chez un philosophe, quelque chose de lui nous suit nécessairement et nous profite, tout inattentifs que nous soyons. Pèse bien mes termes : je parle d'inattention, non de répugnance.

« Mais quoi? N'avons-nous pas vu des hommes suivre maintes années un professeur de sagesse, et ne pas prendre la moindre teinte de ses doctrines? » Comment ne les aurais-je pas vus? Et c'étaient les plus persistants, les plus assidus, ceux que j'appelle, moi, non pas disciples, mais piliers d'école. D'autres viennent pour entendre, non pour retenir, comme on va au théâtre chercher le plaisir et amuser son oreille de paroles, de chant ou de drames. Pour la plupart de ces habitués tu verras

---

(a) Voy. sur Attalus, *Lettres* IX, LXIII, LXVII, LXXXI.
(b) Voy. *Lettre* LX.

les leçons du philosophe n'être qu'un passe-temps d'oisifs. Ils ne songent point à s'y défaire de quelque vice, à y recevoir quelque règle de vie pour redresser leurs mœurs : ils ne veulent que goûter la satisfaction de l'oreille. Quelques-uns pourtant apportent leurs tablettes ; mais au lieu de choses, ils y notent des mots qu'ils répéteront sans fruit pour les autres, comme ils les entendent sans fruit pour eux-mêmes. Il en est qu'échauffent les grands traits d'éloquence et qui entrent dans la passion de l'orateur, aussi émus d'esprit que de visage ; transport pareil à celui de ces eunuques qui, au son de la flûte phrygienne, ont de l'enthousiasme à commandement. Ce qui les ravit, ce qui les entraîne, c'est la beauté des doctrines, et non plus la vaine harmonie des paroles. Qu'il se débite quelque vive tirade contre la mort, quelque fière apostrophe contre la fortune, les voilà prêts à faire ce qu'ils viennent d'ouïr. Ils sont pénétrés et tels qu'on le veut, si l'impression morale persiste, si leur noble élan ne se brise à l'heure même contre les railleries du monde, qui dissuade de toute vertu. Ces sentiments conçus avec tant d'ardeur, bien peu les remportent dans leurs foyers.

Il est facile d'allumer chez son auditeur l'amour de ce qui est bien : car la nature a donné à tous le fondement et le germe des vertus. Tous nous sommes faits pour toutes ; à l'approche d'une main habile, ces précieuses étincelles, pour ainsi dire assoupies, se réveillent [11]. N'entends-tu pas de quels applaudissements retentissent nos théâtres, quand il s'y prononce de ces choses que tout un peuple reconnaît et sanctionne d'une seule voix comme la vérité même [12] ?

> Oui, le pauvre a bien peu, mais tout manque à l'avare
> Sans pitié pour autrui, pour lui même barbare.

A de tels vers l'homme le plus sordide applaudit, et la censure de ses propres vices le charme [13]. Juge combien ces mots doivent avoir plus d'effet quand c'est un philosophe qui parle, lorsqu'à de salutaires préceptes se mêlent quelques vers qui les gravent plus efficacement dans les consciences peu éclairées ! « Car, comme a dit Cléanthe, de même que notre souffle produit un son plus éclatant s'il est comprimé dans l'étroite capacité d'un long tube d'où il sort enfin par un plus large orifice (a),

---

(a) Je lis avec presque tous les Mss. : *patentiore novissime exitu*. Lemaire : *potentiorem novissimo*....

ainsi la gêne et la contrainte du vers donnent à nos pensées un nouvel éclat. » La même chose que l'on écoute sans intérêt, qui effleure l'attention si on l'exprime en prose, dès que le rhythme lui vient en aide, que la pensée, déjà heureuse, se plie aux entraves et à la précision du mètre, elle nous arrive comme le trait que darde un bras nerveux [14]. On parle en cent façons du mépris des richesses ; on nous enseigne par de fort longs discours à mettre nos biens en nous-mêmes, non dans nos patrimoines, que celui-là est opulent qui s'accommode à sa pauvreté et se fait riche de peu. Mais l'esprit est bien plus vivement frappé, quand on récite des vers comme ceux-ci :

> Le moins pauvre est celui qui désire le moins ;
> Tes vœux seront comblés s'ils suivent tes besoins (a).

Ces maximes et d'autres semblables nous arrachent l'aveu de leur évidence. Ceux mêmes à qui rien ne suffit s'extasient, se récrient, déclarent la guerre aux richesses. Quand tu leur verras cette disposition, insiste, presse et fortifie ton dire ; plus d'équivoques, de syllogismes, de chicanes de mots, de vains jeux de subtilité. Tonne contre l'avarice, tonne contre le luxe ; et si l'impression est visible, si les âmes s'ébranlent, redouble encore de véhémence. On ne saurait croire combien profitent de telles allocutions qui tendent à guérir les âmes et n'ont pour but que le bien des auditeurs. Il est bien facile de gagner de jeunes esprits à l'amour de l'honnête et du juste ; dociles encore, ils ne sont gâtés qu'à la surface ; que de prise a sur eux la vérité, si elle trouve un avocat digne d'elle (b) !

Pour moi, certes, lorsque j'entendais Attalus discourir sur les vices, les erreurs, les maux de la vie, j'ai souvent pris en pitié la race humaine ; et lui me paraissait sublime et supérieur aux plus élevés des mortels. « Je suis roi, » disait-il ; et à mes yeux il était bien plus : car il avait droit de censure sur les rois de la terre. Venait-il à faire l'éloge de la pauvreté, à démontrer combien au delà du nécessaire tout n'est plus qu'inutilité, gêne et fardeau, j'étais prêt mainte fois à ne sortir que pauvre de son école. S'il flétrissait nos voluptés, s'il vantait la continence, la sobriété, une âme pure de tout plaisir illicite ou même superflu, je brûlais de couper court à l'intempérance et à la sensualité. Quelque chose m'est resté de ces leçons : car j'avais abordé tout le système avec enthousiasme ; puis, ra-

(a) P. Syrus. — (b) Voir *Lettre* L.

mène aux pratiques du monde, j'ai peu conservé de ces bons commencements. Depuis lors, j'ai pour toute la vie renoncé aux huîtres et aux champignons: ce sont là non des aliments, mais de perfides douceurs qui forcent à manger quand on n'a plus faim, charme bien senti des gourmands qui engloutissent plus qu'ils ne peuvent tenir: cela passe facilement et se vomit de même. Depuis lors, je me suis à jamais interdit les parfums, la meilleure odeur pour le corps étant de n'en avoir aucune. Depuis lors, j'ai sevré de vin mon estomac, et j'ai dit aux bains à étuves un éternel adieu : se rôtir le corps et l'épuiser de sueurs m'a paru une recherche fort inutile. Les autres habitudes dont je m'étais défait sont revenues ; de façon pourtant qu'en cessant de m'abstenir je garde une mesure assez voisine de l'abstinence, ce qui peut-être est plus difficile ; car pour certaines choses le retranchement total coûte moins que l'usage modéré.

Puisque je t'ai commencé l'histoire des premières ferveurs de ma jeunesse philosophique, suivies des tiédeurs du vieil âge, je puis sans rougir t'avouer de quel beau feu (a) Sotion m'a enflammé pour Pythagore. Il expliquait pourquoi ce philosophe et, après lui, Sextius (b) s'étaient abstenus de la chair des animaux. Leurs motifs à chacun différaient, mais tous deux en avaient d'admirables. Sextius pensait qu'il existe assez d'aliments pour l'homme sans qu'il verse le sang, et que la cruauté devient habitude, dès qu'on se fait du déchirement des chairs un moyen de jouissance. « Réduisons, ajoutait-il, les éléments de sensualité ; » et il finissait en disant que notre variété de mets est aussi contraire à la santé que peu faite pour le corps.

Au dire de Pythagore[15], une parenté universelle lie tous les êtres, et une transmutation sans fin les fait passer d'une forme à une autre. A l'en croire, nulle âme ne périt ni même ne cesse d'agir, sauf le court moment où elle revêt une autre enveloppe. Sans chercher ici après quelles successions de temps et quels domiciles tour à tour habités, elle retourne à la forme humaine, toujours est-il que Pythagore a imprimé aux hommes l'horreur du crime et du parricide, puisqu'ils pourraient, sans le savoir, menacer l'âme d'un père, et porter un fer ou une dent sacrilège sur cette chair où logerait un membre de leur famille.

(a) Voy., sur Sotion, *Lettre* XLIX.
(b) Sur Sextius, Voy. *Lettres* LIX, LXIV et XCVIII.

Après cet exposé, que Sotion enrichissait d'arguments à lui : « Tu ne crois pas, s'écriait-il, que les âmes ont des corps divers pour destinations successives, et que ce qu'on appelle mort est une transmigration? Tu ne crois pas que chez l'animal qui broute l'herbe, chez ceux qui peuplent l'onde ou les forêts, séjourne ce qui fut l'âme d'un homme? Tu ne crois pas que rien en ce monde ne meurt[10], mais change de lieu seulement; qu'à l'exemple des corps célestes et de leurs révolutions marquées, chaque être qui respire a ses métamorphoses, chaque âme son cercle à parcourir? Tout cela, de grands hommes l'ont cru! Suspends donc ton jugement; et en attendant, respecte tout ce qui a vie. Si cette doctrine est vraie, s'abstenir de la chair des animaux sera s'épargner des crimes. Si elle est fausse, ce sera frugalité. Que peux-tu perdre à me croire (a)? C'est une pâture de lions et de vautours que je t'arrache. »

Frappé de ces discours, je m'abstins dès lors de toute nourriture animale; et un an de ce régime me l'avait rendu facile, agréable même. Mon esprit m'en paraissait devenu plus agile; et je ne jurerais pas aujourd'hui qu'il ne l'était point. Tu veux savoir comment j'ai discontinué? L'époque de ma jeunesse tomba sous le principat de Tibère : on proscrivait alors des cultes étrangers; et parmi les preuves de ces superstitions était comptée l'abstinence de certaines viandes. A la prière donc de mon père, qui craignait peu d'être inquiété, mais qui n'aimait point la philosophie (b), je repris mon ancienne habitude; et il n'eut pas grand'peine à me persuader de faire meilleure chère.

Attalus vantait aussi l'usage d'un matelas qui résiste; tel est encore le mien à mon âge : l'empreinte du corps n'y paraît point.

Tout ceci est pour te montrer quelle ardeur véhémente emporte une âme neuve vers toutes les bonnes doctrines, dès qu'on l'y exhorte, dès qu'on l'y pousse. Mais le mal et la faute viennent en partie des maîtres qui enseignent l'art de disputer, non de vivre, et en partie des disciples qui arrivent déterminés à cultiver leur esprit, sans songer à l'âme; si bien que la philosophie n'est plus que de la philologie. Il importe beaucoup, dans

---

(a) Quatre Mss. portent : *Quod crudelitatis tuæ damnum est?* deux seulement : *credulitatis*, que je préfère.
(b) *Qui calumniam timebat*, non *philosophiam oderat*, Lemaire. Je maintiens le texte de tous les Mss. : *qui non calumniam timebat, sed phil....* Voir ce que Sénèque dit de son père: *Consol. à Helvia*, xvi.

toute étude, de bien savoir quel but on s'y propose. L'apprenti grammairien qui va feuilletant Virgile n'y lit pas ce beau trait :

>  . . . . Le temps fuit, ce temps irréparable (a),

pour se dire : « Alerte ! si je ne me hâte, me voilà en arrière. Les jours me poussent, poussés eux-mêmes par une rapidité fatale ; emporté sans le sentir, je règle toute chose au futur ; tout se précipite et je dors. » Non : mais il observera que chaque fois que Virgile parle de la vitesse du temps, il emploie le verbe *fuir* :

> Tu vois nos plus beaux jours fuir, hélas ! les premiers.
> Puis vient la maladie et la triste vieillesse,
> Le travail, et la faux de l'horrible déesse (b).

Celui qui lit en philosophe rapporte ces mêmes vers à leur véritable intention. « Jamais, pense-t-il, Virgile ne dit que les jours *marchent*, mais qu'ils *fuient*, allure la plus rapide de toutes ; « et que nos plus beaux jours nous sont le plus tôt ra- « vis. » Que tardons-nous ? Prenons donc aussi notre élan, pour rivaliser de vitesse avec la chose la plus prompte à nous échapper ? Au meilleur qui s'envole, le moins bon succède. Comme le vin le plus pur est le premier qu'on verse de l'amphore, tandis que le plus épais et le plus trouble reste au fond, ainsi de notre vie : la meilleure part se présente la première. Nous la laissons épuiser aux autres, ne nous réservant que la lie. Gravons ceci dans notre âme, comme un oracle accepté par nous :

> Tu vois nos plus beaux jours fuir, hélas ! les premiers.

Pourquoi les plus beaux ? Parce que le reste n'est qu'incertitude. Pourquoi encore ? Parce que jeune on peut s'instruire, on peut tourner au bien son esprit flexible et encore maniable ; parce que cette saison est faite pour les travaux, faite pour les études qui donnent l'essor à la pensée, pour les exercices qui fortifient le corps. Les âges suivants sont plus lourds, plus languissants, trop voisins du terme. Travaillons donc de toute notre âme et, sans songer aux dissipations du siècle, ne poursuivons qu'un but : que cette extrême célérité du temps, impossible à retenir ne nous laisse

---

(a) *Géorg.*, III, 284. — (b) *Géorg.*, III, 66.

point en arrière; nos yeux s'ouvriraient trop tard. Aimons les jours de la jeunesse comme les plus beaux de tous, et assurons-nous-en la conquête. Tout bien qui fuit veut qu'on le saisisse. »

Telle n'est point la pensée du disciple qui lit ce vers avec des yeux de grammairien. Il ne voit pas que « les premiers jours sont les plus beaux, » parce qu'ensuite viennent les maladies, que la vieillesse nous serre de près et plane sur nos têtes pleines encore des rêves de l'adolescence; mais il se dit que Virgile place toujours ensemble les maladies et la vieillesse, alliance certes bien entendue, car la vieillesse, c'est une maladie incurable. Puis, autre remarque, quelle épithète applique-t-il à cet âge? il l'appelle *triste* :

La maladie et la triste vieillesse.

Ne t'étonne pas que chaque esprit exploite le même sujet selon ses goûts. Dans le même pré, le bœuf cherche de l'herbe, le chien un lièvre, la cigogne des lézards. Qu'un philologue, un grammairien et un philosophe prennent tous trois la *République* de Cicéron, chacun porte ses réflexions sur un point différent[17]. Le philosophe s'étonne qu'on ait pu avancer tant de paradoxes contre la justice; quand le philologue aborde la même lecture, il note avec soin qu'il y a deux rois de Rome dont l'un n'a point de père et l'autre point de mère : car on varie sur la mère de Servius; pour Ancus, on ne lui donne pas de père; on l'appelle petit-fils de Numa. Il note aussi que ce que nous nommons *dictateur*, ce que les histoires désignent sous ce titre, s'est appelé anciennement *maître du peuple*; témoins encore aujourd'hui les livres des Augures; et il est constaté que l'adjoint qu'il prend s'intitule *maître de la cavalerie*. Il n'a garde d'omettre que Romulus périt durant une éclipse de soleil; qu'on en appelait au peuple du jugement des rois mêmes. Fenestella, entre autres, prétend que ce fait est consigné dans les livres des Pontifes.

Quand le grammairien ouvre le même volume, il y voit d'abord, comme vieux mots, *reapse* mis par Cicéron pour *reipsa*, et il porte cela sur son mémorial, et encore *sese* pour *seipse*. Puis il vient aux mots dont l'usage moderne a changé l'emploi, par exemple à ce passage : « Puisque c'est de la borne même que son interpellation nous a rappelés, » où Cicéron, comme les anciens, nomme *calcem* la borne du Cirque, qu'on appelle aujourd'hui *cretam*. Puis il recueille les vers d'Ennius, et surtout son épitaphe de Scipion l'Africain :

> Nul n'a pu, soit Romain, soit ennemi de Rome,
> Répondre dignement aux bienfaits du grand homme.

D'où il appert, à son sens, qu'autrefois *opera*, de même que le pluriel d'*opus*, avait la signification d'*auxilium*, Ennius ayant écrit *operæ pretium* pour exprimer que, citoyen ou ennemi, nul n'a pu rendre à Scipion *le prix de l'aide reçue*. Et quelle bonne fortune ensuite de trouver la phrase d'après laquelle Virgile crut pouvoir dire :

> Du grand parvis des cieux
> Sur lui la foudre gronde (a) !

« Ennius, s'écrie-t-il, l'a volée à Homère, et Virgile à Ennius ; » car il y a dans cette même *République* de Cicéron ce distique d'Ennius :

> Si jamais un mortel peut monter chez les dieux,
> A moi seul est ouvert le grand parvis des cieux.

Mais de peur qu'à mon tour cette digression ne m'entraîne à faire le philologue ou le grammairien, je reviens à ma pensée, qu'il faut entendre et lire les philosophes pour apprendre d'eux le secret de la vie heureuse, pour leur dérober non des mots d'ancienne ou de nouvelle fabrique, des métaphores aventureuses et des figures de style, mais des préceptes salutaires, de sublimes et généreuses sentences qui puissent sur l'heure passer dans la pratique. Méditons-les si bien que leurs paroles revivent chez nous en actes.

Du reste, je ne sache point d'hommes plus mal méritants de tous leurs semblables que ceux qui ont appris la philosophie comme une sorte de profession mercenaire, gens qui vivent au rebours des règles de vie qu'ils donnent. Car répandus dans le monde, ils y sont les preuves vivantes de la vanité de leurs études, en se montrant esclaves de tous ces mêmes vices tant frondés par eux[19]. Un précepteur de ce genre ne me vaudra jamais plus qu'un pilote travaillé de nausées pendant la tempête. Il faut tenir le gouvernail que le flot emporte, lutter sérieusement contre la mer, et dérober au vent les voiles : de quelle aide pourrait m'être le conducteur du navire frappé de stupeur et vomissant? Or, dis-moi : y a-t-il navire battu d'aussi grandes

(a) *Géorg.*, III, 260.

tempêtes que l'est notre vie? Il y faut non des phrases, mais une bonne manœuvre. De tout ce que ces gens disent, de tout ce qu'ils jettent avec emphase à la foule ébahie, rien ne vient d'eux. Platon l'avait dit, Zénon l'avait dit, Chrysippe, Posidonius et toute une légion de valeur moindre (*a*). Pour prouver que cette morale est la leur, je leur offre un moyen : qu'ils fassent ce qu'ils enseignent.

Voilà les avis que j'avais à cœur de te faire tenir. Puis, pour satisfaire à ce que tu désires, je te réserve une lettre tout entière : je ne veux pas que tu abordes déjà fatigué une matière épineuse qui demande toute la force d'une attention réfléchie.

## LETTRE CIX.

### Si le sage est utile au sage, et comment.

Tu veux savoir « si le sage est utile au sage [19]. » Nous disons que le sage est comblé de tous les biens, qu'il a atteint le faîte du bonheur; et l'on demande si qui que ce soit peut être utile au possesseur de la suprême félicité. Les bons se servent entre eux, en ce sens qu'ils exercent leurs vertus et se maintiennent dans leur état de sagesse ; chacun d'eux désire avoir avec qui conférer et discuter. Le lutteur entretient son habileté par l'exercice; le musicien stimule le musicien. Comme eux le sage a besoin de tenir ses vertus en haleine ; un autre sage l'excite comme il s'excite lui-même. « En quoi le sage sert-il au sage ? » Par l'élan qu'il lui donne, par les occasions de bien faire où il le convie. Il lui transmet aussi quelque chose de ses méditations, il l'instruit de ses découvertes ; car au sage même il en reste toujours à faire et de quoi donner carrière à son génie. Le méchant nuit au méchant: il le rend pire encore en réveillant sa colère, ses craintes, en entrant dans ses déplaisirs, en exaltant ses jouissances; et jamais les méchants ne sont plus à plaindre que quand plusieurs associent leurs vices et mettent en commun leur perversité. Donc, par la règle des contraires, le bon

---

(*a*) Dans la confusion des Mss. je crois pouvoir lire : *et ingens agmen non talium*. Lemaire : .... *non [tot ac] talium*.

sera utile au bon. « De quelle manière ? » dis-tu. Il lui apportera de la joie, il fortifiera sa confiance ; et à la vue du calme dont mutuellement ils jouissent, leur satisfaction croîtra encore. Et les connaissances qu'il lui communiquera ! Car le sage est loin de tout savoir ; et connût-il tout, quelque autre peut imaginer et indiquer des voies plus courtes qui mènent plus aisément tout son labeur à bien. Le sage servira le sage, non par son seul mérite, mais par le mérite de celui dont il se fait l'aide. Sans doute il peut, même livré à lui seul, développer ses ressources, aller de sa propre vitesse ; mais les exhortations n'encouragent pas moins le coureur. « Le sage ne profite pas au sage, mais à lui-même, sache-le. Ote-lui son énergie propre, il ne fait plus rien. » Tu pourrais de même contester que la douceur soit dans le miel, puisque c'est la personne qui le mange qui doit avoir la langue et le palais appropriés à ce genre de saveur, de façon que le goût lui en soit agréable et non repoussant ; car il est des individus à qui, par l'effet de la maladie, le miel paraît amer. Il faut que nos deux sages soient tels que l'un puisse être utile, et que l'autre offre à son action une matière toute prête.

« Mais, dira-t-on, à une chaleur portée au plus haut degré ajouter encore de la chaleur est superflu ; à qui possède le souverain bien tout surcroît d'utilité n'importe guère. Est-ce que l'agriculteur, fourni de tous ses instruments, en va demander à autrui ? Est-ce que le soldat, armé de toutes pièces pour marcher au combat, désire encore des armes ? Ainsi du sage : il est pour le champ de la vie suffisamment pourvu, suffisamment armé. » A quoi je réponds : les corps mêmes pénétrés d'une extrême chaleur ont besoin d'une chaleur additionnelle pour se maintenir à ce point extrême. « Mais la chaleur se maintient par elle-même. » D'abord il y a peu d'analogie entre tes termes de comparaison. La chaleur est une, l'utilité est diverse. Ensuite la chaleur, pour être chaleur, ne demande pas qu'on y ajoute ; mais le sage ne peut demeurer dans son état de perfection, s'il n'adopte quelques amis qui lui ressemblent, pour faire avec eux échange de vertus. Et ajoute qu'entre elles toutes les vertus sont amies. L'homme est donc utile à son pareil, dont il aime les vertus, et à qui il fournit l'occasion d'aimer en retour les siennes. Ce qui nous ressemble nous charme, surtout les cœurs honnêtes, qui savent nous goûter et se faire goûter de nous. D'ailleurs, nul autre que le sage ne possède l'art d'agir sur l'âme du sage, comme il n'y a que l'homme qui puisse agir par la raison sur l'homme. Si donc pour agir sur la raison il est besoin de raison, de même, pour avoir action sur une raison parfaite, il en faut une qui le soit pareillement. Être utile se dit encore de ceux qui nous procurent des choses philosophiquement indifférentes, argent, crédit, sûreté, tout ce qui, pour l'usage de la vie, nous est cher ou indispensable : en quoi l'on l'on peut dire que l'insensé lui-même sera utile au sage. Mais être utile au sage, c'est exciter l'âme aux choses conformes à sa nature, tant au moyen de sa vertu à elle que par la vertu de qui agit sur elle. Et ce ne sera pas sans profit même pour ce dernier : car il faut bien qu'en exerçant la vertu d'autrui il exerce aussi la sienne. Mais, fît-on abstraction du souverain bien ou de ce qui le produit, il n'est pas moins vrai que le sage peut être utile à son pareil. La rencontre d'un sage est pour le sage essentiellement désirable, parce qu'il est dans la nature que toujours le bon sympathise avec ce qui est bon, et qu'il s'affectionne à ce qui lui ressemble comme à lui-même.

Il est nécessaire, pour suivre mon argument, que je passe de cette question à une autre. On demande en effet « si le sage est homme à délibérer, à appeler qui que ce soit en conseil ? » ce qu'il est obligé de faire quand il descend à ces détails de la vie civile et domestique que j'appellerais des œuvres mortes. Alors il a besoin du conseil d'autrui, comme d'un médecin, d'un pilote, d'un avocat, d'un arrangeur de procès. Le sage sera donc utile au sage, en certains cas, par ses conseils ; mais dans les grands et divins objets dont j'ai parlé, ils exerceront leurs vertus en commun, et confondront leurs âmes et leurs pensées : ainsi profiteront-ils l'un à l'autre. D'ailleurs il est dans la nature de s'identifier avec ses amis, d'être heureux du bien qu'ils font comme de celui qu'on ferait soi-même. Eh ! sans cela, conserverions-nous nous-mêmes cette vertu, qui n'est forte que par l'exercice et par l'usage ? Or la vertu conseille de bien disposer le présent, de pourvoir à l'avenir, de délibérer, de tendre les ressorts de l'âme : ce développement, cet effort moral sera plus facile au sage qui se sera associé un conseil. Il cherche donc un homme ou parfait, ou qui soit en progrès et voisin de la perfection ; et cet homme lui sera utile, en lui apportant l'aide et le tribut de ses lumières. On prétend que chacun voit plus clair dans l'affaire d'autrui que dans la s    ⁀ : cela arrive à ceux que l'amour d'eux-mêmes aveugle, et q    crainte, en face du péril, ne discerne plus ce qui les sauverait. On devient sage à mesure qu'on prend plus de sécurité et qu'on s'affranchit de la crainte. Mais néanmoins, il est des cas où même un sage est plus clairvoyant pour un autre que pour lui ; et puis cette satisfaction si douce de vouloir ou ne vouloir pas les mêmes choses, voilà ce que le sage recevra du sage : ils traceront de concert leur noble sillon.

Me voici quitte du travail que tu voulais de moi, quoiqu'il fût compris dans l'ordre des matières qu'embrasse mon livre sur la philosophie morale. Mais songe, comme je te le répète fréquemment, qu'en tout ceci l'homme n'exerce que sa subtilité. Car, et j'y reviens toujours, à quoi pareille chose me sert-elle ? Me rendra-t-elle plus courageux, plus juste, plus tempérant ? Suis-je à même de faire de la gymnastique ? J'ai encore besoin du médecin. Que me sert d'étudier votre inutile fatras ? Pour de grandes promesses je vois bien peu d'effets. Vous alliez m'apprendre à rester intrépide en face des glaives étincelants et le poignard sous la gorge ; à être impassible quand l'incendie m'investirait de ses flammes, quand une soudaine bourrasque emporterait mon navire loin de tout rivage. Tenez-moi parole : faites que je méprise et la volupté et la gloire ; vous m'instruirez ensuite à démêler un sophisme embrouillé, à saisir une équivoque, à éclairer une obscurité : pour le présent, enseignez-moi ce qui presse le plus.

## LETTRE CX.

### Vœux et craintes chimériques de l'homme.

Je te salue de ma maison de Nomentanum et te souhaite la santé de l'âme, c'est-à-dire la faveur de tous les dieux, ces dieux pacifiques et bienveillants pour quiconque s'est réconcilié avec soi-même. Oublie un moment cette croyance chère à plusieurs, que chaque mortel reçoit pour pédagogue un dieu, non pas du premier ordre, mais de l'étage inférieur, de la classe de ceux qu'Ovide appelle *le commun des dieux*. Toutefois n'écarte pas cette idée sans te souvenir que nos pères, qui l'ont eue, étaient stoïciens en donnant à l'homme son Génie, à la femme sa Junon. Nous verrons plus tard si les dieux ont le loisir de veiller aux affaires des particuliers ; en attendant, sache que, soit que nous restions confiés à leur garde, ou livrés à nous seuls et à la Fortune, tu ne peux proférer contre personne d'imprécation pire que de lui souhaiter d'être mal avec lui-même. Il n'est pas besoin non plus d'invoquer la colère des dieux sur qui nous semble la mériter ; non, cette colère est sur le méchant, lors même qu'ils paraissent se complaire à favoriser son élévation. Emploie ici ta sagacité : considère ce que sont les choses, non comme on les appelle, tu verras qu'il nous arrive plus de mal par les succès que par les revers. Que de fois le principe et le germe du bonheur sont sortis de ce qu'on nommait calamité ! Que de prospérités vivement fêtées d'abord, s'échafaudaient au bord de l'abîme, élevant la victime, déjà haut placée, d'un degré de plus, comme si auparavant elle eût pu encore tomber sans risque ! Au reste, cette chute même n'a rien en soi de malheureux, si l'on envisage l'issue dernière au delà de laquelle la nature ne saurait précipiter personne. Il est proche, le terme de toute chose : oui, il est proche pour l'heureux l'instant qui le renversera, proche pour le malheureux celui qui l'affranchira [20]. Double perspective que nous seuls étendons, que l'espoir ou la crainte reculent. Sois plus sage, mesure tout à ta condition d'homme : abrége du même coup tes joies et tes appréhensions. Tu gagneras, à des joies plus courtes, des appréhensions moins longues. Mais que parlé-je de restreindre ce mal de la peur ? Rien au monde, crois-moi, ne mérite de te l'inspirer. Ce ne sont que chimères qui nous émeuvent, qui nous glacent de surprise. Nul ne s'est assuré de l'existence du péril : chacun n'a fait que transmettre sa peur au voisin. Nul n'a osé s'approcher de l'épouvantail, en sonder la nature, voir s'il ne craignait pas ce qui était un bien. Voilà comme un vain prestige, un fantôme abuse nos crédules esprits, parce qu'on n'en a pas démontré le néant. C'est ici le cas de porter devant nous un regard ferme ; nous verrons clairement que rien n'est plus passager, plus incertain, plus rassurant même que l'objet de nos alarmes. Le trouble de notre imagination est tel que Lucrèce l'a jugé :

> Comme tout pour l'enfant est objet de terreur
> Dans l'ombre de la nuit, l'homme en plein jour a peur (a).

Que dis-je ? N'est-on pas plus insensé que le plus faible enfant, de prendre peur en plein jour ? Mais tu te trompes, Lucrèce, ce

---

(a) Lucrèce, II, v. 54.

n'est pas en plein jour que l'on craint : on s'est fait de tout des ténèbres ; on ne distingue plus rien, ni le nuisible ni l'utile. On court jusqu'au bout de cette vie, se heurtant contre tout, sans pour cela faire halte, ni mieux regarder où l'on pose le pied. Quelle haute folie n'est-ce pas de courir dans les ténèbres ! Apparemment on se presse ainsi pour que la mort ait à nous rappeler de plus loin ; et, bien qu'on ignore où l'on est poussé, on n'en suit pas avec moins de vitesse et d'obstination ses tendances premières.

Mais le jour peut nous luire, si nous voulons. Le seul moyen pour cela serait d'acquérir la science des choses divines et humaines, non superficiellement, mais d'une manière intime ; de revenir à ce que l'on sait déjà, d'y repenser souvent ; de démêler ce qui est bien, ce qui est mal, ce qui porte faussement l'un ou l'autre nom ; de méditer sur ce qui est honnête ou honteux, et sur la Providence.

Et l'esprit humain, dans sa pénétration, ne s'arrête point là ; il aime à porter ses regards par delà le ciel même, à voir où l'emporte son cours, d'où il a pu surgir et vers quelle fin se précipite ce rapide mouvement de l'univers. Mais, détournée de ces hautes contemplations, notre âme s'est plongée en d'ignobles et abjectes pensées, pour s'enchaîner à l'intérêt ; et laissant là les cieux et leurs limites, le grand tout et les maîtres qui le font mouvoir, nous avons fouillé la terre et cherché quelque peste à en exhumer, peu contents des dons qu'elle offre à sa surface. Tout ce qui devait faire notre bien-être, Dieu, qui est aussi notre père, l'a mis à notre portée. Il a devancé nos recherches: l'utile nous est venu spontanément ; le nuisible a été enfoui au plus profond des abîmes. L'homme ne peut donc se plaindre que de lui seul : il a déterré les instruments de sa perte, au refus de la nature qui les lui cachait[21]. Il a vendu son âme à la volupté, faiblesse qui ouvre la porte à tous maux ; il l'a livrée à l'ambition, à la renommée, à d'autres idoles non moins creuses et vaines. En cet état de choses, que te conseillerai-je ? Rien de nouveau : car ce ne sont pas des maladies nouvelles que tu m'appelles à guérir. Je dirai avant tout : tâche à part toi, de bien distinguer ce qui est nécessaire, ce qui est superflu. Le nécessaire viendra partout sous ta main ; la recherche du superflu exigera tous tes moments et tous tes soins. Mais ne va pas trop t'applaudir de te peu soucier d'un lit éclatant d'or, de meubles incrustés de pierres fines : quelle vertu y a-t-il à mépriser un tel superflu ? Ne t'admire que le jour où tu mépriseras même le nécessaire. Le bel effort de pouvoir vivre sans un faste royal ; de ne pas désirer des sangliers du poids de mille livres, des plats de langues de phénicoptères [22], ni tous ces prodiges d'un luxe qui, dégoûté de se voir servir l'animal tout entier, choisit certaines parties dans chaque bête ! Je t'admirerai le jour où tu ne dédaigneras pas le pain le plus grossier, où tu te persuaderas que l'herbe des champs croît, au besoin, non pour la brute seule, mais pour l'homme ; que les bourgeons des arbres peuvent remplir aussi cet estomac où l'on entasse force mets de prix, comme s'il recevait pour garder ! Remplis-le, sans toutes ces délicatesses. Qu'importe en effet ce qu'on lui donne, puisqu'il doit perdre tout ce qu'on lui donnera ? Ton œil est ravi par la symétrie de toutes ces dépouilles de la terre et de l'onde ; ce qui te plaît des unes, c'est qu'elles arrivent toutes fraîches sur la table ; des autres, que contraintes d'engraisser à force de nourriture, leur embonpoint semble fondre, à peine contenu par son enveloppe. Tu es charmé de ce luisant que l'art sut lui donner. Cependant, ô misère ! ces laborieux tributs, avec leurs mille assaisonnements, une fois passés par ton estomac, seront confondus en une seule et même immondice. Veux-tu mépriser la sensualité des mets ? Vois où ils aboutissent.

Il me souvient de quelle admiration Attalus (*a*) nous transportait tous, lorsqu'il disait : « Longtemps les richesses m'en ont imposé. J'étais fasciné, dès que j'en voyais briller çà ou là quelque parcelle : le fond, qui m'était caché, je me le figurais aussi beau que la superficie. Mais à l'une des exhibitions solennelles de tous les trésors de Rome, je vis des ciselures d'or, d'argent, de matières plus coûteuses que l'argent et que l'or, des teintures étrangères, des costumes venus de plus loin que nos frontières et même que celles de nos ennemis ; je vis défiler sur deux lignes des légions de jeunes esclaves mâles et femelles éclatants de luxe et de beauté ; je vis enfin tout ce qu'étalait, dans une fastueuse revue, la fortune du peuple-roi. « Que « fait-on, pensais-je, en tout ceci, qu'attiser les cupidités des « hommes, par elles-mêmes si ardentes ? Qu'est-ce que cette « pompe triomphale de l'or ? Une leçon d'avarice où nous cou- « rons tous. Pour moi, je le jure, j'emporte d'ici bien moins de « désirs que je n'en apportais. » Et je méprisai les richesses, moins encore comme superflues que comme puériles. « As-tu « vu, me dis-je, comme il a suffi de peu d'heures pour que

---

(*a*) Sur Attalus, voy. *Lettre* CVIII.

« cette marche, d'ailleurs si lente, si bien échelonnée, fût
« écoulée? Notre vie entière sera-t-elle remplie de ce qui
« n'a pu remplir tout un jour? » Autre réflexion : ces objets me
parurent aussi peu utiles pour leurs possesseurs qu'ils l'avaient
été pour les spectateurs. Aussi je me répète, chaque fois que
pareilles choses m'éblouissent le regard, soit magnifique palais,
soit brillant cortége d'esclaves, soit litières soutenues par des
porteurs de la plus belle mine : « Qu'admires-tu là, tout
« ébahi? Une pompe faite pour la montre, non pour l'usage,
« qui plaît un moment et qui passe. Tourne-toi plutôt vers la
« vraie richesse; apprends à te contenter de peu. Élève ce
« noble et généreux défi: L'eau ne me manque pas, j'ai de la
« bouillie : luttons de félicité avec Jupiter lui-même (a). Eh! de
« grâce, luttons, même quand cela nous manquerait. Honte à
« qui place son bonheur dans l'or et l'argent! Honte encore à
« qui le place dans sa bouillie et dans son eau! » — Mais que
faire si je n'ai pas ces deux choses? Le remède à de telles privations? — Tu le demandes! La faim termine la faim.

« Si tes pensées sont autres, qu'importe la grandeur ou l'exiguïté des besoins qui te font esclave? Qu'importe que ce soit peu, si le sort te le refuse? Pour cette eau même et cette bouillie tu peux tomber à la discrétion d'autrui : or, l'homme libre est celui non pas qui laisse à la Fortune la moindre prise, mais qui ne lui en laisse aucune. Encore une fois, ne désire rien, si tu veux défier Jupiter, que nul désir ne vient troubler. »

Ce qu'Attalus nous disait, la nature l'a dit à tous les hommes. Si tu médites souvent ces leçons, tu sauras être heureux au lieu de le paraître, heureux à tes yeux plutôt qu'à ceux des autres.

# LETTRE CXI.

### Le sophiste. Le véritable philosophe.

Tu me demandes comment s'appelle en latin ce que les Grecs nomment *sophismes*. Beaucoup de termes ont été essayés, aucun n'est resté ; sans doute comme la chose n'était pas reçue ni

---

(a) Paroles d'Épicure. Voir *Lettre* xxv.

usitée chez nous, le mot à son tour a été repoussé. Toutefois le terme le plus juste, à mon gré, est celui que Cicéron emploie, *cavillationes*, petits moyens qui se réduisent à un tissu de questions captieuses, sans profit d'ailleurs pour la vie pratique et n'ajoutant rien au courage, à la tempérance, à l'élévation des sentiments. Mais l'homme qui cherche dans l'exercice de la philosophie sa propre guérison acquiert une noblesse d'âme, une assurance, une force invincibles : plus on l'approche, plus il paraît grand. Il est de hautes montagnes dont les proportions, vues de loin, semblent moindres, et qui de près frappent le spectateur par leurs gigantesques sommets : tel est, ô Lucilius, le vrai philosophe, homme et non charlatan de la science. Debout sur un lieu éminent, il est admirable, il est grand d'une grandeur réelle. Il n'est point guindé dans sa marche et ne se hausse point sur le bout des pieds comme ceux qui appellent l'artifice au secours de leur taille et veulent paraître plus grands qu'ils ne sont : il se trouve, lui, de taille suffisante. Comment ne serait-il pas satisfait d'avoir grandi jusqu'au niveau où n'atteint plus la main de la Fortune ? Donc il domine aussi toutes choses humaines, égal à lui-même en toute situation, que sa vie marche d'un cours paisible ou ballottée par les orages, vouée aux luttes et aux difficultés.

Tant de constance ne sera jamais le produit de ces chicanes de mots dont je parlais tout à l'heure. L'esprit s'y joue sans rien y gagner, et la philosophie, cette sublime étude, il la fait ramper terre à terre. Ce sont, au reste, des passe-temps que je n'interdis pas, quand on veut être à rien faire. Mais le mal, le grand mal est qu'ils offrent un je ne sais quel charme, et que, ingénieux en apparence, ils attirent l'esprit, le captivent et retardent sa marche, quand de si vastes labeurs le réclament, lorsqu'à peine la vie tout entière suffit rien que pour apprendre à mépriser la vie.

« Et l'art de la régler ? » dis-tu. Ceci est l'œuvre secondaire : car nul ne règle bien sa vie, si d'abord il ne la méprise.

## LETTRE CXII.

**Difficulté de réformer les mauvaises habitudes.**

Je souhaiterais de toute mon âme que ton ami se réformât et devînt tel que tu le désires. Mais c'est le prendre bien endurci ou même, chose plus fâcheuse, trop amolli et trop usé par une longue habitude du vice. Je veux te faire une comparaison tirée de mon métier d'agriculteur. Toute vigne n'est pas susceptible d'être greffée : si le sujet est vieux ou ruiné, s'il est faible ou grêle, il n'adoptera pas la greffe ou ne pourra pas la nourrir ; il ne fera point corps avec elle, et ne s'assimilera point à sa vertu ni à sa nature. Aussi a-t-on coutume de couper la vigne hors de terre, afin que si l'épreuve manque, on puisse tenter de nouveau la chance et recommencer sous terre l'incision. L'homme dont parle ta lettre n'a plus aucune force : pour avoir trop donné aux vices, il a perdu sa séve et sa flexibilité : enter la raison sur cette âme est impossible ; elle n'y profiterait pas. « Mais il le désire, lui. » N'en sois pas dupe ! Je ne dis pas qu'il te mente : il croit le désirer. Il a pris en dégoût la mollesse.... oui, mais renouera vite avec elle. « La vie qu'il mène fait son tourment, » dit-il. Je ne le nie point : eh ! qui n'éprouve ce même tourment ? Quel homme n'aime et ne déteste à la fois sa façon de vivre ? Ne donnons gain de cause à celui-ci que sur la preuve qu'il aura rompu sans retour avec la mollesse. Jusqu'ici ce n'est qu'une bouderie.

## LETTRE CXIII.

**Si les vertus sont des êtres animés : absurdes questions.
Suivre la vertu sans espoir de récompense.**

Tu désires que je te mande mon avis sur cette question agitée dans notre école : « La justice, le courage, la prudence et les autres vertus sont-elles animées ? » Par ces subtilités, cher Lucilius, nous donnons lieu de croire que nous exerçons notre esprit sur des choses vaines, et que nous usons nos loisirs en disputes qui restent sans fruit. Je satisferai ton désir et t'exposerai l'opinion de nos maîtres. Mais ma pensée est autre que la leur, je le proteste. Selon moi, certaines assertions ne conviennent qu'à gens portant chaussure et manteau grecs. Voici donc ce qui a tant ému les anciens sophistes.

Ils tiennent pour constant que l'âme est animal, vu que par elle nous sommes animaux, et que tout ce qui respire a tiré d'elle ce nom ; or, la vertu n'étant autre chose que l'âme modifiée d'une certaine façon, est conséquemment animal. De plus, la vertu agit : agir ne se peut sans mouvement spontané ; si elle a ce mouvement, que l'animal seul peut avoir, elle est animal. « Mais, dit-on, si elle est animal, la vertu possédera la vertu. » Pourquoi ne se posséderait-elle pas elle-même? le sage fait tout par la vertu ; la vertu tout par elle-même. « Ainsi donc, tous les arts aussi sont des animaux, et encore toutes nos pensées, tout ce qu'embrasse notre esprit. Il s'ensuit que plusieurs milliers d'animaux logent dans l'étroite cavité de notre cœur, et que nous sommes ou que chacun renferme en soi plusieurs animaux. » Tu demandes quelle réponse on fait à cela? Chacune de ces choses sera animal, et il n'y aura pas plusieurs animaux. Comment? le voici : mais prête-moi toute la sagacité, toute l'attention de ton esprit. Chaque animal doit avoir une substance à part ; tous ont une âme qui est la même : ils peuvent donc exister comme isolés, non comme plusieurs à la fois. Je suis en même temps animal et homme, sans qu'on puisse dire que je sois deux. Pourquoi? C'est qu'il devrait pour cela y avoir séparation : c'est que l'un doit être distinct de l'autre pour qu'ils fassent deux. Tout ce qui en un seul est multiple tombe sous une seule nature ; il est un. Mon âme est animal, moi aussi ; cependant nous ne sommes pas deux. Pourquoi? Parceque mon âme fait partie de moi. On la comptera par elle-même pour quelque chose quand elle subsistera par elle-même ; tant qu'elle sera membre d'un tout, on ne pourra y voir rien de plus. Et la raison, c'est que pour être quelque autre chose, il faut être à soi, comme individu, comme complet, comme absolument soi.

J'ai déjà déclaré que cette opinion n'est pas la mienne. Car, qu'on l'admette, non-seulement les vertus seront animaux, mais encore les vices et les affections opposées, colère, crainte, chagrin, méfiance. Les conséquences iront même au delà : point d'opinion, point de pensée qui ne soit animal, ce qui sous aucun rapport n'est admissible. N'est pas homme tout ce qui est le fait de l'homme. On dit : « Qu'est-ce que la justice ? C'est l'âme disposée de certaine manière. Partant, si l'âme est animal, la justice l'est aussi. » Point du tout ! Cette justice est une manière d'être, une faculté de l'âme. Cette même âme se modifie sous diverses formes et n'est pas un autre animal chaque fois qu'elle fait autre chose ; et tout ce qui procède d'elle n'est point animal. Si la justice, si le courage, si les autres vertus sont animaux, cessent-elles par moments de l'être pour le redevenir, ou le sont-elles constamment ? Les vertus ne peuvent cesser d'être vertus. Il y aura donc un grand nombre, un nombre infini d'animaux qui habiteront cette âme ? « Non pas, me répond-on ; ils se rattachent à un seul, ils sont parties et membres d'un seul. » L'image que nous nous figurons de l'âme est donc comme celle de l'hydre aux cent têtes, dont chacune combat à part et a toute seule sa force malfaisante. Or aucune de ces têtes n'est un animal ; c'est une tête de l'hydre, et cette hydre constitue l'animal. Personne ne dira que, dans la Chimère, le lion ou le serpent fût un animal : ils en faisaient partie, mais les parties ne sont point des animaux. Pourquoi donc en conclure que la justice est animal ? Elle agit, dites-vous, elle est utile ; et ce qui agit, ce qui est utile a du mouvement ; or ce qui a du mouvement est animal. — Cela est très-vrai, si ce mouvement est spontané ; mais ici il est emprunté et vient de l'âme. Tout animal jusqu'à sa mort est ce qu'il a commencé d'être : l'homme jusque-là est homme ; le cheval, cheval ; le chien reste chien : ils ne sauraient se tranformer en autre chose. La justice, c'est-à-dire l'âme disposée d'une certaine manière, est un animal ! Je le veux croire : le courage encore, ou l'âme modifiée d'une autre sorte, est un animal. Mais quelle est cette âme ? Celle qui tout à l'heure était justice ? Elle est concentrée dans le premier animal ; passer dans un autre lui est interdit. Il faut qu'elle reste jusqu'au bout où elle s'est d'abord établie. D'ailleurs une seule âme ne peut appartenir à deux animaux, encore moins à un grand nombre. Si la justice, le courage, la tempérance et les autres vertus sont autant d'animaux, comment n'auraient-ils qu'une âme pour tous ? Il faut que chacun ait la sienne, ou ce ne sont plus des animaux. Un seul corps ne peut être à plusieurs animaux, nos sophistes eux-mêmes l'avouent. Quel est le corps de la justice ? L'âme. Et celui du courage ? La même âme. Cependant le même corps ne peut renfermer deux animaux. « C'est, dit-on, la même âme qui revêt la forme de justice, et de courage, et de tempérance. » Cela serait possible, si dans le même temps qu'elle est justice, elle n'était pas courage; si, dans le temps qu'elle est courage, elle n'était pas tempérance. Mais ici toutes les vertus existent simultanément. Comment donc seront-elles chacune autant d'animaux, avec une seule âme, qui ne peut constituer plus d'un animal? Enfin, aucun animal ne fait partie d'un autre ; or la justice fait partie de l'âme, ce n'est donc pas un animal.

Mais, ce me semble, je perds ma peine à démontrer une chose avouée. Il y a de quoi se dépiter ici, plutôt que matière à discuter. Nul animal n'est pareil à un autre (a). Considère-les tous : il n'en est point qui n'ait sa couleur propre, sa figure, ses proportions à lui. A tous les traits qui rendent si admirable le génie du céleste ouvrier [24], j'ajouterais encore que dans ce nombre infini de créations jamais il ne s'est répété : les choses même qui paraissent semblables, rapprochées, se trouvent différentes. De tant d'espèces de feuilles, pas une qu'il n'ait spécialement caractérisée; de tant d'animaux, pas un dont la forme (b) soit exactement celle d'un autre : toujours il y a quelque nuance. Il s'est astreint à mettre, dans tout ce qui était autre, et dissemblance et imparité. Toutes les vertus, comme vous dites, sont pareilles ; donc elles ne sont pas animales. Point d'animal qui ne fasse par lui-même quelque chose, or la vertu par elle-même ne fait rien qu'avec l'homme. Tous les animaux sont ou raisonnables comme les hommes, comme les dieux, ou irraisonnables, comme les bêtes sauvages ou domestiques. Mais les vertus certes sont raisonnables : or elles ne sont ni hommes ni dieux ; elles ne sont donc pas animaux. Tout animal raisonnable ne fait rien sans qu'une image quelconque l'y ait excité d'abord, puis le voilà qui se meut, mouvement confirmé ensuite par l'assentiment. Quel est cet assentiment? le voici. Il faut que je me promène ; ce n'est qu'après m'être dit cela et avoir approuvé mon idée qu'enfin je me promène. Faut-il que je m'asseye? j'arrive de même à m'asseoir. L'assentiment à de tels actes n'a pas lieu dans la vertu. Car, admettons que la prudence soit un animal, comment se dira-t-elle, avec assentiment : « Il faut que je me promène? »

(a) Toutes les éditions : *Nullum animal alterius pars est*, répétition hors de propos de ce qui est quelques lignes plus haut. Les Mss. *alteri pars est;* ou *animalis alteri par est*. Il faut donc lire ; *Nullum animal alteri par est*.

(b) *Imago.* Alias *similitudo*. Lemaire : *magnitudo*.

Sa nature ne le comporte pas : car la prudence prévoit pour celui qui la possède, non pour elle. Elle ne peut ni se promener ni s'asseoir ; elle n'a donc pas d'assentiment, et qui n'en a pas n'est pas animal raisonnable. La vertu, si elle est animal, est raisonnable ; elle n'est pas animal raisonnable, elle n'est donc pas animal. Si la vertu est animal, et que tout bien soit vertu, tout bien est animal. Nos stoïciens l'avouent. Sauver son père est un bien ; opiner sagement au sénat est un bien ; rendre exacte justice est un bien : donc sauver son père est un animal ; opiner sagement est un animal. La conséquence ira si loin qu'on ne pourra s'empêcher de rire. Se taire prudemment est bien ; bien souper est un bien : ainsi se taire et souper sont des animaux.

Eh bien ! soit : appuyons toujours et divertissons-nous de ces subtiles inepties. Si la justice et le courage sont des animaux, sans doute ce sont des animaux terrestres. Tout animal terrestre a froid, a faim, a soif ; donc la justice a froid, le courage a faim, la clémence a soif. Et encore, ne puis-je demander quelle figure ont ces animaux ? Celle d'un homme, d'un cheval, d'une bête sauvage ? Leur donne-t-on, comme à Dieu, la forme ronde [25] ? je demanderai si l'avarice, la mollesse, la démence sont rondes pareillement, car elles aussi sont des animaux. Les arrondit-on à leur tour ? Je demanderai si une promenade faite avec prudence est animal ou non. Nécessairement on l'avouera, et on dira que la promenade est un animal, et qu'il est de forme ronde.

Ne crois pas au reste que parmi les nôtres je sois le premier qui ne parle pas comme le maître, et qui aie mon opinion à moi : Cléanthe et son disciple Chrysippe ne sont pas d'accord sur ce que c'est que la promenade. Cléanthe dit : « Ce sont des esprits mis en mouvement du siége de l'âme jusqu'aux pieds. » Selon Chrysippe, c'est l'âme elle-même. Eh ! pourquoi, à l'exemple de ce même Chrysippe, ne pas en appeler à son propre sens, ne pas rire de ces multitudes d'animaux que le monde ne pourrait contenir ?

« Les vertus, dit-on, ne constituent pas plusieurs animaux, et sont pourtant des animaux. Un homme est poëte et orateur, et cependant n'est qu'un seul homme ; ainsi ces vertus sont des animaux, mais n'en sont pas plusieurs. C'est chose identique que l'âme et l'âme juste, et prudente, et courageuse, c'est-à-dire ordonnée selon chacune de ces vertus. » La question s'évanouit, nous voilà d'accord. Moi aussi j'avoue pour le moment que l'âme est animal, sauf à voir plus tard qu'en penser ; mais que ses actions soient animaux, je le nie. Autrement toutes nos paroles, tous les vers des poëtes seraient animaux. Si en effet un discours sensé est un bien, et que tout bien soit un animal, un discours sera un animal. Un bon vers est un bien ; or tout bien est animal, le vers est donc animal. Ainsi,

> Je chante les combats et ce héros....

voilà un animal ; et l'on ne dira pas qu'il est rond, car il a six pieds. Tout cela, en conscience, te paraît pur entortillage. J'éclate de rire quand je me figure qu'un solécisme est un animal, ainsi qu'un barbarisme, un syllogisme, et que je leur assigne, comme un peintre, des traits qui leur conviennent.

Voilà sur quels objets nous discutons, les sourcils froncés, le front plissé de rides ! Je ne saurais dire ici avec Cécilius : « O tristes inepties ! » car elles sont risibles. Que ne traitons-nous plutôt quelque utile et salutaire question ? Que ne cherchons-nous comment on parvient aux vertus, et quelle route y mène ? Apprenez-moi, non si le courage est un animal, mais qu'aucun n'est heureux sans le courage, s'il ne s'est affermi contre les coups du sort ; s'il n'a, dans sa pensée, dompté toutes les disgrâces en les prévoyant avant qu'elles n'arrivent. Qu'est-ce que le courage ? L'inexpugnable rempart de l'humaine faiblesse, au moyen duquel on entoure d'une sécurité permanente cette vie tant assiégée : car alors on use de sa propre force, de ses propres armes. Je veux ici te citer une sentence du stoïcien Posidonius : « Garde-toi de croire que jamais tu doives ta sûreté aux armes de la Fortune. C'est des tiennes qu'il faut te servir contre elle : ce n'est pas elle qui en donne. Et si bien armé qu'on soit contre tout ennemi, contre elle, on est sans défense. »

Alexandre portait chez les Perses, chez les Hyrcaniens, chez les Indiens, chez toutes les nations orientales jusqu'à l'Océan, la dévastation et la fuite ; mais lui-même, après le meurtre de Clitus, après la mort d'Éphestion, s'ensevelissait dans les ténèbres, pleurant tantôt son crime envers l'un, tantôt la douloureuse perte de l'autre ; et le vainqueur des peuples et des rois succombait à ses fureurs et à ses chagrins. C'est qu'il avait tout fait pour subjuguer l'univers plutôt que ses passions. O quelle profonde erreur captive ces mortels qui, jaloux d'étendre leur domination au delà des mers, mettent leur suprême bonheur à envahir par leurs soldats force provinces, à entasser conquêtes sur conquêtes, ne sachant pas quelle est cette autre royauté immense qui nous égale aux dieux ! L'empire sur soi-même est le plus grand de tous les empires [26].

Qu'on m'enseigne quelle chose sacrée est la justice, qui n'a en vue que le droit d'autrui, qui n'attend d'elle-même d'autre prix que ses propres œuvres. Qu'elle n'ait rien de commun avec l'intrigue et l'opinion ; qu'elle ne plaise qu'à elle seule. Qu'avant tout chacun arrive à se dire : « Je dois être juste sans intérêt. » C'est peu encore ; qu'il se dise : « Je veux pour cette vertu si belle me sacrifier, et me sacrifier avec plaisir ; que toutes mes pensées se détournent le plus possible de mes avantages privés. » Ne regarde pas quel salaire obtient ton acte de justice : un acte injuste est mieux payé(a). Pénètre-toi aussi du principe que je rappelais tout à l'heure : il n'importe point de quel grand nombre de gens ton équité sera connue. Quiconque veut qu'on publie sa vertu travaille non pour sa vertu, mais pour la gloire. Tu refuses d'être juste sans gloire ? Ah ! certes plus d'une fois tu devras l'être au prix de ta réputation (b). Et alors, si tu es sage, une mauvaise renommée pour avoir bien fait n'est pas sans douceur.

---

# LETTRE CXIV.

### Que la corruption du langage vient de celle des mœurs [r].
### Mécène écrivain. Salluste.

« D'où vient, dis-tu, qu'à certaines époques il s'est produit un genre corrompu d'éloquence ? Et comment je ne sais quelle vicieuse tendance des esprits a-t-elle mis en vogue, tantôt l'amplification ampoulée, tantôt la phrase saccadée et cadencée en manière de chant ? Pourquoi s'est-on engoué parfois d'idées gigantesques et hors de vraisemblance, parfois de sens brusquement rompus et énigmatiques qui en disent plus à l'esprit qu'à l'oreille ? Pourquoi a-t-on vu des temps où l'on abusait du droit de métaphore sans nulle retenue ? » La raison, tu l'as

---

(a) Je lis : *majus injustæ est*, selon quatre Mss. Lemaire : *quam justam esse*.

(b) Voir *Lettre* LXXXI et *De la colère*, III, XLI.

souvent ouï dire, elle est dans ce mot passé chez les Grecs en proverbe : « Telles mœurs, tel langage [28]. » Or comme les actes de chacun ont avec ses discours des traits de ressemblance, ainsi le langage d'une époque est quelquefois l'expression de ses mœurs [29]. Si la morale publique s'altère et se laisse aller à la vie sensuelle, c'est un symptôme de la dissolution générale que l'afféterie du style, quand toutefois elle ne se trouve point chez un ou deux écrivains seulement, mais est applaudie et reçue. L'esprit ne peut réfléchir une autre teinte que celle de l'âme [30]. Si l'âme est saine, réglée, sérieuse, tempérante, l'esprit aussi est sobre et retenu : le vice qui gâte l'une est contagieux pour l'autre [31]. Ne vois-tu pas, quand l'âme est en langueur, que les membres sont alourdis, et les jambes paresseuses à se mouvoir? Est-elle efféminée? la démarche du corps trahit sa mollesse. Est-elle active, énergique? l'allure est plus vive. Est-elle en démence, ou, ce qui est presque la même chose, en colère? le désordre est dans les mouvements : on ne marche pas, on est emporté. Combien ces effets ne sont ils pas plus sensibles sur l'esprit, si complétement uni à l'âme? Elle le façonne, il lui obéit, il prend d'elle le mot d'ordre.

La manière dont vivait Mécène est trop connue pour que je doive la rappeler ici, tout comme sa façon de marcher, et ses raffinements, et son excessive manie d'être vu, et sa crainte que ses vices ne restassent cachés. Eh bien, son style n'est-il pas aussi relâché que sa robe sans ceinture, et son expression aussi prétentieuse que sa parure, son cortége, sa maison, son épouse [32]? C'était un homme d'un beau génie, s'il lui eût donné une plus saine direction, s'il n'avait eu peur de se faire comprendre, si sa diction même n'était débraillée. Tu verras chez lui la parole de l'homme ivre, voilée de brouillards, pleine d'écarts et de licence. Dans son livre *sur la toilette*, quoi de plus pitoyable que :

> Le fleuve et les bocages
> Qui *coiffent* ses rivages?
> Vois son lit *labouré* de mille esquifs légers,
> Qui, *retournant* ses flots, rament (a) sur ses vergers.

Et « cette femme aux boucles frisées, ces lèvres qui la *pigeonnent* et qui *commencent un soupir; et ce cou qui plie sous une ivresse surhumaine* (b). — *Les tyrans, irrémédiable faction,*

(a) Je lis avec Scaliger : *remigant* au lieu de *remittant*.
(b) Je lis *fanatur, nec more. Tyrani*. Les textes sont très-équivoques.

*espionnent par les festins, sondent les familles par la bouteille et de l'espérance font sortir la mort.* — Le Génie, à peine témoin de sa propre fête, les fils d'une cire amincie, le gâteau *craquetant.* — Autour du foyer la mère ou l'épouse *font ceinture.* »

Ne vient-il pas tout de suite à l'esprit, quand on lit ces choses, que c'est bien là l'homme qui allait toujours par la ville robe traînante ; qui, même quand il suppléait Auguste absent, donnait dans ce lâche accoutrement le mot d'ordre ? Oui, c'est l'homme qui du haut du tribunal et des rostres, dans toute assemblée publique, ne paraissait que la tête couverte d'un capuchon de femme d'où ressortaient ses oreilles, comme dans le mime *des riches proscrits.* C'est celui qui, au moment où grondaient le plus les guerres civiles, quand Rome était sur le qui-vive et en armes, se faisait publiquement escorter de deux eunuques, plus hommes encore que lui. C'est celui qui s'est marié mille fois, et n'a jamais eu qu'une même femme (*a*). Ces locutions si impertinemment construites, si négligemment jetées, placées d'une manière si contraire à l'usage, démontrent que ses mœurs ne furent pas moins étranges, moins dépravées, moins exceptionnelles. On lui accorde un grand mérite de mansuétude : il s'abstint du glaive, il épargna le sang, et ne fit sentir tout ce qu'il pouvait que par le scandale. Mais le mérite même qu'on lui donne, il l'a gâté par cette monstrueuse mignardise de ses écrits ; elle révèle un caractère mou plutôt qu'indulgent. Voilà ce que cette élocution entortillée, et ces mots détournés de leur sens, et ces idées souvent grandes, il est vrai, mais énervées par l'expression accusent manifestement. C'était un vertige qu'amène l'excès du bien-être, une infirmité qui tantôt est de l'homme, tantôt du siècle.

Quand la mollesse, enfant de l'opulence, s'est propagée au loin, le luxe des costumes devient d'abord plus recherché ; on s'applique ensuite à l'ameublement ; puis c'est aux habitations mêmes que s'étendent nos soins : on veut qu'elles envahissent des campagnes entières, on veut que leurs murailles resplendissent de marbres venus d'outre-mer, que leurs plafonds soient relevés d'or, que l'éclat des pavés réponde aux lambris. La magnificence des festins a son tour : on tâche à se distinguer par la nouveauté des mets, par des changements dans l'ordre des services. Ce qui terminait le repas en sera le début,

---

(*a*) Térentia, qu'il répudiait sans cesse, pour la reprendre toujours. Voir *De la Providence*, III.

et les cadeaux qu'on faisait aux convives entrants seront donnés au départ. Dès que l'esprit s'est fait un système de dédaigner les choses d'usage, de tenir pour vil ce qu'on voit chaque jour, on cherche aussi à innover dans le langage, soit par des termes antiques et surannés qu'on exhume et qu'on reproduit ; soit en créant des mots ou des acceptions inconnues ; soit, comme c'est depuis peu la mode, en prenant pour élégance l'audace et l'accumulation des métaphores. Tel orateur, avec ses phrases écourtées, prétend qu'on lui sache gré de tenir en suspens l'auditeur, et de ne laisser qu'entrevoir sa pensée ; tel autre diffère et prolonge le développement de la sienne. Il en est qui, sans aller jusqu'aux fautes de goût, précaution nécessaire à quiconque vise au grand, sont loin au fond de haïr ces fautes mêmes. Enfin partout où tu verras réussir un langage corrompu, les mœurs aussi auront déchu de leur pureté, n'en fais aucun doute. Et comme le luxe de la table et des vêtements dénote une civilisation malade ; de même le déréglement du discours, pour peu qu'il se propage, atteste que les âmes aussi, dont le style n'est que l'écho, ont dégénéré.

Ne t'étonne pas que le mauvais goût se fasse bienvenir, non-seulement d'un auditoire à mise grossière, mais de ce qu'on appelle la classe élégante. C'est par la toge que ces hommes diffèrent, non par le jugement[33]. Étonne-toi plutôt qu'outre les productions vicieuses, on loue jusqu'aux vices mêmes.

Mais quoi ! cela s'est fait de tout temps : point de génie qui, pour plaire, n'ait eu besoin d'indulgence. Cite-moi tel célèbre auteur que tu voudras, je te dirai ce que ses contemporains lui ont passé, sur quelles fautes ils ont sciemment fermé les yeux. J'en citerai à qui leurs défauts n'ont point fait tort ; j'en citerai à qui ils ont servi. Je dis plus : je te montrerai des hommes du plus grand renom et proposés comme de merveilleux modèles, que la lime de la critique réduirait à rien, le mauvais se trouvant chez eux tellement mêlé au bon, qu'elle enlèverait l'un avec l'autre. Ajoute qu'en littérature il n'y a point de règle absolue. On varie au gré des usages sociaux, qui jamais ne restent longtemps les mêmes.

Nombre de gens exploitent le vocabulaire d'un autre âge : ils parlent la langue des douze tables ; Gracchus, Crassus, Curio sont pour eux trop polis, trop modernes : ils remontent jusqu'à Appius et Coruncanius. Il en est d'autre part, qui, pour ne rien vouloir que d'usuel et de familier, tombent dans le trivial. Ces deux genres, diversement défectueux, le sont bien autant que la manie de n'employer que des termes pompeux, retentissants et poétiques, en évitant les mots indispensables et au service de tout le monde : des deux côtés, j'ose le dire, on pèche également[34]. Ici l'on affiche trop d'apprêt, là, trop de négligence ; l'un s'épile jusqu'aux jambes, l'autre néglige même ses aisselles.

Passons à la construction oratoire. Que de genres n'y signalerai-je pas qui offensent le goût? Ou bien on l'aime hachée et raboteuse : on s'étudie à briser toute phrase tant soit peu unie et coulante; on veut que toute transition soit une secousse; on tient pour mâle et vigoureuse une diction qui choque l'oreille de ses aspérités. Ou bien ce n'est point une construction oratoire : c'est une phrase musicale, tant les sons les plus flatteurs y sont filés avec mollesse. Que dire de celles où les mots essentiels reculent et se font si longtemps attendre? A peine est-ce à la chute de la période qu'ils reviennent. Et ces constructions si lentes à se dérouler, ces constructions cicéroniennes[35] à pente continue, qui vous tiennent mollement suspendu, fidèles, comme d'habitude, à leur marche propre, à leur même cadence?

Le choix de la pensée peut être vicieux de deux manières : si elle est mesquine et puérile, ou inconvenante et risquée jusqu'à l'impudence; puis, si elle est trop fleurie, trop doucereuse; si elle se perd dans le vide, et, sans nul effet, n'amène que des sons. Pour introduire ces défauts, il suffit d'un contemporain en possession du sceptre de l'éloquence : tous les autres l'imitent et se transmettent ses exemples. Ainsi, quand florissait Salluste, les sens mutilés, les chutes brusques et inattendues, une obscure concision étaient de l'élégance. Arruntius, homme d'une moralité rare[36], qui a écrit l'histoire de la guerre Punique, fut de l'école de Salluste et s'efforça de saisir son genre. Il y a dans Salluste : *Exercitum argento fecit*, c'est-à-dire, *avec de l'argent il leva une armée*, Arruntius, épris de cette locution, l'a mise à chaque page. Il dit quelque part : *Fugam nostris fecere; Ils firent les nôtres s'enfuir.* Ailleurs : *Hiero, rex Syracusanorum, bellum fecit* (fut l'instigateur de la guerre). Ailleurs encore : *Quæ audita Panormitanos dedere Romanis fecere; Ces nouvelles firent se rendre aux Romains les Panormitains.* J'ai voulu te donner un échantillon : tout le livre est tissu de ces façons de parler. Clair-semées dans Salluste, elles fourmillent dans Arruntius, et presque sans interruption. La raison en est simple : le premier y tombait par hasard ; le second courait après. Or, tu vois où l'on va, quand d'un travers on s'est fait un type. Salluste a dit : *Aquis hiemantibus; l'hiver suspendait la navigation.* Arruntius écrit, au premier livre de sa *Guerre Punique* : *Repente hiemavit tempestas.* Dans un autre endroit, pour dire que l'année fut très-froide : *Totus hiemavit annus; toute l'année fut hiver.* Et plus loin : *Hiemante aquilone.* Sans cesse et partout le même verbe se trouve enchâssé. Salluste ayant dit quelque part : *Inter arma civilia, æqui bonique famas petit; Dans les guerres civiles il aspire aux renoms d'homme juste et honnête;* l'imitateur n'a pu se défendre de mettre au début même de son premier livre : *Ingentes esse famas de Regulo; Regulus eut d'immenses renoms.*

Évidemment ces vices de style et d'autres analogues, contractés par imitation, ne prouvent ni relâchement de mœurs ni corruption d'âme. Il faut qu'ils soient personnels, qu'ils naissent de notre fonds pour donner la mesure de nos penchants. Un homme violent a l'expression violente; est-il passionné? elle sera vive; efféminé? maniérée et lâche. Tout comme ces gens qui s'épilent la barbe ou en conservent quelques bouquets; qui se rasent de si près le bord des lèvres et laissent croître le reste du poil; qui adoptent des manteaux de couleur bizarre, des toges d'étoffes transparentes; ne voulant rien faire qui puisse passer inaperçu; appelant, provoquant l'attention; acceptant le blâme, pourvu qu'on les regarde : tel est dans ses écrits Mécène; tels sont tous ceux qui donnent dans le faux, non par méprise, mais le sachant et le voulant.

Cela provient d'une âme profondément malade. La langue du buveur ne balbutie point avant que sa raison ne soit appesantie, affaissée ou perdue; de même ce genre et, pour dire vrai, cette ivresse de style n'attaque jamais qu'une âme déjà chancelante. C'est donc l'âme qu'il faut guérir : le sentiment, l'expression, tout vient d'elle; elle détermine l'habitude du corps, la physionomie, la démarche. Saine et vigoureuse, elle communique au discours son énergie, sa mâle fermeté. Abattue, le reste s'écroule avec elle.

.... Le roi vivant, tous n'ont qu'un même esprit;
Sa mort brise le pacte (*a*).

Notre roi c'est notre âme. Tant que sa force est entière, elle retient tout l'homme dans le devoir par le frein de la subordi-

(*a*) *Géorg.*, IV, 212.

nation : pour peu qu'elle vacille, l'ébranlement est général. Mais a-t-elle cédé à la volupté, ses facultés aussi et son action se paralysent; tout son effort n'est plus qu'impuissance et avortement.

Le parallèle que j'ai commencé, suivons-le jusqu'au bout : notre âme est tantôt roi, tantôt tyran : roi, quand ses vues tendent à l'honnête, et que veillant au salut du corps commis à sa garde, elle n'en exige rien de bas, rien d'avilissant ; si au contraire elle est emportée, cupide, sensuelle, elle tombe sous une qualification odieuse et sinistre, elle devient tyran. Alors des passions effrénées s'emparent d'elle et la poussent au mal, heureuses d'abord comme cette populace qui, aux largesses publiques, gorgée d'un superflu funeste, gaspille ce qu'elle ne peut dévorer. Puis quand, de progrès en progrès, la fièvre a miné toutes les forces, quand la moelle et les muscles sont pénétrés du poison de l'intempérance, l'image des plaisirs auxquels ses excès l'ont rendu inhabile fait la dernière joie de l'homme : en guise de voluptés qui lui soient propres, il a le spectacle de celles des autres, pourvoyeur et témoin de débauches dont l'abus lui a interdit l'usage. Moins flatté des délices qui affluent autour de lui que désespéré de voir que son palais ni son estomac ne peuvent absorber tout cet appareil de table, ni lui-même se vautrer dans tous les accouplements de ses mignons et prostituées, il gémit, car la plus grande part de sa félicité échappe à ses étroites facultés physiques, elle est perdue.

N'est-il pas vrai, cher Lucilius, que ce délire vient de ce que nul de nous ne songe qu'il est mortel, qu'il est débile, que nul, après tout, ne songe qu'il n'est qu'un? Considère nos cuisines. Vois courir et se croiser au milieu de tous ces feux nos cuisiniers : te semble-t-il que ce soit pour un seul ventre qu'une telle cohue apprête tant de mets? Vois les celliers où vieillissent nos vins, et ces greniers encombrés des vendanges de plus d'un siècle : te semble-t-il que pour un seul gosier se gardent depuis tant de consulats les vins de tant de pays? Vois en combien de lieux le soc retourne la terre, que de milliers de colons l'exploitent et la fouillent : te semble-t-il que ce soit pour une seule bouche qu'on ensemence la Sicile et l'Afrique [37]. On reviendrait à la sagesse et on modérerait ses désirs si, se comptant pour un seul homme, et de plus, [38] mesurant la capacité de son corps, on se reconnaissait hors d'état de consommer ni beaucoup, ni longtemps. Mais rien ne te disposera à la tempérance en toutes choses comme de songer souvent que la vie est courte, et de plus incertaine. Quoi que tu fasses, pense à la mort.

# LETTRE CXV.

Que le discours est le miroir de l'âme. Beauté de la vertu. Sur l'avarice.

Ne te tourmente pas trop du choix et de l'arrangement des mots, Lucilius, non : j'ai de plus graves soins à t'imposer. Songe à la substance, et point à la forme, moins à écrire même qu'à sentir ce que tu écris, et à le sentir de manière à mieux te l'approprier, à le marquer comme de ton sceau. Toute production que tu verras soucieusement travaillée et polie part, sois-en sûr, d'un esprit préoccupé de minuties. Qui pense noblement s'exprime avec plus de simplicité, d'aisance, et porte dans tous ses discours une mâle assurance plutôt que de l'apprêt. Tu connais nombre de jeunes gens à barbe et à chevelure luisantes, sortis tout entiers d'une boîte à toilette : n'espère d'eux rien de viril, rien de substantiel. Le style est la physionomie de l'âme : s'il est peigné coquettement, fardé, artificiel, il est clair que l'âme non plus n'est pas franche, et a quelque chose d'affecté. Des colifichets ne sont point la parure d'un homme [39].

S'il nous était donné de voir à découvert le cœur de l'homme de bien, quel magnifique tableau, que de sainteté et de majesté calme éblouirait nos yeux ! D'un côté la justice et la tempérance, de l'autre la prudence et la force se prêtant un mutuel éclat; puis la frugalité, la continence, la résignation, l'indulgence, l'affabilité et l'humanité, cette vertu, le croirait-on ? si rare chez l'homme, verseraient là toutes leurs splendeurs. Et combien la prévoyance, l'élégance des mœurs et, pour couronner le tout, la magnanimité la plus haute n'y ajouteraient-elles pas de noblesse et d'autorité imposante ! Merveilleux ensemble de grâce et de dignité, qui n'exciterait notre amour qu'en nous remplissant de vénération ! A l'aspect de cette auguste et radieuse figure sans parallèle visible ici-bas, ne resterait-on pas, comme à l'apparition d'une divinité, frappé d'extase, immobile ; ne la prierait-on pas du fond de l'âme de se laisser voir impunément [40] ? Puis, grâce à la bienveillance empreinte sur ses traits, ne s'enhardirait-on pas à l'adorer, à la supplier ; et, après avoir longtemps contemplé cette élévation, cette grandeur si fort au-dessus de ce qu'on voit parmi nous, ce regard d'une étrange douceur, et néanmoins brillant d'un feu si vif, alors enfin, comme notre Virgile, ne s'écrierait-on pas dans un religieux enthousiasme:

> O vierge ! de quel nom faut-il que je t'appelle ?
> Car tes traits ni ta voix ne sont d'une mortelle :
> Qui que tu sois, du moins prends pitié de nos maux (a) !

On obtient d'elle aide et pitié quand on sait l'honorer. Or, ce ne sont ni les gras taureaux et leurs chairs sanglantes, ni les offrandes d'or et d'argent, ni les tributs versés au trésor d'un temple qui l'honorent, c'est la droiture et la pureté d'intention [41].

Non, je le répète, il n'est point de cœur qui ne s'embrasât d'amour pour elle, si elle daignait se manifester à nous: car aujourd'hui, jouets de mille prestiges, nos yeux sont fascinés par trop de clinquant ou noyés dans trop de ténèbres. Toutefois, de même qu'au moyen de certains remèdes on se rend la vue plus perçante et plus nette, si nous voulions écarter tout obstacle des yeux de notre esprit, nous pourrions découvrir cette vertu, même enfouie dans cette prison du corps, sous les lambeaux de l'indigence, à travers l'abjection et l'opprobre [42]. Et nous la verrions dans toute sa beauté, bien que sous les plus vils dehors. D'autre part aussi nous pénétrerions la souillure et la misère des âmes qu'a paralysées le vice, malgré l'éblouissante pompe des richesses qui rayonneraient autour d'elles, malgré les honneurs et les grands pouvoirs dont le faux éclat frapperait nos sens. Alors nous pourrions comprendre combien est méprisable ce que nous admirons, en vrais enfants pour qui le moindre hochet a tant de prix. Car ils préfèrent à leurs parents, à leurs frères, des colliers achetés avec une pièce de menu cuivre. « Entre eux et nous, dit Ariston, quelle est la différence ? Que ce sont des tableaux, des statues qui nous passionnent ; que nos folies coûtent plus cher. » Un enfant trouve sur le rivage des cailloux polis et offrant quelque bigarrure, le voilà heureux : nous le sommes, nous, des veines de

---

(a) *Énéide*, I, 326.

ces énormes colonnes qu'envoient soit les sables d'Égypte, soit les déserts africains, pour orner quelque portique ou une salle à tenir un peuple de convives [43]. Nous admirons des murs plaqués de feuilles de marbre, quoique nous sachions quels vils matériaux elles cachent; nous en imposons à nos yeux. Et revêtir d'or nos lambris, qu'est-ce autre chose que nous délecter d'un mensonge? Car nous n'ignorons pas que cet or recouvre un bois grossier. Mais n'y a-t-il que nos murs et nos lambris qu'une mince décoration déguise extérieurement? Tous ces gens que tu vois s'avancer tête haute n'ont que le vernis du bonheur. Examine bien, et sous cette légère écorce de dignité [44] tu sauras combien il se loge de misères. Depuis que cette même chose qui occupe sur leurs siéges tant de magistrats et de juges, qui fait et les magistrats et les juges [45], depuis que l'argent est si fort en honneur, le véritable honneur a perdu tout crédit: l'homme, tour à tour marchand et marchandise, ne s'informe plus du mérite des choses, mais de ce qu'elles se payent: c'est par spéculation qu'il fait le bien, par spéculation qu'il fait le mal. Il suit la vertu tant qu'il en espère quelque aubaine, prêt à passer dans l'autre camp, si le crime promet davantage. Nos parents nous élèvent dans l'admiration de l'or et de l'argent; la cupidité qu'ils sèment dans nos jeunes cœurs y germe profondément et grandit avec nous. Et la multitude, partagée sur tout le reste, est unanime sur ce seul point, le culte de l'or. C'est l'or qu'elle souhaite aux siens; quand elle veut sembler reconnaissante aux dieux, c'est l'or, comme la plus excellente des choses humaines, qu'elle leur consacre. Enfin nos mœurs sont déchues à ce point, que la pauvreté est une malédiction et un opprobre, méprisée du riche, en horreur au pauvre. Outre cela viennent les poëtes qui dans leurs vers attisent nos passions, qui préconisent les richesses comme l'unique gloire et l'ornement de la vie. Les immortels ne leur semblent pouvoir donner ni posséder rien de meilleur [46].

> Sur cent colonnes d'or s'élevait radieux
> Le palais du soleil (a)....

Tu vois à son char

> Essieu d'or, timon d'or; et d'espace en espace
> De vifs rayons d'argent qu'un cercle d'or embrasse.

(a) Ovid., *Métam.*, II, 107.

Pour tout dire, le siècle qu'ils nous peignent comme le plus heureux, ils l'appellent *siècle d'or*. Même chez les tragiques grecs, il ne manque pas de héros qui échangent contre le profit leur conscience, leur vie, leur honneur.

> Fais que je sois riche, ô Plutus !
> Je consens qu'infâme on me nomme ;
> Est-il riche ? est le mot de tous ; on ne dit plus :
> Honnête homme ? Tant vaut la bourse, tant vaut l'homme.
> Ne rien avoir, voilà de quoi l'on doit rougir.
> Nul ne s'enquiert ni d'où, ni par quelle aide
> Est venu ce qu'on a, mais combien on possède.
> Vivre riche est mon vœu ; pauvre, mieux vaut mourir.
> Heureux celui qui meurt accumulant encore (a) !
> Argent, suprême bien, le monde entier t'honore,
> Toi toujours beau, plus précieux
> Qu'un fils chéri, qu'une mère adorée,
> Que d'un aïeul la vieillesse sacrée.
> Si d'un pareil éclat Vénus charme les yeux,
> Elle enflamme à bon droit les mortels et les dieux.

Quand ces derniers vers, qui sont d'Euripide, furent récités au théâtre, le peuple entier se leva tout d'un élan pour proscrire et l'acteur et la pièce ; mais Euripide, se précipitant sur la scène, pria les spectateurs d'attendre et de voir quelle serait la fin de cet admirateur de l'or. Bellérophon, dans cette tragédie, était puni comme le sont tous ses pareils dans le drame de la vie. Car jamais l'avarice n'évite son châtiment, bien qu'elle-même déjà se punisse assez. Oh ! que de larmes, que de travaux elle impose ! Qu'elle est misérable par ses désirs, misérable par ses profits ! Et les inquiétudes journalières qui torturent chacun selon la mesure de son avoir ! L'argent tourmente plus ses possesseurs que ses aspirants. Combien ils gémissent de leurs pertes, souvent grandes par le fait, plus grandes par l'imagination ! Enfin, le sort ne fît-il point brèche à leur bien, pour eux ne point gagner c'est perdre. Le monde pourtant les dit heureux, et riches, et souhaite d'amasser autant qu'ils possèdent. Je l'avoue. Mais quoi ? Est-il condition pire à tes yeux que d'être à la fois misérable et envié ? Ah ! si l'on pouvait, avant d'aspirer aux richesses, entrer dans la confidence des riches ; avant de courir après les honneurs, lire dans le cœur des ambitieux, de ceux qui ont atteint le

---

(a) Les dix premiers vers sont tirés de divers endroits d'Euripide et de Sophocle.

faîte des dignités! On changerait certes de souhaits, à les voir en former sans cesse de nouveaux, tout en réprouvant les premiers. Car il n'est point d'homme que sa prospérité, vînt-elle au pas de course, satisfasse jamais. Il se plaint et de ses projets d'avancement et de leurs résultats : il préfère toujours ce qu'il a quitté [47].

Tu devras à la philosophie l'avantage, au-dessus duquel je ne vois rien, de ne jamais te repentir de toi-même. Ce qui peut te mener vers cette félicité solide que nulle tempête n'ébranlera, ce ne sont point d'heureux enchaînements de mots, des périodes coulantes et flatteuses. Que les mots aillent comme ils voudront, pourvu que l'âme garde son harmonie, qu'elle reste grande; qu'insoucieuse des préjugés, s'applaudissant de ce qui la fait blâmer des autres, elle juge de ses progrès par ses actes, et ne s'estime riche en doctrine qu'autant qu'elle est libre de désirs et de craintes.

# LETTRE CXVI.

### Qu'il faut bannir entièrement les passions.

« Lequel vaut mieux d'avoir des passions modérées, ou de n'en avoir aucunes? » Question souvent débattue. Nos stoïciens les proscrivent; les péripatéticiens veulent les régler. Moi je ne vois pas ce que peut avoir de salutaire ou d'utile une maladie, si modérée qu'elle soit (a). Ne crains pas: je ne t'enlève rien de ce que tu ne veux pas qu'on te refuse; je serai facile et indulgent pour ces objets d'affection que tu juges nécessaires, ou utiles, ou agréables à la vie: je n'ôterai que ce qui est vice. En te défendant *le désir*, je te permettrai *le vouloir*; tu feras les mêmes choses, mais sans trouble, avec une résolution plus ferme: tu goûteras mieux, dans leur essence même, les plaisirs. Ne viendront-ils pas mieux à toi, si tu leur commandes, que si tu leur obéis? »

« Mais il est naturel, dis-tu, que la perte d'un ami me déchire le cœur: donne à des pleurs si légitimes le droit de cou-

(b) Voir *Lettre* LXXXV, et *De la colère*, I, VII; III, x.

ler. Il est naturel d'être flatté de l'estime des hommes et contristé de leur mépris : pourquoi m'interdire cette vertueuse crainte d'une mauvaise renommée ? » Il n'est point de faiblesse qui n'ait son excuse prête, qui au début ne se fasse modeste et traitable, et de là n'arrive à de plus larges développements. Tu n'obtiendras pas qu'elle s'arrête, si tu as souffert son premier essor. Toute passion naissante est mal assurée : puis d'elle-même elle s'enhardit, elle prend force à mesure qu'elle avance : il est plus aisé de ne pas lui ouvrir son cœur que de l'en bannir. Toutes, qui peut le nier ? découlent en quelque sorte d'une source naturelle. La nature nous a commis le soin de nous-mêmes ; mais ce soin, dès qu'on y met trop de complaisance, devient vice. La nature a mêlé le plaisir à tous nos besoins, non pour que l'homme le recherchât, mais afin que les choses sans lesquelles on ne peut vivre nous offrissent plus de charme au moyen de cette alliance [48]. Le plaisir qui veut qu'on l'admette pour lui seul est mollesse. Fermons donc la porte aux passions, puisqu'on a moins de peine, encore une fois, à ne les pas recevoir qu'à les faire sortir [49].

« Permets-moi, dis-tu, de donner quelque chose à l'affliction, quelque chose à la crainte. » Mais ce *quelque chose* s'étend toujours loin, et n'accepte pas tes arbitraires limites. Le sage peut, sans risque, ne pas s'armer contre lui-même d'une inquiète surveillance : ses chagrins, comme ses joies, s'arrêtent où il le veut ; pour nous, à qui la retraite n'est pas facile, le mieux est de ne point faire un seul pas en avant. Je trouve fort judicieuse la réponse de Panétius à un jeune homme qui voulait savoir si l'amour est permis au sage : « Quant au sage, lui dit-il, nous verrons plus tard ; pour vous et moi, qui sommes encore loin de l'être, gardons-nous de tomber à la merci d'une passion orageuse, emportée, esclave d'autrui, vile à ses propres yeux. Nous sourit-elle, sa bienveillance provoque nos désirs ; nous dédaigne-t-elle, c'est l'amour-propre qui nous enflamme. La facilité en amour nuit autant que la résistance : on se laisse prendre à l'une, on veut triompher de l'autre. Convaincus de notre faiblesse, sauvons-nous dans l'indifférence. N'exposons nos débiles esprits ni au vin, ni à la beauté, ni à l'adulation, ni à aucune de ces choses qui nous flattent pour nous perdre. » Ce que Panétius répondit au sujet de l'amour, je le dirai pour telle affection que ce soit. Fuyons au plus loin tout sentier où l'on glisse ; sur le terrain le plus sec, nous nous tenons déjà si peu ferme !

Tu vas m'opposer ici le banal reproche fait aux stoïciens : « Vos promesses sont trop gigantesques, vos préceptes trop rigoureux. Faibles mortels, nous ne saurions tout nous interdire. Passez-moi une douleur mesurée, des désirs que je tempère, une colère qui va s'apaiser. » Sais-tu pourquoi leur morale est impraticable pour nous? C'est que nous la croyons telle ; ou plutôt, certes, le motif réel est tout autre. Parce que nos défauts nous sont chers, nous les défendons ; nous aimons mieux les excuser que les expulser[80]. La nature donne à l'homme assez de force, s'il veut s'en servir, la recueillir toute pour se protéger, ou du moins ne la pas tourner contre lui-même. Nous ne voulons pas est le vrai mot; nous ne pouvons pas est le prétexte[81].

## LETTRE CXVII.

Quelle différence les stoïciens mettaient entre la sagesse et être sage. Du suicide.

Tu m'attireras beaucoup d'affaires et me jetteras, à ton insu, dans un grand et fâcheux procès, en me posant de ces questions délicates sur lesquelles je ne saurais me séparer de mes maîtres sans manquer à ce que je leur dois, ni juger comme eux sans blesser ma conscience. « Tu demandes s'il est vrai, comme les stoïciens le prétendent, que la sagesse soit un bien, mais que ce ne soit pas un bien d'être sage. Exposons d'abord leur opinion, puis je hasarderai la mienne. Nos stoïciens veulent que ce qui est bien soit corps (a), parce que le bien agit, et que tout ce qui agit est corps. Le bien est utile ; il faut pour cela qu'il fasse quelque chose et ainsi qu'il soit corps. La sagesse est un bien, disent-ils ; de là ils sont amenés à la dire aussi corporelle. Être sage n'emporte pas, selon eux, la même condition. C'est chose incorporelle et accidentelle à la première, c'est-à-dire à la sagesse : c'est pourquoi elle ne fait rien et n'est point utile. « Quoi ! s'écrie-t-on, les stoïciens ne disent-ils pas que c'est un bien d'être sage? » Ils le disent, mais en le rapportant à son principe, qui est proprement la sagesse.

(a) Voy. *Lettres* CVI et CXIII.

Écoute ce qu'on leur répond, avant que je fasse scission et que je me range d'un autre parti. « A ce compte-là, vivre heureux ne serait pas un bien. » Bon gré mal gré il faut qu'ils disent : « La vie heureuse est un bien ; vivre heureux n'en est pas un. » Ici encore on leur fait cette autre objection : « Vous voulez être sages ; il est donc désirable de l'être ; si c'est chose désirable, c'est un bien. » Voilà nos gens réduits à torturer les termes, à allonger ce mot *expetere* d'une syllabe dont notre langue ne souffre pas l'adjonction, et que j'ajouterai pourtant, si tu le permets. L'*expetendum*, selon eux, c'est ce qui est bien ; l'*expetibile*, ce qui survient en outre du bien obtenu. On ne le cherche pas comme bien, mais il s'ajoute au bien qu'on recherche. — Pour moi, je ne pense pas ainsi, et je crois que nos stoïciens ne vont aussi loin que parce que leur première proposition les lie, et qu'ils ne peuvent plus changer la formule.

Nous avons coutume d'accorder beaucoup au préjugé universel ; et ce nous est une preuve de vérité qu'un sentiment soit partagé par tous. L'existence des dieux, par exemple, se déduit, entre autres raisons, de l'opinion qui sur ce point est innée dans tous les esprits, de ce que, nulle part, nulle race d'hommes n'est rejetée en dehors de toute loi et de toute morale jusqu'à ne pas croire à des dieux quelconques. Quand nous dissertons sur l'immortalité des âmes, ce n'est pas une légère autorité à nos yeux que l'accord unanime des hommes à craindre ou à révérer des lieux infernaux [52]. J'invoque de même ici une croyance universelle : tu ne trouveras personne qui ne pense et que la sagesse est un bien, et que c'est un bien d'être sage.

Je n'imiterai pas les gladiateurs vaincus, qui d'ordinaire font appel au peuple : je commencerai la lutte avec nos propres armes. Ce qui survient à quelqu'un se trouve-t-il hors de lui ou en lui ? S'il se trouve en lui, c'est un corps aussi bien que lui ; car rien ne peut survenir sans contact : or, ce qui touche est corps. S'il est hors de lui, il s'est éloigné après être survenu ; ce qui s'éloigne a du mouvement : or, ce qui a du mouvement est corps. Tu comptes que je vais dire que même chose est la course et courir, même chose la chaleur et avoir chaud, même chose la lumière et luire. J'accorde que ce sont choses distinctes, mais non de condition diverse. Si la santé est chose indifférente, se bien porter ne le sera pas moins ; s'il en est de même de la beauté, ce sera aussi chose indifférente que d'être beau. Si la justice est un bien, c'est encore un bien d'être juste Si une turpitude est un mal, c'en sera un de la commettre, aussi sûrement que, si la chassie est un mal, c'est un mal d'être chassieux. Et, pour que tu le saches, l'un ne peut être sans l'autre. Qui est sage a la sagesse; qui a la sagesse est sage. Il est si impossible de douter que l'un ne soit tel que l'autre, que tous deux semblent à quelques-uns être une seule et même chose.

Mais je demanderais volontiers, puisque toutes choses sont ou bonnes, ou mauvaises, ou indifférentes, dans quelle classe on place *être sage?* Ce n'est pas un bien, dit-on ; ni un mal sans doute : c'est donc chose intermédiaire ou indifférente. Or, nous appelons ainsi ce qui peut échoir au méchant comme au bon : la fortune, par exemple, la beauté, la noblesse. Être sage ne peut échoir qu'au bon : donc ce n'est pas chose indifférente. Mais on ne peut même appeler mal ce qui ne peut échoir au méchant : donc c'est un bien. Ce qu'on n'a pas sans être bon est un bien ; être sage n'appartient qu'au bon, donc c'est un bien. « C'est, dis-tu, chose accidentelle à la sagesse. » Cet état que tu nommes être sage fait-il ou comporte-t-il la sagesse? Dans l'un ou l'autre cas, c'est toujours un corps ; car ce qui est fait et ce qui fait est corps : s'il est corps, c'est un bien ; car il ne lui manquait pour cela que de ne pas être incorporel.

Les péripatéticiens veulent qu'il n'y ait nulle différence entre la sagesse et être sage, attendu que l'un, n'importe lequel, est compris dans l'autre. Penses-tu, en effet, que jamais homme puisse être sage, sinon celui qui possède la sagesse, et que celui qui est sage puisse ne pas la posséder? Les anciens dialecticiens font une distinction qui a passé jusque chez les stoïciens, et laquelle? La voici : Autre chose est un champ, autre chose est d'avoir un champ; en effet, avoir un champ se dit du possesseur, non du champ même. Voilà comme la sagesse est autre chose qu'être sage. Tu accorderas, je crois, que l'objet possédé et le possesseur font deux : la sagesse est possédée, celui-là la possède qui est sage. La sagesse est l'âme perfectionnée ou portée au plus haut point de grandeur et de bonté : c'est en effet tout l'art de la vie. Être sage, qu'est cela? Je ne puis dire : l'âme perfectionnée, mais bien l'heureux état de qui la possède. Ainsi, l'un est l'âme vertueuse, l'autre la possession de cette âme vertueuse. Il y a, disent les stoïciens, diverses natures de corps : par exemple, celles de l'homme, du cheval ; elles sont suivies de mouvements des âmes démonstratifs de ceux des corps. Les premiers ont quelque chose de particulier, distinct des corps : ainsi, je vois Caton se promener ;

les sens me le montrent et ma pensée le croit. C'est un corps que je vois, qui occupe mes yeux et ma pensée. Puis je dis : « Caton se promène ; » ce n'est pas d'un corps que je parle, mais j'énonce quelque chose touchant un corps, ce que les uns appellent un *prononcé*, les autres un *énoncé*, d'autres un *dire*. De même, quand nous nommons la sagesse, nous concevons je ne sais quoi de corporel ; quand nous disons : « Il est sage, » nous parlons d'un corps ; or, il est très-différent de nommer une chose ou de parler de cette chose.

Croyons un moment que ce soient deux choses ; car je n'exprime pas encore mon opinion personnelle : qui empêche alors que la seconde ne soit autre que la première et néanmoins soit bonne aussi ? Tu disais tout à l'heure : autre chose est un champ, autre chose avoir un champ. Pourquoi non ? Puisque autre est la nature du possédant, autre celle de l'objet possédé ; ici est la terre, là est l'homme. Mais dans la question présente les deux termes sont de même nature, et celui qui possède la sagesse, et cette sagesse qui est possédée. De plus, dans l'exemple ci-dessus, ce qui est possédé est autre que celui qui possède : ici le même sujet embrasse et la chose et le possesseur. On possède un champ par droit ; la sagesse par caractère ; celui-là peut s'aliéner et se transmettre, celle-ci ne quitte point son maître. Il n'y a donc pas lieu de comparer des choses dissemblables. J'avais commencé à dire que ce pouvaient être deux choses, et néanmoins bonnes toutes deux : tout comme sagesse et sage font deux choses, bonnes l'une et l'autre, tu me l'accordes. De même que rien n'empêche que la sagesse soit un bien, ainsi que l'homme qui la possède ; de même rien n'empêche que la sagesse soit un bien, ainsi que la posséder, c'est-à-dire être sage. Si je veux posséder la sagesse, c'est de manière à être sage. Comment ? N'est-ce pas un bien que cette chose sans laquelle l'autre n'est pas ? C'est vous, n'est-ce pas, qui dites que la sagesse, si on la donnait pour n'en pas user, ne devrait pas être acceptée ? Qu'est-ce qu'user de la sagesse ? C'est être sage ; c'est ce qu'elle a de plus précieux : ôtez-lui cela, elle devient superflue. Si les tortures sont des maux, être torturé est un mal : cela est si vrai, que le premier point sera faux si la conséquence est niable. La sagesse est l'état d'une âme parfaite ; être sage, c'est user de cette âme parfaite. Comment ne serait-ce pas un bien que l'usage d'une chose qui, sans usage, n'est plus un bien ? Je te le demande, la sagesse est-elle désirable ? Tu l'avoues. Je te demande ensuite si l'usage de la sagesse est désirable? Tu l'avoues encore ; car tu la refuserais, dis-tu, si l'on te défendait d'en user. Ce qui est désirable est un bien. Être sage, c'est user de la sagesse, comme parler est user de la parole, comme voir est user de la vue. Puis donc qu'être sage, c'est user de la sagesse ; que l'usage de la sagesse est désirable ; être sage l'est conséquemment aussi ; et s'il l'est, c'est un bien. — Il y a longtemps que je me reproche d'imiter les sophistes que j'accuse, et de dépenser des phrases sur une chose toute claire. Car à qui peut-il venir en doute que, si trop de chaleur est un mal, avoir trop chaud n'en soit un aussi ; que si le grand froid est un mal, ce n'en soit un de le ressentir : que si la vie est un bien, ce ne soit un bien de vivre ?

Toutes ces questions tournent autour de la sagesse, mais n'y entrent point, or c'est en elle qu'il faut nous arrêter. Pour qui veut faire quelques excursions, elle a de vastes et immenses problèmes à sonder. Recherchons-y la nature des dieux, les éléments des globes célestes, le cours si varié des étoiles, si nos corps se meuvent aux mouvements de celles-ci, si tous les corps et toutes les âmes reçoivent de là leurs impulsions ; si ce qu'on appelle hasard n'a point sa règle fixe qui l'enchaîne ; s'il est vrai que rien n'arrive imprévu ou ne roule en dehors de l'ordre universel : spéculations qui déjà s'éloignent de la morale et de son but, mais qui délassent l'esprit et l'élèvent au niveau de leurs sublimes objets. Quant aux arguties dont je t'entretenais tout à l'heure, elles le rétrécissent et le dépriment : loin de l'aiguiser, comme vous le croyez, elles l'émoussent. Dites, au nom du ciel! ces veilles que réclament si impérieusement des soins plus nobles et plus fructueux, pourquoi les consumer en abstractions peut-être fausses, à coup sûr inutiles ? Que m'importera de savoir en quoi la sagesse diffère d'être sage, et si l'un est un bien, l'autre non ? A tout risque voici mon vœu ; j'en courrai la chance : que ton lot soit la sagesse, et être sage le mien ! nous serons de pair. Ah! plutôt montre-moi la voie qui mène à cette sagesse : dis-moi ce qui est à fuir, à rechercher ; quelles études raffermiront mon âme chancelante ; comment je repousserai loin de moi ces fougueuses passions qui m'emportent hors du devoir. Que je sache faire tête au malheur, parer ses atteintes sans nombre, soit qu'elles me viennent surprendre, ou que je me sois jeté au-devant ; supporter les tribulations sans gémir, la prospérité sans faire gémir autrui ; ne pas attendre le dernier, l'inévitable terme de la vie, mais de moi-même et quand bon me semblera, partir en toute hâte. Rien ne me paraît plus pitoyable que d'invoquer la mort. Car si tu veux vivre, pourquoi souhaites-tu de mourir? Si tu ne le veux plus, pourquoi demander aux dieux une faculté que dès ta naissance tu tiens d'eux? Mourir un jour, quand tu ne le voudrais pas, voilà ton obligation : mourir dès que tu le voudras, voilà ton droit. Tu ne peux te soustraire à l'une; tu peux saisir l'autre. Quel ignoble vœu j'ai lu ces jours-ci au début de l'œuvre d'un homme assurément fort disert : « Si je pouvais mourir au plus vite! » Insensé! tu désires ce qui t'appartient. Que tu meures au plus vite! Est-ce que par hasard ces paroles auraient eu l'effet de te vieillir? Sinon, que tardes-tu? Nul ne te retient : fuis par où tu l'aimeras le mieux. Choisis dans la nature lequel des éléments tu chargeras de t'ouvrir une issue. Les trois grands principes où ce monde trouve ses moyens d'action, l'eau, la terre, l'air, sont à la fois sources de vie et agents de mort. Que tu meures au plus vite! Mais cet *au plus vite*, comment l'entends-tu? A quand l'ajournes-tu? Il peut venir plus tôt que tu ne veux. Ton mot est d'un cœur pusillanime; c'est le cri d'un désespoir qui vise à être plaint. Qui invoque la mort ne veut pas mourir. Demande aux dieux la vie, la santé; si tu préfères la mort, elle a cet avantage qu'elle met fin à tous les souhaits [33].

Voilà, cher Lucilius, les sujets à méditer; voilà ce qui doit nourrir notre âme. Voilà la sagesse, voilà être sage au lieu de s'épuiser en subtilités creuses sur de vaines et puériles discussions. Le sort t'a mis en face de tant de problèmes! Tu n'as pu encore les résoudre, et tu chicanes avec des mots! O folie! Quand le signal de combattre est donné, tu t'escrimes contre les vents! Écarte ces fleurets, il te faut des armes de guerre [34]. Dis comment j'empêcherai que ni tristesse ni peur ne troublent mon âme, comment je la purgerai des secrètes convoitises qui lui pèsent. Trouve moyen d'agir. « La sagesse est un bien, être sage n'en est pas un! » A la bonne heure : acceptons pour nous la négative; que toute étude pour être sage devienne un objet de risée, et passe pour labeur prodigué en pure perte.

Que dirais-tu si tu savais qu'on se demande également si la sagesse à venir est un bien? Car peut-on douter, je te prie, que les greniers ne sentent pas le poids de la prochaine moisson, que l'enfance n'éprouve en rien la vigueur ou les développements d'une adolescence qui n'est pas encore? De quel secours est au malade une santé qui viendra plus tard? En quoi l'homme qui court et qui lutte est-il refait par plusieurs mois de repos qui suivront? Qui ne sait que ce qui doit arriver n'est pas un bien, par cela seul qu'il n'est pas arrivé? Le bien est toujours utile; les choses actuelles seules peuvent l'être ; si une chose ne profite point, elle n'est pas encore un bien ; si elle profite, elle l'est déjà. Un jour je serai sage ; ce sera un bien quand je le serai, mais ce bien n'est pas encore. Avant tout il faut qu'une chose soit, pour qu'on voie ensuite ce qu'elle est. Comment, je te prie, ce qui n'est rien jusqu'ici serait-il déjà un bien? Et comment te prouverai-je mieux qu'une chose n'est pas qu'en te disant qu'elle sera plus tard? Elle n'est pas venue, évidemment, puisqu'elle est en train de venir. Quand le printemps doit suivre, je sais que nous sommes en hiver; l'été est proche, nous ne sommes donc pas en été. Le meilleur argument qu'on ait qu'une chose n'est pas dans le présent, c'est qu'elle est à venir. Je serai sage, je l'espère; mais en attendant je ne le suis pas. Si je possédais un tel bien, je n'éprouverais pas le mal d'en être privé. Viendra le jour où je serai sage : de là on peut concevoir que jusqu'ici je ne le suis pas. Je ne puis tout ensemble jouir de l'être et souffrir de ne l'être pas. Ces deux contraires ne s'allient point, et le même homme n'est pas à la fois heureux et malheureux.

Laissons bien vite ces trop subtiles fadaises, et volons sans retard aux doctrines qui peuvent nous porter secours. Le père qui, pour sa fille en travail, hâte les pas de la sage-femme avec un inquiet empressement, ne s'amuse pas à lire le programme et l'ordre des jeux publics; le propriétaire qui court à l'incendie de sa maison ne jette pas les yeux sur une table d'échecs pour voir comment se dégagera la pièce bloquée. Mais toi, ô dieux! toi à qui de toutes parts arrivent de fâcheuses nouvelles : ta maison en flammes, tes enfants en péril, ta patrie assiégée, tes biens au pillage, que sais-je? naufrages et tremblements de terre, et tout ce qu'il est possible de craindre; lorsque tant d'objets se disputent tes soins, tu es tout à de pures récréations d'esprit? Tu vas scrutant quelle différence il y a entre la sagesse et être sage? Tu noues et dénoues des syllogismes, lorsque tant d'orages planent sur ta tête? La nature ne nous a point prodigué le temps d'une main si libérale qu'il nous en reste quelque chose à perdre; et vois combien il en échappe même aux plus ménagers. Nos maladies nous en volent une part, celles de nos proches une autre; nos affaires indispensables ont la leur, les intérêts publics la leur; le sommeil nous prend moitié de notre vie [55]. Jours bornés et rapides, et qui nous emportez, que nous revient-il de dissiper presque toutes vos heures si vainement?

Disons encore que l'esprit s'accoutume plutôt à ce qui amuse qu'à ce qui guérit, et qu'on fait un divertissement de la philosophie, le plus sérieux des remèdes. Entre la sagesse et être sage quelle est la différence, je l'ignore : mais je sais qu'il m'importe aussi peu de le savoir que de ne le savoir pas. Dis-moi : quand je l'aurai appris, en serai-je plus sage? Pourquoi donc aimes-tu mieux m'enchaîner aux mots que m'exercer aux actes? Inspire-moi plus de courage, plus de sécurité; fais-moi l'égal de la Fortune, fais-moi plus grand qu'elle. Et je puis l'être, si c'est dans cet unique but que j'apprends.

## LETTRE CXVIII.

### Des élections à Rome. Du bien et de l'honnête.

Tu réclames de moi des lettres plus fréquentes. Comptons ensemble : tu ne seras pas au pair. Il était convenu que tu commencerais ; tu devais m'écrire, et moi te répondre ; mais je ne serai pas exigeant. Je sais qu'on peut te faire crédit : je te livrerai donc mes avances. Je ne ferai pas comme Cicéron, le plus fécond des beaux parleurs, qui engageait Atticus « à lui écrire, à défaut même de tout sujet, ce qui lui viendrait à l'esprit. » Les sujets ne me manqueront jamais, dussé-je omettre tous ces détails qui remplissent les lettres de Cicéron : quel candidat périclite; quel autre lutte par auxiliaires ou de ses seules forces; qui, pour le consulat, se repose sur César, qui sur Pompée, qui sur son coffre-fort (a); quel âpre usurier c'est que Cécilius, dont ses proches même ne peuvent tirer un écu à moins d'un pour cent par mois (b). Parlons de nos misères plutôt que de celles d'autrui : sondons notre cœur, voyons de combien de choses il se fait candidat et refusons-lui notre voix. La vraie grandeur, ô Lucilius, la sécurité, l'indépendance consistent à ne rien solliciter et à s'éloigner de tous comices où préside la Fortune.

(a) Je lis *arcæ* comme Fickert et un Mss. Lemaire : *arte*. Un autre *abs se*.
(b) Voir *Des bienfaits*, VII, x. Et Cic., *Attic.*, V, xxi.

N'est-il pas bien doux, dis-moi, quand les tribus sont convoquées, les candidats guindés au haut de leurs tribunes ; que l'un promet telle somme, que l'autre en fait l'authentique dépôt ; qu'un troisième accable de baisers la main de l'homme auquel, une fois nommé, il ne laissera pas toucher la sienne ; que tous attendent dans l'anxiété la voix qui proclame les élus, n'est-il pas bien doux de rester à l'écart, et de regarder ces marchés publics sans acheter ni vendre quoi que ce soit ? Mais combien plus vive est la joie de celui qui voit d'un œil calme non plus l'étroite enceinte où se font des préteurs et des consuls, mais ces comices universels où se postulent soit des honneurs annuels, soit de perpétuels pouvoirs, soit des guerres heureuses, et des triomphes, soit encore des richesses, des mariages, une postérité, la santé pour soi et les siens ! Qu'elle est grande l'âme qui seule ne fait nulle demande, ne courtise personne, et qui dit : « Je n'ai pas affaire à toi, ô Fortune ! Je ne me mets pas à ta merci. Je sais que tes exclusions sont pour les Catons, tes choix pour les Vatinius ; je ne te prie de rien. » Voilà détrôner l'aveugle déesse.

Je puis bien correspondre ainsi avec toi, et exploiter une matière toujours neuve, quand de toutes parts nous voyons s'agiter ces milliers d'ambitieux qui, pour emporter quelque désastreux avantage, courent à travers tant de maux à un nouveau mal, convoitent ce qu'ils vont fuir tout à l'heure, ou du moins dédaigner. Car quel homme eut jamais assez d'un succès dont le désir même lui avait semblé téméraire ? Non que la prospérité soit, autant qu'on se le figure, avide de jouissances : c'est qu'elle en est pauvre ; aussi ne rassasie-t-elle personne. Tu crois tel homme fort élevé, parce que tu rampes loin de lui ; mais ce point où il est parvenu est, ce lui semble, bien bas. Ou je me trompe, ou il cherche à monter encore ; et ce que tu prends pour le plus haut terme n'est à ses yeux qu'un échelon. Tous se perdent par l'ignorance du vrai : ils s'imaginent voler au bonheur, déçus qu'ils sont par de vains bruits ; puis des maux réels, ou le déchet ou le néant de leurs espérances ressortent pour eux d'une possession hérissée d'épines. Presque toujours le lointain nous abuse et nous admirons [1] : grandeur est, pour le vulgaire, synonyme de bonheur.

Pour ne point donner dans la même méprise, recherchons « quel est le vrai bien. » On l'a compris diversement : les uns l'ont défini ou décrit d'une manière, les autres d'une autre. Quelques-uns disent : « Le bien, c'est ce qui invite l'esprit et l'appelle à soi. » D'autres aussitôt de répondre : « Comment ! même s'il invite l'homme à sa perte ? » Tu sais : il y a bien des maux qui séduisent. Le vrai et le vraisemblable diffèrent entre eux. Ainsi, le bien se joint au vrai ; car il n'est de bien que le vrai, mais ce qui invite, ce qui allèche, n'est que vraisemblable : il dérobe, il sollicite, il entraîne. Voici une autre définition : « Le bien est une chose qui excite l'appétit d'elle-même, ou le mouvement et la tendance de l'âme vers elle. » A quoi on réplique également que ce mouvement de l'âme est excité par beaucoup de choses dont la poursuite perd le poursuivant. Une meilleure définition est celle-ci : « Le bien est ce qui attire vers soi le mouvement de l'âme conformément à la nature : celui-là seul est digne d'être recherché. » Dès qu'il mérite nos recherches, il est honnête, chose à rechercher par excellence. Ceci m'avertit d'expliquer en quoi diffèrent le bien et l'honnête. Ils ont quelque chose entre eux de mixte et d'indivisible ; et il ne peut exister de bien qui ne renferme de l'honnête, comme à son tour l'honnête est toujours bien. En quoi donc diffèrent-ils ? L'honnête est le bien parfait, le complément de la vie heureuse, qui change en biens tout ce qu'il touche. Expliquons ma pensée : Il y a des choses qui ne sont ni biens ni maux, comme le métier des armes, les ambassades, les magistratures. Ces fonctions, honnêtement remplies, arrivent à être des biens, et de douteuses deviennent bonnes. Le *bien* a lieu par l'alliance de *l'honnête* : *l'honnête* est *bien* de sa nature. Le bien découle de l'honnête ; l'honnête existe par lui-même. Ce qui est bien a pu être mal ; ce qui est honnête n'a pu être que bien.

On a encore défini le bien « ce qui est conforme à la nature. » Or ici prête-moi ton attention : Ce qui est bien est selon la nature ; il ne s'ensuit pas que tout ce qui est selon la nature soit bien. Beaucoup de choses, conformes à cette nature, sont de si mince importance que le nom de bien ne leur convient pas. Elles sont trop futiles, trop dignes de dédain : or jamais bien, même le moindre, n'est à dédaigner. N'est-il encore qu'en germe, ce n'est pas un bien ; dès qu'il commence à être un bien, il n'est plus petit. A quoi le bien se reconnaît-il ? S'il est par excellence selon la nature. « Vous avouez, dira-t-on, que ce qui est bien est selon la nature ; voilà son caractère, et vous avouez aussi qu'il est des choses conformes à la nature qui ne sont pas des biens. Comment donc l'un est-il bien, les autres ne l'étant pas ? Comment prend-il un caractère diffé-

rent, les autres ayant comme lui le privilége d'être conformes
à la nature? » Par sa grandeur même. Il n'est pas nouveau de
voir certaines choses changer en s'accroissant. C'était un enfant, c'est maintenant un homme; son caractère devient autre :
car l'enfant n'avait pas de raison, l'homme est raisonnable. Il
y a des choses qui par l'accroissement deviennent non-seulement plus grandes, mais tout autres. On répond : « ce qui grandit ne devient pas autre; qu'on remplisse de vin une bouteille ou un tonneau, il n'importe : dans les deux vases le vin
conserve sa propriété vineuse; une petite quantité de miel, ou
une grande, ne diffère pas de saveur. » Il n'y a point d'analogie dans les exemples qu'on me pose : dans le vin et dans le
miel la qualité est et reste la même, quoique la quantité
augmente. Certaines choses en s'augmentant ne perdent ni
leur genre ni leur propriété; certaines autres, après beaucoup
d'accroissements, changent en dernier lieu de nature, et subissent une condition d'existence nouvelle et autre que la première. Une seule pierre a fait la voûte : c'est celle qui presse
comme un coin les deux flancs inclinés, celle dont l'insertion
les réunit. Pourquoi cette dernière addition produit-elle tant
d'effet pour son peu de volume? Ce n'est pas qu'elle augmente,
c'est qu'elle complète. Certaines choses ne font de progrès
qu'en dépouillant leur première forme pour en recevoir une
nouvelle. Que l'on recule longtemps par la pensée les bornes
d'un objet, et qu'on en suive l'extension jusqu'à la lassitude, il
prend dès lors le nom d'*infini*, il est bien autre qu'il n'était lorsqu'il paraissait grand, mais *fini*. C'est ainsi que, si nous songeons
à une chose difficile à diviser, la difficulté croissante nous
amène enfin au *non divisible*. Ainsi encore, d'un corps lourd et
qu'on meut avec peine, nous arrivons à l'*immobile*. De même
une chose d'abord *conforme à la nature* a pu, par un accroissement de grandeur, prendre une autre propriété et devenir
un *bien*.

## LETTRE CXIX.

### Qu'on est riche quand on commande à ses désirs.

A chaque découverte que je fais, je n'attends pas que tu dises : *Partageons!* je me le dis pour toi. Qu'ai-je donc trouvé? Tu veux l'apprendre? Ouvre ta bourse : c'est tout profit. Je t'apprendrai le secret de devenir riche en un instant, secret dont tu es si curieux, et avec raison. Je te conduirai à la plus haute fortune par une voie expéditive. Il te faudra cependant un prêteur : car tout commerce nécessite des emprunts; mais je ne veux pas que ce soit par entremetteur, ni que les courtiers aillent prônant ta signature. J'ai pour toi un créancier tout prêt, celui de Caton : « Emprunte à toi-même. » Quelque peu que ce soit suffira, si ce qui manque, nous ne le demandons qu'à nous. En effet, cher Lucilius, nulle différence entre ne pas désirer et posséder. Dans les deux cas le résultat est le même, des tourments de moins [2]. Et je ne prétends pas que tu refuses rien à la nature : elle est intraitable, on ne peut la vaincre, elle exige son dû; je dis seulement que tout ce qui va au delà est purement volontaire, mais non point nécessité. Ai-je faim? il faut manger. Que mon pain soit grossier ou de premier choix, cela ne fait rien à la nature. Elle veut, non que je délecte mon palais, mais que mon estomac soit rempli. Ai-je soif? que mon eau soit puisée au lac voisin, ou que je l'aie enfermée sous une voûte de neige dont elle emprunte la fraîcheur, qu'importe à la nature? Tout ce qu'elle me commande, c'est d'étancher ma soif. Sera-ce dans une coupe d'or ou de cristal, dans un vase murrhin ou de Tibur, ou dans le creux de ma main, qu'importe encore? En toute chose considère le but, et laisse là ce qui n'y mène point. Je suis sommé par la faim : saisissons le premier aliment venu; elle-même assaisonnera tout ce qui sera tombé sous ma main. La faim n'est jamais dédaigneuse.

Veux-tu donc savoir ce qui m'a plu si fort, ce qui me semble si bien dit? « Le sage est le poursuivant le plus empressé des richesses naturelles. » Viande creuse dont tu me gratifies! Qu'est-ce que cela? J'avais déjà préparé mes coffres; déjà je m'inquiétais sur quelle mer j'irais trafiquer et risquer mes jours, quelle branche d'impôts j'exploiterais, quelle denrée j'importerais. C'est une déception cela : me prêcher la pauvreté quand tu m'as promis des richesses !

Ainsi tu juges pauvre celui qui n'a faute de rien? « Le mérite, dis-tu, en est à lui, à sa patience, non à sa situation. » C'est donc que tu ne le crois pas riche, par la raison qu'il ne saurait cesser de l'être? Lequel vaut mieux d'avoir beaucoup ou d'avoir assez? Qui a beaucoup désire davantage, preuve qu'il n'a point encore assez. Qui possède assez a obtenu ce que jamais riche n'a atteint, le terme du désir. Tu ne crois pas aux richesses du sage! Est-ce parce qu'elles ne font proscrire personne; parce qu'elles ne poussent point le fils à empoisonner son père, et la femme son mari; parce que dans la guerre elles sont à l'abri, et dans la paix libres de soins; parce qu'elles ne sont ni dangereuses à posséder, ni fatigantes à régir? A-t-il peu l'homme qui, pour tout bien, ne souffre ni du froid, ni de la faim, ni de la soif? Jupiter n'a pas plus. On n'a jamais peu dès qu'on a assez, jamais beaucoup dès qu'on n'est pas satisfait. Après Darius et les Indes vaincues, le Macédonien Alexandre est pauvre encore : il cherche encore à conquérir; il fouille des mers inconnues, il lance les premières flottes qu'ait vues l'Océan; il a forcé, faut-il le dire? les barrières du monde. Ce qui suffit à la nature ne suffit pas à un mortel. Il s'en trouve un qui désire toujours après qu'il a tout. Tant sont aveugles nos esprits! Tant l'homme, à mesure qu'il avance, oublie son point de départ! Celui-ci, maître tout à l'heure d'un coin de terre obscur et maître contesté, vient de toucher le bout du monde, et n'ayant plus qu'à revenir par ce globe qu'il a tout conquis, il est triste ⁵.

Jamais l'or ne fait riche; au contraire il irrite davantage la soif de l'or. En veux-tu savoir la cause? C'est que plus on a, plus il devient aisé d'avoir encore. Au surplus, fais venir ici qui tu voudras de ceux dont on accole les noms aux Crassus et aux Licinius; qu'il apporte ses registres, qu'il suppute à la fois tout ce qu'il a et tout ce qu'il espère : à mon sens il est pauvre; au tien même il peut l'être un jour. Mais l'homme qui s'accommode aux exigences de la seule nature, loin qu'il ressente la pauvreté, ne la craint même pas. Vois pourtant comme il est difficile de se réduire au pied de la nature : celui même que nous appelons l'homme de la nature et que tu nommes pauvre, celui-là aussi a du superflu. Mais l'opulence éblouit le peuple et attire vers elle tous les yeux, quand de grosses sommes sortent d'une maison, qu'on y voit jusqu'au plafond même couvert de dorures, quand une troupe d'esclaves choisis s'y fait remarquer par sa bonne mine ou par sa riche tenue. Félicité de parade que tout cela : celle de l'homme que nous avons soustrait aux influences du peuple comme de la Fortune est tout intérieure. Quant à ceux chez qui le nom d'opulence est mensongèrement usurpé par de laborieux besoins, ils ont des richesses comme on dit que nous avons la fièvre, quand c'est elle qui nous a. Par contre aussi nous disons : « La fièvre le tient; » de même il faut dire : « Les richesses le possèdent¹. »

Voici donc le conseil que j'ai le plus à cœur de te donner, et qu'on ne donne jamais assez : règle toute chose suivant les désirs naturels, qu'on peut contenter ou sans qu'il en coûte, ou à peu de frais. Seulement n'allie point le vice avec le désir. Tu t'inquiètes sur quelle table, dans quelle argenterie paraîtront tes mets, si les esclaves servants sont bien appariés, ont la peau bien lisse. Les mets tout seuls, voilà ce que veut la nature.

> Vas-tu, quand par la soif tu te sens dévorer,
> Chercher un vase d'or pour te désaltérer;
> Et rien ne te plaît-il, lorsque la faim te presse,
> Hors le paon, le turbot (a)?

La faim n'a point ces exigences : il lui suffit qu'on la fasse cesser, elle ne se soucie guère avec quoi. Le reste est l'œuvre pénible d'une déplorable sensualité, qui s'ingénie pour que la faim dure après qu'elle est rassasiée; pour que l'estomac soit, non pas rempli, mais comblé; pour que la soif éteinte aux premières rasades se renouvelle encore. Horace a donc bien raison de dire que la soif ne s'inquiète point dans quelle coupe ou avec quelle grâce son eau lui est servie. Si tu crois que la chevelure plus ou moins belle de l'échanson ou le transparent du vase soit chose essentielle, tu n'as pas soif. La nature, en tout si bienveillante, nous a fait l'importante grâce d'ôter aux besoins le dégoût. C'est au superflu que va bien l'esprit d'exclusion : « Ceci n'est guère de mise; cela est peu vanté; voici qui choque mes yeux. » Le créateur de ce monde, en traçant à l'homme ses conditions d'existence, a voulu le conserver, non l'efféminer. Tout dans ce but est à sa portée,

---

(a) Horace, 1. *Sat.* II.

sous sa main : l'attirail de la délicatesse ne s'obtient qu'à grand'peine et à force d'art. Jouissons donc de ce bienfait de la nature, comptons-le pour un des plus grands; et songeons qu'elle n'a sous aucun rapport mieux mérité de nous qu'en nous portant à satisfaire sans tant de répugnances les appétits qui naissent de la nécessité.

## LETTRE CXX.

Comment nous est venue la notion du bon et de l'honnête.
L'homme est rarement semblable à lui-même.

Ta lettre, qui touche en courant nombre de questions subtiles, s'arrête enfin sur celle-ci, dont elle demande la solution : « Comment nous est venue la notion du bien et de l'honnête? » Pour les autres écoles, ces deux choses sont diverses et distinctes ; chez nous, elles font partie du même tout. Je m'explique. Le bon, selon quelques-uns, c'est l'utile ; et ils nomment ainsi la richesse, un cheval, du vin, une chaussure, tant ils la font descendre bas! L'honnête pour eux, c'est ce qui répond à la loi du devoir et de la vertu, comme des soins pieux donnés à la vieillesse d'un père, des secours à la pauvreté d'un ami, un vaillant coup de main, un avis dicté par la prudence et la modération. Nous aussi nous divisons les attributs, mais le sujet est un. Rien n'est bon que l'honnête, et l'honnête, par son essence même, est bon. Je crois superflu d'ajouter ce que j'ai dit maintes fois sur la différence des deux choses ; je répète seulement que rien ne nous semble bon de ce qui peut servir au mal : or tu vois combien de gens font mauvais usage des richesses, de la noblesse, de la puissance.

Mais revenons au point que tu désires voir éclaircir : « Comment nous est venue la notion première du bon et de l'honnête? » La nature n'a pu nous l'enseigner : elle nous a donné les germes de la science, non la science elle-même. Quelques-uns disent que cette notion nous est venue par aventure ; mais est-il croyable que l'image de la vertu n'ait que fortuitement apparu à je ne sais quel homme? Selon nous, l'observation a recueilli, comparé entre eux certains actes fréquents de la vie ; et l'intelligence humaine y a reconnu le bon et l'honnête par *analogie*. Comme ce mot a reçu des grammairiens latins droit de cité, je ne crois pas devoir le proscrire et le renvoyer au lieu de sa naissance ; je l'emploie donc, non pas seulement comme toléré, mais comme sanctionné par l'usage. Or qu'est-ce que cette *analogie?* Le voici : on connaissait la santé du corps, on s'avisa que l'âme aussi avait la sienne ; on connaissait la force physique, on en déduisit qu'il y avait une force morale. Des traits de bonté, d'humanité, de courage, nous avaient frappés d'étonnement : nous commençâmes à les admirer comme autant de perfections. Il s'y mêlait beaucoup d'alliage; mais le prestige d'une action remarquable le couvrait de son éclat : on a dissimulé ces taches. Car naturellement on est porté à outrer le plus juste éloge; et toujours le portrait de la gloire a été au delà du vrai. Or donc, de ces faits divers fut tiré le type du bien par excellence.

Fabricius repoussa l'or de Pyrrhus, et vit moins de grandeur à posséder un royaume qu'à mépriser les dons d'un roi. Le même Fabricius, à qui le médecin de Pyrrhus promettait d'empoisonner son prince, avertit celui-ci d'être sur ses gardes Ce fut l'effet d'une même vertu de ne pas être vaincu par l'or, et de ne pas vaincre par le poison. Nous avons admiré ce grand homme, inflexible aux offres d'un roi, tout comme à celles d'un régicide, obstiné à suivre la vertu son modèle ; soutenant le plus difficile des rôles, celui d'un chef de guerre irréprochable ; croyant qu'il est des choses non permises même contre un ennemi ; enfin, au sein d'une extrême pauvreté, pour lui si glorieuse, n'ayant pas moins horreur des richesses que de l'empoisonnement. « Pyrrhus, a-t-il dit, tu vivras, grâce à moi; réjouis-toi de ce qui a toujours fait ta peine : Fabricius est incorruptible. »

Horatius Coclès à lui seul intercepta l'étroit passage d'un pont : il voulut que la retraite lui fût coupée, pourvu qu'on fermât le chemin à l'ennemi dont il soutint l'effort jusqu'au moment où retentit avec fracas la chute des solives brisées. Alors tournant la tête, et voyant le péril de sa patrie écarté au prix du sien : « Me suive qui voudra maintenant ! » s'écrie-t-il; et il se précipite dans le fleuve, non moins soucieux, au milieu du courant qui l'entraîne, de sauver ses armes que sa vie, ses armes invaincues dont l'honneur fut maintenu sans tache; et il rentra dans Rome aussi tranquillement que s'il avait passé par le pont même.

Ces actions et d'autres semblables nous ont appris ce que c'est que la vertu. En revanche, ce qui peut sembler surprenant, le vice en obtint parfois les honneurs, et l'honnête parut briller où il était le moins. Car il est, tu le sais, des vices qui avoisinent les vertus*a*, des penchants dégradés et vils sous des dehors de moralité. Ainsi le prodigue a des airs de générosité, bien que la distance soit grande de qui sait donner à qui ne sait pas conserver. Car, on ne peut trop le redire, Lucilius, beaucoup jettent leurs dons et ne les placent pas : or appellerai-je libéral un bourreau d'argent? La négligence ressemble à la facilité; la témérité au courage. Ces conformités apparentes nous obligèrent à prendre garde et à distinguer des choses très-rapprochées à l'extérieur, au fond très-dissemblables. En observant ceux qu'avait signalés quelque action d'éclat, on sut démêler quand tel homme avait agi dans l'élan généreux d'un grand cœur. On vit cet homme, brave à la guerre tel jour, timide au forum, héros contre la pauvreté, sans force contre la calomnie : les éloges furent pour l'action, le discrédit pour la personne. On en vit un autre bon avec ses amis, modéré envers ses ennemis, administrant avec des mains pures et religieuses les affaires de l'État et des citoyens; également doué de la patience qui tolère, et de la prudence qui n'agit qu'à propos; donnant à pleines mains quand la libéralité est de saison; quand le travail commande, s'y dévouant avec persévérance, et subvenant par l'activité de l'âme à l'épuisement des organes ; outre cela, toujours et en tout le même : vertueux non plus par système, mais par habitude, et arrivé au point, non pas seulement de pouvoir bien faire, mais de ne pouvoir faire autrement que bien. On jugea que là était la parfaite vertu, laquelle se ramifia en plusieurs parties. Car on avait des passions à dompter, des frayeurs à vaincre, il fallait prévoir les choses à faire, rendre à chacun selon son droit : on trouva pour tout cela la tempérance, la force, la prudence, la justice, et on leur assigna leurs rôles.

Qu'est-ce donc qui nous a fait connaître la vertu? Nous l'avons reconnue à l'ordre qu'elle établit, à sa beauté, à sa constance, à l'harmonie de toutes ses actions, à cette grandeur qui se rend supérieure à tout. Alors naquit l'idée de cette vie heureuse qui coule doucement, sans obstacle, qui s'appartient toute à elle-même. Mais comment cette dernière image s'offrit-elle à nous? Je vais le dire. Jamais ce mortel parfait, cet adepte de la vertu ne maudit la Fortune; jamais il n'accueillit les événements avec chagrin ; se regardant comme citoyen et soldat de l'humanité, à ses yeux tout labeur fut un commandement à subir. Quelque disgrâce qui survînt, il n'y vit point un mal à repousser, un accident qui le frappait ; il l'accepta comme une charge à lui dévolue. « Quelle qu'elle soit, se dit-il, elle est mienne ; elle est dure, elle est cruelle : qu'elle soit pour mon courage un aiguillon de plus. » Force était donc de reconnaître grand cet homme qui n'avait jamais gémi sous le malheur, jamais ne s'était plaint de sa destinée, qui, éprouvé en mille rencontres, avait brillé comme une vive lumière parmi les ténèbres, attirant vers lui toutes les âmes touchées de ce calme, de cette douceur qui le mettait au niveau de l'homme en même temps que du dieu [6]. Alors cette âme accomplie, arrivée à son plus haut point, n'a plus au-dessus d'elle que l'intelligence divine, dont une parcelle est descendue jusque dans sa mortelle enveloppe ; or jamais le divin ne domine mieux en lui que lorsque la pensée qu'il est mortel lui révèle qu'il a reçu la vie pour l'employer dignement ; que ce corps n'est point un domicile fixe [7], mais une hôtellerie et une hôtellerie d'un jour, qu'il faut abandonner dès qu'on se sent à charge à son hôte.

Oui, Lucilius, notre âme n'a pas de titre plus frappant de sa haute origine que son dédain pour l'indigne et étroite prison où elle s'agite, que son courage à la quitter. Il n'ignore pas où il doit retourner, celui qui se rappelle d'où il est venu. Ne voyons-nous pas combien d'incommodités nous travaillent, combien ce corps est peu fait pour nous ? Nous nous plaignons tour à tour du ventre, de la tête, de la poitrine, de la gorge. Tantôt nos nerfs, tantôt nos jambes nous tiennent au supplice ; les déjections nous épuisent ou la pituite nous suffoque ; puis c'est le sang qui surabonde, qui plus tard vient à nous manquer : d'ici, de là, nous sommes harcelés et poussés dehors, inconvénients ordinaires à l'habitant d'une demeure qui n'est point la sienne Et au sein même du ruineux domicile qui nous est échu, nous n'en formons pas moins d'éternels projets, nous n'envahissons pas moins en espoir le plus long avenir qu'une vie humaine puisse atteindre, jamais rassasiés d'or, jamais rassasiés de pouvoir. L'impudence et la déraison peuvent-elles aller plus loin ? Rien ne suffit à des êtres faits pour mourir, disons mieux, à des mourants [8]. Car point de jour qui ne nous rapproche du dernier, du bord fatal d'où il nous faut tomber ; et chaque heure nous y pousse. Vois quel aveuglement moral est le nôtre ! Cet avenir dont je parle s'accomplit en ce moment même, il est en grande partie arrivé. Car le temps que nous avons vécu est rentré dans le néant où il était avant que nous ne vécussions ; et quelle erreur de ne craindre que le jour suprême, quand chaque jour nous avance d'autant vers la destruction ! Ce n'est point le pas où l'on succombe qui produit la lassitude, il ne fait que la révéler. Le jour suprême aboutit à la mort, mais chaque jour s'y acheminait. Elle nous mine peu à peu, elle ne nous fauche pas[9].

Aussi toute grande âme, ayant conscience de sa céleste origine, s'efforce-t-elle, au poste où elle est mise, de se conduire avec honneur et talent ; du reste, ne jugeant comme à elle aucun des objets qui l'entourent, elle en use à titre de prêts : elle est étrangère et passe vite[10]. Une pareille constance chez un homme n'est-elle pas comme l'apparition d'une nature extraordinaire, surtout, ai-je dit, si cette grandeur est démontrée vraie en ce qu'elle est toujours égale ? Le vrai demeure invariable ; le faux ne dure pas. Certains hommes sont tour à tour Vatinius et Catons : tout à l'heure ils ne trouvaient pas Curius assez austère, Fabricius assez pauvre, Tubéron assez frugal, assez simple dans ses besoins ; maintenant ils luttent d'opulence avec Licinius, de gourmandise avec Apicius, de mollesse avec Mécène. La grande marque d'un cœur corrompu est de flotter, de se laisser ballotter sans fin des vertus qu'on simule aux vices qu'on affectionne.

> On lui voyait tantôt deux cents esclaves,
> Tantôt dix ; il n'avait que tétrarques et rois
> Et grandeurs à la bouche ; et puis, baissant la voix :
> « Une table à trois pieds, une simple salière,
> Pour me parer du froid une toge grossière,
> C'est assez. » A cet homme exempt de passions,
> Chiche, content de peu, donnez deux millions :
> En cinq jours bourse vide.... (a).

Tous ceux dont je parle sont représentés par ce personnage d'Horace, jamais égal ni semblable à lui-même, tant il erre d'un excès à l'autre. Tels sont beaucoup de caractères, je dirais presque tous. Quel est l'homme qui chaque jour ne change de dessein et de vœu ? Hier il voulait une épouse ; aujourd'hui, une maîtresse ; tantôt il tranche du souverain, tantôt il ne

---

(a) Horace, I. *Sat.* III, v. 11.

tient pas à lui qu'il ne soit le plus obséquieux des esclaves; souvent gonflé jusqu'à se rendre haïssable, il va s'aplatir et se faire plus petit, plus humble que ceux qui gisent vraiment dans la boue ; tour à tour il sème l'or et le ravit. Ainsi se trahit surtout l'absence de jugement : on paraît sous telle forme, puis sous telle autre ; et, chose à mon gré la plus pitoyable du monde, on n'est jamais soi. C'est une grande tâche, crois-moi, que de soutenir toujours le même personnage. Or, excepté le sage, nul ne le fait. Nous autres, nous ne savons encore que changer : tu nous verras par moments économes, sérieux ; par moments prodigues et frivoles. C'est à toute heure travestissement nouveau, et l'opposé de ce que nous quittons [11]. Gagne donc sur toi de te maintenir jusqu'à la fin tel que tu as résolu d'être. Fais qu'on puisse te louer, ou du moins te reconnaître. Il y a tel homme, qu'on a vu la veille, et dont on peut dire : « Qui est-il? » tant est grande la métamorphose !

## LETTRE CXXI.

Que tout animal a la conscience de sa constitution.

Tu vas me faire un procès, je le vois, si je t'expose la subtile question qui aujourd'hui m'a retenu assez longtemps ; et derechef tu t'écrieras : « Qu'y a-t-il là pour les mœurs? » Récrie-toi, soit : moi, je t'opposerai en première ligne mes garants, contre lesquels tu plaideras, Posidonius, Archidème (a) : ils accepteront le débat; je parlerai après eux.

Il n'est pas vrai que tout ce qui tient à la morale forme les bonnes mœurs. Telle chose concerne la nourriture de l'homme ; telle autre ses exercices, telle autre son vêtement, son instruction ou son plaisir : mais toutes se rapportent à l'homme, bien que toutes ne le rendent pas meilleur. Quant aux mœurs, il est diverses manières d'influer sur elles. Telle méthode les corrige et les règle; telle autre scrute leur nature et leur origine. Quand je recherche pourquoi la nature a produit l'homme, pourquoi elle l'a mis au-dessus des autres animaux, crois-tu que je m'é-

(a) Deux philosophes stoïciens.

carte bien loin de la morale? Tu te tromperais. Comment sauras-tu quelles mœurs l'homme doit avoir, si tu ne découvres quelle est la grande fin de l'homme, si tu n'approfondis sa nature? Tu ne comprendras bien ce que tu as à faire ou à éviter, que quand tu auras appris ce que tu dois à ta nature. « Oui, diras-tu, je veux apprendre à modérer mes désirs et mes craintes; débarrasse-moi de la superstition, enseigne-moi que c'est chose légère et vaine que ce qu'on appelle fortune, et que l'unique syllabe qui change tout vient s'y joindre bien facilement. » Je contenterai ton désir : j'exhorterai aux vertus, je flagellerai les vices. Bien qu'on me trouve trop vif et trop peu modéré sur ce point, je ne cesserai de poursuivre l'iniquité, de m'opposer au débordement effréné des passions, de réprimer les voluptés qui aboutissent à la douleur, de fermer la bouche aux vœux téméraires. Et n'ai-je pas raison, quand nos plus grands maux sont nés de nos souhaits, et que les choses dont on nous félicite deviennent l'objet même de nos plaintes?

En attendant, souffre que j'examine cette question qui semble un peu s'éloigner de la morale : « Tous les animaux ont-ils le sentiment de leurs facultés constitutives? » Ce qui prouverait le mieux qu'ils l'ont, c'est l'à-propos et la facilité de leurs mouvements, qui semblent révéler une étude réfléchie. On n'en voit point dont tous les membres ne soient pourvus de leur agilité propre. L'ouvrier manie avec aisance ses outils; le pilote ne dirige pas moins habilement son gouvernail; les couleurs que le peintre a placées devant lui, nombreuses et variées comme celles des objets qu'il veut reproduire, il les démêle d'un coup d'œil, et de la palette au tableau son regard et sa main voyagent sans obstacle. L'animal n'est pas moins preste à se mouvoir dans tous les sens qui lui conviennent. On admire souvent ces habiles pantomimes dont le geste prompt sait tout rendre, exprime toutes les passions, accompagne la parole la plus rapide [18]. Ce que l'acteur doit à l'art, l'animal le tient de la nature. Aucun n'a peine à mouvoir ses membres, aucun n'est embarrassé pour s'en servir. Mis au monde pour cela, ils l'exécutent sur l'heure : ils reçoivent leur science avec la vie, ils naissent tout élevés.

« Les animaux, va-t-on dire, ne meuvent si à propos les diverses parties de leur corps, que parce que autrement ils éprouveraient de la douleur. » Donc, selon vous, ils y sont contraints; c'est par crainte, non volontairement, que leur allure est ce qu'elle doit être. Rien de plus faux. Les mouvements lents sont ceux que nécessite la contrainte; l'agilité est le propre de la spontanéité. Loin que ce soit la crainte de souffrir qui les fasse se mouvoir, ils se portent à leurs mouvements naturels en dépit même de la souffrance. Ainsi l'enfant qui tâche de rester debout, qui s'étudie à se tenir sur ses jambes, ne peut d'abord essayer ses forces qu'il ne tombe, pour se relever chaque fois en pleurant, tant qu'il n'a pas fini le douloureux apprentissage que demande la nature. Renverse certains animaux dont le dos est d'une substance dure : ils se tournent, ils dressent leurs pattes qu'ils portent de côté et d'autre, jusqu'à ce qu'on les remette en leur premier état. Une tortue renversée ne sent point de douleur; mais elle est inquiète, elle regrette sa position naturelle, et ne cesse de faire effort, de s'agiter, que quand elle se retrouve sur ses pattes. Donc tout ce qui respire a la conscience de sa constitution, d'où lui vient ce prompt et facile usage de ses membres; et la plus forte preuve que cette notion date de la naissance même, c'est que nul être vivant n'ignore l'emploi de ses facultés.

On répondra encore : « La constitution, comme vous dites, vous autres stoïciens, est une certaine disposition dominante de l'âme à l'égard du corps. Cette définition embarrassée et subtile, que vous-mêmes avez peine à formuler, comment un enfant la conçoit-il? Il faut que tous les animaux naissent dialecticiens pour comprendre une chose que trouvent obscure la plupart des esprits les plus cultivés. » L'objection serait fondée, si je prétendais que notre définition est comprise par les animaux, et non leur constitution même. La nature nous dit ce que nous sommes bien mieux que ne fait la parole. Ainsi l'enfant ignore ce que c'est que constitution, mais il connaît très-bien la sienne ; il ne sait ce que c'est qu'un être animé, mais il sent qu'il est animé. En outre, il a de sa constitution même une idée grossière, sommaire et confuse, comme nous savons que nous possédons une âme, sans en connaître la nature, le siége, la forme ni l'origine. Tout comme la conscience de son âme arrive à l'homme, bien qu'il ignore ce qu'est cette âme et où elle réside ; de même aux animaux se manifeste la conscience de leur constitution. Il faut bien qu'ils aient le sentiment de ce par quoi ils sentent tout le reste, le sentiment de ce qui les dirige et leur fait la loi. Il n'est personne qui ne conçoive qu'il existe en lui quelque chose dont il reçoit ses impressions, sans savoir ce que c'est; ce mobile est en lui, il le sait : quel est-il? d'où vient-il? il l'ignore [15]. Ainsi l'enfant, comme l'animal, n'a de la partie souveraine de son être qu'une conscience peu claire, indéterminée.

« Vous dites, reprend l'adversaire, que toute créature s'harmonie d'abord à sa constitution ; que celle de l'homme étant d'être raisonnable, il s'harmonie à la sienne, non comme animal seulement, mais comme raisonnable : car l'homme se doit aimer par l'âme, qui le rend homme. » Comment donc l'enfant peut-il s'harmonier à une constitution raisonnable, lui qui n'est pas raisonnable encore? — Tout âge a sa constitution propre : autre est celle de la première enfance, autre celle du second âge, autre celle du vieillard ; et tous savent y concorder. La première enfance n'a point de dents et s'en passe volontiers ; les dents lui viennent, elle apprend à s'en servir. Le brin d'herbe qui deviendra paille et froment et qui, tendre encore, lève à peine hors du sillon, n'est pas constitué comme au jour où, déjà plus ferme, il se tient sur sa tige assez forte dans sa faiblesse pour supporter le jeune épi ; il change une troisième fois quand il jaunit, et que son épi durci n'attend plus que le fléau ; mais quelle que soit sa façon d'être, il y concourt, il s'y accommode. Ma première, ma seconde enfance, mon adolescence, ma vieillesse, diffèrent l'une de l'autre ; et cependant je suis le même qui ai passé par ces divers âges. Et la façon d'être a beau varier, on s'y harmonie toujours également. Car ce n'est ni mon enfance, ni ma jeunesse, ni ma vieillesse, mais bien moi que la nature me recommande. Ainsi l'enfant s'affectionne à sa constitution d'enfant et non à celle qu'il aura jeune homme ; et s'il doit plus tard changer pour grandir, il ne s'ensuit point que l'état dans lequel il naît ne soit pas conforme à sa nature. L'animal s'attache d'abord à lui-même : car il faut bien conserver l'être auquel le reste se rapportera. Je cherche le plaisir : pour qui? pour moi : c'est donc de moi que je prends soin. De même je fuis la douleur, toujours à cause de moi. Si je travaille en tout pour mon bien-être, c'est que je mets mon bien-être avant tout. Voilà chez toutes les espèces l'instinct non acquis, mais inné. La nature introduit ses enfants dans la vie, elle ne les y jette pas ; et comme le gardien le plus sûr c'est le plus proche, elle confie chacun à soi-même. C'est pourquoi, comme je l'ai dit dans mes précédentes lettres, l'animal qui ne fait que de naître, de quelque manière qu'il s'échappe du sein maternel, connaît tout de suite ce qui lui est pernicieux ou mortel [14], et il l'évite ; et les races que poursuivent les oiseaux de proie redoutent jusqu'à l'ombre de ceux-ci, lors même qu'ils volent bien au-dessus de leur tête. Aucun animal n'entre dans la vie sans la crainte de la mort.

« Mais, dit-on, d'où l'animal naissant tient-il l'intelligence de ce qui le conserve ou le détruit? » D'abord, la question est de savoir s'il l'a, et non comment il peut l'avoir. Or il l'a manifestement, vu que, l'intelligence admise, il ne ferait pas mieux. D'où vient que la poule, tranquille en présence du paon ou de l'oie, fuit l'épervier, bien plus petit qu'elle, encore qu'elle n'en ait jamais vu? D'où vient que les poussins redoutent le chat, et jamais le chien [15]? Évidemment ils ont de ce qui peut leur nuire une science innée, indépendante de l'expérience [16], puisque avant d'avoir pu l'éprouver ils se gardent du mal? Et ne crois pas que le hasard y fasse rien : ils ne craignent que ce qu'ils doivent craindre, et jamais ne perdent cet instinct de vigilance et de précaution. C'est toujours de la même manière qu'ils fuient les mêmes périls. Ajoute qu'ils ne deviennent pas plus timides avec l'âge : ce qui montre qu'ils ne font rien pour l'avoir appris, mais par l'amour naturel de leur conservation. Les leçons de l'expérience sont lentes et varient selon les individus : celles de la nature sont égales pour tous, et immédiates.

Si pourtant tu l'exiges, je te dirai comment tout animal cherche à connaître ce qui lui est nuisible. Il sent qu'il est fait de chair ; et sentant par suite ce qui peut couper, brûler ou écraser cette chair, quelles sont les races armées contre lui, tout cela lui apparait comme antipathique et hostile. Car ce sont choses indivisibles que le désir de la conservation, la recherche du bien-être et l'horreur de ce qui blesse. L'amour de ce qui doit nous servir et l'antipathie des contraires sont dans la nature même ; aucune étude ne nous suggère cela, et c'est sans réflexion que s'exécutent les prescriptions de la nature. Ne vois-tu pas quel art déploient les abeilles dans l'architecture de leurs domiciles? quel accord dans l'accomplissement de leurs tâches respectives? Ne vois-tu pas comme ces tissus de l'araignée sont inimitables à toute industrie humaine? Quel travail pour combiner tous les fils dont partie, jetée en ligne droite, sert de support, et partie se roule en cercle à mailles serrées au centre, qui de là vont s'élargissant, de façon que l'insecte contre lequel s'ourdit la trame homicide demeure empêtré comme dans un filet! Cette science, la nature la donne, elle ne s'apprend pas. De là vient qu'un animal n'est pas plus habile qu'un autre de son espèce [17]. Tu verras les toiles des araignées se ressembler toutes, et les cellules de toutes les ruches avoir la même capacité. Les traditions de l'art sont faillibles et inégalement réparties; il n'y a d'uniforme que les enseignements de la nature. Elle apprend surtout aux animaux à se défendre, à bien connaître leurs ressources [8] : aussi cette instruction commence-t-elle pour eux aussitôt que la vie. Et ce n'est pas merveille s'ils naissent pourvus d'une faculté sans laquelle ils naîtraient en vain. C'est le premier moyen que la nature leur donne pour s'harmonier constamment avec eux-mêmes et pour s'aimer. Ils n'auraient pu se conserver, s'ils ne l'avaient voulu. Cela seul n'eût de rien servi ; mais sans cela rien ne servait. Au reste, tu ne verras aucun animal faire bon marché de son être, ou même le négliger en rien. Le plus stupide et le plus brute, insensible pour tout le reste, a pour se conserver mille expédients. Tu verras les créatures les plus inutiles aux autres ne se manquer jamais à elles-mêmes.

## LETTRE CXXII.

Contre ceux qui font de la nuit le jour. Le poëte Montanus.

Les jours perdent sensiblement et rétrogradent devant les nuits, de manière toutefois à laisser un assez honnête espace de temps à qui se lèverait, comme on dit, avec l'aurore, pressé par de plus nobles devoirs que l'homme qui attend ses premières lueurs pour aller faire sa cour. Honte à celui qui sommeille lâchement quand le soleil est déjà haut, et dont la veille commence à midi ! Et encore, pour beaucoup, il n'est pas jour à cette heure-là. Certaines gens font du jour la nuit, et réciproquement : appesantis par l'orgie de la veille, leurs yeux ne commencent à s'ouvrir que quand l'ombre descend sur la terre. Tels que ces peuples placés, dit-on, par la nature sur un point du globe diamétralement opposé au nôtre, et dont parle Virgile :

> Quand les coursiers du jour nous soufflent la lumière,
> Là-bas Vesper s'allume et rouvre sa carrière (a),

les hommes que je cite contrastent avec tous, non géographi-

(a) *Géorg.*, I, 259. Trad. de Delille pour le premier vers.

quement, mais par le genre de vie : antipodes de Rome dans Rome même, ils n'ont, suivant le mot de Caton, « jamais vu du soleil ni le lever, ni le coucher. » Penses-tu qu'ils sachent comment on doit vivre, ceux qui ignorent quand il faut vivre ? Et ils craignent la mort, eux qui s'y plongent vivants, hommes d'aussi malencontreux présage que les oiseaux de ténèbres ! Qu'ils passent dans le vin et les parfums leur nocturne existence ; qu'ils consument leur veille contre nature en festins coupés de nombreux services : ils sont là non à des banquets, mais à leur repas d'enterrement (*a*). Et encore est-ce de jour qu'on rend aux morts un pareil hommage.

Les journées, grands dieux ! sont-elles jamais trop longues pour l'homme occupé ? Sachons agrandir notre vie : l'office, la manifestation de la vie, c'est l'action [19]. Retranchons à nos nuits pour ajouter à nos jours [20]. L'oiseau qu'on élève pour nos tables, qu'on veut engraisser avec moins de peine, est tenu dans l'ombre et l'immobilité ; privé alors de tout exercice, ramassé sur lui-même, son corps inerte est envahi de bouffissure, et à l'abri du jour sa paresseuse obésité croît de plus en plus. Ainsi ces êtres qui se sont voués à la nuit ont l'aspect repoussant, le teint plus équivoque que n'est la pâleur d'un malade : minés de langueur, exténués et blêmes, corps vivants à chair cadavérique. Cependant, le dirai-je ? c'est là le moindre de leurs maux : combien sont plus épaisses les ténèbres de leur âme ! Abrutie, éclipsée, elle porte envie à l'homme qui ne voit plus. Eut-on jamais des yeux pour ne s'en servir que la nuit ?

Tu veux savoir d'où naît cette dépravation morale, cette horreur du jour, cette vie transportée tout entière dans les ténèbres ? C'est que tout vice fait violence à la nature et se sépare de l'ordre légitime. C'est le génie de la mollesse de se complaire à tout bouleverser : il ne dévie pas seulement de la droite raison, il la fuit le plus loin qu'il peut ; il en veut prendre même le contre-pied. Dis-moi : ne violent-ils pas les lois de la nature, ceux qui boivent à jeun, qui, dans un estomac vide, versent le vin à grands flots, et ne mangent que quand ils sont ivres ? Rien n'est pourtant plus commun que de voir une jeunesse folle de gymnastique boire presque sur le seuil du bain, et boire outre mesure, au milieu d'hommes nus comme elle, et faire à chaque instant essuyer les sueurs provoquées par une liqueur brûlante et des rasades multipliées. Ne boire qu'à la fin des repas est

---

(*a*) Voy. *Lettre* XII, l'anecdote de Pacuvius ; et *La vie heureuse*, XI.

trop vulgaire: cela va bien à la rusticité de ces pères de famille qui ne se connaissent pas en plaisir. Le vin qu'on savoure est celui qui ne surnage pas sur les aliments, qui pénètre immédiatement jusqu'aux nerfs : une ivresse délicieuse est celle qui envahit des organes libres.

Ne viole-t-il pas les lois de la nature, celui qui échange la prétexte contre l'habit de femme? Ne les violent-ils pas, ceux qui mutilent[21] l'enfance pour que sa fraîcheur brille encore dans un âge qui ne l'admet plus? O cruauté! ô misère sans égale! Il ne sera jamais homme, pour pouvoir plus longtemps se prostituer à un homme; et quand son sexe aurait dû le sauver de l'outrage, l'âge même ne l'y soustraira pas!

Ne violent-ils pas ces mêmes lois, ceux qui demandent la rose aux hivers, qui au moyen d'eaux chaudes et de températures factices, bien graduées, arrachent aux frimas le lis, cette fleur du printemps? Et ceux encore qui plantent des vergers au sommet des tours; qui voient sur les toits, sur le faîte de leurs palais se balancer des bosquets dont les racines plongent où leurs cimes les plus hardies devraient à peine monter[22], ne violent-ils pas les lois de la nature, comme cet autre qui jette au sein des mers les fondements de ses bains et ne croit pas nager assez voluptueusement si ses lacs d'eaux thermales ne sont battus du flot marin et de la tempête[23]?

Dès qu'on a pris le parti de tout vouloir contrairement à l'ordre de la nature, on finit par un complet divorce avec elle. Le jour se lève? c'est l'heure du sommeil. Tout dort? prenons nos exercices: ma litière, mon dîner maintenant. L'aurore n'est pas loin? il est temps de souper. N'allons pas faire comme le peuple: fi de la routine et des méthodes triviales! Laissons le jour au vulgaire; créons un matin pour nous, pour nous seuls.

En vérité, de tels hommes sont pour moi comme s'ils n'étaient plus. Qu'elles diffèrent peu des obsèques, et des obsèques prématurées, ces existences qu'on mène à la lueur des torches et des bougies (a)! Ainsi vivaient, nous nous en souvenons, une foule d'hommes du même temps, entre autres Atilius Buta, ancien préteur. Après avoir mangé un patrimoine énorme, il exposait sa détresse à Tibère qui répondit: « Tu t'es réveillé trop tard. »

Montanus Julius (b), versificateur passable, connu par l'a-

---

(a) Voy. *Tranquillité de l'âme*, xi et la note.
(b) Ce Montanus est parodié par Sénèque : *Apokolokynt.*, ii.

mitié sitôt refroidie du même Tibère, récitait de sa poésie où il intercalait à tout propos *le lever* et *le coucher* du soleil. Quelqu'un s'indignant qu'il eût tenu toute une journée son auditoire, dit que c'était un homme qu'il ne fallait plus aller entendre; sur quoi Natta Pinarius répliqua : « Puis-je faire plus pour lui? Je suis prêt à l'entendre d'un lever à un coucher de soleil. » Un jour il déclamait ces vers :

> Le ciel se dore au loin d'une clarté nouvelle;
> L'ardent Phébus s'avance, et la noire hirondelle,
> Pour son nid babillard pétrissant son butin,
> Donnant leur part à tous, *commence* le festin....

« Et Buta *commence* à dormir, » s'écria Varus, chevalier romain, de la suite de M. Vinicius[24], et amateur des fins soupers où son humeur caustique lui méritait une place. Puis à la tirade qui venait tout après :

> Les bergers dans l'étable ont rentré leurs troupeaux;
> Sur la terre assoupie arrêtant les travaux,
> La nuit sombre et muette a *commencé*....

Varus interrompit encore: « Que dit-il? Déjà la nuit? Allons donner le bonjour à Buta. » Rien n'était plus connu que Buta, que sa vie qui tournait en sens inverse des autres vies, et que suivaient, je l'ai dit, beaucoup de ses contemporains. Si tel est le goût de certaines gens, ce n'est pas que la nuit ait par elle-même plus de charmes pour eux, c'est que rien ne leur plaît de ce qui s'offre à tous, c'est que le grand jour pèse aux mauvaises consciences[25], et que ceux qui convoitent ou méprisent les choses selon qu'elles s'achètent plus ou moins cher, dédaignent la lumière qui ne coûte rien. Et puis les gens de plaisir veulent qu'on s'entretienne, tant qu'elle dure, de la vie qu'ils mènent. Si l'on n'en dit rien, ils croient leur peine perdue. Et ils sont mal à l'aise, si quelque fait d'eux échappe à la publicité. Beaucoup mangent comme eux leur bien, beaucoup ont des maîtresses; pour se faire un nom parmi leurs pareils, il faut non-seulement du luxe, mais un luxe original. Dans une ville aussi affairée, les sottises ordinaires ne font point parler d'elles[26].

J'ai ouï rapporter par Pedo Albinovanus, conteur très-agréable, qu'il avait habité, à l'étage supérieur, la maison de Sp. Papinius, l'un de ces hommes qui fuyaient le jour. « Vers la troisième heure de la nuit(a), disait-il, j'entends des coups de fouets qui résonnent; je demande ce que fait mon homme : « C'est, me répond-on, qu'il règle les comptes de ses gens. » Trois heures après, s'élèvent des vociférations précipitées : « Qu'est cela? » On me dit : « Papinius exerce sa voix. » Vers la dixième heure, j'entends un bruit de roues, et j'apprends qu'il va sortir en voiture. A la pointe du jour, on court de tous côtés; on appelle les esclaves : sommeliers, cuisiniers sont en grand mouvement. « Qu'est-ce encore? » Il demande son gruau et son vin miellé : il sort du bain. — Il prolongeait donc son souper bien avant dans le jour? — Pas du tout : il était très-sobre et ne dépensait que ses heures de nuit. Aussi Pedo répondait-il à ceux qui bien souvent traitaient cet homme d'avare et de vilain : « Et son régime donc? tout à l'huile de lampe ! parlez-en. »

Ne t'étonne point de voir le vice affecter tant de formes particulières : c'est un Protée à mille faces, on n'en peut saisir les variations. Il n'est qu'une manière d'aller droit; il en est tant de s'égarer[27] ! Et le caprice nous pousse si vite à de nouveaux écarts ! De même, dans vos façons d'être, suivez la nature, elles ont un air d'aisance et de facilité ; de simples nuances vous distinguent d'autrui; les natures faussées sont sur mille points en désaccord avec tous et avec leurs pareilles[28].

Mais la grande cause, selon moi, de cette maladie, est le dédain de vivre comme tout le monde. Se fait-on distinguer des autres par la mise, la délicatesse de la table, le luxe des équipages, on veut encore s'en séparer par la distribution du temps. On ne se contente pas d'excès vulgaires, quand on cherche pour prix des siens le scandale même, but de tous ces gens qui, pour ainsi dire, vivent à rebours.

Tenons donc, ô Lucilius, tenons le chemin que la nature nous a tracé, et n'en dévions jamais. Là, tout nous est ouvert et facile; s'obstiner contre elle, c'est proprement la vie de ceux qui rament contre le courant.

(a) Pour nous neuf heures du soir; la première de la nuit commençait à six.

# LETTRE CXXIII.

Mœurs frugales de Sénèque. Fuir les apologistes de la volupté.

Harassé d'avoir fait une route plus incommode que longue, je suis arrivé à ma maison d'Albe fort avant dans la nuit. Je n'y trouve rien de prêt que mon appétit; que faire? Je m'étends, fort las, sur ma couche; cuisinier, boulanger sont en retard. Prenons bien la chose, et je me dis à part moi : « Non, rien n'est pénible, dès que tu l'acceptes sans peine; rien ne te doit dépiter, si ton dépit même ne l'exagère. Mon boulanger manque de pain? Mais mon régisseur, mon portier, mon fermier en ont. « Mauvais pain! » dis-tu. Attends, il deviendra bon; la faim te le fera trouver tendre et de premier choix. Seulement n'y touche point qu'elle ne te commande. » J'attendrai donc et ne mangerai que quand j'aurai de bon pain, ou que le mauvais ne me rebutera plus.

Il est nécessaire d'apprendre à s'accommoder de peu. Mille difficultés de lieux et de temps nous traversent et, fût-on riche et des mieux pourvus, s'interposent entre nous et l'objet souhaité. Nul ne peut avoir tout ce qu'il désire; mais on peut ne pas désirer ce qu'on n'a point, et user gaiement de ce que le sort nous offre. C'est un grand point d'indépendance qu'un estomac bien discipliné et qui sait souffrir les mécomptes. Tu ne saurais imaginer quel bien-être j'éprouve à sentir ma lassitude se reposer sur elle-même (a). Je ne demande ni frictions, ni bain, pas d'autre remède que le temps. Ce qui est venu par la fatigue s'en va par le repos. Ce souper, tel quel, je le savourerai mieux qu'un banquet de pontifes. Voilà donc enfin mon courage mis à une épreuve inattendue, par conséquent plus franche et plus réelle. Car l'homme qui s'est préparé, qui s'est arrangé pour souffrir ne découvre pas si bien quelle est sa vraie force. Les plus sûrs indices de la force naissent de l'imprévu, quand les contre-temps nous trouvent non-seulement courageux, mais calmes; quand loin de prendre feu, d'invectiver, nous suppléons à ce que nous avions droit d'attendre en

(a) *Sibi ipsa acquiescit*, deux manusc. Lemaire : *assuescit*.

supprimant notre désir, et réfléchissons que si nos habitudes en souffrent, nous-mêmes n'y perdons rien.

Que de choses dont on ne comprend toute l'inutilité que lorsqu'elles viennent à nous manquer! On en usait, non par besoin, mais parce qu'on les avait. Que d'objets l'on se donne, parce que d'autres en ont fait emplette, parce qu'on les voit chez presque tout le monde! L'une des causes de nos misères, c'est que nous vivons d'après autrui, et qu'au lieu d'avoir la raison pour règle, le torrent de l'usage nous emporte. Ce que peu d'hommes feraient, nous n'aurions garde de l'imiter; mais les exemples abondent-ils? Comme si la chose en était plus belle pour être plus fréquente, on l'adopte; et l'erreur prend sur nous les droits de la sagesse, dès qu'elle devient l'erreur publique [29].

On ne voyage plus maintenant sans un escadron d'éclaireurs numides qu'appuie une légion de coureurs en avant-garde. Il est mesquin de n'avoir personne qui jette hors de la route ceux qui vont vous croiser, et qui annonce par des flots de poussière que voici venir un homme d'importance (a). Tout le monde a des mulets pour porter ses cristaux, ses vases murrhins (b), ses coupes ciselées par de grands artistes. Il est pitoyable qu'on puisse croire tout votre bagage à l'épreuve des cahots. Chacun fait voiturer ses jeunes esclaves la face enduite de pommades, de peur que le soleil, que le froid n'offense leur peau délicate; on doit rougir si, dans son cortége de mignons, on n'a pas un de ces frais visages auxquels il faut un préservatif.

Évitons le commerce de tous ces hommes: propagateurs d'immoralité, la contagion circule avec eux. La pire engeance était, semblait-il, les colporteurs de médisances; il en est une autre: les colporteurs de vices. Leurs doctrines nuisent profondément et, si elles n'empoisonnent pas sur le coup, elles laissent leurs germes dans le cœur; elles ne nous quittent plus, fussions-nous même déjà loin d'eux, et plus tard le mal se réveille. Comme au sortir d'une symphonie notre oreille emporte avec elle cette harmonie et cette douceur des chants, qui, enchaînant l'action de la pensée, ne lui permettent point d'application sérieuse; ainsi les paroles de l'adulation et l'apologie des désordres retentissent en nous longtemps après qu'on ne

(a) Voir Lettre LXXXVII.
(b) Voir Des bienfaits, VII, IX, et la note.

les entend plus ; et difficilement l'on bannit de son âme le concert enchanteur : il nous poursuit, il se prolonge, il revient par intervalles. Fermons donc l'oreille aux discours pervers, surtout aux premières insinuations. Car dès qu'elles ont pris pied et se sont fait admettre, elles osent davantage. De là on arrive à nous dire: « La vertu! la philosophie! la justice! termes sonores, vides de sens. Le seul bonheur, c'est de traiter joyeusement la vie, manger, boire et jouir sans gêne de son patrimoine ; voilà vivre, voilà se rappeler qu'on est mortel. Les jours s'écoulent, la vie s'échappe pour ne plus revenir ; et l'on hésite ? Que sert d'être sage ? On est jeune, on ne sera pas toujours propre au plaisir: pourquoi, à cet âge qui peut le goûter, qui le réclame, s'infliger l'abstinence ; vouloir mourir par avance, et tout ce que la mort nous enlèvera, se le retrancher dès maintenant ? Tu n'as point de maîtresse, point de mignon pour rendre ta maîtresse jalouse ; tu sors chaque matin le gosier sec ; tes soupers sont d'un fils qui doit soumettre à son père son journal de dépense. Ce n'est pas là jouir, c'est assister aux jouissances des autres. Quelle folie de te faire le gérant de ton héritier, de tout te refuser, pour que ton ample succession d'un ami te fasse un ennemi, d'autant plus joyeux de ta mort qu'il en recueillera davantage ! Ces gens moroses, au front sourcilleux, censeurs de nos plaisirs, ennemis d'eux-mêmes, pédagogues du genre humain, compte-les pour moins qu'une obole, et préfère hardiment bonne vie à bonne renommée. »

Propos à fuir non moins que ces voix à portée desquelles Ulysse ne voulut passer que lié à son mât. Ils ont le même pouvoir : ils chassent de nos cœurs patrie, famille, amitié, vertus ; leur doctrine, plus dégradante encore, envoie l'homme se briser aux écueils d'une vie de honte et de misère. Qu'il vaut bien mieux aller droit son chemin, et s'élever à cette hauteur où plus rien n'a de charme pour nous que l'honnête ! Et nous pourrons y atteindre, si nous savons faire deux parts des choses, dont les unes nous invitent et les autres nous repoussent. Ce qui invite, ce sont les richesses, les plaisirs, la beauté, les honneurs, tout ce qui nous flatte et nous rit ici-bas. Ce qui repousse, c'est le travail, la mort, la douleur, l'ignominie, une vie de privations. Eh bien, il faut s'habituer à ne pas désirer les uns, à ne pas craindre les autres. Luttons contre ces deux tendances : fuyons ce qui nous invite, faisons face à ce qui nous attaque. Ne vois-tu pas combien l'homme qui monte diffère d'attitude avec celui qui descend. Qui suit une pente porte le corps en arrière; qui gravit se penche en avant: car si tu pèses, en descendant, sur la partie antérieure du corps, si, pour monter, tu le ramènes en arrière, te voilà complice de ta chute. Aller aux plaisirs c'est descendre; pour les choses rudes et difficiles il faut gravir, il faut de l'élan; ailleurs le frein est nécessaire.

Penses-tu qu'ici je prétende que ceux-là seuls sont dangereux à écouter qui vantent le plaisir et nous impriment la crainte de la douleur, déjà effrayante par elle-même? J'en vois d'autres non moins nuisibles qui, sous le masque du stoïcisme, nous exhortent aux vices. Que prêchent-ils en effet? « Que le sage, le philosophe seul sait faire l'amour; seul apte au grand art de bien boire et d'être bon convive, le sage y est passé maître. Voyons, disent-ils, jusqu'à quel âge peuvent être aimés les jeunes garçons. »

Laissons aux Grecs cette pratique; prêtons plutôt l'oreille à ceux qui disent: « Nul ne devient bon par hasard; la vertu veut un apprentissage. La volupté est une chose abjecte et futile, digne de toute notre indifférence; qui nous est commune avec les brutes, et que les dernières, les plus viles pourchassent avec plus d'ardeur. La gloire est un songe, une fumée, un je ne sais quoi plus mobile que le vent. La pauvreté n'est un mal que pour qui se révolte contre elle. La mort n'est point un mal: qu'est-elle donc? dis-tu: la seule loi d'égalité chez les hommes. La superstition est une erreur qui tient du délire: elle craint ce qu'elle devrait aimer; son culte est une profanation [30]. Or, quelle différence y a-t-il entre nier les dieux et les dégrader? »

Voilà ce que nous devons nous dire et nous redire sans cesse: la tâche de la philosophie n'est point de suggérer des excuses au vice. Plus d'espoir de salut pour le malade que son médecin invite à l'intempérance.

# LETTRE CXXIV.

*Que le souverain bien se perçoit non par les sens, mais par l'entendement.*

Je puis des vieux auteurs te citer maint avis,
Si leurs simples discours ont pour toi quelque prix (a).

Or, tu n'y répugnes pas; et jamais vérité, si simple qu'elle soit, ne te rebute : tu n'es pas d'un goût assez difficile pour ne courir qu'après le sublime. Je t'approuve aussi de tout rapporter au progrès moral, et de ne te choquer jamais que de ces hautes subtilités qui ne mènent à rien : tâchons qu'ici même cela n'arrive point par mon fait.

On demande « si le bien se perçoit par les sens ou par l'entendement? » et l'on ajoute « que l'enfant et la brute ne le connaissent pas. » Tous ceux qui mettent la volupté au-dessus de tout, pensent que le bien nous vient par les sens; nous, au contraire, nous l'attribuons à l'entendement, et le plaçons dans l'âme. Si les sens étaient juges du bien, nous ne repousserions nul plaisir; car il n'en est point qui n'ait son attrait et son charme propre; comme aussi jamais nous ne subirions volontairement la douleur : car toute douleur révolte les sens. De plus, on n'aurait droit de blâmer ni l'ami trop ardent du plaisir, ni celui que domine l'effroi de la douleur. Et cependant nous condamnons les gourmands et les libertins, et nous méprisons ceux qui n'osent point agir en hommes, par peur de souffrir. En quoi pèchent-ils, s'ils obéissent aux sens, c'est-à-dire aux juges du bien et du mal, aux arbitres créés par vous de nos appétits comme de nos répugnances? Mais évidemment, c'est à la raison, souveraine des sens, qu'appartient le droit de régler la vie et ce qui est vertu, honneur, et de prononcer sur le bien et le mal. Chez nos adversaires la partie la plus vile a droit de décision sur la plus noble : ce qui est bien, les sens le détermineront, les sens, obtus et grossiers, moins prompts chez l'homme que chez les animaux. Et si quelqu'un s'avisait, pour

(a) Virg., Georg., I, 176.

discerner de menus objets, de s'en rapporter au tact plutôt qu'à la vue? Non : aucun sens, fût-il, pour ces menus objets, plus subtil et plus pénétrant que la vue, ne nous donnerait la distinction du bien et du mal. Vois dans quelle ignorance du vrai ils se débattent, et comme ils ravalent le sublime et le divin, ceux qui veulent que le souverain bien, que le mal, se jugent par le toucher.

« Mais, nous dit-on, de même que toute science et tout art doivent avoir quelque chose de manifeste, les sens peuvent saisir et tirer de là leurs principes et leurs développements ; ainsi le bonheur a sa base et son point de départ dans les choses manifestes et qui tombent sous les sens. Car vous aussi vous dites que le bonheur doit provenir d'objets palpables. » Nous disons que le bonheur est dans les biens conformes à la nature. Or, ce qui est conforme à la nature nous apparaît clairement, sur-le-champ, comme tout ce qui est sain et pur. Les choses conformes à la nature, ce que reçoit l'homme dès sa naissance : c'est, je ne dis point le bonheur, mais le principe du bonheur. Vous, vous gratifiez l'enfance du bonheur suprême, de la volupté d'Épicure : le nouveau-né arrive tout d'abord au but que peut seul atteindre l'homme fait. C'est mettre la cime de l'arbre où doivent être les racines. Celui qui dirait que le fœtus enseveli dans le sein maternel, et dont le sexe même est indécis, que cette molle et informe ébauche jouit déjà de quelque bonheur, serait taxé d'erreur évidente. Or, quelle faible différence entre l'enfant qui ne fait que de naître, et cette chair qui pèse aux flancs où elle se cache! L'un n'est pas plus mûr que l'autre pour l'intelligence du bien et du mal; et l'enfant qui vagit est aussi peu capable de bonheur que l'arbre, ou tout animal privé de la parole. Et pourquoi le bonheur n'est-il pas fait pour l'arbre ni pour l'animal? Parce qu'ils n'ont point la raison. Par le même motif il n'appartient pas à l'enfant, dépourvu de cette raison à laquelle il faut qu'il arrive pour arriver au bonheur.

Il y a l'animal irraisonnable, il y a celui qui n'est pas raisonnable encore, et celui qui l'est imparfaitement. Le bonheur n'est chez aucun d'eux : la raison seule l'apporte avec soi. Entre les trois classes que je viens de citer, quelles sont donc les différences? Jamais le bonheur ne sera dans l'être irraisonnable; celui qui n'est pas encore raisonnable ne peut jusque-là le posséder; celui qui l'est imparfaitement marche vers le bonheur, mais ne l'a pas atteint. Non, Lucilius, le bonheur n'est point l'apanage d'un individu ni d'un âge quelconques : du bonheur à l'enfance il y a le même intervalle que du terme au début, que du couronnement au principe. A plus forte raison, n'est-il pas dans un mol embryon, doué à peine de quelque consistance. Eh oui ! certes : pas plus qu'il n'était dans la semence même. Quand tu dirais : « Je connais telle vertu à cet arbre, à cette plante, » elle n'est pas dans la pousse qu'on voit seulement poindre et percer la terre. Le blé a son utilité propre, que n'a point encore le brin nourri de lait[31], ni le tendre épi qui se dégage de son fourreau, mais bien ce froment qu'a doré et mûri le soleil dans la saison prescrite. Comme toute création n'a ses qualités développées qu'au jour où son accroissement est complet, ainsi l'homme ne possède le bien qui lui est propre que quand la raison est consommée en lui. Et ce bien quel est-il ? Une âme indépendante et droite, qui met tout à ses pieds, rien au-dessus d'elle. Ce bien est si peu pour la première enfance, que l'adolescence ne l'espère même pas, et qu'il est la chimère de la jeunesse. Heureuse même la vieillesse que de longues et sérieuses études y ont pu conduire ! Alors on le possède avec connaissance de cause.

« Selon vous, dira-t-on, il existe un bien virtuel pour l'arbre, un bien pour la plante : l'enfant peut donc avoir aussi le sien. » Le vrai bien ne se trouve ni dans l'arbre, ni dans la brute ; mais l'espèce de bien qui est en eux n'est qualifié tel que par un terme d'emprunt. « Où donc est le bien pour eux ? » Dans ce qui est conforme à leurs natures respectives. Mais le vrai bien n'est en aucune façon donné à la brute : c'est le lot d'une nature meilleure et plus heureuse. Où la raison n'a point place, le bien n'existe pas. Il y a quatre espèces de natures : celle de l'arbre, celle de la brute, celle de l'homme et celle de Dieu. L'homme et Dieu, étant raisonnables, ont la même nature : ils ne diffèrent qu'en ce que l'un ne meurt pas, et que l'autre est mortel : la nature de l'un constitue son bonheur ; l'autre doit conquérir le sien. Les autres natures sont parfaites dans leur genre, non d'une vraie perfection : car la raison leur est étrangère. Il n'y a de vraiment parfait que ce qui l'est d'après les lois universelles de la nature : or, cette nature est raisonnable ; mais des créatures inférieures peuvent avoir une perfection relative. L'être en qui ne peut se trouver le bonheur ne saurait avoir ce qui le produit : le bonheur se compose d'un ensemble de biens ; cet ensemble n'est point chez la brute, donc la brute n'a pas le vrai bien.

La brute perçoit les sensations présentes, se rappelle les sensations passées quand d'aventure ses organes en sont avertis : un cheval mis en face d'une route se ressouvient s'il l'a déjà prise ; dans l'écurie il n'a nulle mémoire du chemin qu'il aura mille fois parcouru. L'idée de la troisième division du temps, l'idée de l'avenir n'est pas faite pour lui. Comment donc peut-on voir une entière perfection chez des êtres qui n'ont du temps qu'une imparfaite perception? Car des trois parties qui le composent, le passé, le présent, l'avenir, c'est la plus courte que l'animal saisit dans son cours rapide, le présent ; il a rarement souvenir du passé, qui jamais ne lui revient qu'à l'occasion du présent. Ainsi, le bien qui appartient à une nature parfaite, ne peut s'allier à une nature qui ne l'est point ; ou, si cette dernière en possède un quelconque, c'est à la manière des plantes. Je ne nie pas que l'animal n'ait, vers ce qui semble conforme à notre nature, de vifs et impétueux élans, mais irréguliers et désordonnés. Or, jamais le vrai bien n'est irrégulier ou désordonné. « Mais, dira-t-on, pourquoi les animaux n'auraient-ils ni ordre ni règle dans leurs mouvements? » Oui, voilà ce que j'affirmerais si l'ordre était dans leur nature ; mais, en réalité, ils se meuvent selon leur nature désordonnée. Il n'y a proprement de déréglé que ce qui peut être parfois conforme à la règle ; pour qu'il y ait inquiétude, il faut qu'il puisse y avoir sécurité ; le vice n'est jamais qu'où pourrait être la vertu. C'est ainsi que les mouvements des animaux correspondent à leur nature. Mais, pour ne pas trop t'arrêter, j'accorde qu'il peut y avoir chez les bêtes quelque bien, un mérite, une perfection qui n'ont rien d'absolu. Tout cela n'échoit qu'à l'être raisonnable auquel il est donné d'en apprécier les causes, l'étendue et l'application. Donc le bien ne se trouve que chez l'être doué de raison.

Tu demandes à quoi peut aboutir cette discussion, et quel profit ta pensée en recueillera. — Celui d'un exercice qui l'aiguise, d'une honnête occupation qui, faute de mieux, la tienne en haleine. L'homme profite aussi de tout ce qui arrête son élan vers le mal. Je dis plus : je ne puis mieux te servir qu'en te montrant ton vrai bien, qu'en te séparant de la bête, qu'en t'associant à Dieu. Pourquoi en effet, ô homme! si bien nourrir et cultiver les forces de ton corps? La nature en a octroyé de plus grandes à certains animaux domestiques ou sauvages. Pourquoi tant de soins de ta parure? Tu auras beau faire : nombre d'entre eux te surpasseront en beauté. Et ta chevelure si artistement arrangée? Quand tu l'aurais flottante à la mode des Parthes, ou tressée en natte comme les Germains, ou toute éparse comme les Scythes, la crinière que secoue le cheval sera toujours plus épaisse que la tienne, celle du lion plus magnifiquement hérissée. Quand tu auras bien appris à courir, tu ne seras pas l'égal du plus chétif lièvre. Rends-toi : renonce à des prétentions où tu as forcément le dessous, car tu aspires à ce qui n'est pas pour toi ; reviens au bien qui t'est propre. Où est-il ? Dans une âme épurée et chaste, émule de la divinité [32], dédaignant la terre et ne plaçant hors d'elle-même rien de ce qui la fait ce qu'elle est. Animal raisonnable ! quel est ton bien à toi ? Une raison parfaite. Fais qu'elle arrive à son dernier terme, et s'élève aussi haut qu'elle peut croître. Ne t'estime heureux que le jour où toutes tes joies naîtront de toi-même ; où, parmi ces objets que les mortels s'arrachent, qu'ils convoitent, qu'ils gardent chèrement, nul ne te semblera digne, je ne dis pas de tes préférences, mais du moindre désir. Voici une courte formule qui te doit donner ou la mesure de tes progrès, ou la conscience de ta perfection : tu jouiras du vrai bien quand tu comprendras que les plus malheureux des hommes, ce sont les heureux [33].

# QUESTIONS NATURELLES.

## LIVRE I.

Étude de Dieu et de la nature, la plus grande de toutes. Météores ignés. Arc-en-ciel. Miroirs. Verges. Parhélies.

### PRÉFACE.

Autant il y a de distance, vertueux Lucilius, entre la philosophie et les autres sciences, autant j'en trouve, dans la philosophie même, entre la partie qui s'occupe de l'homme et celle qui a les dieux pour objet. Celle-ci plus relevée, plus aventureuse, s'est permis davantage : les yeux du corps n'ont pu lui suffire ; elle a pressenti quelque chose de plus grand et de plus beau, placé par la nature au delà de nos regards. En un mot il y a de l'une à l'autre philosophie tout l'intervalle de Dieu à l'homme. La première enseigne ce qu'il faut faire ici-bas ; la seconde, ce qui se fait dans le ciel. L'une dissipe nos erreurs, et nous présente le flambeau qui éclaire les voies trompeuses de la vie ; l'autre plane fort au-dessus du brouillard épais où s'agitent les hommes et les arrache aux ténèbres pour les conduire à la source de la lumière. Oui, je rends surtout grâce à la nature, lorsque, non content de ce qu'elle montre à tous, je pénètre dans ses plus secrets mystères ; lorsque je m'enquiers de quels éléments l'univers se compose ; quel en est l'architecte ou le conservateur ; ce que c'est que Dieu ; s'il est absorbé dans sa propre contemplation, ou s'il abaisse parfois sur nous ses regards ; si tous les jours il crée ou s'il n'a créé qu'une fois ; s'il fait partie du monde, ou s'il est le monde même ; si aujourd'hui encore il peut rendre de nouveaux décrets et modifier les lois du destin, ou si ce ne serait pas descendre de sa majesté et s'avouer faillible que d'avoir à retoucher son œuvre. Il doit en effet aimer toujours les mêmes choses, celui qui ne saurait aimer que les choses parfaites; non qu'il soit pour cela moins libre ni moins puissant; car il est lui-même sa nécessité [1]. Si l'accès de ces mystères m'était interdit, aurait-ce été la peine de naître? Pourquoi alors me féliciterais-je de compter parmi les vivants? Pour n'être qu'un filtre à passer des aliments et des boissons [2], pour étayer ce corps maladif et inconsistant qui périt, si je cesse de le remplir; faut-il vivre en garde-malade, et craindre la mort, pour laquelle nous naissons tous? Otez-moi l'inestimable jouissance de ces études, l'existence vaut-elle tant de sueurs, tant d'agitations? Oh! que l'homme est petit, s'il ne s'élève pas au-dessus des choses humaines [3]! Tout le temps qu'il lutte contre ses passions, que fait-il de si admirable? sa victoire même, s'il l'obtient, a-t-elle rien de surnaturel? A-t-il le droit de s'admirer lui-même, parce qu'il ne ressemble pas aux plus dépravés? Je ne vois pas qu'on doive s'applaudir d'être le plus valide d'une infirmerie. Il y a loin d'une certaine force à la santé parfaite. Tu t'es soustrait aux faiblesses de l'âme; ton front ne sait point mentir; la volonté d'autrui ne te fait ni composer ton langage, ni déguiser tes sentiments; tu fuis l'avarice, qui ravit tout aux autres pour tout se refuser; la débauche, qui prodigue honteusement l'argent qu'elle regagnera par des voies plus honteuses; l'ambition, qui ne mène aux dignités que par d'indignes bassesses. Et jusqu'ici tu n'as rien fait: sauvé de tant d'écueils, tu n'as pas échappé à toi-même. Elle est magnifique cette vertu où nous aspirons, non que ce soit proprement un bien d'être exempt du vice, mais parce que cela agrandit l'âme, la prépare à la connaissance des choses célestes, et la rend digne d'être associée à Dieu même.

La plénitude et le comble du bonheur pour l'homme, c'est de fouler aux pieds tout mauvais désir, de s'élancer dans les cieux, et de pénétrer les replis les plus cachés de la nature. Avec quelle satisfaction, du milieu de ces astres où vole sa pensée, il se rit des mosaïques de nos riches, et de notre terre avec tout son or, non pas seulement de celui qu'elle a rejeté de son sein et livré aux empreintes monétaires, mais de celui qu'elle garde en ses flancs pour la cupidité des âges futurs! Pour dédaigner ces portiques, ces plafonds éclatants d'ivoire, ces forêts pendantes sur nos toits (a), ces fleuves contraints de traverser des palais [4], il faut avoir embrassé le cercle de l'uni-

---

(a) Un manusc. : *Pensiles*, préférable à *tonsiles*. Voy. Lettre CXXII.

vers, et laissé tomber d'en haut un regard sur ce globe étroit, en grande partie submergé, tandis que ce qui surnage est au loin sauvage, brûlant ou glacé. Voilà donc, se dit le sage, le point que tant de nations se partagent le fer et la flamme à la main! Voilà les mortels avec leurs risibles frontières! Le Dace ne franchira pas l'Ister; le Strymon fermera la Thrace, et l'Euphrate arrêtera les Parthes; le Danube séparera la Sarmatie de l'empire romain[5]; le Rhin sera la limite de la Germanie; entre les Gaules et les Espagnes, les Pyrénées élèveront leurs cimes; d'immenses déserts de sables s'étendront de l'Égypte à l'Éthiopie! Si l'on donnait aux fourmis l'intelligence de l'homme, ne partageraient-elles pas aussi un carré de jardin en plusieurs provinces? Quand tu te seras élevé aux objets vraiment grands dont je parle, chaque fois que tu verras des armées marcher enseignes levées, et comme si tout cela était chose sérieuse, des cavaliers tantôt voler à la découverte, tantôt se développer sur les ailes, tu seras tenté de dire :

La noire légion sous les herbes chemine (a).

Ce sont des évolutions de fourmis : grands mouvements sur peu d'espace. Quelle autre chose les distingue de nous, que l'exiguïté de leur corps[6]? C'est sur un point que vous naviguez, que vous guerroyez, que vous vous taillez des empires, à peine visibles, n'eussent-ils de barrière que les deux Océans. Il est là-haut des régions sans bornes, que notre âme est admise à posséder, pourvu qu'elle n'emporte avec elle que le moins possible de ce qui est matière, et que, purifiée de toute souillure, libre d'entraves, elle soit assez légère et assez sobre en ses désirs pour voler jusque-là. Dès qu'elle y touche, elle s'y nourrit et s'y développe : elle est comme délivrée de ses fers et rendue à son origine. Elle se reconnaît fille du ciel[7] au charme qu'elle trouve dans les choses célestes; elle y entre, non comme étrangère, mais comme chez elle. Elle voit avec sécurité le coucher, le lever des astres, leurs voies si diverses et si concordantes. Elle observe le point d'où chaque planète commence à nous luire, son plus haut degré d'élévation, le cercle qu'elle parcourt, la ligne jusqu'où elle s'abaisse. Avide spectatrice, il n'est rien qu'elle ne sonde et n'interroge. Eh! qui l'en empêcherait? Ne sait-elle pas que tout cela est son domaine? Qu'alors elle juge mesquin le séjour étroit qu'elle a fui! Qu'est-ce en

---

(a) *Énéid.*, IV, 404.

effet que l'espace qui s'étend des rivages les plus reculés de l'Espagne jusqu'aux Indes? Une traversée de quelques jours, si un bon vent enfle la voile*. Et les plaines du ciel ouvrent une carrière de trente années à la plus rapide de toutes les planètes, qui, sans jamais s'arrêter, va constamment de la même vitesse! Là enfin l'homme apprend ce qu'il a si longtemps cherché; là il apprend à connaître Dieu? Qu'est-ce que Dieu? L'âme de l'univers. Qu'est-ce que Dieu? Tout ce que tu vois et tout ce que tu ne vois pas. On rend enfin à l'être suprême sa grandeur, qui passe toute imagination, si l'on reconnaît que seul il est tout, qu'au dedans comme au dehors, son œuvre est pleine de lui. Quelle est donc la différence entre la nature de Dieu et la nôtre? C'est que dans l'homme la plus noble partie est l'âme, et qu'il n'y a rien en Dieu qui ne soit âme. Il est tout raison; tel est, au contraire, l'aveuglement des mortels, qu'à leurs yeux cet univers si beau, si régulier, si constant dans ses lois, n'est que l'œuvre et le jouet du hasard d'où vinrent l'orageuse région des tonnerres, des nuées, des tempêtes, et les autres phénomènes qui tourmentent le globe et son atmosphère. Et ce délire ne s'arrête pas au vulgaire; il a gagné jusqu'à des hommes qui se donnent pour sages. Il en est qui, tout en reconnaissant en eux une âme, et une âme prévoyante, laquelle embrasse les moindres détails, ce qui les touche eux et les autres, refusent au grand tout, dont ils font partie, toute espèce d'intelligence, et le supposent emporté par je ne sais quelle force aveugle, ou par une nature ignorante de ce qu'elle fait*. Combien, dis-moi, n'importe-t-il pas d'être éclairé sur toutes ces choses, et d'en bien déterminer les limites? Jusqu'où va la puissance de Dieu; forme-t-il la matière dont il a besoin, ou ne fait-il que la mettre en œuvre; l'idée préexiste-t-elle à la matière, ou la matière à l'idée; Dieu accomplit-il tout ce qu'il veut, ou trop souvent le sujet ne manque-t-il pas à l'exécution; et des mains du suprême artisan ne sort-il pas maintes fois des ouvrages défectueux, non point faute d'art, mais parce que les éléments qu'il emploie sont rebelles à l'art? Admirer, étudier, creuser ces grands problèmes, n'est-ce point franchir la sphère de sa mortalité et s'inscrire citoyen d'un monde meilleur? « A quoi, diras-tu, te serviront ces études? » Dussé-je n'y gagner rien de plus, au moins saurai-je que tout est borné, quand j'aurai pris Dieu pour mesure. Mais ces réflexions viendront plus tard.

I. J'aborde maintenant mon sujet. Écoute ce que la philosophie veut qu'on pense de ces feux que l'air fait mouvoir transversalement. Ce qui prouve avec quelle force ils sont lancés, c'est l'obliquité de leur course, et leur extrême vitesse ; on voit qu'il y a là, non un mouvement propre, mais une impulsion étrangère. Ils sont aussi nombreux que variés dans leurs formes. Il y en a une espèce qu'Aristote appelle *Chèvre*. Si tu m'en demandes la raison, explique-moi d'abord pourquoi on les nomme aussi *Boucs*. Si, au contraire, ce qui est plus expéditif, nous convenons entre nous de nous épargner ces questions sur le dire des auteurs, nous gagnerons plus à rechercher la cause du phénomène qu'à nous étonner de ce qu'Aristote appelle *Chèvre* un globe de feu. Telle fut la forme de celui qui, pendant la guerre de Paul Émile contre Persée, apparut grand comme le disque de la lune. Nous-mêmes avons vu plus d'une fois des flammes qui offraient l'aspect d'un ballon énorme, mais qui se dissipaient dans leur course. Vers le temps où Auguste quitta la vie, pareil prodige se renouvela; nous le revîmes lors de la catastrophe de Séjan, et le trépas de Germanicus fut annoncé par un semblable présage. « Quoi! me diras-tu, serais-tu enfoncé dans l'erreur au point de croire que les dieux envoient des signes avant-coureurs de la mort, et qu'il soit rien d'assez grand sur la terre pour que la chute en retentisse jusqu'au ciel? » Je traiterai ce point dans un autre temps. Nous verrons si les événements se déroulent tous dans un ordre fatal ; s'ils sont tellement liés les uns aux autres, que ce qui précède devienne la cause ou le présage de ce qui suit. Nous verrons si les dieux prennent souci des choses humaines, si la série même des causes révèle par des signes certains quels seront les effets. En attendant, j'estime que les feux dont nous parlons naissent d'une violente compression de l'air qui s'est rejeté d'un côté, mais sans faire retraite, et en réagissant sur lui-même. Cette réaction fait jaillir des poutres, des globes, des torches, des incendies. Si la collision est plus faible, si l'air n'est, pour ainsi dire, qu'effleuré, l'éruption lumineuse est moindre,

Et l'étoile, en filant, traîne sa chevelure (a).

Alors de minces étincelles tracent dans le ciel un sillon peu perceptible et prolongé. Aussi n'y a-t-il point de nuit qui n'offre ce spectacle : car il n'est pas besoin pour cela d'une grande commotion de l'air. Pour tout dire, en un mot, ces feux ont la même cause que les foudres, mais moins énergique :

(a) *Énéid.*, V, 528.

ainsi, un leger choc des nuages produit l'éclair ; un choc plus violent, la foudre. Voici l'explication d'Aristote : « Le globe terrestre exhale quantité de vapeurs de tout genre, les unes sèches, les autres humides, quelques-unes glacées, d'autres inflammables. » Il n'est pas étonnant que les émanations de la terre soient de nature si multiple et si variée, puisque les corps célestes mêmes ne se montrent pas tous sous la même couleur. La canicule est d'un rouge plus vif que Mars, et Jupiter n'a d'autre éclat que la netteté d'une lumière pure. Il faut donc que de cette infinité de molécules que la terre rejette et envoie vers la région supérieure, les nuages attirent des parties ignifères, susceptibles de s'allumer par leur choc mutuel, et même par la simple action des rayons solaires ; comme chez nous la paille enduite de soufre s'allume même à distance du feu. Il est donc vraisemblable qu'une matière analogue, concentrée dans les nuages, s'enflamme aisément et produit des feux plus ou moins considérables, suivant qu'ils ont plus ou moins d'énergie. Car il est fort absurde de croire que ce sont des étoiles qui tombent, ou qui traversent le ciel, ou des parcelles qui s'enlèvent et se séparent des étoiles ; si cela était, depuis longtemps il n'y aurait plus d'étoiles : car il n'y a pas de nuit où l'on ne voie plusieurs de ces feux courir, entraînés en sens divers. Or, chaque étoile se retrouve à sa place et leur grandeur ne varie point. Il suit de là que ces feux naissent au-dessous d'elles, et ne s'évanouissent sitôt dans leur chute que parce qu'ils n'ont ni foyer, ni siége assuré. « Mais pourquoi ne traversent-ils pas aussi l'atmosphère pendant le jour? » Et si tu disais que de jour il n'y a pas d'étoiles parce qu'on ne les voit pas? Elles disparaissent, effacées par l'éclat du soleil : de même alors des feux parcourent le ciel, mais la clarté du jour absorbe leur lumière. Si pourtant il en est parfois dont l'explosion soit assez distincte pour ressortir au milieu même de l'éclat du jour, ceux-là sont visibles. Il est certain que l'âge présent en a vu plusieurs de cette sorte, les uns se dirigeant d'orient en occident, les autres dans le sens contraire. Les gens de mer voient un signe de gros temps dans le grand nombre des étoiles filantes : si elles annoncent des vents, elles se forment dans la région des vents, c'est-à-dire dans l'espace intermédiaire de la terre à la lune. Dans les grandes tempêtes, on voit comme de vraies étoiles posées sur les voiles des vaisseaux. Le matelot en péril se croit alors sous la protection de Castor et de Pollux. Mais ce qui doit le rassurer, c'est qu'elles se montrent quand l'ouragan faiblit et que le vent tombe. Autrement ces feux voltigeraient et ne se reposeraient pas (a). Gylippe, voguant vers Syracuse, en vit un s'arrêter sur le fer même de sa lance. Dans les camps romains, des faisceaux d'armes parurent s'enflammer de ces étincelles qui venaient les effleurer, et qui souvent frappent comme la foudre les animaux et les arbustes. Lancées avec moins de force, elles ne font que glisser et tomber mollement, sans frapper ni blesser. Elles jaillissent tantôt d'entre les nuages, tantôt d'un air pur, s'il déborde en principes inflammables. Et même ne tonne-t-il pas quelquefois dans le ciel le plus serein, comme il arrive en un temps couvert, par une collision atmosphérique? L'air, si transparent, si sec qu'il puisse être, est pourtant compressible; il peut former des corps analogues aux nuages, et qui, choqués, fassent explosion. De là les poutres, les boucliers ardents, les cieux qui semblent tout en feu, lorsque des causes semblables, mais plus actives, agissent sur les mêmes éléments.

II. Voyons maintenant comment se forment les cercles lumineux qui entourent quelquefois les astres. On rapporte que le jour où Auguste revint d'Apollonie à Rome, on vit autour du soleil un cercle empreint des couleurs variées de l'arc-en-ciel. C'est ce que les Grecs nomment *Halo* et que nous pouvons très-justement appeler Couronne. Voici comme on en explique la formation : qu'on jette une pierre dans un étang, on voit l'eau s'écarter en cercles multipliés, dont le premier, fort rétréci, est successivement enveloppé par d'autres de plus en plus larges, tant qu'enfin l'impulsion se perde et meure dans la plaine immobile des eaux. Il faut supposer dans l'air des effets analogues. Quand ce fluide condensé est susceptible de percussion, les rayons du soleil, de la lune, d'un astre quelconque, le forcent, par leur action, à s'écarter circulairement. L'air, en effet, comme l'eau, comme tout ce qui reçoit une forme d'un choc quelconque, prend celle du corps qui la frappe. Or, tout corps lumineux est sphérique; donc l'air qui en sera frappé prendra la forme ronde. De là le nom d'Aires donné par les Grecs à ces météores, parce que les lieux destinés à battre le grain sont ronds généralement. Du reste, il n'y a pas la moindre raison de croire que ces cercles, quelque nom qu'on leur donne, se forment dans le voisinage des astres. Ils en sont fort

---

(a) Je lis avec un manusc. : *alioquin ferrentur ignes, non sederent*. Lemaire : *aliquando feruntur*.

éloignés, bien qu'ils paraissent les ceindre et leur faire une couronne. C'est près de la terre que se dessinent ces apparitions ; et l'œil de l'homme, toujours faible et trompé, les place autour des astres mêmes. Rien de pareil ne peut se former dans le voisinage du soleil et des étoiles, où règne l'éther le plus subtil. Car les formes ne peuvent absolument s'imprimer que sur une matière dense et compacte ; sur des corps subtils elles n'ont pas de prise ou ne tiennent pas. Dans nos bains mêmes, on observe un effet semblable autour des lampes, au milieu de cet air dense et obscur, surtout par le vent du midi, qui rend l'atmosphère lourde et épaisse. Ces cercles parfois se dissolvent et s'effacent insensiblement, parfois se rompent sur un point, et les marins attendent le vent du côté du ciel où la rupture s'est faite : l'aquilon, si c'est au nord ; si c'est au couchant, le zéphyre. C'est une preuve que ces couronnes prennent naissance dans la même région que les vents. Au delà, les vents ne se forment plus, ni par conséquent les couronnes. A ces preuves ajoute que jamais ces météores ne s'engendrent que dans un air immobile et stagnant : le contraire ne se voit pas. En effet, un air tranquille peut recevoir une impulsion, prendre une figure quelconque ; un air agité se dérobe à l'action même de la lumière, car il n'a ni forme ni consistance ; les molécules frappées les premières sont aussitôt disséminées. Ces cercles donc qui couronnent les astres n'auront jamais lieu qu'au sein d'une atmosphère dense et sans mouvement, et par là propre à retenir le faisceau conique de lumière qui vient la frapper. Et en effet, reviens à l'exemple que je citais tout à l'heure. Une pierre jetée dans un bassin, dans un lac, dans toute eau dormante, y produit des cercles sans nombre ; ce qu'elle ne fait pas dans une eau courante. Pourquoi ? Parce que toute figure est brisée par la fuite de l'eau. Il en est de même pour l'air : tranquille, il peut recevoir une forme ; impétueux et agité, il se dérobe et brouille toutes les empreintes qui veulent s'y appliquer. Quand les couronnes se dissolvent également sur tous les points, et s'évaporent sans déplacement, c'est une marque que l'air est tranquille ; et ce calme universel annonce de l'eau. Se rompent-elles d'un côté seulement, le vent soufflera du côté de la rupture ; se déchirent-elles en plusieurs endroits, il y aura tempête. Tous ces accidents s'expliquent par ce que j'ai exposé plus haut. Car, que l'ensemble du phénomène se décompose à la fois, cela démontre l'équilibre, et, partant, le calme de l'air. Si la fracture est unique, c'est que l'air pèse de ce côté, et que de là doit venir le vent. Mais si le cercle est déchiré et morcelé de toutes parts, évidemment il subit le choc de plusieurs courants qui tourmentent l'air et l'assaillent tous à la fois. Cette agitation de l'atmosphère, cette lutte et ces efforts en tous sens signalent la tempête et la lutte imminente des vents. Les couronnes ne paraissent guère que la nuit autour de la lune et des autres astres ; de jour elles sont si rares, que quelques philosophes grecs prétendent qu'on n'en voit jamais ; ce que toutefois l'histoire dément. La cause de cette rareté, c'est que le soleil, ayant trop de force, agite, échauffe et volatilise trop l'air : l'action de la lune, moins vive, est plus aisément soutenue par l'air ambiant ; il en est de même des autres astres, également incapables de le diviser. Dès lors leur figure s'imprime et peut s'arrêter sur cette vapeur plus consistante et moins fugace. En un mot, l'air ne doit être ni tellement compacte qu'il éloigne et repousse l'immersion de la lumière, ni tellement subtil et délié, qu'il n'en retienne aucun rayon. Telle est la température des nuits, alors que les astres, dont la lumière douce ne vient pas heurter l'air d'une façon brusque et violente, se peignent dans ce fluide, plus condensé qu'il ne l'est d'ordinaire pendant le jour.

III. L'arc-en-ciel, au contraire, n'a pas lieu de nuit, si ce n'est très-rarement, parce que la lune n'a pas assez de force pour pénétrer les nuages et y répandre ces teintes qu'ils reçoivent quand le soleil les frappe. Cette forme d'arc et cette diversité de teintes viennent de ce qu'il y a dans les nuages des parties plus saillantes et d'autres plus enfoncées ; des parties trop denses pour laisser passer les rayons, et d'autres trop ténues pour leur fermer accès. De ce mélange inégal et alternatif d'ombre et de lumière résulte l'admirable variété de l'arc-en-ciel. On l'explique encore autrement. Quand un tuyau vient à se percer, on voit l'eau qui jaillit par une étroite ouverture offrir à l'œil les couleurs de l'iris, si elle est frappée obliquement par le soleil. Pareille chose peut se remarquer dans le travail du foulon, lorsque sa bouche, remplie d'eau, fait pleuvoir sur l'étoffe tendue au châssis une rosée fine et comme un nuage d'air humide, où brillent toutes les couleurs de l'arc-en-ciel. Nul doute que la cause de ce phénomène ne réside dans l'eau ; car il ne se forme jamais que dans un ciel chargé de pluies. Mais examinons comment il se forme. Suivant quelques philosophes, il y a dans les nuages des gouttes d'eau perméables aux rayons du soleil, et d'autres, plus denses, qu'ils ne peuvent traverser : les premières renvoient la lumière, les autres restent dans l'ombre ; et de leur interposition se forme un arc, dont une partie brille et reçoit la lumière, tandis que l'autre la repousse et couvre de son obscurité les points adjacents. D'autres nient qu'il en soit ainsi. L'ombre de la lumière, disent-ils, pourrait ici passer pour cause unique, si l'arc n'avait que deux couleurs, s'il n'était composé que de lumière et d'ombre.

> Mais ses mille couleurs, abusant l'œil séduit,
> Mêlent le ton qui cesse à la teinte qui suit :
> La nuance n'est plus et semble encor la même ;
> Le contraste n'a lieu qu'à chaque point extrême (a).

On y voit un rouge de flamme, du jaune, du bleu, et d'autres teintes si finement nuancées, comme sur la palette du peintre, que, suivant le dire du poëte, pour discerner entre elles les couleurs, il faut comparer les premières aux dernières. Car la transition échappe, et l'art de la nature est tellement merveilleux, que des couleurs qui commencent par se confondre, finissent par contraster. Que font donc ici vos deux seuls éléments d'ombre et de lumière pour expliquer des effets sans nombre? D'autres donnent de ces mêmes effets la raison suivante : dans la région où il pleut, toutes les gouttes sont autant de miroirs, toutes peuvent réfléchir l'image du soleil. Ces images, multipliées à l'infini, se confondent dans leur chute précipitée, et l'arc-en-ciel naît de la multitude confuse de ces images du soleil. Voici sur quoi on base cette conclusion. Exposez au soleil des milliers de bassins, tous renverront l'image de cet astre ; placez une goutte d'eau sur chaque feuille d'un arbre, il y paraîtra autant de soleils qu'il y aura de gouttes, tandis que dans le plus vaste étang on n'en verra qu'un seul. Pourquoi? Parce que toute surface luisante, circonscrite, si étendues que soient ses limites, n'est qu'un seul miroir. Supposez cet étang immense coupé par des murs en plusieurs bassins, il s'y formera autant d'images du soleil qu'il y aura de bassins. Laissez l'étang dans son entier, il répétera toujours une image unique. Il n'importe que ce soit un pouce d'eau ou un lac ; dès qu'il est circonscrit, c'est un miroir. Ainsi, ces gouttes innombrables, qui se précipitent en pluie, sont autant de miroirs, autant d'images du soleil. L'œil

---

(a) Ovid., *Métam.*, VI, 65.

placé en face n'y voit qu'un confus assemblage, et l'intervalle de l'une à l'autre s'efface par le lointain. De là, au lieu de gouttes distinctes, on n'aperçoit qu'un brouillard formé de toutes les gouttes. Aristote porte le même jugement. Toute surface lisse, dit-il, renvoie les rayons qui la frappent. Or, quoi de plus lisse que l'eau et l'air? L'air condensé renvoie donc vers nos yeux les rayons qui en sont partis. Nos yeux sont-ils faibles et souffrants, la moindre répercussion de l'air les trouble. Il est des malades dont l'affection consiste à se figurer que partout c'est en face d'eux-mêmes qu'ils arrivent, et qui voient partout leur image. Pourquoi? Parce que leur rayon visuel, trop faible pour pénétrer l'air le plus voisin, se replie sur lui-même. Ainsi, ce que l'air dense fait sur les autres, un air quelconque le fait sur eux, puisque le moins opaque l'est assez pour repousser leur vue débile. Mais une vue ordinaire est repoussée par l'air, s'il est assez dense, assez impénétrable pour arrêter et refouler le rayon visuel sur son point de départ. Les gouttes de pluie sont donc autant de miroirs, mais tellement petits qu'ils réfléchissent seulement la couleur et non la figure du soleil. Or, ces gouttes innombrables et qui tombent sans interstice, réfléchissant toutes la même couleur, doivent produire non pas une multitude d'images distinctes, mais une seule image longue et continue. « Comment, diras-tu, supposer des millions d'images où je n'en vois aucune? Et pourquoi, quand le soleil n'a qu'une couleur, ses images sont-elles de teintes si diverses? » Pour répondre à ton objection, ainsi qu'à d'autres qu'il n'est pas moins nécessaire de réfuter, je dois dire que la vue est le juge le plus faux, non-seulement des objets dont la diversité de couleurs s'oppose à la netteté de ses perceptions, mais de ceux même qui sont le plus à sa portée. Dans une eau transparente la rame la plus droite semble brisée. Les fruits vus sous le verre paraissent bien plus gros. L'intervalle des colonnes entre elles est comme nul à l'extrémité d'un long portique; et, pour revenir à mon texte, le soleil même, que le calcul nous prouve être plus grand que toute la terre, est tellement rapetissé par nos yeux, que des philosophes ne lui ont pas donné plus d'un pied de diamètre. L'astre que nous savons le plus rapide de tous, aucun de nous ne le voit se mouvoir; et l'on ne croirait pas qu'il avance, s'il n'était clair qu'il a avancé. Ce monde qui tourne, incliné sur lui-même, avec tant de vitesse, qui roule en un moment de l'orient à l'occident, nul de nous ne le sent marcher. Qu'on ne s'étonne donc pas si notre œil n'aperçoit point les intervalles des gouttes de pluie, et ne peut distinguer à une telle distance cette infinité d'images si ténues. Il est hors de doute que l'arc-en-ciel est l'image du soleil, reçue dans une nuée concave et gonflée de pluie. La preuve en est qu'il se montre toujours à l'opposite du soleil, au haut du ciel ou à l'horizon, suivant que l'astre s'abaisse ou s'élève, et en sens contraire. Le soleil descend-il? le nuage est plus haut; monte-t-il? il est plus bas. Souvent il se trouve latéral au soleil; mais, ne recevant pas directement son empreinte, il ne forme point d'arc. Quant à la variété des teintes, elle vient uniquement de ce que les unes sont empruntées au soleil, les autres au nuage même. Ce nuage offre des bandes bleues, vertes, purpurines, jaunes et couleur de feu, variété produite par deux seules teintes, l'une claire, l'autre foncée. Ainsi du même coquillage ne sort pas toujours la même nuance de pourpre. Les différences proviennent d'une macération plus ou moins longue, des ingrédients plus épais ou plus liquides dont on a saturé l'étoffe, du nombre d'immersions et de coctions qu'elle a subies, si enfin on ne l'a teinte qu'une fois. Il n'est donc pas étrange que le soleil et un nuage, c'est-à-dire un corps et un miroir, se trouvant en présence, il se reflète une si grande variété de couleurs qui peuvent se diversifier en mille nuances plus vives ou plus douces. Car, autre est la couleur que produit un rayon igné, autre celle d'un rayon pâle et effacé. Partout ailleurs nous tâtonnons dans nos recherches, quand nous n'avons rien que la main puisse saisir, et nos conjectures doivent être plus aventurées : ici on voit clairement deux causes, le soleil et le nuage; l'iris n'ayant jamais lieu par un ciel tout à fait pur ou assez couvert pour cacher le soleil, il est donc l'effet de ces deux causes, puisque l'une manquant, il n'existe pas.

IV. Il suit de là, chose non moins évidente, qu'ici l'image est renvoyée comme par un miroir, car elle ne l'est jamais que par opposition, c'est-à-dire, lorsque en face de l'objet visible se trouve l'objet répercutant. Des motifs non de persuasion, mais de conviction forcée, en sont donnés par les géomètres; et il ne reste douteux pour personne que si l'iris reproduit mal l'image du soleil, c'est la faute du miroir et de sa configuration. A notre tour, essayons d'autres raisonnements qu'on puisse saisir sans difficulté. Je compte, entre autres preuves du développement défectueux de l'iris, la soudaineté de ce développement : un moment déploie dans l'espace ce vaste corps, ce tissu de nuances magnifiques; un moment le détruit. Or, rien n'est aussi vite renvoyé qu'une image l'est par un miroir; en effet, le miroir ne fait pas l'objet, il le montre. Artémidore de Paros détermine en outre quelle forme doit avoir le nuage pour reproduire ainsi l'image du soleil. « Si vous faites, dit-il, un miroir concave d'une boule de verre coupée en deux, en vous tenant hors du foyer, vous y verrez tous ceux qui seront à vos côtés, plus près de vous que le miroir. Même chose arrive quand nous voyons par le flanc un nuage rond et concave : l'image du soleil s'en détache, se rapproche et se tourne vers nous. La couleur de feu vient donc du soleil, et celle d'azur du nuage; le mélange de l'une et de l'autre produit toutes les autres. »

V. A ces raisonnements on répond : il y a sur les miroirs deux opinions; on n'y voit, d'après les uns, que des simulacres, c'est-à-dire les figures de nos corps, émanées et distinctes de ces mêmes corps; selon d'autres, l'image n'est pas dans le miroir, ce sont les corps mêmes qu'on voit par la réflexion du rayon visuel qui revient sur lui-même. Or, ici l'essentiel n'est pas de savoir comment nous voyons ce que nous voyons, mais comment l'image renvoyée devrait être semblable à l'objet, comme elle l'est dans un miroir. Qu'y a-t-il de si peu ressemblant que le soleil et un arc où ni la couleur, ni la figure, ni la grandeur du soleil ne sont représentées? L'arc est plus long, plus large, la partie rayonnante est d'un rouge plus foncé que le soleil, et le reste présente des couleurs tout autres que celle de l'astre. Et pour prétendre que l'air est un miroir, il faut le donner comme surface aussi lisse, aussi plane, aussi brillante. Mais aucun nuage ne ressemble à un miroir; nous traversons souvent les nues, et n'y voyons pas notre image. Quand on gravit le sommet des montagnes, on a sous les yeux des nuages, et cependant on ne peut s'y voir. Que chaque goutte d'eau soit un miroir, je l'accorde; mais je nie que le nuage soit composé de gouttes. Il renferme bien de quoi les produire, mais elles n'y sont pas toutes produites; ce n'est point la pluie qui compose le nuage, c'est la matière de ce qui sera pluie. Je vous concéderai même qu'il y a dans un nuage d'innombrables gouttes, et qu'elles réfléchissent quelque objet; mais toutes ne réfléchissent pas le même, chacune a le sien. Rapprochez plusieurs miroirs, ils ne confondront pas leurs reflets en un seul; mais chaque miroir partiel renfermera en soi l'image de l'objet opposé. Souvent, d'une quantité de petits miroirs, on en forme un seul : placez un homme vis-à-vis, il vous semble voir **tout un peuple**, parce que chaque fragment renvoie une figure distincte. On a eu beau joindre et adapter ensemble ces fragments, ils n'en reproduisent pas moins à part leurs tableaux, et font d'un homme une multitude. Mais ce n'est pas un entassement confus; les figures sont réparties une à une entre les diverses facettes. Or, l'arc-en-ciel est un cercle unique, continu; il n'offre en tout qu'une seule figure. Mais, dira-t-on, l'eau qui jaillit d'un tuyau rompu, ou sous les coups de la rame, ne présente-elle pas quelque chose de pareil aux couleurs de l'arc-en-ciel? Cela est vrai; mais non par le motif qu'on prétend faire admettre, à savoir que chaque goutte reçoit l'image du soleil. Elles tombent trop vite pour pouvoir s'empreindre de cette image. Il faut un objet arrêté, pour saisir la forme à reproduire. Qu'arrive-t-il donc? Elles retracent la couleur, non l'image. D'ailleurs, comme l'empereur Néron le dit fort élégamment :

> Le cou des pigeons de Cypris
> Brille en se balançant des couleurs de l'iris :

de même le cou du paon, à la moindre inflexion, les reflète. Faudra-t-il donc appeler miroirs ces sortes de plumes auxquelles chaque mouvement donne de nouvelles nuances? Eh bien! les nuages, par leur nature, diffèrent autant des miroirs que les volatiles dont je parle, que les caméléons et autres animaux qui changent de couleur, soit d'eux-mêmes, quand la colère ou le désir les enflamme, et que l'humeur, répandue sous la peau, la couvre de taches; soit par la direction de la lumière, qui modifie la couleur en les frappant de face ou obliquement. En quoi des nuages ressemblent-ils à des miroirs, ceux-ci n'étant pas diaphanes, et ceux-là laissant passer la lumière? Les miroirs sont denses et compactes, les nuages, vaporeux; les miroirs sont formés tout entiers de la même matière; les nuages, d'éléments hétérogènes assemblés au hasard, et par là même sans accord et sans cohésion durable. Et puis, nous voyons au lever du soleil une partie du ciel rougir; nous voyons des nuages parfois couleur de feu. Qui donc empêche, s'ils doivent cette couleur unique à l'apparition du soleil, qu'ils ne lui en empruntent pareillement plusieurs, bien qu'ils n'aient pas la propriété d'un miroir? Tout à l'heure, dira-t-on, un de vos arguments pour prouver que toujours l'arc-en-ciel surgit en face du soleil, était qu'un miroir même ne réfléchit que les objets qu'il a devant lui; ce principe est aussi le nôtre. Car comme il faut opposer au miroir ce dont on veut qu'il reçoive l'image, de même, pour que le nuage soit coloré, il faut que le soleil soit dans une position convenable : l'effet n'aurait pas lieu, si la lumière brillait sur tous les points ; il faut, pour le produire, une direction propre des rayons solaires. Ainsi parlent ceux qui veulent qu'on admette la coloration du nuage. Posidonius, et les auteurs qui jugent que le phénomène s'opère comme sur un miroir, répondent : « S'il y avait dans l'iris une couleur quelconque, elle serait persistante, et paraîtrait d'autant plus vive qu'on en serait plus près. Mais la lueur de l'arc, vive dans le lointain, meurt à mesure qu'on s'en approche. » Je n'admets pas cette réponse, tout en approuvant le fond de l'idée, et voici pourquoi. Le nuage, il est vrai, se colore, mais de telle sorte que la couleur n'est pas visible de tous côtés, pas plus que ne l'est le nuage lui-même ; ceux qui sont dedans ne le voient pas. Est-il donc étrange que la couleur soit inaperçue de ceux pour qui le nuage même n'est pas visible ? Cependant, quoique inaperçu, il existe ; par conséquent la couleur aussi. Ne concluons donc pas qu'elle est imaginaire, de ce qu'elle ne paraît plus la même quand on en approche ; car cela arrive même pour les nuages, qui n'en sont pas moins réels pour n'être pas vus. Quand on vous dit aussi qu'un nuage est teint du soleil, ce n'est pas vous dire que cette teinte le pénètre comme corps résistant, immobile et qui dure, mais comme corps fluide et volatil, qui ne reçoit autre chose qu'une très-passagère empreinte. Il y a, au surplus, telles couleurs dont l'effet ne frappe les regards qu'à distance. Plus la pourpre de Tyr est belle et richement saturée, plus il la faut tenir haut, pour qu'elle déploie tout son éclat. Est-ce à dire qu'elle soit sans reflet, parce que l'excellence de sa teinte ne se fait pas voir sous quelque jour qu'on l'étale ? Je suis du même sentiment que Posidonius : j'estime que l'arc-en-ciel se forme sur un nuage qui figure un miroir concave et rond, ayant l'aspect demi-sphérique. Le démontrer, sans l'aide des géomètres, est impossible : ceux-ci enseignent, par des arguments qui ne laissent pas de doute, que c'est l'image du soleil, non ressemblante. Tous les miroirs, en effet, ne sont pas fidèles. Il en est où l'on craint de jeter les yeux, tant ils déforment et altèrent le visage de ceux qui s'y regardent ; la ressemblance s'y retrouve en laid. On pourrait, à voir certains autres, prendre une haute idée de ses forces, tant ils grossissent les muscles et amplifient outre nature les proportions de tout le corps. D'autres placent à droite ce qui est à gauche, et réciproquement ; d'autres contournent ou renversent les objets. Faut-il s'étonner qu'un miroir de ce genre, qui dénature en le reflétant le disque du soleil, puisse se former aussi dans un nuage?

VI. A toutes ces preuves ajoutons que jamais l'iris ne forme plus d'un demi-cercle, lequel est d'autant moindre que le soleil est plus haut. Si Virgile a dit :

.......... Et l'arc-en-ciel immense
Boit l'eau des mers (a),

c'est quand la pluie est imminente; mais il n'apporte pas les mêmes pronostics, sur quelque point qu'il se montre. Au midi il amène des pluies abondantes, que n'a pu dissiper le soleil dans toute sa force, parce qu'elles sont trop considérables. S'il brille au couchant, il y aura rosée et pluie fine. Paraît-il à l'orient ou à peu de distance de l'orient, il promet un temps serein. Mais pourquoi, si l'iris est un reflet du soleil, se montre-t-il beaucoup plus grand que cet astre? Parce qu'il y a tel miroir dont la propriété est de rendre les objets bien plus considérables qu'il ne les voit, et de donner aux formes un prodigieux développement, tandis que tel autre les rapetisse. A votre tour, dites-moi pourquoi l'iris se courbe en demi-cercle, si ce n'est pas à un cercle qu'il répond? Vous expliquerez peut-être d'où vient cette variété de couleurs; mais cette forme de l'iris, vous ne l'expliquerez pas, si vous n'indiquez un modèle sur lequel il se dessine. Or, il n'en est pas d'autre que le soleil, auquel vous avouez qu'il doit sa couleur; donc il lui doit aussi sa forme. Enfin, vous convenez avec moi que ces teintes, dont une partie du ciel se colore, viennent du soleil. Un seul point nous divise : vous croyez ces teintes réelles, je les crois apparentes. Réelles ou apparentes, elles viennent du soleil; et vous n'expliquerez point pourquoi elles s'évanouissent tout d'un coup, tandis que toute vive couleur ne s'efface qu'insensiblement. J'ai pour moi cette apparition subite et cette subite disparition. Car le propre d'un miroir est de réfléchir l'objet non successivement, pièce à pièce, mais par un calque instantané du tout. Et l'objet n'est pas moins prompt à s'éclipser qu'à se dessiner : car pour qu'il paraisse ou s'évanouisse, il ne faut que le montrer ou l'ôter. L'iris n'est pas une substance, un corps essentiel du nuage; c'est une illusion, une apparence sans réalité. En veux-tu la preuve? L'arc s'effacera, si le soleil se voile. Qu'un second nuage, par exemple, intercepte le soleil, adieu les couleurs du premier. « Mais l'iris est quelque

(a) *Géorgiq.*, I, 380.

que peu (*a*) plus grand que le soleil. » Je viens de dire qu'on fait des miroirs qui grossissent tout ce qu'ils représentent. J'ajouterai que tous les objets, vus à travers l'eau, semblent bien plus considérables. Des caractères menus et peu distincts, lus au travers d'un globe de verre plein d'eau, sont plus gros à l'œil et plus nets. Les fruits qui nagent dans le cristal paraissent plus beaux qu'ils ne sont ; les astres, plus grands à travers un nuage, parce que la vue de l'homme manque de prise dans un fluide, et ne peut saisir exactement les objets. Cela devient manifeste si tu remplis d'eau une coupe, et que tu y jettes un anneau ; l'anneau a beau demeurer au fond, son image est répercutée à la surface. Tout ce qu'on voit à travers un liquide quelconque est beaucoup plus gros que nature. Est-il étonnant que l'image du soleil grossisse de même, vue dans l'humidité d'un nuage, puisque deux causes y concourent à la fois, la transparence en quelque sorte vitrée du nuage et sa nature aqueuse? Car, s'il ne contient pas l'eau toute formée, le nuage en élabore les principes, et c'est en eau qu'il doit se convertir.

VII. « Puisque, va-t-on me dire, vous avez parlé de verre, je prends texte de là même pour argumenter contre vous. On fabrique des baguettes de verre cannelées ou à plusieurs angles saillants, comme ceux d'une massue, lesquelles, si elles reçoivent transversalement les rayons du soleil, présentent les teintes de l'iris, preuve que ce n'est pas là l'image du soleil, mais une imitation de couleurs par répercussion. » Cet argument milite en grande partie pour moi. D'abord il démontre qu'il faut un corps poli et analogue au miroir pour répercuter le soleil ; ensuite, que ce ne sont nullement des couleurs qui se forment alors, mais de faux-semblants comme ceux qui, je l'ai dit, paraissent ou s'effacent sur le cou des pigeons, selon qu'ils se tournent dans tel ou tel sens. Or, il en est de même du miroir qui, on le voit, n'a pas de couleur à lui, mais simule une couleur étrangère. Un seul fait pourtant reste à expliquer : c'est qu'on ne voit pas dans cette baguette l'image du soleil, parce qu'elle n'est pas disposée pour la bien reproduire. Il est vrai qu'elle tend à le faire, vu qu'elle est d'une matière lisse et propre à cet effet ; mais elle ne le peut, parce qu'elle est irrégulièrement faite. Convenablement fabriquée, elle réfléchirait autant de soleils qu'elle aurait de faces. Ces faces n'étant pas assez détachées les unes des autres, et n'ayant pas

---

(*a*) Trois manusc. *aliquanto*. Lemaire : *aliquando*.

assez d'éclat pour faire l'office d'un miroir, elles ébauchent la ressemblance, elles ne la rendent point ; les images trop rapprochées se confondent et n'offrent plus qu'une seule bande colorée.

VIII. Mais pourquoi l'iris n'est-il pas un cercle complet, et n'en laisse-t-il voir que moitié dans le prolongement si étendu de sa courbe? Suivant l'opinion de quelques-uns, le soleil étant bien plus élevé que les nuages, et ne frappant qu'à la partie supérieure, la partie inférieure n'est pas atteinte par ses rayons. Et comme ils ne reçoivent le soleil que d'un côté, ils n'en réfléchissent qu'une partie, qui n'excède jamais la moitié. Cette raison est peu concluante ; en effet, le soleil a beau être plus élevé, il n'en frappe pas moins tout le nuage, et par conséquent le colore, puisque ses feux le traversent et le pénètrent dans toute son épaisseur. Ces mêmes auteurs disent une chose qui va contre leur proposition. Car, si le soleil donne d'en haut, et, partant, ne colore que la partie supérieure des nuages, l'arc ne descendra jamais jusqu'à terre. Or, il s'abaisse jusque-là. De plus, l'arc est toujours opposé au soleil, peu importe qu'il soit plus bas ou plus haut ; car tout le côté qui est en face se trouve frappé. Ensuite le soleil couchant produit quelquefois des arcs, et certes c'est le bas du nuage qui est frappé, l'astre rasant la terre (*a*). Et pourtant alors il n'y a qu'un demi-cercle, quoique le nuage reçoive le soleil dans sa partie la plus basse et la plus impure. Nos stoïciens, qui veulent que la lumière soit renvoyée par le nuage comme par un miroir, supposent la nue concave et semblable à un segment de sphère, qui ne peut reproduire le cercle entier, n'étant lui-même qu'une partie de cercle. J'admets les prémisses, sans approuver la conclusion. Car, si un miroir concave peut représenter toute la circonférence d'un cercle, rien n'empêche que la moitié de ce miroir ne reproduise un globe entier. Nous avons déjà parlé de cercles qui paraissent autour du soleil et de la lune en forme d'arcs : pourquoi ces cercles sont-ils complets, et ceux de l'iris ne le sont-ils jamais? Ensuite, pourquoi sont-ce toujours des nuages concaves qui reçoivent le soleil, et non des nuages plans ou convexes? Aristote dit qu'après l'équinoxe d'automne, l'arc-en-ciel peut se former à toute heure du jour, mais qu'en été il ne se forme qu'au commencement ou au déclin de la journée. La raison en est manifeste. D'abord c'est qu'au milieu du jour, le soleil, dans toute sa chaleur, dissipe les nuages dont les élé-

---

(*a*) Je lis avec Fickert : *terris propinquus*. Lemaire : *propinquas*.

ments qu'il divise ne peuvent renvoyer son image. Le matin, au contraire, et lorsqu'il penche vers son couchant, il a moins de force, et ainsi les nuages peuvent résister et le répercuter. Ensuite, l'iris ne se formant d'ordinaire que quand le soleil fait face au nuage, dans les jours courts l'astre est toujours oblique. Ainsi, à toute heure de la journée, il trouve, même au plus haut de son cours, d'autres nuages qu'il frappe directement. En été, il est vertical par rapport à nous, et à midi surtout il est trop élevé et trop perpendiculaire, pour qu'aucun nuage puisse se trouver en face ; ils sont tous au-dessous.

IX. Parlons maintenant de ces *verges* lumineuses qui brillent, comme l'iris, de teintes variées, et que nous regardons aussi comme pronostics de pluie. Elles ne sont pas difficiles à expliquer, n'étant autre chose que des arcs-en-ciel imparfaits : elles sont colorées, mais n'ont point la forme demi-circulaire ; c'est en ligne droite qu'elles s'allongent. Communément elles se forment près du soleil dans un nuage humide, qui commence à se résoudre en pluie. Elles ont par conséquent les mêmes teintes que l'arc-en-ciel ; leur figure seule diffère, parce que celle des nuages où elles s'impriment est différente.

X. La même variété de couleur existe dans les *couronnes*; seulement les couronnes se forment partout, autour de tous les astres; l'iris ne brille qu'à l'opposite du soleil, et les verges lumineuses dans son voisinage. On peut encore marquer ainsi les différences : la couronne, partagée en deux, sera un arc ; ramenée à la ligne droite, c'est une verge. Les couleurs variées de ces trois météores sont des combinaisons de l'azur et du jaune. La verge avoisine toujours le soleil ; l'arc-en-ciel est solaire ou lunaire ; la couronne peut se former autour de tout astre.

XI. Il y a encore une autre espèce de verges : ce sont des rayons déliés qui traversent les nues par les étroits intervalles qui les séparent, et s'échappent en lignes droites et divergentes ; ils présagent pareillement la pluie. Or, ici, quel parti prendre ? Comment les appellerai-je ? Images du soleil ? Les historiens les nomment des soleils, et rapportent qu'on a en vu jusqu'à deux et trois à la fois. Les Grecs les appellent *parhélies* (a), parce que d'ordinaire ils se montrent dans le voisinage du soleil, ou qu'ils ont avec cet astre une sorte de ressemblance. Car elle n'est pas complète ; elle se borne à l'image et à la figure. Du reste, ils n'ont rien de sa chaleur ; ce sont des rayons émoussés et lan-

---

(a) Sénèque parle encore des parhélies, liv. II, ii.

guissants. Comment donc les qualifier? Faut-il faire comme Virgile qui, balançant sur le choix d'un nom, finit par adopter ce nom sur lequel il hésitait d'abord :

> Et quel nom te donner, ô nectar de Rhétie?
> Du Falerne pourtant ne te crois pas rival (a).

Ainsi rien n'empêche de leur conserver la qualification de parhélies. Ce sont des images du soleil qui se peignent dans un nuage dense, voisin de cet astre, et disposé en miroir. Quelques-uns définissent le parhélie un nuage circulaire, brillant et semblable au soleil; il suit cet astre à une certaine distance, qui est toujours la même qu'au moment de son apparition. Sommes-nous surpris de voir l'image du soleil dans une source, dans un lac paisible? Non, ce me semble. Eh bien! son image peut être réfléchie dans l'air aussi bien que sur la terre, quand il s'y trouve une matière propre à produire cet effet.

XII. Pour observer une éclipse de soleil, on pose à terre des bassins remplis d'huile ou de poix, parce qu'un liquide onctueux se trouble moins facilement et retient mieux les images qu'il reçoit. Or, une image ne peut se laisser voir que dans un liquide immobile. Alors nous remarquons comment la lune s'interpose entre nous et le soleil; comment ce globe, bien plus petit que le soleil, venant à lui faire face, le cache tantôt partiellement, s'il ne lui oppose qu'un côté de son disque, et parfois en totalité. On appelle éclipse totale celle qui fait paraître les étoiles en interceptant le jour; elle a lieu quand le centre des deux astres se trouve pour nous sur le même axe. Comme l'image de ces grands corps s'aperçoit sur la terre, elle peut de même s'apercevoir dans l'air, quand il est assez dense, assez transparent pour recevoir l'image solaire que les autres nuages reçoivent aussi, mais laissent échapper s'ils sont trop mobiles, ou trop raréfiés, ou trop noirs : mobiles, ils dispersent les traits de l'image; raréfiés, ils la laissent passer; chargés de vapeurs impures et grossières, ils ne reçoivent pas son empreinte, comme nous voyons que les miroirs ternis ne renvoient plus les objets.

XIII. Souvent deux parhélies se montrent simultanément; ce qui s'explique de même. Rien n'empêche en effet qu'il ne s'en forme autant qu'il se trouve de nuages propres à réfléchir l'image du soleil. Suivant quelques auteurs, de deux parhélies

---

(a) *Géorgiq.*, II, 95.

simultanés, l'un est produit par le soleil et l'autre par l'image. Ainsi plusieurs miroirs opposés les uns aux autres nous offrent tous des images dont une seule pourtant reproduit l'objet réel; les autres ne sont que des copies de ces images. Peu importe en effet ce qu'on met en présence du miroir; il répète tout ce qu'on lui montre. De même, dans la haute région de l'air, lorsque le hasard dispose deux nuages de telle sorte qu'ils se regardent l'un l'autre, celui-ci reflète l'image du soleil, celui-là l'image de l'image. Mais il faut, pour produire cet effet, des nuages denses, lisses, brillants, d'une nature analogue à celle du soleil. Tous ces météores sont de couleur blanche et ressemblent au disque de la lune, parce qu'ils reluisent des rayons que le soleil leur darde obliquement. Si le nuage est près de l'astre et au-dessous, la chaleur le dissipe; s'il est trop loin, il ne renvoie pas les rayons, et l'image n'est pas produite. Il en est de même de nos miroirs : trop éloignés, ils ne nous rendent pas nos traits, le rayon visuel n'ayant plus la force de répercussion. Ces soleils, pour parler comme les historiens, annoncent aussi la pluie, surtout s'ils paraissent au midi, d'où viennent les nuages les plus gros et les plus chargés. Quand ils se montrent à droite et à gauche du soleil, si l'on en croit Aratus, une tempête va surgir.

XIV. Il est temps de passer en revue les autres météores, si variés dans leurs formes. Ou ce sont des étoiles qui brillent soudainement, ou des flammes ardentes, les unes fixes et stationnaires, les autres qui roulent dans l'espace. On en remarque de plusieurs genres. Les *bothynes* sont des cavités ignées du ciel, entourées intérieurement d'une espèce de couronne, et semblables à l'entrée d'une caverne circulaire. Les *pithies* ont la forme d'un immense tonneau de feu, tantôt mobile, tantôt se consumant sur place. On appelle *chasmata* ces flammes que le ciel en s'entr'ouvrant laisse apercevoir dans ses profondeurs. Les couleurs de ces feux sont aussi variées que leurs formes. C'est, par exemple, un rouge des plus vifs, ou une flamme légère prompte à s'évanouir; quelquefois une lumière blanchâtre, quelquefois un éclat éblouissant, d'autres fois une lueur jaunâtre et uniforme qui ne scintille ni ne rayonne. Ainsi nous voyons

Fuir en longs traits d'argent l'étoile pâlissante (a).

Ces prétendues étoiles s'élancent, traversent le ciel, et semblent,

(a) *Géorg.*, I, 367.

par leur vitesse incalculable, une longue traînée de feu; notre vue, trop faible pour distinguer chaque point de leur passage, nous fait croire que toute la ligne parcourue est une ligne de feu. Car la rapidité de leurs mouvements est telle, qu'on ne peut en suivre la succession; on n'en saisit que l'ensemble. On voit plutôt l'apparition que la marche du météore; et s'il semble marquer toute sa route d'un seul trait enflammé, c'est que notre œil trop lent ne peut suivre les divers points de sa course; nous voyons du même coup d'où il part et où il est arrivé. Telle nous paraît la foudre : nous croyons qu'elle trace une longue ligne de flamme, parce qu'elle fournit sa course en un clin d'œil, et que nos regards sont frappés à la fois de tout l'espace qu'elle parcourt dans sa chute. Mais ce corps igné n'occupe pas toute la ligne qu'il décrit; une flamme allongée et si ténue n'a point d'élan si vigoureux. Mais comment jaillissent ces étoiles? C'est le frottement de l'air qui les allume, et le vent accélère leur chute; cependant elles ne proviennent pas toujours de ces deux causes. Parfois l'état de l'atmosphère suffit pour les produire. Les régions supérieures abondent en molécules sèches, chaudes, terreuses, parmi lesquelles ces feux prennent naissance; c'est en courant après les substances qui les alimentent qu'ils se précipitent avec tant de rapidité. Mais pourquoi sont-ils de diverses couleurs? Cela tient à la nature de la matière inflammable et à l'énergie du principe qui enflamme. Ces météores présagent le vent, et il vient de la région d'où ils partent.

XV. Tu demandes comment se forment les feux que nous appelons, nous, *fulgores*, et les Grecs, *sela*. De plus d'une manière, comme on dit. La violence des vents peut les produire, comme aussi la chaleur de la région éthérée. Car ces feux, qui de là se disséminent au loin, peuvent se porter en bas, s'ils y trouvent des aliments. Le mouvement des astres dans leur cours peut réveiller les principes inflammables et propager l'incendie au-dessous de leur sphère. En un mot, ne peut-il pas arriver que l'atmosphère lance jusque dans l'éther des molécules ignées qui produisent cet éclat, cette flamme ou cette sorte d'étoile excentrique? De ces *fulgores*, les uns se précipitent comme des étoiles volantes; les autres, fixes et immobiles, jettent assez de lumière pour dissiper les ténèbres et donner une sorte de jour, jusqu'à ce que, faute d'aliments, ils s'obscurcissent, et, comme une flamme qui s'éteint d'elle-même, finissent après une constante déperdition par se réduire à rien. Quelquefois ces feux apparaissent dans les nuages, d'autres fois au-dessus : ce sont alors des corpuscules ignés, couvés près de la terre par un air condensé qui les fait jaillir jusqu'à la région des astres. Il en est qui ne peuvent durer; ils passent, ils s'éteignent à l'instant presque où ils s'allument. Voilà les *fulgores* proprement dits, parce que leur apparition est courte et fugitive, et qu'ils sont dangereux dans leur chute, aussi désastreuse parfois que celle de la foudre. Ils frappent des maisons, que les Grecs désignent sous le nom d'*astrapoplecta*. Ceux dont la flamme a plus de force et de durée, qui suivent ou le mouvement du ciel, ou une marche qui leur est propre, sont regardés par nos stoïciens comme des comètes ; nous en parlerons plus tard. De ce genre sont les *pogonies*, les *lampes*, les *cyparisses*, et tout corps qui se termine par une flamme éparse. On doute si l'on doit ranger dans cette classe les *poutres* et les *pithies*, dont l'apparition est fort rare, et qui exigent une grande agglomération de feux pour former un globe souvent plus gros que n'est le disque du soleil levant. On peut rapporter au même genre ces phénomènes fréquemment cités dans l'histoire, tels qu'un ciel tout en feu, où l'embrasement parfois s'élève si haut qu'il semble se confondre avec les astres, et parfois s'abaisse tellement qu'il offre l'aspect d'un incendie lointain. Sous Tibère, des cohortes coururent au secours de la colonie d'Ostie, qu'elles croyaient en feu, trompées par un météore de cette sorte qui, pendant une grande partie de la nuit, jeta la lueur sombre d'une flamme épaisse et fuligineuse. Nul ne met en doute la réalité des flammes qu'on aperçoit alors ; bien certainement ce sont des flammes. Il y a contestation pour les météores dont j'ai parlé plus haut, je veux dire l'arc-en-ciel et les couronnes. Sont-ce des illusions d'optique et de fausses apparences, ou doit-on y voir des réalités? A notre avis, les arcs et les couronnes n'ont effectivement point de corps, tout comme en un miroir nous ne voyons rien que simulacre et mensonge dans les représentations de l'objet extérieur. Car le miroir ne renferme pas ce qu'il montre; autrement cette image n'en sortirait point, et ne serait pas effacée à l'instant par une autre; on ne verrait pas des formes innombrables paraître et s'évanouir tour à tour. Que conclure de là? Que ce sont des représentations, des imitations vaines d'objets réels. Même certains miroirs sont construits de manière à défigurer ces objets : quelques-uns, comme je l'ai dit ci-dessus, représentent de travers la face du spectateur ; d'autres le grandissent hors de toute mesure, et prêtent à sa personne des proportions surhumaines.

XVI. Ici je veux te conter une histoire, où tu verras combien la débauche est peu dédaigneuse de tout artifice qui provoque au plaisir; combien elle est ingénieuse à stimuler ses propres fureurs. Hostius Quadra était d'une impudicité qui fut même traduite sur la scène. C'est ce riche avare, cet esclave de ses cent millions de sesterces, qu'Auguste jugea ne pas mériter de vengeance quand ses esclaves le tuèrent; et peu s'en fallut que le prince ne déclarât cette mort légitime. Il ne bornait pas aux femmes ses jouissances contre nature; il était avide de l'un comme de l'autre sexe. Il avait fait faire des miroirs comme ceux dont je viens de parler, lesquels reproduisaient les objets bien plus grands qu'ils n'étaient, et où le doigt excédait en longueur et en grosseur les dimensions du bras. Or il disposait ces miroirs de telle sorte que, s'il se livrait à un homme, il voyait sans tourner la tête tous les mouvements de ce dernier; et les énormes proportions que figurait le métal trompeur, il en jouissait comme d'une réalité. Il allait dans tous les bains recrutant ses hommes, les choisissant à sa mesure (a); et il lui fallait encore l'illusion pour complaire à son insatiable maladie. Qu'on dise maintenant que c'est à une propreté raffinée qu'est due l'invention du miroir! On ne peut rappeler sans horreur ce que ce monstre, digne d'être déchiré de sa bouche impure, osait dire et exécuter, lorsque entouré de tous ces miroirs, il se faisait spectateur de ses turpitudes; ce qui, même demeuré secret, pèse sur la conscience; ce que tout accusé nie, il en souillait sa bouche, il le touchait de ses yeux. Et pourtant, ô dieux! le crime recule devant son propre aspect; les hommes perdus d'honneur et voués à toutes les humiliations, gardent comme dernier scrupule la pudeur des yeux. Mais lui, comme si c'était peu d'endurer des choses inouïes, sans exemple, il conviait ses yeux à les voir; et non content d'envisager toute sa dégradation, il avait ses miroirs pour multiplier ces sales images et les grouper autour de lui; et comme il ne pouvait tout voir aussi bien quand pris à dos par l'un, et tête baissée, il appliquait sa bouche aux plaisirs d'un autre, il s'offrait à lui-même les tableaux répétés de son double rôle. Il contemplait l'œuvre infâme de cette bouche; il se voyait possédant tout ce qu'il pouvait admettre d'hommes. Partagé quelquefois entre un homme et une femme, et passif de toute sa personne, il se plaisait à voir ce qu'il est horrible de dire. Que

---

(a) Lemaire : *apta mensura legebat viros*. Fickert : *aperta*.

restait-il que cet être immonde eût pu réserver pour les ténèbres? Loin que le jour lui fît peur, il s'étalait à lui-même ses monstrueux accouplements, il se les faisait admirer. Que dis-je? Ne doute pas qu'il n'eût souhaité d'être peint dans ces attitudes. Les prostituées même ont encore un reste de retenue, et ces créatures, livrées à la brutalité publique [10], tendent à leur porte un voile qui cache leur triste obséquiosité : il n'est pas jusqu'aux repaires du vice qui ne gardent quelque vergogne. Mais ce monstre avait érigé son ignominie en spectacle ; il se mirait dans ces actes que la plus profonde nuit ne voile pas assez. « Oui, se dit-il, homme et femme m'exploitent à la fois : et de ce qui me reste libre, je veux en flétrissant autrui faire acte encore de virilité (a). Tous mes membres sont pollués, envahis : que mes yeux aussi aient part à l'orgie, qu'ils en soient les témoins, les appréciateurs ; et ce que la position de mon corps m'empêche de voir, que l'art me le montre ; qu'on ne croie pas que j'ignore ce que je fais. Vainement la nature n'a donné à l'homme que de chétifs moyens de jouir, elle qui a si richement pourvu d'autres races. Je trouverai moyen de donner le change à ma frénésie, et de la satisfaire (b). Que me sert mon coupable génie, s'il ne va pas outre nature? Je placerai autour de moi de ces miroirs qui grossissent à un point incroyable la représentation des objets. Si je le pouvais, j'en ferais des réalités ; ne le pouvant pas, repaissons-nous du simulacre. Que mes appétits obscènes s'imaginent tenir plus qu'ils n'ont saisi, et s'émerveillent de leur capacité. » Lâcheté indigne! C'est à l'improviste peut-être, et sans la voir venir, que cet homme a reçu la mort. C'était devant ses miroirs qu'il fallait l'immoler.

XVII. Qu'on rie maintenant des philosophes qui dissertent sur les propriétés du miroir, qui cherchent pourquoi notre figure s'y représente ainsi tournée vers nous ; dans quel but la nature, tout en créant des corps réels, a voulu que nous en vissions encore les simulacres (c) ; pourquoi, enfin, elle a préparé des matières aptes à recevoir l'image des objets. Ce n'était pas certes pour que nous vinssions devant un miroir nous épiler la barbe et la face, et lisser notre visage d'hommes. En aucune chose elle n'a fait de concession à la mollesse ; mais ici qu'a-t-elle voulu d'abord? Comme nos yeux, trop faibles pour

---

(a) *Alicujus contumelia marem exerceo*, Fickert. Lemaire : *contumeliam majorem*.
(b) *Morbo meo et imponam*, Fickert. Lemaire : *et potiar*.
(c) Voir *Lettre* xc.

soutenir la vue directe du soleil, auraient ignoré sa vraie forme, elle a, pour nous le montrer, amorti son éclat. Bien qu'en effet il soit possible de le contempler alors qu'il se lève ou se couche, cependant la figure de l'astre lui-même, tel qu'il est, non d'un rouge vif, mais d'un blanc qui éblouit, nous serait inconnue, si à travers un liquide il ne se laissait voir plus net et plus facile à observer. De plus, cette rencontre de la lune et du soleil, qui parfois intercepte le jour, ne serait pour nous ni perceptible, ni explicable, si en nous baissant vers la terre nous ne voyions plus commodément l'image des deux astres. Les miroirs furent inventés pour que l'homme se vît lui-même. De là plusieurs avantages : d'abord la connaissance de sa personne, puis quelquefois d'utiles conseils[11]. La beauté fut prévenue d'éviter ce qui déshonore; la laideur, qu'il faut racheter par le mérite les attraits qui lui manquent; la jeunesse, que le printemps de l'âge est la saison de l'étude et des énergiques entreprises; la vieillesse, qu'elle doit renoncer à ce qui messied aux cheveux blancs, et songer quelquefois à la mort [12]. Voilà dans quel but la nature nous a fourni les moyens de nous voir nous-mêmes. Le cristal d'une fontaine, le poli d'une pierre réfléchit à chacun son image.

>J'ai vu mes traits naguère au bord de l'onde,
>Quand la mer et les vents sommeillaient (a)....

Que penses-tu qu'était la toilette quand on se parait devant de tels miroirs ? A cet âge de simplicité, contents de ce que leur offrait le hasard, les hommes ne détournaient pas encore les bienfaits de la nature au profit des vices, ne faisaient pas servir ses inventions au luxe et à la débauche. Le hasard leur présenta d'abord la reproduction de leurs traits; puis, comme l'amour-propre, inné chez tous, leur rendait ce spectacle agréable, ils revinrent souvent aux objets où ils s'étaient vus une première fois. Lorsqu'une génération plus corrompue s'enfonça dans les entrailles du globe, pour en extraire ce qu'il y faudrait replonger, le fer fut le premier métal dont on se servit; et on l'aurait impunément tiré des mines, si on l'en avait tiré seul. Les autres fléaux de la terre suivirent : le poli des métaux offrit à l'homme son image, qu'il ne cherchait pas; l'un la vit sur une coupe, l'autre sur l'airain préparé dans quelque autre but. Bientôt après on façonna des miroirs circulaires; mais, au lieu

(a) Virg., *Eglog.*, II. 25.

du poli de l'argent, ce n'était encore qu'une matière fragile et sans valeur. Alors aussi, durant la vie grossière de ces anciens peuples, on croyait avoir assez fait pour la propreté quand on avait lavé au courant d'un fleuve les souillures contractées par le travail, quand on avait peigné sa chevelure et réparé le désordre d'une longue barbe ; tous soins que l'on prenait soi-même ou qu'on se rendait réciproquement. C'était la main d'une épouse qui démêlait cette épaisse chevelure qu'on avait coutume de laisser flottante, et que ces hommes, assez beaux à leurs yeux sans le secours de l'art, secouaient comme les nobles animaux secouent leur crinière. Par la suite, le luxe ayant tout envahi, on fit des miroirs de toute la hauteur du corps ; on les cisela d'or et d'argent, on les orna même de pierreries ; et le prix auquel une femme acheta un seul de ces meubles, excéda la dot qu'anciennement le trésor public donnait aux filles des généraux pauvres. Te figures-tu un miroir étincelant d'or chez les filles de Scipion, dont la dot fut une pesante monnaie d'airain ? heureuse pauvreté, qui leur valut une pareille distinction ! Elles ne l'eussent pas reçue du sénat, si leur père les avait dotées. Or, quel que fût celui à qui le sénat servit ainsi de beau-père, il dut comprendre qu'une telle dot n'était pas de celles qu'on peut rendre (a). Aujourd'hui, de simples filles d'affranchis n'auraient pas assez pour un seul miroir de ce que le peuple romain donna pour Scipion. Le luxe a poussé plus loin l'exigence, encouragé par le progrès même des richesses : tout vice a reçu d'immenses développements, et toutes choses sont tellement confondues par nos raffinements criminels, que l'attirail des femmes, tout un monde, comme on le nommait, a passé dans les bagages d'hommes, je dis peu encore, d'hommes de guerre [15]. Voilà que le miroir, appelé dans l'origine au seul service de la toilette, est devenu pour tous les genres de vices le meuble indispensable.

(a) C'est-à-dire qu'il eût été impie de répudier les filles de Scipion. La répudiation entraînait la remise de la dot.

# LIVRE II.

L'air. Les nuages. Les éclairs. La foudre. Doctrine des Toscans sur les augures. Ne pas plus craindre la foudre que tout autre danger de mort.

I. L'étude complète de l'univers se divise en trois parties : le ciel, la région météorique et la terre. La première considère la nature des astres, leur grandeur, la forme des feux qui circonscrivent le monde ; si le ciel est un corps solide, une matière ferme et compacte, ou un tissu de molécules subtiles et ténues ; s'il reçoit ou donne le mouvement ; s'il a les astres au-dessous de lui, ou adhérents à sa propre substance ; comment le soleil règle le retour des saisons ; s'il revient sur ses pas ; et bien d'autres questions de ce genre. La seconde partie traite des phénomènes qui se passent entre le ciel et la terre. Tels sont les nuages, les pluies, les neiges, et *la foudre aux humains apportant l'épouvante* (a), et tout ce que l'air subit et opère de variations. Nous appelons cette région météorique, parce qu'elle est plus élevée que le globe. La troisième partie s'occupe des champs, des terres, des arbres, des plantes, et, pour parler comme les jurisconsultes, de tout ce qui tient au sol. Pourquoi, diras-tu, placer la question des tremblements de terre à l'endroit où tu parleras des tonnerres et des éclairs ? Parce que les tremblements de terre étant produits par le vent, qui n'est que l'air agité, quoique cet air circule souterrainement, ce n'est pas à ce point de vue qu'il faut le considérer. Il faut le voir par la pensée en la place où la nature l'a mis. Je dirai même, ce qui semblera plus étrange, qu'à propos du ciel on devra parler aussi de la terre. Tu demandes pourquoi ? Le voici : quand nous examinons en leur lieu les questions propres à la terre, si elle est un plan large, inégal et indéfini, ou si elle affecte la forme d'une boule et ramène toutes ses parties à la sphère ; si elle enchaîne les eaux, ou si elle est enchaînée par elles ; si c'est un être vivant, ou une masse inerte et insensible, pleine d'un souffle vital, mais d'un souffle étranger ; quand tous ces points et d'autres semblables viennent à leur tour de discus-

(a) Ovid. *Métam.*, I, 55.

sion, ils rentrent dans l'histoire de la terre, et sont rejetés à la troisième partie. Mais quand on se demande quelle est la situation de la terre; en quel endroit de l'univers elle s'est fixée; comment elle s'est mise en regard des astres et du ciel; cette question remonte à la première partie, et mérite, pour ainsi parler, une place plus honorable.

II. Maintenant que j'ai parlé des divisions entre lesquelles se partage l'ensemble de la nature, je dois avancer quelques faits généraux, et tout d'abord ce principe, que l'air est du nombre des corps doués d'unité. Pourquoi ai-je dû débuter par ce principe? Tu le sauras, quand, reprenant les choses de plus haut, j'aurai distingué les corps continus des corps connexes. La continuité est l'union non interrompue des parties entre elles. L'unité est la continuité sans contiguïté, le contact de deux corps juxtaposés. N'est-il pas vrai que parmi les corps que l'on voit et que l'on touche, doués de sensations ou agissant sur les nôtres, il en est de composés? Or, ils le sont par contexture ou par coacervation; par exemple, une corde, un monceau de blé, un navire. Il en est de non composés, comme un arbre, une pierre. Il faut donc accorder que des corps même qui échappent à nos sens et ne se laissent saisir que par la pensée, quelques-uns sont doués de l'unité. Vois combien je ménage ton oreille; je pouvais me tirer d'affaire en employant le terme philosophique *corps un*; puisque je t'en fais grâce, paye-moi de retour. Qu'est-ce à dire? Que si je me sers du mot *un*, tu te rappelles que je le rapporte non pas au nombre, mais à la nature du corps qui, sans aucune aide extérieure, a l'unité de cohésion. L'air est un corps de cette espèce.

III. Le monde embrasse tous les corps qui sont ou peuvent devenir l'objet de nos connaissances. Les uns font partie du monde, les autres sont des matériaux mis en réserve. Toute la nature a besoin de matériaux, de même que tout art manuel. Ainsi, pour éclaircir ma pensée, j'appelle parties de notre corps les mains, les os, les nerfs, les yeux; et matériaux, les sucs alimentaires qui doivent se distribuer dans ces parties. Le sang à son tour est comme partie de nous-mêmes, bien qu'il soit compté parmi les matériaux, comme servant à former les autres parties, et n'en est pas moins l'une des substances dont le corps entier se compose.

IV. C'est ainsi que l'air est une partie du monde, une partie nécessaire. Car c'est l'air qui joint la terre et le ciel. Il sépare les hautes régions des régions inférieures, mais en les unissant; il les sépare comme intermédiaire ; il les unit, puisque par lui tous deux se communiquent. Il transmet plus haut tout ce qu'il reçoit de la terre, et réciproquement rend à la terre les influences sidérales. Je dis que l'air est partie du monde, de même que les animaux et les plantes, lesquels font partie de l'univers, puisqu'ils entrent comme compléments dans le grand tout, et que l'univers n'existe pas sans eux. Mais un seul animal, un seul arbre, n'est qu'une quasi-partie; car il a beau périr, l'univers d'où il disparaît, reste entier. L'air, comme je le disais, est cohérent au ciel ainsi qu'à la terre : il est inné dans l'un comme dans l'autre. Or, l'unité appartient à tout ce qui fut créé partie essentielle d'une chose; car rien ne reçoit l'être sans unité.

V. La terre est l'une des parties du monde et l'un de ses matériaux. Pourquoi en est-elle une partie? C'est, je pense, ce que tu ne demanderas pas ; autant vaudrait demander pourquoi le ciel en est une. C'est qu'en effet l'univers n'existerait pas plus sans l'une que sans l'autre ; l'univers existant au moyen des choses qui, comme le ciel et la terre, fournissent les aliments que tous les animaux, toutes les plantes et tous les astres se partagent. C'est de là que tous les individus tirent leur force, et le monde de quoi satisfaire à ses innombrables besoins ; de là provient ce qui nourrit ces astres si nombreux, si actifs, si avides, qui, nuit et jour à l'œuvre, se repaissent aussi constamment; c'est là que la nature puise ce qu'exige l'entretien de toutes ses parties. Le monde s'est fait sa provision pour l'éternité. Je vais te donner en petit l'analogue de cet immense phénomène : un œuf renferme autant de liquide qu'il en faut pour la formation de l'animal qui doit éclore.

VI. L'air est contigu à la terre : la juxtaposition est telle, qu'il occupe à l'instant l'espace qu'elle a quitté. Il est une des parties du monde; et néanmoins tout ce que la terre transmet d'aliments aux astres, il le reçoit (*a*), et sous ce rapport doit être compté comme l'un des matériaux, non comme partie du grand tout. De là son extrême inconstance et ses bruyantes agitations. Quelques-uns le composent de molécules distinctes, comme la poussière, ce qui s'éloigne infiniment du vrai. Car jamais corps composé ne peut faire effort que par l'unité de ses parties, qui toutes doivent concourir à lui donner du ressort en mettant leur force en commun. Mais l'air, s'il était morcelé

---

(*a*) *In alimentum cœlestium misit,* tous les Mss. Lemaire rejette *cœlestium.*

en atomes, demeurerait épars, et une substance disséminée ne saurait faire corps. Le ressort de l'air se démontre par le ballon qu'il gonfle et qui résiste aux coups ; il se démontre par ces objets pesants transportés au loin sans autre véhicule que le vent; il se démontre par la voix, qui faiblit ou s'élève proportionnellement à l'impulsion de l'air. Qu'est-ce, en effet, que la voix, sinon l'air, mis en jeu par la percussion de la langue pour produire un son? Qu'est-ce que la course et toute locomotion? Des effets de l'air respiré avec plus ou moins de force. C'est l'air qui donne aux nerfs leur vigueur, et aux coureurs leur agilité. Quand il s'agite et tourbillonne avec violence, il arrache arbres et forêts, il enlève et brise des édifices entiers. La mer immobile et stagnante par elle-même, c'est l'air qui la soulève. Passons à de moindres effets ; que serait le chant sans le ressort de l'air? Les cors, les trompettes, et ces instruments qui, sous la pression de l'eau, rendent un son plus fort que ne ferait une bouche humaine, n'est-ce pas l'air comprimé qui fait agir leur mécanisme? Considérons quelle force immense et inaperçue déploient des graines presque imperceptibles, et qui, par leur ténuité, ont trouvé place dans les jointures des pierres : elles viennent à bout de séparer des roches énormes et de détruire des monuments ; les racines les plus menues, les plus déliées, fendent des blocs massifs de rochers. Quelle autre cause serait-ce, sinon l'élasticité de l'air, sans laquelle il n'est point de force, et contre laquelle nulle force n'est assez puissante? Quant à l'unité de l'air, elle peut se déduire suffisamment de la cohésion de toutes les parties du corps humain. Qui les maintient de la sorte, si ce n'est l'air? Qui donne le mouvement, chez l'homme, au principe vital? Comment y a-t-il mouvement s'il n'y a ressort? d'où vient ce ressort, sinon de l'unité ; et cette unité, sinon de l'air même? Enfin, qui pousse hors du sol les récoltes, l'épi si faible à sa naissance; qui fait grandir ces arbres verdoyants; qui étend leurs branches ou les élance vers le ciel, sinon le ressort et l'unité de l'air?

VII. Certains auteurs divisent l'air et le partagent en molécules, entre lesquelles ils supposent le vide. Ce qui prouve, selon eux, que ce n'est pas un corps plein, mais qu'il s'y trouve beaucoup de vide, c'est la facilité qu'ont les oiseaux à s'y mouvoir et à le parcourir, les plus grands comme les plus petits. L'argument est faux; car l'eau offre la même facilité, et il n'y a point de doute sur l'unité de ce liquide qui ne reçoit les corps qu'en refluant toujours en sens contraire de l'immersion. Ce déplacement circulaire, *circumstantia* chez nous, et chez les Grecs *péristase*, s'opère dans l'air comme dans l'eau. L'air, en effet, entoure tous les corps qui le pressent, et n'a pas besoin que le vide s'y interpose. Mais nous reprendrons ailleurs ce sujet.

VIII. De tout ceci il faut conclure qu'il y a dans la nature un principe d'activité de la plus grande force. En effet, il n'est point de corps dont l'élasticité n'augmente l'énergie. Ce qui n'est pas moins vrai, c'est qu'un corps ne saurait développer dans un autre une élasticité qui ne serait pas naturelle à celui-ci; tout comme nous disons que rien ne saurait être mû par une action étrangère sans avoir en soi une tendance à la mobilité. Or, que jugerons-nous plus essentiellement élastique que l'air? Qui lui refusera cette propriété en voyant comme il bouleverse la terre et les montagnes, les maisons, les murailles, les tours, de grandes cités et leurs habitants, les mers et toute l'étendue de leurs rivages? Son élasticité se prouve par sa rapidité et sa grande expansion. L'œil plonge instantanément à plusieurs milles de distance; un seul son retentit à la fois dans des villes entières; la lumière ne s'infiltre pas graduellement, elle inonde d'un jet la nature entière.

IX. L'eau, à son tour, quel ressort pourrait-elle avoir sans le secours de l'air? Doutes-tu que ces jets, qui du fond et du centre de l'arène s'élancent jusqu'au faîte de l'amphithéâtre, ne soient produits par le ressort de l'eau? Or, il n'est ni pompe ni machine qui puisse lancer ou faire jaillir l'eau plus fort que ne le fait l'air. L'air se prête à tous les mouvements de l'eau qui, par le mélange et la pression de ce fluide, se soulève, lutte en cent façons contre sa propre nature, et monte, toute créée qu'elle est pour descendre. Par exemple : un navire qui s'enfonce à mesure qu'on le charge ne fait-il pas voir que ce n'est point l'eau qui l'empêche d'être submergé, mais l'air? Car l'eau céderait, et ne pourrait soutenir un poids quelconque, si elle-même n'était soutenue. Un disque qu'on jette de haut sur un bassin d'eau ne s'enfonce pas, il rejaillit; comment cela, si ce n'est l'air qui le repousse? Et la voix, par quel moyen passerait-elle à travers l'épaisseur des murs, si dans les matières solides même il ne se trouvait de l'air pour recevoir et transmettre le son qui frappe du dehors? Oui, l'air n'agit pas seulement sur les surfaces, il pénètre l'intérieur des corps, ce qui lui est facile, parce que ses parties ne sont jamais séparées, et qu'à travers tout ce qui semble le diviser il conserve sa cohérence. L'interposition des murailles, des montagnes les plus hautes, est un obstacle entre l'air et nous, mais non entre ses molécules ; elle ne nous ferme que les voies par où nous aurions pu le suivre.

X. L'air traverse les corps même qui le divisent, et nonseulement il se répand et reflue autour des milieux solides, mais ces milieux sont même perméables pour lui : il s'étend depuis l'éther le plus diaphane jusqu'à notre globe ; plus mobile, plus délié, plus élevé que la terre et que l'eau, il est plus dense et plus pesant que l'éther. Froid par lui-même et sans clarté, la chaleur et la lumière lui viennent d'ailleurs. Mais il n'est pas le même dans tout l'espace qu'il occupe ; il est modifié par ce qui l'avoisine. Sa partie supérieure est d'une sécheresse et d'une chaleur extrêmes, et par cette raison raréfiée au dernier point, à cause de la proximité des feux éternels, et de ces mouvements si multipliés des astres, et de l'incessante circonvolution du ciel. La partie de l'air la plus basse et la plus proche du globe est dense et nébuleuse, parce qu'elle reçoit les émanations de la terre. La région moyenne tient le milieu, si on la compare aux deux autres, pour la sécheresse et la ténuité ; mais elle est la plus froide des trois. Car la région supérieure se ressent de la chaleur et du voisinage des astres ; la région basse aussi est attiédie d'abord par les exhalaisons terrestres, qui lui apportent beaucoup d'éléments chauds, puis par la réflexion des rayons solaires qui, aussi haut qu'ils peuvent remonter, adoucissent sa température doublement réchauffée ; enfin, au moyen de l'air même expiré par les animaux et les végétaux de toute espèce, lequel est empreint de chaleur, puisque sans chaleur rien ne saurait vivre. Joins à cela les feux artificiels et visibles, et ceux qui, couvant sous la terre, font parfois éruption, ou brûlent incessamment loin de tout regard dans leurs innombrables et mystérieux foyers. Ajoute les émanations de tant de pays fertiles, qui doivent avoir une certaine chaleur, le froid étant un principe de stérilité, et la chaleur, de reproduction. Il s'ensuit que la moyenne partie de l'air, soustraite à ces influences, garde la température froide, puisque, de sa nature, l'air est froid.

XI. De ces trois régions de l'air, l'inférieure est la plus variable, la plus inconstante, la plus capricieuse. C'est dans le voisinage du globe que l'air est le plus agissant, comme aussi le plus passif, qu'il cause et éprouve le plus d'agitation, sans toutefois qu'il soit affecté partout de la même manière : son état change selon les lieux ; l'oscillation et le désordre ne sont que partiels. Les causes de ces changements et de cette inconstance sont dues quelquefois à la terre, dont les diverses positions influent puissamment sur la température de l'air; quelquefois au cours des astres, et au soleil plus qu'à tout autre; car il règle les saisons, et amène, par sa proximité ou son éloignement, les hivers et les étés. Après le soleil, c'est la lune qui a le plus d'influence. De leur côté, les étoiles n'influent pas moins sur la terre que sur l'air qui l'environne; leur lever ou leur coucher contrariés occasionnent les froids, les pluies et les autres intempéries d'ici-bas. Ces préliminaires étaient indispensables avant de parler du tonnerre, de la foudre et des éclairs; puisque c'est dans l'air que se passent ces phénomènes, il fallait expliquer la nature de cet élément pour concevoir plus aisément quel est son rôle actif ou passif.

XII. Il s'agit donc d'un triple phénomène, l'éclair, la foudre et le tonnerre, lequel, produit en même temps, n'est que plus tard perçu par l'oreille. L'éclair montre le feu, la foudre le lance. L'un n'est, pour ainsi dire, qu'une menace, qu'un effort sans résultat; l'autre est un coup qui frappe. Ici sur certains points tout le monde est d'accord; sur d'autres, les opinions sont diverses. Chacun convient que ces trois phénomènes sont formés dans les nuages et par les nuages, et en outre que l'éclair et la foudre sont ou semblent être du feu. Passons aux points sur lesquels on dispute. Le feu, disent les uns, réside dans les nuages; instantané selon d'autres, il n'était pas avant l'explosion. Les premiers se partagent encore sur la cause productrice du feu; celui-ci le fait venir de la lumière, celui-là des rayons du soleil qui, par leurs entre-croisements et leur retours rapides et multipliés sur eux-mêmes, font jaillir la flamme. Anaxagore prétend que ce feu émane de l'éther, et que de ses hautes régions embrasées il tombe une infinité de particules ignées qui couvent longtemps au sein des nuages. Aristote croit, non pas que le feu s'amasse longtemps d'avance, mais qu'il éclate au moment même où il se forme; sa pensée peut se résumer ainsi : deux parties du monde, la terre et l'eau, occupent la partie inférieure de l'espace; chacune a ses émanations. Les vapeurs de la terre sont sèches et de même nature que la fumée : de là les vents, le tonnerre, la foudre; l'eau n'exhale que de l'humide; elle produit les pluies et les neiges. Ces vapeurs sèches de la terre, dont l'accumulation engendre les vents, s'échappent latéralement des nuages sous une compression violente, puis de là frappent sur un large espace les nuages voisins ; et cette percussion produit un bruit analogue à celui de la flamme qui pétille dans nos foyers en dévorant du bois trop vert. Dans le bois vert, les bulles d'un air chargé de principes humides crèvent par l'action de la flamme ; dans l'atmosphère, les vapeurs qui s'élancent, comme je viens de le dire, des nuages comprimés, vont frapper d'autres nuages, et ne sauraient faire explosion ni jaillir sans bruit. Le bruit diffère selon la différence du choc. Pourquoi ? parce que les nuages sont plus larges de flancs les uns que les autres. Du reste, c'est l'explosion des vapeurs comprimées qui est le feu : on l'appelle éclair ; il est plus ou moins vif, et s'embrase par un choc léger. Nous voyons l'éclair avant d'entendre le son, parce que le sens de la vue, plus prompt, devance de beaucoup celui de l'ouïe.

XIII. Quant à l'opinion de ceux qui veulent que le feu soit en dépôt dans les nuages, beaucoup de raisons en prouvent la fausseté. Si ce feu tombe du ciel, comment n'en tombe-t-il pas tous les jours, puisque la température y est constamment embrasée ? D'ailleurs les partisans de cette opinion n'expliquent pas la chute du feu qui tend par sa nature à monter. Car ce feu éthéré est bien différent de celui que nous allumons, d'où il tombe des étincelles dont le poids peut être apprécié. Aussi, ces étincelles ne descendent pas ; elles sont entraînées et précipitées. Rien de semblable n'a lieu dans ce feu si pur de l'éther : il ne contient rien qui le porte en bas ; s'il s'en détachait la moindre parcelle, le tout serait en péril ; car ce qui tombe en détail peut bien aussi crouler en masse. Et puis, cet élément, que sa légèreté empêche tous les jours de tomber, comment, s'il recélait des particules pesantes, eût-il pu séjourner à cette hauteur d'où il devait naturellement tomber ? « Mais quoi ! ne voit-on pas tous les jours des feux se porter en bas, ne fût-ce que la foudre même dont il est ici question ? » J'en conviens ; mais c'est que ces feux, ne se meuvent pas d'eux-mêmes ; ils sont emportés. La puissance qui les entraîne n'est point dans l'éther : car là, point de violence qui comprime ou qui brise ; rien d'inaccoutumé ne s'y produit. C'est le règne de l'ordre ; et ce feu épuré, posté comme gardien aux extrêmes frontières du ciel, circule magnifiquement autour de l'univers en marche : il ne saurait descendre ni être chassé par une force étrangère, parce que l'éther n'a place pour aucun corps hétérogène ; ce qui est ordre et fixité n'admet point la lutte.

XIV. On objecte que nous disons, pour expliquer la formation des étoiles filantes, que peut-être quelques parties de l'air attirent à elles le feu des régions supérieures, et s'enflamment ainsi par le contact. Mais bien autre chose est de dire que le feu tombe de l'éther contre sa tendance naturelle, ou de vouloir que de la région ignée la chaleur passe aux régions inférieures et y excite un embrasement : car le feu ne tombe pas de l'éther, chose impossible, il se forme dans l'air même. Ne voyons-nous pas dans nos villes, lorsqu'un incendie se propage au loin, des bâtiments isolés, longtemps échauffés, prendre feu d'eux-mêmes? Il est donc vraisemblable que la région supérieure de l'air, qui a la propriété d'attirer le feu à elle, s'allume sur quelque point par la chaleur de l'éther placé au-dessus; nécessairement entre la couche inférieure de l'éther et la couche supérieure de l'air, il existe quelque analogie, et de l'un à l'autre il n'y a pas dissemblance, parce qu'il ne s'opère point de transition brusque dans la nature. Au point de contact le mélange des deux qualités se fait insensiblement, de sorte qu'on ne saurait dire où l'air commence et où l'éther finit.

XV. Quelques stoïciens estiment que l'air, pouvant se convertir en feu et en eau, ne tire point d'une source étrangère de nouveaux éléments d'inflammation, vu qu'il s'allume par son propre mouvement; et lorsqu'il brise les parois épaisses et compactes des nuages, il faut bien que l'explosion de ces grands corps soit accompagnée d'un bruit qui s'entende au loin. Or, cette résistance des nuages, qui cèdent difficilement, contribue à rendre le feu plus énergique, tout comme la main aide le fer à couper, quoique ce soit le fer qui coupe.

XVI. Mais quelle différence y a-t-il entre l'éclair et la foudre? La voici : l'éclair est un feu largement développé; la foudre, un feu concentré et lancé impétueusement. S'il nous arrive de remplir d'eau le creux de nos mains réunies, puis de les serrer vivement, le fluide en jaillit comme d'un siphon. Quelque chose de semblable se produit dans l'atmosphère. Figure-toi que des nuages étroitement comprimés entre eux l'air interposé s'échappe et s'enflamme par le choc, chassé qu'il est comme par une machine de guerre. Nos balistes même et nos scorpions ne lancent les traits qu'avec bruit.

XVII. Quelques-uns pensent que c'est l'air qui, en traversant des nuages froids et humides, rend un son, comme le fer rouge qui siffle quand on le plonge dans l'eau. De même donc que le métal incandescent ne s'éteint qu'avec un long frémissement; ainsi, dit Anaximène, l'air qui s'engouffre dans la nue produit le tonnerre, et dans sa lutte contre les nuages qui l'arrêtent et qu'il brise, allume l'incendie par sa fuite même.

XVIII. Anaximandre attribue tout au vent. « Le tonnerre, dit-il, est le son produit par le choc d'un nuage. Pourquoi ce son est-il plus ou moins fort? Parce que le choc a plus ou moins de force. Pourquoi tonne-t-il même par un ciel serein? Parce qu'alors aussi le vent traverse l'air, qu'il agite et déchire. Mais pourquoi tonne-t-il quelquefois sans éclair? C'est que le vent, trop ténu et trop faible pour produire la flamme, a pu du moins produire le son. Qu'est-ce donc proprement que l'éclair? Un ébranlement de l'air qui se sépare, qui s'affaisse sur lui-même et ouvre les voies à une flamme peu active qui ne serait pas sortie toute seule. Qu'est-ce que la foudre? le brusque élan d'un vent plus vif et plus dense. »

XIX. Anaxagore prétend « que tout s'opère ainsi, quand l'éther envoie quelque principe actif dans les régions inférieures; qu'alors le feu étant poussé contre un nuage froid, on entend le tonnerre. S'il déchire la nue, l'éclair brille; du plus ou moins d'énergie de ce feu naît la foudre ou l'éclair. »

XX. Selon Diogène d'Apollonie, « certains tonnerres se forment du feu, d'autres sont dus au vent. Ceux qui naissent du feu le feu les précède et les annonce; le vent produit ceux qui retentissent sans trace de flamme. » J'accorde que l'un des deux phénomènes peut avoir lieu sans l'autre, sans pourtant qu'il y ait deux forces distinctes, l'une et l'autre pouvant produire les mêmes effets. Car qui niera qu'une impulsion violente de l'air puisse produire la flamme comme elle produit le son? Qui ne conviendra en outre que le feu quelquefois, tout en brisant les nuages, peut ne pas en jaillir, si, quand il en a déchiré quelques-uns, un trop grand amas d'autres nues vient à l'étouffer? Ainsi alors le feu se dissipe sous forme de vent, et perd l'éclat qui le décèle, tandis qu'il enflamme ce qu'il a pu rompre dans l'intérieur de sa prison. Ajoute que, nécessairement, la foudre dans son essor chasse l'air devant elle, et que le vent la précède et la suit, quand elle fend l'air avec tant de violence. Voilà pourquoi tous les corps, avant d'être atteints par la foudre, sont ébranlés par la vibration du vent que le feu pousse devant lui.

XXI. Congédions ici nos guides, et commençons à marcher par nous-mêmes, à passer des faits avoués aux faits problématiques. Or, qu'y a-t-il d'avoué? Que la foudre est du feu aussi bien que l'éclair, lequel n'est autre chose qu'une flamme qui serait foudre, si elle avait plus d'énergie. Ce n'est point la nature de ces deux météores qui diffère, c'est leur degré d'impétuosité. La foudre est du feu ; c'est ce que prouve la chaleur qui l'accompagne ; et, à défaut de chaleur, c'est ce que prouveraient ses effets ; car souvent la foudre a causé de vastes incendies. Elle a consumé des forêts, des rues entières dans nos villes ; quelquefois même ce qu'elle n'a pas frappé n'en porte pas moins une empreinte de feu, d'autres fois comme une teinte de suie. Que dirai-je de l'odeur sulfureuse qu'exhalent tous les corps foudroyés ? Il est donc constant que la foudre et l'éclair sont du feu, et qu'ils ne diffèrent l'un de l'autre que par le chemin qu'ils parcourent. L'éclair est la foudre qui ne descend pas jusqu'au globe ; et réciproquement on peut dire : la foudre est l'éclair qui vient toucher le globe. Ce n'est pas comme vain exercice de mots que je prolonge cette distinction, c'est pour mieux prouver l'affinité, la parité de caractère et de nature des deux phénomènes. La foudre est quelque chose de plus que l'éclair ; retournons la phrase : l'éclair est à peu de chose près la foudre.

XXII. Puisqu'il est établi que tous deux sont des substances ignées, voyons comment le feu s'engendre parmi nous, car il s'engendre de même dans les régions célestes. Le feu, sur la terre, naît de deux façons : d'abord par la percussion, quand on le fait jaillir de la pierre ; puis par le frottement, comme celui qui s'opère avec des morceaux de bois. Toute espèce de bois pourtant n'est pas propre à donner ainsi du feu : c'est la propriété de quelques-unes comme du laurier, du lierre, et de certaines autres connues des bergers pour cet usage. Il peut donc se faire que les nuages s'enflamment de même, ou par percussion, ou par frottement. Vois avec quelle force s'élancent les tempêtes, avec quelle impétuosité se roulent les tourbillons. Tout ce que le fléau trouve sur son passage est fracassé, emporté, dispersé au loin. Faut-il s'étonner qu'une telle force fasse jaillir du feu, ou de matières étrangères, ou d'elle-même ? On conçoit quelle intensité de chaleur doivent éprouver les corps qu'elle froisse dans sa course. Toutefois, on ne saurait attribuer à ces météores une action aussi énergique qu'aux astres, dont la puissance est non moins grande qu'incontestée.

XXIII. Peut-être aussi des nuages poussés contre d'autres nuages par l'impulsion légère d'un vent qui fraîchit doucement, produisent un feu qui luit sans éclater ; car il faut moins de force pour former l'éclair que pour engendrer la foudre. Tout à l'heure nous avons reconnu à quel haut degré de chaleur certains corps s'élèvent au moyen du frottement. Or, lorsque l'air, qui peut se convertir en feu, agit sur lui-même de toute sa force par le frottement, on peut admettre avec vraisemblance qu'il en jaillisse une flamme passagère et prompte à s'évaporer, comme ne sortant pas d'une matière solide où elle puisse prendre consistance. Elle ne fait donc que passer, elle n'a de durée que celle du trajet qu'elle parcourt, jetée dans l'espace sans aliments.

XXIV. On me demandera comment, lorsque nous attribuons au feu une tendance vers les régions supérieures, la foudre néanmoins se dirige vers la terre. Y a-t-il erreur dans notre énoncé? On voit en effet le feu monter aussi bien que descendre. — Ces deux mouvements sont possibles : car le feu naturellement surgit en pyramide, et sauf obstacle, il tend à monter, comme naturellement aussi l'eau se porte en bas; si pourtant une force étrangère intervient qui la refoule en sens contraire, elle s'élève vers le lieu même d'où elle est tombée en pluie. Ce qui fait que la foudre tombe, c'est la même puissance irrésistible qui l'a lancée. Le feu éprouve alors ce qui arrive aux arbres dont la cime encore souple peut être courbée jusqu'à toucher le sol, mais laissée à elle-même, reprend sa place tout d'un élan. Il ne faut pas considérer les choses dans un état contraire au vœu de leur nature. Laisse au feu sa direction libre, il regagnera le ciel, séjour des corps les plus légers; si quelque chose vient à l'entraîner et à faire dévier son essor, il ne suit plus sa nature, il devient passif.

XXV. « Vous dites, objecte-t-on encore, que le frottement des nuées produit la flamme, lorsqu'elles sont humides ou même chargées d'eau : mais comment la flamme peut-elle se développer dans ces nuées, qui semblent aussi incapables que l'eau même de la produire? »

XXVI. La flamme naît dans les nuages (*a*) qui d'abord ne sont pas de l'eau, mais un air condensé, disposé à former de l'eau; la transformation n'est pas faite, mais elle est prochaine et toute prête. Il ne faut pas croire que l'eau se rassemble dans les nuages pour s'en épancher ensuite; sa formation, sa chute sont simultanées. Et puis quand j'accorderais qu'un nuage est

---

(*a*) Je lis avec un Mss. Fickert : *Ex nube nascitur*. Lemaire *Ignis qui nas...*.

humide et plein d'eau toute formée, rien n'empêcherait que le feu sortît de l'humide et même, chose plus étonnante, du principe de l'humide, de l'eau. Des philosophes ont soutenu que rien ne peut se convertir en feu sans s'être d'abord converti en eau. Il se peut donc qu'un nuage, sans que l'eau qu'il contient change de nature, lance du feu de quelqu'une de ses parties, comme le bois qui souvent brûle d'un côté et sue de l'autre. Je ne nie pas que les deux éléments soient incompatibles et que l'un détruise l'autre; mais où le feu est plus fort que l'eau, il l'emporte, comme aussi quand c'est l'eau qui relativement surabonde, le feu demeure sans effet. Voilà pourquoi le bois vert ne brûle point. Ce qui importe, c'est donc la quantité de l'eau qui, trop faible, ne résiste pas et n'empêche point l'action du feu. Comment n'en serait-il pas ainsi? Du temps de nos pères, au rapport de Posidonius, tandis qu'une île surgissait dans la mer Égée, la mer écumait pendant le jour, et de la fumée s'élevait de ses profondeurs; ce qui trahissait l'existence d'un feu qui ne se montra pas continu, mais qui éclatait par intervalles comme la foudre, chaque fois que l'ardeur du foyer sous-marin soulevait le poids des eaux qui le couvraient. Ensuite il vomit des pierres, des rocs entiers, les uns intacts et chassés par l'air avant leur calcination, les autres rongés et réduits à la légèreté de la pierre ponce; enfin la crête d'une montagne brûlée parut au-dessus de la mer. Peu à peu sa hauteur s'accrut, et ce rocher s'agrandit au point de former une île. De notre temps, sous le consultat de Valérius Asiaticus, le même fait s'est renouvelé. Pourquoi rapporté-je ces exemples? Pour faire voir que ni la mer n'a pu éteindre le feu sur lequel elle passait, ni cette énorme masse d'eau l'empêcher de se faire jour. C'est de deux cents brasses de profondeur, au dire d'Asclépiodote, disciple de Posidonius, que, fendant l'obstacle des flots, le feu a fait éruption. Si cet immense volume d'eau n'a pu étouffer une colonne de flamme qui jaillissait du fond de la mer, combien moins la subtile vapeur, les gouttelettes des nuées éteindraient-elles le feu dans l'atmosphère? Elles apportent si peu d'empêchement à la formation des feux, qu'on ne voit luire la foudre que dans un ciel chargé d'eau; elle n'a pas lieu par un temps serein. Un jour pur n'a pas à la redouter, non plus que les nuits qui ne sont pas obscurcies de nuages. « Mais quoi? Dans un ciel illuminé d'étoiles, et par la nuit la plus calme, ne voit-on pas quelquefois des éclairs? » Oui; mais sois sûr qu'un nuage se trouve au point d'où part l'éclair, nuage que la sphéricité du globe ne nous laisse pas voir. Ajoute qu'il se peut que des nuages bas et voisins du sol fassent jaillir de leur choc un feu qui, poussé plus haut, se montre dans la partie pure et sereine du ciel; mais toujours naît-il dans une région plus grossière.

XXVII. On a distingué plusieurs espèces de tonnerres. Il en est qui s'annoncent par un murmure sourd comme celui qui précède les tremblements de terre, et que produit le vent captif et frémissant. Comment pense-t-on que se forme ce phénomène? le voici. Quand l'air se trouve enfermé dans un amas de nuages où il se roule de cavités en cavités, il fait entendre une sorte de mugissement rauque, uniforme et continu. Et comme, si elles sont chargées d'éléments humides, les régions basses du ciel lui ferment passage, les tonnerres de cette espèce sont les préludes d'une pluie imminente. Il est une autre espèce de tonnerre dont le son est aigu, aigre même, pour mieux dire, tel que l'éclat d'une vessie qu'on brise sur la tête de quelqu'un. Ces tonnerres ont lieu lorsqu'un nuage roulé en tourbillons crève et chasse l'air qui le distendait. Ce bruit se nomme proprement fracas : aussi soudain qu'éclatant, il terrasse et tue les hommes; quelques-uns, sans perdre la vie, demeurent étourdis et sont tout à fait hors d'eux-mêmes, *attoniti* ; ainsi appelle-t-on ceux que l'explosion du feu céleste a jetés dans l'aliénation. Cette explosion peut venir aussi d'un air enfermé dans le creux d'un nuage et qui, raréfié par son mouvement même, se dilate, puis, cherchant à se faire une plus large place, résonne contre les parois qui l'enveloppent. Car enfin, si nos deux mains frappées l'une contre l'autre retentissent avec force, la collision de deux nuées ne doit-elle pas produire un bruit d'autant plus grand que ce sont de plus grandes masses qui s'entre-choquent?

XXXIII. On voit, me dira-t-on, des nuages heurter des montagnes, sans qu'il en résulte de retentissement. Mais d'abord toute collision de nuages ne produit pas de bruit; il faut pour cela une aptitude, une disposition spéciale. Ce n'est pas en battant des mains sur le revers qu'on peut applaudir, c'est en frappant paume contre paume; il y a même une grande différence selon qu'on frappe du creux ou du plat des mains. Ensuite, il ne suffit pas que les nuages se meuvent, il faut qu'ils soient poussés violemment par une sorte de tourmente. D'ailleurs, la montagne ne fend pas la nue; elle en change seulement la direction, et en émousse les parties saillantes. Il ne suffit pas que l'air sorte d'une vessie gonflée, pour rendre un son; si c'est le fer qui la divise, l'air s'échappe sans frapper l'oreille ; pour qu'il y ait explosion, il faut la rompre, non la couper. J'en dis autant des nuages ; sans un déchirement brusque et violent, ils ne retentissent pas (*a*). Ajoute que les nuages poussés contre une montagne ne se brisent point ; ils se moulent autour de certaines parties de la montagne, autour des arbres, des arbustes, des roches escarpées et des pics ; c'est ainsi qu'ils se disséminent et laissent fuir sur mille points l'air qu'ils peuvent contenir : à moins qu'il n'éclate dans tout son volume, il ne fait pas explosion. Ce qui le prouve, c'est que le vent qui se divise en traversant les branches des arbres, siffle et ne tonne pas. Il faut un coup qui frappe au loin et qui disperse simultanément le nuage tout entier, pour que le son éclate, pour que le tonnerre se fasse entendre.

XXIX. De plus, l'air est de sa nature propre à transmettre les sons. Qu'est-ce, en effet, que le son ? Rien autre chose que la percussion de l'air. Il faut donc que les nuages qui viennent à être déchirés soient creux et distendus ; car tu vois qu'il y a bien plus de sonorité dans un espace vide que dans un espace plein, dans un corps distendu que dans celui qui ne l'est pas. Ainsi, les tambours ne résonnent que parce que l'air qui réagit est repoussé contre leurs parois intérieures ; et le bruit aigu des cymbales n'est dû qu'à la compression de l'air dans leurs cavités.

XXX. Quelques philosophes, et entre autres Asclépiodote, pensent que le tonnerre et la foudre peuvent sortir aussi du choc de certains autres corps. Jadis l'Etna, dans une de ses grandes éruptions, vomit une immense quantité de sables brûlants. Le jour fut voilé de poussière, et une nuit soudaine épouvanta les peuples. En même temps, dit-on, il y eut quantité de tonnerres et de foudres formés du concours de corps arides, et non par les nuages, qui vraisemblablement avaient tous disparu de cette atmosphère enflammée. Cambyse envoya contre e temple de Jupiter Ammon une armée, qui fut d'abord couverte, puis ensevelie sous des sables que l'Auster soulevait et laissait retomber comme une neige. Alors aussi, probablement, il jaillit des foudres et des tonnerres du frottement des sables entre-choqués. Cette opinion ne répugne pas à notre théorie ; car nous avons dit que la terre exhale des corpuscules de deux espèces, secs et humides, qui circulent dans toute l'atmos-

---

(*a*) Je lis avec trois Mss. : *dissiluere*, non *sonant*. Lemaire : *dissolutæ*.

sphère. Dans les cas dont il est ici question, il se forme des nuages plus compactes et plus denses qu'un simple tissu de vapeurs. Celui-ci peut se briser avec retentissement ; mais les phénomènes cités plus haut et qui remplissent l'air d'incendies qui le vaporisent, ou de vents qui balayent au loin le sol, nécessairement produisent le nuage avant le son. Or, le nuage peut se former d'éléments secs comme d'éléments humides, puisqu'il n'est, avons-nous dit, que la condensation d'un air épais.

XXXI. Au reste, pour l'observateur, les effets de la foudre sont merveilleux, et ne permettent pas de douter qu'il n'y ait dans ce météore une énergie surnaturelle, inappréciable à nos sens [1]. Elle fond l'argent dans une bourse qu'elle laisse intacte et sans l'endommager ; l'épée se liquéfie dans le fourreau demeuré entier, et le fer du javelot coule en fusion le long du bois qui n'est pas touché. Les tonneaux se brisent sans que le vin s'écoule ; mais cette consistance du liquide ne dure que trois jours. Un fait à remarquer encore, c'est que les hommes et les animaux que la foudre a frappés ont la tête tournée vers l'endroit d'où elle est sortie, et que les rameaux des arbres qu'elle a renversés se tiennent droits, dirigés dans le même sens. Enfin, les serpents et les autres animaux, dont le venin est mortel, une fois atteints par la foudre, perdent toute propriété malfaisante. D'où le savez-vous? me dira-t-on. C'est que dans les cadavres saturés de poison il ne naît pas de vers, et qu'au cas dont je parle, les vers pullulent au bout de quelques jours.

XXXII. Que dirons-nous de la vertu qu'a la foudre de pronostiquer, non pas un ou deux faits à venir, mais souvent l'ordre et la série entière des destins, et cela en caractères non équivoques, bien plus frappants que s'ils étaient écrits? Or, voici en quoi nous ne sommes pas d'accord avec les Toscans, consommés dans l'interprétation de ces phénomènes. Selon nous [2], c'est parce qu'il y a collision de nuages, que la foudre fait explosion; selon eux, il n'y a collision que pour que l'explosion se fasse. Comme ils rapportent tout à Dieu, ils sont persuadés, non que les foudres annoncent l'avenir parce qu'elles sont formées, mais qu'elles sont formées parce qu'elles doivent annoncer l'avenir. Au reste, elles se produisent de la même manière, que le pronostic en soit la cause ou la conséquence. Mais comment la foudre présage-t-elle l'avenir, si ce n'est pas Dieu qui l'envoie? Comment les oiseaux, qui n'ont pas pris tout exprès leur vol pour s'offrir à nos yeux, donnent-ils des auspices favorables ou contraires? C'est encore Dieu, disent les Toscans, qui a dirigé leur vol. — Tu lui supposes trop de loisir et tu l'occupes de bien chétifs détails, si tu crois qu'il arrange des songes pour tel homme, des entrailles de victimes pour tel autre. Sans doute l'intervention divine a lieu dans nos destinées; mais ce n'est pas Dieu qui dirige les ailes de l'oiseau, et qui dispose les entrailles des animaux sous la hache du sacrificateur. Le destin se déroule d'une tout autre manière : il envoie d'avance et partout des indices précurseurs, dont les uns nous sont familiers, les autres, inconnus. Tout événement devient le pronostic d'un autre ; les choses fortuites seules et qui s'opèrent en dehors de toute règle, ne donnent point prise à la divination. Ce qui procède d'un certain ordre peut dès lors se prédire. On demandera pourquoi l'aigle a le privilége d'annoncer les grands événements, le corbeau de même, et d'autres oiseaux en fort petit nombre, tandis que la voix des autres n'a rien de prophétique? C'est qu'il y a des faits qui ne sont pas encore entrés dans le corps de la science, et d'autres qui ne peuvent même y entrer, parce qu'ils se passent trop loin de nous. Du reste, il n'est aucun être dont les mouvements et la rencontre ne présagent quelque chose. Si tous les indices ne sont pas remarqués, quelques-uns le sont. L'auspice a besoin de l'observateur; il relève de l'homme qui y dirige son attention; ceux qui passent inaperçus n'en avaient pas moins leur valeur. L'influence des cinq planètes est consignée dans les observations des Chaldéens. Mais dis-moi, tant de milliers d'astres luiraient-ils en vain dans le ciel? Qu'est-ce qui égare les tireurs d'horoscopes, sinon leur système de ne rattacher notre sort qu'à cinq astres seulement; quand pas un de tous ceux qui brillent sur nos têtes n'est sans quelque influence sur notre avenir? Les astres les plus rapprochés de l'homme agissent peut-être plus immédiatement sur lui, tout comme ceux qui, par la fréquence de leurs mouvements, le frappent sous des aspects plus variés (*a*). Mais ceux même qui sont immobiles, ou que leur rapidité, égale à celle de tout le monde céleste, fait paraître tels, ne laissent pas d'avoir droit et empire sur nous. Regarde au vol des oiseaux, puis agis en chaque chose selon le devoir (*b*). Mais il n'est pas plus facile d'apprécier ces influences, qu'il n'est permis de le mettre en doute.

(*a*) Je lis comme Fickert, d'après un Mss. : *aliterque prospiciunt*. Lemaire : *aliter cetera animalia*.

(*b*) J'adopte la leçon de Fickert : *Alites.... tractu*. Lemaire : *Aliud... tractas*.

XXXIII. Revenons aux foudres, dont la science forme trois parties : l'observation, l'interprétation, la conjuration. La première se règle sur la formule ; la seconde constitue la divination ; la troisième a pour but de rendre les dieux propices, en les suppliant d'envoyer les biens, d'écarter les maux, c'est-à-dire de confirmer leurs promesses ou de retirer leurs menaces.

XXXIV. On attribue à la foudre une vertu souveraine, parce que tout autre présage est annulé dès qu'elle intervient. Tous ceux qu'elle donne sont irrévocables, et ne peuvent être modifiés par aucun autre signe. Tout ce qu'on voit de menaçant dans les entrailles des victimes, dans le vol des oiseaux, la foudre propice l'efface ; et rien de ce que la foudre annonce n'est démenti ni par le vol des oiseaux, ni par les entrailles des victimes. Ici la doctrine me semble en défaut. Pourquoi ? Parce qu'il n'y a rien de plus vrai que le vrai. Si les oiseaux ont prédit l'avenir, il est impossible que cet auspice soit neutralisé par la foudre ; ou, s'il peut l'être, ils n'ont pas prédit l'avenir. Car ici ce n'est pas l'oiseau et la foudre, ce sont deux signes de vérité que je compare ; s'ils prophétisent vrai tous les deux, l'un vaut l'autre. Si donc l'intervention de la foudre ruine les indications du sacrificateur ou de l'augure, c'est qu'on a mal inspecté les entrailles, mal observé le vol des oiseaux. Le point n'est pas de savoir lequel de ces deux signes a le plus de force et de vertu ; si tous deux ont dit vrai, sous ce rapport ils sont égaux. Que l'on dise : La flamme a plus de force que la fumée, on aura raison ; mais, comme indice du feu, la fumée vaut la flamme. Si donc on entend que chaque fois que les victimes annonceront une chose et la foudre une autre, la foudre doive obtenir plus de créance, peut-être en demeurerai-je d'accord ; mais si l'on veut que, les premiers signes ayant prédit la vérité, un coup de foudre réduise tout à néant et obtienne exclusivement foi, on a tort. Pourquoi ? Parce que peu importe le nombre des auspices, le destin est un ; si un premier auspice l'a bien interprété, un second ne le détruit pas : le destin est le même. Encore une fois, il est indifférent que ce soit le même présage ou un autre qu'on interroge, dès qu'on l'interroge sur la même chose.

XXXV. La foudre ne peut changer le destin. Comment cela ? C'est qu'elle-même fait partie du destin. A quoi donc servent les expiations et les sacrifices, si les destins sont immuables ? Permets-moi de défendre la secte rigide des philosophes qui excluent ces cérémonies, et ne voient, dans les vœux qu'on adresse au ciel, que la douce illusion d'un esprit malade. La loi du destin s'exécute selon d'autres voies ; nulle prière ne le touche, il n'est pitié ni recommandation qui le fléchisse. Il maintient irrévocablement son cours ; l'urne s'épanche dans la direction marquée. Comme l'eau rapide des torrents ne revient point sur elle-même, ne s'arrête jamais, parce que les flots qui suivent précipitent les premiers ; ainsi la chaîne des événements obéit à une rotation éternelle, et la première loi du destin c'est de rester fidèle à ses décrets.

XXXVI. Que comprends-tu, en effet, sous ce mot destin ? C'est, selon moi, l'universelle nécessité des choses et des faits, que nulle puissance ne saurait briser. Croire que des sacrifices, que l'immolation d'une brebis blanche le désarment, c'est méconnaître les lois divines. Il n'y a pas jusqu'au sage dont la décision, vous le dites, ne soit immuable ; que sera-ce de Dieu ? Le sage sait ce qui vaut le mieux pour l'instant présent ; mais tout est présent pour la divinité. Néanmoins je veux bien ici plaider la cause de ceux qui estiment que l'on peut conjurer la foudre, et qui ne doutent point que les expiations n'aient quelquefois la vertu d'écarter les périls, ou de les diminuer, ou de les suspendre.

XXXVII. Quant aux conséquences de ces principes, je les suivrai plus tard. Pour le moment, un point commun entre les Étrusques et nous, c'est que nous aussi nous pensons que les vœux sont utiles, sans que le destin perde rien de son action et de sa puissance. Car il est des chances que les dieux immortels ont laissées indécises, en ce sens que pour les rendre heureuses, quelques prières, quelques vœux suffisent. Ces vœux alors ne vont pas à l'encontre du destin, ils entrent dans le destin même. La chose, dit-on, doit ou ne doit pas arriver. Si elle doit arriver, quand même vous ne formeriez point de vœux, elle aura lieu. Si elle ne doit pas arriver, vous auriez beau en former, elle n'aura pas lieu. Faux dilemme ; car voici, entre ces deux termes, un milieu qu'on oublie, savoir, que la chose peut arriver si l'on forme des vœux. Mais, dit-on encore, il est aussi dans la destinée que des vœux soient ou ne soient pas formés.

XXXVIII. Quand je donnerais les mains à ce raisonnement et confesserais que les vœux eux-mêmes sont compris dans l'ordre du destin, il s'ensuivrait que ces vœux sont inévitables. Le destin de tel homme est qu'il sera savant, s'il étudie ; mais ce même destin veut qu'il étudie : donc il étudiera. Un tel sera riche, s'il court la mer; mais cette destinée, qui lui promet des trésors, veut aussi qu'il coure la mer : donc il la courra. J'en dis autant des expiations. Cet homme échappera au péril, s'il détourne par des sacrifices les menaces du ciel; mais il est aussi dans sa destinée de faire ces actes expiatoires ; aussi les fera-t-il. Voilà, d'ordinaire, par quelles objections on veut nous prouver que rien n'est laissé à la volonté humaine, que tout est remis à la discrétion du destin. Quand cette question s'agitera, j'expliquerai comment, sans déroger au destin, l'homme a aussi son libre arbitre. Pour le présent, j'ai résolu le problème de savoir comment, le cours du destin restant invariable, les expiations et les sacrifices peuvent conjurer les pronostics sinistres, puisque, sans combattre le destin, tout cela rentre dans ses lois. Mais, diras-tu, à quoi bon l'aruspice, dès que, indépendamment de ses conseils, l'expiation est inévitable? L'aruspice te sert comme ministre du destin. Ainsi la guérison, quoiqu'on la juge due au destin, n'en n'est pas moins due au médecin, parce que c'est par ses mains que le bienfait du destin nous arrive.

XXXIX. Il y a trois espèces de foudres, au dire de Cæcinna : les foudres de conseil, d'autorité, et les foudres de station. La première vient avant l'événement, mais après le projet formé, quand, méditant une action quelconque, nous sommes déterminés ou détournés par un coup de foudre. La seconde suit le fait accompli, et indique s'il est propice ou funeste. La troisième survient à l'homme en plein repos, qui n'agit ni ne projette aucune action ; celle-ci menace, ou promet, ou avertit. On l'appelle admonitrice; mais je ne vois pas pourquoi ce ne serait pas la même que la foudre de conseil. C'est un conseil aussi que l'admonition; toutefois il y a quelque nuance, et c'est pourquoi on les distingue. Le conseil engage ou dissuade; l'admonition se borne à faire éviter un péril qui s'avance, quand, par exemple, nous avons à craindre un incendie, une trahison de nos proches, un complot de nos esclaves. J'y vois encore une distinction : le conseil est pour l'homme qui projette ; l'admonition pour celui qui n'a nul projet. Les deux faits ont leur caractère propre. On conseille celui qui délibère, on avertit spontanément.

XL. Disons tout d'abord que les foudres ne diffèrent point par leur nature, mais par leurs significations. Il y a la foudre qui perce, celle qui renverse, celle qui brûle. La première est une flamme pénétrante, qui fuit par la moindre issue, grâce à la pureté et à la ténuité de ses éléments. La seconde est roulée en globe et renferme un mélange d'air condensé et orageux. Ainsi la première retourne et s'échappe par le trou où elle est entrée. La force de la seconde, s'étendant au large, brise au lieu de percer Enfin, la foudre qui brûle contient beaucoup de particules terrestres ; c'est un feu plutôt qu'une flamme : aussi laisse-t-elle de fortes traces de feu empreintes sur les corps qu'elle frappe. Sans doute le feu est toujours inséparable de la foudre; mais on appelle proprement ignée celle qui imprime des vestiges manifestes d'embrasement. Ou elle brûle, ou elle noircit. Or, elle brûle de trois manières : soit par inhalation, alors elle lèse ou endommage bien légèrement ; soit par combustion, soit par inflammation. Ces trois modes de brûler ne diffèrent que par le degré ou la manière. Toute combustion suppose ustion ; mais toute ustion ne suppose pas combustion, non plus que toute inflammation ; car le feu peut n'avoir agi qu'en passant. Qui ne sait que des objets brûlent sans s'enflammer, tandis que rien ne s'enflamme sans brûler ? J'ajouterai un seul mot : il peut y avoir combustion sans inflammation, tout comme l'inflammation peut s'opérer sans combustion.

XLI. Je passe à cette sorte de foudre qui noircit les objets qu'elle frappe. Par là elle les décolore ou les colore. Pour préciser la différence, je dirai : Décolorer, c'est altérer la teinte sans la changer : colorer, c'est donner une autre couleur ; c'est, par exemple azurer, noircir ou pâlir. Jusqu'ici les Étrusques et les philosophes pensent de même; mais voici le dissentiment : les Étrusques disent que la foudre est lancée par Jupiter, qu'ils arment de trois sortes de carreaux. La première, selon eux, est la foudre d'avis et de paix; elle part du seul gré de Jupiter. C'est lui aussi qui envoie la seconde, mais sur l'avis de son conseil, les douze grands dieux convoqués [1]. Cette foudre salutaire ne l'est pas sans faire quelque mal. La troisième est lancée par le même Jupiter, mais après qu'il a consulté les dieux qu'on nomme supérieurs et voilés. Cette foudre ravage, englobe et dénature impitoyablement tout ce qu'elle rencontre, choses publiques ou privées. C'est un feu qui ne laisse rien subsister dans son premier état.

XLII. Ici, à première vue, l'antiquité se serait trompée. Car quoi de plus absurde que de se figurer Jupiter, du sein des nuages, foudroyant des colonnes, des arbres, ses propres statues quelquefois; laissant les sacrilèges impunis, pour frapper des moutons, incendier des autels, tuer des troupeaux inoffensifs [4], et enfin consultant les autres dieux, comme incapable de prendre conseil de lui-même? Croirai-je que la foudre sera propice et pacifique, lancée par Jupiter seul, et funeste, quand c'est l'assemblée des dieux qui l'envoie? Si tu me demandes mon avis, je ne pense pas que nos ancêtres aient été assez stupides pour supposer Jupiter injuste, ou, à tout le moins, impuissant. Car de deux choses l'une : en lançant ces traits qui doivent frapper des têtes innocentes, et ne point toucher aux coupables, ou il n'a pas voulu mieux diriger ses coups, ou il n'a pas réussi. Dans quelle vue ont-ils donc émis cette doctrine? C'était comme frein à l'ignorance, que ces sages mortels ont jugé la crainte nécessaire; ils voulurent que l'homme redoutât un être supérieur à lui. Il était utile, quand le crime porte si haut son audace, qu'il y eût une force contre laquelle chacun trouvât la sienne impuissante. C'est donc pour effrayer ceux qui ne consentent à s'abstenir du mal que par crainte, qu'ils ont fait planer sur leur tête un Dieu vengeur et toujours armé.

XLIII. Mais ces foudres qu'envoie Jupiter de son seul mouvement, pourquoi peut-on les conjurer, tandis que les seules funestes sont celles qu'ordonne le conseil des dieux délibérant avec lui [5]? Parce que si Jupiter, c'est-à-dire le roi du monde, doit à lui seul faire le bien, il ne doit pas faire le mal sans que l'avis de plusieurs l'ait décidé. Apprenez, qui que vous soyez, puissants de la terre, que ce n'est pas inconsidérément que le ciel lance ses feux; consultez, pesez les opinions diverses, tempérez la rigueur des sentences [6], et n'oubliez pas que, pour frapper légitimement, Jupiter même n'a point assez de son autorité propre.

XLIV. Nos ancêtres n'étaient pas non plus assez simples pour s'imaginer que Jupiter changeât de foudres. C'est une idée qu'un poëte peut se permettre :

> Il est un foudre encor, plus léger et plus doux,
> Mêlé de moins de flamme et de moins de courroux :
> Les dieux l'ont appelé le foudre favorable (a)

Mais la haute sagesse de ces hommes n'est point tombée dans l'erreur qui se persuade que parfois Jupiter s'escrime avec des foudres de légère portée : ils ont voulu avertir ceux qui sont chargés de foudroyer les coupables, que le même châtiment

(a) Ovid., *Métam.*, III, 305.

ne doit pas frapper toutes les fautes ; qu'il y a des foudres pour détruire, d'autres pour toucher et effleurer, d'autres pour avertir par leur apparition.

XLV. Ils n'ont pas même cru que le Jupiter adoré par nous au Capitole et dans les autres temples, lançât la foudre de sa main. Ils reconnaissent le même Jupiter que nous, le gardien et le modérateur de l'univers dont il est l'âme et l'esprit, le maître et l'architecte de cette création, celui auquel tout nom peut convenir. Veux-tu l'appeler Destin? Tu ne te tromperas pas; de lui procèdent tous les événements; il est la cause des causes. Le nommeras-tu Providence? Tu auras encore raison. C'est sa sagesse qui pourvoit aux besoins de ce monde, à ce que rien n'en trouble la marche, à ce qu'il accomplisse sa tâche ordonnée. Aimes-tu mieux l'appeler la Nature? Le mot sera juste; c'est de lui que tout a pris naissance; nous vivons de son souffle. Veux-tu voir en lui le monde lui-même [7]? Tu n'auras pas tort; il est tout ce que tu vois [8], tout entier dans chacune de ses parties, et se soutenant par sa propre puissance [9]. Voilà ce que pensaient, comme nous, les Étrusques ; et s'ils disaient que la foudre nous vient de Jupiter, c'est que rien ne se fait sans lui.

XLVI. Mais pourquoi Jupiter épargne-t-il parfois le coupable, pour frapper l'innocent? Tu me jettes là dans une question bien vaste, qui veut qu'on la traite en son temps et en son lieu. Je réponds seulement que la foudre ne part point de la main de Jupiter, mais qu'il a tout disposé de telle sorte que les choses même qui ne se font point par lui, ne se font pourtant pas sans raison, et que cette raison vient de lui. Elles n'ont d'action que celle qu'il a permise ; lors même que les faits s'accomplissent sans lui, il a voulu qu'ils s'accomplissent. Il ne préside pas aux détails; mais il a donné le signal, l'énergie et l'impulsion à l'ensemble.

XLVII. Je n'adopte pas la classification de ceux qui divisent les foudres en *perpétuelles*, *déterminées* ou *prorogatives*. Les *perpétuelles* sont celles dont les pronostics concernent toute une existence, et, au lieu d'annoncer un fait partiel, embrassent la chaîne entière des événements qui se succéderont dans la vie. Telles sont les foudres qui apparaissent le jour où l'on entre en possession d'un patrimoine, où un homme ou une ville vient à changer d'état. Les foudres *déterminées* ne se rapportent qu'à un jour marqué. Les *prorogatives* sont celles dont on peut reculer, mais non conjurer ou détruire les effets menaçants.

XLVIII. Je vais dire pourquoi cette division ne me satisfait pas. La foudre qu'on nomme perpétuelle est également déterminée ; elle répond aussi à un jour fixe ; elle ne cesse pas d'être déterminée par cela seul qu'elle s'applique à un temps plus long. Celle qui semble prorogée est déterminée tout de même ; car, du propre aveu de ceux que je combats, on sait jusqu'où on peut obtenir d'en reculer l'effet. Le délai, selon eux, est de dix ans seulement pour les foudres particulières, de trente ans pour les foudres publiques. Ces sortes de foudres sont donc déterminées en ce qu'elles portent avec elles le terme de leur prorogation. Ainsi toutes les foudres et tous les événements ont leur jour marqué ; car l'incertain ne comporte pas de limites. Quant à l'observation des éclairs, le système est sans liaison et trop vague. On pourrait suivre cependant la division du philosophe Attalus, qui s'était attaché à ce point de doctrine, et noter le lieu de l'apparition, le temps, la personne, la circonstance, la qualité, la quantité Si je voulais traiter à part chacun de ces détails, je m'engagerais dans une œuvre sans fin.

XLIX. Parlons ici sommairement des noms que Cæcinna donne aux foudres, et énonçons là-dessus notre pensée. Il y a, dit-il, les *postulatoires*, qui exigent qu'un sacrifice interrompu ou fait contre les règles soit recommencé ; les *monitoires*, qui indiquent les choses dont il faut se garder ; les *pestifères*, qui présagent la mort ou l'exil ; les *fallacieuses*, qui sous apparence du bien font du mal : elle donneront un consulat funeste à qui doit le gérer, un héritage dont la possession sera chèrement payée ; les *déprécatives*, qui annoncent un péril, lequel ne se réalise pas ; les *péremptales*, qui neutralisent les menaces d'autres foudres ; les *attestantes*, qui confirment des menaces antérieures, les *atterranées*, qui éclatent sur un lieu clos ; les *ensevelies*, qui frappent un lieu déjà foudroyé et non purifié par des expiations ; les *royales*, qui tombent sur le forum (a), dans les comices, dans les lieux où s'exerce la souveraineté d'une cité libre qu'elles menacent de la royauté ; les *infernales*, dont les feux s'élancent de la terre ; les *hospitalières*, qui appellent, ou, pour me servir de l'expression plus respectueuse qu'on emploie, qui invitent Jupiter à nos sacrifices, lequel Jupiter, s'il est irrité contre celui qui les offre, n'arrive pas, dit Cæcinna, sans grand péril pour les invitants ; enfin, les *auxiliaires*, invoquées sans doute, mais portant bonheur à qui les invoque.

(a) Les Mss. portent : *quum eorum tangitur* dont on a fait : *cuorum vi tangitur*. Je crois devoir lire : *quum forum tangitur*.

L. Combien était plus simple la division d'Attalus, cet homme remarquable, qui à la science des Étrusques avait joint la subtilité grecque! « Parmi les foudres, disait-il, il en est dont les pronostics nous regardent; il en est sans aucun pronostic, ou dont l'intelligence nous est interdite. Les foudres à pronostics sont ou propices ou contraires; quelques-unes ne sont ni contraires, ni propices. Les contraires sont de quatre sortes. Elles présagent des maux inévitables ou évitables, qui peuvent ou s'atténuer ou se différer. Les foudres propices annoncent des faits ou durables ou passagers. Il y a, dans les foudres qu'il appelle mixtes, du bien et du mal, ou du mal qui se change en bien, ou du bien qui se tourne en mal. Celles qui ne sont ni contraires, ni propices, annoncent quelque entreprise où nous devrons nous engager sans crainte ni joie, telle qu'un voyage dont nous n'aurions rien à redouter, rien à espérer. »

LI. Revenons aux foudres à pronostics, mais à pronostics qui ne nous touchent point : telle est celle qui indique si, dans la même année, il y aura une foudre de la même nature. Les foudres sans pronostic, ou dont l'intelligence nous échappe, sont, par exemple, celles qui tombent au loin dans la mer et dans les déserts, et dont le pronostic est nul ou perdu pour nous.

LII. Ajoutons quelques observations sur la force de la foudre, qui n'agit pas de la même manière sur tous les corps. Les plus solides, ceux qui résistent, sont brisés avec éclat; et parfois elle traverse sans dommage ceux qui cèdent. Elle lutte contre la pierre, le fer et les substances les plus dures, obligée qu'elle est de s'y faire un chemin de vive force. Quant aux substances tendres et poreuses, elle les épargne, quelque inflammables qu'elles paraissent d'ailleurs; le passage étant plus facile, sa violence est moindre. Ainsi, comme je l'ai dit, sans endommager la bourse, elle fond l'argent qui s'y trouve; vu que ses feux, des plus subtils, traversent des pores même imperceptibles. Mais les parties solides du bois lui opposent une matière rebelle dont elle triomphe. Elle varie, je le répète, dans ses modes de destruction; la nature de l'action se révèle par celle du dommage, et l'on reconnaît le genre de foudre à son œuvre. Quelquefois elle produit sur divers points du même corps des effets divers : ainsi, dans un arbre, elle brûle les parties les plus sèches, rompt et perfore les plus solides et les plus dures, enlève l'écorce du dehors, déchire et met en pièces l'écorce intérieure, et enfin froisse et crispe les feuilles. Elle congèle le vin, elle fond le fer et le cuivre.

LIII. Une chose étrange, c'est que le vin gelé par la foudre, et revenu à son premier état, est un breuvage mortel ou qui rend fou. J'ai cherché la cause de ce phénomène : voici l'idée qui s'est offerte à moi. Il y a dans la foudre quelque chose de vénéneux, dont vraisemblablement il demeure des miasmes dans le liquide condensé et congelé, qui, en effet, ne pourrait se solidifier si quelque élément de cohésion ne s'y ajoutait. L'huile, d'ailleurs, et tous les parfums touchés de la foudre, exhalent une odeur repoussante : ce qui fait voir que ce feu si subtil, dénaturant tout ce qu'il attaque, renferme un principe pestilentiel, qui tue non-seulement par le choc, mais par la simple exhalation. Enfin, partout où la foudre tombe, il est constant qu'elle y laisse une odeur de soufre; et cette odeur naturellement forte, respirée à mainte reprise, peut causer le délire. Nous reviendrons à loisir sur ces faits. Peut-être tiendrons-nous à prouver combien la théorie qu'on en a faite découle immédiatement de cette philosophie, mère des arts, qui la première a cherché les causes, observé les effets et, ce qui est bien préférable à l'inspection de la foudre, rapproché les résultats des principes.

LIV. Je reviens à l'opinion de Posidonius. De la terre et des corps terrestres s'exhalent des vapeurs, les unes humides, les autres sèches et semblables à la fumée : celles-ci alimentent les foudres, et celles-là les pluies. Les émanations sèches et fumeuses qui montent dans l'atmosphère ne se laissent pas enfermer dans les nuages, et brisent leurs barrières ; de là le bruit qu'on appelle tonnerre. Dans l'air même il est des molécules qui s'atténuent et qui, par là, se dessèchent et s'échauffent. Retenues captives, elles cherchent de même à fuir et se dégagent avec fracas. L'explosion est tantôt générale et accompagnée d'une violente détonation, tantôt partielle et moins sensible. L'air ainsi modifié fait qu'il tonne; soit qu'il déchire les nuages, soit qu'il vole au travers. Mais le tourbillonnement de l'air emprisonné dans la nue est la cause la plus puissante d'inflammation.

LV. Le tonnerre n'est autre chose que l'explosion des vapeurs sèches de l'air; ce qui n'a lieu que de deux manières, par frottement ou par éruption. La collision des nuages, dit Posidonius, produit aussi ce genre de détonation; mais elle n'est pas complète, parce que ce ne sont pas de grandes masses qui se heurtent, mais des parties détachées. Les corps mous ne retentissent que s'ils se choquent contre des corps durs ; ainsi les flots ne s'entendent que lorsqu'ils se brisent sur l'obstacle. Objectera-t-on que le feu plongé dans l'eau siffle en s'éteignant? J'admets ce fait, il est pour moi; car ce n'est pas le feu qui rend un son, c'est l'air qui s'échappe de l'eau où s'éteint le feu. En vous accordant que le feu naisse et s'éteigne dans les nuages, toujours naît-il d'un souffle et d'un frottement. « Quoi! dit-on, ne se peut-il pas qu'une de ces étoiles filantes dont vous avez parlé tombe dans un nuage et s'y éteigne? » Supposons que ce fait puisse quelquefois avoir lieu; mais c'est une cause naturelle et constante que nous cherchons ici, et non une cause rare et fortuite. Si je convenais qu'il est vrai, comme vous le dites, qu'on voit parfois, après le tonnerre, étinceler des feux semblables aux étoiles qui volent obliquement et paraissent tomber du ciel, il s'ensuivrait que le tonnerre aurait été produit non par ces feux, mais en même temps que ces feux. Selon Clidémus, l'éclair n'est qu'une vaine apparence; ce n'est pas un feu : telle est, dit-il, la lueur que pendant la nuit le mouvement des rames produit sur la mer. L'analogie n'est pas exacte : cette lueur paraît pénétrer la substance même de l'eau; celle qui se forme dans l'atmosphère jaillit par éruption.

LVI. Héraclite compare l'éclair à ce premier effort du feu qui s'allume dans nos foyers, à cette flamme incertaine qui tantôt meurt, tantôt se relève. Les anciens nommaient les éclairs *fulgetra;* nous disons *tonitrua* au pluriel : ils employaient le singulier *tonitruum* ou *tonum*. Je trouve cette dernière expression dans Cæcinna, auteur plein de charme qui aurait eu un nom dans l'éloquence, si la gloire de Cicéron ne l'avait éclipsé. Notons aussi que, dans le verbe qui exprime l'éruption hors des nues d'une clarté subite, les anciens faisaient brève la syllabe du milieu, que nous faisons longue. Nous disons *fulgēre* comme *splendēre*. Ils disaient *fulgĕre*.

LVII. Mais tu veux savoir mon opinion à moi; car je n'ai encore fait que prêter ma rédaction à celles d'autrui. Je dirai donc : L'éclair est une lumière soudaine qui brille au loin; il a lieu quand l'air des nuages se raréfie et se convertit en un feu qui n'a pas la force de jaillir plus loin. Tu n'es pas surpris, je pense, que le mouvement raréfie l'air et qu'ainsi raréfié il s'enflamme. Ainsi se liquéfie le plomb lancé par la fronde, le frottement de l'air le fait fondre comme ferait le feu. Les foudres sont plus fréquentes en été, parce que l'atmosphère est plus chaude, et que le frottement contre des corps échauffés rend l'inflammation plus prompte. Le mode de formation est le même pour l'éclair, qui ne fait que luire, et pour la foudre, qui porte coup; seulement l'éclair a moins de force, il est moins nourri; enfin, pour dire en deux mots ma pensée, la foudre, c'est l'éclair avec plus d'intensité. Lors donc que les éléments chauds et fumeux, émanés de la terre, se sont absorbés dans les nuages et ont longtemps roulé dans leur sein, ils finissent par s'échapper; et, s'ils manquent de force, ils ne donnent qu'une simple lumière; mais si l'éclair a trouvé plus d'aliments, s'il s'enflamme avec plus de violence, ce n'est point un feu qui apparaît, c'est la foudre qui tombe.

LVIII. Quelques auteurs sont persuadés qu'après sa chute elle remonte; d'autres, qu'elle reste sur le sol quand surchargée d'aliments elle n'a pu porter qu'un faible coup. Mais d'où vient que la foudre apparaît si brusquement, et que son feu n'est pas plus durable et plus continu? Parce que c'est la chose du monde la plus rapide qui est en mouvement; c'est tout d'un trait qu'elle brise les nues et enflamme l'atmosphère. Puis la flamme s'éteint en même temps que le mouvement cesse : car l'air ne forme pas des courants assez suivis pour que l'incendie se propage; et une fois allumé par la violence même de ses mouvements, il ne fait d'effort que pour s'échapper. Dès qu'il a pu fuir et que la lutte a cessé, la même impulsion tantôt le pousse jusqu'à terre, tantôt le dissémine, selon que la force de dépression est plus ou moins grande. Pourquoi la foudre se dirige-t-elle obliquement? Parce qu'elle se forme d'un courant d'air, et que ce courant suit une ligne oblique et tortueuse; or, comme la tendance naturelle du feu est de monter, quand quelque obstacle l'abaisse et le comprime, il prend l'inclinaison oblique. Quelquefois ces deux tendances luttent sans céder l'une à l'autre, et tour à tour le feu s'élève et redescend. Enfin, pourquoi la cime des montagnes est-elle si souvent foudroyée? C'est qu'elle avoisine les nuages, et que dans sa chute le feu du ciel doit les rencontrer.

LIX. Je vois d'ici ce que tu désires dès longtemps et avec impatience. « Je tiendrais plus, dis-tu, à ne pas redouter la foudre qu'à la bien connaître. Enseigne à d'autres comment elle se forme. Ote-moi les craintes qu'elle m'inspire, avant de m'expliquer sa nature. » Je viens à ton appel; car à tout ce qu'on fait ou dit doit se mêler quelque utile leçon. Quand nous sondons les secrets de la nature, quand nous traitons des choses divines, songeons à notre âme pour l'affranchir de ses faiblesses et peu à peu la fortifier : c'est le devoir des savants eux-mêmes dont l'unique but est l'étude; et que ce ne soit pas pour éviter les coups du sort, car de tous côtés les traits volent sur nous; que ce soit pour souffrir avec courage et résignation. Nous pouvons être invincibles, nous ne pouvons être inébranlables, et pourtant j'ai parfois l'espoir que nous le pourrions. Comment cela? dis-tu. Méprise la mort; et tout ce qui mène à la mort tu l'as méprisé du même coup : guerres, naufrages, morsures de bêtes féroces, chutes soudaines d'édifices entraînés par leur masse. Que peuvent faire de pis tous ces accidents, que de séparer l'âme du corps, séparation dont ne nous sauve nulle précaution, dont nulle prospérité n'exempte, que nulle puissance ne rend impossible? Le sort dispense inégalement tout le reste; la mort nous appelle tous, est égale pour tous. Qu'on ait les dieux contraires ou propices, il faut mourir : prenons courage de notre désespoir même. Les animaux les plus lâches, que la nature a créés pour la fuite, quand toute issue leur est fermée, tentent le combat malgré leur faiblesse. Point de plus terrible ennemi que celui qui doit son audace à la difficulté d'échapper; la nécessité provoque toujours des élans plus irrésistibles que la valeur seule [10]. Il se surpasse, ou du moins il reste l'égal de lui-même, l'homme de cœur qui voit tout perdu. Jugeons-nous trahis, et nous le sommes au profit de la mort : oui, Lucilius, nous lui sommes tous réservés. Tout ce peuple que tu vois, tout ce que tu imagines d'hommes vivants sur ce globe, sera tout à l'heure rappelé par la nature et poussé dans la tombe; certain de son sort, on n'est incertain que du jour (a), et c'est au même terme que tôt ou tard il faut venir. Or, n'est-ce pas le comble de la pusillanimité et de la démence, que de solliciter avec tant d'instance un moment de répit? Ne mépriserais-tu pas l'homme qui, au milieu de condamnés à mort comme lui, demanderait à titre de grâce de tendre la gorge le dernier? Ainsi faisons-nous; nous tenons pour un grand bonheur de mourir plus tard [11]. La peine capitale a été décernée en toute équité. Car, et telle est la grande consolation de qui va subir l'arrêt fatal, ceux dont la cause est même ont le même sort. Nous suivrions le bourreau si le juge ou le magistrat nous livrait au supplice, nous présenterions docilement la tête; où

---

(a) *De tempore quæritur.* Je crois qu'il faut *quæritur* comme au liv. VI, xxxii : *Non de re, sed de tempore est quæstio.*

est la différence, dès qu'on va mourir, que ce soit de force ou de gré? Quelle folie, ô homme! et quel oubli de ta fragilité, si tu ne crains la mort que lorsqu'il tonne! Ton existence tient donc au sommeil de la foudre! Tu vivras, si tu lui échappes! Mais le fer, mais la pierre, mais la fièvre vont t'attaquer. La foudre n'est pas le plus grand, mais le plus étourdissant des périls. Tu seras sans doute iniquement traité, si l'incalculable célérité de ta mort t'en dérobe le sentiment, si ton trépas est expié, si, même en expirant, tu n'es pas inutile au monde, si tu deviens pour lui le signe de quelque grand événement! Tu seras iniquement traité d'être enseveli avec la foudre! Mais tu trembles au fracas du ciel, un vain nuage te fait tressaillir; et au moindre éclair, tu te meurs. Eh bien! quoi? trouves-tu plus beau de mourir de peur que d'un coup de foudre? Ah! n'en sois que plus intrépide quand les cieux te menacent; et le monde dût-il s'embraser de toutes parts, songe que de cette masse immense tu n'as rien à perdre. Que si tu penses que c'est contre toi que s'apprête ce bouleversement de l'atmosphère, cette lutte des éléments; si c'est à cause de toi que les nuages amoncelés s'entre-choquent et retentissent; si c'est pour ta perte que jaillissent ces irrésistibles carreaux, accepte du moins comme consolation l'idée que ta mort mérite tout cet appareil. Mais cette idée même ne viendra pas à temps pour toi; de tels coups font grâce de la peur. Entre autres avantages, la foudre a celui de prévenir ton attente. L'explosion n'épouvante qu'après qu'on y a échappé.

# LIVRE III.

Les eaux terrestres : d'où elles se forment. La terre, pareille au corps humain. Les poissons. Le rouget. Luxe des tables. Déluge final.

Je n'ignore pas, mon excellent ami, de quel vaste édifice je pose les fondements, à mon âge, moi qui veux parcourir le cercle de l'univers, et découvrir les principes des choses et leurs secrets, pour les porter à la connaissance des hommes. Quand pourrai-je mettre à fin tant de recherches, réunir tant de faits épars, pénétrer tant de mystères? La vieillesse me talonne et me reproche les années consumées en de vaines études; nouveau motif pour me hâter et pour réparer par le travail les lacunes d'une vie mal occupée. Joignons la nuit au jour, retranchons des soins inutiles; laissons là le souci d'un patrimoine trop éloigné de son maître; que l'esprit soit tout à lui-même et à sa propre étude, et qu'au moment où la fuite de l'âge est le plus rapide, il reporte au moins sur soi ses regards. Il va le faire, et s'aiguillonner, et chaque jour mesurer la brièveté du temps. Tout ce qu'il a perdu se regagnera par l'emploi sévère du présent. Le plus fidèle ami du bien, c'est l'homme que le repentir y ramène. Volontiers m'écrierais-je avec un illustre poëte :

> Un noble but m'enflamme, et pour mon œuvre immense
> Je n'ai que peu de jours!...

Ainsi parlerais-je, même adolescent ou jeune encore; car pour de si grandes choses, point d'avenir qui ne soit trop court. Mais cette carrière sérieuse, difficile, infinie, c'est après le midi de ma vie que je l'ai abordée. Faisons ce qu'on fait en voyage; parti trop tard, on rachète le délai par la vitesse. Usons de diligence, et ce travail déjà si grand, qui restera inachevé peut-être, poursuivons-le sans donner notre âge pour excuse. Mon âme s'agrandit en présence de son entreprise gigantesque; elle envisage ce qui me reste à faire, non ce qui me reste à vivre. Des hommes se sont consumés à écrire l'histoire des rois étrangers, et les souffrances et les attentats réciproques des peuples. Combien n'est-il pas plus sage d'étouffer ses propres passions, que de raconter à la postérité celles d'autrui? Combien ne vaut-il pas mieux célébrer les œuvres de la divinité, que les brigandages d'un Philippe, d'un Alexandre et de leurs pareils, fameux par la ruine des nations, pestes non moins fatales à l'humanité que ce déluge qui couvrit toutes les plaines, que cet embrasement général où périrent la plupart des êtres vivants? On sait nous dire comment Annibal a franchi les Alpes; comment il a porté en Italie une guerre imprévue, que les désastres de l'Espagne rendaient plus redoutable; comment sa haine, survivant à sa défaite et à Carthage, le fit errer de cour en cour, s'offrant pour général, demandant une armée et ne cessant, malgré sa vieillesse, de nous chercher la guerre dans tous les coins du monde : tant cet homme pouvait endurer de vivre sans patrie, mais non sans ennemi. Ah! plutôt enquérons-nous de ce qui doit se faire, non de ce qui s'est fait, et enseignons aux hommes qui livrent leur sort à la Fortune, que rien n'est stable dans ses dons, que tous s'échappent plus légers que les vents. Car elle ne sait point se fixer, elle se plaît à verser les maux sur les biens, à mêler les rires et les larmes [1]. Donc que nul n'ait foi dans la prospérité; que nul ne s'affaisse dans le malheur; les choses ont leur flux et leur reflux. Pourquoi ces saillies d'orgueil? La main qui te porte si haut, tu ne sais pas où elle te laissera. Elle ne s'arrêtera pas à ton gré, mais au sien. Pourquoi cet abattement? Te voilà au fond de l'abîme, c'est l'heure de te relever. De l'adversité on passe à de meilleurs destins, et du but désiré à un état moins doux. Il faut que la pensée envisage ces vicissitudes communes et aux moindres maisons qu'un léger choc renverse, et aux maisons souveraines. Des trônes sortis de la poussière ont écrasé ceux qui leur faisaient la loi. D'antiques empires ont croulé dans l'éclat même de leur gloire. Qui pourrait compter les puissances brisées les unes par les autres? Dans le même moment Dieu fait surgir celles-ci et abaisse celles-là [2], et ce n'est pas doucement qu'elles descendent; il les jette à bas de toute leur hauteur, sans qu'il reste d'elles un débris. Grands spectacles, selon nous, qui sommes si petits! Souvent ce n'est point la nature des choses, c'est notre petitesse qui fait leur grandeur. Qu'y a-t-il de grand ici-bas? Est-ce de couvrir les mers de ses flottes, de planter ses drapeaux sur les bords de la mer Rouge, et, quand la terre manque à nos usurpations, d'errer sur l'Océan à la recherche de plages inconnues? Non: c'est d'avoir vu tout ce monde par les yeux de l'esprit, et remporté le plus beau triomphe, le triomphe sur ses vices. On ne saurait nombrer les hommes qui se sont rendus maîtres de villes, de nations entières; combien peu l'ont été d'eux-mêmes! Qu'y a-t-il de grand ici-bas? C'est d'élever son âme au-dessus des menaces et des promesses de la Fortune; c'est de ne rien voir en elle qui soit digne d'un vœu. Qu'a-t-elle, en effet, qu'on doive convoiter, quand, du spectacle des choses célestes, retombant sur la terre, nos yeux ne voient plus, comme ceux qui passent d'un clair soleil à la sombre nuit des cachots? Ce qu'il y a de grand, c'est une âme ferme et sereine dans l'adversité, qui accepte tout accident comme si elle l'eût désiré; et l'on eût dû le désirer, si l'on eût su que tout arrive par les décrets de Dieu. Pleurer, se plaindre, gémir, c'est être rebelle. Ce qu'il y a de grand, c'est que cette âme, forte et inébranlable aux revers, repousse les voluptés, et même les combatte à outrance; qu'elle ne recherche ni ne fuie les périls; qu'elle sache, sans l'attendre, se faire son destin; qu'elle marche au-devant des biens comme des maux, sans trouble, sans anxiété, et que ni l'orageuse ni la riante fortune ne la déconcerte! Ce qu'il y a de grand, c'est de fermer son cœur aux mauvaises pensées, de lever au ciel des mains pures; c'est, au lieu d'aspirer à des biens qui, pour aller jusqu'à toi, doivent être donnés ou perdus par d'autres, de prétendre au seul trésor que nul ne te disputera, la sagesse; tous les autres, si fort prisés des mortels, regarde-les, si le hasard te les apporte, comme devant s'en aller par où ils sont venus! Ce qu'il y a de grand, c'est de mettre fièrement sous ses pieds ce qui vient du hasard; de se souvenir qu'on est homme; si l'on est heureux, de se dire qu'on ne le sera pas longtemps; malheureux, qu'on ne l'est plus dès qu'on croit ne pas l'être! Ce qu'il y a de grand, c'est d'avoir son âme sur le bord des lèvres et prête à partir; on est libre alors non par droit de cité, mais par droit de nature. Est libre quiconque n'est plus esclave de soi, quiconque a fui cette servitude de tout instant, laquelle n'admet point de résistance, et pèse sur nous nuit et jour, sans trêve ni relâche. Qui est esclave de soi subit le plus rude de tous les jougs; mais le secouer est facile : qu'on ne se fasse plus à soi-même mille demandes; qu'on ne se paye plus de son propre mérite; qu'on se représente et sa condition d'homme et son âge, fût-on des plus jeunes; qu'on se dise : « Pourquoi tant de folies, tant de fatigues, tant de sueurs? Pourquoi bouleverser le sol, assiéger le forum? Il me faut si peu, et pour si peu de temps[3]! » Voilà à quoi nous aidera l'étude de la nature qui, nous arrachant d'abord aux objets indignes de nous, donne ensuite à l'âme cette grandeur, cette élévation dont elle a besoin, et la soustrait à l'empire du corps. Et puis, l'intelligence exercée à sonder les mystères des choses ne dégénérera pas dans des questions plus simples. Or, quoi de plus simple que ces règles salutaires où l'homme puise des armes contre sa perversité, contre sa folie, qu'il condamne et ne peut quitter?

I. Parlons maintenant des eaux, et cherchons comment elles se forment. Soit, comme le dit Ovide,

> Qu'une source limpide en flots d'argent s'épanche (a);

(a) *Metam.*, III, 407.

ou, comme dit Virgile,

> Que des monts mugissants
> Neuf sources à la fois lancent leurs flots puissants,
> Mer grondante, qui presse une campagne immense (a);

ou, comme je le trouve dans tes écrits mêmes, mon cher Junior,

> Qu'un fleuve de l'Élide en Sicile soit né (b);

par quel moyen ces eaux sont-elles fournies à la terre? Où tant de fleuves immenses alimentent-ils jour et nuit leurs cours? Pourquoi quelques-uns grossissent-ils en hiver? pourquoi d'autres s'enflent-ils à l'époque où le plus grand nombre baisse? En attendant, nous mettrons le Nil hors de ligne : il est d'une nature spéciale et exceptionnelle; nous ajournerons ce qui le concerne, pour traiter en détail des eaux ordinaires, tant froides que chaudes, et à l'occasion de ces dernières, nous chercherons si leur chaleur est naturelle ou acquise. Nous nous occuperons aussi de celles qu'ont rendues célèbres ou leur saveur ou une vertu quelconque. Car il en est qui sont bonnes pour les yeux, d'autres pour les nerfs; il en est qui guérissent radicalement des maux invétérés et dont les médecins désespéraient; quelques-unes cicatrisent les ulcères; celles-ci, prises en boisson, fortifient les organes intérieurs et soulagent les affections du poumon et des viscères; celles-là arrêtent les hémorrhagies : elles sont aussi variées dans leurs effets que dans leurs saveurs.

II. Les eaux sont toutes ou stagnantes ou courantes, réunies par masses ou distribuées en filets. On en voit de douces; on en voit de natures tout autres, d'âcres parfois, de salées, d'amères et de médicinales; dans ces dernières nous rangeons les sulfureuses, les ferrugineuses, les alumineuses : la saveur indique la propriété. Elles ont encore de nombreuses différences, qu'on reconnaît au toucher : elles sont froides ou chaudes; au poids : elles sont pesantes ou légères ; à la couleur : elles sont pures ou troubles, ou azurées, ou transparentes; enfin, à la salubrité : elles sont saines, salutaires, ou mortelles, ou pétrifiables. Il y en a d'extrêmement légères; il y en a de grasses; les unes sont nourrissantes, les autres passent sans soutenir le corps; d'autres procurent la fécondité.

---

(a) *Énéide*, I, 245. — (b) Dans son poëme de l'Etna.

III. Ce qui rend l'eau stagnante ou courante, c'est la disposition des lieux : elle coule sur les plans inclinés ; en plaine, elle s'arrête immobile ; quelquefois le vent la pousse devant lui ; il y a alors contrainte plutôt qu'écoulement. Les amas d'eau proviennent des pluies ; les cours naturels naissent des sources. Rien n'empêche cependant que l'eau soit recueillie et naisse sur le même point ; témoin le lac Fucin, où les montagnes circonvoisines déversent leurs eaux pluviales (a). Mais il recèle aussi dans son bassin des sources abondantes ; tellement que quand les torrents de l'hiver s'y jettent, son aspect ne change pas.

IV. Examinons en premier lieu comment la terre peut fournir à l'entretien continuel des fleuves, et d'où sort une telle quantité d'eau. On s'étonne que les fleuves ne grossissent pas sensiblement les mers ; il ne faut pas moins s'étonner que tous ces écoulements n'appauvrissent pas sensiblement la terre. D'où vient que ses réservoirs secrets regorgent au point de toujours couler et de suppléer incessamment à ses pertes ? La raison que nous donnerons pour les fleuves s'appliquera, quelle qu'elle soit, aux ruisseaux et aux fontaines.

V. Quelques auteurs prétendent que la terre réabsorbe toutes les eaux qu'elle épanche ; et que, si la mer ne grossit jamais, c'est qu'au lieu de s'assimiler les courants qui s'y jettent, elle les restitue aussitôt. D'invisibles conduits les ramènent sous terre ; on les a vus venir, ils s'en retournent secrètement ; les eaux de la mer se filtrent pendant ce trajet ; à force d'être battues dans les anfractuosités sans nombre de la terre, elles déposent leur amertume, et à travers les couches si variées du sol se dépouillent de leur saveur désagréable, pour devenir eaux tout à fait pures.

VI. D'autres estiment que la terre ne rend par les fleuves que les eaux fournies par les pluies ; et ils apportent comme preuve la rareté des fleuves dans les pays où il pleut rarement. L'aridité des déserts de l'Éthiopie, et le petit nombre de sources qu'offre l'intérieur de l'Afrique, ils l'attribuent à la nature dévorante du climat, où l'été règne presque toujours. De là ces mornes plaines de sables, sans arbres, sans culture, à peine arrosées de loin en loin par des pluies que le sol absorbe aussitôt. On sait, au contraire, que la Germanie, la Gaule, et, après

---

(a) Je lis d'après les Mss. : *in quem montes circumjecti quidquid fudit pluvia derivant.* Lemaire : *montis.... quidquid fudit. fluvii derivantur.*

ces deux contrées, l'Italie, abondent en ruisseaux et en fleuves, parce que le climat dont elles jouissent est humide, et que l'été même n'y est pas privé de pluies.

VII. Tu vois qu'à cette opinion on peut objecter bien des choses. D'abord, en ma qualité de vigneron qui sait son métier, je puis t'assurer que jamais pluie, si grande qu'elle soit, ne mouille la terre à plus de dix pieds de profondeur. Toute l'eau est bue par la première couche, et ne descend point plus bas. Comment pourrait-elle alimenter des fleuves, cette pluie qui n'imbibe que la superficie du sol? Elle est en majeure partie entraînée dans la mer par le canal des fleuves. Bien peu en est absorbé par la terre, qui ne la garde pas : car ou la terre est altérée, et elle boit tout ce qui tombe ; ou elle est saturée, et elle ne reçoit pas au delà de ce qu'elle désirait. C'est pourquoi les premières pluies ne font pas grossir les rivières, la terre, trop sèche, attirant tout à elle. Comment d'ailleurs expliquer ces eaux qui s'échappent en fleuves des rochers et des montagnes? Quel tribut reçoivent-elles des pluies qui coulent le long des rocs dépouillés, sans trouver de terre qui les retienne? Ajoute que des puits creusés dans les lieux les plus secs, à deux ou trois cents pieds, rencontrent d'abondantes veines d'eau à cette profondeur où la pluie ne pénètre point; preuve que ce ne sont pas là des eaux tombées du ciel, ou des amas stagnants, mais ce qu'on appelle vulgairement des eaux vives. L'opinion que je combats se réfute aussi par cette réflexion, que des sources jaillissent du sommet de certaines montagnes, sources évidemment poussées par une force d'ascension, ou nées sur le lieu même, puisque toute eau pluviale court de haut en bas.

VIII. Selon d'autres, de même qu'à la surface du globe s'étendent de vastes marais, de grands lacs navigables, et que d'immenses espaces sont envahis par les mers qui couvrent tous les lieux bas; de même l'intérieur de la terre est rempli d'eaux douces, stagnantes, comme nous voyons l'Océan et ses golfes, mais relativement plus considérables, les cavités souterraines étant plus profondes que celles de la mer. De ces inépuisables masses sortent nos grands cours d'eau. Doit-on s'étonner que la terre ne se sente pas appauvrie par ces fleuves, quand la mer ne s'en trouve pas enrichie?

IX. D'autres adoptent cette explication-ci ; ils disent : « L'intérieur de la terre renferme des cavités profondes et beaucoup d'air qui, nécessairement, se refroidit dans l'ombre épaisse qui le comprime; cet air inerte et sans mouvement, ne pouvant plus maintenir son principe, se convertit en eau. De même qu'au-dessus de nos têtes, de l'air ainsi modifié naît la pluie ; de même se forment sous terre les fleuves et les rivières. L'air ne peut longtemps demeurer immobile et peser sur l'atmosphère ; il est de temps à autre raréfié par le soleil, ou dilaté par les vents ; aussi y a-t-il de longs intervalles d'une pluie à une autre. Quelle que soit la cause qui agisse sur l'air souterrain pour le changer en eau, elle agit sans cesse : c'est la perpétuité de l'ombre, la permanence du froid, l'inertie et la densité de cet air ; les sources et les fleuves ne cesseront donc pas d'être alimentés. La terre, suivant nous, est susceptible de transmutation. Tout ce qu'elle exhale, n'ayant pas pris naissance dans un air libre, tend à s'épaissir et se convertit promptement en eau. »

X. Telle est la première cause de la formation des eaux dans l'intérieur du globe. Ajoute que tous les éléments naissent les uns des autres : l'eau se change en air, et l'air en eau; le feu se forme de l'air, et l'air du feu. Pourquoi la terre ne serait-elle pas de même produite par l'eau, et l'eau par la terre ? Si la terre peut se convertir en air et en feu, à plus forte raison peut-elle se changer en eau. La terre et l'eau sont homogènes, toutes deux pesantes, denses, et reléguées dans la région inférieure du monde. L'eau produit de la terre, pourquoi la terre ne produirait-elle pas de l'eau? « Mais les fleuves sont si considérables ! » Si grands que tu les trouves, vois aussi de quel grand corps ils sortent. Tu es surpris que les fleuves, qui ne cessent de couler, et quelques-uns si rapidement, trouvent, pour s'alimenter, une eau toujours prête et toujours nouvelle. Mais es-tu surpris que l'air, malgré les vents qui le poussent dans toute sa masse, non-seulement ne s'épuise pas, mais coule jour et nuit avec le même volume? Pourtant il ne court pas comme les fleuves dans un canal déterminé; il embrasse dans son vaste essor l'espace immense des cieux. Es-tu surpris qu'il survienne toujours d'autres vagues après les vagues sans nombre qui se sont brisées sur la grève? Rien ne s'épuise de ce qui revient sur soi-même. Chaque élément est soumis à ces retours alternatifs. Toutes les pertes de l'un vont enrichir l'autre; et la nature tient ses différentes parties comme pondérées dans une balance, de peur que, les proportions dérangées, l'équilibre du monde ne soit rompu. Tout élément se retrouve dans tous. Non-seulement l'air se change en feu, mais il n'existe jamais sans feu : ôte-lui la chaleur, il devient concret, immobile et solide. L'air passe à l'état d'eau, et jamais il n'existe sans ce liquide. La terre se convertit en air et en eau ; mais elle n'est jamais sans eau, non plus que sans air. Et ces transmutations sont d'autant plus faciles, que l'élément à naître est déjà mêlé au premier. Ainsi la terre contient de l'eau, et la fait sortir de son sein ; elle renferme de l'air ; l'ombre et le froid de l'hiver le condensent et en font de l'eau. Elle-même est liquéfiable ; elle met en œuvre ses propres ressources [1].

XI. « Mais, diras-tu, si les causes d'où proviennent les fleuves et les sources sont permanentes, pourquoi tarissent-ils parfois ? Pourquoi se montrent-ils dans des endroits où l'on n'en voyait point ? » Souvent un tremblement de terre dérange leurs directions ; un éboulement leur coupe le passage, les force, en les retenant, à se chercher une issue nouvelle par une irruption sur un point quelconque ; ou bien la secousse même du sol les déplace. Il arrive souvent en ce pays-ci que les rivières, qui ne retrouvent plus leur lit, refluent d'abord, puis se frayent une route pour remplacer celle qu'elles ont perdue. Ce phénomène, dit Théophraste, eut lieu au mont Coryque, où, après un tremblement de terre, on vit jaillir des sources jusqu'alors inconnues. On fait encore intervenir d'autres accidents d'où naîtraient des sources, ou qui détourneraient et changeraient leur cours. Le mont Hémus était jadis dépourvu d'eau ; mais une peuplade gauloise, assiégée par Cassandre, s'étant retranchée sur cette montagne dont elle abattit les forêts, on découvrit de l'eau en abondance, que, sans doute, les arbres absorbaient pour s'en alimenter. Ces arbres coupés, l'eau qu'ils ne consommaient plus parut à la surface du sol. Le même auteur dit qu'un fait pareil arriva aux environs de Magnésie. Mais, n'en déplaise à Théophraste, j'oserai dire que la chose n'est pas vraisemblable ; car les lieux les plus riches en eaux sont communément les plus ombragés ; ce qui n'arriverait pas, si les arbres absorbaient les eaux : or, ceux-ci ne cherchent pas leurs aliments si bas, tandis que la source des fleuves est dans des couches intérieures, trop profondes pour que les racines des arbres y puissent atteindre. Ensuite, les arbres coupés n'en ont que plus besoin d'eau ; ils pompent l'humidité non-seulement pour vivre, mais pour prendre une nouvelle croissance. Théophraste rapporte encore qu'aux environs d'Arcadia, ville de Crète qui n'existe plus, les lacs et les sources tarirent, parce qu'on cessa de cultiver le territoire après la destruction de la ville; quand les cultivateurs revinrent, les eaux reparurent. Il donne pour cause de ce desséchement le resserrement du sol, qui s'était durci, et qui, n'étant plus remué, ne pouvait plus livrer passage aux pluies. Pourquoi donc voyons-nous des sources nombreuses aux lieux les plus déserts? Il y a beaucoup plus de terrains cultivés à cause de leurs eaux, que de terrains où l'eau n'est venue qu'avec la culture. Ce n'est pas de l'eau pluviale, celle qui roule en fleuves immenses, navigables dès leur source; ce qui le prouve, c'est que l'été comme l'hiver leur source verse la même quantité d'eau. La pluie peut former un torrent, et non pas ces fleuves qui coulent entre leurs rives d'un cours égal et soutenu; elle ne les forme pas, mais elle les grossit.

XII. Reprenons la chose de plus haut, si bon te semble, et tu verras que rien ne t'embarrassera plus si tu examines de près la véritable origine des fleuves. Un fleuve est le produit d'un volume d'eau qui s'épanche sans interruption. Or, si tu me demandes comment se forme cette eau, je te demanderai, moi, comment se forme l'air ou la terre? S'il existe quatre éléments, tu ne peux demander d'où vient l'eau, puisqu'elle est un des quatre éléments. Pourquoi s'étonner qu'une portion si considérable de la nature puisse fournir d'elle-même à des écoulements perpétuels? Tout comme l'air, qui est aussi l'un des quatre éléments, produit les vents et les orages, ainsi l'eau produit les ruisseaux et les fleuves. Si le vent est un cours d'air, le fleuve est un cours d'eau. J'attribue à l'eau assez de puissance, quand je dis : C'est un élément. Tu comprends que ce qui vient d'une pareille source ne saurait tarir.

XIII. L'eau, dit Thalès, est le plus puissant des éléments, le premier en date, celui par qui tout a pris vie. Nous pensons comme Thalès, au moins sur le dernier point. En effet, nous prétendons que le feu doit s'emparer du monde entier et convertir tout en sa propre substance, puis s'évaporer, s'affaisser, s'éteindre et ne rien laisser autre chose dans la nature que l'eau; qu'enfin l'eau recèle l'espoir du monde futur. Ainsi périra par le feu cette création dont l'eau fut le principe. Es-tu surpris que des fleuves sortent incessamment d'un élément qui a tenu lieu de tout, et duquel tout est sorti? Quand les éléments furent séparés les uns des autres, l'eau fut réduite au quart de l'univers, et placée de manière à suffire à l'écoulement des fleuves, des ruisseaux, des fontaines. Mais voici une idée absurde de ce même Thalès. Il dit que la terre est soutenue par l'eau sur laquelle elle vogue comme un navire; qu'à la mobilité d'un tel support sont dues les fluctuations qu'on appelle tremblements de terre. Ce ne sera donc pas merveille qu'il y ait assez d'eau pour entretenir les fleuves, si tout le globe est dans l'eau. Ce système grossier et suranné n'est que risible; tu ne saurais admettre que l'eau pénètre notre globe par ses interstices, et que la cale est entr'ouverte.

XIV. Les Égyptiens ont reconnu quatre éléments, et dans chacun le mâle et la femelle. L'air est mâle en tant que vent; femelle en tant que stagnant et nébuleux. L'eau de la mer est mâle; toutes les autres sont femelles. Le feu mâle c'est celui qui brûle et flamboie; la partie qui brille inoffensive est la femelle. Les portions résistantes de la terre s'appellent mâles : ce sont les rochers et les pierres; ils qualifient de terre femelle celle qui se prête à la culture.

XV. Il n'y a qu'une mer, et elle existe depuis l'origine des choses; elle a ses conduits, qui donnent lieu à ses courants et à son flux. L'eau douce a, comme la mer, d'immenses canaux souterrains qu'aucun fleuve n'épuisera. Le secret de ses ressources nous échappe; elle ne jette au dehors que son superflu. J'admets quelques-unes de ces assertions; mais voici ce que je pense en outre. Il me semble que la nature a organisé le globe comme le corps humain, qui a ses veines et ses artères pour contenir, les unes le sang, les autres l'air; de même la terre a des canaux différents pour l'air et pour l'eau qui circulent en elle. La conformité est si grande entre la masse terrestre et le corps humain, que nos ancêtres même en ont tiré l'expression de veines d'eau. Mais comme le sang n'est pas le seul fluide qui soit en nous, comme il s'y trouve bien d'autres humeurs toutes diverses, les unes essentielles à la vie, les autres viciées, d'autres plus épaisses, telles que dans le crâne, la cervelle; dans les os, la moelle; puis les mucosités, la salive, les larmes, et on ne sait quoi de lubrifiant qui aide au jeu des articulations plus prompt par ce moyen et plus souple; ainsi la terre renferme plusieurs variétés d'humeurs, dont quelques-unes en mûrissant se durcissent. De là tout ce qui est terre métallique, d'où la cupidité tire l'or et l'argent; de là tous les liquides qui se convertissent en pierre. En certains lieux, la terre détrempée avec l'eau se liquéfie et se change en bitume ou autres substances analogues. Ainsi se forment les eaux selon les lois et l'ordre naturels. Au reste, ces humeurs, comme celles de nos corps, sont sujettes à se vicier : un choc, une secousse quelconque, l'épuisement du sol, le froid, le chaud, en altéreront la nature;

ou le soufre, en s'y mêlant, les congélera plus ou moins promptement. Dans le corps humain, une fois la veine ouverte, le sang coule jusqu'à ce qu'il s'épuise, ou que l'incision soit fermée, ou qu'il reflue par quelque autre cause. De même les veines de la terre une fois déchirées et ouvertes, il en sort des ruisseaux ou des fleuves, selon la grandeur de l'orifice et les moyens d'écoulement. Tantôt un obstacle tarit la source, tantôt la déchirure se cicatrise pour ainsi dire et ferme l'issue qu'elle offrait ; d'autres fois la terre, que nous avons dite être transmuable, cesse de fournir des matières propres à se liquéfier ; d'autres fois aussi les pertes se réparent ou par des forces naturelles, ou par des secours venus d'ailleurs ; car souvent un endroit vide, placé à côté d'un endroit plein, attire à soi le liquide ; et souvent la terre, portée à changer d'état, se fond et se résout en eau. Il s'opère sous la terre le même phénomène que dans les nuées : l'air s'épaissit, et dès lors, trop pesant pour ne pas changer de nature, il devient eau. Souvent les gouttelettes éparses d'un fluide délié se rassemblent, comme la rosée, et se réunissent en un réservoir commun. Les fontainiers donnent le nom de sueur à ces gouttes que fait sortir la pression du terrain, ou que fait transpirer la chaleur. Mais ces faibles écoulements formeront tout au plus une source. Il faut des causes puissantes et de riches réserves pour engendrer un fleuve. Il sort paisible, si l'eau n'est entraînée que par son propre poids ; impétueux et déjà bruyant, si elle est chassée par l'air qui s'y trouve mêlé.

XVI. Mais d'où vient que quelques fontaines sont pleines six heures durant, et à sec pendant six autres heures ? Il serait superflu d'énumérer tous les fleuves qui grossissent dans certains mois, et dans d'autres sont fort réduits, ou de chercher les causes de chaque phénomène, quand la même peut s'appliquer à tous. De même que la fièvre quarte revient à son heure, que la goutte a ses époques fixes, les menstrues, si rien ne les arrête, leurs retours périodiques, et que l'enfant naît au mois où il est attendu ; ainsi les eaux ont leurs intervalles pour disparaître et pour se représenter. Ces intervalles sont parfois plus courts, et dès lors plus sensibles ; parfois plus longs, mais toujours réguliers. Faut-il s'en étonner, quand on voit l'ordre de l'univers et la marche invariable de la nature ? Jamais l'hiver ne se trompe d'époque ; l'été ramène ses chaleurs au temps voulu ; l'automne et le printemps les remplacent tous deux, à leur tour ; et le solstice et l'équinoxe ont leur jour certain.

Sous cette terre aussi la nature a ses lois moins connues de nous, mais non moins constantes. Il faut admettre pour l'intérieur du globe tout ce qu'on voit à la surface. Là aussi sont de vastes cavernes, des abîmes immenses et de larges vallées creusées sous des montagnes suspendues. Là sont des gouffres béants et sans fond, où souvent glissèrent et s'engloutirent des villes, où d'énormes débris sont profondément ensevelis. Ces cavités sont pleines d'air, car le vide n'existe pas, et d'étangs sur lesquels pèsent de vastes ténèbres. Il y naît aussi des animaux, mais pesants et informes, à cause de l'air épais et sombre où ils sont conçus, et de ces eaux stagnantes où ils vivent : la plupart sont aveugles, comme les taupes et les rats souterrains qui n'ont pas d'yeux, parce qu'ils leur seraient inutiles. Enfin Théophraste affirme qu'en certains pays on tire de terre des poissons[s].

XVII. Ici mille objections te seront suggérées par l'invraisemblance du fait que poliment tu te borneras à traiter de fable : comment croire qu'on aille à la pêche sans filets, sans hameçons, la pioche à la main? Il ne manque plus, dis-tu, que d'aller chasser dans la mer. Mais pourquoi les poissons ne passeraient-ils pas sur notre élément? ne passons-nous pas sur le leur? Ce ne sera qu'un échange. Le phénomène t'étonne! Et les œuvres du luxe! ne sont-elles pas bien plus incroyables, alors qu'il contrefait ou qu'il dépasse la nature? Le poisson nage sous les lits des convives : pris sous la table (a) même, de suite il passe sur la table. Le rouget (b) n'est pas assez frais, s'il ne meurt dans la main de l'invité. On le présente dans des vases de verre, on observe quelle est sa couleur dans l'agonie, par quelles nombreuses nuances le fait passer cette lutte de la vie qui s'éteint; d'autres fois on le fait mourir dans le *garum* (c), et on le confit tout vivant. Et ces gens traitent de fable l'existence des poissons souterrains, qui s'exhument et ne se pêchent pas. N'est-il pas plus inadmissible que des poissons nagent dans la sauce, qu'en l'honneur du service (d) on les tue au milieu du service même, qu'on se délecte longtemps à les les voir pâmer, qu'on rassassie ses yeux avant son palais?

---

(a) Voir *Lettre* c et *Tranquillité de l'âme*, i.
(b) C'est proprement le *Mullus* des Latins, d'après l'opinion formelle de Cuvier.
(c) Sur le *garum*, voir *Lettres* xxv, xcv et la note.
(d) Je lis avec Pincianus, malgré presque tous les Mss., *et cœnæ, causa* au lieu de *nec c....* La fin de la phrase entraîne ce changement.

XVIII. Souffre que j'oublie un instant mon sujet pour m'élever contre la sensualité du siècle. Rien de plus beau, dit-elle, qu'un rouget expirant. Dans cette lutte, où son dernier souffle s'exhale, il se colore d'un rouge vif, qui peu après vient à pâlir : quelle succession ménagée de nuances, et par quelles teintes indécises il passe de la vie à la mort (*a*) ! Dans quelle longue léthargie a sommeillé le génie des cuisines ! Qu'il s'est éveillé tard, et que tard il s'est aperçu des restrictions qui le sevraient de telles délices ! Un si grand, un si merveilleux spectacle avait fait jusque-là le plaisir de vils pêcheurs ! Qu'ai-je affaire d'un poisson tout cuit, qui ne vit plus ? Qu'il meure dans son assaisonnement. Nous admirions jadis qu'il y eût des gens assez difficiles pour ne pas toucher à un poisson qui ne fût du jour même, et, comme ils disent, qui ne sentît encore la mer. Aussi l'amenait-on en grande hâte, et les porteurs de marée, accourant hors d'haleine et avec grands cris, voyaient tout s'écarter devant eux. Où n'a-t-on pas poussé le raffinement ? Le poisson d'aujourd'hui, s'il a cessé de vivre, est déjà gâté pour eux. « C'est aujourd'hui qu'on l'a pêché. » Je ne saurais me fier à vous sur un point de cette importance. Je ne dois en croire que moi-même : qu'on l'apporte ici ; qu'il meure sous mes yeux. Le palais de nos gourmets est devenu si délicat, qu'ils ne peuvent goûter le poisson s'ils ne l'ont vu dans le repas même nager et palpiter. Tout ce que gagne de nouvelles ressources un luxe bientôt à bout d'inventions, est prodigué en combinaisons chaque jour plus subtiles, en élégances plus extravagantes, faisant fi des recettes connues. On nous disait hier : « Rien de meilleur qu'un rouget de rocher ; » on nous dit aujourd'hui : « Rien de plus charmant qu'un rouget qui rend le dernier souffle. Passez-moi le bocal ; que je l'y voie tressaillir et s'agiter. » Après un long et pompeux éloge, on le tire de ce vivier de cristal ; alors au plus fin connaisseur à en faire la démonstration : « Voyez comme il s'allume d'un pourpre éclatant, plus vif que le plus beau carmin ; voyez ces veines courir le long de ses flancs ; et le ventre ! il est tout sang, on le dirait (*b*) ; et ce reflet d'azur qui a brillé comme l'éclair ! Ah ! il devient roide, il pâlit ; toutes ses couleurs expirent en une seule. » Pas un de ces hommes n'assiste à l'agonie d'un ami ;

---

(*a*) Au lieu de *in ceteras facies.... coloris*, je lis, d'après un Mss. : *incerti facies inter vitam et mortem coloris est ! Vacatio....* et plus loin : *Quam sero experrecta....* Lemaire : *qua sero expressa....*

(*b*) Trois Mss. : *sanguinem.* Un seul : *sanguineum.*

pas un n'a la force de voir la mort d'un père, cette mort qu'il a souhaitée. Combien peu suivent jusqu'au bûcher le corps d'un parent! La dernière heure d'un frère, d'un proche est délaissée; à celle d'un rouget on accourt en foule. Est-il, en effet, une plus belle chose? Non, je ne puis retenir, en cas pareils, des expressions risquées et qui passent la vraie mesure : ils n'ont pas assez, pour l'orgie, des dents, de la bouche et du ventre : ils sont gourmands même par les yeux.

XIX. Mais pour revenir à mon texte, voici une preuve que la terre nous cache de grands amas d'eau, fertiles en poissons immondes. Que cette eau vienne à sortir de la terre, elle apporte avec elle une foule prodigieuse d'animaux repoussants à l'œil comme au goût, et funestes à qui s'en nourrit. Il est certain que dans la Carie, aux environs de la ville d'Hydisse, il jaillit tout à coup une masse d'eau souterraine, et qu'on vit mourir tous ceux qui goûtèrent des poissons amenés par ce nouveau fleuve à la face du ciel jusqu'alors inconnu pour eux. Qu'on ne s'en étonne pas : c'étaient des masses de chair alourdies et tuméfiées par un long repos; privés d'ailleurs d'exercice, et engraissés dans les ténèbres, ils avaient manqué de cette lumière d'où vient toute salubrité. Ce qui indique que des poissons peuvent naître sous terre et à cette profondeur, c'est qu'il naît des anguilles dans des trous creusés dans la vase, et que le même défaut d'exercice les rend d'autant plus lourdes à digérer, que les retraites où elles se cachent sont plus profondes. La terre renferme donc, et des veines d'eau dont la réunion peut former des fleuves, et en outre des rivières immenses, dont les unes poursuivent leur cours invisible jusqu'au golfe qui les absorbe; d'autres émergent du fond de quelque lac. Personne n'ignore qu'il existe des lacs sans fond. Que conclurai-je de là? Qu'évidemment les grands cours d'eau ont un réservoir permanent, dont les limites sont aussi peu calculables que la durée des fleuves et des fontaines.

XX. Mais d'où viennent les différentes saveurs des eaux? De quatre causes : d'abord, du sol qu'elles traversent; ensuite, de la conversion de ce même sol en eau; puis, de l'air qui aura subi pareille transformation; enfin, de l'altération produite souvent par quelque agent délétère. Voilà ce qui donne aux eaux leurs saveurs diverses, leurs vertus médicinales, leur odeur forte, leurs exhalaisons mortelles, leur légèreté ou leur pesanteur, leur chaleur ou leur froid de glace. Elles se modifient selon qu'elles passent sur un sol saturé de soufre, de nitre ou de bitume. L'eau viciée de la sorte est une boisson qui peut donner la mort. Tel est ce fleuve des Cicones dont l'eau, selon Ovide,

> Pétrifie en passant l'estomac qu'elle arrose:
> Le marbre enduit bientôt tout ce qu'on y dépose.

Elle est minérale et contient un limon de nature telle, qu'il solidifie et durcit les corps. Le sable de Pouzzole devient pierre au contact de l'eau; ainsi, par un effet contraire, l'eau de ce fleuve, en touchant un corps solide, s'y attache et s'y colle; et tout objet qu'on jette dans son lit n'en est retiré qu'à l'état de pierre; transformation qui s'opère en quelques endroits de l'Italie : une branche, une feuille plongée dans l'eau s'y change, au bout de quelques jours, en une pierre formée par le limon qui se dépose autour de ce corps, et y adhère insensiblement. La chose te paraîtra moins étrange si tu réfléchis que l'Albula et presque toutes les eaux sulfureuses enduisent d'une couche solide leurs canaux et leurs rives. Il y a une propriété analogue dans ces lacs dont l'eau, au dire du même poëte,

> De qui s'y désaltère égare la pensée,
> Ou clôt d'un lourd sommeil sa paupière affaissée.

Elle agit comme le vin, mais avec plus de force. De même que l'ivresse, tant qu'elle n'est pas dissipée, est une démence, ou une pesanteur extrême qui jette dans l'assoupissement; de même ces eaux sulfureuses, imprégnées d'un air nuisible et vénéneux, exaltent l'homme jusqu'au délire, ou l'accablent d'un sommeil de plomb. Les eaux du Lynceste ont cette maligne influence :

> Quiconque en a trop bu tout aussitôt chancelle :
> On dirait que le vin a troublé sa cervelle (a).

XXI. Il y a des cavernes sur lesquelles on ne peut pencher la tête sans mourir; l'empoisonnement est si prompt, qu'il fait tomber les oiseaux qui volent par-dessus. Tel est l'air et tel est le lieu d'où s'échappent ces eaux mortelles. Si la nature pestilentielle de l'air et du sol a moins d'énergie, leur malignité est moindre; elle se borne à attaquer les nerfs, c'est comme une ivresse qui les engourdit. Je ne m'étonne pas que le sol et l'air corrompent l'eau et lui communiquent quelque chose des

---

(a) Ces vers et les quatre autres qui précèdent sont tirés des *Métam.* d'Ovide, XV, 313, 330.

lieux d'où elle vient et de ceux qu'elle a traversés. La saveur des herbages se retrouve dans le lait; et le vin, devenu vinaigre, garde, au goût, de sa qualité; point de substance qui ne représente quelque trace de ce qui l'a produite.

XXII. Il y a une autre espèce d'eaux que nous croyons aussi anciennes que le monde : s'il a toujours été, elles furent de tout temps; s'il a eu un commencement, elles datent de la grande création. Et ces eaux, quelles sont-elles ? L'Océan et les mers méditerranées qui en sortent. Selon quelques philosophes, certains fleuves aussi, dont on ne peut expliquer la nature, sont contemporains du monde même; comme l'Ister, le Nil, immenses cours d'eau, trop exceptionnels pour qu'on puisse leur donner la même origine qu'aux autres.

XXIII. Telle est la division des eaux, établie par quelques auteurs. Après cela ils appellent célestes les eaux que les nuages épanchent du haut des airs; dans les eaux terrestres ils distinguent celles que je nommerai surnageantes et qui rampent à la surface du sol, puis celles qui se cachent sous terre, et dont nous avons rendu compte.

XXIV. D'où vient qu'il existe des eaux chaudes, quelques-unes même tellement bouillantes, qu'on ne peut en faire usage qu'après les avoir laissées s'évaporer à l'air libre, ou en les tempérant par un mélange d'eau froide? On explique ce fait de plusieurs façons. Selon Empédocle, les feux qu'en maint endroit la terre couve et recèle, échauffent l'eau qui traverse les couches au-dessous desquelles ils sont placés. On fabrique tous les jours des serpentins, des cylindres, des vases de diverses formes, dans l'intérieur desquels on ajuste de minces tuyaux de cuivre qui vont en pente et forment plusieurs contours, et ainsi l'eau, se repliant plusieurs fois au-dessus du même feu, parcourt assez d'espace pour s'échauffer au passage. Elle entre froide, elle sort brûlante. Empédocle estime que la même chose a lieu sous terre; et il n'aura pas tort dans l'opinion de ceux qui échauffent leurs bains sans y faire de feu. Dans un local déjà fort chaud on introduit un air brûlant qui, par les canaux où il passe, agit, comme ferait la présence du feu même, sur les murs et les ustensiles du bain. Ainsi, de froide qu'elle était, toute l'eau s'échauffe dans ses nombreux circuits; et l'évaporation ne lui ôte pas sa saveur propre, parce qu'elle coule enfermée.

D'autres pensent que les eaux, en sortant ou en entrant dans des lieux remplis de soufre, empruntent leur chaleur à la matière même sur laquelle elles coulent, ce qu'attestent l'odeur même et le goût de ces eaux ; elles représentent les qualités de la substance qui les a échauffées. Que la chose ne t'étonne point : l'eau qu'on jette sur de la chaux vive ne bouillonne-elle pas?

XXV. Il y a des eaux mortelles qui ne se trahissent ni au goût ni à l'odorat. Près de Nonacris, en Arcadie, une source, appelée Styx par les habitants, trompe les étrangers en ce qu'elle n'a ni aspect ni odeur suspecte ; ainsi les préparations des habiles empoisonneurs ne se révèlent que par l'homicide. Cette eau en un instant donne la mort ; et il n'y a pas de remède possible, parce qu'elle se coagule aussitôt qu'on la boit ; elle se prend, comme le plâtre mouillé, et colle les viscères. En Thessalie, auprès de Tempé, se trouve une eau dangereuse, qu'évitent les animaux et le bétail de toute espèce ; elle passe à travers le fer et l'airain : elle ronge, telle est sa force, les corps les plus durs (a) ; aucun arbre ne croît sur ses bords, et elle fait mourir le gazon. Certains fleuves ont aussi des propriétés merveilleuses : quelques-uns colorent la laine des moutons qui y boivent ; en peu de temps les toisons noires deviennent blanches, et le mouton arrivé blanc s'en retourne noir. Il y a en Béotie deux fleuves de ce genre ; l'un, vu l'effet qu'il produit est appelé *Mélas* (*noir*) ; et tous deux sortent du même lac avec une vertu opposée. On voit aussi en Macédoine, au rapport de Théophraste, un fleuve où l'on amène les brebis dont on veut que la toison prenne la couleur blanche ; quand elles ont bu quelque temps de cette eau, leur laine est changée comme si on l'eût teinte. Si c'est de la laine noire que l'on veut, on a tout prêt un teinturier gratuit : on mène le troupeau aux bords du Pénée. Je vois dans des auteurs modernes qu'un fleuve de Galatie produit ce même effet sur tous les quadrupèdes ; qu'un autre, en Cappadoce, n'agit que sur les chevaux, dont il parsème le poil de taches blanches. Il y a des lacs dont l'eau soutient ceux qui ne savent pas nager ; le fait est notoire. On voyait en Sicile, et l'on voit encore en Syrie, un lac où les briques surnagent et où les corps pesants ne peuvent s'enfoncer. La raison en est palpable : pèse un corps quelconque, et compares-en le poids avec celui de l'eau, pourvu que les volumes soient les mêmes ; si l'eau pèse davantage, elle supportera le corps plus léger qu'elle, et l'élèvera à une hauteur

(a) Fickert : *etiam dura mordendi*. Lemaire : *molliendi*.

proportionnée à la légèreté de l'objet, s'il est plus pesant, il descendra. Si l'eau et le corps comparés sont de poids égaux, il ne plongera ni ne montera ; il se nivellera avec l'eau, flottant, il est vrai, mais presque enfoncé et ne dépassant en rien la surface. Voilà pourquoi on voit flotter des poutres, les unes presque entièrement élevées sur l'eau, les autres à demi submergées, d'autres en équilibre avec le courant. En effet, quand le corps et l'eau sont d'égale pesanteur, aucun des deux ne cède à l'autre : le corps est-il plus lourd, il s'enfonce ; plus léger, il surnage. Or, sa pesanteur et sa légèreté peuvent s'apprécier, non par nos mesures, mais par le poids comparatif du liquide qui doit le porter. Lors donc que l'eau est plus pesante qu'un homme ou qu'une pierre, elle empêche invinciblement la submersion. Il arrive ainsi que, dans certains lacs, les pierres même ne peuvent aller à fond. Je parle des pierres dures et compactes; car il en est beaucoup de poreuses et de légères qui, en Lydie, forment des îles flottantes, au dire de Théophraste. J'ai vu moi-même une île de ce genre à Cutilies : il en existe une sur le lac de Vadimon, une autre sur celui de Staton. L'île de Cutilies est plantée d'arbres et produit de l'herbe, et cependant l'eau la soutient : elle est poussée çà et là, je ne dis pas par le vent seulement, mais par la moindre brise ; ni jour ni nuit elle ne demeure stationnaire, tant elle est mobile au plus léger souffle ! Cela tient à deux causes : à la pesanteur d'une eau chargée de principes minéraux, et à la nature d'un sol qui se déplace facilement, n'étant point d'une matière compacte, bien qu'il nourrisse des arbres. Peut-être cette île n'est-elle qu'un amas de troncs d'arbres légers et de feuilles semées sur le lac, qu'une humeur glutineuse aura saisis et agglomérés. Les pierres même qu'on peut y trouver sont poreuses et perméables, pareilles aux concrétions que l'eau forme en se durcissant, surtout aux bords des sources médicinales, où les immondices des eaux sont rapprochées et consolidées par l'écume. Un assemblage de cette nature, où il existe de l'air et du vide, a nécessairement peu de poids. Il est des choses dont on ne peut rendre compte : pourquoi par exemple, l'eau du Nil rend-elle les femmes fécondes au point que celles même dont une longue stérilité a fermé le sein deviennent capables de concevoir? Pourquoi certaines eaux, en Lycie, ont-elles pour effet de maintenir le germe, et sont-elles visitées par les femmes sujettes à l'avortement? Pour moi, ces idées populaires me semblent peu réfléchies. On a cru que certaines eaux donnaient la gale, la lèpre, parsemaient de taches blanches le corps de ceux qui en buvaient ou qui s'y lavaient : inconvénient qu'on attribue à l'eau de rosée. Qui ne croirait que ce sont les eaux les plus pesantes qui forment le cristal? Or, c'est tout le contraire ; il est le produit des eaux les plus légères, qui par leur légèreté même se congèlent le plus facilement. Le mode de sa formation est indiqué par le nom même que les Grecs lui donnent : le mot χρύσταλλος rappelle, en effet, et le minéral diaphane, et la glace dont on croit qu'il se forme. L'eau du ciel, ne contenant presque point de molécules terreuses, une fois durcie, se condense de plus en plus par la continuité du froid jusqu'à ce que, totalement dégagée d'air, elle se comprime tout entière sur elle-même ; alors ce qui était eau devient pierre.

XXVI. Il y a des fleuves qui grossissent en été, comme le Nil, nous expliquerons ailleurs ce phénomène. Théophraste affirme que, dans le Pont, certains fleuves ont leur crue à cette époque. On donne quatre raisons de ce fait : ou la terre alors est plus disposée à se changer en eau ; ou bien il tombe vers les sources des pluies qui, par des conduits souterrains et inaperçus, s'en vont alimenter ces fleuves ; ou bien leur embouchure est plus fréquemment battue par des vents qui refoulent leurs flots et arrêtent leur courant, lequel paraît grossir parce qu'il ne s'écoule plus. La quatrième raison est que les astres, dans certains mois, font sentir davantage aux fleuves leur action absorbante, tandis qu'à d'autres époques, étant plus éloignés, ils attirent et consument moins d'eau. Ainsi ce qui, auparavant, se perdait, produit une espèce de crue. On voit des fleuves tomber dans un gouffre où ils disparaissent aux regards ; on en voit d'autres diminuer graduellement, puis se perdre, et à quelque intervalle reparaître et reprendre leur nom et leur cours. Cela s'explique clairement ; ils trouvent sous terre des cavités, et l'eau se porte naturellement vers les lieux les plus bas et où des vides l'appellent. Reçus dans ces lits nouveaux, ils y suivent leur cours invisible ; mais, dès qu'un corps solide vient leur faire obstacle, ils le brisent sur le point qui résiste le moins à leur passage, et coulent de nouveau à l'air libre.

> Tel le Lycus, longtemps dans la terre englouti,
> Sous un ciel étranger renaît loin de sa source ;
> Tel, perdu dans un gouffre et caché dans sa course,
> L'Érasin reparaît dans les plaines d'Argos (a).

(a) Ovide, *Métam.*, XV, 277. Desaintange.

Il en est de même du Tigre en Orient ; la terre l'absorbe, et il se fait chercher longtemps ; ce n'est qu'à une distance considérable (et on ne doute pas que ce ne soit le même fleuve), qu'on le voit sortir de l'abîme. Certaines sources rejettent, à des époques fixes, les immondices qu'elles contenaient ; ainsi fait l'Aréthuse en Sicile, tous les cinq ans, au temps des jeux olympiques. De là l'opinion que l'Alphée pénètre sous la mer de l'Achaïe jusqu'en Sicile, et ne sort de terre que sur le rivage de Syracuse ; et que, pour cette raison, durant les jours olympiques, il y apporte les excréments des victimes qu'on a jetés dans son courant. Ce cours de l'Alphée, mon cher Lucilius, tu l'as mentionné dans ton poëme, toi comme Virgile, quand il s'adresse à Aréthuse :

> Qu'ainsi jamais Doris aux bords siciliens
> N'ose à tes flots mêler l'amertume des siens (a).

Dans la Chersonèse de Rhodes se trouve une fontaine qui, après qu'on l'a vue longtemps pure, se trouble et élève du fond à la surface quantité d'immondices, dont elle ne cesse de se dégager tant qu'elle n'est pas redevenue tout à fait claire et limpide. D'autres fontaines se débarrassent, par le même moyen, non-seulement de la vase, mais des feuilles, des tessons et de toute matière putréfiée qui y séjournait. La mer fait partout de même ; car il est dans sa nature de rejeter sur ses rivages toute sécrétion et toute impureté ; néanmoins, sur certaines plages ce travail est périodique. Aux environs de Messine et de Myles, elle vomit, en bouillonnant, et comme dans des accès de fièvre, une sorte de fumier d'une odeur infecte ; de là la fable a fait de cette île les étables des bœufs du Soleil. Il est en ce genre des faits difficiles à expliquer, surtout lorsque les périodes sont mal observées et incertaines. On ne saurait donc en donner une raison directe et spéciale ; mais, en général, on peut dire que toute eau stagnante et captive se purge naturellement. Car, pour les eaux courantes, les impuretés n'y peuvent séjourner ; le mouvement seul entraîne et chasse tout au loin. Celles qui ne se débarrassent point de cette manière ont un flux plus ou moins considérable. La mer élève du fond de ses abîmes des cadavres, des végétaux, des objets semblables à des débris de naufrage ; et ces purga-

---

(a) Virgile, *Églog.*, X, 4

tions s'opèrent non-seulement quand la tempête bouleverse les flots, mais par le calme le plus profond.

XXVII. Ici je me sens invité à rechercher comment, quand viendra le jour fatal du déluge, la plus grande partie de la terre sera submergée. L'Océan avec toute sa masse et la mer extérieure se soulèveront-ils contre nous? Tombera-t-il des torrents de pluies sans fin ; ou, sans laisser place à l'été, sera-ce un hiver opiniâtre qui brisera les cataractes du ciel, et en précipitera une énorme quantité d'eaux ; ou les fleuves jailliront-ils plus vastes du sein de la terre, qui ouvrira des réservoirs inconnus; ou plutôt, au lieu d'une seule cause à un si terrible événement, tout n'y concourra-t-il pas, et la chute des pluies, et la crue des fleuves, et les mers chassées de leurs lits pour nous envahir? Tous les fléaux ne marcheront-ils pas d'ensemble à l'anéantissement de la race humaine? Oui, certes ; rien n'est difficile à la nature, quand surtout elle a hâte de se détruire elle-même. S'agit-il de créer, elle est avare de ses secours, et ne les dispense que pour d'insensibles progrès ; c'est brusquement, de toute sa force, qu'elle vient briser son œuvre. Que de temps ne faut-il pas pour que le fœtus, une fois conçu, se maintienne jusqu'à l'enfantement! Que de peines pour élever cet âge si tendre! que de soins pour le nourrir, pour conduire ses frêles organes jusqu'à l'adolescence! Et comme un rien défait tout l'ouvrage! Il faut tant d'années pour bâtir une ville, qu'une heure va ruiner! un moment réduit en cendres une forêt d'un siècle (*a*). Un puissant mécanisme soutient et anime tout ; et, d'un seul coup, soudain tout vole en pièces. Que la nature vienne à fausser le moindre de ses ressorts, c'est assez pour que l'humanité périsse. Lors donc qu'arrivera l'inévitable catastrophe, la destinée fera surgir mille causes à la fois : une telle révolution n'aurait pas lieu sans une secousse universelle, comme pensent certains philosophes, et Fabianus est du nombre. D'abord tombent des pluies excessives ; plus de soleil aux cieux, qu'assombrissent les nuages et un brouillard permanent, sorti d'humides et épaisses ténèbres qu'aucun vent ne vient éclaircir. Dès lors le grain se corrompt dans la terre, et de maigres chaumes grandissent sans épis. Tout ce que sème l'homme se dénature, l'herbe des marais croît sur toute la campagne ; bientôt le mal atteint des végétaux plus puissants. Détaché de ses racines, l'arbre entraîne la vigne dans sa chute; nul arbris-

---

(*a*) Voy. *Lettre* xCI.

seau ne tient plus à un sol fluide et sans consistance; les gazons, les pâturages, amis des eaux, sont balayés par elles. La famine sévit : la main se porte sur les aliments de nos premiers pères; on secoue l'yeuse, le chêne et les arbres dont les racines implantées dans la masse pierreuse des montagnes ont pu résister. Les maisons chancellent rongées par l'eau qui pénètre jusqu'en leurs fondements affaissés, et qui fait de la terre un bourbier; en vain veut-on étayer les édifices qui s'écroulent, les appuis glissent partout où ils portent, et sur ce sol boueux rien n'est ferme. Cependant les nuages s'entassent sur les nuages; les neiges amoncelées par les siècles se fondent en torrents, se précipitent du haut des montagnes, arrachent les forêts déjà ébranlées, et roulent des quartiers de rochers qui n'ont plus de lien. Le fléau emporte pêle-mêle métairies, bergers et troupeaux (a); et de l'humble cabane qu'il enlève en passant, il court au hasard attaquer des masses plus solides. Il entraîne les villes et les habitants prisonniers dans leurs murs, incertains s'ils doivent plus redouter ou la mort sous des ruines, ou la mort sous les ondes; tant l'une et l'autre calamité fondent sur eux de concert! Bientôt l'inondation, accrue des torrents voisins qu'elle absorbe, va çà et là ravager les plaines, tant qu'enfin, chargée des immenses débris des nations, elle triomphe et domine au loin [6]. A leur tour les fleuves que la nature a faits les plus vastes, poussés par les tempêtes, ont franchi leurs rives. Qu'on se figure le Rhône, le Rhin, le Danube, qui, sans quitter leur lit, sont déjà des torrents, qu'on se les figure débordés, et déchirant le sol pour se créer de nouveaux rivages en dehors de leurs cours. Quel impétueux développement, quand le Rhin, se jetant sur les campagnes, plus large et non moins rapide, roule à pleins bords et comme à l'étroit sur des plaines sans bornes; quand le Danube, au lieu d'effleurer le pied ou le flanc des montagnes, vient battre leur cime, charriant des quartiers énormes de monts, des rocs qu'il disperse, de vastes promontoires arrachés de leur base chancelante et enlevés au continent; lorsqu'enfin, ne trouvant plus d'issue, car il se les est toutes fermées, il se replie en cercle sur lui-même et enveloppe d'un seul tourbillon une immense étendue de terres et de cités!

Cependant les pluies continuent, le ciel se charge de plus en plus, et ainsi le mal dure et enfante le mal. Le brouillard

---

(a) Deux Mss. : *intermixtos dominis greges*. Un seul : *ovium greges*.

devient nuit, nuit d'horreur et d'effroi, coupée par intervalles d'une clarté sinistre ; car la foudre ne cesse de luire ; les tempêtes bouleversent la mer qui, pour la première fois, grossie par les fleuves qui s'y jettent, et trop resserrée dans son lit, va reculant ses bords. Elle n'est plus contenue par ses limites, mais par les torrents qui lui font obstacle et refoulent ses vagues en arrière ; puis eux-mêmes, en grande partie, refluent comme arrêtés à une embouchure trop restreinte et donnent aux champs l'aspect d'un lac immense. Tout ce que la vue peut embrasser est occupé par les eaux. Toute colline est cachée sous l'onde, dont la profondeur est partout immense ; les cimes seulement des plus hautes montagnes sont encore guéables. Là, sur ces sommités du globe, se sont réfugiés les hommes avec leurs enfants, leurs femmes, leurs troupeaux qu'ils chassent devant eux. Plus de communications pour ces malheureux, plus de passage d'un point à l'autre ; l'eau a tout comblé sous leurs pieds. Ainsi se cramponne à toutes les éminences ce qui reste du genre humain ; heureux encore, dans cette extrémité, d'être passé de l'épouvante à une stupeur morne ; la surprise n'a pas laissé place à l'effroi ; la douleur même n'est plus possible ; car elle perd sa force dès qu'on souffre au delà de ce qu'on peut sentir. On voit donc s'élever, comme des îles, des pointes de montagnes, de nouvelles Cyclades, comme l'a si bien dit le plus ingénieux des poëtes, qui ajoute, avec une magnificence digne du tableau :

*Tout était mer ; la mer n'avait plus de rivages (a).*

Mais le noble entraînement de son génie et du sujet devait-il se rabattre à ces puériles niaiseries :

> Au milieu des brebis on voit nager les loups
> Et les fauves lions que le déluge emporte ?

C'est être peu sobre d'esprit que d'oser en faire sur ce globe dévoré par les eaux. Il était grand le poëte, et cette immense scène de bouleversement, il l'embrassait bien dans ces vers :

> Les fleuves ont couvert les plaines désolées,
> Ont roulé sur les tours dans l'abîme écroulées.

Tout cela était beau, s'il ne se fût pas occupé de ce que faisaient les brebis et les loups. Nage-t-on dans un déluge qui

(a) Ovide, *Métam.*, I, vers 292 et suiv.

emporte tout à la fois? Et la même impétuosité qui entraîne les animaux ne les engloutit-elle pas? Vous avez conçu, comme vous le deviez, l'image imposante de la terre s'abîmant toute sous l'eau, du ciel même qui fond sur la terre : soutenez ce ton : vous saurez ce qu'il convient de dire si vous songez que c'est tout un monde qui se noie⁷. — Revenons maintenant à notre sujet.

XXVIII. Quelques auteurs pensent que des pluies excessives peuvent dévaster le globe, non le submerger ; qu'il faut de grands coups contre une si grande masse ; que la pluie peut gâter les moissons, la grêle abattre les fruits, et les ruisseaux grossir les fleuves, mais qu'ils rentrent bientôt dans leurs lits. La mer se déplacera, assurent quelques autres : telle est la cause qui amènera ce grand cataclysme ; ni torrents, ni pluies, ni fleuves déchaînés ne peuvent produire l'universel naufrage. Quand l'heure fatale est tout proche, quand le renouvellement du genre humain est résolu, les eaux du ciel tombent sans interruption et ces pluies-là sont des torrents, je l'accorde ; plus d'aquilon ni de vent qui dessèche ; les autans multiplient les nuages, et les pluies, et les fleuves.

.... Le mal, hélas ! incessamment s'augmente :
Ces moissons, des mortels et l'espoir et l'amour,
Les travaux d'une année, ont péri sans retour (a).

Il s'agit non plus de nuire à la terre, mais de l'engloutir. Tout cela n'est que préludes, après lesquels enfin les mers s'élèvent à une hauteur inusitée et portent leurs flots au-dessus du niveau extrême des plus grandes tempêtes. Puis les vents les chassent devant eux, et roulent d'immenses nappes d'eau qui vont se briser loin de la vue des anciens rivages. Lorsque la mer a reculé ses bords et s'est fixée sur un sol étranger, présentant la dévastation de plus près, un courant violent s'élance du fond de l'abîme. L'eau est en effet aussi abondante que l'air et que l'éther, et plus abondante encore dans les profondeurs où l'œil ne pénètre pas. Une fois mise en mouvement, non par le flux, mais par le destin, dont le flux n'est que l'instrument, elle se gonfle, elle se développe de plus en plus, et pousse toujours devant elle. Enfin, dans ses bonds prodigieux, elle dépasse ce que l'homme regardait comme d'inac-

(a) Le premier vers est d'un auteur inconnu. Les deux autres sont d'Ovide, Métam., I, 272.

cessibles abris. Et c'est pour l'eau chose facile ; sa hauteur serait celle du globe, si l'on tenait compte des points où elle est le plus élevée. Le niveau des mers s'égalise, comme aussi le niveau général des terres. Partout les lieux creux et plans sont les plus bas. Or, c'est cela même qui régularise la rondeur du globe, dont font partie les mers elles-mêmes, et elles contribuent pour leur part à l'égale inclinaison de la sphère. Mais, comme dans la campagne les pentes graduées échappent à la vue, de même les courbures de la mer sont inaperçues, et toute la surface visible paraît plane, quoique étant de niveau avec le continent. Aussi, pour déborder, n'a-t-elle pas besoin d'un énorme exhaussement ; il lui suffit, pour couvrir un niveau que le sien égale, de s'élever quelque peu ; et ce n'est pas aux bords, mais au large où le liquide est amoncelé, que le flux commence. Ainsi, tout comme la marée équinoxiale, dans le temps de la conjonction du soleil et de la lune, est plus forte que toutes les autres, de même celle-ci, envoyée pour envahir la terre, l'emporte sur les plus grandes marées ordinaires, entraîne plus d'eaux avec elle ; et ce n'est qu'après avoir dépassé la cime des monts qu'elle doit couvrir, qu'enfin elle rétrograde. Sur certains points, la marée s'avance jusqu'à cent milles, sans dommage et d'un cours régulier ; car alors c'est avec mesure qu'elle croît et décroît tour à tour. Au jour du déluge, ni lois ni frein n'arrêtent ses élans. Quelles raisons à cela? diras-tu. Les mêmes qu'à la future conflagration du monde. Le déluge d'eau ou de feu arrive lorsqu'il plaît à Dieu de créer un monde meilleur et d'en finir avec l'ancien. L'eau et le feu soumettent la terre à leurs lois ; ils sont agents de vie et instruments de mort. Lors donc que le renouvellement de toutes choses aura été résolu, ou la mer, ou des flammes dévorantes seront déchaînées sur nos têtes, selon le mode de destruction qui sera choisi.

XXIX. D'autres y joignent les commotions du globe qui déchirent le sol et découvrent des sources nouvelles d'où jaillissent des fleuves, tels qu'en doivent vomir des réservoirs jusqu'alors intacts. Bérose, traducteur de Bélus, attribue ces révolutions aux astres, et d'une manière si affirmative, qu'il fixe l'époque de la conflagration et du déluge. « Le globe, dit-il, prendra feu quand tous les astres, qui ont maintenant des cours si divers, se réuniront sous le Cancer, et se placeront de telle sorte les uns sous les autres, qu'une ligne droite pourrait traverser tous leurs centres. Le déluge aura lieu quand toutes ces constellations seront rassemblées de même sous le Capricorne.

Le premier de ces signes régit le solstice d'hiver; l'autre, le solstice d'été. Leur influence à tous deux est grande, puisqu'ils déterminent les deux principaux changements de l'année. » J'admets aussi cette double cause; car il en est plus d'une à un tel événement ; mais je crois devoir y ajouter celle que les stoïciens font intervenir dans la conflagration du monde. Que l'univers soit une âme, ou un corps gouverné par la nature, comme les arbres et les plantes, tout ce qu'il doit opérer ou subir, de son premier à son dernier jour, entre dans sa constitution, comme en un germe est enfermé tout le futur développement de l'homme³. Le principe de la barbe et des cheveux blancs se trouve chez l'enfant qui n'est pas né encore; il y a là en petit l'invisible ébauche de l'homme complet et de ses âges successifs. Ainsi le monde naissant portait en soi, outre le soleil, et la lune, et les révolutions des astres, et la reproduction des animaux, le principe de tous les changements terrestres et aussi de ce déluge qui, de même que l'hiver et l'été, est appelé par la loi de l'univers. Il aura donc lieu non par les pluies seulement, mais aussi par les pluies ; non par l'irruption de la mer, mais entre autres causes par cette irruption ; non par une commotion du globe, mais par cette commotion aussi. Tout viendra en aide à la nature, pour que les décrets de cette nature s'accomplissent. Mais la plus puissante cause de submersion sera fournie par la terre contre elle-même ; la terre, avons-nous dit, est transmuable et se résout en eau. Lors donc qu'aura lui le jour suprême de l'humanité, que les parties de ce grand tout devront se dissoudre ou s'anéantir complétement pour renaître complètes, neuves, purifiées de telle sorte qu'il ne reste plus aucune influence corruptrice, il se formera plus d'eau qu'on n'en aura vu jusqu'alors. Aujourd'hui les éléments sont répartis dans leur légitime proportion. Il faut que l'un d'eux se trouve en excès, pour que l'équilibre du monde soit troublé. C'est l'eau qui sera en excès; maintenant elle ne peut qu'envelopper la terre, non la submerger. Tout accroissement devra donc la pousser à un envahissement. La terre donnera donc juste à l'élément liquide (a) de quoi la faire elle-même céder à plus fort qu'elle. Elle commencera par s'amollir, puis se détrempera, se délayera et ne cessera de couler sous forme liquide. Alors bondiront, sous

---

(a) **Texte altéré.** Gronovius : *Undare ergo terra debet.* Je lirais : *Unda ergo et terra non minus dabit.* Lemaire : *debet.*

les montagnes ébranlées de leur choc, des fleuves qui fuiront ensuite sourdement par des fissures. Tout sol ne rendra que de l'eau ; du sommet des montagnes jailliront des sources ; et de même que la corruption s'étend à des chairs saines, et que les parties voisines d'un ulcère finissent par s'ulcérer, de proche en proche les terres en dissolution feront tout dissoudre autour d'elles ; l'eau sortira par filets, par courants ; et, des rochers entr'ouverts de toutes parts, des torrents courront dans les mers et, de toutes, n'en feront qu'une seule. Il n'y aura plus d'Adriatique, de détroit de Sicile, de Charybde, de Scylla ; la nouvelle mer noiera toute cette mythologie ; et l'Océan, aujourd'hui limite et ceinture du monde, en occupera le centre. Que dirai-je enfin? L'hiver envahira les mois consacrés aux autres saisons ; l'été se verra exclu, et les astres qui dessèchent la terre perdront leur active chaleur. Elles périront toutes, ces dénominations de mer Caspienne et de mer Rouge, de golfe d'Ambracie et de Crète, de Pont et de Propontide : toute distinction périra. Alors sera confondu ce plan de la nature qui faisait du globe diverses parties. Ni remparts ni tours ne protégeront plus personne ; les temples ne sauveront pas leurs suppliants ; les hautes citadelles seront impuissantes ; l'onde, qui devancera les fuyards, les balayera de leurs créneaux. Elle fondra par masses de l'occident ; elle fondra de l'orient ; un seul jour ensevelira le genre humain. Tout ce que la Fortune a mis tant de temps et de complaisance à édifier, tout ce qu'elle a fait de supérieur au reste du monde, tout ce qu'il y a de plus fameux et de plus beau, grandes nations, grands royaumes, elle abîmera tout.

XXX. Rien, je le répète, n'est difficile à la nature, quand surtout ce sont choses primitivement décrétées par elle, et que ce n'est pas brusquement qu'elle s'y porte, mais après maint avertissement. Dès le premier jour du monde, quand, pour former l'ordre actuel, tout se dégageait de l'informe chaos, l'époque de la submersion du globe fut fixée ; et afin que la tâche ne fût pas trop difficile pour les mers, si elle était toute nouvelle, elles y préludent depuis longtemps. Ne vois-tu pas comme le flot heurte le rivage et semble prêt à le franchir ? Ne vois-tu pas la marée passer au delà de ses limites, et mener l'Océan à la conquête du monde ? Ne vois-tu pas cette guerre incessante des eaux contre leurs barrières ? Mais pourquoi tant redouter ces irruptions bruyantes, et cette mer, et ces débordements de fleuves si impétueux ? Où la nature n'a-t-elle point placé de l'eau pour nous assaillir de toutes parts quand elle voudra? N'est-il pas vrai qu'en fouillant la terre, c'est de l'eau qu'on rencontre? Toutes les fois que la cupidité, ou toute autre cause, pousse l'homme à s'enterrer dans les profondeurs du sol, les travaux cessent par la présence de l'eau. Ajoute qu'il est dans l'intérieur du globe des lacs immenses, et plus d'une mer enfouie, et plus d'un fleuve qui roule sous nos pieds. Sur tous les points donc abonderont les éléments du déluge, puisque des eaux coulent et au-dessous et tout à l'entour de la terre : longtemps contenues, elles triompheront et réuniront les fleuves aux fleuves, les lacs aux lacs. La mer souterraine emplira les bassins des sources, dont elle fera d'immenses gouffres béants. De même que notre corps peut s'épuiser par un flux continuel, et nos forces se perdre par une transpiration excessive, la terre se liquéfiera, et, quand nulle autre cause n'y contribuerait, elle trouvera en elle-même de quoi se submerger. Je conçois ainsi le concours de toutes les grandes masses d'eaux, et la destruction ne sera pas longue à s'accomplir. L'harmonie du monde sera troublée et détruite, dès qu'une fois la nature se relâchera de sa surveillance tutélaire : soudain, de la surface et de l'intérieur de la terre, d'en haut et d'en bas l'irruption aura lieu. Rien de si violent, de si immodéré dans sa fougue, de si rebelle et terrible à ce qui lui résiste, qu'un immense volume d'eau. Usant de toute sa liberté, et puisque ainsi le voudra la nature, l'eau couvrira ce qu'elle sépare et environne maintenant. Comme le feu qui éclate sur plusieurs points se confond vite en un vaste incendie, tant les flammes ont hâte de se réunir ; ainsi, en un moment, les mers débordées ne feront qu'une masse de leurs ondes. Mais la licence des eaux ne sera pas éternelle. Après avoir consommé l'anéantissement du genre humain et des bêtes farouches dont l'homme aura pris les mœurs, la terre réabsorbera ses eaux ; la nature forcera les mers de rester immobiles, ou de rugir dans leurs limites ; chassé de nos domaines, l'Océan sera refoulé dans ses profondeurs et l'ancien ordre rétabli. Il y aura une seconde création de tous les animaux ; la terre reverra l'homme, ignorant le crime et né sous de meilleurs auspices. Mais cette innocence non plus ne doit durer que tant que les âmes sont neuves. La perversité gagne bientôt ; la vertu est difficile à trouver ; il faut un maître, un guide, pour aller à elle ; le vice s'apprend même sans précepteur.

# LIVRE IV.

Éloge de Lucilius. Dangers de la flatterie. Origine et description du Nil. Phénomènes de la grêle, de la neige, de la glace, de la pluie. La glace, comme consommation de luxe.

### PRÉFACE.

Tu aimes donc, comme tu me l'écris, sage Lucilius, et la Sicile, et le loisir que te laisse ton emploi de gouverneur. Tu les aimeras toujours, si tu veux te tenir dans les limites de cette charge, et ne pas changer en souveraineté ce qui n'est qu'une délégation. Ainsi feras-tu, je n'en doute pas. Je sais combien tu es étranger à l'ambition et ami de la retraite et des lettres. Que ceux-là regrettent le tourbillon des affaires et du monde, qui ne peuvent se souffrir eux-mêmes. Toi, au contraire, tu es si bien avec toi! Je ne m'étonne pas que peu d'hommes aient ce bonheur : nous sommes nos propres tyrans, nos persécuteurs; malheureux tantôt de nous trop aimer, tantôt du dégoût de notre être; tour à tour l'esprit enflé d'un déplorable orgueil ou tendu par la cupidité; amollis par les plaisirs ou consumés d'inquiétudes, et, pour comble de misère, jamais seuls avec nous. Nécessairement, où tant de vices cohabitent, il y a lutte perpétuelle. Fais donc, cher Lucilius, ce que tu as coutume de faire. Sépare-toi, tant que tu pourras, de la foule, et ne prête pas le flanc aux adulateurs; ils sont adroits à circonvenir les grands; tu auras le dessous avec eux, si bien en garde que tu sois. Crois-moi, te laisser flatter, c'est te livrer à la trahison [1]. Tel est l'attrait naturel de la flatterie : même lorsqu'on la rejette, elle plaît; longtemps exclue, elle finit par se faire admettre; car elle nous compte, comme un mérite de plus, de ne vouloir pas d'elle; et les affronts même ne peuvent la décourager. On ne croirait pas ce que je vais dire, et pourtant cela est vrai : chacun de nous est surtout vulnérable à l'endroit qu'on attaque en lui; peut-être, en effet ne l'attaque-t-on que parce qu'il est vulnérable. Arme-toi donc bien (a), mais songe que tu ne saurais être à l'é-

(a) *Sic ergo formare*.... tous les manuscrits. Je crois qu'il faut lire : *forma te*, peut-être *arma te*.

preuve des blessures. Aurais-tu tout prévu, tu seras frappé au défaut de tes armes. L'un emploiera l'adulation avec déguisement et sobriété; l'autre ouvertement, en face, affectant la brusquerie, comme si c'était franchise de sa part et non pas artifice. Plancus, le grand maître en ce genre avant Vitellius, disait qu'il ne faut ni mystère ni dissimulation dans la flatterie. « Elle perd ses avances, disait-il, si elle ne se trahit : heureux le flatteur qu'on prend sur le fait! plus heureux celui qu'on réprimande, qu'on a fait rougir! » Un personnage tel que toi doit s'attendre à bien des Plancus; et le remède à un si grand mal n'est pas de refuser la louange. Crispus Passiénus, l'homme le plus subtil en toutes choses que j'aie connu, notamment dans l'appréciation et la cure des vices, disait souvent : « Nous mettons la porte entre nous et la flatterie, nous ne la fermons pas. Nous agissons avec elle comme avec une maîtresse. On aime que celle-ci pousse la porte, on est ravi qu'elle l'ait forcée. » Démétrius, philosophe du premier ordre, disait, il m'en souvient, à un fils d'affranchi puissant : « J'aurais, pour m'enrichir, une méthode aisée, le jour où je me repentirais d'être homme de bien. Je ne te cacherai pas ma recette : j'enseignerais à ceux qui ont besoin d'amasser comment, sans s'exposer aux risques de la mer, ni aux difficultés d'achat et de vente, sans tenter les profits peu sûrs de l'agriculture, ni ceux moins sûrs encore du barreau, ils trouveront moyen de faire fortune facilement, gaiement même, et de charmer les hommes en les dépouillant. Toi, par exemple, je jurerais que tu es plus grand que Fidus Annæus et qu'Apollonius le lutteur, quoique ta taille soit aussi ramassée que celle d'un Thrace aux prises avec un Thrace (a). Je dirais qu'on n'est pas plus libéral que toi, et je ne mentirais point; on peut se figurer que tu donnes aux gens tout ce que tu ne leur prends pas. »

Oui, mon cher Junior, plus la flatterie est à découvert, plus elle est hardie, plus elle s'est endurci le front et a fait rougir celui des autres, plus son triomphe est prompt. Car on en est venu à ce point d'extravagance que qui nous loue modérément nous semble envieux. Je t'ai dit souvent que Gallion mon frère, qu'on aime encore trop peu quand on l'aime autant qu'on peut aimer, était étranger aux autres vices et avait, de plus, la

(a) Les gladiateurs thraces, en luttant, se ramassaient tout entiers sous leurs boucliers.

flatterie en horreur; tu l'as tâté sur tous les points. D'abord tu t'es émerveillé qu'ayant le plus grand, le plus beau génie du monde, il aimât mieux (a) le retenir comme dans un sanctuaire, que de le livrer aux profanes : ce début l'a fait fuir. Tu as voulu louer cette modération qui met entre les richesses et lui une distance telle, qu'il ne semble ni les avoir ni les condamner : dès l'abord il t'a coupé la parole. Tu admirais cette affabilité et cette simplicité charmantes, qui ravissent ceux même auxquels il ne prend pas garde, et obligent, sans vouloir de retour, jusqu'à ceux qu'il ne voit qu'en passant; car jamais mortel n'a su plaire à un seul autant qu'il plaît à tous, et cela avec un naturel si heureux et si entraînant, que rien chez lui ne sent l'art ni l'affectation. Chacun se laisse attribuer volontiers un mérite publiquement reconnu; eh bien ! ici encore il résista à tes cajoleries, et tu t'écrias : « J'ai trouvé un homme invincible à des séductions auxquelles tout homme ouvre son cœur! » Sa prudence, sa persévérance à éviter un mal inévitable étaient, de ton aveu, d'autant plus belles, que tu comptais le trouver accessible à des éloges qui, bien que faits pour chatouiller l'oreille, n'étaient que des vérités. Mais il n'y vit qu'une raison de plus pour les repousser : car c'est toujours à l'aide du vrai que le mensonge attaque la vérité. Toutefois, ne sois pas mécontent de toi, comme un acteur qui aurait mal joué son rôle, et comme si Gallion s'était douté de la comédie et du piège; il ne t'a pas découvert, il t'a repoussé. C'est pour toi un exemple à suivre. Quand quelque flatteur s'approchera de toi, dis-lui : « Mon ami, ces compliments, qui passent d'un magistrat à l'autre avec les licteurs, portez-les à quelqu'un qui, prêt à vous payer de la même monnaie, veuille vous écouter jusqu'au bout. Moi, je ne veux pas duper, et je ne saurais être dupe; vos éloges me tenteraient, si vous n'en donniez aussi aux méchants. » Mais qu'est-il besoin de descendre si bas que les flatteurs puissent se mesurer de près avec toi? Tiens-les à longue distance. Quand tu souhaiteras de francs éloges, pourquoi les devrais-tu à autrui? Loue-toi toi-même; dis : « Je me suis voué aux études libérales, quoique la pauvreté me conseillât d'autres partis, et appelât mon génie à des travaux dont le salaire est immédiat. Un art tout désintéressé, la poésie, m'a séduit, et les salutaires méditations de la philosophie m'ont attiré. J'ai fait voir que tout cœur d'homme est

(a) Je lis avec un Ms. : *mallet* au lieu de *malles*.

capable de vertu ; j'ai su m'affranchir des entraves de ma naissance, et me mesurant non sur ma fortune, mais sur la hauteur de mon âme, j'ai marché l'égal des plus grands. Caligula n'a pu me faire trahir mon affection pour Gétulicus (a) ; Messala et Narcisse, longtemps ennemis de Rome avant de l'être l'un de l'autre, n'ont pu triompher de mon dévouement à d'autres personnages qu'il était funeste d'aimer. J'ai offert ma tête pour garder ma foi. Pas une parole qui ne sortît d'une conscience pure ne m'a été arrachée. J'ai tout craint pour mes amis, je n'ai craint pour moi que de les avoir trop peu aimés. D'indignes pleurs n'ont point coulé de mes yeux ; je n'ai embrassé en suppliant les mains de personne. Je n'ai rien fait de messéant à un homme de bien, à un homme de cœur. Plus grand que mes périls, prêt à marcher au-devant de ceux qui me menaçaient, j'ai su gré à la Fortune d'avoir voulu éprouver quel prix j'attachais à ma parole. Il ne devait pas m'en coûter peu pour une si grande chose. La balance ne me tint pas longtemps incertain, car les deux poids n'étaient pas égaux : valait-il mieux sacrifier ma vie à l'honneur, ou l'honneur à ma vie ? Je ne me jetai pas d'un élan aveugle dans la résolution extrême qui m'eût arraché à la fureur des puissants du jour. Je voyais autour de Caligula des tortures, des brasiers ardents. Dès longtemps, je le savais, sous lui le monde était tombé dans une situation telle, que la mort simple passait pour un effet de sa clémence. Cependant je ne me suis point courbé sur la pointe d'un glaive, ni élancé, bouche béante, dans la mer : on aurait pu croire que pour mes amis je ne savais que mourir. » Ajoute que jamais les présents n'ont pu corrompre ton âme, et que, dans cette lutte si générale de cupidité, jamais tes mains ne se sont tendues vers le lucre. Ajoute ta frugalité, la modestie de tes paroles, tes égards pour tes inférieurs, ton respect pour tes supérieurs. Et puis, demande-toi si le rappel de tous ces mérites est vrai ou faux : s'il est vrai, tu auras été loué devant un précieux témoin ; s'il est faux, l'ironie n'aura été entendue de personne. Moi-même, maintenant, on pourrait croire que je veux te capter ou t'éprouver. Penses-en ce qu'il te plaira, et commence par moi à craindre tout le monde. Médite ce mot de Virgile :

Plus de foi nulle part... (b)

(a) Je lis comme Fickert : *Non mihi in amicitia Getulici Caius fidem*... Lemaire : *Non mihi amicitia G...., Caii fidem eripuit.*
(b) *Énéide*, IV, 273.

Ou ces vers d'Ovide :

> Partout règne Érinnys; et, sous son char foulés,
> Tous semblent par serment pour le crime enrôlés (a).

Ou ce trait de Ménandre (car est-il un beau génie qui, sur ce point, ne se soit ému, pour maudire ce fatal concert du genre humain qui se porte au mal?) : « Nous sommes méchants, tous tant que nous sommes, » s'écrie le poëte qui jette sa pensée sur la scène avec une rudesse campagnarde. Il n'est ni vieillard qu'il excepte, ni enfant, ni femme, ni homme; il dit plus : ce n'est pas individuellement, ou en petit nombre, c'est en masse qu'on ourdit le crime. Il faut donc fuir, se recueillir en soi, ou plutôt encore se sauver de soi. Je veux tenter, bien que la mer nous sépare, de te rendre un service; tu es peu sûr de ta route ; que je te prenne la main pour te guider vers un meilleur but; et tu ne sentiras point ton isolement, je causerai d'ici avec toi. Nous serons réunis par la meilleure partie de notre être : nous nous donnerons mutuellement des conseils que le visage de l'auditeur ne modifiera point (b). Je te mènerai loin de ta Sicile, pour t'empêcher d'ajouter grande foi aux histoires et de venir à te complaire en toi-même chaque fois que tu te dirais : « Je la tiens sous mon autorité, cette province qui soutint le choc et brisa les armées des deux plus grandes cités du monde, alors qu'entre Rome et Carthage elle demeurait le prix d'une lutte gigantesque; alors qu'elle vit les forces de quatre généraux romains, c'est-à-dire de tout l'empire, réunies sur un seul champ de bataille; alors qu'elle ajouta encore à la haute fortune de Pompée, qu'elle fatigua celle de César, fit passer ailleurs celle de Lépide, leur servit à tous de théâtre, et fut témoin de ce prodigieux spectacle, où les mortels ont pu reconnaître avec quelle rapidité on glisse du faîte au plus bas degré, et par quelle variété de moyens la Fortune détruit les grands pouvoirs. Car la Sicile a vu, dans le même temps, Pompée et Lépide précipités, par une catastrophe différente, de la plus grande élévation dans l'abîme, Pompée fuyant l'armée d'un rival, Lépide sa propre armée. »

I. Pour t'enlever tout à fait à ces souvenirs, et bien que la

---

(a) *Métam.*, I, 241.
(b) Trois Mss. : *non ex vultu audientis pendentia....* Lemaire : *et ex vultu.... pendentem....*

Sicile possède en elle et autour d'elle nombre de merveilles, je passerai sous silence tout ce qui est relatif à cette province, et reporterai tes réflexions sur un autre point. Je vais m'occuper avec toi d'une question que je n'ai point voulu traiter au livre précédent, savoir, pourquoi le Nil croît si fortement en été. Des philosophes ont écrit que le Danube est de même nature que ce fleuve, parce que leur source à tous deux est inconnue, et qu'ils sont plus forts l'été que l'hiver. Chacun de ces points a été reconnu faux : on a découvert que la source du Danube est en Germanie; et s'il commence à croître en été, c'est quand le Nil reste encore enfermé dans son lit, dès les premières chaleurs, lorsque le soleil, plus vif à la fin du printemps, amollit les neiges, qu'il a dû fondre avant que le gonflement du Nil soit sensible. Pendant le reste de l'été le Danube diminue, revient à ses proportions d'hiver et tombe même au-dessous.

II. Mais le Nil grossit avant le lever de la canicule, au milieu de l'été, jusqu'après l'équinoxe. Ce fleuve, le plus noble de ceux que la nature étale aux yeux de l'homme, elle a voulu qu'il inondât l'Égypte à l'époque où la terre, brûlée par le soleil, absorbe plus profondément ses eaux, et doit en retenir assez pour subvenir à la sécheresse du reste de l'année. Car, dans ces régions qui s'étendent vers l'Éthiopie, les pluies sont nulles ou rares, et ne profitent point à un sol qui n'est pas habitué aux eaux du ciel. Tout l'espoir de l'Égypte, comme tu sais, est dans le Nil. L'année est stérile ou abondante, selon qu'il a été avare ou libéral de ses eaux. Jamais le laboureur ne consulte l'état du ciel. Mais pourquoi avec toi, mon poëte, ne pas jouer à la métaphore, ne pas te décocher celle-ci, de ton cher Ovide :

> Les champs n'implorent point Jupiter pluvieux (a)?

Si l'on pouvait découvrir où le Nil commence à croître, les causes de son accroissement seraient trouvées. Tout ce qu'on sait, c'est qu'après s'être égaré dans d'immenses solitudes où il forme de vastes marais, et se partage entre vingt nations, il rassemble d'abord autour de Philé ses flots errants et vagabonds. Philé est une île d'accès difficile, escarpée de toutes parts. Elle a pour ceinture deux rivières qui, à leur confluent, deviennent le Nil et portent ce nom. Le Nil entoure toute la

---

(a) Le vers n'est point d'Ovide, mais de Tibulle, I, Élég. vii.

ville : alors plus large qu'impétueux, il ne fait que sortir de l'Éthiopie et des sables à travers lesquels passe le commerce de la mer des Indes. Puis se présentent les Cataractes, lieu que la grandeur du spectacle a rendu fameux. Là, pour franchir des rochers aigus et ouverts sur plusieurs points, le Nil, irrité, soulève toutes ses forces; brisé par les masses qu'il rencontre, il lutte dans d'étroits défilés; vainqueur ou repoussé, sa violence reste la même. Alors, pour la première fois, se courrouce son onde arrivée d'abord sans fracas et d'un cours paisible; fougueuse, elle se précipite en torrent par ces passages resserrés, elle n'est plus semblable à elle-même. Jusque-là, en effet, elle coule trouble et fangeuse; mais une fois engagée dans ces gorges pierreuses, elle écume et prend une couleur qui ne lui est pas naturelle, que la résistance du lieu lui donne. Enfin, il triomphe des obstacles; mais tout à coup le sol l'abandonne, il tombe d'une hauteur immense, et fait au loin retentir de sa chute les contrées d'alentour. Une colonie de Perses, fondée en cet endroit (a), ne pouvant supporter ce fracas assourdissant et continuel, fut forcée d'aller s'établir ailleurs. Parmi les merveilles du Nil, on m'a cité l'incroyable témérité des indigènes. Ils montent à deux une petite barque : l'un la dirige, l'autre, vide l'eau. Puis, longtemps ballottés par la rapidité furieuse du Nil et par ses contre-courants, ils gagnent enfin ses étroits canaux entre des rocs rapprochés qu'ils évitent; ils glissent avec le fleuve tout entier, gouvernent le canot dans sa chute, et, au grand effroi des spectateurs, plongent la tête en bas : on croit que c'en est fait d'eux, qu'ils sont ensevelis, abîmés sous l'énorme masse, lorsqu'ils reparaissent bien loin de la cataracte, fendant l'onde comme un trait lancé par une machine de guerre. La cataracte ne les noie pas, elle les rend à une onde aplanie. Le premier accroissement du Nil se manifeste au bord de cette île de Philé dont je viens de parler. Un faible intervalle la sépare d'un rocher qui divise le fleuve, et que les Grecs nomment ἄβατον, parce que nul, excepté les prêtres, n'y met le pied; c'est à que la crue commence à devenir sensible. Puis, à une longue distance, surgissent deux écueils, appelés dans le pays *veines du Nil*, d'où s'épand une grande quantité d'eau, pas as-

---

(a) Je lis avec Fickert, d'après deux Mss. : *gens ibi a Persis*... Un seul porte : *ibi asperis*.

sez grande, toutefois, pour couvrir l'Égypte. Ce sont des bouches où, lors du sacrifice annuel, les prêtres jettent l'offrande publique, et les gouverneurs des présents en or. Depuis cet endroit, le Nil, visiblement plus fort, s'avance sur un lit profondément creusé, et ne peut s'étendre en largeur, encaissé qu'il est par des montagnes. Mais libre enfin près de Memphis, et s'égarant dans les campagnes, il se divise en plusieurs rivières; puis par des canaux artificiels, qui dispensent aux riverains telle quantité d'eau qu'ils veulent, il court se répandre sur toute l'Égypte. D'abord disséminé, il ne forme bientôt qu'une vaste nappe semblable à une mer bourbeuse et stagnante : la violence de son cours est paralysée par l'étendue des contrées qu'il couvre ; car il embrasse à droite et à gauche le pays tout entier. Plus le Nil s'élève, plus on compte sur une belle récolte. C'est un calcul qui ne trompe pas l'agriculteur, tant la hauteur du fleuve est l'exacte mesure de la fertilité qu'il crée! Sur ce sol sablonneux, altéré, il amène et l'eau et l'humus. Comme, en effet, ses flots sont troubles, il en dépose tout le limon aux endroits qui se fendent de sécheresse : tout ce qu'il porte avec soi d'engrais, il en enduit les parties arides, et profite aux campagnes de deux manières : il les arrose en les fumant. Tout ce qu'il ne visite pas demeure stérile et désolé. Une crue excessive est pourtant nuisible. Le Nil a de plus cette vertu merveilleuse que, différent des autres fleuves qui balayent et ravinent le sol, lui, malgré sa masse si supérieure, loin de ronger ni d'enlever quoi que ce soit, il ajoute aux ressources du terrain ; et son moindre bienfait est de le rafraîchir, car le limon qu'il y verse, en désaltérant les sables, leur donne de la cohérence ; et l'Égypte lui doit non-seulement la fertilité de ses terres, mais ses terres mêmes. C'est un spectacle magnifique que le Nil débordé sur les campagnes. La plaine en est couverte, les vallées ont disparu, les villes sortent de l'eau comme des îles. Les habitants du milieu des terres ne communiquent plus qu'en bateaux ; et moins elles voient de leur territoire, plus la joie des populations est grande [2]. Lors même que le Nil se tient renfermé dans ses rives, il se décharge dans la mer par sept embouchures, dont chacune est une mer ; et il ne laisse pas d'étendre une foule de rameaux sans nom et sur sa droite et sur sa gauche. Il nourrit des monstres qui ne sont ni moins gros ni moins redoutables que ceux de la mer. On peut juger de sa grandeur par ce fait, que d'énormes animaux trouvent dans son sein une pâture et un parcours suffisants. Babillus, cet excellent homme, d'une instruction si rare en tout genre de littérature, dit avoir vu, pendant sa préfecture d'Égypte, à la bouche dite héracléotique, la plus large des sept, des dauphins venant de la mer, et des crocodiles menant du fleuve à leur rencontre une troupe des leurs qui livrèrent aux dauphins une sorte de combat en règle : les crocodiles furent vaincus par ces pacifiques adversaires, dont la morsure est inoffensive. Les crocodiles ont toute la région dorsale dure et impénétrable à la dent même d'animaux plus forts qu'eux ; mais le ventre est mou et tendre. Les dauphins, en plongeant, le leur entamaient avec la scie qu'ils portent saillante sur le dos, et dans leur élan de bas en haut les éventraient. Beaucoup de crocodiles furent décousus de la sorte ; les autres firent un mouvement de conversion et se sauvèrent. Cet animal fuit quand on le brave ; plein d'audace si on le craint. Les Tentyrites en triomphent, non par une vertu particulière de leur race ou de leur sang, mais par le mépris qu'ils en font, et par la témérité. Ils l'attaquent intrépidement ; ils lui jettent, dans sa fuite, un licou et le tirent à eux ; beaucoup de ces hommes périssent pour avoir manqué de présence d'esprit dans la poursuite.

Le Nil, autrefois, roulait une onde salée comme celle de la mer, au rapport de Théophraste. Il est constant que deux années de suite, la dixième et la onzième du règne de Cléopatre, le Nil ne déborda point, ce qui prophétisait, disait-on, la chute de deux puissances : Antoine et Cléopatre virent, en effet, crouler la leur. Dans les siècles les plus reculés, le Nil fut neuf ans sans sortir de son lit, à ce que prétend Callimaque.

Abordons maintenant l'examen des causes qui font croître le Nil en été, et commençons par les plus vieux auteurs. Anaxagore attribue cette crue à la fonte des neiges qui, des montagnes de l'Éthiopie, descendent jusqu'au Nil. Ce fut l'opinion de toute l'antiquité. Eschyle, Sophocle, Euripide, énoncent le même fait ; mais une foule de raisons en font ressortir la fausseté. D'abord, ce qui prouve que l'Éthiopie est un climat brûlant, c'est le teint aduste de ses habitants, et les demeures que les Troglodytes se creusent sous terre. Les pierres y brûlent comme au sortir du feu, non-seulement à midi, mais jusque vers le déclin du jour ; le sable est comme embrasé, et ne peut recevoir le pied de l'homme ; l'argent se sépare du plomb ; les soudures des statues se détachent ; sur quelque matière que l'on applique des ornements, le placage ne tient

pas. L'Auster, qui souffle de ce point, est le plus chaud des
vents. Les animaux qui se cachent au froid ne disparaissent là
en aucun temps. Même en hiver, le serpent reste à la surface
du sol, en plein air. A Alexandrie, déjà fort éloignée de ces
excessives chaleurs, il ne tombe pas de neige ; plus haut on ne
voit point de pluie. Comment donc une contrée où règnent de
si grandes chaleurs aurait-elle des neiges qui durassent tout
l'été? S'y trouvât-il même des montagnes pour les recevoir,
elles n'en recevraient jamais plus que le Caucase ou les montagnes de Thrace. Or, les fleuves de ces montagnes grossissent
au printemps et au début de l'été, mais bientôt baissent au-
dessous du niveau d'hiver. En effet, les pluies du printemps
commencent la fonte des neiges, que les premières chaleurs
achèvent de faire disparaître. Ni le Rhin, ni le Rhône, ni le
Danube, ni le Caystre, ne sont sujets à cet inconvénient, ni ne
grossissent l'été, quoiqu'il y ait de très-hautes neiges sur les
cimes du septentrion. Le Phase et le Borysthène auraient aussi
leurs crues d'été, si, malgré les chaleurs, les neiges pouvaient
grossir leur cours. Et puis, si telle était la cause des crues du
Nil, c'est au commencement de l'été qu'il coulerait à plein canal ; car alors les neiges sont des plus abondantes et encore
entières, et c'est la couche la moins dure qui fond. La crue
du Nil dure quatre mois, gardant toujours le même niveau. A en croire Thalès, les vents étésiens repoussent le Nil
à sa descente dans la mer, et suspendent son cours en poussant la mer contre ses embouchures. Ainsi refoulé, il revient
sur lui-même, sans pour cela grossir ; mais l'issue lui étant
barrée, il s'arrête, et bientôt, partout où il le peut, force le
passage qui lui est refusé. Euthymène, de Marseille, en parle
comme témoin : « J'ai navigué, dit-il, sur la mer Atlantique.
Elle cause le débordement du Nil, tant que les vents étésiens se
soutiennent ; car c'est leur souffle qui alors pousse cette mer
hors de son lit. Dès qu'ils tombent, la mer aussi redevient
calme, et le Nil à sa descente déploie moins de puissance. Du
reste, l'eau de cette mer est douce, et nourrit des animaux
semblables à ceux du Nil. » Mais pourquoi, si les vents étésiens
font gonfler le Nil, la crue commence-t-elle avant la saison de
ces vents, et dure-t-elle encore après? D'ailleurs le fleuve ne
grossit pas à mesure qu'ils soufflent plus violemment. Son plus
ou moins de fougue n'est point réglé sur celle des vents étésiens, ce qui aurait lieu, si leur action le faisait hausser. Et
puis ils battent la côte égyptienne, le Nil descend à leur en-

contre : il faudrait qu'il vînt du même point qu'eux, si son accroissement était leur ouvrage. De plus, il sortirait pur et azuré de la mer, et non pas trouble comme il est. Ajoute que le témoignage d'Euthymène est réfuté par une foule d'autres. Le mensonge avait libre carrière, quand les plages étrangères étaient inconnues ; on pouvait de là nous envoyer des fables. A présent, la mer extérieure est côtoyée sur tous ses bords par des trafiquants dont pas un ne raconte qu'aujourd'hui le Nil soit azuré ou que l'eau de la mer soit douce. La nature elle-même repousse cette idée ; car les parties les plus douces et les plus légères sont pompées par le soleil. Et encore pourquoi le Nil ne croît-il pas en hiver ? Alors aussi la mer peut être agitée par des vents quelque peu plus forts que les étésiens, qui sont modérés. Si le mouvement venait de l'Atlantique, il couvrirait tout d'un coup l'Égypte : or l'inondation est graduelle. OEnopide de Chio dit que l'hiver la chaleur est concentrée sous terre ; ce qui fait que les cavernes sont chaudes, l'eau des puits relativement tiède, et qu'ainsi les veines de la terre sont desséchées par cette chaleur interne. Mais, dans les autres pays, les pluies font enfler les rivières. Le Nil, qu'aucune pluie n'alimente, diminue l'hiver et augmente pendant l'été, temps où la terre redevient froide à l'intérieur et les sources fraîches. Si cette cause était la vraie, tous les fleuves devraient grossir, et tous les puits hausser pendant l'été ; outre cela, la chaleur n'augmente pas, l'hiver, dans l'intérieur de la terre. L'eau, les cavernes, les puits semblent plus chauds, parce que l'atmosphère rigoureuse du dehors n'y pénètre pas. Ainsi ce n'est pas qu'ils soient chauds, c'est qu'ils excluent le froid. La même cause les rend froids en été, parce que l'air échauffé, qui en est loin, ne saurait passer jusque-là. Selon Diogène d'Apollonie, le soleil pompe l'humidité ; la terre desséchée la reprend à la mer et aux autres eaux. Or, il ne peut se faire qu'une terre soit sèche et l'autre riche d'humidité ; car elles sont toutes poreuses et perméables de l'une à l'autre. Les terrains secs empruntent aux humides. Si la terre ne recevait rien, elle ne serait que poussière. Le soleil attire donc les eaux ; mais les régions où elles se portent sont surtout les régions méridionales. La terre, desséchée, attire alors à elle plus d'humidité ; tout comme dans les lampes, l'huile afflue où elle se consume, ainsi l'eau se rejette vers les lieux où une

---

(a) Je lis avec Fickert : *et invicem pervia*.... Lemaire : *in itinera pervia*.

forte chaleur et un sol altéré l'appellent. Or, d'où est-elle tirée? Des points où règne un éternel hiver, du septentrion, où elle surabonde. C'est pourquoi le Pont-Euxin se décharge incessamment dans la Mer Inférieure avec tant de rapidité, non pas, comme les autres mers, par flux et reflux, mais par une pente toujours la même, et comme un torrent. Si elle ne suivait cette route, et par là ne rendait à telle partie ce qui lui manque, et ne soulageait telle autre de ce qu'elle a de trop, dès longtemps tout serait ou desséché ou inondé. Je voudrais demander à Diogène pourquoi, quand la mer et tous ses affluents passent les uns dans les autres, les fleuves ne sont pas partout plus grands en été? Le soleil alors brûle l'Égypte avec plus de force ; voilà pourquoi le Nil s'élève. Mais ailleurs aussi les rivières grossissent quelque peu. Ensuite, pourquoi y a-t-il des contrées privées d'eau, puisque toutes l'attirent des autres contrées, et l'attirent d'autant plus qu'elles sont plus échauffées? Enfin, pourquoi l'eau du Nil est-elle douce, si elle vient de la mer? Car il n'en est point de plus douce au goût que celle de ce fleuve.

III. Si je t'affirmais que la grêle se forme dans l'air, de même que la glace parmi nous, par la congélation d'une nuée entière, ce serait par trop de témérité. Range-moi donc dans la classe de ces témoins secondaires qui disent : « Je ne l'ai pas vu, certes, mais je l'ai ouï dire. » Ou encore, je ferai ce que font les historiens : ceux-ci, quand ils ont, sur nombre de faits, menti tout à leur aise, en citent quelqu'un dont ils ne répondent pas, et dont ils laissent à leurs auteurs la responsabilité. Si donc tu es disposé à me croire, Posidonius s'offre pour garant tant de ce que j'ai dit ci-dessus que de ce qui va suivre. Il affirmera, comme s'il y eût été, que la grêle provient de nuées pleines d'eau, ou même déjà changées en eau. Pourquoi les grêlons sont-ils de forme ronde ? Tu peux le savoir sans maître, si tu observes qu'une goutte d'eau s'arrondit toujours sur elle-même. Cela se voit sur les miroirs qui retiennent l'humidité de l'haleine, sur les vases mouillés, et sur toute surface polie. Vois même les feuilles des arbres, les herbes, où les gouttes qui s'y arrêtent demeurent en globules.

> Quoi de plus dur qu'un roc? quoi de plus mou que l'onde
> Qui laisse au dur rocher une empreinte profonde (a)?

---

(a) Ovide, *Art d'aimer*, I, 475.

Ou, comme a dit un autre poëte :

> Goutte à goutte en tombant l'eau creuse enfin la pierre (*a*).

Et ce creux est sphérique. D'où l'on voit que l'eau qui le produit l'est aussi, et se taille une place selon sa forme et sa figure. Au reste, il se peut, quand les grêlons ne seraient pas tels, que dans leur chute ils s'arrondissent, et que, précipités à travers tant de couches d'un air condensé, le frottement agisse sur tous et les façonne en boules. Cela ne saurait avoir lieu pour la neige ; elle est trop peu ferme, trop dilatée, et ne tombe pas d'une grande hauteur, mais se forme non loin de la terre. Elle ne traverse pas dans les airs un long intervalle ; elle se détache d'un point très-rapproché. Mais pourquoi ne prendrais-je pas la même liberté qu'Anaxagore ? car c'est entre philosophes surtout qu'il doit y avoir égalité de droits. La grêle n'est que de la glace suspendue ; la neige est une congélation flottante parmi les frimas. Nous l'avons déjà dit : entre l'eau et la rosée il y a la même différence qu'entre le frimas et le glaçon, comme entre la neige et la grêle.

IV. Le problème ainsi résolu, je pourrais me croire quitte ; mais je te ferai bonne mesure ; et, puisque j'ai commencé à t'ennuyer, je ne veux taire aucune des difficultés de la matière. Or on se demande pourquoi, en hiver, il neige et ne grêle pas ; et, pourquoi, au printemps, les grands froids déjà passés, il tombe de la grêle. Car, au risque de me laisser tromper à ton dam, la vérité me persuade aisément, moi crédule, qui vais jusqu'à me prêter à ces légers mensonges, assez forts pour fermer la bouche, pas assez pour crever les yeux. En hiver l'air est pris par le froid, et dès lors ne tourne pas encore en eau, mais en neige, comme se rapprochant plus de ce dernier état. Avec le printemps, l'air commence à se dilater davantage ; et l'atmosphère, plus chaude, produit de plus grosses gouttes. C'est pourquoi, comme dit notre Virgile :

> .... Quand du printemps sur nous fondent les pluies (*b*),

la transmutation de l'air est plus active, car il se dégage et se détend de toutes parts : la saison même l'y aide. Aussi les pluies sont-elles alors plus fortes et plus abondantes que continues. Celles de l'hiver sont plus lentes et plus menues ; ainsi

---

(*a*) Lucrèce, I, 324. — (*b*) *Géorgiq.*, I, 313.

l'on voit par intervalles tomber de rares et faibles gouttes mêlées de neige. Nous appelons temps neigeux les jours où le froid est intense et le ciel sombre. D'ailleurs, quand l'aquilon souffle et règne dans l'atmosphère, il ne tombe que de fines pluies; par le vent du midi elles sont plus obstinées et les gouttes plus grosses.

V. Voici une assertion de nos stoïciens que je n'ose ni citer, parce qu'elle me semble peu soutenable, ni laisser de côté. Car où est le mal d'en toucher quelque chose à un juge indulgent comme toi? Et certes, vouloir éprouver à la coupelle tous les arguments, serait condamner les gens au silence. Il est si peu d'opinions sans contradicteur! Celles même qui triomphent ont dû plaider. Les stoïciens disent que tout ce qu'il y a de glaces accumulées vers la Scythie, le Pont et les plages septentrionales se fond au printemps; qu'alors les fleuves gelés reprennent leur cours, et que les neiges descendent en eau des montagnes. Il est donc à croire que de là partent des courants d'air froid qui se mêlent à l'atmosphère du printemps. Ils ajoutent à cela une chose dont je n'ai fait, ni ne songe à faire l'expérience. M'est avis que toi aussi tu te gardes, en voulant t'assurer de la vérité, d'expérimenter dans la neige. Ils disent que les pieds se refroidissent moins à fouler une neige ferme et durcie, qu'une neige ramollie par le dégel. Donc, s'ils ne mentent pas, tout le froid produit dans les régions du nord par la neige en dissolution et les glaçons qui se brisent, vient saisir et condenser l'air tiède et déjà humide des contrées du midi. Voilà comment ce qui devait être pluie devient grêle sous l'influence du froid.

VI. Je ne puis me défendre de t'exposer toutes les folies de nos amis. N'affirment-ils pas que certains observateurs savent prédire, d'après les nuages, quand il y aura grêle, et qu'ils ont pu l'apprendre par l'expérience, en remarquant la couleur de ceux qui étaient toujours suivis de grêle? Un fait incroyable, c'est qu'à Cléone il y avait des préposés publics, *chalazophylaques* ou pronostiqueurs de la grêle. Au signal qu'ils donnaient de l'approche du fléau, que penses-tu que faisaient les gens? qu'ils couraient aux manteaux, aux couvertures? Non: chacun, selon ses moyens, immolait soit un agneau, soit un poulet; et vite, ayant goûté quelque peu de sang la nuée glissait plus loin. Tu ris? Écoute: tu vas rire plus encore. N'avait-on ni agneau, ni poulet; sans risquer de se faire grand mal, on portait la main sur soi-même. Et ne crois pas que les nuages fussent bien avides ou cruels : un poinçon bien affilé piquait le doigt jusqu'au sang, et telle était la libation. Et la grêle ne se détournait pas moins du champ de ce pauvre homme que de celui où de plus riches sacrifices l'avaient conjurée.

VII. D'où vient cela? demandent quelques personnes. Les unes, comme il convient aux vrais sages, disent qu'il est impossible à qui que ce soit de faire un pacte avec la grêle et de se racheter de l'orage par de légères offrandes, bien que les dieux mêmes se laissent vaincre par des présents. Les autres supposent dans le sang une vertu particulière qui détourne les nuages et les repousse. Mais comment y aurait-il dans ce peu de sang une vertu assez forte pour pénétrer si haut et agir sur les nuages? N'était-il pas bien plus simple de dire : « Mensonge et fable que cela! » Mais à Cléone, on rendait des jugements contre ceux qui étaient chargés de prévoir l'orage, lorsque, par leur négligence, les vignes avaient pâti ou que les moissons étaient couchées par terre. Et, chez nous, les douze Tables ont prévu le cas où quelqu'un *frapperait d'un charme les récoltes d'autrui*. Nos grossiers ancêtres croyaient qu'on attirait ou repoussait les pluies par des enchantements, toutes choses si visiblement impossibles, qu'il n'est besoin, pour s'en convaincre, d'entrer dans l'école d'aucun philosophe.

VIII. Je n'ajouterai plus qu'une chose à laquelle tu adhéreras et applaudiras volontiers. On dit que la neige se forme dans la partie de l'atmosphère qui avoisine la terre, vu que cette partie est plus chaude, par trois raisons. D'abord, toute évaporation de la terre, ayant en soi beaucoup de molécules ignées et sèches, est d'autant plus chaude qu'elle est plus récente. Ensuite, les rayons du soleil sont répercutés par la terre et se replient sur eux-mêmes. Cette réflexion échauffe tout ce qui est près de la terre, et y envoie d'autant plus de calorique, que le soleil s'y fait doublement sentir. En troisième lieu, les hautes régions sont plus battues des vents, tandis que les plus basses y sont moins exposées.

IX. Joins à cela un raisonnement de Démocrite : « Plus un corps est solide, plus il reçoit vite la chaleur, et plus longtemps il la conserve. » Mets au soleil un vase d'airain, un de verre et un d'argent, la chaleur se communiquera plus vite au premier et y restera plus longtemps. Voici, en outre, les raisons de ce philosophe pour croire qu'il est ainsi : « Les corps plus durs, plus compactes, plus denses que les autres, ont nécessairement, dit-il, les pores plus petits, et l'air y pénètre moins. Par conséquent, de même que les petites étuves et les petites baignoires s'échauffent promptement, ainsi ces cavités secrètes et imperceptibles à l'œil sentent plus rapidement la chaleur, et, grâce à leurs étroites proportions, sont moins promptes à rendre ce qu'elles ont reçu. »

X. Ce long préliminaire nous amène à la question. Plus l'air est proche de la terre, plus il est dense. De même que dans l'eau et dans tout liquide la lie est au fond, ainsi les parties de l'air les plus denses se précipitent en bas. Or, on vient de prouver que les matières les plus compactes et les plus massives gardent le plus fidèlement la chaleur qu'elles ont contractée ; mais, plus l'air est élevé et loin des grossières émanations du sol, plus il est pur et sans mélange. Il ne retient donc pas la chaleur du soleil ; il la laisse passer comme à travers le vide, et par là même s'échauffe moins.

XI. Cependant quelques-uns disent que la cime des montagnes doit être d'autant plus chaude qu'elle est plus près du soleil. C'est s'abuser, ce me semble, que de croire que l'Apennin, les Alpes et les autres montagnes connues par leur extraordinaire hauteur, soient assez élevés pour se ressentir du voisinage du soleil. Elles sont élevées relativement à nous ; mais, comparées à l'ensemble du globe, leur petitesse à toutes est frappante. Elles peuvent se surpasser les unes les autres ; mais rien n'est assez haut dans le monde pour que la grandeur même la plus colossale marque (a) dans la comparaison du tout. Si cela n'était, nous ne définirions pas le globe une immense boule. Un ballon a pour forme distinctive une rondeur à peu près égale en tous sens, comme celle que peut avoir une balle à jouer. Ses fentes et ses coutures n'y font pas grand'chose, et n'empêchent pas de dire qu'elle est également ronde partout. Tout comme sur ce ballon ces solutions n'altèrent nullement la forme sphérique, ainsi, sur la surface entière du globe, les proportions des plus hautes montagnes ne sont rien, quand on les compare à l'ensemble. Ceux qui diraient qu'une haute montagne recevant de plus près le soleil, en est d'autant plus tôt chaude, n'ont qu'à dire aussi qu'un homme de taille élevée doit avoir plus tôt chaud qu'un homme de petite taille, et plus tôt chaud à la tête qu'aux pieds. Mais quiconque mesurera le monde à sa vraie mesure, et réfléchira que la terre n'est qu'un point dans l'espace, concevra qu'il ne peut y avoir

---

(a) Lemaire : *nulla sit*. Il faut lire, avec deux manusc. : *ulla*.

à sa surface d'éminence telle, qu'elle sente davantage l'action des corps célestes, comme s'en approchant de plus près. Ces montagnes si hautes à nos yeux, ces sommets encombrés de neiges éternelles, n'en sont pas moins au plus bas du monde : sans doute elles sont plus près du soleil qu'une plaine ou une vallée, mais de la même façon qu'un cheveu est plus gros qu'un cheveu, un arbre qu'un arbre, une montagne qu'une autre montagne. Car alors on pourrait dire aussi que tel arbre est plus voisin du ciel que tel autre : ce qui n'est pas, parce qu'il ne peut y avoir grande différence entre de petites choses, qu'autant qu'on les rapproche entre elles. Quand on prend l'immensité pour point de comparaison, il n'importe de combien l'une des choses comparées est plus grande que l'autre; car la différence fût-elle considérable, elle n'est toujours qu'entre deux atomes.

XII. Mais, pour revenir à mon sujet, les raisons qui précèdent ont fait presque généralement croire que la neige se forme dans la partie de l'air la plus proche de la terre, et qu'elle est moins compacte que la grêle, parce que le froid qui l'a saisie est moindre. En effet, cette partie de l'air est trop froide pour tourner en eau et en pluie, mais pas assez pour se durcir en grêle. Ce froid moyen, qui n'est pas trop intense, produit la neige par la coagulation de l'eau.

XIII. « Pourquoi, diras-tu, poursuivre si péniblement ces recherches frivoles qui jamais ne rendent l'homme plus instruit ni meilleur? Tu dis comment la neige se forme : il serait bien plus utile de nous dire pourquoi la neige ne devrait pas s'acheter. » Tu veux que je fasse le procès au luxe, procès de tous les jours et sans résultat. Plaidons toutefois, et dût le luxe l'emporter, que ce ne soit pas sans combat ni résistance de notre part. Mais quoi! penses-tu que l'observation de la nature ne conduise pas au but que tu me proposes? Quand nous cherchons comment se forme la neige, quand nous disons qu'elle est de même nature que les gelées blanches, et qu'elle contient plus d'air que d'eau, n'est-ce pas, dis-moi, reprocher aux gens, outre la honte d'acheter de l'eau, la sottise d'acheter moins que de l'eau? Pour nous, étudions plutôt comment se forme la neige, que comment elle se conserve; car, non content de transvaser des vins centenaires et de les classer selon leur saveur et leur âge, on a trouvé moyen de comprimer la neige, de lui faire défier l'été, de la défendre contre les ardeurs de la saison par le froid des glacières.

Qu'avons-nous gagné à cet artifice? De transformer en marchandise l'eau qu'on avait pour rien. On a regret que l'air, que le soleil ne puisse s'acheter, que ce jour qu'on respire arrive même aux hommes de plaisir et aux riches sans nulle peine et sans frais. Malheureux que nous sommes! Il est quelque chose que la nature laisse en commun au genre humain! Ce qu'elle fait couler à la portée de tous, pour que tous y puisent la vie, ce qu'elle prodigue si largement, si libéralement, pour l'usage tant de l'homme que des bêtes féroces, des oiseaux, des animaux les moins industrieux, la mollesse, ingénieuse à ses dépens, en a fait une chose vénale. Tant il est vrai que rien ne lui plaît s'il ne coûte! Sous un rapport les riches descendaient au niveau de la foule; ils ne pouvaient l'emporter sur le plus pauvre des hommes. Pour celui que son opulence embarrasse on s'avisa que l'eau elle-même pouvait être un objet de luxe. Comment sommes-nous arrivés à ne trouver aucune eau fluide assez fraîche? Le voici. Tant que l'estomac reste sain, et s'accommode de choses salubres, tant qu'on le satisfait sans le surcharger, les boissons naturelles lui suffisent. Mais quand, grâce à des indigestions quotidiennes, il se sent altéré, non par l'ardeur de la saison, mais par un feu interne; lorsqu'une ivresse non interrompue s'est fixée dans ses viscères, s'est tournée en bile qui dévore les entrailles, il faut bien chercher quelque chose pour vaincre cet incendie que l'eau redouble encore, que les remèdes ne font qu'attiser. Voilà pourquoi l'on boit de la neige non-seulement en été, mais au cœur de l'hiver. Quel en serait le motif, sinon un mal intérieur, des organes ruinés par trop de jouissances, qui n'ont jamais obtenu un seul intervalle de relâche, mais où les dîners s'entassaient sur des soupers prolongés jusqu'au jour; des organes distendus par le grand nombre et la variété des mets, et enfin perdus, noyés par l'orgie? Et de tout ce qu'elle a pu digérer, l'incessante intempérance s'est fait un irritant de plus; et une soif de rafraîchissements toujours plus énergiques s'est allumée en elle. On a beau entourer la salle du festin de draperies, de pierres spéculaires, triompher de l'hiver à force de feu, le gourmand affadi, débilité par son ardeur même, cherche toujours un stimulant qui le réveille. Tout comme on jette de l'eau fraîche sur l'homme évanoui et privé de sentiment pour le faire revenir à lui; ainsi l'estomac engourdi par de longs excès ne sent plus rien, si un froid incisif ne le pénètre et ne le brûle. De là vient, je le répète, que la neige ne lui suffit plus, c'est la glace qu'il veut à tout prix, comme plus consistante, et par là concentrant mieux le froid. On la délaye dans l'eau qu'on y verse à plusieurs reprises ; et l'on ne prend pas le dessus des glacières, mais, pour que le froid ait plus d'intensité et de persistance, on extrait les morceaux du fond. Aussi n'est-elle pas toujours du même prix ; l'eau a non-seulement ses vendeurs, mais, ô honte ! ses taux qui varient. Les Lacédémoniens chassèrent de leur ville les parfumeurs, et leur enjoignirent de passer au plus tôt la frontière, les accusant de perdre l'huile. Qu'auraient-ils fait, s'ils avaient vu ces provisions de neige en magasins, et tant de bêtes de somme occupées à transporter cette eau, dont la teinte et la saveur se dénaturent dans la paille qui la conserve ? Pourtant, grands dieux ! qu'il est aisé de satisfaire la soif naturelle ! Mais rien peut-il émouvoir un palais blasé, que la trop vive chaleur des mets a rendu insensible ? Par cela même qu'il ne trouve rien d'assez frais, rien n'est assez chaud pour lui. Des champignons brûlants, trempés à la hâte dans leur sauce, sont engloutis fumants encore, pour être à l'instant refroidis par des boissons saturées de neige. Oui, tu verras les hommes les plus frêles, enveloppés du palliolum et du capuchon, pâles et maladifs, non-seulement boire mais manger la neige, et la faire tomber par morceaux dans leurs coupes de peur qu'entre chaque rasade leur vin ne tiédisse. Est-ce là une simple soif, dis-moi ? C'est une fièvre, d'autant plus violente que ni le pouls ni la chaleur de la peau ne la trahissent. C'est le cœur même que consume cette mollesse, mal indomptable, qui à force de langueur et d'énervement s'est endurci à tout souffrir. Ne voit-on pas que tout s'émousse par l'habitude ? Aussi cette neige même, dans laquelle vous nagez, pour ainsi dire, n'est arrivée par l'usage et par la docilité journalière de vos estomacs, qu'à tenir lieu d'eau. Cherchez encore quelque substance plus glacée ; ce n'est plus rien qu'un stimulant si familier.

# LIVRE V

Ce que c'est que le vent. Diverses sortes de vents. Leurs avantages. Comment l'homme en a fait des instruments de malheurs.

I. Le vent est un écoulement d'air. Selon quelques-uns, c'est l'air qui prend cours sur un point. Cette définition semble plus exacte, parce que l'air n'est jamais tellement immobile qu'il n'éprouve quelque agitation. Ainsi l'on dit que la mer est tranquille, quand elle n'est que légèrement émue et qu'elle ne se porte pas tout d'un côté. Lors donc que tu liras :

Quand la mer et les vents sommeillaient.... (a),

dis-toi bien qu'il n'y a pas là immobilité, mais faible soulèvement ; que l'on nomme calme l'état d'une mer qui ne se meut pas plus fort dans un sens que dans l'autre. Il faut en dire autant de l'air, qui n'est jamais sans mouvement, fût-il même paisible ; et tu vas le concevoir. Quand le soleil s'insinue dans quelque lieu fermé, nous voyons de minimes corpuscules voler à sa rencontre, monter, descendre, s'entre-choquer de mille manières. Ce serait donc donner une définition incomplète que de dire : « Les flots sont une agitation de la mer, » car cette agitation existe même lorsque la mer est tranquille. Pour éviter toute surprise, il faut dire : « Les flots sont une agitation de la mer poussée en un sens. » De même, dans la question actuelle, on échappe aux contradicteurs, si l'on dit : « Le vent est un air qui prend cours vers un point ; ou un cours d'air impétueux, ou un effort de l'air vers un seul côté, ou un de ses élans plus fort que de coutume. » Je sais ce qu'on peut répondre à propos de la première définition : qu'est-il besoin d'ajouter que c'est vers un point qu'il prend cours ? Nécessairement ce qui court, court vers un point quelconque. Nul ne dit que l'eau court, quand elle se meut sur elle-même ; c'est quand elle se porte quelque part. Il peut donc y avoir mouvement, sans qu'il y ait cours ; et en revanche, il ne peut y avoir cours qui ne tende quelque

---

(a) Virg., *Églog.*, II, 26.

part. Si cette brève définition est à l'abri de la critique, employons-la; si l'on y veut plus de scrupule, ne lésinons pas sur un mot dont l'addition préviendrait toute chicane. Venons maintenant à la chose même ; c'est assez discuter sur les termes.

II. Démocrite dit que le vent se forme lorsque dans un vide étroit sont réunis un grand nombre de corpuscules, qu'il appelle atomes ; l'air, au contraire, est calme et paisible, lorsque dans un vide considérable ces corpuscules sont peu nombreux. Dans une place, dans une rue, tant qu'il y a peu de monde, on circule sans embarras ; mais si la foule se presse en un passage étroit, les gens qui se renversent les uns sur les autres se prennent de querelle ; ainsi, dans l'atmosphère qui nous environne, qu'un espace exigu soit rempli d'un grand nombre d'atomes, il faudra qu'ils tombent l'un sur l'autre, qu'ils se poussent et repoussent, qu'ils s'entrelacent et se compriment. De là se produit le vent, lorsque ces corps qui luttaient entre eux commencent à céder et à fuir après une longue fluctuation. Dans un espace considérable où nageront quelques atomes, il n'y aura ni choc ni impulsion.

III. Cette théorie est fausse ; et ce qui le prouve, c'est que parfois il n'y a pas le moindre vent quand l'air est tout chargé de nuages. Alors pourtant il y a plus de corps pressés et à l'étroit, ce qui produit l'épaisseur et la pesanteur des nuages. Ajoute qu'au-dessus des fleuves et des lacs s'élèvent fréquemment des brouillards dus à l'agglomération de corpuscules condensés, sans que pour cela il y ait du vent. Quelquefois même le brouillard est assez épais pour dérober la vue des objets voisins ; ce qui n'aurait pas lieu sans l'entassement d'une multitude d'atomes sur un petit espace. Jamais pourtant il n'y a moins de vent que par un temps nébuleux ; c'est même le contraire qui arrive : le soleil, au matin, dissout en se montrant, les vapeurs humides qui épaississent l'air. Alors le vent se lève, après que la masse de ces corpuscules, enfin dégagée, se résout et se dissémine.

IV. Comment donc se forment les vents, puisque tu nies, qu'ils se forment (*a*) comme le veut Démocrite ? — De plus d'une manière. Tantôt c'est la terre elle-même qui exhale et chasse à grands flots l'air de son sein ; tantôt, lorsqu'une grande et continuelle évaporation a poussé de bas en haut ces exhalai-

---

(*a*) Je lis comme Fickert, d'après un Ms. : *quoniam hoc modo negas fieri?* Lemaire : *quos non negas fieri?*

sons, c'est de leur modification et de leur mélange avec l'air que naît le vent. Car je ne puis me résoudre à admettre ni à taire cette idée que, tout comme dans le corps humain la digestion donne lieu à des vents qui offensent vivement l'odorat, et dont nos entrailles se débarrassent tantôt bruyamment, tantôt en silence ; de même cet immense corps de la nature enfante des vents lorsqu'il digère. Il est heureux pour nous que ses digestions soient toujours bonnes : autrement nous aurions à craindre quelque chose de bien suffoquant. Ne serait-il pas plus vrai de dire que de toutes les parties du globe il s'élève incessamment des masses de corpuscules qui, d'abord agglomérés, puis raréfiés peu à peu par l'action du soleil, exigent, comme tout corps comprimé qui se dilate, un espace plus considérable, et donnent naissance au vent?

V. Eh quoi! n'y aurait-il pas, selon toi, d'autre cause des vents que les évaporations de la terre et des eaux qui, après avoir pesé sur l'atmosphère, se séparent impétueusement, et, de compactes qu'elles étaient, venant à se raréfier, s'étendent nécessairement plus au large? J'admets aussi cette cause. Mais une autre beaucoup plus vraie et la plus puissante, c'est que l'air a naturellement la propriété de se mouvoir, qu'il n'emprunte point d'ailleurs, mais qui est en lui tout comme mainte autre faculté. Peux-tu croire que l'homme ait reçu la puissance de se mouvoir, et que l'air seul demeure inerte et incapable de mouvement? L'eau n'a-t-elle pas le sien, même en l'absence de tout vent? Autrement elle ne produirait aucun être animé. Ne voyons-nous pas la mousse naître dans son sein, et des végétaux flotter à sa surface ?

VI. Il y a donc un principe vital dans l'eau : que dis-je dans l'eau? Le feu, par qui tout se consume, est lui-même créateur, et, chose invraisemblable, qui pourtant est vraie, certains animaux lui doivent naissance. Il faut donc que l'air possède une vertu analogue ; et c'est pourquoi tantôt il se condense, tantôt se dilate et se purifie; d'autres fois, il rapproche ses parties, puis il les sépare et les dissémine. Il y a donc entre l'air et le vent la même différence qu'entre un lac et un fleuve. Quelquefois le soleil lui seul produit le vent, en raréfiant l'air épaissi, qui perd, pour s'étendre, sa densité et sa cohésion.

VII. Nous avons parlé des vents en général; entrons maintenant dans le détail. Peut-être découvrirons-nous comment ils se forment, si nous découvrons quand et où ils prennent leur origine. Examinons d'abord ceux qui soufflent avant l'aurore et qui viennent des fleuves, des vallées, ou des golfes. Tous ces vents n'ont point de persistance, ils tombent dès que le soleil a pris de la force, et en mer ne vont pas jusqu'où la terre cesse d'être en vue. Ces sortes de vents commencent au printemps et ne durent pas au delà de l'été; ils viennent surtout des lieux où il y a beaucoup d'eau et beaucoup de montagnes. Bien que l'eau abonde dans les pays de plaine, ils manquent d'air, je dis de cet air qui peut s'appeler vent.

VIII. Comment donc se forme ce vent que les Grecs nomment *Encolpias*? Toutes les exhalaisons des marais et des fleuves (et elles sont aussi abondantes que continues) alimentent le soleil pendant le jour; la nuit, elles cessent d'être pompées; et renfermées dans les montagnes, elles se concentrent sur le même point. Quand l'espace est rempli et ne peut plus les contenir, elles s'échappent par où elles peuvent, et se portent toutes du même côté; de là naît le vent. Le vent fait donc effort où il trouve une issue plus libre et une capacité plus grande pour recevoir tout cet amas de vapeurs. La preuve de ce fait, c'est que, durant la première partie de la nuit, il n'y a pas de vent, parce que c'est alors que commencent à s'entasser ces vapeurs qui regorgent déjà vers le point du jour, et cherchent un écoulement pour se décharger; elles se portent du côté où s'offre le plus de vides et où s'ouvre un champ vaste et libre. Le soleil levant les stimule encore davantage en frappant cette atmosphère froide. Car, avant même qu'il paraisse, sa lumière agit déjà; ses rayons n'ont pas encore fouetté l'air, que déjà il le harcèle et l'irrite, par cette lumière qu'il envoie devant soi. Mais quand il se montre lui-même, il attire en haut une partie de ces émanations, et dissout l'autre par sa chaleur. Aussi ces courants d'air ne sauraient-ils durer plus tard que l'aurore; toute leur force tombe en présence du soleil; les plus violents s'alanguissent vers le milieu du jour, et jamais ne se prolongent au delà de midi. Les autres sont plus faibles, moins continus, et en raison des causes plus ou moins puissantes qui les engendrent.

IX. Pourquoi les vents de cette espèce ont-ils plus de force au printemps et en été? car ils sont très-faibles le reste de l'année et ne vont pas jusqu'à enfler les voiles. C'est que le printemps est une saison humide, et que la grande quantité des eaux et des lieux que sature et arrose l'humidité naturelle de l'atmosphère augmente les évaporations. Mais pourquoi soufflent-ils de même l'été? Parce qu'après le coucher du soleil la chaleur du jour dure encore et persiste une grande partie de la nuit : elle facilite la sortie des vapeurs, et attire puissamment toutes les émissions spontanées de la terre ; après quoi la force 'ui manque pour les consumer. Ainsi la durée des émanations et des exhalaisons du sol et des eaux est plus longue que dans les temps ordinaires : or le soleil, à son lever, produit du vent non-seulement par sa chaleur, mais encore par la percussion. Car la lumière qui, comme je l'ai dit, précède le soleil, n'échauffe pas encore l'atmosphère, elle la frappe seulement. Ainsi frappé, l'air s'écoule latéralement. Je ne saurais pourtant accorder que la lumière soit par elle-même sans chaleur, puisque c'est la chaleur qui la produit. Peut-être n'at-elle pas autant de chaleur que son action le ferait croire ; elle n'en a pas moins son effet, en divisant, en atténuant les vapeurs condensées. Les lieux mêmes que la nature jalouse tient pour ainsi dire clos et inaccessibles au soleil sont du moins réchauffés par une lumière louche et sombre, et moins froids de jour que de nuit. D'ailleurs le propre de la chaleur est de chasser, de repousser loin d'elle les brouillards. Le soleil doit donc en faire autant ; d'où quelques-uns se sont figuré que le vent part d'où part le soleil ; opinion évidemment fausse, puisque le vent porte les vaisseaux de tous côtés, et qu'on navigue à pleines voiles vers l'orient ; ce qui n'aurait pas lieu, si le vent venait toujours du côté du soleil.

X. Les vents étésiens, dont on veut tirer un argument, ne prouvent guère ce qu'on avance. Exposons cette opinion avant de donner les motifs qui nous la font rejeter. « Les vents étésiens, dit-on, ne soufflent pas en hiver ; les jours alors étant trop courts, le soleil disparaît avant que le froid soit vaincu ; les neiges peuvent s'amonceler et durcir. Ces vents ne commencent qu'en été, lorsque les jours deviennent plus longs et que le soleil nous darde ses rayons verticalement. Il est donc vraisemblable que les neiges, frappées d'une chaleur plus pénétrante, exhalent plus d'humidité, et qu'à son tour la terre, débarrassée de cette enveloppe, respire plus librement. Il se dégage donc de la partie nord de l'atmosphère plus de corpuscules, qui refluent dans les régions basses et chaudes. De là l'essor des vents étésiens ; et s'ils commencent dès le solstice et ne tiennent pas au delà du lever de la canicule, c'est que déjà une grande partie des émanations septentrionales a été refoulée vers nous ; au lieu que, quand le soleil changeant de direction est plus perpendiculairement sur nos têtes, il attire à lui une partie de l'atmosphère et repousse l'autre. C'est ainsi que l'haleine des vents étésiens tempère l'été, et nous protége contre la chaleur accablante des mois les plus brûlants. »

XI. Maintenant, comme je l'ai promis, expliquons pourquoi ces vents ne sont d'aucun secours et ne fournissent aucune preuve à la cause que je combats. Nous disons que l'aurore éveille le souffle du vent, qui baisse sitôt que l'air a été touché du soleil : or, les gens de mer nomment les étésiens dormeurs et paresseux, attendu, comme dit Gallion, qu'ils ne sauraient se lever matin; ils ne font acte de présence qu'à l'heure où les vents les plus opiniâtres ont cessé, ce qui n'arriverait pas si le soleil les paralysait comme les autres. Ajoute que, s'ils avaient pour cause la longueur du jour et sa durée, ils souffleraient avant le solstice, temps où les jours sont le plus longs et la fonte des neiges le plus active; car, au mois de juillet, la terre est tout à fait découverte, ou du moins fort peu d'endroits sont encore cachés sous la neige.

XII. Certains vents sortent de nuages qui crèvent et se dissolvent en s'abaissant; les Grecs les appellent *Ecnéphies*. Voici, je pense, le mode de leur formation : l'évaporation terrestre jette dans les airs une quantité de corpuscules hétérogènes et d'inégales dimensions, les uns secs, les autres humides. Quand toutes ces matières antipathiques et qui luttent entre elles sont réunies en un même ensemble, il est vraisemblable qu'il se forme des nuages creux, entre lesquels s'établissent des intervalles cylindriques, étroits comme le tuyau d'une flûte. Dans ces intervalles est enfermé un air subtil, qui aspire à s'étendre plus au large dès qu'un passage obstrué le comprime, l'échauffe et ainsi le dilate; alors il déchire son enveloppe, il s'élance : c'est un vent rapide, orageux presque toujours, vu la hauteur dont il descend et l'énergie, la fougue que lui donne sa chute. Car il n'est pas libre ni dégagé dans sa course; il est contraint, il lutte et s'ouvre de force une route. D'ordinaire cette fureur dure peu. Comme il a brisé les nuages qui lui servaient de retraite et de prison, il arrive avec impétuosité, accompagné quelquefois du tonnerre et de la foudre. Ces sortes de vents sont beaucoup plus forts et durent davantage, quand ils absorbent dans leur cours d'autres vents issus des mêmes causes, et que plusieurs n'en font qu'un seul. Ainsi les torrents n'ont qu'une grandeur médiocre tant qu'ils courent isolés; mais le grand nombre de cours d'eau qu'ils s'approprient les rend plus considérables que des fleuves réglés et permanents. On peut croire qu'il en est de même des ouragans : ils durent peu, tant qu'ils soufflent seuls ; mais dès qu'ils ont associé leurs forces, et que l'air, chassé de plusieurs points de l'atmosphère, se ramasse sur un seul, ils y gagnent plus de fougue et de persistance.

XIII. Un nuage qui se dissout produit donc du vent ; or, il se dissout de plusieurs manières : ce globe de vapeurs est crevé quelquefois par les efforts d'un air enfermé qui cherche à sortir, quelquefois par la chaleur du soleil, ou par celle que déterminent le choc et le frottement de ces masses énormes. Nous pouvons, si tu le veux, examiner ici comment se forment les tourbillons. Tant qu'un fleuve coule sans obstacle, son cours est uniforme et en droite ligne. S'il rencontre un rocher qui s'avance du rivage dans son lit, ses eaux rebroussent faute de passage, et se replient circulairement. Elles tournent ainsi et s'absorbent sur elles-mêmes : le tourbillon est formé. De même le vent, tant que rien ne le contrarie, déploie ses forces droit devant lui. Repoussé par quelque promontoire, ou resserré par le rapprochement de deux montagnes dans la courbure d'un canal étroit, il se roule sur lui-même à plusieurs reprises, et forme un tourbillon semblable à ceux qu'on voit dans les fleuves, comme nous venons de le dire. Ce vent donc, mû circulairement, qui tourne autour du même centre, et s'irrite par son propre tournoiement, s'appelle tourbillon. Avec plus de fougue et plus de durée dans sa circonvolution, il s'enflamme et devient ce que les Grecs nomment *prester :* c'est le tourbillon de feu. Ces tourbillons sont presque aussi dangereux que le vent qui s'échappe des nuages ; ils emportent les agrès des vaisseaux, ils soulèvent tout un navire dans les airs. Il y a des vents qui en engendrent de tout différents d'eux, et qui chassent et dispersent l'air en des courants tout autres que ceux qu'ils affectent eux-mêmes. Et, à ce propos, une réflexion se présente à moi. De même que la goutte d'eau qui déjà penche et va tomber, ne tombe toutefois que lorsque plusieurs s'ajoutent à elle et la renforcent d'un poids qui enfin la détache et la précipite ; de même, tant que les mouvements de l'air sont légers et répartis sur plusieurs points, il n'y a pas encore de vent ; le vent ne commence qu'à l'instant où toutes ces tendances partielles se confondent en un seul essor. Le souffle et le vent ne diffèrent que du plus au moins. Un souffle considérable s'appelle vent ; le souffle proprement dit est un léger écoulement d'air.

XIV. Reprenons ce que j'ai dit en premier lieu. Il y a des

vents qui sortent des cavernes et des retraites intérieures du globe. Le globe n'est point solide et plein jusqu'en ses profondeurs ; il est creux en maintes parties,

.... Et suspendu sur de sombres abîmes (a).

Certaines de ces cavités sont vides et sans eau. Bien que nulle clarté n'y laisse voir les modifications de l'air, je crois pouvoir dire que dans ces ténèbres séjournent des nuages et des brouillards. Car ceux qui sont au-dessus de la terre n'existent pas parce qu'on les voit ; on les voit parce qu'ils existent. Les nuages souterrains n'en existent donc pas moins, pour être invisibles. Tu dois savoir que sous terre il est des fleuves semblables aux nôtres : les uns coulent paisiblement ; les autres roulent et se précipitent avec fracas sur des rochers. Tu m'accorderas aussi, n'est-ce pas, l'existence de lacs souterrains, d'eaux stagnantes et privées d'issue ? S'il en est ainsi, nécessairement l'air, dans ces cavités, se charge d'exhalaisons qui, pesant sur les couches inférieures, donnent naissance au vent par cette pression même. Il faut donc reconnaître que des vents couvent dans l'obscurité de ces nuages souterrains, et qu'après avoir amassé assez de force ils emportent l'obstacle qu'oppose le terrain, ou s'emparent de quelque passage ouvert à leur fuite, pour s'élancer par ces voies caverneuses jusqu'au séjour de l'homme. Il est en outre manifeste que la terre enferme dans son sein d'énormes quantités de soufre et d'autres substances non moins inflammables. Le vent qui s'y engouffre pour trouver une issue doit, par le seul frottement, allumer la flamme. Bientôt l'incendie gagne au loin ; l'air stagnant lui-même se dilate, s'agite et cherche à se faire jour, avec un frémissement terrible et des efforts impétueux. Mais je traiterai ceci avec plus de détail quand il s'agira des tremblements de terre.

XV. Permets-moi ici de te raconter une anecdote. Au rapport d'Asclépiodote, Philippe fit descendre un jour nombre d'ouvriers dans une ancienne mine, depuis longtemps abandonnée, pour en explorer les richesses, la situation, et voir si l'avidité des aïeux avait laissé quelque chose à leur postérité[1]. Les ouvriers descendirent avec une provision de flambeaux pour plusieurs jours. Après une longue et fatigante route, ils découvrirent des fleuves immenses, de vastes réservoirs d'eaux dor-

(a) Ovide, Métam., I. 388.

mantes, pareils à nos lacs, et au-dessus desquels la terre, loin de s'affaisser, se dégageait, se prolongeait en voûte, spectacle qui les fit frissonner. J'ai lu ce récit avec un bien vif intérêt. J'ai vu par là que les vices de notre siècle ne sont pas d'hier, mais remontent, par une déplorable tradition, aux temps les plus reculés, et que ce n'est pas de nos jours seulement que l'avidité, fouillant les veines de la terre et des rochers, y chercha ce que leurs ténèbres nous cachaient mal. Nos ancêtres aussi, héros dont nous célébrons les louanges, dont nous gémissons d'avoir dégénéré, ont, dans un cupide espoir, coupé des montagnes, ont vu le gain sous leurs pieds et des roches croulantes sur leurs têtes. Avant le Macédonien Philippe, il s'est trouvé des rois qui, poursuivant l'or jusque dans les plus profonds abîmes, et renonçant à l'air libre, s'enfonçaient dans ces gouffres où n'arrive plus rien qui distingue le jour de la nuit, et laissaient loin derrière eux la lumière. Quel était donc ce grand espoir? Quelle impérieuse nécessité a courbé, a enfoui l'homme, fait pour regarder les cieux? Qui l'a pu plonger au sein même et dans les entrailles du globe pour en exhumer l'or non moins dangereux à poursuivre qu'à posséder? C'est pour de l'or qu'il a creusé ces longues galeries, qu'il a rampé dans les boues autour d'une proie incertaine, qu'il a oublié le soleil, oublié cette belle nature dont il s'exilait! Sur quel cadavre la terre pèse-t-elle autant que sur ces malheureux jetés par l'impitoyable avarice sous ces masses gigantesques, déshérités du ciel, ensevelis dans les profondeurs qui recèlent ce poison fatal? Ils ont osé descendre au milieu d'un ordre de choses si nouveau pour eux, sous ces terres suspendues; des vents qui soufflaient au loin dans le vide, d'effrayantes sources dont les eaux ne coulaient pour personne, une épaisse et éternelle nuit, ils ont tout bravé, et ils craignent encore les enfers[2]!

XVI. Mais je reviens à la question qui m'occupe. Quatre vents se partagent les quatre points du ciel, le levant, le couchant, le midi et le septentrion. Tous les autres, qu'on appelle de tant de noms divers, se rattachent à ces vents principaux.

> Sur le tiède rivage où va mourir le jour
> Souffle le doux Zéphyre; et Borée à son tour
> Fait frissonner le Nord, envahit la Scythie;
> Eurus a l'Orient, la Perse, l'Arabie;
> Et l'orageux Midi doit la pluie à l'Auster (a).

(a) Ovide, *Métam.* I, 61.

Ou, pour les énumérer en moins de mots, fais ce qui n'est nullement faisable, réunis-les en une seule tempête :

> L'Eurus et le Notus, l'Africus orageux,
> Tous s'élancent..... (a),

et le quatrième, quoiqu'il ne fût pas de la mêlée, l'Aquilon. D'autres comptent douze vents : ils subdivisent en trois chacune des quatre parties du ciel, et adjoignent à chaque vent deux subalternes. C'est la théorie du judicieux Varron; et cet ordre est rationnel. Car le soleil ne se lève ni ne se couche pas toujours aux mêmes points. A l'équinoxe, qui a lieu deux fois l'an, son lever, son coucher ne sont pas les mêmes qu'au solstice d'hiver ou au solstice d'été. Le vent qui souffle de l'orient équinoxial s'appelle en notre langue *Subsolanus*, et en grec *Apheliotès*. De l'orient d'hiver souffle l'Eurus, qui, chez nous, est Vulturne. Tite Live lui donne ce nom dans le récit de cette bataille funeste aux Romains, où Annibal sut mettre notre armée en face tout à la fois du soleil levant et du Vulturne, et nous vainquit, ayant pour auxiliaires le vent et ces rayons dont l'éclat éblouissait les yeux de ses ennemis. Varron aussi se sert du mot Vulturne. Mais *Eurus* a déjà droit de cité, et ne se produit plus dans notre idiome à titre d'étranger. De l'orient solsticial nous arrive le *Cæcias* des Grecs, qui, chez nous, n'a point de nom. L'occident équinoxial nous envoie le Favonius, que ceux même qui ne savent pas le grec vous diront s'appeler Zéphyre. L'occident solsticial enfante le Corus, nommé par quelques-uns Argestès, ce qui ne me semble pas juste; car le Corus est un vent violent, qui ne porte ses ravages que dans une seule direction; tandis que l'Argestès est ordinairement doux, et se fait sentir à ceux qui vont comme à ceux qui reviennent. De l'occident d'hiver se rue l'Africus, le vent furibond que les Grecs ont nommé *Lips*. Dans le flanc septentrional du monde, du tiers le plus élevé souffle l'Aquilon; du tiers qu'occupe le milieu, le Septentrion; et du tiers le plus bas, le Thrascias, pour lequel nous n'avons pas de nom. Au midi se forment l'Euro-Notus, le Notus, en latin Auster, et le Libo-Notus, innommé chez nous.

XVII. J'adopte cette division en douze vents; non qu'il y en ait partout autant, car l'inclinaison du terrain en exclut souvent quelques-uns, mais parce qu'il n'y en a nulle part davantage.

---

(a) Virg., *Énéide*, I, 86.

Ainsi, quand nous disons qu'il y a six cas, ce n'est pas que chaque nom en ait six, c'est qu'aucun n'en reçoit plus de six. Ceux qui ont reconnu douze vents se sont fondés sur la division analogue du ciel. En effet, le ciel est partagé en cinq zones, dont le centre passe par l'axe du monde. Il y a la zone septentrionale, la solsticiale, l'équinoxiale, la brumale, et la zone opposée à la septentrionale. On en ajoute une sixième qui sépare la région supérieure du ciel de la région inférieure. Car, comme tu sais, toujours une moitié du monde céleste est sur notre tête, et l'autre sous nos pieds. Or, cette ligne qui passe entre la portion visible et la portion invisible, les Grecs l'ont appelée *horizon;* les Romains *finitor* ou *finiens*. Il faut joindre à ce cercle le méridien, qui coupe l'horizon à angles droits. De ces cercles, quelques-uns courent transversalement et coupent les autres par leur rencontre. Par une suite nécessaire, les divisions du ciel égalent en nombre ces coupures. Donc l'horizon, ou cercle finiteur, en coupant les cinq cercles dont je viens de parler, forme dix portions : cinq à l'ouest, et cinq à l'est. Le méridien, qui coupe aussi l'horizon, donne deux régions de plus. Ainsi l'atmosphère admet douze divisions, et fournit même nombre de vents. Quelques-uns sont particuliers à certaines contrées et ne vont pas plus loin, ou ne se portent que dans le voisinage. Ceux-là ne s'élancent point des parties latérales du monde. L'Atabulus tourmente l'Apulie, l'Iapyx la Calabre, le Sciron Athènes, le Catégis la Pamphylie, le Circius la Gaule. Bien que ce dernier renverse même des édifices, les habitants lui rendent grâces; ils croient lui devoir la salubrité de leur ciel. Ce qu'il y a de sûr, c'est qu'Auguste, pendant son séjour en Gaule, lui voua un temple qu'il bâtit en effet. Je ne finirais pas si je voulais nommer tous les vents; car il n'est presque aucun pays qui n'en voie quelqu'un naître dans son territoire et mourir dans ses environs.

XVIII. Parmi tant d'autres créations de la Providence, celle-ci donc mérite bien l'admiration de l'observateur; car ce n'est pas dans un but unique qu'elle a imaginé et disposé les vents sur tous les points du globe. Ce fut d'abord pour empêcher l'air de croupir; puis ils durent l'agiter sans cesse, pour le rendre utile et propre à entretenir la vie de tout ce qui respire. Ce fut aussi pour envoyer à la terre les eaux du ciel, et prévenir en même temps leur trop grande abondance. Tantôt, en effet, ils entassent les nuages, tantôt ils les disséminent, afin de répartir les pluies sur tous les climats. L'Auster les pousse sur l'Italie ; l'Aquilon les refoule en Afrique ; les vents Étésiens ne les laissent pas séjourner sur nos têtes. Ces mêmes vents, à la même époque, versent sur l'Inde et l'Éthiopie des torrents continuels. Ajouterai-je que les récoltes seraient perdues pour l'homme, si le souffle de l'air ne détachait la paille superflue du grain à conserver, s'il n'aidait au développement de l'épi et, entr'ouvrant l'enveloppe où le froment se cache, ne rompait cette follicule, comme l'appellent les agriculteurs ? N'est-ce pas à l'aide des vents que tous les peuples communiquent entre eux, et que se mêlent des races qu'avaient séparées les distances? Immense bienfait de la nature, si l'homme, dans sa démence, ne s'en faisait un instrument de ruine ! Hélas ! ce qu'on a généralement dit du premier César, ce que Tite Live a consigné, qu'on ne sait lequel aurait mieux valu pour la république qu'il eût ou n'eût pas existé, on peut aussi l'appliquer aux vents, tant leur utilité, leur nécessité même sont plus que compensées par tout ce que la folie humaine y trouve de moyens homicides. Mais le bien ne change pas de nature, par la faute de qui en abuse pour nuire. Certes, lorsque la Providence, lorsque Dieu, ce grand ordonnateur du monde, a livré l'atmosphère aux vents qui l'agitent et soufflent de tous les points, afin que rien ne dépérisse faute de mouvement; ce n'était pas pour que des flottes, remplies d'armes et de soldats, bordassent presque tous nos rivages et allassent sur l'Océan ou par delà nous chercher un ennemi. Quelle frénésie nous transporte et nous plie à cette tactique d'extermination mutuelle? Nous volons à toutes voiles au-devant des batailles, cherchant le péril pour le péril même*. Nous affrontons l'incertaine fortune, la fureur de tempêtes insurmontables à tout effort humain, une mort sans espoir de sépulture. La paix même vaudrait-elle qu'on la poursuivît par de telles voies ? Nous, cependant, échappés à tant d'invisibles écueils, aux piéges des bas-fonds, à ces orageux promontoires contre lesquels les vents poussent les navigateurs, à ces ténèbres qui voilent le jour, à ces nuits dont la tempête et la foudre augmentent l'horreur, à ces tourbillons qui brisent en éclats les navires, quel fruit retirerons-nous de tant de peines et d'effrois? Harassés de tant de maux, quel port va nous accueillir? la guerre, un rivage hérissé d'ennemis, des nations à massacrer et qui entraîneront en grande partie le vainqueur dans leur ruine, d'antiques cités à détruire par la flamme. Pourquoi ces peuples levés en masse, ces armées qu'on enrôle, qu'on va mettre en ligne au milieu des flots? Pourquoi fatiguons-nous les mers? La terre, sans doute, n'est point assez spacieuse pour s'y égorger. La Fortune nous traite avec trop de tendresse; elle nous donne des corps trop robustes, une santé trop florissante! Le destin ne nous décime pas assez brusquement; chacun peut fixer à l'aise la mesure de ses années, et descendre par une pente douce à la vieillesse! Donc allons sur la mer, provoquons ce destin trop lent à nous atteindre. Malheureux! que cherchez-vous? La mort? elle est partout, elle surabonde. Elle vous arrachera même de votre lit : que du moins elle vous en arrache innocents ; elle vous saisira jusqu'en vos foyers : ah! qu'elle ne vous saisisse point méditant le crime. Comment appeler autrement que frénésie ce besoin de promener la destruction, de se ruer en furieux sur des inconnus, de s'irriter sans offense, de tout dévaster sur son passage, et, comme la bête féroce, d'égorger sans haïr? Celle-ci, du moins, ne mord jamais que pour se venger ou assouvir sa faim; nous, prodigues du sang d'autrui et du nôtre, nous labourons les mers, nous les couvrons de flottes, nous livrons notre vie aux orages, nous implorons des vents favorables; les plus prospères sont ceux qui nous mènent aux batailles. Race criminelle, jusqu'où nos crimes nous ont-ils emportés? Le continent était trop peu pour nos fureurs. Ainsi cet extravagant roi de Perse envahit la Grèce, que son armée inonde, mais qu'elle ne peut vaincre. Ainsi Alexandre, qui a franchi la Bactriane et les Indes, veut connaître ce qui existe par delà la grande mer, et s'indigne que le monde ait pour lui des limites. Ainsi la cupidité fait de Crassus la victime des Parthes: rien ne l'émeut; ni les imprécations du tribun qui le rappelle, ni les tempêtes d'une si longue traversée, ni les foudres prophétiques qui grondent vers l'Euphrate, ni les dieux qui le repoussent. A travers le courroux des hommes et des dieux, il faut marcher au pays de l'or. On n'aurait donc pas tort de dire que la nature eût mieux fait pour nous d'enchaîner le souffle des vents, de couper court à tant de courses insensées, et d'obliger chacun à demeurer en son pays. N'y gagnât-on rien de plus, on ne porterait malheur qu'à soi et aux siens. Mais non : on n'a pas assez des malheurs domestiques; on veut aussi pâtir à l'étranger. Point de terre si lointaine qui ne puisse envoyer quelque part le fléau qu'elle renferme. Que sais-je si aujourd'hui le chef de quelque grand peuple inconnu, gonflé des faveurs de la Fortune, n'aspire pas à porter ses armes au delà de ses frontières et n'équipe pas des flottes dans un but mystérieux? Que sais-je si tel ou tel vent ne va pas m'apporter la guerre? Quel grand pas vers la paix du monde, si les mers nous eussent été closes! Cependant, je le dis encore, nous ne pouvons nous plaindre du divin auteur de notre être, quand nous dénaturons ses bienfaits par un usage contraire à ses desseins. Il a donné les vents pour maintenir la température du ciel et de la terre, pour attirer ou repousser les pluies, pour nourrir les moissons et les fruits des arbres; l'agitation même qu'ils produisent hâte, entre autres causes, la maturité; ils font monter la séve, le mouvement l'empêche de croupir. Il a donné les vents pour qu'on puisse connaître ce qui est au delà des mers; car quel être ignorant que l'homme, et qu'il aurait peu d'expérience des choses, s'il était renfermé dans les limites du sol natal! Il a donné les vents pour que les avantages de chaque contrée du globe deviennent communs à toutes, non pour transporter des légions, de la cavalerie, les armes les plus meurtrières de chaque peuple[1]. A estimer les dons de la nature par l'usage pervers qu'on en fait, nous n'avons rien reçu que pour notre mal. A qui profite le don de la vue, la parole? Pour qui la vie n'est-elle pas un tourment? Trouve-moi une chose tellement utile sous tous les aspects, qu'elle ne soit pas transformée par le crime en arme nuisible. Les vents aussi, la nature les avait créés pour servir au bien; nous en avons fait tout le contraire. Tous nous mènent vers quelque fléau. Les motifs de mettre à la voile ne sont pas les mêmes pour chacun de nous: nul n'en a de légitimes; divers stimulants nous excitent à tenter les hasards de la route; mais toujours est-ce pour obéir à quelque vice. Platon dit ce mot remarquable, et nous finirons par son témoignage : « Ce sont des riens que l'homme achète au prix de sa vie. » Oh! oui, mon cher Lucilius, si tu es bon juge de la folie des hommes, c'est-à-dire de la nôtre (car le même tourbillon nous emporte), tu riras surtout à l'idée qu'on amasse, dans le but de vivre, ce qu'on n'acquiert qu'en usant sa vie!

# LIVRE VI.

Des tremblements de terre. Pompéi. Système de Thalès. Sources du Nil. Aristote, Théophraste, Callisthène tué par ordre d'Alexandre. La philosophie nous aguerrit contre tous les fléaux.

I. Pompéi, ville fort visitée en Campanie, qu'avoisinent d'un côté le cap de Sorrente et Stabies, et de l'autre le rivage d'Herculanum, entre lesquels la mer s'est creusé un golfe riant, fut abîmée, nous le savons, par un tremblement de terre dont souffrirent tous les alentours ; et cela, Lucilius, en hiver, saison privilégiée contre ces sortes de périls, au dire habituel de nos pères. Cette catastrophe eut lieu le jour des nones de février, sous le consulat de Régulus et de Virginius. La Campanie, qui n'avait jamais été sans alarme, bien qu'elle fût restée sans atteinte et n'eût payé de tribut au fléau que la peur, se vit cette fois cruellement dévastée. Outre Pompéi, Herculanum fut en partie détruite, et ce qui en reste n'est pas bien assuré. La colonie de Nucérie, plus respectée, n'est pas sans avoir à se plaindre. A Naples, beaucoup de maisons particulières ont péri, mais point d'édifices publics ; l'épouvantable désastre n'a fait qu'effleurer cette cité. Des villas qui la dominaient, quelques-unes ont tremblé, et n'ont point souffert. On ajoute qu'un troupeau de six cents moutons fut asphyxié, que des statues se fendirent, et qu'après l'événement on vit errer des hommes devenus fous et délirants. Étudions les causes de ces phénomènes : le plan de mon ouvrage, l'à-propos même d'un fait contemporain le demande. Cherchons à rassurer les esprits effrayés, et guérissons l'homme d'une immense terreur. Car où verrons-nous quelque sécurité, quand la terre même s'ébranle et que ses parties les plus solides s'affaissent, quand la seule base inébranlable et fixe qui soutient et affermit tout le reste, s'agite comme une mer ; quand le sol perd l'avantage qui lui est propre, l'immobilité ? Où nos craintes pourront-elles cesser ? Où nos personnes trouveront-elles un refuge ? Où fuiront nos pas chancelants, si la peur naît du sol même, si ses entrailles nous l'envoient ? Tout prend l'alarme au premier craquement d'une maison, au moindre signe qu'elle va crouler ;

chacun se précipite et fuit et laisse là ses pénates pour se fier à la voie publique. Mais quel asile s'offre à nos yeux, quelle ressource, si c'est le monde qui menace ruine; si ce qui nous protége et nous porte, ce sur quoi les villes sont assises, si les fondements du globe, comme ont dit quelques-uns, s'entr'ouvrent et chancellent? Que trouver, je ne dis pas qui vous secoure, mais qui vous console, quand la peur n'a plus même où fuir? Quel rempart assez ferme, en un mot, pour nous défendre et se défendre lui-même? A la guerre, un mur me protége; des forteresses hautes et escarpées arrêteront, par la difficulté de l'accès, les plus nombreuses armées. Contre la tempête, j'ai l'abri du port; que les nuées crèvent sur nos têtes et vomissent sans fin des torrents de pluie, mon toit les repoussera; l'incendie ne me poursuit pas dans ma fuite; et quand le ciel tonne et menace, des souterrains, des cavernes profondes me mettent à couvert. Le feu du ciel ne traverse point la terre; le plus mince obstacle le fait rebrousser. En temps de peste, on peut changer de séjour. Point de fléau qu'on ne puisse éviter. Jamais la foudre n'a dévoré des nations entières; une atmosphère empoisonnée dépeuple une ville, mais ne la fait pas disparaître. Le fléau dont je parle s'étend bien plus loin; rien ne lui échappe, il est insatiable, il compte par masses ses victimes. Ce ne sont point quelques maisons, quelques familles ou une ville seulement qu'il absorbe; c'est toute une race d'hommes, toute une contrée qu'il détruit, qu'il étouffe sous les ruines ou ensevelit dans des abîmes sans fond. Il ne laisse pas trace qui révèle que ce qui n'est plus a du moins été; et sur les villes les plus fameuses, sans nul vestige de ce qu'elles furent, s'étend un nouveau sol. Bien des gens craignent plus que tout autre ce genre de trépas qui engloutit l'homme avec sa demeure et qui l'efface vivant encore du nombre des vivants, comme si tout mode de destruction n'aboutissait pas au même terme. Et c'est où se manifeste surtout la justice de la nature : au jour fatal, notre sort à tous est pareil. Qu'importe donc que ce soit une pierre qui m'écrase, ou le poids de toute une montagne; qu'une maison fonde et s'écroule sur moi, qu'enterré sous ce mince débris, sa seule poussière me suffoque, ou que le globe entier s'affaisse sur ma tête; que mon dernier soupir s'exhale au clair soleil et à l'air libre, ou dans l'immense gouffre du sol entr'ouvert; que je descende seul dans ces profondeurs, ou qu'un nombreux cortége de peuples y tombe avec moi! Qu'il se fasse autour de ma mort plus ou moins de fracas, qu'y gagnerai je? C'est toujours et partout la mort. Armons-nous donc de courage contre une catastrophe qui ne peut s'éviter ni se prévoir. N'écoutons plus ces émigrés de la Campanie, qui, après son désastre, lui ont dit adieu, et jurent de n'y jamais remettre le pied. Qui leur garantit que tel ou tel autre sol porte sur des bases plus solides? Soumis tous aux mêmes chances, les lieux encore inébranlés ne sont pas inébranlables. Celui, peut-être, que tu foules en toute sécurité, va s'entr'ouvrir cette nuit, ou même avant la fin du jour. D'où sais-tu si tu ne serais pas dans des conditions plus favorables sur une terre où le destin a déjà épuisé ses rigueurs, et qui attend l'avenir, appuyée sur ses ruines mêmes (a)? Car ce serait erreur de croire une région quelconque exempte et à couvert de ce péril. Toutes subissent pareille loi. La nature n'a rien enfanté d'immuable. Tel lieu croulera aujourd'hui, tel autre plus tard. Et comme parmi les édifices d'une grande ville on étaye d'abord celui-ci, puis celui-là; ainsi successivement chaque portion du globe se détraque. Tyr a été tristement célèbre par ses écroulements. L'Asie perdit à la fois douze de ses villes. Ce fléau mystérieux, assaillit, l'an dernier, l'Achaïe et la Macédoine, tout à l'heure la Campanie. La destruction fait sa ronde, et ce qu'elle oublie quelque temps, elle sait le retrouver. Ici ses attaques sont rares, là elles sont fréquentes; mais elle n'excepte, elle n'épargne rien. Non-seulement les hommes, éphémères et frêles créatures, mais les villes, les rivages, le voisinage des mers et les mers elles-mêmes sont à sa merci. Et l'on se promet de la Fortune des biens de longue durée; et la prospérité, de toutes les choses humaines la plus prompte à s'envoler, quelque homme la rêve pour soi constante et immuable! On se la promet complète et sans fin, et l'on ne songe pas que cette terre même où nous marchons n'est pas solide. Car le sol de la Campanie, de Tyr, de l'Achaïe, n'est pas le seul qui ait ce défaut de cohésion et que mainte cause puisse désunir; toute la terre est de même : l'ensemble demeure, les parties croulent successivement.

II. Mais que fais-je? J'avais promis de rassurer contre le péril, et je signale partout des sujets d'alarme. J'annonce que rien n'est éternellement calme : tout peut périr et donner la mort. Eh bien! cela même est un motif de nous rassurer, motif le plus

---

(a) Je lis avec Fickert et deux Mss. : *et quæ in futurum ruina sua fulta sunt.* Lemaire : *an quæ in futuram ruinam suam....*

puissant de tous ; car enfin, où le mal est sans remède, la crainte est une folie. La raison guérit les sages de la peur ; les autres doivent au désespoir leur profonde insouciance. C'est pour le genre humain, crois-moi, que s'est dit le mot adressé à ces hommes qui, pris tout à coup entre l'incendie et l'ennemi, restaient frappés de stupeur :

Le salut des vaincus est de n'en plus attendre (a).

Voulez-vous ne plus craindre rien, songez que vous avez tout à craindre [1]. Jetez les yeux autour de vous : qu'il faut peu de chose pour vous briser! Ni le manger, ni le boire, ni la veille, ni le sommeil ne sont salutaires que dans une certaine mesure. Ne sentez-vous pas que nos corps, jouets de l'extérieur, ne sont que faiblesse et fragilité ; que le moindre effort les détruit ? N'y a-t-il en vérité chance suffisante de mort, que si la terre tremble et tout à coup s'effondre, entraînant ce qui couvre sa surface? C'est prendre une haute idée de son être, que de craindre plus que tout le reste la foudre, les secousses du globe et ses déchirements : aie donc conscience de ta faiblesse, ô homme ! crains plutôt la pituite. Sommes-nous donc si heureusement nés, doués de membres si robustes et d'une si gigantesque taille, que nous ne puissions périr si le monde ne s'ébranle, si le ciel ne lance son tonnerre, si la terre ne fond sous nos pieds? Un mal au plus petit de nos ongles, pas même à l'ongle tout entier, rien qu'une déchirure partielle nous tue; et je craindrais les tremblements du sol, moi qu'un flegme peut étouffer! J'aurais grand'peur que la mer ne sortît de son lit; que le flux, plus impétueux que de coutume, ne poussât une plus grande masse d'eau sur la côte, quand on a vu des hommes suffoqués par un breuvage avalé de travers! Insensé, que la mer épouvante, tu sais qu'une goutte d'eau peut te faire périr [2]! La grande consolation de la mort est dans la nécessité même de mourir, et rien n'affermit contre toutes les menaces du dehors comme l'idée des dangers sans nombre qui couvent dans notre propre sein. Qu'y a-t-il de moins sage que de défaillir au bruit du tonnerre ; que d'aller rampant sous la terre pour se dérober à ses coups; que d'appréhender les oscillations ou la chute soudaine des montagnes, les irruptions de la mer jetée hors de ses limites, quand la mort est partout présente et arrive de toutes parts, quand tel atome, des plus

(a) *Énéide*, II, 354.

imperceptibles, porte en soi de quoi perdre le genre humain ? Loin que ces malheurs doivent nous consterner, comme plus terribles en eux-mêmes qu'une fin ordinaire, tout au contraire, puisqu'il faut sortir de la vie, et que notre âme un jour nous quittera, soyons fiers de périr dans ces crises solennelles [5]. Il faut mourir dans tel ou tel lieu, plus tôt ou plus tard. Cette terre dût-elle demeurer ferme, ne rien perdre de ses limites, n'être bouleversée par aucun fléau, elle n'en sera pas moins un jour sur ma tête. Qu'importe donc qu'on la jette sur moi, ou qu'elle s'y jette d'elle-même? Déchirés par je ne sais quelle puissance irrésistible et fatale, ses flancs se crèvent et m'entraînent dans d'immenses profondeurs ; eh bien quoi ? La mort est-elle plus légère à sa surface? Qu'ai-je à me plaindre, si la nature ne veut pas que je repose dans un lieu sans renom, si elle me fait une tombe d'un de ses débris? C'est une noble pensée que celle de Vagellius dans un poëme bien connu :

   S'il faut tomber,
dit-il,
      je veux tomber des cieux [4].

De même nous pouvons dire : S'il faut tomber, que ce soit par une secousse du globe ; non que des désastres publics ne soient pas chose impie à souhaiter, mais parce qu'un grand motif de se résigner à la mort, c'est de voir que la terre elle-même est périssable.

III. Il est bon aussi de songer avant tout que les dieux n'opèrent aucune de ces révolutions ; que ce n'est point leur courroux qui ébranle le ciel ou la terre. Ces phénomènes ont leurs causes propres et ne sévissent pas à commandement ; ils naissent, comme dans le corps humain, de quelques vices désorganisateurs, et lorsqu'elle paraît faire souffrir, c'est la matière qui souffre. Mais, dans l'ignorance où nous sommes de la vérité, tout nous épouvante ; et la rareté de la chose augmente nos terreurs. Des accidents habituels frappent moins ; l'insolite effraye plus que tout le reste. Or, qui rend un fait insolite pour l'homme? C'est qu'il voit la nature par d'autres yeux que ceux de la raison ; c'est qu'il songe, non à ce que peut cette nature, mais à ce qu'elle vient de faire. Ainsi nous sommes punis de notre irréflexion par la peur que nous donnent des faits tout nouveaux, ce nous semble, et qui sont seulement inaccoutumés. Et, en effet, n'est-il pas vrai qu'une religieuse terreur saisit les esprits, les nations entières, quand le soleil, ou même la lune, dont les éclipses sont plus fréquentes, nous dérobent tout ou partie de leur disque? C'est pis encore lorsque des flammes traversent obliquement le ciel; lorsqu'on voit une partie de l'atmosphère en feu, ou des astres chevelus, ou plusieurs soleils à la fois, ou des étoiles en plein jour, ou des feux soudains qui volent dans l'espace avec une longue traînée de lumière. On tremble alors et l'on s'étonne; et quoique cette crainte vienne d'ignorance, on dédaigne de s'instruire pour ne plus craindre. Combien il vaudrait mieux s'enquérir des causes, et porter sur ce point toutes les forces de son attention. Il n'est rien à quoi l'esprit puisse, je ne dis pas se prêter, mais se dévouer plus dignement.

IV. Cherchons donc quelle cause agite la terre ⁵ jusqu'en ses fondements et met en branle une si pesante masse; quelle est cette force, plus puissante que le globe, qui en fait crouler les immenses supports; pourquoi la terre tantôt tremble, tantôt, n'ayant plus de lien, s'affaisse, tantôt se disjoint et se morcelle; pourquoi, après un éboulement, elle reste longtemps entr'ouverte, ou se rapproche tout de suite; pourquoi elle engloutit des fleuves renommés pour leur grandeur, ou en fait jaillir de nouveaux; pourquoi elle ouvre de nouvelles sources d'eaux chaudes, ou en refroidit d'anciennes; pourquoi des feux sont vomis des montagnes ou des rochers par des cratères jusque-là inconnus; tandis que des volcans fameux pendant des siècles viennent à s'éteindre. Elle opère des prodiges sans nombre, change la face des lieux, déplace des montagnes, exhausse des plaines, des vallées, forme des collines, fait surgir du fond des mers de nouvelles îles. Les causes de ces révolutions méritent bien d'être approfondies. « Mais quel sera le prix de ma peine ? » Le plus grand de tous, la connaissance de la nature. Ce que ces sortes de recherches ont de plus beau, outre qu'à mille égards elles serviront l'avenir, c'est que la magnificence même du sujet captive l'homme, c'est qu'il y porte non l'esprit de lucre, mais un culte d'admiration. Commençons donc l'étude de ces mystères auxquels il m'est si doux d'être initié, que, bien qu'ayant déjà publié dans ma jeunesse un livre sur les *tremblements de terre*, j'ai voulu m'essayer encore une fois, et voir si l'âge m'a fait gagner en science ou du moins en sagacité⁶.

V. La cause qui fait trembler la terre est due, selon les uns, à l'eau; selon d'autres, au feu; à la terre elle-même, disent ceux-ci ; à l'air, disent ceux-là ; quelques-uns admettent le concours de plusieurs de ces causes ; certains les admettent toutes. Enfin, on a dit qu'évidemment c'était l'une d'elles : mais laquelle? On n'en était pas sûr. Passons en revue chacun de ces systèmes ; ceux des anciens, je dois le dire avant tout, sont peu réfléchis, sont informes. Ils erraient encore autour de la vérité. Tout était nouveau pour eux qui n'allaient d'abord qu'à tâtons ; on a poli leurs grossières idées, et si l'on a fait quelques découvertes, c'est à eux néanmoins que l'honneur en doit revenir. Il a fallu des esprits élevés pour écarter le voile qui couvre la nature, et, sans s'arrêter à ce qu'elle montre aux yeux, sonder jusqu'en ses entrailles et descendre dans les secrets des dieux. Ils ont beaucoup aidé aux découvertes en les croyant possibles. Écoutons donc les anciens avec indulgence ; rien n'est complet dès son début. Et cela est vrai non-seulement de la question qui nous occupe, si importante et si obscure, que, même après de nombreux travaux, chaque siècle trouvera encore à faire : mais, en quoi que ce soit, toujours les commencements sont loin de la perfection.

VI. Que l'eau soit cause des tremblements de terre, c'est ce qu'affirment divers auteurs et avec divers arguments. Thalès de Milet estime que le globe entier a pour support une masse d'eaux sur laquelle il flotte, et qu'on peut appeler Océan ou grande mer, ou élément jusqu'ici de nature simple, l'élément humide. Cette eau, dit-il, soutient la terre ; et l'immense navire pèse sur le liquide qu'il comprime. Il est superflu d'exposer les motifs qui font croire à Thalès que la partie de l'univers la plus pesante ne saurait porter sur une substance aussi ténue, aussi fugace que l'air : il ne s'agit pas maintenant de l'assiette du globe, mais de ses secousses. Thalès apporte en preuve de son système, que presque toujours les grandes secousses font jaillir des sources nouvelles, comme il arrive dans les navires qui, lorsqu'ils penchent et s'inclinent sur le flanc, sont envahis par l'eau ; toujours, s'il y a surcharge, l'eau vient couvrir le bâtiment, ou du moins s'élève à droite et à gauche plus que de coutume. La fausseté de cette opinion se démontre sans longs raisonnements. Si la terre était soutenue par l'eau, elle tremblerait quelquefois dans toute sa masse et toujours serait en mouvement ; ce ne serait pas son agitation qui étonnerait, mais son repos. Elle s'ébranlerait tout entière, non partiellement ; car ce n'est jamais la moitié seulement d'un navire qui est battue des flots. Or, les tremblements de notre terre ne sont pas universels, mais partiels. Comment serait-il possible qu'un corps porté tout entier par l'eau ne fût pas agité tout entier, quand ce fluide est agité? « Mais d'où viennent les eaux qu'on a vues jaillir ? » D'abord, souvent la terre tremble, sans qu'il en sorte de nouvelles eaux. Ensuite, si telle était la cause de ces éruptions, elles n'auraient lieu qu'autour des flancs du globe; ce que nous voyons arriver sur les fleuves et en mer : l'exhaussement de l'onde, à mesure que s'enfonce le navire, se remarque surtout aux flancs du bâtiment. Enfin l'éruption dont on parle ne serait pas si minime, et comme une voie d'eau qui s'infiltre par une fente légère; l'inondation serait immense en raison de l'abîme infini sur lequel flotterait le monde.

VII. D'autres, en attribuant à l'eau les tremblements de terre, les expliquent autrement. La terre, disent-ils, est traversée en tous sens de cours d'eau de plus d'une espèce; tels sont, entre autres, quelques grands fleuves constamment navigables même sans le secours des pluies. Ici le Nil, qui roule en été d'énormes masses d'eaux; là, coulant entre le monde romain et ses ennemis, le Danube et le Rhin : l'un qui arrête les incursions du Sarmate et forme la limite de l'Europe et de l'Asie; l'autre qui contient cette race germanique si avide de guerre. Ajoute l'immensité de certains lacs, des étangs entourés de peuplades qui entre elles ne se connaissent pas, des marais innavigables, et que ne peuvent pas même traverser ceux qui en habitent les bords. Et puis tant de fontaines, tant de sources mystérieuses qui vomissent des fleuves comme à l'improviste. Enfin tous ces torrents impétueux, formés pour un moment, et dont le déploiement est d'autant plus prompt qu'il dure moins. Toutes ces eaux se retrouvent sous terre, de même nature et de même aspect. Là aussi, les unes sont emportées dans un vaste cours et retombent par tourbillons en cataractes; d'autres, plus languissantes, s'étendent sur des lits moins profonds et suivent une pente douce et paisible. Il faut, sans contredit, que de vastes réservoirs les alimentent, et qu'il y en ait de stagnantes en plus d'un lieu. On croira, sans longs arguments, que les eaux abondent là où sont toutes les eaux du globe. Car comment suffirait-il à produire tant de rivières, sans l'inépuisable réserve d'où il les tire? S'il en est ainsi, n'est-il pas inévitable que quelquefois l'un de ces fleuves déborde, abandonne ses rives, et frappe d'un choc violent ce qui lui fait obstacle? Il y aura alors ébranlement dans la partie de la terre que le fleuve aura frappée, et qu'il ne cessera de battre jusqu'à ce qu'il décroisse. Il peut se faire qu'un fort courant d'eau mine quelque canton et en emporte quelque brèche, dont l'éboulement fasse trembler les couches supérieures. Enfin, c'est être trop esclave de ses yeux et ne point porter au delà sa pensée, que de ne pas admettre qu'il y ait dans les profondeurs de la terre toute une mer immense. Je ne vois point quel obstacle empêcherait que ces cavités n'eussent aussi leurs rivages, leurs secrets canaux qu'alimente une mer aussi spacieuse que les nôtres, plus spacieuse peut-être, la surface du sol devant laisser leur part à tant d'êtres vivants ; au lieu que l'intérieur, dépourvu d'habitants, laisse aux eaux une place plus libre. Pourquoi n'auraient-elles pas leurs fluctuations et ne seraient-elles pas agitées par les vents qu'engendre tout vide souterrain et toute espèce d'air? Il se peut donc qu'une tempête plus forte que de coutume ébranle et soulève violemment quelque partie du sol. N'a-t-on pas vu souvent, assaillis tout à coup par la mer, des lieux très-peu voisins de ses rivages, et des villas, qui la regardaient de loin, submergées par les flots qu'auparavant on y entendait à peine? La mer souterraine peut de même croître et décroître (*a*), et jamais sans qu'il y ait contre-coup au-dessus d'elle.

VIII. Je ne crois pas que tu hésites longtemps à admettre des fleuves souterrains et une mer invisible : car d'où s'élancent les eaux, qui montent jusqu'à nous, sinon de ces réservoirs intérieurs? Eh! quand tu vois le Tigre, interrompu au milieu de sa course, se dessécher et disparaître non tout entier, mais peu à peu, par déperditions insensibles qui enfin le réduisent à rien, où penses-tu qu'il aille, sinon dans les profondeurs de la terre, lorsque d'ailleurs il va en ressortir à tes yeux tout aussi fort qu'auparavant ? Et quand tu vois l'Alphée, tant célébré par les poëtes, se perdre en Achaïe, puis traversant la mer, reparaître en Sicile et nous donner la riante fontaine Aréthuse? Ignores-tu que dans les systèmes qui rendent raison du débordement du Nil en été, il en est un qui le fait venir de la terre même, et qui attribue la crue du fleuve non aux eaux du ciel, mais aux eaux intérieures? Deux centurions que l'empereur Néron, passionné pour toutes les belles choses et surtout pour la vérité (*b*), avait envoyés à la recherche des sources du Nil, racontaient devant moi qu'ayant parcouru une longue route,

---

(*a*) Je lis avec deux Mss. : *accedere ac recedere....* ce qui concorde avec *quorum neutrum fit.* Lemaire : *accedere.*

(*b*) Voir chap. IV et la note 6

aidés des secours du roi d'Éthiopie et recommandés par lui aux rois voisins, ils voulurent pénétrer plus avant et arrivèrent à un immense marais. « Les indigènes, ajoutaient-ils, ne savent pas où il finit, et il faut désespérer de le savoir, tant les herbages y sont entremêlés à l'eau, tant cette eau est peu guéable, et impraticable aux navires. Une petite barque, avec un seul homme, est tout ce que peut porter ce marais fangeux, tout hérissé d'obstacles. Là, me dit l'un des centurions, nous vîmes deux rochers d'où tombait un énorme cours d'eau. » Que ce soit la source ou un affluent du Nil, qu'il naisse en ce lieu ou ne fasse qu'y reparaître après une course souterraine, quoi que ce soit enfin, douteras-tu que cette eau ne vienne d'un grand lac perdu sous le sol? Il faut que la terre renferme en maint endroit beaucoup d'eaux éparses, qu'elle réunit en un bassin commun, pour qu'elle puisse vomir de si forts courants.

IX. D'autres, qui attribuent les tremblements de terre au feu, varient sur son mode d'action. Anaxagore est particulièrement de cette opinion : « que la cause des orages est analogue à celle des tremblements de terre; c'est-à-dire qu'un vent enfermé sous terre vient à en briser l'air épais et condensé en nuages, aussi violemment que sont brisées les nuées du ciel; et que de cette collision de nuages, de ce choc de l'air écrasé sur lui-même s'allume un feu soudain. Ce feu, heurtant tout ce qui s'offre à lui, cherche une issue, écarte tout obstacle, tant qu'enfin, resserré dans un étroit passage, il trouve une route pour s'échapper à l'air libre, ou s'en fait une par la violence et la destruction. » Ceux qui expliquent autrement le même phénomène disent « que ce feu couve en plus d'un endroit (a), consumant tout ce qui l'avoisine, et que, si les parties rongées tombent, leur chute entraîne tout ce qui perd en elles son appui, nul support nouveau n'étant là pour arrêter l'écroulement. Alors s'ouvrent des gouffres béants, de vastes abîmes, où, après avoir branlé longtemps, le sol se rassoit sur les parties demeurées fermes. C'est ce que nous voyons dans nos villes, quand l'incendie en dévore quelques édifices; les poutres une fois brûlées ou les supports de la toiture détruits, le faîte qui a longtemps balancé s'effondre, et l'ébranlement, les oscillations ne cessent que lorsqu'il rencontre un point d'appui. »

X. Anaximène voit dans la terre elle-même la cause de ces tremblements : selon lui, elle ne reçoit du dehors aucune im-

---

(a) Je lis : *pluribus obrutus locis*. Un Ms. : *ruptus*. Un autre *obvius*.

pulsion ; mais dans son sein tombent les débris détachés d'elle-même, dissous par l'eau, ou rongés par le feu, ou arrachés par un souffle violent ; et à défaut même de ces trois causes, les causes internes de déchirement et de destruction ne manquent pas. D'abord, en effet, tout s'écroule avec le temps, et rien n'échappe à la vieillesse, qui mine les corps les plus solides et les plus robustes. Tout comme, dans les vieux édifices, il est des portions qui tombent, même sans aucun choc, quand la force ne fait plus équilibre au poids ; ainsi, dans cette charpente de tout le globe, il arrive à certaines parties de se dissoudre de vétusté ; dissoutes, elles ébranlent par leur chute ce qui est au-dessus d'elles, d'abord en se détachant, car aucun corps considérable ne se sépare d'un autre sans le mettre en mouvement, ensuite lorsque, précipitées, tout objet résistant les fait rebondir, comme une balle qui ne tombe que pour rejaillir, qui, souvent chassée, est chaque fois renvoyée par le sol d'où elle prend encore son élan. Si ces débris vont choir dans une eau stagnante, les lieux voisins sentent la commotion : d'énormes flots y sont brusquement refoulés sous le choc de masses lancées de si haut.

XI. Certains philosophes, tout en expliquant les tremblements de terre par le feu, lui assignent un autre rôle. Ce feu, qui bouillonne en plusieurs endroits, exhale nécessairement des torrents de vapeurs qui n'ont pas d'issue et qui dilatent fortement l'air ; avec plus d'énergie, ils font voler en éclats les obstacles ; moins véhements, ils ne peuvent qu'ébranler le sol. Nous voyons l'eau bouillonner sur le feu. Ce que nos foyers produisent sur ce peu de liquide dans une étroite chaudière, ne doutons pas que le vaste et ardent foyer souterrain ne le produise avec plus de force sur de grands amas d'eaux. Alors la vapeur de ces eaux bouillonnantes secoue vivement tout ce qu'elle frappe.

XII. Mais l'air est le mobile qu'admettent les plus nombreuses et les plus grandes autorités. Archélaüs, très-versé dans l'antiquité, s'exprime ainsi : « Les vents s'engouffrent dans les cavités de la terre ; là, quand tout l'espace est rempli, et l'air aussi condensé qu'il peut l'être, le nouvel air qui survient foule et comprime le premier, et de ses coups redoublés il le resserre, puis le disperse en désordre. Celui-ci, qui cherche à se faire place, écarte tous les obstacles et s'efforce de briser ses barrières ; ainsi arrivent les tremblements de terre, par la lutte de l'air impatient de fuir. Ces commotions ont pour avant-coureur un air calme et que rien n'agite, parce que la force impulsive, qui d'ordinaire déchaîne les vents, est concentrée dans les cavités souterraines. » Naguère, en effet, lors du tremblement de la Campanie, bien qu'on fût en hiver, l'atmosphère quelques jours avant fut constamment tranquille. Qu'est-ce à dire? La terre n'a-t-elle jamais tremblé un jour de vent? Il est bien rare que deux vents soufflent à la fois. La chose pourtant est possible et se voit : si nous admettons, et s'il est constant que deux vents opèrent simultanément quand le sol tremble, pourquoi l'un n'agiterait-il pas l'air supérieur, l'autre l'air souterrain?

XIII. On peut ranger dans cette opinion Aristote, et son disciple Théophraste, dont le style, sans être divin comme le trouvaient les Grecs, a de la douceur et une élégance qui ne sent point le travail. Voici ce que l'un et l'autre pensent. « Il sort toujours de la terre des vapeurs, tantôt sèches, tantôt mêlées d'humidité. Celles-ci, venues des entrailles du globe, et s'élevant aussi haut qu'elles peuvent, lorsqu'elles ne trouvent plus à monter davantage, rétrogradent et se roulent sur elles-mêmes ; et comme la lutte des deux courants d'air opposés repousse violemment les obstacles, soit que les vents se trouvent renfermés, soit qu'ils fassent effort pour fuir par un étroit passage, il y a alors secousse et fracas. » De la même école est Straton, lequel a cultivé surtout cette branche de la philosophie et exploré la nature. Voici comment il se prononce : « Le froid et le chaud se contrarient toujours et ne peuvent demeurer ensemble ; le froid passe à l'endroit que le calorique abandonne ; et réciproquement la chaleur revient quand le froid est chassé. » Ceci est incontestable : quant à l'antipathie des deux principes, je la prouve ainsi. En hiver, quand le froid règne sur la terre, les puits, les cavernes, tous les lieux souterrains sont chauds, parce que la chaleur s'y est réfugiée, cédant au froid l'empire du dehors ; quand cette chaleur a pénétré, s'est accumulée sous terre autant qu'elle a pu, sa puissance est en raison de sa densité. Une nouvelle chaleur survient qui, forcément associée à celle-ci, pèse sur elle et lui fait quitter la place. En revanche, même chose a lieu si une couche de froid plus puissante pénètre dans les cavernes. Toute la chaleur qu'elles recélaient se retire, se resserre et s'échappe impétueusement ; ces deux natures ennemies ne pouvant ni faire alliance, ni séjourner en même lieu. Ainsi mise en fuite et voulant sortir à toute force, la chaleur écarte et brise tout ce qui l'avoisine ; voilà pourquoi, avant les commotions terrestres, on entend les mugissements de ces courants d'air déchaînés dans les profondeurs du globe. Et l'on n'entendrait pas sous ses pieds, comme dit Virgile :

> Le sol au loin mugir et les monts chanceler (a),

si ce n'était l'œuvre des vents. De plus, ces luttes ont leurs alternatives; ce n'est pas toujours la chaleur qui se concentre et fait explosion. Le froid recule et fait retraite, pour triompher bientôt à son tour; suivant ces alternatives et ces retours divers de l'air en mouvement, la terre tremble.

XIV. D'autres estiment que l'air et l'air seul produit ces commotions, mais qu'il les produit autrement que ne le veut Aristote. Écoutons-les parler : « Notre corps est arrosé par le sang et par l'air qui court dans ses canaux particuliers. Quelques-uns de ces conduits sont plus étroits que les autres, et l'air ne fait qu'y circuler; mais nous avons des réservoirs plus grands où il s'amasse et de là se répand dans les autres parties. De même la terre, ce vaste corps, est pénétrée par les eaux qui lui tiennent lieu de sang, et par les vents, cet air, on peut le dire, qu'elle respire par tous ses pores. Ces deux fluides tantôt courent ensemble, tantôt s'arrêtent en même temps. Or, dans le corps humain, tant que dure l'état de santé, le mouvement des artères a lieu sans trouble et régulièrement; mais au moindre accident, la fréquence du pouls, les soupirs, les étouffements annoncent la souffrance et la fatigue : ainsi la terre, dans son état naturel, reste immobile. Quelque désordre survient-il, alors, comme un corps malade, elle s'agite; ce souffle, qui circulait doucement, chassé avec plus d'énergie, fouette les veines où il court, mais non pas comme le disent ceux dont j'ai parlé ci-dessus, et qui croient la terre un être vivant. Car alors cet être frissonnerait également dans toute son étendue, puisque chez l'homme la fièvre ne mord pas sur telle partie plus que sur telle autre (b), mais les envahit et les ébranle toutes également. » Tu vois qu'il doit s'infiltrer dans la terre quelque souffle de l'air ambiant, et que, tant qu'il trouve une libre sortie, il circule sans dommage; mais s'il rencontre un obstacle, si quelque barrière l'arrête, surchargé du poids de l'air qui le presse par derrière, il fuit avec effort par quelque ouverture, avec

---

(a) *Énéide*, VI, 286.
(b) Je lis, d'après un Mss. : *mordacius*. Un autre : *moratius*. Un troisième : *moderatius*

d'autant plus d'énergie qu'il est plus comprimé. Ceci ne peut avoir lieu sans lutte, ni la lutte sans ébranlement. Mais si l'air ne trouve pas même d'ouverture pour s'échapper, il se roule avec fureur sur lui-même, et s'agite en tous sens, il renverse, il déchire. Puissant, malgré sa ténuité, il pénètre dans les lieux les plus obstrués ; dans quelque corps qu'il s'introduise, il le disjoint violemment, il le fait éclater. Alors la terre tremble ; car ou elle s'ouvre pour lui donner passage, ou, après lui avoir fait place, dépourvue de base, elle s'éboule dans le gouffre dont elle l'a fait sortir.

XV. Suivant une autre opinion, la terre est criblée de pores : elle a non-seulement ses canaux primitifs, qui lui furent originairement donnés comme autant de soupiraux, mais beaucoup d'autres que le hasard y a creusés. L'eau a entraîné la terre qui couvrait certains points ; les torrents en ont rongé d'autres ; ailleurs, de grandes chaleurs ont crevassé et ouvert le sol. C'est par ces interstices qu'entre le vent ; s'il se trouve enfermé et poussé plus avant par la mer souterraine, si le flot ne lui permet pas de rétrograder, alors ne pouvant ni s'échapper, ni remonter, il tourbillonne, et comme il ne peut suivre la ligne droite, sa direction naturelle, il fait effort contre les voûtes de la cavité, et frappe en tous sens la terre qui le comprime.

XVI. Énonçons encore un point que la plupart des auteurs soutiennent, et qui, peut-être, ralliera les esprits. Il est évident que la terre n'est point dépourvue d'air ; et je ne parle pas seulement de cet air qui la fait cohérente, qui rapproche ses molécules, et qui se trouve jusque dans les pierres et les cadavres, mais d'un air vital, végétatif, qui alimente tout à sa surface. Autrement, comment pourrait-elle infuser la vie à tant d'arbustes, à tant de graines, qui sans air n'existeraient pas ? Comment suffirait-elle à l'entretien de tant de racines qui plongent de mille manières dans son sein, les unes presque à sa surface, les autres à de grandes profondeurs, si elle n'avait en elle des flots de cet air générateur d'où naissent tant d'êtres variés qui le respirent et qui lui doivent leur nourriture et leur croissance ? Ce ne sont encore là que de légers arguments. Ce ciel tout entier, que circonscrit la région ignée de l'éther, la plus élevée du monde, toutes ces étoiles dont le nombre est incalculable, tout ce chœur céleste, et, sans parler des autres astres, ce soleil qui poursuit son cours si près de nous, qui surpasse plus d'une fois en grosseur toute la sphère terrestre, tous tirent leurs aliments de la terre et se partagent les vapeurs qu'elle exhale, seule pâture qui les entretienne. Ils ne se nourrissent pas d'autre chose. Or, la terre ne pourrait suffire à des corps si nombreux, à des masses bien plus grandes qu'elle-même, si elle n'était remplie du fluide vital qui, nuit et jour, s'échappe de tous ses pores. Il est impossible qu'il ne lui en reste pas beaucoup, quoi qu'on lui demande et qu'on lui enlève, et il faut que ce qui sort d'elle se reproduise incessamment. Car elle n'aurait pas de quoi fournir sans fin à tous ces corps célestes, sans échange réciproque et transmutation d'éléments. Il faut en outre que cet air abonde en elle, qu'elle en soit remplie, qu'elle ait des réservoirs où elle puise. Il n'est donc pas douteux que la terre cache dans son sein des gaz en grand nombre, et que l'air y occupe de sombres et vastes cavités. S'il en est ainsi, de fréquentes commotions devront troubler cette masse pleine de ce qu'il y a de plus mobile au monde. Car, qui peut en douter? de tous les éléments, l'air est le plus inquiet, le plus inconstant, le plus ami de l'agitation.

XVII. Il s'ensuit donc qu'il agit selon sa nature, et que, toujours prêt à se mouvoir, il met parfois en mouvement tout le reste. Et quand? lorsqu'il est arrêté dans son cours. Tant que rien ne l'empêche, il coule paisiblement; est-il repoussé ou retenu il devient furieux et brise ses barrières; on peut le comparer

A l'Araxe indigné contre un pont qui l'outrage (a).

Le fleuve, tant que son lit est libre et ouvert, développe à mesure le volume de ses eaux : mais si la main de l'homme ou le hasard a jeté sur sa voie des rochers qui le resserrent, alors il s'arrête pour mieux s'élancer; et plus il a d'obstacles devant lui, plus il trouve de ressources pour les vaincre. Toute cette eau, en effet, qui survient par derrière et qui s'amoncèle sur elle-même, cédant enfin sous son propre poids, s'apprête à tout rompre de force et se précipite emportant ses digues dans sa fuite. Il en est de même de l'air. Plus il est puissant et délié, plus il court avec rapidité, et brise violemment toute barrière : de là un ébranlement de la partie du globe sous laquelle il luttait. Ce qui prouve que cela est vrai, c'est que souvent, après une commotion, quand il y a eu déchirement du sol, du vent s'en échappe pendant plusieurs jours, comme la tradition le rapporte du tremblement de terre de Chalcis. Asclépiodote, disciple de Posidonius, en parle dans son livre des *Questions naturelles.*

(a) *Énéide*, VIII, 728.

On trouve aussi dans d'autres auteurs que la terre s'étant ouverte en un endroit, il en sortit assez longtemps un courant d'air qui évidemment s'était frayé le passage par où il débouchait.

XVIII. La grande cause des tremblements de terre est donc ce fluide, naturellement fougueux, qui court de place en place. Tant qu'il ne reçoit nulle impulsion, enseveli dans un espace libre, il y repose inoffensif et ne tourmente pas ce qui l'environne. Si un moteur accidentel le trouble, le repousse, le tient à l'étroit, il ne fait encore que céder et vaguer au hasard. Mais si tout moyen de fuir lui est enlevé, et si tout lui fait obstacle, alors

Il fait mugir les monts,
Et frémit avec rage en ses noires prisons (a),

qui longtemps ébranlées se brisent et volent en éclats; il s'acharne d'autant plus que la résistance est plus forte et la lutte plus longue. Enfin, quand il a longtemps parcouru les lieux où il est enfermé et dont il n'a pu s'évader, il rebrousse vers le point même d'où vient la pression, et s'infiltre par des fentes cachées faites par ses secousses mêmes, ou s'élance au dehors par une brèche nouvelle. Ainsi rien ne peut contenir une telle force; point de barrière qui arrête le vent; il les rompt toutes, il emporte tous les fardeaux, il se glisse en d'étroites fissures, qu'il agrandit pour se mettre à l'aise; indomptable nature, puissance libre et impétueuse, qui reprend toujours ses droits. Oui, c'est là une chose invincible; et il n'est prison au monde

Qui retienne, enchaînés sous des lois prévoyantes,
Les indociles vents, les tempêtes bruyantes (b).

Sans doute la poésie, par ce mot de prison, a voulu entendre ce lieu souterrain qui les cache et qui les recèle. Mais elle n'a point vu que ce qui est enfermé n'est point encore un vent, et que ce qui est vent ne supporte point de clôture. L'air captif est calme et stagnant; qui dit vent dit toujours fuite. Ici se présente un nouvel argument, qui prouve que les tremblements de terre sont produits par l'air. C'est que nos corps mêmes ne frissonnent que si quelque désordre en agite l'air intérieur, condensé par la crainte, ou alangui par l'âge, ou engourdi

(a) *Énéide*, I, 55. — (b) *Énéide*, I, 53.

dans les veines, ou glacé par le froid, ou dérangé dans son cours aux approches de la fièvre. Tant qu'il circule sans accident, et suit sa marche ordinaire, le corps ne tremble point; mais si une cause quelconque vient embarrasser ses fonctions, il ne suffit plus à soutenir ce qu'il maintenait par sa vigueur; il rompt, en fléchissant, tout son équilibre normal.

XIX. Écoutons, il le faut bien, ce que Métrodore de Chio énonce comme un arrêt. Car je ne me permets pas d'omettre même les opinions que je n'admets point : il est plus sage de les exposer toutes, et mieux vaut condamner ce qu'on désapprouve que de n'en point parler. Or, que dit-il? « Que tout comme la voix d'un chanteur enfermé dans un tonneau en parcourt la totalité, en fait vibrer et résonner les parois, et quoique poussée légèrement, ne laisse pas, par sa circonvolution, d'ébranler avec frémissement le vaisseau où elle est captive; ainsi les spacieuses cavernes qui s'enfoncent sous le sol contiennent de l'air qui, frappé par l'air supérieur, les ébranle de même que ces vaisseaux dont je viens de parler et dont la voix d'un chanteur fait résonner les vides. »

XX. Venons à ceux qui admettent toutes les causes ci-dessus énoncées, ou du moins plusieurs d'entre elles. Démocrite en admet plusieurs. Il dit : « que les tremblements de terre sont dus quelquefois à l'air, quelquefois à l'eau, quelquefois à tous deux; » et il explique ainsi son idée : « Il y a dans la terre des cavités où affluent de grandes masses d'eaux; de ces eaux, les unes sont plus légères, plus fluides que les autres; repoussées par la chute de quelque corps pesant, elles vont heurter la terre et l'agitent. Car cette fluctuation des eaux ne peut avoir lieu sans un mouvement du corps frappé. Ce que nous disions tout à l'heure de l'air doit se dire pareillement de l'eau accumulée en un lieu trop étroit pour la contenir : elle pèse sur quelque point, et s'ouvre une route tant par son poids que par son impétuosité; longtemps captive, elle ne peut trouver d'issue que par une pente, ni tomber directement sans une certaine force ou sans ébranlement des parties à travers lesquelles et sur lesquelles elle tombe. Mais si, lorsqu'elle commence à fuir, un embarras l'arrête, replie ce courant sur lui-même, elle rebrousse vers la terre qui s'avance à l'encontre, et donne une secousse aux saillies les plus avancées. Parfois aussi la terre pénétrée par l'eau s'affaisse profondément, et sa base même est minée; alors une pression plus forte s'exerce sur le côté où le poids des eaux se fait le plus sentir. D'autres fois c'est le vent qui pousse les eaux, et qui, déchaîné avec violence, ébranle la partie de la terre contre laquelle il lance les ondes amoncelées. Souvent, engouffré dans les canaux intérieurs du globe, d'où il cherche à fuir, il agite tous les alentours : car la terre est perméable aux vents, fluide trop subtil pour pouvoir être tenu en dehors, et trop puissant pour qu'elle résiste à son action vive et rapide. »

Épicure admet la possibilité de toutes ces causes, et en propose plusieurs autres : il blâme ceux qui se prononcent pour une seule, vu qu'il est téméraire de donner comme certain ce qui ne peut être qu'une conjecture. « L'eau, dit-il, peut ébranler la terre, en la détrempant et en rongeant certaines parties qui deviennent trop faibles pour servir de bases comme auparavant. Le tremblement peut être produit par l'action de l'air intérieur, dans lequel l'introduction de l'air extérieur porterait le trouble. Peut-être l'écroulement subit de quelque masse venant à refouler l'air cause-t-il la commotion. Peut-être le globe est-il en quelques endroits soutenu comme par des colonnes et des piliers qui, entamés et fléchissants, font chanceler la masse qu'ils supportent. Peut-être un vent brûlant, converti en flamme et analogue à la foudre, fait-il en courant un immense abatis de ce qui lui résiste. Peut-être des eaux marécageuses et dormantes, soulevées par le vent, ébranlent-elles la terre par leur choc, ou le mouvement même de ces eaux accroît-il l'agitation de l'air qu'il irrite et porte de bas en haut. » Au reste, il n'est aucune de ces causes qui paraisse à Épicure plus efficace que le vent.

XXI. Nous aussi, nous croyons que l'air seul peut produire de tels efforts ; car rien dans la nature n'est plus puissant, plus énergique ; et sans air les principes les plus actifs perdent toute leur force. C'est lui qui anime le feu ; sans lui les eaux croupissent ; elles ne doivent leur fougue qu'à l'impulsion de ce souffle, qui emporte de grands espaces de terre, élève des montagnes nouvelles, et crée au milieu des mers des îles qu'on n'y avait jamais vues. Théré, Thérasia, et cette île contemporaine que nous avons vue naître dans la mer Égée, peut-on douter que ce ne soit ce même souffle qui les ait produites à la lumière ? Il y a deux espèces de tremblements, selon Posidonius : chacun a son nom particulier. L'un est une secousse qui agite la terre par ondulations ; l'autre, une inclinaison qui la penche latéralement comme un navire. Je crois qu'il en est une troisième, justement et spécialement désignée par nos pères sous le nom de tremblement, et qui diffère des deux autres. Car alors il n'y a ni secousse étendue, ni inclinaison; il y a vibration. Ce cas est moins nuisible, comme aussi l'inclinaison l'est beaucoup plus que la secousse. Car s'il ne survenait promptement un mouvement opposé, qui redressât la partie inclinée, un vaste écroulement s'ensuivrait. Les trois mouvements diffèrent entre eux, en raison de leurs causes diverses.

XXII. Parlons d'abord du mouvement de secousse. Qu'une longue file de chariots s'avance pesamment chargée, et que les roues tournant avec effort tombent dans les creux du chemin, vous sentez le sol qui s'ébranle. Asclépiodote rapporte que la chute d'un rocher énorme détaché du flanc d'une montagne fit écrouler par contre-coup des édifices voisins. Il peut se faire de même sous terre qu'une roche détachée tombe bruyamment de tout son poids dans les cavités qu'elle dominait, avec une force proportionnée à sa masse et à son élévation. Et ainsi la voûte de la vallée souterraine tremble tout entière. Vraisemblablement la chute de ces rochers ne vient pas seulement de leur poids; mais les fleuves qui roulent au-dessus, et dont l'action permanente ronge le lien des pierres, en emportent chaque jour quelque chose, l'eau écorchant pour ainsi dire cette peau qui la contient. Cette détérioration continuée pendant des siècles et ce perpétuel frottement minent le rocher, qui cesse de pouvoir soutenir son fardeau. Alors s'écroulent des masses d'une pesanteur immense; alors le rocher se précipite, et, rebondissant sur le sol inférieur, ébranle tout ce qu'il frappe.

Le fracas l'accompagne et tout croule avec lui *(a)*,

comme dit Virgile. Telle sera la cause du mouvement de secousse. Passons au second mouvement.

XXIII. La terre est un corps poreux et plein de vides. L'air circule dans ces vides, et s'il en est entré plus qu'ils n'en laissent sortir, il ébranlera la terre. Cette cause est admise par beaucoup d'auteurs, comme je viens de le dire, si tant est que la foule des témoignages fasse autorité pour toi. C'est aussi l'opinion de Callisthène, homme bien digne d'estime; car il eut l'âme élevée, et ne voulut point souffrir les extravagances de son roi. Ce nom-là est contre Alexandre un grief éternel, que ni aucune vertu, ni des guerres toujours heureuses ne rachèteront. Chaque fois qu'on dira : « Que de milliers de Perses sont tom-

---

*(a) Énéide*, VIII, 525.

bés sous ses coups! » on répliquera : « Et Callisthène aussi. » Chaque fois qu'on dira : « Par lui est mort Darius, Darius *le grand roi;* » on répliquera : « Et Callisthène aussi. » Chaque fois qu'on dira : « Il a tout vaincu jusqu'aux bords de l'Océan; il y a même aventuré les premières flottes qu'aient vues ses ondes; il a étendu son empire d'un coin de la Thrace aux bornes de l'Orient; » on répondra : « Mais il a tué Callisthène. » Eût-il dépassé tout ce qu'avant lui capitaines et rois ont laissé de glorieux exemples, il n'aura rien fait de si grand que ce dernier crime (*a*). Callisthène, dans l'ouvrage où il a décrit la submersion d'Hélice et de Buris, la catastrophe qui jeta ces villes dans la mer ou la mer sur ces villes, en donne la cause que nous avons dite plus haut. « L'air pénètre dans la terre par des ouvertures cachées, et sous la mer comme partout; lorsque ensuite viennent à s'obstruer les conduits par où il est descendu, et que par derrière la résistance de l'eau lui interdit le retour, il se porte çà et là, et, par ses contre-courants, il ébranle la terre. Aussi les lieux qui font face à la mer sont-ils les plus sujets au fléau; et de là fut attribué à Neptune le pouvoir d'ébranler la mer. » Ceux qui connaissent les premiers éléments de la littérature grecque savent que ce dieu y est surnommé *Sisichthon*.

XXIV. J'admets aussi que l'air est la cause de ces désordres; mais je contesterai sur son mode d'introduction dans le sein de la terre. Est-ce par des pores déliés et invisibles, ou par des conduits plus grands, plus ouverts? Vient-il du fond de la terre ou de la surface? Ce dernier point est inadmissible. La peau même chez l'homme refuse passage à l'air; il n'entre que par l'organe qui l'aspire, et ne séjourne, une fois reçu, que dans la partie qui offre le plus de capacité. Ce n'est pas au milieu des nerfs et des muscles, c'est dans les viscères et dans un large réservoir intérieur qu'il se loge. On peut soupçonner qu'il en est ainsi de la terre, parce que le mouvement part, non de sa surface ou d'une couche voisine de sa surface, mais du fond même de ses entrailles. Ce qui le prouve, c'est que les mers les plus profondes en sont agitées, sans doute par l'ébranlement de leur lit. Il est donc vraisemblable que le tremblement vient des profondeurs du globe, où l'air s'engouffre dans d'im-

---

(*a*) Lemaire : *quam scelus Callisthenis. Hic Callisthenes....* Un Mss. : *quam scelus. Hic Call....* Je lis, comme Fickert : *quam scelus hoc. Callisthenes,...*

menses cavités. « Mais, dira-t-on, comme le froid nous fait frissonner et trembler, l'air extérieur ne produit-il pas la même impression sur la terre? » La chose n'est nullement possible; il faudrait que la terre fût sensible au froid, pour qu'il lui arrivât, comme à nous, de frissonner sous une influence extérieure. Que la terre éprouve quelque chose d'analogue à ce que ressent l'homme, mais par une cause différente, je l'accorde. La force qui la bouleverse doit venir d'une plus grande profondeur; et le meilleur argument qu'on en puisse donner, c'est que dans ces véhémentes commotions qui entr'ouvrent le sol et dans ces immenses écroulements, des villes entières sont parfois dévorées par le gouffre qui les ensevelit. Thucydide raconte que vers l'époque de la guerre du Péloponnèse l'île d'Atalante fut totalement ou du moins en grande partie détruite. Sidon eut le même sort, s'il faut en croire Posidonius. Et il n'est pas besoin ici d'autorités : n'avons-nous pas souvenir que des convulsions intestines du globe ont séparé, rejeté au loin des lieux qui se touchaient, et anéanti des campagnes? Je vais dire comment, selon moi, les choses se passent alors.

XXV. Quand le vent, engouffré dans une vaste cavité terrestre qu'il remplit, commence à lutter, à chercher une issue, il frappe à maintes reprises les parois qui l'enferment, et au-dessus desquelles des villes quelquefois sont assises. Tantôt les secousses sont telles, que les édifices placés à la surface du sol en sont renversés; souvent, plus puissantes encore, elles font crouler ces mêmes parois qui supportent l'immense voûte pardessus le vide, et y engloutissent avec elles des villes entières, à des profondeurs inconnues. On prétend, si tu veux le croire, que jadis l'Ossa et l'Olympe ne faisaient qu'un, mais qu'un tremblement de terre les a disjoints; qu'il a fendu en deux l'énorme montagne; qu'alors on vit jaillir le Pénée, qui, laissant à sec les marais dont la Thessalie avait à souffrir, entraîna avec lui leurs eaux croupissantes faute d'écoulement. L'origine du Ladon, qui coule entre Élis et Mégalopolis, vient d'un tremblement de terre. Que prouvent ces faits? Que de vastes cavernes (quel autre nom donnerais-je aux cavités souterraines?) servent à l'air de réceptacle; sinon les secousses embrasseraient de bien plus grands espaces, et plusieurs pays seraient ébranlés du même coup. Mais elles ne se font sentir que dans des limites fort restreintes, et jamais jusqu'à deux cents milles. Le tremblement dont le monde entier vient de parler n'a point dépassé la Campanie. Ajouterai-je que, quand

Chalcis tremblait, Thèbes restait immobile? Quand la ville d'Ægium était bouleversée, Patras, qui en est si voisine, ne le sut que par ouï-dire. L'immense secousse qui effaça du sol Hélice et Buris s'arrêta en deçà d'Ægium. Il est donc évident que le mouvement ne se prolonge qu'à proportion de l'étendue du vide souterrain.

XXVI. Je pourrais ici m'appuyer fort au long de grandes autorités, lesquelles nous disent que jamais le sol de l'Égypte n'a tremblé. La raison qu'elles en donnent, c'est qu'il est tout entier formé de limon. En effet, s'il faut en croire Homère, Pharos était éloignée du continent de tout l'espace que peut franchir en un jour un vaisseau voguant à pleines voiles; elle fait maintenant partie de ce continent. En effet, les eaux bourbeuses du Nil, chargées d'une vase épaisse qu'elles déposent incessamment sur le sol primitif, l'ont toujours reculé par ces alluvions annuelles. Aussi ce terrain, gras et limoneux, n'offre-t-il aucun interstice; enrichi d'une croûte solide à mesure que se desséchait la vase, d'une couche concrète et cohérente par l'agglutination de ses molécules, aucun vide ne s'y put former, puisque toujours aux parties sèches venaient s'ajouter des matières liquides et molles. Cependant et l'Égypte tremble et aussi Délos, que de son chef Virgile déclare

> Immobile, sacrée, inébranlable aux vents (a).

Les philosophes aussi, race crédule, en avaient dit autant, sur la foi de Pindare. Thucydide prétend que, jusque-là toujours immobile, elle trembla vers le temps de la guerre du Péloponnèse. Callisthène parle d'une autre secousse à une époque différente. « Parmi les nombreux prodiges, dit-il, qui annoncèrent la destruction d'Hélice et de Buris, les plus frappants furent une immense colonne de feu, et la secousse que ressentit Délos. » Selon lui, cette île demeure ferme, parce que, sur la mer où elle est assise, elle a pour bases des roches poreuses et des pierres perméables où l'air s'engage et d'où il peut sortir; qu'ainsi encore le sol des îles est mieux assuré, et les villes d'autant plus à l'abri des secousses, qu'elles sont plus voisines de la mer. Assertion fausse, comme ont pu le sentir Herculanum et Pompéï. Toutes les côtes, au reste, sont sujettes aux tremblements de terre. Témoin Paphos, renversée plus

---

(a) *Énéide*, III, 77.

d'une fois, et la fameuse Nicopolis, pour qui c'était un fléau familier. Cypre, qu'environne une mer profonde, n'en est pas exempte, non plus que Tyr elle-même, quoique baignée par les flots. Telles sont à peu près toutes les causes que l'on assigne aux tremblements de terre.

XXVII. Cependant on cite, du désastre de la Campanie, certaines particularités dont il faut rendre raison. Un troupeau de six cents moutons a, dit-on, péri sur le territoire de Pompeï. Il ne faut pas croire que ces animaux soient morts de peur. Nous avons dit qu'ordinairement les grands tremblements de terre sont suivis d'une sorte de peste, ce qui n'est pas étonnant, car le sein de la terre recèle plus d'un principe de mort. D'ailleurs l'air même, qui s'y corrompt, soit par les miasmes de la terre, soit par sa propre stagnation dans ces éternelles ténèbres où il dort, est funeste aux êtres qui le respirent; ou, vicié par l'action délétère des feux intérieurs, après qu'il a croupi longtemps, il vient souiller et dénaturer notre pure et limpide atmosphère, et le fluide inaccoutumé qu'on respire alors nous apporte des maladies d'une espèce nouvelle. Et puis, l'intérieur de la terre renferme aussi des eaux dangereuses et pestilentielles, parce que jamais aucun mouvement ne les agite, et que l'air libre ne les bat jamais. Épaissies par le brouillard pesant et continuel qui les couvre, il n'en sort que des molécules empoisonnées et insalubres pour l'homme. L'air aussi qui s'y trouve mêlé et que ces marais tiennent captif ne s'en échappe pas sans répandre au loin son poison et sans tuer ceux qui boivent de ces eaux. Les troupeaux, naturellement sujets aux épidémies, sont atteints d'autant plus vite, qu'ils sont plus avides; ils vivent bien plus que nous à ciel ouvert et font un fréquent usage de l'eau, ce principal agent de la contagion. Les moutons, dont la constitution est plus délicate et qui ont la tête plus voisine du sol, ont dû être atteints à l'instant; et la chose est simple : ils respiraient l'exhalaison presque à son foyer. Elle eût été fatale à l'homme même, si elle fût sortie avec plus d'abondance; mais la grande masse d'air pur dut la neutraliser, avant qu'elle s'élevât à portée de la respiration humaine.

XXVIII. Que la terre renferme beaucoup de principes mortels, c'est ce que prouve la multitude de poisons nés, sans qu'on les sème, spontanément; car elle a en elle les germes des plantes nuisibles comme des plantes utiles. Et sur plusieurs points de l'Italie ne s'exhale-t-il pas, par certaines ouvertures, une vapeur pestilentielle que ni l'homme ni les animaux ne respirent impunément? Les oiseaux mêmes qui traversent ces miasmes, avant qu'un air plus pur en ait adouci l'influence, tombent au milieu de leur vol; leur corps devient livide, et leur cou se gonfle comme s'ils eussent été étranglés. Tant que cette vapeur, retenue dans la terre, ne fuit que par d'étroites fissures, son action se borne à tuer ceux qui baissent la tête sur la source ou qui s'en approchent de trop près. Mais renfermée durant des siècles dans d'affreuses ténèbres, elle se vicie davantage et croît en malignité avec le temps; plus elle fut stagnante, plus elle est funeste. Trouve-t-elle une issue, se dégage-t-elle de cette glaçante et éternelle prison, de cette infernale nuit, notre atmosphère en est infectée; car les substances pures cèdent aux substances corrompues. L'air salubre alors passe à l'état contraire. De là cette continuité de morts subites et ces maladies aussi monstrueuses dans leur genre qu'extraordinaires par leurs causes. Cette calamité est plus ou moins longue, selon l'intensité du poison, et le fléau ne disparaît qu'après que ces lourds miasmes se sont délayés au loin sous le ciel, secoués par les vents.

XXIX. A Pompeï des hommes errèrent çà et là comme hors de sens, frappés de vertige par la peur, cette peur qui, même modérée et toute personnelle, trouble la raison; or quand elle saisit les masses au milieu des villes croulantes, des peuples écrasés, des convulsions du sol, quoi d'étonnant qu'elle égare des esprits sans ressource entre la douleur et l'effroi? Il n'est pas facile, dans les grandes catastrophes, de ne rien perdre de son jugement. Alors la plupart des âmes faibles arrivent à un point de terreur qui les enlève à elles-mêmes. Jamais la terreur ne vient sans ôter quelque chose à l'intelligence; c'est une sorte de délire; mais il y a des hommes qui reviennent bientôt à eux; d'autres, plus fortement bouleversés, tombent dans la démence. C'est pour cela que, dans les batailles, beaucoup d'hommes errent en insensés; et nulle part on ne trouve plus de prophètes qu'aux lieux où la terreur se mêle à la superstition pour frapper les esprits. Qu'une statue se fende, je ne m'en étonne pas, quand des montagnes, comme je l'ai dit, se disjoignent, quand la terre se déchire jusqu'en ses abîmes.

> Ce sol, dit-on, jadis à grand bruit s'écroulant
> (Tant sa longue vieillesse a pu changer le monde!),
> En deux parts se rompit, reçut la mer profonde;
> Et Neptune baigna de ses flots resserrés

> Les villes et les champs désormais séparés.
> D'un flanc de l'Hespérie il a fait la Sicile : (a).

Tu vois des contrées entières arrachées de leurs bases, et au delà de la mer des champs qui touchaient les nôtres; tu vois des villes même et des nations se partager en deux, quand la nature, dans ses révoltes locales et spontanées, déchaîne sur quelque point la mer, le feu, les trombes d'air, puissances prodigieuses, car c'est elle tout entière qui les met en branle, car si elles frappent partiellement, elles ont pour frapper la force du grand tout. Ainsi la mer a ravi les Espagnes au continent africain; ainsi l'irruption chantée par de grands poëtes a retranché la Sicile de l'Italie. Mais il y a quelque peu plus de fougue dans l'effort qui part du centre de la terre, d'autant plus énergique qu'il est plus gêné pour agir. Mais c'est assez parler des vastes effets et des merveilleux phénomènes qu'offrent les tremblements de terre.

XXX. Pourquoi donc s'étonner de voir éclater le bronze d'une statue non massive, mais creuse et mince, où l'air peut s'être enfermé et d'où il veut fuir? Qui ne sait que, par les tremblements du sol, des édifices se sont fendus diagonalement, puis rejoints; que souvent d'autres, portant à faux sur leurs bases, ou bâtis trop négligemment et de peu de consistance, se sont raffermis? Que si alors on voit des murs, des maisons entières se fendre, les pans les plus solides des tours se déchirer, les assises de vastes ouvrages manquer sur tous les points, est-ce un fait bien digne de remarque qu'une statue se soit divisée en deux parties égales de la tête aux pieds? Mais pourquoi le tremblement dura-t-il plusieurs jours en Campanie? Car les secousses y furent incessantes, plus clémentes sans doute qu'au début, mais désastreuses, vu qu'elles ébranlaient des masses déjà attaquées et branlantes, qui pour tomber n'avaient pas besoin, tant elles tenaient mal, d'être poussées, mais seulement remuées. C'est que tout l'air n'était pas sorti; et bien qu'il fût dehors en grande partie (b), il errait encore çà et là.

XXXI. A tous les arguments qui démontrent que l'air produit tout cela, on peut, sans hésiter, joindre celui-ci : Après une violente secousse, qui a maltraité des villes, des contrées entières, la secousse subséquente ne saurait être aussi vive; à cette première en succèdent de moindres, le plus fort courant

---

(a) *Énéide*, III, 414.
(b) Lemaire : *omissa parte*. Je lis avec deux Mss. : *emissa sui parte*.

a ouvert l'issue à ses rivaux. Ce qui demeure comme retardataire n'a plus la même puissance, le même besoin de lutte ; la voie est trouvée ; l'air n'a qu'à suivre celle par où s'est faite sa première et plus forte éruption. Je crois devoir rappeler ici la remarque d'un homme très-docte et très-digne de foi, qui était au bain lors du tremblement de la Campanie. Il affirmait avoir vu les carreaux qui pavaient le sol du bain se séparer les uns des autres, puis se rapprocher ; l'eau se montrait dans les interstices au moment de la séparation, puis se refoulait en bouillonnant quand le rapprochement avait lieu. J'ai ouï dire, par le même, qu'il avait vu les corps mous éprouver des secousses plus fréquentes, mais plus douces que les corps naturellement durs.

XXXII. C'en est assez, cher Lucilius, sur les causes des tremblements de terre. Parlons des moyens d'affermir nos âmes en de tels moments : il nous importe plus de grandir en courage qu'en science ; mais l'un ne va pas sans l'autre. Car la force ne vient à l'âme que par la science, par l'étude réfléchie de la nature. Est-il une âme, en effet, que ce désastre même n'ait dû fortifier et enhardir contre tous les autres désastres ? Pourquoi redouterai-je un homme, une bête sauvage, une flèche ou une lance ? De bien autres périls m'attendent. La foudre, ce globe même, tous les éléments nous menacent. Eh bien, portons à la mort un généreux défi, soit qu'elle mène de front contre nous un immense appareil, soit qu'elle nous apporte une fin vulgaire et de tous les jours. Qu'importe avec quelles terreurs elle nous attaque, ou quel vaste cortége elle traîne ? Ce qu'elle veut de nous c'est un rien, que doit nous ôter la vieillesse, ou un léger mal d'oreille, l'humeur viciée qui surabonde, un mets antipathique à l'estomac, une simple égratignure au pied. C'est peu de chose que la vie de l'homme ; mais une grande chose, c'est le mépris de cette vie. Qui la méprise verra sans pâlir les mers bouleversées, quand tous les vents la soulèveraient, quand un flux immense, déchaîné par quelque grande révolution, ferait de toute la terre un océan. Il verra sans pâlir l'horrible et sinistre tableau d'un ciel qui vomirait la foudre, et dont la voûte brisée anéantirait tout sous ses feux, et elle-même avant tout. Il verra sans pâlir se rompre la charpente du globe entr'ouvert. L'empire même des morts se découvrît-il à ses yeux, sur le bord de l'abîme il demeurera ferme et debout ; peut-être même, s'il y doit tomber, se précipitera-t-il. Que m'importe la grandeur de la catastrophe qui me tue ? La mort elle-même n'est pas si grand'chose. Si donc nous voulons vivre heureux et n'être en proie ni à la crainte des dieux, ni à celle des hommes ou des choses, et regarder en dédain les vaines promesses de la Fortune, comme ses puériles menaces; si nous voulons couler des jours tranquilles et le disputer aux immortels même en félicité, tenons toujours notre âme prête à partir. Si des piéges, si des maladies, si les glaives ennemis, si le fracas de tout un quartier qui s'écroule, si la ruine du globe ou un déluge de feux embrassant cités et campagnes dans une même destruction menacent notre vie, s'ils la veulent, qu'ils la prennent. Qu'ai-je à faire, sinon de réconforter mon âme au départ, de la congédier avec de bons auspices, de lui souhaiter courage et bonheur, de lui dire : « N'hésite point à payer ta dette. Elle n'est point douteuse ; l'époque seule du payement l'était. Tu fais ce que tu devais faire tôt ou tard. Point de supplications, point de crainte; ne recule pas, comme si tu allais au-devant du malheur. La nature, dont tu es fille, t'appelle en une meilleure et plus sûre patrie. Là, point de sol qui tremble ; point de vents qui fassent retentir les nues de leurs luttes bruyantes ; point d'incendies qui dévorent des villes, des régions ; point de naufrages où des flottes entières s'engloutissent ; point d'armées où, suivant des drapeaux contraires, des milliers d'hommes s'acharnent avec une même furie à leur mutuelle extermination ; point de ces pestes qui entassent sur un bûcher commun les peuples pêle-mêle expirants. Que craignons-nous un mal si léger? Est-il grave? Qu'il fonde une bonne fois sur nos têtes, plutôt que d'y planer sans cesse! Craindrai-je donc de périr quand la terre périt avant moi; quand le globe, qui fait trembler toutes choses, tremble le premier et ne me porte atteinte qu'à ses dépens? Hélice et Buris ont été totalement abîmées dans la mer, et je craindrais pour ma chétive et unique personne? Des vaisseaux cinglent sur deux villes, sur deux villes que nous connaissons, dont l'histoire a gardé et nous a transmis le souvenir. Combien d'autres cités submergées ailleurs! Que de peuples sur lesquels la terre ou les flots se sont refermés! Et je ne voudrais pas de fin pour moi, quand je sais que finir est la condition de mon être, que dis-je? quand je sais que tout a sa fin! Ce qui n'est qu'un dernier soupir m'effrayerait! »

Exhorte-toi donc le plus que tu pourras, Lucilius, contre la crainte de la mort, ce sentiment qui nous rapetisse, qui, pour ménager notre vie, la trouble et l'empoisonne, qui nous exagère tous périls, soit les tremblements de terre, soit la foudre. Tous ces périls, tu les braveras avec constance, si tu songes qu'entre la plus courte et la plus longue vie la différence est nulle : quelques heures de perdues. Admets que ce soient des jours, que ce soient des mois, que ce soient des années, nous perdons ce qu'il eût toujours fallu perdre. Qu'importe, dis-moi, que j'arrive ou non à ce temps qui fuit, que les plus avides à le saisir n'arrêtent pas ? Ni l'avenir n'est à moi, ni le passé. Je flotte suspendu sur un point de la mobile durée[7]; avoir été, en ce court moment, est-ce une grande chose ? Écoute la piquante réponse du sage Lélius à l'homme qui disait : « J'ai soixante ans ! — Parlez-vous des soixante ans que vous n'avez plus[8] ? » La vie est de nature insaisissable, et jamais le temps n'appartient à l'homme; voilà ce que nous ne sentons pas, nous qui ne comptons que des années déjà perdues. Gravons dans nos âmes et ne cessons de répéter cet avertissement : Il faut mourir ! Quand ? Peu importe. La mort est la loi de la nature, le tribut et le devoir des mortels, le remède de tous les maux. Il la souhaitera celui qui en a peur. Lucilius, laisse là tout le reste, et applique-toi uniquement à ne pas craindre ce mot : la mort. Rends-toi-la familière à force d'y penser, pour qu'au besoin tu puisses même courir au-devant d'elle.

# LIVRE VII.

Des comètes. Quelle est leur nature. Importance des études qui ont pour objet les phénomènes naturels. On les néglige, on les oublie pour se donner tout entier à la mollesse et aux vices.

I. Il n'est mortel si apathique, si obtus, si courbé vers la terre, qui ne se redresse et ne tende de toutes les forces de sa pensée vers les choses divines, quand surtout quelque nouveau phénomène apparaît dans les cieux. Tant que là-haut tout suit son cours journalier, l'habitude du spectacle en dérobe la grandeur. Car l'homme est ainsi fait. Si admirable que soit ce qu'il voit tous les jours, il passe indifférent, tandis que les choses les moins importantes, dès qu'elles sortent de l'ordre accoutumé, le captivent et l'intéressent. Tout le chœur des constellations, sur cette immense voûte dont elles diversifient la beauté, n'attire pas l'attention des peuples ; mais qu'il s'y produise quelque chose d'extraordinaire, tous les visages sont tournés vers le ciel. Le soleil n'a de spectateur que lorsqu'il s'éclipse[1]. On n'observe la lune que quand elle subit pareille crise. Alors les cités poussent un cri d'alarme, alors chacun tremble pour soi d'une superstitieuse panique. Combien n'est-il pas plus merveilleux de voir le soleil parcourir, à peu de chose près, autant de degrés qu'il fait naître de jours, ce soleil qui, dans sa révolution, clôt l'année; qui, après le solstice, fait décroître les jours en rétrogradant, et dans sa marche toujours plus oblique laisse aux nuits plus d'espace; qui efface la clarté des astres; qui, tant de fois plus grand que la terre, ne la consume point, mais la réchauffe par sa chaleur qu'il dispense tour à tour plus intense et plus faible ; qui n'illumine ou n'éclipse jamais tout le disque de la lune, que lorsqu'elle lui fait face. Tous ces faits, on n'y prend pas garde, tant que l'harmonie ne s'interrompt point. Survient-il quelque trouble, quelque apparition inaccoutumée, on regarde, on interroge, on provoque l'attention des autres. Tant il est dans notre nature d'admirer le nouveau plutôt que le grand ! Même chose a lieu pour les comètes. S'il apparaît de ces corps de flamme d'une forme rare et insolite, chacun veut savoir ce que c'est; on oublie tout le reste pour s'enquérir du nouveau venu; on ne sait s'il faut admirer ou trembler : car on ne manque pas de gens qui sèment la peur, qui tirent de là de graves pronostics. Aussi les questions se pressent, on brûle de savoir si c'est un prodige, ou un astre. Non certes, il n'est point de recherche plus noble, d'enseignement plus utile que celui qui porte sur la nature des étoiles et des corps célestes : y a-t-il là une flamme concentrée, comme l'affirment notre vue et la lumière même qu'ils nous versent (a) et la chaleur qui descend d'eux à nous; ou bien, au lieu de globes enflammés, sont-ce des corps solides et terreux qui, glissant dans les plages ignées, en reçoivent, pour briller ainsi, une couleur d'emprunt, une clarté qui n'est pas en eux? Cette opinion fut celle de grands esprits : ils regardaient les astres comme des substances dures et compactes qui s'alimentent de feux étrangers. La flamme toute seule, disent-ils, se dissiperait, si elle n'était re-

---

(a) Au texte : *ipsum ab aliis fluens lumen.* Je crois qu'il faut lire : *ab illû* ou *ab astris.*

tenue par un corps qu'elle retient à son tour ; un globe de lumière qui n'adhérerait pas à un corps stable par lui-même serait certes bientôt dispersé par le rapide mouvement des cieux.

II. Pour faciliter nos recherches, il sera bon d'examiner si les comètes sont de même nature que les corps placés plus haut qu'elles. Elles ont avec eux des points de ressemblance, l'ascension, la déclinaison, et aussi la forme extérieure, sauf la diffusion et le prolongement lumineux ; du reste, même feu, même éclat. Si donc tous les astres sont des corps terreux, elles le seront pareillement. S'ils ne sont qu'une flamme pure, qui subsiste six mois durant et résiste à la révolution du monde si impétueuse, les comètes peuvent être aussi formées d'une substance déliée, que la rotation perpétuelle des cieux ne saurait dissoudre. Il ne sera pas hors de propos non plus de rechercher si le monde tourne autour de la terre immobile, ou si c'est le monde qui est fixe et la terre qui tourne. Des philosophes ont dit, en effet, que c'est nous que la nature emporte à notre insu ; que ce n'est pas le ciel, mais bien notre globe qui se lève et qui se couche. Question digne de toute notre attention, que celle de savoir quelle situation est la nôtre : si notre demeure est stationnaire ou douée du plus rapide mouvement ; si Dieu fait rouler l'univers autour de nous, ou nous autour de l'univers. Il faudrait aussi avoir le tableau de toutes les comètes qui apparurent avant nous : car leur rareté jusqu'ici empêche de saisir la loi de leur course et de s'assurer si leur marche est périodique, si un ordre constant les ramène au jour marqué. Or, l'observation de ces corps célestes est de date récente et ne s'est introduite que depuis peu dans la Grèce.

III. Démocrite, le plus sagace des anciens observateurs, soupçonne qu'il y a plus d'étoiles errantes qu'on ne croit : mais il n'en fixe pas le nombre et ne les nomme point ; le cours des cinq planètes n'était pas même alors déterminé. Eudoxe, le premier, transporta d'Égypte dans la Grèce la connaissance de leurs mouvements. Toutefois il ne dit rien des comètes ; d'où il résulte que les Égyptiens même, le peuple le plus curieux d'astronomie, avaient peu approfondi cette partie de la science. Plus tard Conon, observateur aussi des plus exacts, dressa le catalogue des éclipses de soleil qu'avaient notées les Égyptiens, mais ne fit aucune mention des comètes, qu'il n'eût point omises s'il eût trouvé chez eux quelques faits constatés sur ce point. Seulement, deux savants qui disent avoir étudié chez les Chaldéens, Épigène et Apollonius de Myndes, ce dernier si habile astrologue, diffèrent entre eux sur ce même sujet. Selon Apollonius, les comètes sont mises par les Chaldéens au nombre des étoiles errantes, et ils connaissent leur cours; Épigène, au contraire, dit qu'ils n'ont rien de positif sur les comètes, mais qu'ils les prennent pour des corps qu'enflamme un tourbillon d'air violemment roulé sur lui-même.

IV. Commençons, si tu le veux bien, par exposer le système d'Épigène et par le réfuter. Saturne est, selon lui, la planète qui influe le plus sur tous les mouvements des corps célestes. « Lorsqu'il pèse sur les signes voisins de Mars, ou qu'il entre dans le voisinage de la lune, ou en conjonction avec le soleil, sa nature froide et orageuse condense l'air et le roule en globe sur plusieurs points; s'il absorbe ensuite les rayons solaires, le tonnerre gronde et l'éclair luit. Si Mars concourt à son action, la foudre éclate. Outre cela, dit-il, les éléments de la foudre ne sont pas les mêmes que ceux des éclairs : l'évaporation des eaux et de tous les corps humides ne produit dans le ciel que ces lueurs qui menacent sans frapper ; mais plus chaudes et plus sèches, les exhalaisons de la terre font jaillir la foudre. Les poutres, les torches, qui ne diffèrent entre elles que par le volume, ne se forment pas autrement. Lorsqu'un de ces globes d'air que nous appelons trombes s'est chargé de particules humides et terreuses, quelque part qu'il se porte, il offre l'aspect d'un feu dilaté, et dure autant que subsiste cette masse d'air saturée d'éléments humides et terreux. »

V. Réfutons d'abord la dernière de ces erreurs : il est faux que les poutres et les torches soient produites par des trombes. La trombe ne se forme et ne court que dans le voisinage de la terre : aussi la voit-on déraciner les arbustes et mettre à nu le sol partout où elle se jette, emportant quelquefois forêts et maisons; presque toujours plus bas que les nuages, jamais du moins elle ne s'élève au-dessus. C'est dans une partie plus élevée du ciel que paraissent les poutres, et jamais on ne les voit entre la terre et les nuages. De plus, la trombe est toujours plus rapide que les nuages, et elle est lancée circulairement; enfin, elle cesse brusquement et crève par sa violence même. Les poutres ne traversent pas le ciel d'un horizon à l'autre comme les torches ; elles stationnent et brillent toujours sur le même point. Charimandre, dans son *Traité des comètes*, dit qu'Anaxagore vit dans le ciel une lumière considérable et extraordinaire, de la dimension d'une grosse poutre, et qui dura plusieurs jours. Une flamme allongée, d'un aspect semblable, au rapport de Callisthène, précéda la submersion d'Hélice et de Buris. Aristote prétend que ce n'était pas une poutre, mais une comète, qu'au reste son grand éclat empêchait de voir sa diffusion ; mais que plus tard, quand il se fut affaibli, la comète parut ce qu'elle était. Cette apparition, remarquable sous plus d'un rapport, l'est surtout en ceci, qu'aussitôt après, la mer couvrit ces deux villes. Aristote regardait-il cette poutre, ainsi que toutes les autres, comme des comètes? Mais il y a cette différence que la flamme des poutres est continue, et celle des comètes éparpillée. Les poutres brillent d'une flamme égale, sans solution de continuité, sans affaiblissement, seulement plus concentrée vers les extrémités. Telle était, d'après Callisthène, celle dont je viens de parler.

VI. « Il y a, dit Épigène, deux espèces de comètes. Les unes projettent en tous sens une flamme vive, et ne changent point de place ; les autres jettent d'un seul côté une flamme éparse comme une chevelure, et passent plus bas que les étoiles ; de cette espèce furent les deux comètes que notre siècle a vues. Les premières sont hérissées dans leur contour d'une sorte de crinière ; immobiles, presque toujours peu élevées, elles sont produites par les mêmes causes que les poutres et les torches, par une surabondance d'air épais où tourbillonnent force émanations humides et sèches de notre globe. Ainsi le vent, comprimé dans des lieux étroits, peut enflammer l'air supérieur, si cet air est riche d'éléments inflammables ; il peut ensuite écarter de ce centre lumineux l'air voisin, qui rendrait fluide et alanguirait le globe de feu ; enfin, le lendemain et les jours suivants, il peut s'élever encore aux mêmes points pour y rallumer l'incendie. Nous voyons, en effet, les vents plusieurs jours de suite renaître aux mêmes heures. Les pluies aussi et les autres météores orageux ont leurs retours périodiques. » Enfin, pour résumer la théorie d'Épigène, il croit ces comètes formées d'une manière analogue à l'explosion de feux qu'amène un tourbillon. La seule différence est que les trombes fondent des régions supérieures sur le globe, au lieu que les comètes s'élèvent du globe vers ces mêmes régions.

VII. On fait contre ce système plusieurs objections. D'abord, si le vent était ici cause agissante, il venterait toujours à l'apparition des comètes ; or, elles se montrent par le temps le plus calme. Ensuite, si le vent leur donnait naissance, elles disparaîtraient à la chute du vent ; si elles commençaient avec lui, elles grandiraient de même ; elles auraient d'autant plus d'éclat qu'il aurait plus de violence. A quoi j'ajoute encore que le vent agit sur plusieurs points de l'atmosphère, et que les comètes ne se montrent qu'en une seule région ; à une certaine élévation le vent n'arrive plus, et l'on voit des comètes bien plus haut que les vents ne peuvent monter. Épigène passe ensuite à l'espèce de comètes qui, dit-il, ressemblent plus spécialement aux étoiles, qui ont un mouvement et dépassent la ligne des constellations. Il leur attribue la même origine qu'à ses comètes inférieures, à cela près que la masse d'exhalaisons terrestres qu'elles portent en elles, et qui sont sèches, tend à s'élever vers les régions supérieures du ciel où l'aquilon les pousse. Mais si l'aquilon les poussait, elles iraient toujours vers le midi, qui est la direction de ce vent. Or, leurs tendances sont diverses, à l'orient pour les unes, au couchant pour les autres ; toutes suivent une courbe que le vent ne leur imprimerait pas. Enfin, si c'était l'aquilon qui les fît monter de la terre dans les cieux, les comètes ne se lèveraient jamais par d'autres vents ; ce qui pourtant a lieu.

VIII. Réfutons maintenant la seconde raison dont Épigène s'appuie : car il en donne deux. « Tout ce que la terre exhale de sec et d'humide doit, une fois réuni, par l'incompatibilité même des principes, rouler l'air en tourbillon. Ce vent fougueux, mû circulairement, enflamme tout ce qu'il ramasse dans sa course et le porte au plus haut des airs. L'éclat du feu qu'il fait jaillir dure autant que ce feu peut s'alimenter, et tombe dès qu'il ne le peut plus. » Raisonner ainsi, ce n'est pas voir combien la marche des tourbillons diffère de celle des comètes. Les tourbillons, dans leur rapide violence, sont plus impétueux que les vents mêmes ; les comètes se meuvent tranquillement, et ce qu'elles traversent d'espace en un jour et une nuit n'est point appréciable. D'ailleurs, la marche du tourbillon est vagabonde, pleine d'écarts ; selon le mot de Salluste, c'est comme un tournant d'eau ; la comète va régulièrement et suit une route déterminée. Qui pourrait croire que la lune, que les cinq planètes soient entraînées par le vent, ou roulées par un tourbillon ? Personne, je pense. Pourquoi ? parce qu'elles ne sont pas désordonnées, emportées dans leur cours. Disons la même chose des comètes. Rien de confus ni de tumultueux dans leur allure, rien qui fasse augurer qu'elles obéissent à des éléments de trouble et à des mobiles inconstants. Et puis, quand ces tourbillons seraient assez forts pour s'emparer des émanations humides et terrestres et les lancer de si bas à de telles hauteurs, ils ne les élèveraient pas au-dessus de la lune ; toute leur action s'arrête aux nuages. Or, nous voyons les comètes rouler au plus haut des cieux parmi les étoiles. Il n'est donc pas vraisemblable qu'un tourbillon se soutienne en un si long parcours; car, plus il est fort, plus tôt il tend à s'affaisser.

IX. Ainsi, qu'Épigène choisisse : avec une force médiocre, le tourbillon ne pourra s'élever si haut ; violent et impétueux, il sera plus prompt à se briser. Que dit-il encore? Que si les comètes inférieures ne montent pas davantage, c'est parce qu'elles ont plus de parties terrestres. C'est leur pesanteur qui les retient près de terre. Cependant, il faut bien que les autres comètes, plus durables et plus élevées, soient plus riches de matière; elles ne luiraient pas si longtemps si elles ne trouvaient plus d'aliments. Je disais tout à l'heure qu'un tourbillon ne peut subsister longtemps ni monter au-dessus de la lune et au niveau des étoiles. C'est qu'un tourbillon n'est formé que par la lutte de plusieurs vents, lutte qui ne peut être longue. Quand des courants d'air, incertains et sans direction fixe, ont tourné en cercle quelques instants, l'un d'eux finit par prédominer. Jamais les grandes tempêtes ne durent; plus l'orage est fort, plus il passe vite. C'est quand les vents sont à leur plus haut point d'intensité qu'ils perdent toute leur violence, et par cette impétuosité même ils tendent forcément à mourir. Aussi jamais n'a-t-on vu de tourbillons durer tout un jour, ni même toute une heure. Leur rapidité étonne; leur courte durée n'étonne pas moins. Ajoute que leur véhémence et leur célérité sont plus sensibles sur la terre et dans son voisinage; en s'élevant ils s'étendent, se relâchent et par là se dissipent. Enfin, quand ils atteindraient même la région des astres, le mouvement qui emporte tous ces grands corps les décomposerait. Quoi de plus rapide, en effet, que cette révolution du ciel? Elle dissiperait l'effort de tous les vents coalisés, et la solide et massive charpente de ce globe; que ferait-elle donc de quelques molécules d'air roulées sur elles-mêmes?

X. Au reste, ces feux, portés si haut par un tourbillon, n'y subsisteraient qu'avec le tourbillon même. Or, quoi de moins admissible que la longue durée de ce phénomène? Un mouvement est détruit par un mouvement contraire, et là-haut tout est soumis à cette puissance de rotation qui emporte le ciel,

Qui lance et fait tourner les astres dans l'espace (a).

(a) Ovide, *Métam.*, II, 71.

En accordant même quelque durée aux tourbillons, contre toute possibilité, que dira-t-on des comètes qui se montrèrent six mois de suite? Ensuite il faudrait qu'il y eût deux mouvements en un même lieu : l'un de nature divine, permanent, et poursuivant son œuvre sans relâche; l'autre, nouveau, accidentel, imprimé par un tourbillon. Nécessairement ils se feraient mutuellement obstacle. Or, les révolutions de la lune et des planètes qui roulent au-dessus d'elles sont irrévocablement fixées; jamais d'hésitation ni d'arrêt, jamais rien qui fasse soupçonner qu'elles rencontrent quelque empêchement. On ne peut croire qu'un tourbillon, le plus violent, le plus désordonné des orages, arrive jusqu'au milieu des astres et se rue à travers ces rangs si paisibles, si harmonieux. Admettrons-nous que des circonvolutions d'un tourbillon il puisse naître un feu qui, lancé jusqu'au haut du ciel, nous fasse croire par son aspect même que c'est un astre allongé?·Au moins cette flamme devra-t-elle, ce me semble, avoir la forme de ce qui la produit : or, la forme d'un tourbillon est ronde, il tournoie sur place, comme ferait une colonne sur son axe; la flamme qu'il porterait dans ses flancs devrait donc être ronde aussi. Mais la flamme des comètes est longue, éparse et nullement cylindrique

XI. Laissons Épigène, et poursuivons l'examen des autres opinions. Mais, avant de les exposer, rappelons-nous que les comètes ne se montrent pas dans une seule région du ciel, ni dans le cercle du zodiaque exclusivement; elles paraissent au levant tout comme au couchant, mais le plus souvent vers le nord. Leurs formes diffèrent; car, quoique les Grecs en aient fait trois catégories : l'une, dont la flamme pend comme une barbe; l'autre, qui s'entoure d'une sorte de chevelure éparse; la troisième, qui projette devant elle un cône de lumière; toutes cependant sont de la même famille et portent à bon droit le nom de comètes. Mais, comme elles n'apparaissent qu'à de longs intervalles, il est difficile de les comparer entre elles. Durant même leur apparition, les spectateurs ne sont point d'accord sur leur état réel : mais, selon qu'on a la vue plus perçante ou plus faible, on les dit plus brillantes ou plus rouges, on juge leur chevelure plus ramassée sur le corps de l'astre, ou plus saillante sur les côtés. Au reste, qu'il y ait entre elles quelques différences ou qu'il n'y en ait aucune, nécessairement toutes les comètes sont produites par les mêmes causes. Le seul fait bien constant, c'est que l'apparition des comètes est insolite, leur forme étrange, et qu'elles traînent autour d'elles une flamme échevelée. Quelques anciens ont goûté cette explication-ci : Quand deux étoiles errantes se rencontrent, leurs lumières, confondues en une seule, offrent l'aspect d'un astre allongé ; ce phénomène doit se produire non-seulement par le contact, mais par l'approche même des deux corps. Car alors l'intervalle qui les sépare, illuminé et enflammé par toutes deux, doit figurer une longue traînée de feu.

XII. A cela nous répondons que le nombre de ces étoiles mobiles est déterminé, et que toutes paraissent alors même que la comète se montre : il est donc manifeste que ce n'est pas leur jonction qui produit cet astre, lequel a son existence propre et indépendante. Souvent même une planète passe sous l'orbite d'une autre plus élevée, par exemple, Jupiter sous Saturne, Vénus ou Mercure sous Mars, qui est alors perpendiculairement au-dessus, sans que de ces rapprochements résulte la formation d'une comète, ce qui, sans cela, aurait lieu chaque année ; car tous les ans il se rencontre quelques planètes dans le même signe du zodiaque. S'il suffisait, pour produire une comète, qu'une étoile passât sur une autre étoile, la comète ne durerait qu'un instant, le passage des planètes étant des plus rapides. C'est pourquoi toute éclipse est si courte ; la même célérité qui a rapproché les deux astres les sépare. Nous voyons le soleil et la lune se dégager en peu d'instants des ténèbres qui les obscurcissent : combien les étoiles, si petites comparativement, doivent-elles se séparer plus vite ! Cependant des comètes durent jusqu'à six mois ; ce qui n'arriverait pas si elles étaient produites par la jonction de deux planètes, puisque celles-ci ne peuvent rester longtemps unies, et que la loi de vitesse qui les régit doit les pousser toujours en avant. Ces planètes d'ailleurs, qui nous semblent voisines entre elles, d'immenses intervalles les tiennent éloignées. Comment les feux d'une de ces étoiles pourraient-ils se porter jusqu'à l'autre, de manière à les faire paraître réunies à de si énormes distances ? « La lumière de deux étoiles, poursuit-on, se confond sous l'apparence d'une seule, comme les nuages rougissent quand le soleil les frappe, comme le crépuscule et l'aurore prennent une teinte dorée, comme l'iris, ou un second soleil nous apparaissent (*a*). » Mais, d'abord, tous ces effets sont dus à une cause très-active ; c'est le soleil qui produit ces teintes enflammées. Les planètes n'ont pas la

---

(*a*) Passage tourmenté. Un Mss. porte : *arcus alterne sol visitur*. Je propose : .... *alterve sol visitur*. Lemaire : *alterne nec nisi sole pingitur*.

même puissance; d'ailleurs, tous ces phénomènes n arrivent que dans le voisinage de la terre, au-dessous de la lune. La région supérieure est pure, sans mélange qui l'altère, et a toujours sa couleur propre. Et si pareil phénomène s'y manifestait, il n'aurait pas de durée, il disparaîtrait bien vite, comme ces couronnes qui se forment autour du soleil et de la lune, et qui presque aussitôt s'effacent. L'arc-en-ciel même ne dure guère. Si la lumière de deux planètes pouvait remplir l'espace intermédiaire entre elles, elle ne serait pas moins prompte à se dissiper, ou du moins ne subsisterait pas aussi longtemps que les comètes. Les planètes roulent dans les limites du zodiaque, c'est leur cercle d'évolutions; or, on voit des comètes sur tous les points, elles ne sont pas plus circonscrites dans l'espace que l'époque de leur apparition n'est fixe.

XIII. Artémidore répond « que nos cinq planètes sont les seules observées, mais non pas les seules existantes; qu'il nous en échappe une foule innombrable, soit que l'obscurité de leur lumière nous les rende invisibles, soit que la position de leur orbite ne nous permette de les voir que quand elles en touchent le point extrême. Il intervient donc, selon lui, des étoiles nouvelles pour nous qui confondent leur lumière avec celle des étoiles fixes, et projettent une flamme plus grande que celle des planètes ordinaires. » De tous les mensonges d'Artémidore, celui-ci est le plus léger; car sa théorie du monde n'est, d'un bout à l'autre, qu'une fable impudente. A l'en croire, « la région supérieure du ciel est solide : sorte de plafond résistant, voûte profonde et épaisse, composée d'un amas d'atomes condensés; la couche suivante est de feu, tellement compacte qu'elle ne saurait se dissiper ni s'altérer. Il y a pourtant des soupiraux et comme des fenêtres par lesquelles pénètrent les feux de la partie extérieure du monde, non pas en si grande quantité qu'ils en puissent troubler l'intérieur, d'où ils remontent au dehors. Ceux qui paraissent contre l'ordre accoutumé découlent de ce foyer extérieur. » Réfuter de telles choses serait donner des coups en l'air et s'escrimer contre les vents.

XIV. Je voudrais pourtant que ce philosophe, qu' a fait au ciel un plancher si ferme, m'expliquât pourquoi nous devons croire à l'épaisseur dont il nous parle. Quelle puissance a porté si haut ces masses si compactes et les y retient? Des éléments si massifs sont nécessairement d'un grand poids. Comment des corps pesants restent-ils au plus haut des cieux? Comment cette masse ne descend-elle pas, ne se brise-t-elle pas par son poids? Car il ne peut se faire que cette voûte énorme, ces hauts lambris d'Artémidore, pendent ainsi et n'aient qu'un fluide léger pour appui. On ne dira même pas que certains liens les retiennent extérieurement et empêchent leur chute, ni qu'entre eux et nous il y ait des supports sur lesquels ils pèsent et s'étayent. On n'osera pas dire non plus que le monde est emporté dans l'immensité, et qu'il tombe éternellement sans qu'il y paraisse, grâce à la continuité même de sa chute, qui n'a pas de terme où aboutir. C'est ce qu'on a dit de la terre, faute de pouvoir expliquer comment cette masse demeurerait fixe au milieu des airs. Elle tombe éternellement, dit-on ; mais on ne s'aperçoit pas de sa chute, parce qu'elle s'opère dans l'infini. Qui vous autorise ensuite à conclure que le nombre des planètes n'est pas borné à cinq, qu'il y en a une foule d'autres, et sur une foule de points? Si vous n'avez pour cela aucun argument plausible, pourquoi ne vous répondrait-on pas que toutes les étoiles sont errantes ou qu'aucune ne l'est? Enfin, toute cette multitude d'astres vagabonds vous est d'une faible ressource; car, plus il y en aura, plus leurs rencontres seront fréquentes : or, les comètes sont rares, et c'est pour cela qu'elles étonnent toujours. D'ailleurs, le témoignage de tous les siècles s'élève contre vous; car tous ont observé l'apparition de ces astres et en ont instruit la postérité.

XV. Après la mort de Démétrius, roi de Syrie, père de Démétrius et d'Antiochus, peu avant la guerre d'Achaïe, brilla une comète aussi grande que le soleil. C'était d'abord un disque d'un rouge enflammé, une lumière assez éclatante pour triompher de la nuit. Insensiblement elle diminua de grandeur, son éclat s'affaiblit ; enfin, elle disparut totalement. Combien faut-il donc d'étoiles réunies pour former un si grand corps? De mille étoiles n'en faites qu'une, elles n'égaleront pas la grosseur du soleil. Sous le règne d'Attale on vit une comète, petite d'abord, qui ensuite s'éleva, s'étendit, s'avança jusqu'à l'équateur, et grossit au point d'égaler, par son immense diffusion, cette plage céleste qu'on nomme *Voie lactée*. Combien encore n'a-t-il pas fallu d'étoiles errantes pour remplir d'un feu continu un si grand espace du ciel?

XVI. Maintenant que j'ai réfuté les raisonnements, combattons les témoins. Je n'aurai pas grand'peine à dépouiller Euphorus de son autorité; c'est un historien. Or, il en est qui vont relatant des choses incroyables pour se faire valoir, et comme la lecteur, s'ils le traînaient sur des événements trop communs, s'endormirait, ils le réveillent par des prodiges. D'autres sont crédules, d'autres négligents. Quelques-uns se laissent prendre au mensonge, quelques autres y ont goût ; ceux-ci ne savent pas l'éviter, ceux-là courent après. C'est le défaut commun à toute la race : on n'accueillera pas leur œuvre, elle ne sera point populaire, pensent-ils, s'ils ne l'ont saupoudrée de mensonge. Éphorus, l'un des moins consciencieux, est souvent trompé, souvent trompeur. Cette comète, par exemple, si anxieusement observée par tout ce qu'il y avait d'yeux au monde, à cause de la grande catastrophe qu'elle amena dès qu'elle parut, la submersion d'Hélice et de Buris, il prétend qu'elle se sépara en deux étoiles, et il est le seul qui l'ait dit. En effet, qui pouvait saisir l'instant de la dissolution, du fractionnement de la comète en deux parties ? Et comment, si quelqu'un la vit se dédoubler, nul ne l'a-t-il vue se former de deux étoiles ? Pourquoi Éphorus n'a-t-il pas ajouté les noms de ces deux étoiles ? L'une au moins devait faire partie des cinq planètes ?

XVII. Apollonius de Myndes est d'une autre opinion. Selon lui, la comète n'est pas un assemblage de planètes ; mais une foule de comètes sont des planètes réelles. « Ce ne sont point, dit-il, des images trompeuses, des feux qui grossissent par le rapprochement de deux astres ; ce sont des astres particuliers, tel qu'est le soleil ou la lune. Leur forme n'est point précisément ronde, mais élancée, étendue en longueur. Du reste, leur orbite n'est pas visible ; ils traversent les plus hautes régions du ciel et ne deviennent apparents qu'au plus bas de leur cours. Ne croyons pas que la comète qu'on vit sous Claude soit la même que celle qui parut sous Auguste, ni que celle qui s'est montrée sous Néron, et qui a réhabilité les comètes, ait ressemblé à celle qui, après le meurtre de Jules César, durant les jeux de Vénus Génitrix, s'éleva sur l'horizon vers la onzième heure du jour. Les comètes sont en grand nombre et de plus d'une sorte ; leurs dimensions sont inégales, leur couleur diffère ; les unes sont rouges, sans éclat ; les autres blanches et brillantes de la plus pure lumière ; d'autres présentent une flamme mélangée d'éléments peu subtils et se chargent, s'enveloppent de vapeurs fumeuses. Quelques-unes sont d'un rouge de sang, sinistre présage de celui qui sera bientôt répandu. Leur lumière augmente et décroît comme celle des autres astres qui jettent plus d'éclat, qui paraissent plus grands à mesure qu'ils descendent et s'approchent de nous, plus petits et moins lumineux parce qu'ils rétrogradent et s'éloignent. »

XVIII. On répond facilement à cela, qu'il n'en est pas des comètes comme des autres astres. Du premier jour où elles paraissent, elles ont toute leur grosseur. Or, elles devraient s'accroître en s'approchant de nous; et cependant leur premier aspect ne change pas, jusqu'à ce qu'elles commencent à s'éteindre. D'ailleurs on peut dire contre Apollonius ce qu'on dit contre les auteurs précités : si les comètes étaient des astres, et des astres errants, elles ne rouleraient pas en dehors du zodiaque, dans lequel toute planète fait sa révolution. Jamais étoile ne paraît au travers d'une autre. La vue de l'homme ne peut percer le centre d'un astre, pour voir au delà quelque astre plus élevé. Or, on découvre à travers les comètes comme à travers un nuage, les objets ultérieurs : la comète n'est donc point un astre, mais un feu léger et irrégulier.

XIX. Zénon, notre maître, estime que ce sont des étoiles dont les rayons convergent et s'entremêlent, et que de cette réunion de lumières résulte un semblant d'étoile allongée. De là, quelques philosophes jugent que les comètes n'existent pas; que ce sont des apparences produites par la réflexion des astres voisins, ou par leur rencontre, et quand la cohésion s'est faite. D'autres admettent leur réalité, mais pensent qu'elles ont leur cours particulier, et qu'après certaines périodes elles reparaissent aux yeux des hommes. D'autres enfin croient qu'elles existent, mais leur refusent le nom d'astres, vu qu'elles s'en vont pièce à pièce, qu'elles ne durent guère, et en peu de temps s'évaporent.

XX. Presque tous ceux de notre école sont de cette opinion, qui leur semble ne pas répugner à la vérité. Et, en effet, nous voyons au plus haut des airs s'allumer des feux de toute espèce, tantôt le ciel s'embraser, tantôt

*Fuir en longs traits d'argent des flammes blanchissantes* (a),

tantôt courir des torches avec de larges sillons de feu. La foudre même, malgré sa prodigieuse rapidité, qui nous fait passer en un clin d'œil de l'éblouissement aux ténèbres, est un feu dû à l'air froissé, un feu qui jaillit d'une forte collision atmosphérique. Aussi n'est-ce qu'une flamme sans durée, qui fait explosion et qui passe et à l'instant s'évanouit. Les autres feux sub-

(a) Virgile, *Géorg.*, I, 367.

sistent plus longtemps, et ne se dissipent point que l'aliment qui les nourrissait ne soit entièrement consumé. A cette classe appartiennent les prodiges décrits par Posidonius, colonnes, boucliers ardents, et autres flammes remarquables par leur étrangeté, auxquelles on ne prendrait pas garde si leur cours suivait l'ordre habituel. Chacun s'étonne à ces apparitions d'un feu subit au haut des airs, soit qu'il ne fasse que briller et disparaître, soit que l'air comprimé au point de prendre feu lui donne cette consistance dont on s'émerveille. Et enfin, n'est-il pas vrai que parfois l'éther se déchire et laisse apparaître, en se refoulant sur lui-même, une vaste cavité lumineuse? On pourrait s'écrier : Qu'est cela ?

.... Je vois les cieux tout à coup s'entr'ouvrir,
Leurs étoiles errer dans l'espace (a)....

Et souvent ces phénomènes, sans attendre la nuit, éclatèrent en plein jour. Mais c'est par une autre raison que brillent à un moment si peu fait pour eux ces astres dont l'existence est constante, alors même qu'on ne les voit point. Beaucoup de comètes sont invisibles, parce que les rayons du soleil les effacent. Posidonius rapporte que dans une éclipse de cet astre on a vu paraître une comète qu'il cachait par son voisinage. Souvent, après le coucher du soleil, on voit près de son disque des feux épars : c'est que le corps de la comète, noyé dans la lumière du soleil, ne peut se distinguer; mais sa chevelure est en dehors des rayons.

XXI. Ainsi nos stoïciens pensent que les comètes, comme les torches, les trompettes, les poutres et les autres météores, proviennent d'un air condensé. C'est pourquoi les comètes apparaissent plus fréquemment au nord, parce que l'air stagnant y abonde. Mais pourquoi la comète marche-t-elle, au lieu de rester immobile? Le voici. Elle est comme le feu, qui suit toujours ce qui l'alimente ; et bien qu'elle tende aux régions supérieures, le défaut de matière inflammable la fait rétrograder et descendre. Dans l'air même elle n'incline point à droite ou à gauche, car elle n'a point de route réglée, elle se porte lentement où l'attire la veine de l'élément qui la nourrit : ce n'est pas une étoile qui marche, c'est un feu qui s'alimente. Pourquoi donc ses apparitions sont-elles longues ; pourquoi ne s'évapore-t-elle pas plus tôt? En effet, six mois durant s'est mon-

(a) *Énéide*, IX, 20.

trée celle que nous avons vue sous l'heureux principat de Néron, et qui suivait sa courbe en sens inverse de celle qui parut sous Claude. Car, partie du septentrion et s'élevant vers le midi, elle gagna l'orient en s'obscurcissant toujours davantage; l'autre, venue du même point, avec tendance vers l'occident, tourna au midi où elle disparut. C'est que la première, nourrie d'éléments plus humides et plus propres à la combustion, les suivit toujours; la seconde eut pour elle une région plus féconde et plus substantielle. Les comètes se dirigent donc où les attire leur aliment, et non dans une voie prescrite. Les circonstances furent différentes pour les deux que nous avons observées, puisque l'une se portait à droite, l'autre à gauche. Or le mouvement de toutes les planètes a lieu du même côté, c'est-à-dire en un sens contraire au mouvement des cieux. Les cieux roulent de l'est à l'ouest; les planètes vont de l'ouest à l'est. Aussi ont-elles deux mouvements, celui qui leur est propre, et celui qui les emporte avec tout le ciel.

XXII. Je ne pense pas comme nos stoïciens. Selon moi, la comète n'est pas un feu qui s'allume subitement; c'est une des créations éternelles de la nature. D'abord tout météore, comme fils de l'air, dure peu; car il naît dans un élément fugace et prompt à changer. Quel météore subsisterait longtemps sans se modifier, dans l'air qui ne demeure jamais le même, qui, toujours fluide, n'est que passagèrement calme? En moins de rien il passe d'un état à un autre, ou pluvieux, ou serein, ou dans un milieu variable. Les nuages dans lesquels il se condense si habituellement pour se dissoudre ensuite, tantôt s'agglomèrent, tantôt se disséminent, jamais ne restent sans mouvement. Il est impossible qu'un feu permanent siége en un corps si mobile, et y adhère avec la ténacité de ceux que la nature a faits inaltérables, en les plaçant à poste fixe. D'ailleurs, si la comète était inséparable de son aliment, elle descendrait toujours. Car l'air est d'autant plus épais qu'il est plus voisin de la terre: or, jamais les comètes ne descendent si bas et n'approchent de notre sol. Enfin, le feu va où sa nature le mène, c'est-à-dire en haut; ou bien il se porte où l'attire la matière à laquelle il s'attache et dont il se nourrit.

XXIII. Les feux célestes ordinaires n'ont point une route tortueuse; il n'appartient qu'aux astres de décrire des courbes. D'anciennes comètes en ont-elles décrit? Je l'ignore; mais de notre temps deux l'ont fait. Ensuite tout feu qu'une cause temporaire allume s'éteint promptement. Ainsi les torches ne luisent qu'en passant; ainsi la foudre n'a de force que pour un seul coup; ainsi les étoiles filantes ou tombantes ne font que traverser l'air qu'elles sillonnent. Jamais feu n'a de durée, si son foyer n'est en lui-même ; je parle de ces feux divins, de ces éternels flambeaux du monde, qui sont ses membres, ses ministres (a). Mais ceux-ci accomplissent une tâche, fournissent une carrière, gardent un ordre constant, sont toujours égaux à eux-mêmes. D'un jour à l'autre on les verrait croître ou décroître, si leur flamme était d'emprunt et leur cause instantanée. Cette flamme serait moindre ou plus grande, selon le plus ou le moins d'aliments qu'elle aurait. Je viens de dire qu'une flamme produite par l'altération de l'air n'a point de longue durée ; j'ajouterai même qu'elle ne peut durer et se maintenir en nulle façon. Car les torches, la foudre, les étoiles filantes, tous les feux que l'air exprime de son sein, ne peuvent que fuir dans l'espace, et on ne les voit que tomber. La comète a sa région propre ; aussi n'en est-elle pas expulsée si vite; elle achève son cours; elle ne s'éteint pas, elle s'éloigne de la portée de nos yeux. Si c'était une planète, dira-t-on, elle roulerait dans le zodiaque. — Mais qui peut assigner aux astres une limite exclusive, confiner et tenir à l'étroit ces êtres divins? Ces planètes mêmes, qui seules te semblent se mouvoir, parcourent des orbites différentes les unes des autres. Pourquoi n'y aurait-il pas des astres qui suivraient des routes particulières et fort éloignées de celles des planètes? Pourquoi quelque région du ciel serait-elle inaccessible? Que si l'on veut absolument que toute planète touche le zodiaque, la comète peut avoir un cercle assez large pour y coïncider en quelque partie, ce qui est non pas nécessaire, mais possible.

XXIV. Vois s'il n'est pas plus digne de la grandeur du monde céleste de le diviser en des milliers de routes diverses, que d'y vouloir un seul sentier battu et de faire du reste un morne désert. Croiras-tu que dans cette immense et magnifique architecture, parmi ces astres innombrables qui décorent et diversifient le tableau des nuits, qui ne laissent jamais l'atmosphère vide et sans action, cinq étoiles seules aient leur mouvement libre, tandis que les autres restent là, peuple immobile et stationnaire? Si maintenant l'on me demande d'où vient qu'on n'a

---

(a) Au texte : *partes ejus sunt et opera*. Je lirais volontiers : *operæ*. Selon les stoïciens, un dieu était attaché à chaque astre et dirigeait ses mouvements.

pas observé le cours des comètes, comme celui des cinq étoiles errantes, je répondrai qu'il est mille choses dont nous admettons l'existence, tout en ignorant leur nature. Que nous ayons une âme dont la voix souveraine tantôt nous excite, tantôt nous rappelle, tout le monde l'avoue; mais cette âme quelle est-elle? Quel est ce chef, ce régulateur de nous-mêmes? Nul ne te l'expliquera, pas plus qu'il ne t'indiquera où il siége. L'un dit : « C'est un souffle; » l'autre répond : « C'est une harmonie; » celui-ci le nomme une force divine, une parcelle de la divinité; celui-là l'appelle un air éminemment subtil; cet autre, une puissance immatérielle. Il s'en trouve qui la placent dans le sang, dans la chaleur vitale. Comment verrait-elle clair dans tout le reste, cette âme qui en est encore à se chercher elle-même" ?

XXV. Pourquoi donc s'étonner que les comètes, dont le monde a si rarement le spectacle, ne soient point encore pour nous astreintes à des lois fixes, et que l'on ne connaisse ni d'où viennent ni où s'arrêtent ces corps dont les retours n'ont lieu qu'à d'immenses intervalles? Il ne s'est pas écoulé quinze siècles depuis que

La Grèce par leur nom a compté les étoiles (a)³.

Aujourd'hui encore, que de peuples ne connaissent du ciel que son aspect, et ne savent pas pourquoi la lune s'éclipse et se couvre d'ombre! Nous-mêmes, sur ce point, ne sommes arrivés que depuis peu à une certitude raisonnée. Un âge viendra où ce qui est mystère pour nous sera mis au jour par le temps et les études accumulées des siècles. Pour de si grandes recherches, la vie d'un homme ne suffit pas, fût-elle toute consacrée à l'inspection du ciel. Que sera-ce, quand de ce peu d'années nous faisons deux parts si inégales entre l'étude et de vils plaisirs? Ce n'est donc que successivement et à la longue que ces phénomènes seront dévoilés. Le temps viendra où nos descendants s'étonneront que nous ayons ignoré des choses si simples. Ces cinq planètes qui assiégent nos yeux, qui se présentent sur tant de points et forcent notre curiosité, nous ne connaissons que d'hier leur lever du matin et du soir, leurs stations, le moment où elles s'avancent en ligne directe, la cause qui les fait revenir sur leurs pas. Les émersions de Jupiter, son coucher, sa marche rétrograde, ainsi a-t-on appelé son mouvement de retraite, ne nous sont familiers que depuis peu d'années. Il s'est trouvé des sages pour nous dire : « C'est

(a) Virgile, Géorg., I. 137.

une erreur de croire qu'il y ait des étoiles qui suspendent ou détournent leur cours. Les corps célestes ne peuvent ni s'arrêter, ni dévier : tous vont en avant, tous obéissent à une direction primitive. Leur course cessera le jour où ils cesseront d'être. L'éternelle création est douée de mouvements irrévocables; si jamais ils font halte, c'est qu'il surviendra des obstacles que la marche égale et régulière du monde rend jusqu'ici impuissants. »

XXVI. Pourquoi donc certains astres semblent-ils rebrousser chemin? C'est la rencontre du soleil qui leur donne une apparence de lenteur; c'est la nature de leurs orbites et des cercles disposés de telle sorte qu'à certains moments il y a illusion d'optique. Ainsi les vaisseaux, lors même qu'ils vont à pleines voiles, semblent immobiles. Il naîtra quelque jour un homme qui démontrera dans quelle partie du ciel errent les comètes; pourquoi elles marchent si fort à l'écart des autres planètes; quelle est leur grandeur, leur nature. Contentons-nous de ce qui a été trouvé jusqu'ici ; que nos neveux aient aussi leur part de vérité à découvrir. Les étoiles, dit-on, ne sont pas transparentes, et la vue perce à travers les comètes. Si cela est, ce n'est point à travers le corps de la comète, dont la flamme est dense et substantielle; c'est à travers la traînée de lumière rare et éparse en forme de chevelure, c'est dans les intervalles du feu, non à travers le feu même, que vous voyez. « Toute étoile est ronde, dit-on encore, les comètes sont allongées; évidemment ce ne sont pas des étoiles. » Mais qui vous accordera que les comètes ont la forme allongée? Elles ont naturellement, comme les autres astres, la forme sphérique, mais avec une plus grande extension de lumière. De même que le soleil darde ses rayons au loin et au large, et cependant présente une forme autre que celle de ses flots lumineux; ainsi le noyau des comètes est rond, mais leur lumière nous apparaît plus longue que celle des autres étoiles.

XXVII. « Pourquoi cela? » dis-tu. Dis-moi d'abord toi-même pourquoi la lune reçoit une lumière si différente de celle du soleil quand c'est du soleil qu'elle la reçoit? Pourquoi est-elle tantôt rouge, tantôt pâle? Pourquoi devient-elle livide et sombre, quand l'aspect du soleil lui est dérobé? Dis-moi pourquoi les étoiles ont toutes entre elles quelque différence de forme, mais surtout diffèrent avec le soleil. Comme rien n'empêche que tous ces corps soient des astres, bien que dissemblables, qui empêcherait que les comètes fussent éternelles et de même nature qu'eux, malgré la différence de leur aspect? Car enfin, le ciel même, à le bien considérer, ne se compose-t-il pas de parties diverses? D'où vient que le soleil est toujours ardent dans le signe du Lion, d'où il dessèche et brûle la terre; tandis que dans le Verseau il rend l'hiver plus intense et enchaîne les fleuves d'une barrière de glace? Les deux signes pourtant sont de même espèce, quoique leurs effets et leur nature soient fort opposés. Le Bélier se lève en fort peu de temps; la Balance est des plus tardives; et ces deux signes n'en sont pas moins de même nature, malgré la vélocité de l'un et la lenteur de l'autre. Ne vois-tu pas combien les éléments sont opposés entre eux? Ils sont pesants ou légers, froids ou chauds, humides ou secs. Toute l'harmonie de l'univers résulte de discordances. Tu nies que la comète soit un astre, parce que sa forme ne répond pas au type que tu t'es fait et n'est pas celle des autres. Mais considère combien l'astre qui n'achève sa révolution qu'en trente ans ressemble peu à celui qui en un an a fini la sienne. La nature ne tire pas tous ses ouvrages d'un moule uniforme; elle est fière de sa variété même. Elle a fait tel astre plus grand, tel autre plus rapide; celui-ci a plus de puissance; l'action de celui-là est plus modérée; quelques-uns, mis par elle hors de ligne, marchent isolés et avec plus d'éclat; les autres sont relégués dans la foule. On méconnaît les ressources de la nature, si l'on croit qu'elle ne peut jamais que ce qu'elle fait habituellement: Elle ne montre pas souvent des comètes; elle leur a assigné un lieu à part, des périodes différentes, des mouvements tout autres que ceux des planètes. Elle a voulu rehausser la grandeur de son œuvre par ces apparitions, trop belles pour qu'on les croie fortuites, soit qu'on ait égard à leur dimension, soit qu'on s'arrête à leur éclat plus ardent et plus vif que celui des autres étoiles. Leur aspect a ceci de remarquable et d'exceptionnel, qu'au lieu d'être enfermée et condensée dans un disque étroit, la comète se déploie librement et embrasse la région d'un grand nombre d'étoiles.

XXVIII. Aristote dit que les comètes présagent des tempêtes, des vents violents, de grandes pluies. Pourquoi, en effet, ne pas croire qu'un astre puisse être un pronostic? Ce n'est pas sans doute un signe de tempête, comme il y a signe de pluie lorsqu'une lampe

Se couvre en pétillant de noirs flocons de mousse (a);

(a) *Géorg.*, I, 392. Delille.

ou comme il y a indice de gros temps quand l'oiseau des mers,

> Quand la foulque sautille et joue au bord des flots ;
> Ou lorsque le héron, les ailes étendues,
> De ses marais s'élance et se perd dans les nues (a).

C'est un pronostic général, comme l'est celui de l'équinoxe, qui vient changer la température en chaud ou en froid ; comme ce que les Chaldéens prédisent de la bonne ou mauvaise étoile sous laquelle on naît. Cela est si vrai, que ce n'est pas pour le moment même qu'une comète annonce les vents et la pluie, comme l'ajoute Aristote ; c'est l'année entière qu'elle rend suspecte. Évidemment donc, les pronostics de la comète ne lui viennent pas d'éléments voisins d'elle et pour un temps immédiat ; elle les tire de plus loin ; ils tiennent aux lois mystérieuses du ciel. Celle qui apparut sous le consulat de Paterculus et de Vopiscus réalisa ce qu'en avaient prédit Aristote et Théophraste : partout régnèrent de violentes et continuelles tempêtes ; et, en Achaïe comme en Macédoine, des villes furent renversées par des tremblements de terre. La lenteur des comètes, au dire d'Aristote, prouve leur pesanteur et décèle en elles beaucoup de parties terrestres ; leur marche aussi le prouve ; car elles sont poussées presque toujours vers les pôles.

XXIX. Ces deux arguments sont faux. Réfutons d'abord le premier. La lenteur de la marche serait une preuve de pesanteur ! Et pourquoi ? Saturne, celle de toutes les planètes qui achève le plus lentement sa carrière, est donc la plus pesante. Or, ce qui prouve sa légèreté, c'est qu'elle est plus élevée que toutes les autres. Mais, diras-tu, elle décrit un plus grand cercle ; sa vitesse n'est pas moindre, mais sa course est plus longue. Songe que j'en puis dire autant des comètes, quand même leur marche serait plus lente, ce qui est contraire à la vérité. La dernière comète a parcouru en six mois la moitié du ciel ; la précédente, en moins de temps, avait disparu. « Mais elles sont pesantes, puisqu'elles descendent. » D'abord, ce n'est point descendre que se mouvoir circulairement ; ensuite la dernière comète, partie du nord, s'est avancée par l'occident vers le midi, et c'est à force de s'élever qu'elle s'est dérobée à nos yeux. L'autre, la Claudienne, d'abord vue au septentrion, ne cessa de monter toujours plus perpendiculaire, tant qu'on ne la

---

(a) *Géorg.*, I, 363. Trad. de Delille modifiée.

vit plus. Voilà, sur les comètes, tout ce que je sache d'intéressant pour moi ou pour les autres. Suis-je dans le vrai? Les dieux le savent (*a*), eux qui connaissent la vérité. Pour nous, nous ne pouvons rien que chercher à tâtons, que cheminer dans l'ombre et par conjecture, sans être sûrs de trouver juste, comme sans désespérer.

XXX. Aristote dit excellemment : « Ne soyons jamais plus circonspects que lorsque nous parlons des dieux. » Si nous entrons dans les temples avec recueillement, si nous n'approchons d'un sacrifice que les yeux baissés, la toge ramenée sur la poitrine, avec tous les signes d'une réserve qui fait de nous comme d'autres hommes ; combien plus de retenue ne doit-on pas s'imposer quand on discute sur les astres, les planètes, la nature des dieux, pour n'avancer rien de téméraire ou d'irrévérencieux, ne pas affirmer ce qu'on ne sait point, ni mentir à ce que l'on sait ! Faut-il s'étonner qu'on découvre si lentement ce qui est si profondément caché ! Panætius et ceux qui veulent faire croire que les comètes ne sont pas des astres ordinaires, qu'elles n'en ont que la fausse apparence, ont soigneusement examiné si toutes les saisons sont également propices à ces apparitions ; si toute région du ciel est apte à les créer ; si elles peuvent se former partout où elles peuvent se porter, et autres questions qui s'évanouissent toutes, quand je prouve que les comètes ne sont pas des embrasements fortuits, mais entrent dans la constitution même du ciel, qui les montre rarement et nous cache leurs évolutions. Combien d'autres corps roulent en secret dans l'espace, et ne se lèvent jamais pour les yeux de l'homme ! Dieu, en effet, n'a pas fait toute chose pour nous. Quelle faible portion de ce vaste ensemble est accordée à nos regards ! L'arbitre, le créateur, le fondateur de ce grand tout dont il s'est fait le centre ; ce Dieu, la plus haute et la meilleure partie de son ouvrage, se dérobe lui-même à nos yeux ; il n'est visible qu'à la pensée[1].

XXXI. Bien d'autres puissances, voisines de l'être suprême par leur nature et leur pouvoir, nous sont inconnues, ou peut-être, merveille plus grande, échappent à nos yeux à force de les éblouir, soit que des substances si ténues deviennent imperceptibles à la vue de l'homme, soit que leur majestueuse sainteté se cache dans une retraite profonde pour gouverner leur empire c'est-à-dire elles-mêmes, et ne laisser d'accès qu'à l'âme.

---

(*a*) Je lis avec deux Mss. : *di sciunt*. Lemaire : *discutiant*.

Quel est cet être sans lequel rien n'existe*? Nous ne pouvons le savoir; et nous serions surpris de ne connaître qu'imparfaitement quelques points lumineux, quand la plus importante partie de l'univers, quand Dieu nous échappe! Que d'animaux furent pour la première fois découverts dans ce siècle! Que d'autres, ignorés de nous, seront connus des âges suivants! Que de conquêtes pour les temps à venir, quand notre mémoire même ne sera plus ! Que ce monde serait peu, s'il n'enfermait des choses que le monde entier doit chercher! Il est des mystères religieux qui ne se dévoilent pas en un jour. Éleusis garde des révélations pour ceux qui la viennent revoir. La nature ne livre pas à la fois tous ses secrets. Nous nous croyons initiés, nous, encore arrêtés sur le seuil. De telles merveilles ne se découvrent pas indistinctement et à tout mortel; elles sont reculées, elles sont closes au plus profond du sanctuaire. Ce siècle en verra quelques-unes; d'autres attendent ceux qui vont nous remplacer. Quand donc ces connaissances arriveront-elles à l'homme? Les grandes découvertes sont lentes, surtout quand les efforts languissent. Il n'est qu'une chose où nous tendions de toute notre âme, sans y atteindre encore : la plus grande corruption possible. Nos vices sont encore en progrès. Le luxe trouve à se passionner pour de nouvelles folies; la débauche invente contre elle-même de nouveaux outrages; la vie de délices qui dissout et consume trouve à enchérir sur ses raffinements, sur ses énervements homicides. Nous n'avons pas assez fait abdication de force. Ce qui nous reste d'extérieur mâle, nous l'effaçons sous le luisant de nos corps épilés. Nous avons vaincu les femmes en toilette; les couleurs que portent les courtisanes, que les dames romaines ont dû s'interdire, nous, Romains, nous les avons prises. On va d'une molle et languissante allure, d'un pas indécis : ce n'est plus en homme que l'on marche, c'est en femmelette. Des bagues ornent nos doigts; chaque phalange a sa pierre précieuse. Tous les jours nous imaginons de nouveaux moyens de dégrader notre sexe ou de le travestir, ne pouvant le dépouiller : l'un livre au fer ce qui le fait homme; la plus vile bande du cirque devient le refuge de cet autre, loué pour mourir, armé pour l'infamie. Même ruiné, il pourra fournir à sa frénésie : il a bien choisi (a).

XXXII. Tu es surpris que la science n'ait pas jusqu'ici

(a) Voir Lettre LXXXVII.

complété son œuvre ! l'immoralité n'a pas encore donné toute sa mesure. Elle ne fait que de naître, et tous nous lui vouons nos soins; nos yeux, nos mains se font ses esclaves. Mais la science, quels visiteurs a-t-elle? qui la croit digne de mieux que d'un coup d'œil en passant? Et la philosophie, et toute autre étude libérale, qui s'en occupe, à moins qu'il n'y ait relâche aux théâtres, ou qu'il ne survienne un jour de pluie, de ces jours qu'on peut perdre[6] ? Aussi les branches de la grande famille philosophique s'éteignent-elles sans rejetons. Les deux Académies, l'ancienne et la moderne, n'ont plus de pontife qui les continue. Chez qui puiser la tradition et la doctrine pyrrhonienne? L'illustre mais impopulaire école de Pythagore n'a point trouvé de représentant [7]. Celle des Sextius, qui la renouvelait avec une vigueur toute romaine [8], au milieu même de ses débuts, après un grand et premier essor, la voilà morte. Mais que de soins et d'efforts pour que le nom du moindre pantomime ne puisse périr ! Elle revit dans leurs successeurs la noble race de Pyladè et de Bathylle; pour de tels arts il y a force disciples, force maîtres. Toute maison est, dans Rome, un bruyant théâtre de danses où les deux sexes vont se trémoussant. Maris et femmes se disputent l'honneur de figurer aux côtés de ces histrions [9]. Puis, le front usé par le masque mimique, on passe au casque du gladiateur (a). La philosophie ! nul n'en a souci. Aussi, bien loin que l'on découvre ce qui a pu échapper aux investigations de nos pères, combien de leurs découvertes tombent dans l'oubli ! Et pourtant, ô dieux ! quand nous y vouerions toutes nos facultés; quand notre jeunesse, tempérante, en ferait son unique étude; les pères, le texte de leurs leçons; les fils, l'objet de leurs travaux, à peine arriverions-nous au fond de cet abîme où dort la vérité, qu'aujourd'hui notre indolente main cherche à la surface du sol.

(a) Je lis *transitur ad galeam*. « L'an de Rome 817, plusieurs nobles dames et sénateurs s'avilirent jusqu'à descendre dans l'arène. » (Tacite, *Ann.*, XV, 32.) « Quem præstare potest mulier *galeata* pudorem. » (Juvén., VI, 252.) Trois manusc. donnent *ad galeam*. Lemaire : *ad ganeam* (*on passe à l'orgie*), finale bien faible : *l'orgie* était l'accompagnement tout ordinaire de ces sortes de danses.

# FRAGMENTS DE SÉNÈQUE.

I. Sénèque dit que Tibère, sentant la vie lui échapper, tira son anneau, comme pour le donner à quelqu'un, le tint quelque temps dans sa main, puis le remit à son doigt....
(Suétone, *Tibère*, ch. LXXIII.)

II. (Citation du XXII<sup>e</sup> livre des *Épîtres à Lucilius*.) Je m'étonne que de si grands maîtres en éloquence se soient engoués d'Ennius jusqu'à louer comme excellentes des choses ridicules. Témoin Cicéron, qui cite, parmi les bons vers de ce poëte, cet éloge de l'orateur Céthégus :

> Il fut, au dire populaire[1],
> De ceux qui lors vivaient et foulaient cette terre,
> Exquise fleur de notre nation,
> Moelle de persuasion.

Je ne suis plus surpris qu'il se soit trouvé un homme capable d'écrire de tels vers, puisqu'il s'en est trouvé un pour les louer : mais peut-être Cicéron, avocat des plus consommés, plaidait-il sa propre cause en voulant faire juger bons ces vers[2].... Et chez ce même Cicéron, tu trouveras jusque dans sa prose des locutions qui prouvent qu'il n'a pas perdu sa peine en lisant Ennius. Par exemple, dans ses livres *de la République* : *Menelao Laconi fuit suaviloquens jucunditas*; et ailleurs : *Breviloquentiam in dicendo colat*. Ces fautes de goût ne venaient pas de Cicéron, mais de son époque : il fallait bien que l'orateur les adoptât, dès qu'elles se faisaient lire ailleurs. Il a semé de pareils traits dans son style, pour échapper au reproche d'extrême élégance et de trop de poli. Notre Virgile à son tour n'a intercalé dans son poëme quelques vers durs, en dehors des règles et de la mesure qu'ils outre-passent, que pour donner à un public tout ennien le plaisir de reconnaître dans une œuvre moderne un vernis d'antiquité.... Il y a des vers d'Ennius d'un si grand sens que, bien qu'écrits pour des lecteurs qui puaient le bouc, ils peuvent plaire à nos contemporains musqués. *Sénèque ajoute, à propos de l'éloge de Céthégus* : Ceux qui aiment des vers de ce goût sont, la chose est claire (a), ceux-là mêmes qui admirent les lits de Sotericus (*lits de forme antique*)³.

III. Qu'importe combien tu possèdes de choses ! Il en est bien plus que tu ne possèdes pas.    (Aulu-Gelle, XII, II.)

IV. A la mort tout finit, tout, la mort elle-même⁴.

(Tertullien, *de Anima*, XLII.)

V. Ne comprends-tu pas l'autorité et la majesté de ton juge? Régulateur de notre globe, dieu du ciel et de tous les dieux⁵, de lui relèvent ces puissances qui se partagent nos adorations et notre culte.

VI. Alors qu'il jetait les premiers fondements de son édifice merveilleux, et qu'il ébauchait cette œuvre, la plus vaste et la plus parfaite que la nature connaisse, il voulut que chaque chose marchât sous son chef; et, bien que lui-même s'incorporât à tout l'ensemble de son empire, il créa aussi des dieux ministres de sa royauté.

VII. Notre origine se rattache à quelque chose qui est hors de nous. Et notre pensée se reporte à un être à qui nous sommes redevables de ce qu'il y a en nous de meilleur. Nous tenons d'un autre notre naissance, tout ce que nous sommes : Dieu s'est fait lui-même.

VIII. D'où vient donc que Jupiter, si incontinent chez les poëtes, a cessé de procréer des enfants? Est-il devenu sexagénaire, et la loi Papia l'a-t-elle soumis à l'infibulation (b)? S'est-il borné au privilége que donnent trois enfants? ou lui est-il venu enfin à l'esprit qu'il faut s'attendre à recevoir des autres ce qu'on a fait à autrui? Et craint-il qu'on ne le traite comme il a traité Saturne?

IX. Ils vénèrent les simulacres des dieux ; ils les supplient le genou en terre, ils leur envoient des baisers; ils se tiennent tout un jour assis ou debout devant ces images, leur jettent de l'argent, leur immolent des victimes, leur prodiguent le culte le plus enthousiaste ; et l'ouvrier qui les a fabriquées, ils le méprisent.

X. Nous ne sommes pas deux fois enfants, comme on a cou-

(a) Frédéric Haase : *liqueat tibi eosdem.* Lemaire : *liceat sibi,*...
(b) C'est-à-dire la loi contre le célibat lui a-t-elle permis de n'être plus père?

tume de le dire ; nous le sommes toujours, avec cette différence que nous jouons plus cher (a).

XI. Nous refuserons-nous à louer Dieu, parce que sa vertu est dans sa nature ? En effet, il ne l'a apprise de personne. Oui certes, nous le louerons : car bien que sa vertu soit dans sa nature, c'est lui qui se l'est donnée, puisque la nature c'est Dieu lui-même.

XII. La philosophie n'est autre chose qu'un droit système de vie, ou bien, la science de vivre honnêtement, ou, l'art de suivre dans la vie le droit chemin. Nous ne nous tromperons point en disant que la philosophie est la loi qui nous fait bien et honnêtement vivre. Et qui la définirait la règle de la vie, lui donnerait son vrai nom.

XIII. La plupart des philosophes sont des hommes tels, que leurs belles paroles tournent à leur honte ; à les ouïr pérorer contre l'avarice, la débauche, l'ambition, on dirait que c'est eux-mêmes qu'ils dénoncent, tant rejaillissent sur eux les traits qu'ils lancent sur la société. Il convient de les comparer à ces charlatans dont l'enseigne annonce des remèdes, et dont les tiroirs n'offrent que poisons. Il est de ces philosophes que ne retient même pas la honte de leurs vices, et qui se forgent des apologies pour pallier leur turpitude, pour paraître même pécher honnêtement.

XIV. Le sage fera quelquefois ce qu'il n'approuvera point, si c'est un moyen d'arriver à un noble but ; il ne renoncera pas aux principes du bien, mais il les accommodera aux temps ; et ce que d'autres exploitent au profit de leur morgue ou de leurs plaisirs, il le fera servir au bien commun.... Tout ce que font les amateurs de magnificence, les ignorants, le sage le fera aussi, mais non de la même manière, ni dans les mêmes vues.

XV. Il n'y a pas encore mille ans que les principes de la sagesse sont connus.

XVI. La plus haute vertu à leurs yeux, c'est un grand courage ; et ces mêmes hommes tiennent pour frénétique celui qui méprise la mort, ce qui révèle en eux une profonde perversité.

XVII. L'homme vraiment honorable n'est pas celui que le bandeau royal ou la pourpre et une escorte de licteurs distinguent entre tous ; c'est celui qui, au niveau de toute situation, voit la mort à ses côtés sans en être troublé comme d'une chose nouvelle ; c'est celui qui, soit qu'il lui faille livrer aux

---

(a) Voir *Constance du sage*, XII.

tortures toutes les parties de son corps, ou recevoir dans la bouche un tison ardent, ou étendre ses bras sur un gibet, ne songe pas à ses souffrances, mais au mérite de les bien supporter.

XVIII. Il est grand, quel qu'il soit, plus grand qu'on ne le peut concevoir, ce Dieu auquel nous consacrons notre vie : c'est son suffrage qu'il faut mériter. Car il ne sert de rien que notre conscience soit fermée aux hommes : elle est ouverte à Dieu [*].... Que fais-tu? Que machines-tu? Que caches-tu? Ton surveillant te suit. Tu en as eu d'autres qu'un voyage, que la mort, que la maladie t'enlevèrent; celui-ci reste à tes côtés, et jamais il ne te manquera. Pourquoi choisir un lieu reculé, éloigner les témoins? Crois-tu donc avoir réussi à te soustraire aux yeux de tous? Insensé! Que gagnes-tu à n'avoir point de confidents? N'as-tu pas ta conscience?

XIX. Ne sauriez-vous concevoir un Dieu dont la grandeur égale la mansuétude, un Dieu vénérable par sa douce majesté, ami de l'homme, toujours présent à ses côtés, et qui demande non point des victimes ni des flots de sang pour hommage (quel plaisir est-ce pour lui de voir égorger d'innocents animaux?), mais qui veut une âme pure, des intentions bonnes et honnêtes? Il n'a pas besoin de temples faits de pierres qu'on entasse et élève bien haut : c'est dans son cœur que tous doivent lui vouer un sanctuaire.

XX. La première enfance de Rome se passa sous le roi Romulus, qui fut son père et commença pour ainsi dire son éducation. Le second âge a été sous les rois suivants; elle grandit et se forma à l'abri de leurs nombreux règlements et de leurs institutions. Mais quand Tarquin régna, Rome, adulte déjà, impatiente de la servitude, rejeta le joug de ce superbe maître, et aima mieux obéir aux lois qu'à la royauté. Son adolescence finit avec les guerres Puniques; alors ses forces avaient pris tout leur développement, et elle entrait dans la jeunesse. Carthage, en effet, ayant cessé d'être après lui avoir longtemps disputé l'empire, Rome étendit en tous lieux, sur terre et sur mer, ses puissantes mains, tant qu'enfin, rois et peuples réunis tous sous son commandement, et les éléments de guerre lui manquant, elle fit de ses forces un funeste usage en les tournant à sa propre ruine. De là date sa vieillesse, alors que déchirée de guerres civiles, en proie à des convulsions intestines, elle tombe de nouveau sous le régime d'un chef unique et rétrograde vers l'enfance. Car, ayant perdu cette liberté que, sur les pas et à la voix de Brutus, elle avait su défendre, sa décrépitude devint telle, qu'elle sembla ne plus pouvoir se soutenir qu'en cherchant quelque appui dans la tutelle des gouvernants[7]. (Fragments cités par Lactance, *Divin. Instit.*, liv. I, II, III, V, VI, VII.)

XXI. *La vestale Claudia, accusée d'avoir enfreint son vœu de chasteté, prouva, dit-on, son innocence, en faisant avec sa ceinture démarrer un vaisseau chargé de la statue d'Isis, et engravé dans le Tibre, quand plusieurs milliers de bras n'avaient pu le mouvoir.* « Mieux lui eût valu cependant, a dit l'oncle du poëte Lucain, que cette épreuve eût servi à glorifier en elle une chasteté incontestée, et non point à la justifier des soupçons. »

XXII. L'amour de la beauté physique est un oubli de la raison, qui touche à la folie, une faiblesse dégradante qui ne sied nullement à une âme saine, qui trouble nos conseils, paralyse les sentiments nobles et généreux, et des hautes spéculations de l'esprit nous ravale aux pensées les plus basses; il nous rend grondeurs, irascibles, téméraires, impérieux jusqu'à la dureté ou servilement flatteurs, inutiles à tous et à l'amour même. Car l'insatiable passion de jouir qui le dévore lui fait perdre presque tout le temps en soupçons, en larmes, en plaintes interminables; il se fait haïr, et finit par se prendre lui-même en haine.

XXIII. *Sénèque rapporte encore* qu'il a connu un homme distingué qui, lorsqu'il avait à sortir, entourait d'un voile à plusieurs replis le sein de sa femme, et ne pouvait rester même l'espace d'une heure privé de sa présence : ni la femme ni le mari ne prenaient aucun breuvage, que l'autre n'y eût porté ses lèvres, faisant du reste mille autres extravagances où éclatait l'aveugle violence d'une passion sans frein.

XXIV. Que dirai-je des citoyens pauvres, dont la plupart ne sont amenés à prendre le nom de mari que pour éluder les lois faites contre le célibat? Comment peut-il régler les mœurs de sa compagne, et lui prescrire la chasteté, et maintenir l'autorité maritale, celui qui dans sa femme a pris un maître? (Fragments cités par saint Jérôme, *Advers. Jovin.*, liv. I.)

## SUR LA SUPERSTITION.

XXV. On consacre comme immortelles, comme inviolables, des divinités faites d'une vile et inerte matière, des figures d'hommes, de bêtes et de poissons *, parfois un amalgame de sexes, de corps différents (a). On appelle dieux des simulacres qui, s'ils recevaient tout à coup la vie, nous apparaîtraient comme des monstres.

XXVI. Ici quelqu'un va me dire : « Croirai-je que le ciel, que la terre sont des dieux; qu'il y a des dieux plus haut que la lune, qu'il y en a de sublunaires? Comment souffrir Platon, ou le péripatéticien Straton, dont l'un nous fait un dieu sans corps, l'autre un dieu sans âme? » Mais quoi! Trouves-tu plus de vérité dans ce que T. Tatius, ou Romulus, ou Tullus Hostilius ont rêvé? T. Tatius a consacré Cloacine comme déesse ; Romulus a déifié Picus et le Tibre; Hostilius a fait de même pour la Peur et la Pâleur, ces hideuses affections de l'homme, dont l'une est l'émotion d'une âme terrifiée, et l'autre une impression physique, une couleur plutôt qu'une maladie. Préfères-tu croire à de tels dieux, et en feras-tu des habitants du ciel?... Tel homme s'ampute les parties sexuelles ; tel autre se taillade les bras. En quoi peuvent craindre le courroux des dieux, ceux qui achètent ainsi leur faveur? Ils n'ont droit à aucun culte ces dieux, s'ils en veulent un pareil. Tel est le désordre et le fanatisme de ces esprits jetés hors d'eux-mêmes, qu'ils pensent fléchir la divinité par des actes que n'ordonnent pas même les hommes les plus cruels. Ces atroces tyrans dont les poëtes tragiques ont immortalisé la barbarie, s'il déchiraient parfois les membres de leurs victimes, ne leur enjoignirent jamais de se déchirer elles-mêmes. Des hommes ont été mutilés pour de royales débauches; mais aucun ne s'est, à la voix d'un maître, retranché les organes de la virilité. Et dans les temples on en voit qui portent le fer sur toutes les parties de leur corps : leurs plaies et leur sang, voilà leur offrande. Qui prendrait le temps d'observer ce qu'ils font et ce qu'ils s'infligent, verrait des choses si dégradantes pour qui se respecte, si indignes d'hommes libres, si antipathiques à la raison, qu'il n'hésiterait pas à les déclarer fous furieux, si cette folie était moins commune : mais c'est un brevet de bon sens que d'extravaguer avec le grand nombre. *Que penser des mystères venus d'Égypte, où l'on pleure Osiris perdu pour se réjouir ensuite de l'avoir retrouvé, et où, sans avoir rien perdu ni rien retrouvé, on fait éclater la même douleur et la même joie que si tout cela était le plus vrai du monde?* Du moins cette frénésie

---

(a) Lemaire : *mixtos ex diversis*. Je lis, avec d'anciens Mss. : *mixto sexu, diversis*.

a une durée limitée. On peut tolérer un accès de folie par an. Mais entre au Capitole : tu rougiras de cette démence qui se donne en spectacle, de ces visionnaires qui s'imposent de ridicules offices. L'un nomme à Jupiter les dieux qui le viennent saluer, l'autre lui annonce l'heure qu'il est; ici est son appariteur; là son parfumeur, dont la pantomime simule tous les mouvements de celui qui frotte les baigneurs. Des femmes font mine d'arranger la chevelure de Junon ou de Minerve; et debout, loin de la statue et même du sanctuaire, remuent les doigts à l'instar des coiffeuses; d'autres tiennent le miroir; quelques-unes prient les dieux de leur servir d'assistants dans une cause, ou bien leur présentent requête et les mettent au courant de l'affaire. Docimus l'archimime, vieux et décrépit, jouait tous les jours ses rôles au Capitole, comme si les dieux voyaient avec plaisir celui que les hommes s'étaient lassés de voir. Des artisans de tout genre, sans emploi, sont là qui travaillent pour les immortels.... Toutefois, si leurs services sont stériles, ces gens-là n'en n'offrent pas de vils ni d'infâmes. Mais on voit des femmes assises dans le Capitole qui se figurent Jupiter amoureux d'elles, sans que Junon, si terriblement jalouse, à en croire les poëtes, leur impose nullement. *Quant aux cérémonies religieuses, Sénèque dit :* Toutes ces observances, le sage les suivra comme étant prescrites par les lois, non comme agréables aux dieux.... Que dire des mariages que nous faisons contracter aux dieux, au mépris même des liens du sang, entre frère et sœur par exemple? Nous unissons Bellone à Mars, Vénus à Vulcain, Salacie à Neptune. Toutefois nous en laissons dans le célibat; ils n'ont pu sans doute trouver un parti; et pourtant les veuves ne manquent pas, comme la déesse Ravage, la déesse Foudre, et la divine Rumina : mais celles-là, je ne m'étonne pas qu'on ne les ait point recherchées. Toute cette ignoble cohue de divinités qu'un long âge et une longue superstition n'ont cessé de grossir, il la faut respecter en ce sens, que tel est le culte de l'usage plutôt que de la vérité.

*En parlant de l'observation du sabbat par les juifs, Sénèque ajoute :* Et pourtant cette coutume d'une race exécrée a si bien prévalu, qu'elle est déjà reçue par toute la terre : les vaincus ont donné leurs lois aux vainqueurs.... Certains juifs connaissent les raisons de leurs rites; mais la majeure partie de la nation fait tout cela sans savoir pourquoi elle le fait. (Saint Augustin, *Cité de Dieu*, liv. VI, ch. x et xi.)

XXVII. Non loin de Syène, à l'extrémité de l'Égypte, est un

endroit qu'on appelle *Philas*, c'est-à-dire *les amies*, parce que ce fut là qu'Isis fut fléchie par les Égyptiens, contre lesquels elle était irritée de ne pouvoir trouver les membres d'Osiris son époux, tué par son frère Tiphon. Les ayant trouvés depuis, et voulant les ensevelir, elle choisit dans un marais voisin le lieu le plus sûr, et ce lieu est, dit-on, d'un accès difficile, tant le limon et les papyrus y abondent. Au delà de ce point se trouve aujourd'hui un îlot inabordable.... (*Tiré du commentaire de Servius sur l'Énéide.*)

XXVIII. La pire corruption est celle de l'homme qui croit que son vice, sa manie à lui, est chez les autres une frénésie. (*Tiré des canons du 2ᵉ concile de Tours.*)

XXIX. Julius Montanus (*a*) disait souvent qu'il volerait bien quelques vers à Virgile s'il pouvait lui prendre sa voix, son visage, son débit ; que les mêmes vers, harmonieux dans cette bouche, dans une autre devenaient secs, lui semblaient sourds. (*Extrait d'une biographie de Virgile.*)

## DE L'AMITIÉ.

I.... Il était venu pour se plaindre ; et, tout au contraire, il prit parti contre lui-même et fit ses excuses à qui lui en faisait : il craignait d'avoir l'apparence d'un tort, autant que l'autre de paraître en avoir souffert un. En somme, pas une ombre de ressentiment n'est restée : tous deux ont franchement mis au jour ce qui les blessait et se sont arraché l'aveu mutuel de leur peine secrète. Les différends entre amis veulent non pas un juge, mais un médiateur. Or rien ne se termine d'une manière complète entre absents ; car tout grief ne se confie pas sans inconvénient au papier ; et, sans avoir lu sur la physionomie, ce miroir de l'âme, on n'est pas sûr que les motifs d'aigreur ont été bien naïvement exposés et loyalement oubliés.

Quiconque, après y avoir réfléchi, provoque une explication, entreprend une tâche difficile : il faut qu'il mette son ami en présence des faits. Tout comme il est une foule de choses qui dans les ténèbres nous effrayent vivement, et que le jour réduit à rien ; de même ce qui nous choque et nous indispose absents tombe dès qu'on se voit en face. Le mieux est donc, si quelque négligence a été commise, de.... et dans une amitié sincère il faut que les blessures se ferment sans laisser de cicatrice.

(*a*) Versificateur médiocre et déclamateur de vers. Voir *Lettre* cxxii.

Demandons à ceux qui arrivent ce que font nos amis absents; pressons leurs débiteurs, répondons pour eux à leurs créanciers, résistons à leurs ennemis....

II.... Vous le demandez : ainsi donc un instant suffit pour que vos amitiés s'évanouissent; les âmes, les intentions, faibles garants!

Un voyage suffit pour effacer tous les droits de l'absent; est-il trop loin de nous, et trop longtemps, ce n'est plus même une simple connaissance, à plus forte raison n'est-ce plus un ami. Pour prévenir un tel malheur, mettons tous nos soins à fixer, à rappeler nos fugitifs souvenirs; ayons recours, comme je le disais dans ma première partie, à l'élan si prompt de la pensée; ne souffrons pas que jamais notre ami soit absent de notre âme; qu'il y revienne sans cesse; il nous sera présent si nous nous représentons bien le passé.

.... Tels étaient ses gestes, ses traits (a).

Créons-nous en esprit une image palpable et prise sur le vif, non une esquisse effacée et muette.

.... Tels étaient ses gestes, ses traits,

et de ces détails plus intimes, plus directs : voilà comme il savait dire, exhorter, dissuader; le conseil à donner, il le trouvait sans peine; à recevoir, il y était tout prêt, se rendant sans obstination; aussi généreux de ses bienfaits que patient à les perdre; telles étaient et son active bienveillance, et ses colères; vaincu par son ami, il avait ce même air que donne d'habitude la victoire. Puis revoyons ses autres qualités : qu'elles nous soient une société, une pratique journalières; et si nous regrettons à la fois plusieurs absents, rassemblons, pour ainsi dire, ces lambeaux épars de notre affection : que chacun tour à tour ait place dans nos entretiens et dans nos pensées; ne laissons jamais au temps ni à la distance le pouvoir de nous faire oublier nos amis.

III. Il faut s'assurer des dispositions intérieures, puisque le visage est un garant peu sûr. Le cœur humain a de profonds replis : les mêmes dehors qui font aimer la vertu servent de masque à l'hypocrisie; les intentions les plus perverses se couvrent de l'air le plus bienveillant; et difficilement, sans un tact exercé, fera-t-on la différence d'un cœur d'ami à un faux semblant.

(a) *Énéide*, III, 490.

Chacun doit se dire, pour être moins aisément pris à des démonstrations fardées : C'est une chose rare que l'amitié ; elle n'est point banale et commune, à pouvoir remplir des maisons entières, comme le vulgaire se l'est persuadé. Quand la nature a celé l'or avec tant de soin que, cherché partout, il laisse à peine saisir un de ses filons dans toute une montagne, croyez-vous qu'un ami se trouve en tous lieux, sans nulle peine, sans nulle recherche? Quoi de plus simple, dit-on, de plus facile à reconnaître? Eh bien non : il n'est or ni argent aussi profondément cachés.

### SUR LA VIE DE SON PÈRE.

Si tout ce que mon père a composé et destiné à voir le jour avait été déjà livré par moi à la publicité, la gloire de son nom serait sûre, il y avait par lui-même suffisamment pourvu ; car, ou la piété filiale m'abuse, et elle est honorable jusqu'en ses erreurs, ou on le mettrait au rang des esprits qui ont conquis l'illustration ayant pour simples titres leurs écrits. Qui aurait lu ses histoires depuis les premières guerres civiles, époque où la vérité a commencé à disparaître de nos annales, jusqu'au jour presque de sa mort, mettrait un grand prix à savoir de quels parents est né cet homme à qui l'histoire romaine.... (*Extraits de Palimpsestes découverts par Angelo Maï, et publiés à Rome en* 1820.)

### ÉPITAPHE DE SÉNÈQUE (*a*).

Soins, labeurs dévoués, charges, honneurs, richesses,
Allez, portez ailleurs l'appât de vos promesses ;
Loin de vous Dieu m'appelle à l'éternel repos :
J'ai fait ma tâche. Adieu donc, terre hospitalière,
Tu veux ce corps : prends-le, qu'il dorme sous sa pierre.
Je rends mon âme au ciel, et te laisse mes os.

(*a*) Voici le texte de cette épitaphe. Jugée apocryphe par quelques critiques, elle se trouve dans peu d'éditions :

*Cura, labor, meritum, sumpti pro munere honores,*
*Ite, alias posthac sollicitate animas.*
*Me procul a vobis Deus avocat. Ilicet actis*
*Rebus terrenis, hospita terra, vale.*
*Corpus avara tamen solemnibus excipe saxis;*
*Namque animam cœlo reddimus, ossa tibi.*

# NOTES

## SUR LES LETTRES DE SÉNÈQUE.

### LETTRE I.

1. « Vous vous escoulez, vous vous respandez; appilez-vous, soustenez-vous; on vous trahit, on vous dissipe, on vous desrobe à vous. » (Montaigne, III, IX.)

2. Voir *Lettres* XXIV et CLX. *Consol. à Marcia*, XX. *Quest. natur.*, VII, XXXII. « Non, ce n'est pas vous qui avez vingt ou trente ans, c'est la mort qui a déjà vingt, trente ans d'avance sur vous, trente ans de grâce, mais qui vous ont rapproché d'autant du terme où la mort doit vous achever. » (Bridaine.)

### LETTRE II.

3. *Tantum distat studium a lectione, quantum amicitia ab hospitio, socialis affectio a fortuita salutatione.* (Saint Bernard, de *Vit. solit.*)

« Un lecteur en use avec les livres comme un citoyen avec les hommes. On ne vit pas avec tous ses contemporains, on choisit quelques amis. » (Volt., *Conseils à un journaliste*.)

4. « Qui vit content de peu possède toute chose. » (Boileau.)

5. « S'il est vrai que l'on soit pauvre par toutes les choses que l'on désire, l'ambitieux et l'avare languissent dans une extrême pauvreté. » (La Bruyère, *des Biens de fortune*.)

### LETTRE III.

6. *Est enim consuetudinis meæ ut eligam ante, post diligam.* (Sid. Apoll., V, *Ép.* II.)

    Que ta main serre en paix le nœud qu'elle a formé :
    Sois tout à ton ami dès que tu l'as nommé.
                            (Colardeau, II° *Nuit d'Young*.)

7. « Le soupçon congédie la bonne foi, » disent les Italiens. « Il suffit souvent d'être soupçonné comme un ennemi pour le devenir : la dépense en est toute faite, on n'a plus rien à ménager. »
(Sévigné, *Lettre* LXXXIX.)

Quiconque est soupçonneux invite à le trahir.   (Volt., *Zaïre*.)
Et si par un jaloux je me voyais contrainte,
J'aurais fort grande pente à confirmer sa crainte.
(Molière, *École des maris*.)

8. « Avec mon ami, disait un philosophe grec, je ne suis pas seul et nous ne sommes pas deux. »

### LETTRE IV.

9.  Quand l'homme, si longtemps inutile, inconnu,
    A son cinquième lustre est enfin parvenu,
    Il dépouille dès lors son âme puérile;
    Une fois revêtu de la robe virile,
    Citoyen d'un État qu'il a droit de régir,
    Il est mûr pour penser et ferme pour agir.
    (1830. *Sat.* de Barthélemy.)

10. Redoutant le néant, et lasse de souffrir,
    Hélas! tu crains de vivre et trembles de mourir!
    (Lamartine, *Méditat.* XV.)

11. Pourquoi perdre à regret la lumière reçue
    Qu'on ne peut regretter après qu'on l'a perdue?
    (Cyrano, *Agripp.*)

12. C'est aussi le mot d'Henri IV. Voy. Montaigne, I, XXIII.
    Qui méprise la vie est maître de la sienne.  (*Cinna*, sc. II.)
    Qui ne craint point la mort est sûr de la donner.
    (Volt., *Oreste*, III, sc. VIII.)

### LETTRE V.

13. « Il faut être branche du même arbre, mais ne pas porter les mêmes opinions. » (M. Antonin.) « On vit à peu près comme les autres, sans affectation, sans apparence d'austérité, d'une manière sociale et aisée, mais avec une sujétion perpétuelle à tous ses devoirs. » (Féneon, *Instruct. et avis.*)

14. Imité par Destouches (*l'Homme singulier*, act. III, sc. VII).

15. On a dit : *Sperare timere est.* « Nous ne sommes jamais chez nous, nous sommes toujours au delà; la crainte, le désir, l'espérance, nous eslancent vers l'avenir et nous desrobbent le sentiment et la considération de ce qui est, pour nous amuser à ce qui sera, voire quand nous ne serons plus. » (Montaigne, I, c. III.)

16. Voy. *Lettre* XXIV : « L'autre a souvent la pierre en l'âme avant

## LETTRE VI.

17. « Le tout ne vaut pas la moitié. » (Hésiode, *Théog.*) « Nul plaisir n'a saveur pour moy, sans communication : il ne me vient pas seulement une gaillarde pensée en l'âme qu'il ne me fasche de l'avoir produite seul et n'ayant à qui l'offrir. » (Montaigne, III, IX.)

*Nihil est homini amicum, sine homine amico.* (Saint Augustin, *ad Prob.*, épître CXXX.)

L'allégresse du cœur s'augmente à la répandre ;
Et goûtât-on cent fois un bonheur tout parfait,
On n'en est pas content si quelqu'un ne le sait.
(Molière, *École des femmes*, IV, sc. VI.)

Eh ! jouit-on des biens que l'on n'ose répandre ?
Donner c'est acquérir, enseigner c'est apprendre.
(Colardeau, II<sup>e</sup> *Nuit d'Young.*)

## LETTRE VII.

18. Comparez à ce beau passage les molles et indécises paroles de Cicéron : « Les spectacles de gladiateurs semblent à quelques personnes une chose cruelle et inhumaine ; et je ne sais s'ils n'ont pas raison, vu ceux qu'on nous donne aujourd'hui. » (*Tusc.*, II, XVII.) On a dit qu'il était réservé au christianisme de réclamer contre ces spectacles. Sénèque avait pris l'initiative, et même Pétrone, son contemporain, au début du poëme de la *Guerre civile*.

19.     Le public à vos vers applaudit :
C'est quelque chose ; mais la gloire
Ne compte pas toujours les voix ;
Elle les pèse quelquefois.
Ayez celle d'Harlay, lui seul est un théâtre.
(La Fontaine, *Lettre à M. de Harlay.*)

Mille suffrages !
Mais en faut-il tant à mes vers ?
Mes amis me sont l'univers. (Gresset, *Ép. à ma muse.*)

## LETTRE VIII.

20.     Je dérobe au sommeil, image de la mort,
Ce que je puis du temps qu'elle laisse à mon sort ;
Près du terme fatal prescrit par la nature
Et qui me fait du pied toucher la sépulture,
Près des derniers instants dont il presse le cours,
Ce que j'ôte à mes nuits je l'ajoute à mes jours.

> Sur mon couchant enfin ma débile paupière
> Me ménage avec soin ce reste de lumière.
>
> (Rotrou, *Venceslas*, IV, sc. IV.)

21. *Servitus dei vera libertas*, est le dogme de Jansénius. *Servire deo libertas est*, dit Sénèque (*de la Providence*); et Cicéron, pro *Cluent.*, LV : « Nous sommes tous esclaves des lois, afin de pouvoir être libres. »

## LETTRE IX.

22. *Habes amicos, quia amicus ipse es.* (Pline, *Panég.*, LXXXV.)

> Je t'apprendrai, si tu veux, en peu d'heures
> Le beau secret du breuvage amoureux :
> Aime les tiens, tu seras aimé d'eux ;
> Je ne sais point de recettes meilleures. (Pibrac, *Quatrains.*)

23.
> Place-t-on un nouveau ministre?
> Il faut pour ses flatteurs agrandir son palais.
> Des grâces, des trésors n'a-t-il plus le registre?
> Une solitude sinistre
> Fait déserter jusques à ses valets.
> La foule se presse où l'on donne,
> Mais où l'on a donné, l'on ne voit plus personne.
>
> (Lamothe, *Fables*, liv. I.)

## LETTRE X.

24. « Demande à Dieu la conversion de ton cœur, expose-lui toutefois avec confiance tes nécessités même corporelles. » (Bossuet, *Culte dû à Dieu.*)

25. « L'un dit : Vous seriez mon sauveur, si vous vouliez me tirer de la pauvreté; *je ne vous le promets pas*. Combien lui disent en secret : Que je puisse contenter ma passion; *je ne le veux pas*. Que je puisse seulement venger cette injure; *je vous le défends*. » (Bossuet, *Sermon sur la Nativité.*)

## LETTRE XI.

26. *Oris probi, animo inverecundo*, figure honnête, cœur sans vergogne. (Sall., *Fragm.*) Voir, sur cette figure de Pompée, Pline l'Anc., VII, XII; Velleius, II, XXIX.

## LETTRE XII.

27. La même plaisanterie, dans Plaute, est appliquée aussi à un vieillard. Voir aussi *Lettre* LXXXIII.

28. Pétrarque a imité en beaux vers latins tout le morceau qui précède. (*Epist.* XVIII, liv. II.)

## SUR LES LETTRES DE SÉNÈQUE.

29. Une chose qui meurt, mes amis, a souvent
De charmantes caresses.
Dans le vin que je bois, ce que j'aime le mieux
C'est la dernière goutte.
L'enivrante saveur du breuvage joyeux
Souvent s'y cache toute.
(Vict. Hugo, *Chants du crépuscule*, XXXIII.)

30. J'en puis jouir demain et quelques jours encore.
(La Fontaine, *Le vieillard et les jeunes hommes*.)

31. Ce temps, hélas! embrasse tous les temps;
Qu'on le partage en jours, en heures, en moments,
Il n'en est point qu'il ne comprenne
Dans le fatal tribut : tous sont de son domaine.
(La Fontaine, *La mort et le mourant*.)

32. *Omnem crede diem tibi diluxisse supremum.* (Horat., I, *Ép.* IV.)

Crois voir dans chaque jour luire ton jour suprême.

33. C'est-à-dire qu'il fut longtemps gouverneur de Syrie, par la volonté de Tibère, qui aimait à laisser vieillir dans les emplois ceux qu'il en avait investis. (Tac., *Ann.*, II, LXXIX, et Suét., *Tiber.*, XLII, sur ce même Pacuvius.)

### LETTRE XIII.

34. Voy. lettres XXII, XXXVI. *Nil turpius quam vivere incipiens senex.* (P. Syrus.)

### LETTRE XIV.

35. *Primi in omnibus prœliis oculi vincuntur.* (Tacit., *de Mor. German.*, XLIII.)

36. C'est le mot de Beaumarchais : « Un grand nous fait assez de bien quand il ne nous fait pas de mal. »

37. Je ne connais roi, prince ni princesse;
Et si tout bas je forme des souhaits,
C'est que d'iceux ne sois connu jamais.
Je les respecte; ils sont dieux sur la terre;
Mais ne les faut de trop près regarder;
Sage mortel doit toujours se garder
De ces gens-là qui portent le tonnerre.
(Voltaire, *la Bastille*.)

38. Imité par Tacite : « Mais un Othon, un Vitellius! Toutes prières seraient impies, tous vœux sacriléges entre des rivaux dont le combat n'aboutirait qu'à montrer le plus méchant dans le vainqueur. » (*Hist.*, I, L.)

Je punis un méchant. — Et sa mort aujourd'hui
Vous rendra plus coupable et plus méchant que lui.
(Racine. *Frères ennemis.*)

## LETTRE XVI.

39. Voy. *Lettre* XII. *Quod verum est, meum est.* « Je prends mon bien partont où je le trouve, » disait Molière.

## LETTRE XVII.

40. Quand le glaive est tiré, quand la trompette sonne,
Les haillons bravent tout et le riche frissonne.
(Pétrone, XV.)

41. C'est posséder les biens que savoir s'en passer.
(Regnard, *le Joueur.*)

## LETTRE XVIII.

42. Voy. Horace, II, *Sat.* II.

De loin contre l'orage un nautonnier s'apprête;
Avec le vent en poupe il songe à la tempête.
(Piron, *École des pères*, acte III.)

43. Voy. *Lettre* C. Tels étaient naguère encore dans nos jardins ces ermitages construits de bois non écorcé et de mousse, à peu de distance du château.

44.  *Plerumque gratæ divitibus vices.*
*Mundæque parvo sub lare pauperum*
*Cœnæ, sine aulæis et ostro,*
*Sollicitam explicuere frontem.* (Horat., III, *Ode* XXIX.)

45. Voy. *de la Colère*, III, II. *Tous les rangs, omnes personas*, vrai sens ici de *persona*.

## LETTRE XIX.

1. Admirablement imité par Racan :

Tircis, il faut songer à faire la retraite;
La course de nos jours est plus qu'à demi faite;
L'âge insensiblement nous conduit à la mort.
Nous avons assez vu sur la mer de ce monde
Errer au gré des vents notre nef vagabonde,
Il est temps de jouir des délices du port.

2. Voy. *Brièveté de la vie*, XVII. *Spes spem excitat.* « Il y a dans le cœur humain une génération perpétuelle de passions, en sorte que la ruine de l'une est presque toujours l'établissement d'une autre. » (La Rochefoucauld., *Max.* X.)

3. Voir *Lettres*, XIX, LXXXI, et *des Bienfaits*, VI, XXXIV, et Tacite, *Ann.*, IV, XVIII.

## LETTRE XX.

4. Charles I<sup>er</sup>, condamné à mort, se consolait en répétant ce vers d'Alain Delisle :

*Qui decumbit humi non habet unde cadat.*
Couché par terre on n'a plus d'où tomber.

## LETTRE XXI.

5. « Il faut l'avouer, le présent est pour les riches, l'avenir pour les vertueux et les habiles. Homère est encore, et sera toujours : les receveurs de droits, les publicains ne sont plus, ont-ils été ? etc. » (La Bruyère, *Biens de fortune.*)

6.  Tu sais de quel linceul le temps couvre les hommes ;
    Tu sais que tôt ou tard dans l'ombre de l'oubli
    Siècles, peuples, héros, tout dort enseveli ;
    Qu'à cette épaisse nuit qui descend d'âge en âge
    A peine un nom par siècle obscurément surnage,
    Que le reste, éclairé d'un moins haut souvenir,
    Disparaît par étage à l'œil de l'avenir.
                    (Lamartine, *Souven. d'enf.*)

7. Voy. Properce, III, *Éleg.* I.

        Je pourrais sauver la gloire
        Des yeux qui me semblent doux,
        Et dans mille ans faire croire
        Ce qu'il me plaira de vous.
        Chez cette race nouvelle
        Où j'aurai quelque crédit,
        Vous ne passerez pour belle
        Qu'autant que je l'aurai dit. (Corneille, *Stances.*)

Et Lamartine, III<sup>e</sup> *Méditat.* :

        Heureuse la beauté que le poëte adore !
        Heureux le nom qu'il a chanté !...

## LETTRE XXII.

8. Voy. Montaigne, II, c. xxxii, où il donne la substance de cette lettre de Sénèque.

9. « Ils ne cherchent la besogne que pour embesognement. » (Montaigne, III, x.)

10.  *Evertere domos magnas optantibus ipsis*
     *Di faciles.*        (Juvénal, *Sat. des vœux.*)

## LETTRE XXIII.

11. « Les joyes artificielles durent peu : pour être longues et asseurées, il faut qu'elles viennent de source, et que la nature soit

contente. Il faut que le contentement ait sa racine dans le cœur : autrement ce n'est que fard sur le visage; le moindre accident l'efface, et l'apparence tombe au premier rayon de la vérité. Aussi ces sortes de joyes sont-elles mises aux enfers par notre Virgile qui les appelle de *mauvaises joyes.* » (Balzac, *Socr. chrét.*, disc. VIII.)

« Le vrai contentement n'est ni gai, ni folâtre.... etc. » (J. J. Rouss., *Émile*, liv. IV.)

12. « Cette joie dont je parle est sévère, chaste, sérieuse, solitaire. » (Bossuet, 4ᵉ *Serm. sur la circonc.*)

### LETTRE XXIV.

13. Voy. *Lettres* V, XIII, LXXIV, LXXVIII. Montaigne, III, XII Massillon, *Mystères. Soumiss. à la vol. de Dieu.*

Je ne suis point de moi si mortel ennemi
Que je m'aille affliger sans sujet ni demi.
Pourquoi subtiliser et faire le capable
A chercher des raisons pour être misérable?
Sur des soupçons en l'air je m'irais alarmer!
Laissons venir la fête avant de la chômer.
(Molière, *Dépit amour.*, I, sc. I.)

14. Voilà pour me punir d'avoir manqué ta chute,
Et comme je prononce et comme j'exécute.
(Th. Corn., *Max.*, tragédie.)

15. Florus, pour raconter la mort de Caton et celle de Métellus Scipion, a presque copié Sénèque.

16. « Ce n'est pas nous qui craignons la mort, mais il pourrait bien y avoir en nous un enfant qui la craignît; tâchons donc de lui apprendre à ne pas en avoir peur comme d'un masque difforme. » (Plat., *Phédon.* Voy. Montaigne, *Apolog. de Raymond.*)

« Les enfants qui s'effrayent du visage qu'ils ont barbouillé sont des enfants; mais le moyen que ce qui est si foible étant enfant soit bien fort étant plus âgé? On ne fait que changer de foiblesse. » (Pascal, *Pens.*, IIᵉ part, XVII. Voy. aussi Bacon, *de Morte.*)

17. Mourir n'est rien, c'est achever de naître.
Un esclave hier mourut pour divertir son maître.
(Cyrano, *Agrippine*, trag.)

18. « Nous mourons tous les jours; chaque instant nous dérobe une portion de notre vie et nous avance d'un pas vers le tombeau, etc. » (Massill., *Grand carême. Sur la mort.*)

« As-tu remarqué par quelle gradation tu as passé successivement, du berceau à l'enfance, puis à l'adolescence, puis à l'âge mûr, de là enfin à la vieillesse? Nous mourons et nous changeons à toute heure, et cependant nous vivons comme si nous étions immortels. Le temps même que j'emploie ici à dicter, il faut le retrancher de mes jours. Nous nous écrivons souvent, mon cher Héliodore ; nos lettres passent les mers, et à mesure que le vaisseau fuit, notre vie s'écoule : chaque flot en emporte un moment. » (Saint Jérôme, *Lettr. à Héliodore.*) Voy. Buffon, *de la Vieillesse*, et Deshoulières, *Réflex. diverses.*

19.  Songeons-y bien, Romains, cette chaleur mouvante
Est peut-être en plusieurs l'instinct de l'épouvante.
Souvent de la terreur les courages pressés
Vont au-devant des maux dont ils sont menacés ;
Ne pouvant de l'effroi longtemps souffrir l'atteinte,
Ils hâtent les périls pour accourcir leur crainte.
(Brébeuf, *Pharsale.*)

Et Quinte-Curce, V, xxv, et Pline le Jeune, I, *Lettre* xxii.

20. Voy. Lucrèce, III, vers 949 et 1092. Delille, *Imagin.*, III. Young, 5<sup>e</sup> *Nuit*. Baour, 4<sup>e</sup> *Veillée*. Saint Lambert, *Saisons*, ch. iv, *Début*.

Qu'ai-je à présent à faire dans le monde ?
A voir lever et coucher le soleil ?
Je l'ai tant vu sortir du sein de l'onde,
Je l'ai tant vu s'y plonger tout vermeil,
Que quelque grand et quelque magnifique
Que soit toujours un spectacle si beau,
Il n'a plus rien désormais qui me pique ;
Il me faudrait un opéra nouveau....
Quant à passer du repos au réveil,
Puis ne rien faire, et redormir encore
En attendant le retour de l'aurore,
Autant vaudrait dormir d'un long sommeil.
(Régnier-Desmarais.)

## LETTRE XXV.

21. « Retirez-vous en vous, mais préparez-vous premièrement à vous y recevoir : ce seroit folie de vous fier à vous-mesme, si vous ne sçavez vous gouverner. Il y a moyen de faillir en la solitude comme en compaignie. » (Montaigne, I, xxxviii.)

22. « Scipion l'Africain aimait à répéter qu'il ne faisait jamais mieux que lorsqu'il ne faisait rien, et qu'il n'était jamais moins seul que dans la solitude. » (Cic., *Republ.*, I, xvii.) *Magna civitas, magna solitudo*. (Bacon, *de Amicit.*) « Je me mêlais à la foule, vaste désert d'hommes. » (Chateaubr., *René.*)

## LETTRE XXVI.

23. *Alius de alio judicat dies, tamen supremus de omnibus.* (Pline, *Hist. nat.*, VII, xl.) « A ce dernier rôle de nous il n'y a plus à feindre ; il faut montrer ce qu'il y a de bon et de net dans le fond du

pot. » (Montaigne.) « C'est le maistre jour, c'est le jour juge de tous les autres. » (*Id.*, I, xviii.) Voir *Lettre* cii de Sénèque.

24. « La crainte de la mort est une anse par où l'homme est saisi et contraint d'obéir au plus fort. » (Arrien.) *Nimium timemus exsilium, paupertatem, mortem*, écrivait Brutus à Cicéron.

### LETTRE XXVII.

25. Ce Calvisius Sabinus est un des types comiques qui ont fourni à Pétrone certains traits de la physionomie de son Trimalchion. (*Satyricon*, c. lix et *passim*.)

26. De mon peu de besoins je forme mon trésor.
(Delille, *Imagin.*)

27. « Comme les hommes ne se dégoûtent point du vice, il ne faut pas aussi se lasser de le leur reprocher; ils seroient peut-être pires, s'ils venoient à manquer de censeurs ou de critiques : c'est ce qui fait que l'on prêche et que l'on écrit. » (La Bruyère, ch. i.)

### LETTRE XXVIII.

28. *Cœlum, non animum mutant, qui trans mare currunt.*
(Horat.)

### LETTRE XXIX.

29. « Je ne sçay quels livres, disait la courtisane Laïs, quelle sapience, quelle philosophie, mais ces gens-là battent aussi souvent à ma porte qu'aucuns autres. » (Montaigne, III, ix.)

30. « Malheur à vous quand les hommes vous loueront! » (Saint Luc, VI, xxvi.)

### LETTRE XXX.

31. Bassus Aufidius vivait sous Tibère et avait fait l'histoire des *Guerres civiles de Rome* et des *Guerres de Germanie*. Ces livres sont perdus. Sénèque le rhéteur cite un beau fragment de lui sur la mort de Cicéron.

32. « Si de tous les hommes les uns mouroient, les autres non, ce seroit une désolante affliction que de mourir. » (La Bruyère, *de l'Homme*.)

33. « L'égalité est la première pièce de l'équité. » (Montaigne.) « L'égalité est l'esprit de la justice. » (*Sapient.*, xv.)

### LETTRE XXXI.

34. « Combien tous les arguments sont-ils éloignés de la force de ces deux mots : J.-C. est pauvre, un Dieu est pauvre. » (Bossuet, *Serm. sur la Nativ.*)

35. « Vous êtes le temple de Dieu, et l'esprit de Dieu habite en vous. » (Saint Paul, I, *Corinth.*, xii, 27.)

36. « Nous ne devons pas estimer la chose divine semblable à l'or, à l'argent, à la pierre, à la matière façonnée par l'art. » (*Act. Apost.*, XVII, xxix.)

## LETTRE XXXIII.

37. « A ces bonnes gens il ne falloit point d'aiguë et subtile rencontre : leur langage est tout plein, et gros d'une vigueur naturelle et constante : ils sont tout épigramme, non la queuë seulement, mais la teste, l'estomach et les pieds. Tout y marche d'une pareille teneur. » (Montaigne, III, v.)

38. « Qu'ils s'eschaudent à injurier Sénèque en moi. Il faut musser (masquer) ma foiblesse sous ces grands crédits. » (Montaigne, II, x.)

39. « Sçavoir par cœur n'est pas sçavoir : c'est tenir ce qu'on a donné en garde à sa mémoire. Ce qu'on sçait droitement, on en dispose, sans regarder au patron, sans tourner les yeux vers le livre. Fascheuse suffisance, qu'une suffisance pure livresque! » (*Id.*, I, xxv.)

## LETTRE XXXIV.

40. *Dimidium facti, qui cœpit, habet : sapere aude.*
(Horat., I, *Ép.* ii.)

## LETTRE XXXVI.

41. Montaigne a dit : « un vieillard abécédaire. » II, xxviii.

## LETTRE XXXIX.

42.     Nul sort n'abaisse une grande âme :
Éole en vain courbe la flamme
Prompte à revoler vers les cieux. (Lebrun, *Odes*, I, xxi.)

Mon âme jamais ne sommeille ;
Elle est cette flamme qui veille
Au sanctuaire de Vesta. (Lebrun, *Épilogue.*)

43.     Il est certain tempérament
Que le maître de la nature
Veut que l'on garde en tout. Le fait-on? Nullement.
Soit en bien, soit en mal, cela n'arrive guère.
Le blé, riche présent de la blonde Cérès,
Trop touffu bien souvent épuise les guérets :
En superfluités s'épandant d'ordinaire
    Et poussant trop abondamment,
    Il ôte à son fruit l'aliment.
L'arbre n'en fait pas moins : tant le luxe sait plaire!
(La Font., liv. IX, *Fable* ii.)

44 *Quid miserius misero non miserante se ipsum?*
(Saint August., *Libre arbitre.*)

## LETTRE XL.

45. Quoi que vous écriviez ou d'heureux ou de triste,
Pour nous avoir écrit vous vous ferez bénir;
Écrire à ses amis c'est s'en ressouvenir.
Ah! si le vain portrait de celui que l'on aime
Émeut en son absence et n'est pas sans douceur,
L'épître d'un ami c'est cet ami lui-même :
Les lettres, Abailard, sont le portrait du cœur.
(*Lett. d'Héloïse*, trad. par de Lesser.)

46. Voir sur Hatérius, Tacit., *Ann.*, IV, LXI, et Cic., *Brutus*, XXII. « Seul de tous les Romains que j'ai connus de mon temps, il a transporté dans la langue latine la facilité grecque. Il avait une telle vélocité de discours qu'elle arrivait à être un défaut. Aussi Auguste dit-il fort justement : « Ce cher Hatérius a besoin d'être enrayé. » (Sénèque Rhét., *Controv. excerpt.*, liv. IV, *Préf.*)

## LETTRE XLI.

47. Quel calme universel! Je marche; l'ombre immense,
L'ombre de ces grands bois sur mon front suspendus,
Vaste et noir labyrinthe où mes pas sont perdus,
S'entasse à chaque pas, s'agrandit, se prolonge;
Et dans la sainte horreur où mon âme se plonge,
Au palais d'Herminsul je me vois transporté.
Sous ce tronc gigantesque aurait-il habité?
Les dieux au pied d'un chêne ont instruit plus d'un sage;
L'aigle au vol prophétique apportait leur message.
L'antre mystérieux entendit Apollon.
(Fontanes, *Forêt de Navarre.*)

Voy. Chateaubr., *Martyrs*, IX. Saint Lambert, *Saisons*, ch. I. Lemierre, *Fastes*, IX. *Lucos, atque in iis silentia ipsa adoramus.* (Plin., *Hist.*, XII, II.)

1. J'admire plus cent fois ce lion furieux
Qui la gueule béante et le sang dans les yeux,
Les ongles tressaillant d'une effroyable joie,
Suit son instinct féroce et déchire sa proie,
Que ces ours baladins, sous le bâton dressés,
Étalant aux regards leurs ongles émoussés,
Leur gueule sans honneur que le fer a flétrie,
Attributs impuissants d'une race avilie.
(Cas. Delavigne, *Ép. à l'Acádém.*)

2. Voir *Lettres* XLV et LXXVI, et Balzac, *Dissert.* XXIII.

De tes aïeux la mémoire honorable,
L'autorité de ton emploi,
Ton palais, tes meubles, ta table,
Tout cela, pauvre homme, est-ce toi?
(Lamothe, *Fab.* ix, liv. IV.)

## LETTRE XLII.

3. « Il y a en nous une certaine malignité qui a gâté notre nature jusqu'à la racine, qui a répandu dans nos cœurs les principes de tous les vices. Ils sont cachés et enveloppés en cent replis tortueux, et ils ne demandent qu'à montrer la tête. « Pour guérir la volonté, dit « saint Augustin, il faut réprimer la puissance : *frenetur facultas, ut « sanetur voluntas....* » Que si je pouvais vous découvrir le cœur d'un Néron ou de quelque autre monstre dans les histoires profanes, vous verriez ce que peut faire dans le cœur humain cette terrible pensée de ne voir rien sur sa tête. » (Bossuet, *Serm. sur l'ambition.*)

4. « La marchandise est chère que l'on acheste avec perte de loz et gloire. » (L'Hospital, *Au parl. de Rouen.*)

Il faut appeler perte et non pas avantage
Tout gain dont notre honneur souffre quelque dommage.
(Corneille.)

« N'envions point à une sorte de gens leurs grandes richesses : ils les ont à titre onéreux, et qui ne nous accommoderoit point. Ils ont mis leur repos, leur santé, leur honneur et leur conscience pour les avoir : cela est trop cher; et il n'y a rien à gagner à un tel marché. » (La Bruyère, *Biens de fortune.*)

## LETTRE XLIV.

5. *Personarum acceptio non est apud Deum.* (*Act. apost.*, X, xxxiv.)

6. La vertu d'un cœur noble est la marque certaine. (Boileau.)

7.  *Nobiles non sunt mihi*
*Avi nec altis inclitum titulis genus;*
*Sed clara virtus : qui genus jactat suum*
*Aliena laudat.* (Sénèq., *Herc. Fur.*, act. I, sc. II.)

## LETTRE XLV.

8. Voy. *Lettre* cxx.

*Sæpe latet vitium proximitate boni.* (Ovid., *Ars amandi*, II, 662.)

« Il n'y a point de vice qui n'ait une fausse ressemblance avec quelque vertu et qui ne s'en aide. » (La Bruyère, *du Cœur.*)

« Le vice ne s'insinue guère en choquant l'honnêteté, mais en prenant son image. » (Rouss., *Émile.*)

9. On supposait un homme qui disait *je mens*, et, de ce qu'il disait vrai en cela, on concluait qu'il mentait, et, de ce qu'il mentait, on concluait qu'il disait vrai

10.   Le superflu, chose si nécessaire. (Volt., *le Mondain*.)

11.   De desseins en regrets, et d'erreurs en désirs
  Les mortels insensés promènent leur folie
Dans des malheurs présents, dans l'espoir des plaisirs.
Nous ne vivons jamais, nous attendons la vie.
Demain, demain, dit-on, doit combler tous nos vœux;
Demain vient et nous laisse encor plus malheureux.
     (Dryden, *trad. par Volt.*)

## LETTRE XLVII.

12. « Vous, maîtres, rendez à vos serviteurs ce que l'équité et la justice demandent de vous, sachant que vous avez aussi bien qu'eux un maître qui est dans le ciel. » (Saint Paul, *aux Coloss.*, ch. IV.)

13. Mot de Caton l'Ancien, comme de saint Matthieu, x, 36.
     Notre ennemi, c'est notre maître. (La Fontaine.)

14. « Mes amis, s'écrie Trimalchion, les esclaves aussi sont des hommes : ils ont sucé le même lait que nous, quoique un mauvais destin ait pesé sur eux. (Pétrone, ch. LXXI.)

15. Nous approchons des temps de crise et du siècle des révolutions. Alors le grand devient petit, le riche devient pauvre, le monarque devient sujet..., etc. (Rousseau, *Émile*.)

16. Passage imité par Pline le Jeune, liv. V, *Lettre* XIX. « Ces noms d'affection vont mieux au cœur que les titres de leur pouvoir : on les nomme pères de famille plutôt que maîtres. » « Tertull., *Apolog.* XXXIII.) « Servi non sunt, sed eos et habemus et dicimus *spiritu fratres*, re- « *ligione conservos*. » (Lactant., *Instit.*, V, xv.)

17.   Tout ce qui vit au monde, au destin se rangeant,
     Est serf de la fortune ou serf de son argent;
La peur le tyrannise ou quelque autre manie.
         (Desportes, *Diane*, I, XXXVIII.)

18. Macrobe, l. X, copie presque mot pour mot certains passages de cette admirable lettre. Voir aussi (*Nouvelle Héloïse*, IVᵉ partie, lettre X.) Cicéron, sur ce sujet, dit sèchement : « Il faut être juste même envers les gens de la condition la plus vile. Il faut traiter les esclaves en salariés, exiger leurs services, leur donner le nécessaire. » (*De Offic.*) Ailleurs, dans ses lettres, il rougit du regret qu'il éprouve de la mort d'un de ses esclaves.

## LETTRE XLIX.

19. *Admoveri lineas*. Allusion, selon tous les commentateurs, aux courses du stade où une ligne tracée sur le sol marquait la limite d'arrivée. *Mors ultima linea rerum.* (Horace.) Mais le pluriel *lineas*

me fait croire qu'il s'agit ici de l'enceinte de cordons garnis de plumes flottantes et bigarrées, nommés *épouvantails*, qui repoussaient les bêtes fauves dans l'enceinte où on les traquait.

20.
>Aussitôt que le jour te luit,
>Doute si jusques à la nuit
>Ta vie étendra sa durée ;
>Et la nuit reçois le sommeil
>Sans la croire plus assurée
>D'atteindre au retour du soleil.
>(Corneille., *Imit. de J. C.*, I, xxiii.)

## LETTRE L.

21. Tous les hommes sont fous ; et qui n'en veut point voir
Doit rester dans sa chambre et casser son miroir. (Regnard.)

22. Voir *Lettre* LIV.
Qui ne sent point son mal est d'autant plus malade.
(Corneille, *Rodog.*, III, sc. vi.)

## LETTRE LI.

23. Voir, sur les ruines de Baïes, Dupaty, *Lett. sur l'Italie*. « Peut-être est-il des climats dangereux à la vertu par leur extrême volupté. Et n'est-ce point ce que voulut enseigner une fable ingénieuse, en racontant que Parthénope fut bâtie sur le tombeau d'une sirène ? » (Chateaubr., *Martyrs*, V.)

24. « Il y a ici comme un retour de Sénèque sur lui-même. Exilé, sous Claude, dans la Corse sauvage et montagneuse, il avait pu faire sur son âme l'expérience philosophique qu'il recommande à son ami. » (Gebhard, *Thèse pour le doctor.*) Bien qu'il ait trop imité dans ses plaintes Ovide relégué aux bords du Danube, ici du moins il parle plus dignement que lui.

25. *Mica*, miette, parcelle, diminutif. Ainsi, sous Louis XV, les petites-maisons, bagatelle, etc.

>Je m'appelle *Mica*, salle étroite et jolie
>D'où tu vois dans son temple un César inhumé.
>Foule mes lits ; de rose et de nard parfumé,
>Bois, et pense à 'a mort : ce dieu mort t'y convie.
>(Martial, II, lix. *Trad. inéd.*)

26. « Les plaisirs nous chatouillent pour nous étrangler : si la douleur de tête nous venait avant l'ivresse, nous nous garderions de trop boire ; mais la volupté, pour nous tromper, marche devant et nous cache sa suite. » (Montaigne, I, xxxviii.)

## LETTRE LII.

27. Voir saint Paul, *aux Rom.*, VII, 19, 20, 24, traduit par Racine :
Mon Dieu, quelle guerre cruelle !
Je trouve deux hommes en moi....
Je veux et n'accomplis jamais.
Je veux ; mais ô misère extrême !
Je ne fais pas le bien que j'aime,
Et je fais le mal que je hais.

*Video meliora, proboque,*
*Deteriora sequor.* (Ovid.)

Voir aussi Racine fils, *la Grâce*, ch. I.

« Toujours dans l'homme, dit saint Augustin, une partie qui marche et une partie qui se traîne ; toujours une ardeur qui presse, un poids qui accable ; toujours aimer et haïr, vouloir et ne vouloir pas, craindre et désirer la même chose ! La volonté commande, et elle-même qui commande ne s'obéit pas. Éternel obstacle à ses désirs propres, elle se dissipe elle-même ; et cette dissipation, quoiqu'elle se fasse malgré nous, c'est nous néanmoins qui la faisons. » (Bossuet, *Analyse des chap.* VII *et* IX *des Conf. de saint August.*)

28. « L'homme se connaît à la vue ; on remarque un homme sensé à la rencontre ; l'habit, le ris, la démarche découvrent l'homme. » (*Eccles.*, XIX, XXVI, XXVII.) Les Latins disaient en proverbe : *Corpus hominem tegit et detegit: in facie legitur homo.*

29. Comparer, pour toute cette lettre, saint J. Chrysost., *Homélie* II, *sur la sédition d'Antioche.* Saint Jér. *à Népot. Ép.* XXXIV. Bossuet, *Serm. du 2° dim. du car.*, et La Bruyère, *de la Chaire.*

## LETTRE LIII.

30. « Les maux du corps s'éclaircissent en augmentant : nous trouvons que c'est goutte, ce que nous nommions rheume ou foulure. » (Montaigne, III, v.) Voy. Horace, I, *Ép.* XVI. Pers., *Sat.* III, et Boileau :

A quoi bon, quand la fièvre en nos artères brûle.... (*Ép.* III.)

## LETTRE LV.

31. Ainsi après la révolution Sieyès disait : *J'ai vécu.*

32. *Quæ in deliciis est, vivens mortua est.* (Saint Paul à Timoth., I, III.) « Là dedans on les engraisse comme victimes à immoler ; on les parfume comme des corps qu'on veut embaumer ; on leur allume des flambeaux dès le midy, afin que la pompe de leur vie commence l'appareil de leurs funérailles, et quand on passe devant leur porte on puisse dire : Icy gist le prince un tel. » (Balzac, *le Prince*, chap. II.)

## SUR LES LETTRES DE SÉNÈQUE.

**33.** Eh! qu'importe une terre ou riante ou maudite?
Ce ne sont pas les lieux, c'est son cœur qu'on habite.
Le cœur, de notre sort cet arbitre éternel,
Fait du ciel un enfer et de l'enfer un ciel.
(Delille, *trad. de Milton*, ch. I.)

### LETTRE LVI.

**34.**     *Quique lavantes :*
*Suave locus voci resonat conclusus.* (Horat., I, *Sat.* IV.)

« Invité par la sonorité du bain, il ouvrit jusqu'au plafond sa bouche d'ivrogne et se mit à écorcher des chansons de Ménécrate, au dire de ceux qui comprenaient son jargon. » (Pétrone, ch. LXXIII.)

**35.** Ainsi Mme de Sévigné disait de son fils : « Sa jeunesse lui fait du bruit. » *Illi obstrepit.*

### LETTRE LVIII.

**36.** C'est le mot de Voltaire : « La langue française est une gueuse fière; il faut lui faire l'aumône malgré elle. »

**37.** Plus tard les scolastiques ont créé le mot *ens*, *entis*.

**38.** « Je suis ; dites quelle chose? Car ce que j'étais a disparu de moi ; et maintenant je suis autre chose. Que serai-je demain, si je suis encore? Rien de durable. Je passe et me précipite, tel que le cours d'un fleuve. Dis-moi ce que je te parais être le plus, et t'arrêtant ici, regarde avant que j'échappe. On ne repasse pas les mêmes flots que l'on a passés ; on ne revoit pas le même homme que l'on a vu. » (*Vers de saint Grégoire de Nazianze.*) Voir aussi Fénelon, 3ᵉ *Lettre sur la religion.*)

Ah! de nos jours mortels trop rapide est la course!
On regrette la vie avant d'avoir vécu!
Et le flot, qui jamais ne remonte à sa source,
Ne revoit pas deux fois le doux bord qu'il a vu.
(Lamart., *Harm.* IV, liv. III.)

### LETTRE LIX.

**39.** Nous nous aimons un peu, c'est notre foible à tous.
Le prix que nous valons, qui le sait mieux que nous?
Et puis la mode en est, et la cour l'autorise,
Nous parlons de nous-même avec toute franchise;
La fausse humilité ne met plus en crédit.
Je sais ce que je vaux et crois ce qu'on m'en dit.
(Corneille, *Excus. à Ariste.*)

**40.** « Semblable à ces montagnes élevées qui trouvent leur sérénité dans leur hauteur. » (Bossuet.) Voy. *de la Colère*, III, VI.

### LETTRE LX.

41. Voy. *Lettre* xxx. *Des Bienfaits*, II, xiv. J. B. Rouss., *Ép.* iv, liv. II. Le 2° *Alcibiade*, dialogue attribué à Platon, roule tout entier sur ce sujet.

### LETTRE LXIII.

42. Voir *Lettre* xcix.

> De quelque désespoir qu'une âme soit atteinte,
> La douleur est toujours moins forte que la plainte;
> Toujours un peu de faste entre parmi les pleurs.
> (La Fontaine, *Matrone d'Éph.*)

43. *Dominus dedit, dominus abstulit; sit nomen domini benedictum.* (Job.)

44. *Impetret ratio quod dies impetratura est.* (Cic., ad *Attic.*) Voir *Consol. à Marcia*, viii.

### LETTRE LXV.

45. « L'âme resserrée de toutes parts ne peut plus respirer que du côté du ciel. » (Bossuet.)

46. Voir *Consol. à Marcia*, xxiv : *Animo cum hac carne grave certamen.* « Caro enim concupiscit adversus spiritum, spiritus autem « adversus carnem; hæc enim sibi invicem adversantur. » (Saint Paul, ad *Galat.*, v, 17.)

### LETTRE LXVI.

47. *Ithacam saxis tanquam nidulum affixam.* (Cic.)

48.
> Romains, j'aime la gloire et ne veux point m'en taire;
> Des travaux des humains c'est le digne salaire :
> Sénat, en vous servant il la faut acheter :
> Qui n'ose la vouloir n'ose la mériter.
> (Volt., *Catil.*, V, sc. ii.)

### LETTRE LXVII.

49. Voir *Lettre* xcvi, *in fine*. « Le monde est plus dangereux lorsqu'il nous rit que lorsqu'il nous maltraite; et les faveurs qui nous le rendent aimable sont plus à craindre que les rebuts qui nous forcent à le mépriser. » (Saint Augustin, *Ép.* cxliv.)

### LETTRE LXVIII.

50.
> Quand on se vante de l'avoir (le bonheur),
> On en est privé par l'envie;
> Pour le garder il faut savoir
> Te cacher, et cacher sa vie.
> (Volt., *Thélème et Macare.*)

51. « La deffense attire l'entreprise, et la deffense l'offense.... Je leur rends la conqueste de ma maison lasche et traistresse. Elle n'est close à personne qui y heurte. » (Montaigne, II, xv.) Voir *Manuel d'Épictète*, ch. xxii.

52. « Tous les hommes sont tellement dépendants les uns des autres, que je ne sais si les grandes retraites du monde que nous voyons quelquefois ne sont pas faites pour le monde même : le désespoir a sa recherche, et la solitude sa coquetterie. On prétend que les plus sombres ermites n'ont pu se retenir de s'informer de ce qu'on disait d'eux. » (De Vigny, *Cinq-Mars*.)

LETTRE LXX.

53. « La plus volontaire mort, c'est la plus belle. » (Montaigne, II, iii.)

54. « Le commun train de la guérison se conduict aux dépens de la vie : on nous incise, on nous cautérise, on nous détranche les membres, on nous soustrait l'aliment et le sang : un pas plus outre, nous voylà guéris tout à fait. » (Montaigne, II, iii.)

55.   Tant notre esprit esclave en son obscurité
    Ressemble au vieux captif qu'on met en liberté;
    A force d'habiter l'ombre fétide et noire,
    Des splendeurs du soleil il n'a plus la mémoire.
    Sa prison exiguë est un monde à ses yeux.
                    (Reboul, *L'esprit et les sens*.)

LETTRE LXXI.

56. Cité et commenté par Montaigne, I, xl.

LETTRE LXXIII.

57. Cette lettre trahit les inquiétudes de Sénèque. Néron, comme tous les tyrans, comme Vespasien lui-même, qui bannit Épictète, tenait pour suspects les philosophes, les stoïciens surtout, dont Thraséas était alors avec Sénèque le plus incommode représentant. Quand Tigillin veut perdre Plautus auprès de Néron, il dit : « En affectant l'orgueil des stoïciens, il a pris les principes d'une secte qui ne produit que des séditieux et des intrigants. »

58.                 La tendresse d'une mère
    Se partage entre tous, et tous l'ont tout entière. (V. Hugo.)

59.   Le repos, le repos, trésor si précieux
    Qu'on en faisait jadis le partage des dieux ! (La Fontaine.)

60. « Encore que Dieu soit éloigné de nous par ses divins attributs, il descend quand il lui plait par sa bonté, ou plutôt il nous élève. » (Bossuet, *Fragm. sur la Nat.*)

### LETTRE LXXIV.

61. « Parlez plus franchement, Sénèque, dit J. Lipse, pour le temps où vous vivez, et dites : la colère ou la haine du prince. »

62. Le plus sage s'endort sur la foi des zéphirs.
(La Fontaine, *Ode à Louis XIV.*)

63. Voy. *de la Clémence*, I, VIII.
*Quum feriant unum, non unum fulmina terrent.*
(Ovide, *de Ponto.*)

64. « Non-seulement le coup, mais le vent et le pet nous frappent. » (Montaigne, III, II.)

65. Voir *Lettre* CXVIII. Imité par Young, 7ᵉ *Nuit.*

66. « Qu'il ne s'y attache point jusqu'à en faire une portion de son âme, ce qui a lieu dans l'amour ; de peur que, lorsqu'on les lui retranchera, son cœur n'en soit déchiré et n'en porte la honteuse plaie. » (Saint Augustin, *Libre arbitre*, I, XV.)

67. C'est notre *fiat voluntas tua*. Voir aussi *de la Providence*, à la fin.

68. Au lieu de craie pour tracer sur un tableau des figures géométriques, les anciens avaient des cadres couverts de sable fin où l'on opérait avec une baguette. D'où le *pulvis eruditus* de Cicéron (*Nat. Deor*, II, XVIII).

### LETTRE LXXV.

69. « Je me sers d'un parler tel sur le papier qu'à la bouche. » (Montaigne.)

70. « Que direz-vous de cette éloquence qui ne va qu'à plaire et qu'à faire de belles peintures, lorsqu'il faudrait, comme dit Platon (voir *le Gorgias*), brûler, couper jusqu'au vif et chercher sérieusement la guérison par l'amertume des remèdes et par la sévérité du régime ? Trouveriez-vous bon qu'un médecin qui vous traiterait s'amusât, dans l'extrémité de votre maladie, à débiter des phrases élégantes et des pensées subtiles ? L'amour de la vie fait assez sentir ce ridicule-là ; mais l'indifférence où l'on vit pour les bonnes mœurs et pour la religion fait qu'on ne le remarque point dans les orateurs, qui devraient être les censeurs et les médecins du peuple. (Fénelon, *sur l'Éloquence*, dial. I.)

71. « Toute méchanceté vient de faiblesse, et qui pourrait tout ne ferait jamais de mal. » (J. J. Rousseau.)

### LETTRE LXXVI.

72. Axiome de Solon. « Un jour que Marc Aurèle sortait de son palais, un philosophe, Lucius, lui demanda pour quelle affaire il

sortait. « Il est beau de s'instruire, répondit l'empereur; même quand
« on est vieux. Je vais chez le philosophe Sextus, pour y apprendre ce
« que je ne sais pas encore. — O Jupiter! s'écrie Lucius, heureux les
« Romains dont l'empereur, au déclin de son âge, ne dédaigne pas de
« s'instruire encore et se rend à l'école, comme un enfant, des tablettes
« pendues à sa ceinture ! » (Philostrate.)

73. Mépriser le mépris, rendre haine pour haine,
Est le parti qu'il faut que l'honnête homme prenne.
(Quinault, *Mère coq.*, V, sc. II.)

74. *Nil pictis timidus navita puppibus*
*Fidit.* (Horat., I, *Ode* XIV.)

Qu'importe, quand l'orage a soulevé les flots,
Que ta poupe soit peinte et que ton mât déploie
Une voile de pourpre et des câbles de soie?
L'art du pilote est tout; et pour dompter les vents
Il faut la main du sage et non des ornements.
(Voltaire, *Variantes du 1ᵉʳ disc. sur l'homme*.)

75. *Dele fucum fugacis honoris hujus, et malæ coloratæ nitorem gloriæ, ut nude nudum consideres.* (Saint Bern., *de Consider.*, II, IX.)

## LETTRE LXXVII.

76. Celui à qui son maître aurait ordonné de le tuer, et qui aurait obéi, aurait été coupable. (*Leg.* I, § XXII, *ff. de Senat. consult.*) Celui qui ne l'aurait point empêché de se tuer aurait été puni. (*Leg.* I, § XXXI, *ff. ibid.*)

77. *Qui cogit mori*
*Nolentem, in æquo est quique properantem impedit.*
(Senec., *Phœniss.*, v. 98.)

*Invitum qui servat, idem facit occidenti.* (Horat., *Art poét.*)
Ah ! c'est m'assassiner que me sauver la vie.
(Racine, *Thébaïd.*, V, sc. VII.)

78. Sur cette facilité des Romains à se donner la mort, voir Montesq., *Grandeur et décad. des Rom.*, ch. XII, *in finem*.

79. Voir *Lettre* XXIV.
*Nec nova vivendo procuditur ulla voluptas.* (Lucret., III, 1094.)

80. « Celui qui a appris le matin la manière de bien vivre peut mourir tranquillement le soir. » (Confucius.)

## LETTRE LXXVIII.

81. Le malheur qui n'est plus n'a jamais existé. (Colardeau.)

82. Sénèque entend par là des réchauds. On trouve la description d'un de ces réchauds en bronze dans les *Antiquités romaines* de Caylus, tome I.

83. Voir Pétrone, *Satyricon*, xli.

84. « O philosophie! guide de la vie! source des vertus et fléau des vices! Un seul jour bien passé et conforme à tes préceptes est préférable à l'immortalité dans le vice. » (Cicéron, *Tusc.*, V, ii.)

## LETTRE LXXIX.

85. Ce tourbillon n'est ni profond ni dangereux. Il n'est point produit par un gouffre, mais par deux courants opposés, l'un du côté du nord, l'autre du côté du sud, dans le détroit. Comme ils ne s'y portent pas avec la même force ni dans le même temps, ils donnent lieu à une espèce de flux et de reflux sur lesquels les marins se dirigent *en faisant canal*. La traversée s'effectue aisément, sans rames ni voiles.

86. Taormina. Cette tradition fabuleuse est admise par Salluste. (*Fragm.*)

87. Ami d'Ovide, mort fort jeune, l'an 14 avant J. C. On lui attribue un petit poëme, qui nous est resté, sur l'Etna. L'auteur de *l'Etna* est plus philosophe que poëte; il parle avec mépris des fictions poétiques; il scrute avec soin les causes de l'éruption du volcan. Il semble répondre à la question de Sénèque dans les vers 361 et suivants. On voit au reste qu'il était très-familiarisé avec les écrits de notre auteur.

88. *Labeoni commendatio ex injuria; Dolabellæ negatus honor gloriam intendit.* (Tacite, *Ann.*, III.)

>La gloire est plus solide après la calomnie,
>Et brille d'autant mieux qu'elle s'en vit ternie.
>
>(Corn., *Nicom.*, IV, sc. i.)

C'est ce que Bossuet nomme « ce je ne sais quoi d'achevé que le malheur ajoute à la vertu. » (*Orais. funèbres.*)

Voir aussi Sénèque, *de la Providence*, IV et note. « Il faut songer uniquement à bien faire, et laisser venir la gloire après la vertu. » (Bossuet, *Orais. funèb.*)

89. « Les fausses couleurs, quelque industrieusement qu'on les applique, ne tiennent pas. » (Bossuet, *Oraison funèb. de la duchesse d'Orléans.*)

## LETTRE LXXX.

90.
>Encor dans mon malheur de trop près observée,
>Je n'osais dans mes pleurs me noyer à loisir;
>Je goûtais en tremblant ce funeste plaisir,
>Et sous un front serein déguisant mes alarmes,
>Il fallait bien souvent me priver de mes larmes.
>
>(Racine, *Phèdre.*)

>Nous nous voyons sans cesse assiégés de témoins,
>Et les plus malheureux osent pleurer le moins.
>
>(Voltaire, *OEdipe.*)

Voir *Consolation à Polybe*, xxv.

91.     Race gueuse, fière et vénale,
        Portant avec habits dorés
        Diamants faux et linge sale;
        Hurlant pour l'empire romain,
        Ou pour quelque fière inhumaine,
        Gouvernant trois fois par semaine
        L'univers, pour gagner du pain.
                (Voltaire, *Épître au roi de Prusse*.)

92. Voir *Lettre* LXXVI. Apulée, *Démon de Socrate*. Lucien, *Dialog. Menipp.*

### LETTRE LXXXI.

93. Voir *Lettre* LXXXVII, *de la Colère*, III, XXVI. *Ulciscentur illum mores sui.* (Cic., *ad Attic.*, IX, l. 12. « Point de méchant qui ne se nuise tout le premier : c'est la torche qui ne brûle qu'en se consumant. » (Saint Augustin *sur le Ps.* XXXIV.) « La malice hume la plus part de son propre venin et s'en empoisonne. Le vice laisse comme un ulcère en la chair, une repentance en l'âme, qui s'esgratigne et s'ensanglante elle-même. » (Montaigne, III, II.)

    La coupe où notre main prépare le supplice
    Pour nous s'emplit alors. L'implacable justice,
    A ses propres fureurs livrant la trahison,
    Lui fait jusqu'à la lie avaler le poison.
            (L. Halévy, *Macbeth*, I, sc. IX.)

94.     L'homme est ingrat; c'est son grand vice.
        Comme une grâce il sollicite un bien;
        L'a-t-il reçu? Ce n'est plus que justice :
        On a bien fait, il ne doit rien. (Lamothe, *Fables*, liv. I.)

95. Voir *des Bienfaits*, II, XXVII. « Il y a de certains biens que l'on désire avec emportement, et dont l'idée seule nous enlève et nous transporte : s'il nous arrive de les obtenir, on les sent plus tranquillement qu'on ne l'eût pensé, on en jouit moins que l'on n'aspire encore à de plus grands. » (La Bruyère, *de l'Homme*.)

96. Voir *des Bienfaits*, II, XXIV; VII, XXIV, XXV, et *Lettre* XIX. Juvénal, *Sat.* X. « Il se faut bien garder, disait Philippe de Comines, de faire tant de service à son maistre, qu'on l'empesche d'en trouver la juste récompense. »

### LETTRE LXXXII.

97. « Il n'y a si belle escrime qui ne se perde quand on en vien là. » (Montaigne, I, XIX.)

98. Décimus Brutus, l'un des meurtriers de César et chef du parti républicain dans la Gaule cisalpine. Abandonné de ses légions, il voulait aller joindre Brutus et Cassius en Orient; il fut trahi par un prince gaulois qui le livra aux partisans d'Antoine

99. Le grand Pompée, en un temps de famine, chargé de faire venir des vivres à Rome, s'embarquait par un gros temps et répondait à ses amis qui le dissuadaient de partir : « Il est nécessaire que je parte, et non que je vive. »

100. Aulu-Gelle, Valère Maxime et Pline le Naturaliste répètent cette histoire exagérée jusqu'à la fable. Il s'agissait sans doute d'une multitude de gros serpents.

## LETTRE LXXXIII.

1. « De toutes nos pensées nulle ne lui échappe, et nul discours ne se cache de lui. » (*Prov.*, ch. XLII, v. 20.) Voir aussi Sénèque, *Fragm.* XVIII.

2. *Discipulus est prioris posterior dies.* (P. Syrus.)

    On peut voir l'avenir dans les choses passées. (Rotrou.)

Voir Balzac, *le Prince*, XIII.

3. Voir *Lettre* LIII. Et Horace :

    *Gelida quum perluor unda,*
*Per medium frigus.* (I, *Ép.* I.)

4.     Buveurs, quelle erreur est la vôtre !
    Vous vous figurez qu'il est beau
    De tenir plus de vin qu'un autre :
    C'est le mérite d'un tonneau. (Malleville.)

## LETTRE LXXXIV.

5.     *Ego apis Matinæ*
    *More modoque,*
    .... *Operosa parvus*
    *Carmina fingo.* (Hor., IV, *Ode* II.)

Et semblable à l'abeille en nos jardins éclose,
De différentes fleurs j'assemble et je compose
    Le miel que je produis. (J. B. Rouss., III, *Ode* I.)
Papillon du Parnasse et semblable aux abeilles
A qui le bon Platon compare nos merveilles,
Je suis chose légère et vole à tout sujet;
Je vais de fleur en fleur.... (La Font., *Ép. à Mlle de La Sabl.*)

6. Le sucre, *saccharum* en latin, en sanscrit *çarkara*, est nommé par Arrien le miel des roseaux. Strabon parle de roseaux qui font du miel sans qu'il y ait d'abeilles. Dioscoride le définit un miel solidifié. *Quique bibunt tenera dulces ab arundine succos.* (Lucain, III, v. 237.) Stace parle de la cuisson du sucre : *Et quas percoquit Ebusia cannas.* (Sylv., I, VI.) « L'Arabie, dit Pline, *Hist. nat.*, produit le *saccharum*, mais il est meilleur dans l'Inde; c'est un miel extrait de certains roseaux, blanc comme la gomme, friable sous la dent, de la forme d'une

grosse noisette; il ne sert qu'en médecine. » Les Arabes paraissent avoir inventé la cristallisation du sucre, dont la canne avait été transportée dans l'Arabie heureuse, sous les Antonins.

7. « Les abeilles pillottent deçà delà les fleurs, mais elles font après le miel, qui est tout leur; ce n'est plus thym ni marjolaine.... etc. » (Montaigne, I, xxv.) Lucrèce, III, v. II.

Changeons en notre miel leurs plus antiques fleurs :
Pour peindre notre idée empruntons leurs couleurs;
Allumons nos flambeaux à leurs feux poétiques :
Sur des pensers nouveaux faisons des vers antiques.
(A. Chénier, *l'Invention*.)

8. Imité par Quintilien, *Instit. Orat.*, X, I.

9. Voir la même comparaison dans les *Fragments de la Républ.* de Cicéron. Seulement Cicéron l'applique à l'harmonie qui règne dans une cité bien ordonnée.

## LETTRE LXXXV.

10. M. de Maistre a cru voir là, comme dans la *Lettre* LXXVIII, un souvenir des tortures infligées sous Néron aux chrétiens; et il a remarqué une imitation évidente de Sénèque par Lactance, qui dit à propos des martyrs de Dioclétien : « La seule chose qu'évitent les bourreaux, c'est que les chrétiens ne meurent dans la torture; ils ont grand soin que leurs membres reprennent de la force pour d'autres souffrances, et puissent fournir de nouveau sang au supplice. » (*Divin. Instit.*, V, II.)

11. Voir *Consol. à Marcia*, VI. « Que la fortune heurte votre vaisseau par tous les endroits et le couvre de toutes ses vagues, elle ne vous empêchera pas de tenir le gouvernail droit. (Balzac, *Consol. à M. de La Valette*.)

## LETTRE LXXXVI.

12. Un Mss. porte *Annibali*, d'autres *Annibalis*, un autre *Annibal*, leçon que nous avons suivie. Au nominatif le sens est qu'Annibal aussi fut exilé de son pays; avec le génitif, que le sénat romain avait exigé cet exil; avec le datif, que la victoire de Scipion sur Annibal ne lui avait valu que l'ingratitude de ses concitoyens.

13. Voir *Nouvelle Héloïse*, IV° partie, l. II, description du jardin de M. de Wolmar, où sont critiqués les jardins français dans lesquels se voyaient *de grands vases remplis de rien*.

14. La pierre spéculaire, espèce d'albâtre transparent de Cappadoce, qui remplaçait le verre très rare aux fenêtres chez les anciens. « Les rognures mêmes en sont utiles, dit Pline, *Hist.* XXXVI, XLV, et l'on en sème le grand cirque à l'époque des jeux, ce qui le rend d'une blancheur éblouissante. » Trimalchion, dans Pétrone, en fait semer sa salle de banquet. Sénèque, *Lettre* XC, dit que l'usage de cette pierre a été découvert de son temps.

15. « Nos ancêtres, dit Varron, avaient l'haleine sentant l'ail et l'oignon, mais musquée de bonne conscience. »

## LETTRE LXXXVII.

16. « On s'envoyait réciproquement des figues ce jour-là pour se souhaiter une *douce année :*
*Et peragat cœptum dulcis ut annus iter.* (Ovide, *Fast.* I, v. 185.)

17. « Tu te trompes, Philémon, si avec ce carrosse brillant, ce grand nombre de coquins qui te suivent, et ces six bêtes qui te traînent, tu penses que l'on t'en estime davantage. L'on écarte tout cet attirail qui t'est étranger, pour pénétrer jusques à toi, qui n'es qu'un fat. » (La Bruyère, *du Mérite personn.*)

18. Voir Horace, I, *Ép.* II.
On ne le tire pas des veines du Potosa. (Boileau, *Ép.* v.)

19. « Ceux qui volent les particuliers passent leur vie, disait Caton, dans les chaînes et dans les cachots; les voleurs publics sur l'or et sur la pourpre. » (A.-Gellius, XI, XVIII.)

Mal prend aux volereaux de faire les voleurs ;
Tous les mangeurs de gens ne sont pas grands seigneurs.
(La Fontaine.)

## LETTRE LXXXVIII.

20. On a comparé cette lettre à la déclamation de J. J. Rousseau contre les sciences et les arts ; elle nous semble avoir plus d'analogie avec la controverse qui s'est élevée de nos jours entre les partisans des sciences et ceux des lettres.

21. Voir *Consol. à Marcia*, x, et *Lettre* LXXII, et Horace, *Sat.*, l. II. « Un homme dit fièrement : « J'ai une belle maison. — Quelle maison ? « — Celle que mon père m'a laissée. — D'où l'avait-il eue ? — De « notre aïeul. » Qu'on remonte plus loin, qu'on épuise les noms de bisaïeul et de trisaïeul, les termes manquent ; on ne sait plus qui nommer. N'es-tu pas effrayé en songeant combien de personnes ont passé par cette maison, sans que nul de ceux qui l'habitèrent l'ait emportée avec lui ? Ton père l'a laissée ici : il a passé par elle, tu passeras de même. Si donc tu ne fais que passer par ta maison, regarde-la comme une hôtellerie où l'on s'arrête quelques moments, plutôt que comme une habitation où l'on séjourne. » (Saint Augustin, in *Psalm.*, CXXI, § 8.)

22. On connaît l'épitaphe de Beauzée par Rivarol : *Ci-gît qui passa sa vie entre le supin et le gérondif.*

23. Isocrate, Plutarque, Sénèque représentent Zénon d'Élée comme un sophiste dont l'unique but est de trouver des objections contre toute doctrine sans en établir aucune. Ils ne réfléchissent pas que si Zénon n'établit aucune doctrine, c'est qu'il n'en avait pas besoin,

celle de son maître Parménide étant là, et que tout son effort devait être de réfuter les adversaires de Parménide. Platon, dans un dialogue dont les personnages sont précisément Parménide et Zénon, montre le disciple imbu de la même doctrine que le maître, du même dogmatisme, et du dogmatisme le plus absolu. » (Cousin, *Fragments philosophiques*.)

24. *Nihil scire*. Je croirais que Sénèque a écrit : *nihil sciri*, que l'on ne sait rien; ce serait plus exact. D'après ses habitudes de style, il n'aurait pas sitôt après, dans un autre sens, répété ce *nihil scire*.

## LETTRE LXXXIX.

25.  Je songeois que de votre héritage
Vous avez beau vouloir élargir les confins,
Quand vous l'agrandiriez trente fois davantage,
 Vous aurez toujours des voisins.
(J. B. Rousseau, III, *Ode* vi.)

26. Vois, chassée à grands frais de sa rive étonnée,
La mer dans leurs villas frémir emprisonnée.
(Pétrone, ch. cxx.)

## LETTRE XC.

27. Ici Sénèque dit plus vrai et plus chrétiennement que Cicéron : *Nous nous glorifions à bon droit de notre vertu, ce qui n'arriverait pas, si nous la tenions de Dieu, non de nous* (de *Nat. Deor*, III); et qu'Horace : *Det vitam, det opes, animum mi æquum ipse parabo.*

28. « La nature a fait le droit commun, l'usurpation a fait le droit privé. » (Saint Ambroise, *De offic. minist.*) « Ce chien est à moi, disaient ces pauvres enfants; c'est là ma place au soleil; voilà l'origine et l'image de l'usurpation sur la terre. » (Pascal, et J. J. Rousseau, *Disc. de l'inég. des condit.*)

29. On reprochait à Henri IV le peu de pouvoir qu'il avait à la Rochelle : « Vous vous trompez, répondit-il, j'y fais ce que je veux, parce que je n'y fais que ce que je dois. »

30. Ce raffinement de luxe avait lieu dans les théâtres ou amphithéâtres. On l'annonçait sur un *album* affiché aux lieux les plus fréquentés de la ville. On a trouvé celui-ci à Pompeï : *Venatio. Athletæ. Sparsiones. Vela. Erunt.* « Chasse de bêtes féroces. Combats d'athlètes. Pluie d'eaux de senteur. Toiles tendues au-dessus des spectateurs. »

31. « Tous les arts suent pour le satisfaire. » (Bossuet.)

32. « Et les toiles si déliées, ces vaines couvertures qui ne cachent rien. » (Bossuet, *Sermon pour Mlle de La Vallière*.) Voir *Consol. à Helvia*, xvi; *des Bienfaits*, VII, ix.

33.  De leur queue allongée ingénieux rival,
Le timon reçut d'elle un mouvement égal;

> La rame imita mieux leur nageoire élancée ;
> Et dans sa coupe heureuse, avec soin retracée,
> Leur tête, sans effort fendant les flots amers,
> A la proue écumante ouvrit le sein des mers.
>
> (Esmén., *Navig.*, ch. III.)

34. Voir Pétrone, ch. LXXXVIII.

## LETTRE XCI.

35. Cet incendie, dont on voyait encore des traces au dix-septième siècle, eut lieu l'an de J. C. 59, un siècle après la fondation de Lyon par Plancus.

36. *Ecce paucissimis verbis maximam civitatem hausit et absorpsit; non reliquit illi nec ruinam.* (Macrob., *Sat.* V, I.)

37. « Il n'y a pas de route royale en mathématiques. » Autre réponse d'un précepteur à un fils de roi.

## LETTRE XCII.

38. *Vos autem estis corpus Christi et membra de membro.* (Saint Paul, *I Cor.*, XII, 27.)

39.
> Moins riche de ce qu'il possède,
> Que pauvre de ce qu'il n'a pas. (J. B. Rousseau.)

40. *Énéide*, XI, 485. Voir Pétrone, ch. CXV.

> Qu'importe que nos corps des oiseaux ravissants
> Ou des monstres marins deviennent la pâture ?
> Sépulture pour sépulture,
> La mer est égale à mon sens. (La Font., *la Fiancée*....)

Voir aussi V. Hugo, *Marion Delorme*, V, sc. III ; Lamartine, *Mort de Socrate.*

## LETTRE XCIII.

41. *Annosus stultus non diu vixit, diu fuit.* (P. Syrus).

« Vivre, ce n'est pas respirer, c'est agir. Tel s'est fait enterrer à cent ans, qui mourut dès sa naissance. » (Rousseau, *Émile*, liv. I.)

42.
> Dresse de tes vertus, non de tes jours, le compte ;
> Ne pense pas combien, mais comme aller tu dois ;
> Vois jusques à quel prix ta besogne se monte ;
> On juge de la vie et de l'or par le poids.
>
> (P. Mathieu, *Quatrains.*)

43.
> Dieu ne mesure pas nos sorts à l'étendue
> La goutte de rosée à l'herbe suspendue
> Y réfléchit un ciel aussi vaste, aussi pur
> Que l'immense Océan dans ses plaines d'azur.
>
> (Lamartine, II, *Harm.* XII.)

## LETTRE XCIV.

44. « Les dogmes de la religion civile doivent être simples, en petit nombre, énoncés avec précision, sans explications ni commentaires. » (J. J. Rousseau, *Contr. soc.*, IV, VIII.)

45. Voir *Lettre* L. « Il n'y a pas de perversité originelle dans le cœur humain.... » (Rouss., *Émile*, liv. II.)

46.  *Nullus argento color est avaris*
*Abdito terris.* (Horat., II, Ode II.)

47.  L'ambition m'appelle;
Pour commander j'obéis à sa loi :
Dominateur de la terre et de l'onde,
Je dispose à mon gré du monde,
Et ne puis disposer de moi. (Delille, *Dithyrambe*.)

48. Voir Lucien, *Saturnal.*, § 2. Tertull., *de Cult. mulier* Pétrarq., *Vit. solitaria.*

Mais l'homme fastueux cherche-t-il à jouir?
Prétend-il vivre? Hélas! il ne veut qu'éblouir.
Dans les discours publics il met sa jouissance.
De l'éclat ruineux de sa folle dépense
Veut-on le corriger? Le moyen n'est pas loin :
Ordonnez seulement qu'il soit fou sans témoin.
(Delille, *Épît. sur le luxe.*)

49.  *Anxius sceptrum tenet, et moventes*
*Cuncta divinat metuitque casus*
*Mobiles rerum, dubiumque tempus.*
(Senec., *Thyest.* III, v. 604.)

## LETTRE XCV.

50. Diogène, voyant un vieillard cajoler une jeune fille, lui dit : « Ne crains-tu point d'être pris au mot? »

51.  L'écrivain à la mode, entre un double flambeau,
Dans son fauteuil cherchant une posture,
Et tenant en main son rouleau
Aux assistants vient en faire lecture.
Enorme est le cahier et fine est l'écriture;
Puis de l'in-folio qu'on vient d'apercevoir
Le format menaçant aisément fait prévoir
L'éternité de la torture.
(Delille, *la Convers.*, ch. I.)

52. *Pædicat pueros tribas Philænis.* (Martial, VII, *Epig.* LXVII.)

53. « Les tyrans ont-ils jamais inventé des tortures plus insupportables que celles que les plaisirs font souffrir à ceux qui s'y abandon-

nent? Ils ont amené dans le monde des maux inconnus au genre humain; et les médecins enseignent d'un commun accord que ces funestes complications de symptômes et de maladies qui déconcertent leur art, confondent leurs expériences, démentent si souvent leurs anciens aphorismes, ont leur source dans les plaisirs. » (Bossuet, *Serm. contre l'amour des plaisirs*.)

54. *Garum sociorum*, ainsi nommé de la fabrication de *garum* établie près de Carthagène, en Espagne, par une société de chevaliers romains. De même jadis on disait en France : *tabac de la Ferme; café de la Compagnie*. « Vu son haut prix, dit Brillat-Savarin, il y a lieu de croire que c'était une sauce étrangère, peut-être le *soy* qui nous vient de l'Inde, et qu'on sait être le résultat de poissons fermentés avec des champignons. »

55. *Immortalitatem cruentam*, dit Lactance dans un passage éloquent qui paraît imité de Sénèque. (*Instit. divin.*, I, XVIII.)

56. Une épithète de plus, les dogmes *religieux*, et Sénèque proclamait la nécessité du christianisme.

57. *Odit populus Romanus privatam luxuriam, publicam magnificentiam diligit.* (Cic., *pro Mur.*, XXXVI.)

58. « Dieu n'est point servi par des mains humaines; il n'a besoin de rien, lui qui donne à tout l'être, le souffle et tout. » (*Act. apost.*, XVIII, 25.)

59. « Aimez-vous les uns les autres; c'est toute la loi et les prophètes. » (Saint Paul.)

60. « Soyons des dieux! Il nous le permet par l'imitation de sa sainteté. » (Bossuet, *Serm. sur la Nativ.*)

61. *Esurienti panem frange tuum*, disent nos livres saints. Voir aussi *de la Colère*, I, XIV.

62. Voir *de la Colère*, II, XXX. « Quoique nous soyons plusieurs, nous ne sommes tous qu'un seul corps.... et nous sommes tous réciproquement membres les uns des autres. » (Saint Paul.)

63. *Accipere, quam facere, præstat injuriam.* (Cic., *Tusc.* V.)

64. Térence, *Heautont.*, I, sc. I, 77. Traduit de Ménandre : Ἀνὴρ ἐγώ, καὶ πάντα μοι τἀνδρὸς μέλει.

65. « Lorsque Q. Maximus, pour honorer la mémoire de Scipion l'Africain, son oncle, donna un repas au peuple romain, il pria Tubéron de présider aux apprêts, comme neveu de ce grand homme. Et Tubéron, en profond et vrai stoïcien, fit étendre des peaux de boucs sur des lits à la carthaginoise, et servit en vaisselle de Samos, comme s'il eût eu à célébrer les obsèques du cynique Diogène et non celles de Scipion, de cet homme presque divin. Le peuple prit fort mal cette frugalité à contre-temps. Et l'homme le plus intègre,

le meilleur citoyen, le petit-fils de P. Émile, le neveu de Scipion l'Africain fut repoussé de la préture, grâce à ses peaux de boucs. » (Cic., *pro Mur.*, XXXVI.)

## LETTRE XCVI.

66. *Militia est vitahominis super terram.* (Joh, VIII, 1. Voir *Lettres* LI, LIX.)

La vie est un combat dont la palme est aux cieux.
(Delavigne, *le Paria*.)

## LETTRE XCVII.

67. *Des Bienfaits*, I, x. « Ne demande point pourquoi les premiers siècles étaient meilleurs que le nôtre : c'est une folle demande. » (*Ecclesiast.*, VII.)

68. Imité par Juvénal, *Sat*. XIV, 41 :

Vois : en Catilinas toute contrée abonde;
Des Brutus, des Catons, il n'en est plus au monde.
(*Trad. de Dubos*.)

69. *Fugit impius nemine persequente.* (*Prov.*, XXVIII, 1.) Voir Lucrèce, III, 1026. Plat., *Républ.*, X. Saint August., *In Psalm.* XLV.

Et le crime serait paisible,
Sans le remords incorruptible
Qui s'élève encor contre lui. (Lamothe, *Ode à Astrée*.)

## LETTRE XCVIII.

70. Rien ne sera accident pour nous, si nous possédons nos patrimoines, nos enfants, nos femmes, comme ne devant pas les posséder toujours. » (*I Corinth.*, VII, 29.)

## LETTRE XCIX.

71. Nos termes sont pareils par leur courte durée. (La Fontaine.) Voir Fénelon : *Du bon usage des croix*.

72. C'est bien, je le confesse, une juste coutume
Que le cœur affligé,
Par le canal des yeux vuidant son amertume,
Cherche d'être allégé.
Mesme quand il advient que la tombe sépare
Ce que nature a joint,
Celui qui ne s'esmeut a l'âme d'un barbare
Ou n'en a du tout point. (Malherbe, *A du Périer*.)

73. Voir *Tranquill. de l'âme*, XV.

*Amissum non flet, quum sola est Gellia, patrem :*
*Si quis adest, jussæ prosiliunt lacrymæ.*
(Mart., *Ep.* I, XXXIV.)

74. *Vitalia*, euphémisme pour *funebria vestimenta*. Voir Pétrone, c. LXXVII. De même on disait *fuit*, *vixit*, pour *mortus est*. « Pourvu que ce soit vie, aurait dit Montaigne, soit-elle passée, ils se consolent. »

75. Voir *Consol. à Marcia*, I; *à Polybe*, XXIII.

*Est quædam flere voluptas.* (Ovide.)

Voir Sénèque le père, V, *Controv.* XXX. « La mélancolie est chose friande. » (Montaigne.)

Sombres plaisirs d'un cœur mélancolique.
(La Fontaine, *Nymphes de Vaux*.)

Enfin Chateaubriand, *René* : « Les joies de la douleur. »

### LETTRE C.

76. « Il lui manquait le nerf oratoire, le glaive acéré du combat; mais la richesse du style venait comme d'elle-même embellir ses faciles compositions. Parlait-il, son visage serein réfléchissait le calme d'une âme paisible : nul effort de poumons, nul apprêt dans le maintien; les mots semblaient couler de ses lèvres sans qu'il y prît part.... » Et tout le reste du portrait de Fabianus. (Sénèque le père, *Controv.* II, *Préface*, trad. inédite.)

77. *Prima sequentem honestum est in secundis tertiisve consistere.* (Cic., *Orat.*, I.)

On peut avec honneur remplir le second rang. (Voltaire.)

78. *Tanquam inseparabilem famulam, etiam non vocatam sequi eloquentiam.* (Saint Augustin, *de Doctrin. christ.*, IV, VI.)

« Démosthène ne cherche point le beau, il le fait sans y penser.... il se sert de la parole comme un homme modeste de son habit, pour se couvrir. » (Fénelon, *Lettres sur l'Éloquence*.)

### LETTRE CI.

79. *Heu! Heu! nos miseros! Quam totus homuncio nil est!* » (Pétrone, XXXIV.) Et l'exclamation de Bossuet : « Ah! que nous ne sommes rien! »

80. Et par le tourbillon au néant emporté,
Abattu par le temps, rêve l'éternité. (Lamart., *Méditat.* I, IV.)

81. Voir *Lettres* XIII et XXIII. Horace, I, *Ode* IV : *Vitæ summa brevis spem nos vetat inchoare longam.* Et ailleurs : *Spem longam reseces.*

Quittez le long espoir et les vastes pensées. (La Font.)

82. Eh! tient-on le présent dans sa main?
Est-on sûr d'aujourd'hui pour rêver à demain?
(Sophocle, *Trachiniennes*.)

83. La Fontaine n'ayant fait qu'imiter ce passage de Mécène, on ne pouvait conserver ici qu'une partie du premier vers. Voy. *la Mort et le bûcheron*.

84. En quelque état qu'on soit, il n'est rien tel que d'être.
(Gresset, *Sydnei*.)

LETTRE CII.

85. *Somnia sunt non docentis, sed optantis*, dit Cicéron sur le même sujet. (*Quæst. acad.*, IV.)

86. « Si, comme la vérité, le mensonge n'avait qu'un visage, nous serions en meilleur terme; mais le revers de la vérité a un champ indéfini : mille routes dévoyent du blanc, une y va. » (Montaigne, III, VIII.) « Par combien d'erreurs, mille fois plus dangereuses que la vérité n'est utile, ne faut-il point passer pour arriver à elle ! Le faux est susceptible d'une infinité de combinaisons; la vérité n'a qu'une manière d'être. » (Rousseau, *Discours sur les sciences*.) Voy. aussi Lettre cxx, vers la fin.

87. On lit pourtant dans Tite Live *laudes funebres*, VIII, XL. Est-ce de la patavinité?

88. Mais de tous les plaisirs le plaisir le plus doux,
C'est de se voir loué de ceux que chacun loue.
(La Fontaine, *Quatrain à M\*\*\**.)

Tel était ce Crillon, chargé d'honneurs suprêmes,
Nommé brave autrefois par les braves eux-mêmes. (*Henriade*.)

89. La louange agréable est l'âme des beaux vers. (Boil., *Ép*. IX.)
« A la douce rosée de la louange les vertus croissent comme les plantes à la rosée du ciel. » (Pindare, *Ném*. VIII.)
« Mais l'homme de bien seul sait louer les gens de bien. » (Pind., *Ném*. II.)

90. C'est par l'étude que nous sommes
Contemporains de tous les hommes,
Et citoyens de tous les lieux. (Lamothe.)

91. « Car nous n'avons rien apporté en ce monde, et sans nul doute nous n'en pouvons rien emporter. » (Saint Paul *à Timoth*., VI, 7.

92. La voilà, cette heure suivie
Par l'aube de l'éternité,
Cette heure qui juge la vie
Et sonne l'immortalité !
Et tu pâlirais devant elle ?
Ame à l'espérance infidèle !
Tu démentirais tant de jours,
Tant de nuits passés à te dire :
« Je vis, je languis, je soupire. »
Ah! mourons, pour vivre toujours.
(Lamartine, *Harm.*, IV, 1.)

Nous fûmes à la vie enfantés avec peine;
Et cet heureux trépas, des faibles redouté,
N'est qu'un enfantement à l'immortalité.
(Id., *Mort de Socrate*.)

93. Imité par Lucain, liv. IX :

*Illic postquam se lumine vero
Implevit, stellasque vagus miratus et astra
Fixa polis, vidit quanta sub nocte jaceret
Nostra dies.*

Voir aussi *Consol. à Marcia*, XXVI. « Nous voyons maintenant par reflet, en énigme; alors nous verrons face à face. Je connais maintenant en partie; alors je connaîtrai et je serai connu. » (Saint Paul, *I Corinth.*, XIII.)

Fénelon, dans le tableau qu'il fait des Champs-Élysées, semble n'avoir que développé les idées de Sénèque : « Le jour n'y finit point, et la nuit, avec ses sombres voiles, y est inconnue; une lumière pure et douce se répand autour des corps de ces hommes justes et les environne de ses rayons comme d'un vêtement. Cette lumière n'est point semblable à la lumière sombre qui éclaire les yeux des misérables mortels, et qui n'est que ténèbres; c'est plutôt une gloire céleste qu'une lumière : elle pénètre plus subtilement les corps les plus épais, que les rayons du soleil ne pénètrent le plus pur cristal : elle n'éblouit jamais; au contraire, elle fortifie les yeux et porte dans le fond de l'âme je ne sais quelle sérénité : c'est d'elle seule que ces hommes bienheureux sont nourris; elle sort d'eux et elle y entre; elle les pénètre et s'incorpore en eux comme les aliments s'incorporent en nous. Ils la voient, ils la sentent, ils la respirent.... Ils ne veulent plus rien; ils ont tout sans rien avoir, et leur plénitude les élève au-dessus de tout ce que les hommes vides et affamés cherchent sur la terre.... Tous les maux s'enfuient loin de ces lieux tranquilles et ne peuvent y avoir aucune entrée. » Et plus loin, même pensée qu'au c. XXIV de la *Consol. à Marcia* : « Je ne sais quoi de divin coule sans cesse au travers de leurs cœurs comme un torrent de la divinité même qui s'unit à eux; ils ne font, tous ensemble, qu'une seule voix, une seule pensée, un seul cœur.... Une même félicité fait comme un flux et reflux dans ces âmes unies. » (*Télémaque*, l. XIX.)

### LETTRE CIII.

94. « Homo homini lupus. » (Plaut.) « Vir malus puer robustus....
« et omnium adversus omnes perpetuæ suspiciones, bellum omnium
« in omnes. » (Hobbes.)

### LETTRE CIV.

95. Au texte : *Domini mei Gallionis. Domini*, terme de respect : Gallio était son aîné.

96. Sénèque, *Lettre* LXXVIII, nous apprend que dans sa jeunesse l'excès de ses souffrances physiques l'avait porté au suicide, mais que la vieillesse d'un père qu'il chérissait l'avait retenu.

97. Voir *Tranquill. de l'âme*, II; *Lettres* II, XXVIII. Horace, *Odes*, l. II, 16; III, 1, 37; *Ép.*, l. I, II.

>Cet ennui que tu fuis est au fond de ton cœur,
>Tu ne saurais le fuir qu'en te fuyant toi-même.
>>Change de lieu, si tu veux, tous les jours;
>Cours la terre et la mer dans ton chagrin extrême :
>>Ton ennui te suivra toujours.
>En vain, pour excuser ton bizarre caprice,
>Tu veux injustement en accuser les lieux ;
>>Ton pauvre esprit a la jaunisse,
>>Et tout paraît jaune à tes yeux.
>>Le repos que tu te proposes
>>Ne s'acquiert point à force de courir.
>>Apprends, apprends à te souffrir :
>On vient à bout par là de souffrir toutes choses.
>>>(Desmarets de Saint-Sorlin.)

98.  Le char léger du fat qui vole en un instant
De l'ennui qui le chasse à l'ennui qui l'attend.
(Delille, *Jard.*, ch. II.)

99.  Rarement à courir le monde
On devient plus homme de bien. (J. B. Rousseau.)

100. « Qui touche de la poix en sera gâté, et qui se joint au superbe deviendra superbe. » (*Eccles.*, XIII, v. 1.)

101.  La mort, la pauvreté, l'obscurité que j'aime,
Pour les ambitieux pire que la mort même,
Ces maux, exagérés par une lâche erreur,
De leur masque effrayant vont perdre la terreur ;
Le sage, qui de loin redoutait leur menace,
Apprend à les braver s'il les regarde en face.
(Delille, *Imagination*.)

102. Trait cité aussi par Lucain, IX, 591. Ainsi firent David, Alexandre, Bonaparte en Égypte, etc.

103. *Serviet æternum quia parvo nesciet uti.* (Horace, I, *Ép.* X.)

## LETTRE CV.

1. Ceci est peut-être un souvenir personnel de Sénèque. Caligula, jaloux de son éloquence, voulait le faire périr. Une courtisane l'en détourna, lui disant que Sénèque, atteint de phthisie, ne tarderait pas à mourir. Voir aussi *Lettre* XIV.

2. *Qui sapit, in tacito gaudeat ille sinu.* (Tibulle, IV, XIII.)

3. « Un parler ouvert ouvre un autre parler et le tire hors, comme fait le vin et l'amour. » (Montaigne, III, i.) « Le sage dit quelque part que la conversation enivre, parce qu'elle pousse au dehors le secret e l'âme par une certaine chaleur, et presque sans qu'on y pense. » (Bossuet, *Serm.*, iiie *sem. du Carême.*)

4.  C'est que ma belle-sœur, fine et dissimulée,
    A mis dans mon secret la discrète assemblée,
    Et que je dois compter que dans fort peu de jours
    J'aurai pour confidents la ville et les faubourgs.
            (Destouches, *Philosophe marié*, II, sc. ii.)

Voir aussi La Fontaine, *les Femmes et le secret.*

5. *Semper quod meruerunt expectant.* (Pétrone, 125.)
            Torquetur peste futura,
        Nec recipit somnos, et sæpe cubilibus amens
        Excutitur, pœnamque luit formidine pœnæ.
            (Claudien, *In Rufin.*, II, 180.)

6. V. *Lettre* xcvvii. *Quotidie damnatur qui semper timet.* (P. Syrus.)
    Ainsi trompant toujours sans pouvoir se tromper,
    En vain à son mépris elle veut échapper,
    Dans le monde ou chez elle en vain cherche un refuge,
    Et seule avec soi-même elle est avec son juge....
    Elle rougit au nom de la femme infidèle,
    Qu'un cercle indifférent immole devant elle.
            (C. Delavigne, *École des vieill.*)

### LETTRE CVI.

7. « L'affinement des esprits n'en est pas l'assagissement. » (Montaigne, III, 9.)

### LETTRE CVII.

8.  L'aise et l'ennui de la vie
    Ont leur course entresuivie
    Aussi naturellement
    Que le chaud et la froidure;
    Et rien, afin que tout dure,
    Ne dure éternellement. (Malherbe.)

9.      *Sed levius fit patientia*
    *Quidquid corrigere est nefas.* (Horat., I, *Od.* xxi.)

10. De murmurer contre elle et perdre patience
        Il est mal à propos.
    Vouloir ce que Dieu veut est la seule science
        Qui nous met en repos.
            (Malherbe, *Consol. à du Périer.*)

« Votre mort est une des pièces de l'ordre de l'univers, une pièce de la vie du monde. » (Montaigne.)

## LETTRE CVIII.

11. 
C'est ce vrai, dont tous les esprits
Ont en eux-mêmes la semence,
Que l'on sent, mais qu'on est surpris
De trouver vrai quand on y pense. (Lamothe, *Odes*.)

12. Voir Cicéron, *De finit*., V, XXII; et Gresset, *le Méchant*, act. IV, sc. IV. « Les hommes, fripons en détail, sont en gros de fort honnêtes gens; ils aiment la morale; cela se voit admirablement bien sur les théâtres : on est sûr de plaire au peuple par des sentiments que la morale avoue, et de le choquer par ceux qu'elle réprouve. » (*Esprit des lois*, XXV, II.)

Le monde est vertueux, il aime
Les belles actions.... qu'il ne fait pas lui-même.
(C. Doucet, *la Considération*, coméd.)

13. 
Chacun, peint avec art dans ce nouveau miroir,
S'y vit avec plaisir, ou crut ne s'y point voir :
L'avare, des premiers, rit du tableau fidèle
D'un avare souvent tracé sur son modèle.
(Boileau, *Art poétique*, ch. III.)

14. « Tout ainsi que la voix contrainte dans l'étroit canal d'une trompette sort plus aiguë et plus forte; ainsi me semble-t-il que la sentence, pressée aux pieds nombreux de la poésie, s'eslance bien plus brusquement et me fiert d'une plus vive secousse. » (Montaigne, I, V.)

De la contrainte rigoureuse
Où l'esprit semble resserré,
Il reçoit cette force heureuse
Qui l'élève au plus haut degré.
Telle, en d'étroits canaux pressée,
Avec plus de force lancée,
L'onde s'élève dans les airs;
Et la règle qui semble austère
N'est qu'un art plus certain de plaire,
Inséparable des beaux vers.
(La Faye, *Ode sur la rime*.)

15. Sur cette doctrine de Pythagore, voir le passage de Plutarque traduit par Rousseau: *Émile*, liv. II; Ovide, *Métam.*, liv. XV; Delille, *la Pitié*, ch. I; Roucher, *les Mois*, ch. II, vers la fin.

16. *Vita non tollitur, sed mutatur.* Prose de la messe des morts.

17. Même métaphore et pensée dans Plutarque (*Comment il faut lire les poëtes*). « Lorsque nous recevons par la lecture une sorte de pâture spirituelle, chaque esprit s'approprie ce qui convient plus particulièrement à son tempérament intellectuel, et laisse échapper le

resie. De là vient que nous ne lisons pas du tout les mêmes choses dans les mêmes livres; ce qui arrive surtout à l'autre sexe comparé au nôtre, car les femmes ne lisent pas comme nous. » (De Maistre, *Soirées de Saint-Pétersbourg*, VII<sup>e</sup>.)

18. Imité d'un beau passage de Cicéron, *Tusc.*, II, IV. Voir aussi le XIII<sup>e</sup> *Fragm. en prose* de Sénèque. « Que tes discours ne rougissent point de ta conduite; *non confundant opera tua sermonem tuum;* quand tu parles dans l'église, qu'on ne puisse te répondre, à part soi: « Pourquoi ce que tu dis ne le fais-tu pas? » Que la bouche, la conscience, la main du prêtre soient d'accord. » (Saint Jérôme, *Ep.* XII, *à Népot.*) « Constance de comédie et de livre qui se présente et qui se lit, mais qui n'a rien de vray ni de naturel. La douleur mène tous les jours en triomphe la philosophie, et les philosophes sont eux-mêmes des exemples mémorables de l'inutilité de leurs paroles. » (Balzac, XXVII, *Lettre* III.)

## LETTRE CIX.

19. A comparer avec la *Lettre* IX.

## LETTRE CX.

20. Voir *Quest. nat.*, III, *Préface*.

*Velocis spatii meta novissima :*
*Spem ponant avidi, solliciti metum.* (Senec., *Troad.* 398.)

21. Voir *de la Colère*, III, XXIII.

Du sein de la terre entr'ouverte,
Ces instruments de notre perte,
L'argent et l'or sont arrachés.
On les tire de ces abîmes
Où, sage et prévoyant nos crimes,
La nature les a cachés. (*Astrée*, ode de Lamothe.)

22. « Oiseau aux ailes de pourpre ou de feu. » C'est le flammant, amphibie qui abonde sur les côtes d'Afrique. Les anciens en faisaient grand cas, les modernes le dédaignent. Cependant les Maures s'en nourrissent.

23. Voir Pline, *Hist.*, XXVI, XXVIII.

*Lauta tamen cœna est; fateor, lautissima, sed cras?*
*Mullorum leporumque, et suminis exitus hic est*
(Martial, XII, 48.)

*Venter universos hominum labores, momentanea blandimenta, stercoris fine condemnat.* (Saint Jérôme, *à Fabiol.*, *Lettre* III.) « Que pensera Émile quand il trouvera que toutes les régions du monde ont été mises à contribution, que vingt millions de mains peut-être ont longtemps travaillé, et tout cela pour lui présenter en pompe à midi ce qu'il va déposer le soir dans sa garde-robe? » (J. J. Rousseau.)

## LETTRE CXIII.

24. Voir Pline, *Hist.*, VIII, I.

25. Quelques stoïciens donnaient à Dieu cette forme. Voir l'*Apokolokyntose*, VIII.

26. *Melior est patiens viro forti, et qui dominatur animo suo, expugnatore urbium.* (*Proverb.*, XVI. 32.)

> Régnez sur vos propres désirs,
> C'est le plus beau des diadèmes.
> (La Fontaine, *Prol. de Daphné.*)

## LETTRE CXIV.

27. Question traitée par Cicéron, *Brutus*, XIII, et par Quintilien, XII, x et xvi.

28. Mot de Platon. « Le style est l'homme même. » (Buffon.)

29. « La littérature est l'expression de la société. » (Mme de Staël.) Voir aussi *Nouv. Héloïse*, VI, *Lettre* v.

30. Voir *Lettre* cxv : *Oratio vultus animi*.

31. Le vers se sent toujours des bassesses du cœur. (Boileau.)

> Un esprit corrompu ne fut jamais sublime.
> (Voltaire, *Ép. à Clairon.*)

Voir Quintil., XI, *Initio*.

32. Voir *de la Providence*, III, et *Lettre* CXII. Sur l'afféterie de Mécène, consulter Quintilien, IX, IV. Suétone, *August.*, LXXXVI. Tacite, *de Orat.*, XXVI. Macrob., II, IV. On la sentira surtout en lisant de ses vers à Horace dans Suétone, *Vie d'Horace*, et dans les *Étymologies d'Isidore*, l. IX.

33. Voir *de la Vie heureuse*, II.

> Ainsi qu'en sots auteurs,
> Notre siècle est fertile en sots admirateurs :
> Il en est chez le duc, il en est chez le prince.
> (Boileau, *Art poétique.*)

34. « Opposez-vous fortement à la vicieuse imitation de quelques jeunes docteurs qui travaillent tant qu'ils peuvent au restablissement de la barbarie. Leurs locutions sont ou estrangères, ou poétiques : leurs périodes sont toutes rimes ou antithèses. S'il y a dans les mauvais livres quelque mot pourri de vieillesse, ou monstrueux par sa nouveauté, une métaphore plus effrontée que les autres, une expression insolente et téméraire, ils recueillent ces ordures avec soin et s'en parent avec curiosité. Voilà une étrange maladie et de vilaines amours. » (Balzac, XII, *Lettre* IV.

35. Voir *Lettre* c.

36. Sénèque fait contraster à dessein ce mérite d'Arruntius avec les vices de Salluste, pour prouver, comme il le dit plus bas, que l'imitation du style n'implique pas toujours l'imitation des mœurs.

37. Voir *Lettres* LXXXIX et XCV. *Consol. à Helvia*, X.

38. « Cette vie qui en couvre tant d'autres, de qui tant d'autres vies dépendent, qui occupe tant de monde par son usage, remplit tant de places, se desplace-t-elle comme celle qui tient à son simple nœud ? Nul de nous ne pense assez n'estre qu'un. » (Montaigne, II, XIII.)

« Cet homme qui a tant de charges, tant de titres, tant d'honneurs, tant de fois comte, tant de fois seigneur, possesseur de tant de richesses, maître de tant de personnes, ministre de tant de conseils, ne se comptera jamais pour un seul homme; et il ne considère pas qu'il ne fait que de vains efforts, puisqu'enfin, quelque soin qu'il prenne de s'accroître et de se multiplier en tant de manières et par tant de titres superbes, il ne faut qu'une seule mort pour tout abattre, et un seul tombeau pour tout enfermer. » (Bossuet, *Sur la Nativité*.)

## LETTRE CXV.

39. *Forma viros neglecta decet.* (Ovide, *Ars amandi.*)

40. Voir *Lettre* LXXXIX au début; Platon, *Phèdre*, X. Cicéron, *Tusc.*, V, II, et *des Devoirs*, I, V. « Cette éternelle beauté pour qui les disciples de Platon se hâtaient de quitter la terre, ne se montre à ses amants ici-bas que voilée; elle s'enveloppe dans les replis de l'univers comme dans un manteau : car si un seul de ses regards tombait directement sur le cœur de l'homme, il ne pourrait le soutenir, il se fendrait de délites. » (Chateaubr., *Génie du christian.*)

41. Voir *Lettre* XCV.

42.     Sous des traits languissants, sous des dehors infâmes
        Peuvent se dérober de magnifiques âmes.
                            (*Pot-de-vin*, *Sat.*, A. Barbier.)

43. Voir *de la Constance du sage*, XII; 15ᵉ *Fragm.* en prose; Pope, *Essai sur l'homme*, II.

44.         J'ai vu mille peines cruelles
            Sous un vain masque de bonheur,
            Mille petitesses réelles
            Sous une écorce de grandeur,
            Mille lâchetés infidèles
            Sous un coloris de candeur.
                            (Gresset, *la Chartreuse.*)

45. L'argent seul au palais peut faire un magistrat.
                            (Boileau, *Sat.* VIII.)

46. Voir Pétrone, c. LXXXVIII.

47. Voir *Lettre* XXXVI.

## LETTRE CXVI.

48. Partout d'un dieu clément la bonté salutaire
Attache à nos besoins un plaisir nécessaire.
(Voltaire, *Disc. sur le plaisir.*)

49. Voir Massillon, *Sur la tiédeur*, II° Serm., II° partie. *Nouvelle Héloïse*, partie VI, *Lettre* VI.

50. *Excusare quam excutere*. Ainsi Fontenelle : *Il est plus facile de s'abstenir que de se contenir.*

51. Voir *Lettre* XCII, et *de la Constance du sage*, XV. Thucydide, *Oraison funèb.* prononcée par Périclès.

« Les bornes du possible dans les choses morales sont moins étroites que nous ne pensons; ce sont nos faiblesses, nos vices, nos préjugés qui les rétrécissent. Les âmes basses ne croient point aux grands hommes : de vils esclaves sourient d'un air moqueur à ce mot de *liberté*. Par ce qui s'est fait, considérons ce qui se peut faire. » (Rousseau, *Contr. social*, XII.)

## LETTRE CXVII.

52. Voir Cicéron, *de Nat. Deor.*, I, XVII; II, XXXVII.

53. Voir *de la Colère*, III, XV. *De la Providence*, chap. dernier. *Timidi est optare necem.* (Ovide, *Métamorph.*, IV, II.)

J'appelle en vain la mort, et mon erreur est grande
Si je me puis donner ce que je lui demande.
Toutes sortes d'objets favorisent mes vœux :
Le fer et le poison, et les eaux et les feux.
Oui, vous êtes partout, gouffres et précipices,
Recours du désespoir, volontaires supplices,
Et vous perdez pour moi le titre d'inhumains;
Mon destin, mon remède est en mes propres mains.
La mort est ici-bas la puissance absolue....
Qui ne la peut trouver ne la cherche pas bien.
(Gombault, *les Danaïdes*, trag., sc. dern.)

54. « Que ferez-vous ici, faibles discoureurs? Détruirez-vous ces remparts en jetant des fleurs? Dissiperez-vous ces conseils cachés en chatouillant les oreilles? Croyez-vous que ces superbes hauteurs tombent au bruit de vos périodes mesurées? Et pour captiver les esprits, est-ce assez de les charmer un moment par la surprise d'un plaisir qui passe? Non, non, ne nous trompons pas : pour renverser tant de remparts et vaincre tant de résistance, et nos mouvements affectés, et nos paroles arrangées, et nos figures artificielles sont des machines trop faibles. Il faut prendre des armes plus puissantes, plus efficaces.» (Bossuet, *Orais. fun. du R. P. Bourgoing.*)

55. Voir *Brièveté de la vie*, X. Massillon, *Serm. sur l'emploi du temps.*

On n'a pas le loisir de goûter la lumière.
Misérables mortels, combien possédez-vous
Un présent si cher et si doux?
Retranchez-en le temps dont Morphée est le maître.
Retranchez ces jours superflus
Où notre âme, ignorant son être,
Ne se sent pas encore ou bien ne se sent plus :
Otez le temps des soins, celui des maladies,
Intermède fatal qui partage nos vies.
(La Fontaine, *le Quinquina*.)

### LETTRE CXVIII.

1. *Major e longiquo reverentia.* (Tacite.)

### LETTRE CXIX.

2. Voir *Lettre* II. Regnard semble avoir parodié cet endroit dans *le Joueur* :

Que faut-il à la nature humaine?
Moins on a de richesse et moins on a de peine :
C'est posséder les biens que savoir s'en passer.

3. Voir *Lettre* XCI.

*Æstuat infelix angusto in limite mundi.* (Juvénal.)
Maître du monde entier s'y trouvait trop serré. (Boileau.)

4. « L'Écriture a grandé raison de dire : *les hommes des richesses, viri divitiarum*, et non les richesses des hommes, pour montrer que l'avare n'est pas vraiment possesseur de sa fortune, mais qu'il est possédé par elle. » (Saint Ambr., *sur Naboth*.)

Ce malheureux attendoit
Pour jouir de son bien une seconde vie,
Ne possédoit pas l'or, mais l'or le possédoit.
(La Fontaine, *l'Avare*.)

### LETTRE CXX.

5. Voir *Lettre* XLV. *De la Clémence*, I, III. Lucrèce, IV, 1154, si bien imité par Molière dans *le Misanthrope*. La Bruyère, *du Cœur* : *Toutes les passions sont menteuses....* (Mallebranche, *Recherche de la vérité*, l. I.)

6. N'y a-t-il pas là comme une image de l'homme-Dieu des chrétiens?

7. « Car nous n'avons pas ici de cité permanente. » (Saint Paul.)

8. Ninon de L'Enclos, en danger de mourir à vingt-deux ans, répondait à ses amis qui déploraient sa destinée : « Ah! je ne laisse au monde que des mourants. »

9. Voir *Lettres* I et XXIV. Montaigne, I, 19. Deshoulières. *Réflexions diverses*.

10. *Peregrini et hospites super terram.* (Saint Paul, *Hebr.*, XI, 13.)

11. *Tantum interest inter meipsum et meipsum!* (Saint Augustin, *Confess.*, X, 30.) « Il se trouve autant de différence de nous à nous mêmes que de nous à aultruy. » (Montaigne, II, 1.) Voir Horace, I, *Ep.* I. Boileau, *Sat.* VIII. Andrieux, *Meunier de Sans-Souci*

### LETTRE CXXI.

12. Voir Pétrone, *Fragm.*, le *Pantomime*. *Loquacissimæ manus, linguosi digiti, clamosum silentium, expositio tacita.* (Cassiodore, IV, *Ep. ultima.*)

13.
   Je sens en moi certain agent;
   Tout obéit dans ma machine
   A ce principe intelligent.
 De tous nos mouvements c'est l'arbitre suprême....
 Un esprit vit en nous et meut tous nos ressorts;
 L'impression se fait : le moyen? Je l'ignore.
    (La Fontaine, *Les deux rats et l'œuf.*)

14. Voir Cicéron, *De finibus*, III, v.

15. Voir Bernardin de Saint-Pierre, *Étude* I; Delille, *Imagin.*, I.

16. « Comment tant d'animaux entrent-ils dans la vie avec des haines sans offense, des industries sans apprentissage et des instincts plus sûrs que l'expérience ? » (Bernard. de Saint-Pierre, *Étude* II.)

17. « Chez l'abeille, le castor, les fourmis, l'industrie publique meurt et renaît tout entière à chaque génération. Une prompte et fatale perfection les saisit au début de la vie et leur interdit la perfectibilité. L'individu est toujours égal à l'espèce. » (Rivarol, *Métaphys.*)

18.
 *Omnibus ignotæ mortis timor, omnibus hostem*
 *Præsidiumque datum sentire, et noscere teli*
 *Vimque modumque sui.* (Ovide, *Halieutic.*)

### LETTRE CXXII.

19.
 Le temps est assez long pour quiconque en profite :
 Qui travaille et qui pense en étend la limite ;
 On peut vivre beaucoup sans végéter longtemps.
    (Voltaire, **VI**ᵉ *discours.*)

20.  Ce que j'ôte à mes nuits je l'ajoute à mes jours.
    (Rotrou, *Venceslas.*)

21. Manusc. : *Spectant.* J. Lipse : *expetunt.* Je propose *exsecal*. Voy. *Lettre* XLVII. Sénèque le père : *Excisorum greges, ut ad longiorem patientiam idonei sint.* Controv. V, XXXIII.

 Pour prolonger la fleur de son trop court printemps,
 L'homme impubère encore a vu le fer impie
 Extirper de ses flancs les germes de la vie (*a*).
    (Pétrone, c. CXIX.)

(*a*) *Exsectaque viscera ferro.*

22. Ces bosquets étaient même arrosés de piscines qui portaient des barques. (Sénèque le père, *Controv.*, V, v.)

23. Voir ce que dit Suétone, c. xxxi, des bains de Néron et de cette piscine qu'il avait commencé de faire creuser du cap Misène au lac Averne pour contenir toutes les eaux thermales de Baies.

24. C'est ce Vinicius dont Auguste disait : « Il a de l'esprit argent comptant. » *Ingenium in numerato.*

25. Ainsi Sénèque le père : *Lucem intueri innocentes maluerunt. Controv.* II, ix. Pensées qui rappellent ces vers trop connus :

    Quand on fut toujours vertueux,
    On aime à voir lever l'aurore.

26.  Dans un siècle fécond en monstrueux excès,
  En vain vous m'étalez des sottises vulgaires :
  Vite, engloutissez-moi tout le bien de vos pères,
  Ou dans votre quartier, obscurément fameux,
  Dans nos salons bourgeois végétez donc comme eux.
  .... De cet avis sentant bien l'importance....
  Mondor se ruinait avec un goût exquis.
        (Delille, *Ép. sur le luxe.*)

27. « Milles routes dévoyent du blanc, une y va. » (Montaigne.)

28. « La raison tient de la vérité, elle est une : on n'y arrive que par un chemin, et l'on s'en écarte par mille. L'étude de la sagesse a moins d'étendue que celle que l'on feroit des sots et des impertinents. » (La Bruyère, *de l'Homme.*) Voir *Lettres* xvi et xlvii.

### LETTRE CXXIII.

29. Voir *de la Vie heureuse*, i. *Quod exemplo fit, id etiam fieri jure putant.* (Cic., *ad Sulpic., Ep.* III.) *Et cœpit esse licitum quod publicum est.* (Cyprien à *Donat., Ep.* I.)

30. Voir *de la Clémence*, II, v. *Deum a religioso vereri, a superstitioso timeri.* (Varron cité par saint Augustin.) *Non dedit nobis (Deus) spiritum timoris, sed virtutis et dilectionis.* (Saint Paul, *Timoth.*, I, vii.)

### LETTRE CXXIV.

31. *Herba lactente.* Virg., *Géorg.*, I, 315 : *lactentia frumenta.* « Le grain de blé renferme un germe revêtu d'une petite gaîne qui perce la terre et devient une feuille séminale, *cotylédon.* C'est son unique *mamelle*, alimentée de la farine du grain. Elle pousse une radicule qui doit puiser bientôt dans la terre même des sucs plus abondants. » (Bernard. de Saint-Pierre, *Harmon.*, I.)

32. *Testimonium perhibeo illis quod æmulationem Dei habent.* (Saint Paul, *Rom.*, x, 2.)

35. « Et les malheureux pourtant me font moins de pitié que les heureux. » (Esch., *Agam.*, v. 1336.)

**Miserere tu felicium.** (Bilbilicus, I, *Epig.* L.)

Se voir du bien par delà ses souhaits
N'est souvent qu'un bonheur qui fait des misérables :
Il n'est ni train pompeux ni superbes palais
Qui n'ouvrent quelque porte à des maux incurables.
(Molière, *Psyché*, IV, sc. I.)

# NOTES

## SUR LES QUESTIONS NATURELLES.

---

### LIVRE I.

1. *Semel jussit, semper paret*, a dit Sénèque, *de la Provid.*, v. Voir au début de l'*Esprit des lois*, où Montesquieu a pris de notre auteur cette grande pensée : « Dieu est lui-même sa nécessité, et il n'est jamais limité que par lui-même. » (*Lettres Persanes*, LXIX.)

2. *Percolarem*. Voir *Lettre* LXXVII : *Per vesicam mille amphoræ transeant : saccus es.*

3. « O la vile créature que l'homme, et abjecte, s'il ne se sent soulever par quelque chose de céleste ! » (Montaigne.) Voir aussi *Lettre* LXV.

4. Voir Cicéron, *la République*, I, XVII.

5. L'Ister, le Danube, deux noms du même fleuve que les anciens confondaient à cause du mélange des races qui en habitaient les parties supérieures et les parties inférieures.

6.  
    Il voit comme fourmis marcher ces légions  
    Sur ce petit amas de poussière et de boue  
    Dont notre vanité fait tant de régions.  
        (Racan, *à M. de Bellegarde*.)

Voy. *Consol. à Helvia*, IX. Cic., *Républ.*, I, XVII. Pline, *Hist.*, II, LXVIII. La Bruyère, *des Jugem.* *Télémaq.* liv. IX. *Jérusal. délivr.*, IV. Le P. Lemoyne, *Saint Louis*, liv. IX. Lebrun, *la Nature*. Delille, *Dithyrambe*.

7. *Nostra conversatio in cœlis est.* (Saint Paul, *Philipp.*, III, 20.)  
    L'homme est un dieu tombé qui se souvient des cieux.  
        (Lamartine, *Méditat.*)

8. Peut-être ne parle-t-il que des îles Canaries et des îles Fortunées.

où Sertorius voulait aller s'établir. L'ignorance des Romains en géographie maritime appelait Indiens tous les peuples à peu près inconnus. Le baron de Zach (*Corresp. astronom.*, 1826) voyait dans cette phrase de Sénèque la preuve que dès lors on allait souvent, et assez vite, d'Espagne en Amérique.

9. Voir Cic., *pro Milone*, vers la fin; *de Legib.* II, et le début de *l'Esprit des lois.*

10.  *Ignoto meretrix corpus junctura Quiriti*
  *Opposita populum summovet ante sera.*
    (Ovide, *Amor.*, III, 13.)

11. Le miroir, chez les anciens, était l'emblème de cette connaissance de soi-même qu'ils regardaient comme le principe de la sagesse. De cette connaissance venait la prudence, qu'ils figuraient par un serpent replié vers un miroir où il se regarde.

12. Voir Phèdre, *Fab.*, III, VIII. Imité par Richer, *Fable du miroir;* Boursault, *les Fables d'Ésope*, coméd., act. III, sc. VIII. Tel est aussi le conseil de Socrate. (Apul., *Apolog. Socr.*)
  *Si mihi difficilis formam natura negavit,*
  *Ingenio formæ damna rependo meæ.*
    (Ovide, *Heroïd.*)

13.  *Ille tenet speculum pathici gestamen Othonis.*
  .... *speculum, civilis sarcina belli.*
    (Juvén., *Sat.* II, 99.)

## LIVRE II.

1. Voir Lucrèce, liv. VI.

2. Voir sur la divination des Étrusques le savant ouvrage de Otfried Müller, et Benjam. Constant, *de la Religion*, XI, c. VII.

3. Chez les anciens peuples de l'Italie, Sabins, Samnites, Brutiens, Étrusques, puis chez les Romains, les institutions religieuses furent toujours identiques avec les institutions politiques. Les dieux ne se gouvernaient qu'à l'instar de ces peuples : entre eux point de pouvoir absolu; Véjovis, leur chef, ne prenait aucune détermination sans le conseil des douze grands dieux qu'on appelait *Consentes.*

4. Voir Lucrèce, liv. II, vers la fin, et VI, 416.

5.   L'un jamais ne se fourvoie;
  Et c'est celui que toujours
  L'Olympe en corps nous envoie :
  L'autre s'écarte en son cours;
  Ce n'est qu'aux monts qu'il en coûte.
    (La Fontaine, *Jupiter et les tonn.*)

6.   O vous, rois, qu'il voulut faire
  Arbitres de notre sort,

> Laissez entre la colère
> Et l'orage qui la suit
> L'intervalle d'une nuit....
> Tout père frappe à côté. (*Id., ibid.*)

7. *In illo vivimus, movemur et sumus.* (Saint Paul, *à l'Aréopage.*)

8. *Jupiter est quodcumque vides, quocumque moveris.* (Lucain.)

9. *Mens agitat molem, et magno se corpore miscet.*
(*Énéid.*, VI, 726.)

10. Voir *de la Clémence*, I, XII.

11. Voir *Lettre* XCIII. « Qu'on s'imagine un nombre d'hommes dans les chaînes et tous condamnés à la mort, dont les uns étant chaque jour égorgés à la vue des autres, ceux qui restent voient leur propre condition dans celle de leurs semblables, et, se regardant les uns les autres avec douleur et sans espérance, attendent leur tour ; c'est l'image de la condition des hommes.» (Pascal, *Pensées*, I<sup>re</sup> part., art. VII.)

## LIVRE III.

1. On a dit : *Sperate, miseri; cavete, felices.* Et Horace : *Sperat infestis, metuit secundis.* (II, *Ode* VII.)

2. *Valet ima summis*
*Mutare, et insignem attenuat deus,*
*Obscura promens.* (Hor., I, Od. XXXIV.)

3. Viens sous mon toit de chaume où le bonheur repose;
Viens, chasse devant toi les ennuis et les soins.
Nos besoins sur la terre, ami, sont peu de chose
Et combien peu de temps avons-nous ces besoins !
(Berquin, *l'Ermite.*)

4. « Le mouvement général des eaux dans le monde ne s'expliquera jamais d'une manière satisfaisante (supposé qu'il s'explique), qu'à la manière de Sénèque, c'est-à-dire par des méthodes totalement étrangères à nos expériences matérielle se taux lois de la mécanique. » (De Maistre, X<sup>e</sup> *Soirée.*)

5. En octobre 1835 on a envoyé à l'Académie des sciences de Paris deux petites anguilles de trois ou quatre pouces de long, vomies avec l'eau par un des puits artésiens creusés à Elbeuf : fait qui démontre que l'eau de ces puits ne provient pas toujours d'infiltrations, mais qu'elle y peut venir aussi par des canaux souterrains. Ces anguilles étaient noires, et non pas blanches comme celles qui habitent les environs d'Elbeuf. « Ce n'est qu'au dernier siècle qu'on a commencé à rendre justice à Théophraste sur son assertion rapportée par Sénèque, et aujourd'hui on ne doute plus que certains poissons ne puissent rester longtemps ensevelis vivants dans la terre. » Dans l'île de Ceylan, deux fois l'an toutes les eaux stagnantes s'évaporent et le lit des étangs se

durcit et se fendille au soleil ; mais, dès la première pluie, les poissons reparaissent aussi nombreux que jamais, et il suffit de poser au hasard un panier sans fond pour y prendre aussitôt à la main des poissons longs d'un pied.

« On a vérifié que les poissons de Ceylan sont doués de la singulière faculté de parer à l'effet des sécheresses périodiques en s'enterrant dans la vase lors de la disparition de l'eau, et en y demeurant jusqu'au retour des pluies. Dans d'autres régions tropicales, aux bords de la Gambie, les indigènes capturent des quantités énormes de poissons dans le lit du fleuve, dès qu'arrivent les pluies. En Abyssinie, pendant l'été, on trouve dans le lit desséché du *Mareb* des poissons enfoncés à plus de six pieds dans le sol. Dans les parties plates de Ceylan, les Cingalais, pendant la sécheresse, se procurent des poissons de la même manière qu'on récolte chez nous les pommes de terre. L'argile est ferme, mais humide ; on en enlève de grosses mottes au moyen de bêches, et ces mottes, rejetées à quelque distance, se séparent dans leur chute en plusieurs fragments et mettent à nu des poissons de neuf à douze pouces, adultes, parfaitement portants et qui sautent sur le sol une fois exposés au grand jour. » (*Descrip. de l'île de Ceylan*, par sir Emerson Tennent. Londres, 1859.)

6.     L'Océan apparut. Bouillonnant et superbe,
       Entraînant les forêts comme le sable et l'herbe,
       De la plaine inondée envahissant le fond,
       Il se couche en vainqueur dans le désert profond,
       Apportant avec lui, comme de grands trophées,
       Les débris inconnus des villes étouffées,
       Et là, bientôt plus calme en son accroissement,
       Semble dans ses travaux s'arrêter un moment
       Et se plaire à mêler, à briser sur son onde
       Les membres arrachés au cadavre du monde.
                     (De Vigny, *le Déluge*.)

7. L'analogie est frappante entre ces critiques que Sénèque adresse à Ovide et ce que dit Boileau du *Moïse* du P. Lemoyne (*Art poétique*, III).

8. *Ipsa jam membra omnia sunt latenter in semine.* (Saint Augustin, *Civ. Dei*, XXXII, xiv.)

## LIVRE IV.

1. Si nous ne nous flattions point nous-mêmes, la flatterie des autres ne nous pourrait nuire. On croit quelquefois haïr la flatterie, on ne hait que la manière de flatter. » (La Rochefoucauld.)

2. Imité par Bossuet : « On lui abandonnait la campagne ; mais les villes, rehaussées avec des travaux immenses, et s'élevant comme des îles au milieu des eaux, regardaient avec joie de cette hauteur toute la plaine inondée et tout ensemble fertilisée par le Nil. » (*Hist. univers.*, III᷉ part., III.)

## LIVRE V.

1. Rien n'augmenta la puissance de Philippe comme la découverte de quelques mines d'or qu'il fit exploiter, et dont il retira par an plus de mille talents, près de 6 millions de francs. Il s'en servit pour gagner les chefs des républiques grecques. (Diod., XVI. Strabon, VII.)

2. Voir, sur le même sujet et les mêmes idées, une brillante déclamation de Jean-Jacques. VII*e* *Rêverie*.

3. *Non tam præmiis periculorum quam periculis lætus.* (Tac., *Hist.*, II, LXXXVI.) « Ce n'est que la chasse, et non la prise, qu'ils recherchent. » (Pascal, *Pensées*, édit. Havet.)

4. Voir Horace, I, *Ode* III. Properce, III, *Eleg.* v. Tibulle, II. III. Lucain, III, XCV. Lebrun, I, *Ode* III. Thomas, *Éloge de Dugay-Trouin*. Esménard, *la Navigation*.

## LIVRE VI.

1.   *Qui nil potest sperare desperet nihil.*
           (Senec., *Medea*, v. 163.)
   Mon unique espérance est de n'en point avoir.
           (*Bajazet*, act. I, sc. III.)
   Ou qu'un beau désespoir alors le secourût.
           Corneille, *les Horaces*.)
   N'importe : à tout oser le péril doit contraindre ;
   Il ne faut craindre rien quand on a tout à craindre.
           (Corneille, *Héraclius*, I, sc. v.)

2. Voir *Consolat. à Marcia*, x. « Il ne nous faut point une baleine, un éléphant, un crocodile ni tels autres animaux, dont un seul est capable de défaire un grand nombre d'hommes. Les pouils sont suffisants pour faire vacquer la dictature de Sylla : c'est le déjeuner d'un petit ver que le cœur et la vie d'un grand et triomphant empereur » (Montaigne, *Apol.*) Voir aussi Balzac, *Aristippe*, Disc. III. Les grands événements ne sont pas toujours produits par les grandes causes.... » Pascal, *Pensées*, Édit. Havet, 7 : « Cromwell allait ravager toute la chrétienté.... sans un petit grain de sable qui s'est mis dans son urétère.... »

3.       *Felix quisquis bello moriens*
         *Omnia secum consumpta videt.*
           (Senec., *Troad.*, act. I, sc. dern.)
       *Everso juvat orbe mori; solatia leto*
       *Exitium commune dabit.* (Claudien, *In Rufin.* V, XIX.)
       *Commune naufragium omnibus solatio est.* (P. Syrus.)

4.   Je veux qu'un bel oser honore ma ruine,
   Et puisqu'il faut tomber, je veux tomber des cieux.
           (Bertaud.)

Il est beau qu'un mortel jusques aux cieux s'élève,
Il est beau même d'en tomber.
(Quinault, *Phaéton*, act. IV.)
Quand je devrois au ciel rencontrer le tonnerre,
J'y monterois plutôt que de ramper à terre.
Mon cœur, jaloux du sort de ces grands malheureux,
Veut s'élever, Madame, et tomber avec eux.
(Racine, *Frères ennem.*, act. IV, sc. III.)

5. « La théorie des tremblements de terre donnée par Sénèque, dit Humbold (*Voyage aux terres équinox.*, vol. I, p. 313), contient le germe de tout ce qui a été professé de notre temps sur l'action des vapeurs élastiques renfermées dans l'intérieur du globe. »

6. Ceci prouve que Sénèque a refondu son ouvrage après la première publication On y trouve en effet plusieurs choses qui n'ont pu être écrites qu'au début du règne de Néron, par exemple ce qu'il dit de ce prince au chap. VIII de ce Livre.

7. « Notre vie est un point entre deux abîmes...., etc. » (Pascal, *Pensées*.)

8. Voir l'*Anthologie grecque*, I, *Épig.* XC.
Sæpe rogas : quot habes annos ? — Respondeo : nullos.
— Quomodo ? — Quos habui, Pontice, non habeo.
(Owen, III, *Épig.* CXIV.)
L'heure sonne ! on la compte, elle n'est déjà plus :
La cloche n'annonçait que des moments perdus.
(Young, I<sup>re</sup> *Nuit*, trad. de Colardeau.)

## LIVRE VII.

1. Voir *Liv.* VI, III, et Cicéron *ad Herenn.*, III, XXII ; *de Nat. Deor.*, III, XXXVIII

2. Voir *De la Clémence*, I, III. « La façon dont l'âme est unie au corps est tout à fait merveilleuse et incompréhensible à l'homme, et cette union c'est l'homme même. » (Saint August., *De civit. Dei*, XXI, x.) Et Pascal, *Pensées*, *Foiblesse de l'homme*. Pope, *Essai sur l'homme*, III.

3. *Qui numerat multitudinem stellarum, et omnibus eis nomina vocat.* (*Psalm.* CXLVI.)

4. C'est dans l'entendement que vous me verrez luire :
Tout œil me rétrécit qui veut me reproduire.
(Lamartine, *Entret. sur Job.*)

5. *Sine ipso factum est nihil quod factum est.* (Saint Jean, 1, 3.)

6. D'Aguesseau semble avoir eu sous les yeux ce passage, dans son II<sup>e</sup> *Disc. sur la décadence du barreau.*

7. Imité par Pétrone, ch. LXXXVIII.

8. Il s'agit des deux Sextius, père et fils. Voir l'éloge du père, *Lettres* LIX et LXVIII. Sénèque parle du fils, *Lettre* CVIII. Leur secte était un mélange de stoïcisme et de pythagorisme.

9. « Tibère fit un règlement qui défendait aux sénateurs d'entrer dans les maisons des pantomimes, aux chevaliers de leur faire cortége en public. » (Tacite, *Ann.*, I, LXXVIII.) Règlement qui, s'il fut suivi, tomba en désuétude.

# NOTES

## SUR LES FRAGMENTS.

1. Cité par Cicéron, *Brutus* XV :

> *Dictus ollis popularibus olim,*
> *Qui tum vivebant homines atque ævum agitabant,*
> *Flos delibatus populi, et suada medulla.*

2. Sur Cicéron, comme poëte, voir *De la Colère*, I, xxxvii, et *Lettre* cviii. « César et Brutus ont fait aussi des vers ; poëtes aussi médiocres que Cicéron, mais plus heureux parce que moins de gens savent qu'ils furent poëtes. » (Tacite, *Des Orateurs*, xxi.) Et Martial, II, *Épigr. à Gaurus* :

> Pour tant de vers écrits sans l'aveu d'Apollon,
> Je t'admire : en ce point tu tiens de Cicéron.
> *Carmina quod scribis Musis et Apolline nullo,*
> *Laudari debes : hoc Ciceronis habes.*

Et Juvénal; et Montaigne, II, x.

3. Le lecteur jugera du goût du grammairien Aulu-Gelle, qui cite ces passages de Sénèque comme d'ineptes et insipides facéties : *inepti et insapidi hominis joca.*

4. Voir *Lettre* iv.

> *Aut fuit aut veniet, nihil est præsentis in ipsa.* (Ovide.)
> O mort! le seul abri d'où les maux sont exclus,
> L'asile où tout finit, où toi-même n'es plus.
> (A. Chénier, *Chatterton.*)

5. *Deus deorum et dominus dominorum.... cœlum cœli domino.* (*Psalm.*)

6. *Omnes viæ hominis patent oculis ejus.* (*Prov.* xvi, 2.) Voir, à propos de ce passage, notre notice sur Sénèque, pages 29 et 30.

7. Comparaison imitée par Florus (*Préface*), par Ammien Marcellin, liv. XVI, ch. VI, et, en l'appliquant à la France, par Bernardin de Saint-Pierre : *Vœux d'un solitaire*, et *Harm. de la nat.*, VI.

8. « Et ils ont ravalé la gloire du Dieu incorruptible, jusqu'à le représenter sous l'image d'hommes corruptibles, d'oiseaux, de quadrupèdes et de serpents. » (Paul, *Rom.*, I, 23).

FIN DES NOTES DU DEUXIÈME ET DERNIER VOLUME.

# TABLE DES MATIÈRES

## DU DEUXIÈME VOLUME.

| | |
|---|---:|
| Lucilius.................................................... | 1 |
| Questions naturelles....................................... | 455 |
| Fragments de Sénèque..................................... | 623 |
| Notes sur les Lettres de Sénèque......................... | 633 |
| Notes sur les Questions naturelles....................... | 678 |
| Notes sur les Fragments.................................. | 685 |

FIN DE LA TABLE DES MATIÈRES.

www.ingramcontent.com/pod-product-compliance
Lightning Source LLC
Chambersburg PA
CBHW050055230426
43664CB00010B/1324